I. Geroni ▪ C. Lanza ▪ S. Nicola

Mi piace leggere

... mito, epica

C

DeA SCUOLA
Petrini

Ambiente educativo digitale

Un sistema integrato, facile e immediato che offre nuove opportunità di interazione docente-studenti

L'AeD è il sistema digitale integrato di DeA Scuola per l'apprendimento e lo studio.

Affianca e arricchisce il libro di testo cartaceo con contenuti digitali integrativi, servizi ed approfondimenti, strumenti online per la condivisione. È un ambiente gratuito e di facile accesso, grazie alla veloce procedura di registrazione su deascuola.it

Il libro di testo, al centro dell'Ambiente educativo Digitale.

La sua versione multimediale e interattiva, completa di risorse e di utili strumenti per studenti con BES e DSA, amplia le lezioni del corso con un ricco corredo di contenuti digitali integrativi.

Risorse extra, strumenti e servizi sul web a portata di mouse.

Una semplice registrazione a deascuola.it permette di accedere a portali tematici e disciplinari, siti di prodotto, aree dedicate alla didattica inclusiva e allo sviluppo delle competenze, con tanti materiali pronti per un immediato utilizzo.

Può essere fruito con:

eBook

In versione web o offline dall'App My bSmart; multidevice, personalizzabile, sincronizzabile, sempre aggiornato e adatto a una didattica coinvolgente, partecipativa e personalizzata.

eBook

Che cos'è?

È LA VERSIONE DIGITALE DEL LIBRO DI TESTO
Con risorse multimediali e interattive per una didattica nuova, coinvolgente e partecipativa.

È MULTIDEVICE
Utilizzabile ovunque e su tutti i tipi di dispositivo: PC/MAC, tablet e smartphone.

È SINCRONIZZABILE
Consente di memorizzare ogni modifica o personalizzazione apportata e di ritrovarla su qualsiasi device.

È INCLUSIVO
Permette di utilizzare caratteri ad alta leggibilità, offre una modalità di visualizzazione che si adatta al device in uso, testo in versione audio e mappe concettuali interattive.

Come si usa?

ONLINE
Subito, direttamente dal browser, senza scaricarlo.

OFFLINE
Dall'App di lettura My bSmart per PC/MAC, smartphone o tablet, dopo aver scaricato il libro digitale.

Per una consultazione veloce è possibile scaricare subito solo il testo e in un momento successivo le risorse che servono per capitolo, per tipologia (ad esempio solo i video) o le singole risorse.

Come si attiva?

1. Registrati a deascuola.it
2. Clicca su attiva libro e inserisci il codice univoco nell'apposito campo.
3. Entra subito nell'eBook online: scarica l'App My bSmart se preferisci fruire del tuo eBook offline.

Un aiuto in più per ogni tipo di esigenza.

deascuola.it

DeA SCUOLA

Mi piace leggere

Avvicinare i ragazzi alla conoscenza di autori e opere importanti per la loro formazione. Motivarli attraverso costanti agganci alla realtà. Allenarli alla lettura consapevole e all'analisi testuale. Consolidare le competenze di scrittura.

I testi guida

Un **brano esemplificativo** per ogni unità (laboratoriale, di genere o tematica) serve da **modello** per l'analisi testuale delle letture successive.
Tutte le **unità di laboratorio** sono **antologiche** e **operative**.

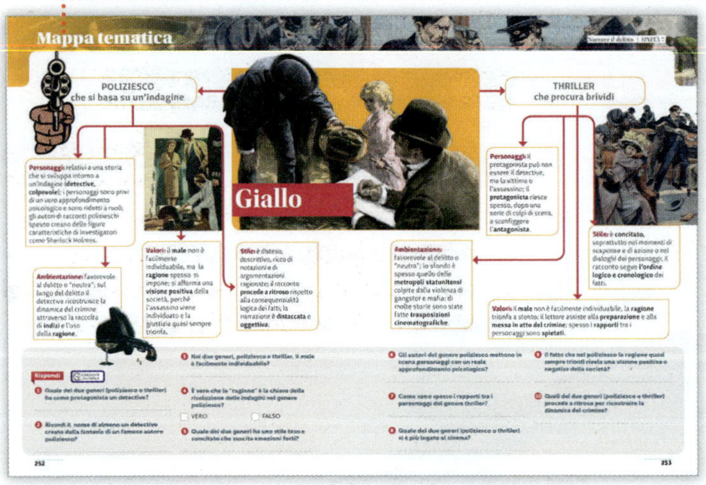

Le mappe tematiche

Le mappe riassumono, in modo visuale, i **caratteri dei** vari **generi** letterari.
Ne focalizzano le **parole-chiave**.
Propongono **esercizi** di verifica immediata.

Il volume B

Per i Licei

Nella versione per i Licei, il volume B comprende la sezione *Letteratura delle origini*.

Per gli Istituti tecnici

Nella versione per gli Istituti tecnici, il volume B propone in allegato il *Percorso nei Promessi sposi*.

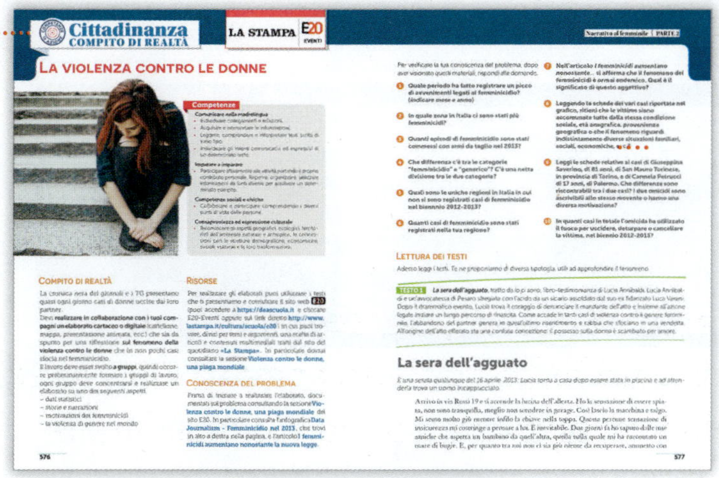

Dal libro al sito

LA STAMPA E20 EVENTI

I documenti di attualità dei compiti di realtà sono immediatamente reperibili **nel sito E20** (in **deascuola.it**), realizzato in collaborazione con «**La Stampa**», costantemente aggiornato.

Cittadinanza e compiti di realtà

Nei volumi A e B, **percorsi guidati** di **attualità** mettono in campo competenze di **cittadinanza**.

Epica: eroi ieri e oggi

Un accattivante volume **illustrato** da tavole realizzate appositamente. I temi del mito e gli eroi antichi sono presentati anche attraverso pagine di **autori contemporanei** e **attualizzati.**

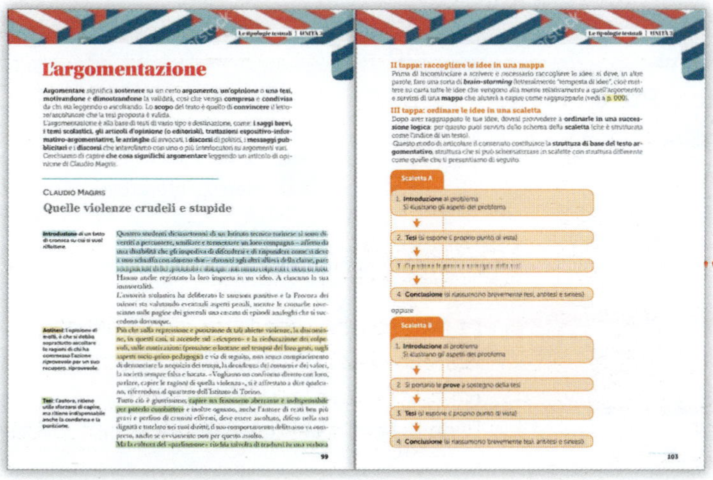

Le competenze di scrittura

Il volume di scrittura è **completamente operativo**. Fa lavorare su aspetti generali: correttezza, coerenza, coesione. Propone **modelli** e guida, attraverso brevi step successivi, ad affrontare le diverse **tipologie di testi**, dal riassunto all'argomentazione.

Risorse digitali

Audioletture
Tutti i testi guida sono letti da attori professionisti. Le audioletture sono attivabili anche con lo smartphone attraverso DeA Link.

Esercizi interattivi
Gli esercizi delle verifiche Invalsi/Competenze sono interattivi e autocorrettivi.

GARZANTI LINGUISTICA

Il **Dizionario Garzanti digitale** è una risorsa sempre disponibile, un aiuto prezioso per gli esercizi di lessico e grammatica.

INDICE

PARTE 1 Il mito

PARTE 2 L'epica

Esercizi interattivi

Unità 2 – L'epica greco-latina 122

Video:
- Antica Ionia
- Civiltà ellenica
- Creta e le isole dell'Egeo

Esercizi interattivi

Parte 3 Dall'epica medievale al fantasy

Unità 2 – Antieroi, maghi e damigelle 369

PARTE 1

IL MITO

Unità 1 | Valori e sentimenti nel mito

Unità 2 | I moderni raccontano il mito

I caratteri del mito

L'origine, i temi e la funzione del mito

Ogni civiltà ha elaborato un **vasto repertorio di miti** (dal greco *mýthos*, cioè «discorso, racconto») ovvero narrazioni che hanno come protagonisti divinità, eroi, esseri umani, creature mostruose e forze naturali personificate. Trasmessi prima **oralmente** e poi **per iscritto**, tali racconti vengono via via **modificati e arricchiti** a seconda della sensibilità collettiva e delle convinzioni religiose e culturali dominanti in un'epoca.
L'esigenza di rispondere alle **domande** sull'origine dell'universo e dell'uomo, sull'alternarsi delle stagioni, sui fenomeni naturali, sul senso della vita e della morte, sulla formazione delle regole morali e sociali, ha indotto da sempre gli esseri umani a fornire **spiegazioni** che, in mancanza di adeguati strumenti scientifici e di riflessioni filosofiche, si esprimevano anticamente in **narrazioni simboliche**, confluite poi nei miti.
I miti rappresentano dunque le **fondamenta culturali**, **morali e religiose** su cui poggia la società di popoli come, per esempio, i Sumeri, gli Egizi, i Greci e i Romani che, nella loro lunga vicenda storica, hanno trovato in essi precisi punti di riferimento. Proprio in questo consiste la **verità** di un mito: nell'essere un tentativo di risposta alle domande dell'uomo, costituendo al tempo stesso una struttura entro la quale un popolo possa riconoscersi e ritrovare le sue radici. Il mito, dunque, offre gli **strumenti intellettuali** per comprendere il mondo e la sua complessità e sviluppare la **cultura**, insegnando agli uomini a vivere nella comunità di appartenenza, conoscendo i propri diritti e rispettando i doveri e le leggi.
Le narrazioni di carattere mitico variano a seconda del periodo storico, di cui incarnano i **valori dominanti**: per questo ci sono, di uno stesso mito, **versioni differenti** o addirittura in contrasto tra loro. Né un racconto mitico è affidato alla sola narrazione: lo troviamo anche nelle pitture, nelle sculture, nei canti e negli inni di argomento spirituale.

Affresco dalla tomba di Anhurkhawi, raffigurante il defunto accanto alla fenice di Heliopolis, uccello mitologico.
Particolare.
XIII-XI sec. a.C.

La struttura del mito

I meccanismi narrativi

Nelle storie raccontate dai miti troviamo in genere un preciso **schema narrativo**, fondato su una **situazione di scontro**, nella quale il **protagonista**, o eroe buono, lotta con un **antagonista**, o eroe malvagio o antieroe, che lo ostacola. Egli deve affrontare molte difficoltà, la sconfitta delle quali esige coraggio e doti morali, tuttavia non giunge solo e inerme al momento decisivo: in suo favore agiscono degli **aiutanti**, divinità favorevoli e presenze benevole, pronte a fornirgli i mezzi indispensabili per superare gli ostacoli. In altre circostanze, il protagonista è alle prese con forze superiori, cui non è in grado di opporsi, oppure con un altro personaggio dotato dei suoi stessi poteri, quindi, in tal caso, la decisione finale è demandata all'intervento di qualche divinità. Spesso, ma non sempre, il racconto mitico si conclude con la giusta **ricompensa** dell'eroe e con la **punizione** dell'antagonista.

I personaggi

I personaggi del mito sono spesso creature **straordinarie e soprannaturali**, cioè dèi o esseri mostruosi, dotati di poteri eccezionali. Gli esseri umani, che pure fanno la loro comparsa, si dividono in **eroi e uomini comuni**.

Gli **eroi** presentano qualità fuori dall'ordinario, come un grande coraggio e una smisurata forza fisica, soprattutto quando sono semidei, come Eracle (o Ercole), ovvero figli di un dio o di una dea e di una creatura mortale. Veri superuomini che lottano per nobili scopi, essi incarnano un esempio di **umanità superiore**, che l'individuo comune si propone di imitare. Alcuni sono considerati **eroi «culturali»** che, con le loro gesta, contribuiscono alla nascita o al rafforzamento della civiltà: Prometeo sottrae il fuoco agli dèi e lo dona agli uomini, affinché essi imparino a difendersi dal freddo e a cuocere il cibo. Quando i protagonisti sono **uomini comuni**, invece, il racconto concentra l'attenzione sulle qualità positive o negative del popolo che ha creato il mito.

Le categorie del mito

Gli eventi narrati nei miti sono numerosi, ma dobbiamo ricordare che il loro vero significato consiste nel proporre **credenze e modelli di comportamento** occultati sotto il «velo» dell'immaginazione. Gli studiosi hanno riconosciuto **diverse categorie di miti**, di cui indichiamo le più importanti, distinte sulla base dei **temi** trattati, tenendo presente che un mito può appartenere a categorie diverse:

- i miti **naturalistici**: riguardano i fenomeni consueti della natura (la pioggia, il vento, i cicli stagionali) oppure quelli considerati inusuali (terremoti, diluvi, epidemie). Risultano particolarmente interessanti i miti che spiegano l'origine della vegetazione, come quello di Apollo e Dafne, relativo alla nascita della pianta d'alloro;
- i miti **teogonici**: narrano l'origine degli dèi e parlano delle loro imprese e amori;
- i miti **cosmogonici**: descrivono l'origine dell'universo. A questa categoria appartengono anche i miti **eziologici**, che spiegano la formazione delle istituzioni sociali, politiche, religiose e culturali e l'origine delle usanze o dei nomi geografici;
- i miti degli **eroi**: raccontano la genealogia e le avventure degli eroi più famosi, come Gilgamesh, Eracle e Achille, individui semidivini e dotati di qualità eccezionali;
- i miti **antropogonici**: trattano le origini e il destino dell'uomo, come si legge nella storia di Deucalione e Pirra che, scampati al diluvio, fanno rinascere il genere umano;
- i miti **storici**: essi traggono spunto da eventi che si ritiene siano realmente accaduti, come la guerra di Troia, o che si sono verificati con certezza, come la fondazione di Roma, attribuita però dalla fantasia a un gruppo di esuli troiani, guidati da Enea dopo che la loro patria, Troia, era stata conquistata dagli Achei.

Apollo e Dafne in un particolare del dipinto di Giuseppe Bartolomeo Chiari. Fine XVII secolo.

Gli dèi nei miti greci e romani

Il giardino delle Esperidi, località della mitologia greca. Ceramica a figure rosse, IV sec. a.C.

In molti Paesi dell'area mediterranea come Egitto, Mesopotamia, Palestina, Fenicia, Assiria e Persia sorsero fiorenti civiltà, che elaborarono un proprio sistema mitologico.
Però, la mitologia a noi più familiare è senza dubbio quella **greca**, in gran parte confluita nella cultura occidentale, specialmente in quella **latina**.
I miti greci sono popolati da **divinità** dalle caratteristiche straordinarie, ma molto simili agli uomini comuni per le loro passioni e debolezze. Ne parliamo nelle pagine seguenti, ricordando, accanto agli dèi maggiori, che abitano sull'Olimpo, anche le divinità minori: per esempio **Eros**, dio dell'amore; **Iris**, personificazione dell'arcobaleno; le **Ninfe**, abitatrici delle acque (Naiadi), dei monti (Oreadi) e dei boschi (Driadi). Al di sopra degli dèi e degli uomini si colloca il **Fato** o **Moira**, che incarna il destino al quale nessun essere vivente può sfuggire.
Gli dèi greci rappresentano la **base della religione romana**, che li adotta, cambiandone il nome. I Romani li integrarono nella propria cultura, elaborando le vicende di complessi rapporti tra gli dèi, spesso forze naturali divinizzate (*numina*), e gli esseri umani, che vengono narrate soprattutto dal poeta latino **Publio Ovidio Nasone** (43 a.C.-18 d.C.).
Chi sono allora gli dèi di cui leggeremo nelle pagine del mito e poi dell'epica greca e latina? Come trascorrono le giornate di una vita immortale? Cominciamo dalle loro caratteristiche e abitudini, per analizzarli poi singolarmente dopo averli distinti in due gruppi (le divinità maschili e quelle femminili).

L'Olimpo

Le divinità principali dell'epica classica risiedono sull'**Olimpo**, un monte realmente esistente nel nord della Grecia. La sua vetta è perennemente avvolta dalle nuvole e proprio qui si trova, nascosto alla vista degli uomini, il **palazzo degli dèi**.
Nello spazio circondato dalle sue mura ciascun dio o dea possiede una propria abitazione, che irradia luce come una pietra preziosa. La più bella è ovviamente quella di Zeus, il sovrano: essa comprende anche un'ampia sala dove gli dèi siedono a banchetto e discutono i loro affari.
Come altri spazi dell'antica Grecia, ancor oggi l'Olimpo è considerato un «**luogo di potere**», espressione con la quale si intendono quei luoghi carichi di un'**energia intensa e misteriosa**, dove è possibile entrare in contatto con il sacro, con la divinità. Qui, al pari del santuario di Delfi o dell'Acropoli di Atene, le forme visibili del paesaggio sono «intrise» di forza e in esse gli dèi vivono e si manifestano a quegli esseri umani che ne sanno percepire la presenza.

Divine abitudini

Gli dei sono **immortali**, dunque appaiono eternamente giovani: possono tuttavia cambiare aspetto e all'occorrenza diventare più vecchi o più brutti. Talora si mostrano agli umani assu-

mendo l'identità di un amico, di un compagno o di un familiare: nell'*Eneide* la dea Venere appare al figlio Enea nelle vesti di una cacciatrice, che gli suggerisce di recarsi dalla regina Didone; nell'*Odissea*, Atena si presenta a Telemaco, il figlio di Odisseo, nelle vesti del saggio Mentore, re dei Tafi, per convincere il ragazzo a cercare notizie del padre.
Gli dei hanno la capacità di **volare** anche per lunghe distanze: sempre nell'*Odissea*, Ermes viaggia sulla vasta distesa del mare quando si reca dalla ninfa Calipso, nell'isola di Ogigia. Possiedono inoltre il dono dell'**invisibilità**: nell'*Iliade*, il bellicoso dio Ares si nasconde nella nebbia e osserva i combattimenti restando ai margini del campo di battaglia.
Nelle vene degli dèi scorre un **fluido speciale**, detto *ikhór*, che sostituisce il sangue. Non potendo nutrirsi come i mortali, si cibano di **ambrosia**, una sostanza solida, e di **nettare**, che ha natura liquida: entrambi contribuiscono a preservarli dalla malattia, dalla vecchiaia e dalla morte, donando loro l'eterna giovinezza.

Giove, Giunone e Io in un dipinto di Ambrogio Figino. 1599.

I SOVRANI DELL'OLIMPO

ZEUS (NELLA MITOLOGIA LATINA: GIOVE)

Lo stato di famiglia Figlio di Crono e di Rea, è marito di Era e padre di una schiera di dèi, dee ed esseri semidivini.
Le caratteristiche Re degli dèi, risiede stabilmente sull'Olimpo, da dove tuttavia scende spesso in mezzo agli uomini. Dispensa il Bene e il Male e garantisce il rispetto della gerarchia e dell'ordine sociale, che esigono la sottomissione degli uomini agli dèi. È la potenza suprema dell'universo: scaglia la folgore e i tuoni e domina in generale i fenomeni meteorologici, perciò è indicato con epiteti come *Colui che raduna le nuvole* e *Zeus dei fulmini*.
Piante e animali sacri La quercia e l'aquila.
Le imprese Toglie il potere a suo padre, Crono, con l'appoggio dei suoi fratelli e sorelle, che Crono aveva inghiottito, temendo una profezia secondo la quale uno dei figli l'avrebbe spodestato. Combatte contro i Titani, giganti divini nati dalle nozze di Urano (il Cielo) e di Gea (la Terra), e li caccia nel Tartaro, la regione posta al di sotto degli Inferi.

ERA (NELLA MITOLOGIA LATINA: GIUNONE)

Lo stato di famiglia Figlia di Crono e di Rea, è sorella e sposa di Zeus. Dal matrimonio con Zeus nascono Ares, Ebe, Efesto e Ilizia.
Le caratteristiche Protegge i matrimoni, i bambini e le attività specificamente femminili. È gelosa di Zeus perciò si vendica spesso dei suoi tradimenti: ne perseguita infatti le amanti e persino i figli nati da queste unioni. Forse Era, che significa «la Signora», è un epiteto perché non si conosce il vero nome della dea. Sovente Omero la definisce *dalle bianche braccia*.
Piante e animali sacri Il giglio, il pavone, l'agnello e la scrofa.
Le imprese Perseguita Io, la sacerdotessa di Argo di cui Zeus si era innamorato. Tenta inutilmente di impedire a Latona di partorire Apollo e Artemide, generati dal marito. Partecipa al «concorso di bellezza» in cui Paride premia Afrodite e diventa una spietata avversaria dei Troiani.

LE DEE

ATENA (NELLA MITOLOGIA LATINA: MINERVA)

Piatto attico in cui è raffigurata Atena con la civetta. VI sec. a.C.

Lo stato di famiglia Figlia di Zeus e di Meti, secondo il mito esce armata dalla testa del padre. Chiamata *Parthénos*, cioè «vergine», non acconsente a stringere alcun legame sentimentale.

Le caratteristiche Simboleggia la sapienza e la ragione che si oppongono alla forza bruta. Dotata di grande ingegnosità, ha inventato il carro da guerra e il metodo di preparazione dell'olio d'oliva; protegge le tessitrici e le ricamatrici. È anche considerata una divinità guerriera e la si rappresenta infatti con la corazza, la lancia e uno scudo, simbolo di potere e saggezza, che porta al centro la testa di Medusa, capace di pietrificare chi osi guardarla. Tra gli epiteti a lei riferiti, ricordiamo *Glaucopide*, cioè «dagli occhi azzurri» o «dagli occhi di civetta»; *Nike*, ossia «vittoriosa», e *Pallade*, «colei che scaglia la lancia».

Piante e animali sacri L'olivo, la civetta e il gallo.

Le imprese In odio a Paride che non l'ha giudicata la più bella, si schiera dalla parte degli Achei nella guerra di Troia. Protegge gli eroi Eracle e Odisseo. Punisce Aracne, che l'aveva sfidata a una gara di tessitura, e la trasforma in un ragno. Sfida e vince Poseidone, il dio del mare, per aggiudicarsi la protezione della città di Atene.

AFRODITE (NELLA MITOLOGIA LATINA: VENERE)

Lo stato di famiglia Figlia di Zeus e di Dione, è emersa dalle onde del mare di Cipro, isola a lei sacra. Sposa Efesto, il dio del fuoco, ma s'innamora di Ares. Ciò tuttavia non le impedisce di avere numerosi amanti, tra cui il principe troiano Anchise, padre di suo figlio Enea, e il bellissimo Adone, che Ares, per gelosia, fa uccidere da un cinghiale.

Le caratteristiche Dea della bellezza e dell'amore inteso come passione, è spesso rappresentata mentre tiene in mano una mela, simbolo appunto dell'amore, e indossa una cintura che rende irresistibili. Le vengono attribuiti gli epiteti di *Anadiòmene*, cioè «uscita dal mare», e di *Filomète*, ossia «amante dei piaceri».

Piante e animali sacri La rosa, il mirto, la colomba, il cigno e la rondine.

Le imprese Nella disputa con Era e Atena su chi sia la più bella, convince Paride ad assegnarle la vittoria, promettendogli l'amore della donna più affascinante e scatenando così indirettamente la guerra di Troia. Si fa sorprendere da Efesto insieme ad Ares: il marito geloso li intrappola in una rete e li espone alla vista e ai commenti maliziosi degli altri dèi.

Statua in marmo di Artemide con la cerva a lei sacra. I-II sec. d.C.

ARTEMIDE (NELLA MITOLOGIA LATINA: DIANA)

Lo stato di famiglia Figlia di Zeus e di Latona, è la sorella gemella di Apollo.

Le caratteristiche Dea della caccia, è considerata una personificazione della luna ed è votata alla verginità, forse perché simbolo della natura primordiale e incontaminata. Armata di arco, quando non soggiorna sull'Olimpo vaga per le foreste e i luoghi solitari in compagnia delle ninfe: per questo è considerata una divinità del «limite», che vive tra natura e cultura, tra lo stato selvaggio e la civiltà. È la protettrice delle Amazzoni, come lei guerriere e cacciatrici non sottomesse all'uomo. Ci si rivolge a lei con l'epiteto di *Signora degli animali*.
Piante e animali sacri L'orso, il cervo e la pantera.
Le imprese Uccide con le sue frecce il gigante Orione e le sei figlie di Niobe, una mortale che aveva sfidato sua madre Latona ritenendola inferiore perché aveva generato solo due figli. Fa sbranare dai propri cani il cacciatore Atteone che aveva osato guardarla mentre faceva il bagno.

Demetra (nella mitologia latina: Cerere)

Lo stato di famiglia Figlia di Crono e di Rea, è sorella di Zeus. Ha due figli, Persefone e Filomelo, che secondo la tradizione è l'inventore dell'aratro.
Le caratteristiche Dea della terra che produce frutti, presiede all'agricoltura e protegge i contadini. Ha confidato agli uomini i princìpi dell'aratura e della semina e donato loro anche le leggi che regolano la vita familiare. Due volte all'anno si celebrano in suo onore riti segreti, i cosiddetti «misteri», nel suo santuario di Eleusi, presso Atene, fondati sulla convinzione dell'eterno ciclo della morte e della rinascita.
Piante e animali sacri Le spighe di grano, la gru e il serpente.
Le imprese Va alla ricerca di sua figlia Persefone, rapita da Ade, il dio dei morti. Pazza di dolore, rinuncia alle sue funzioni divine e la terra smette di produrre frutti fino a quando un accordo con Ade consente alla fanciulla di trascorrere nell'aldilà quattro mesi (corrispondenti all'inverno) e il rimanente dell'anno con lei.

Estia (nella mitologia latina: Vesta)

Lo stato di famiglia È la prima figlia di Crono e di Rea, quindi è sorella di Zeus. Non ha un marito ma è corteggiata da Poseidone e da Apollo.
Le caratteristiche Dea del focolare, è adorata nei templi, in cui si celebrano i sacrifici agli dèi, e nelle abitazioni private. Il focolare domestico, a lei sacro, è il centro della casa, dove arde il calore benefico del fuoco, si accolgono gli ospiti e si pronunciano giuramenti solenni. Estia è anche la patrona del focolare pubblico, che nelle città greche è custodito in un palazzo apposito, detto «pritaneo».
Piante e animali sacri L'asino; inoltre le è consacrato il fuoco, sia quello domestico sia quello dello Stato.
Le imprese Aiuta Zeus nella guerra contro i Titani e, come ricompensa, chiede al fratello un'eterna verginità.

Gli dèi

Apollo (nella mitologia latina: Apollo)

Lo stato di famiglia Figlio di Zeus e di Latona, è fratello gemello di Artemide.
Le caratteristiche Ha l'aspetto di un giovane uomo bellissimo. Guida il carro del sole,

favorisce le arti mediche e ispira la poesia e la musica. Come la sorella Artemide, è molto abile nell'uso dell'arco ed è un guerriero valoroso. Scagliando le frecce, suscita malattie come punizione di una colpa. Essendo una divinità solare, il suo epiteto principale è *Phébos* (Febo, cioè «colui che brilla») o *Poliós*, «candido, splendente». La luminosità del dio non nasconde un lato oscuro: è anche chiamato *lo Sterminatore*, forse per la probabile etimologia del nome, che viene fatto derivare dal verbo *apóllymi*, «distruggo, mando in rovina»: lo vediamo infatti quando, inesorabile e tremendo, diffonde la peste nel campo acheo, come racconta l'*Iliade*.

Apollo sul carro trionfale in un affresco di Pietro Vannucci. XV secolo.

Piante e animali sacri L'alloro, il lupo, l'avvoltoio, il corvo, il cigno.

Le imprese Uccide il serpente Pitone, che devastava la regione di Delfi. Sfida e vince il satiro Marsia in una gara di musica. Aiuta Poseidone a costruire le possenti mura di Troia. S'innamora e seduce, tra le tante, la ninfa Dafne che, per sfuggirgli, viene trasformata in una pianta di alloro.

Rilievo votivo con Ares e Afrodite. Civiltà greca, V sec. a.C.

ARES (NELLA MITOLOGIA LATINA: MARTE)

Lo stato di famiglia Figlio di Zeus e di Era. Ha una relazione con Afrodite, la moglie di Efesto. Secondo il mito, è il progenitore delle Amazzoni, le famose donne guerriere.

Le caratteristiche Dio della guerra, ha un carattere violento e impetuoso e si esalta per i duelli e le stragi. Armato di tutto punto, di solito combatte a piedi e lo assistono i suoi scudieri: *Déimos* («Paura»), *Fóbos* («Terrore»), *Éris* («Discordia»). Gli altri dèi dell'Olimpo lo odiano per la sua crudeltà e le sue collere devastanti.

Piante e animali sacri Il cane, l'avvoltoio e il lupo.

Le imprese Partecipa alla guerra di Troia al fianco dei Troiani, tuttavia viene quasi sempre sconfitto da Atena, che lo affronta con astuzia e prudenza.

ERMES (NELLA MITOLOGIA LATINA: MERCURIO)

Lo stato di famiglia Figlio di Zeus e della ninfa Maia, è indicato dal mito come il bisnonno di Odisseo.

Le caratteristiche Il fratellastro Apollo gli insegna l'arte della divinazione e gli consegna il simbolo della sua funzione di messaggero degli dèi: si tratta del caducèo, un bastone d'oro con due serpenti intrecciati e coronati da piccole ali. Ai piedi porta calzari alati (talari) e in testa il pètaso, un cappello a larghe tese. Protegge le strade, i viandanti, i mercanti e i ladri. Svolge anche l'incarico di accompagnare nell'aldilà le anime dei morti: da qui l'epiteto di *Psicopompo* ovvero di «colui che conduce le anime».

Piante e animali sacri Il mirto, la palma e il serpente, simbolo di astuzia.

Le imprese Appena nato, ruba ad Apollo una parte consistente della mandria che il dio stava facendo pascolare. Con il guscio di una tartaruga costruisce una lira: Apollo, conquistato dallo strumento musicale, lo ottiene in cambio dei buoi rubati. Ermes uccide Argo, il mostro dai cento occhi, perciò è detto *Argheifonte*, «l'uccisore del mostro Argo». Si reca nell'isola di Ogigia e ordina a Calipso di lasciar andare l'eroe Odisseo, che abita con la ninfa da oltre sette anni.

Efesto (nella mitologia latina: Vulcano)

Lo stato di famiglia Figlio di Zeus e di Era, è marito di Afrodite.
Le caratteristiche Dio del fuoco, è un esperto di arti metallurgiche e protegge i fabbri. Cammina zoppicando dopo che Zeus lo ha scagliato giù dall'Olimpo, poiché aveva preso le difese di sua madre Era durante una lite tra i due. Atterrato miracolosamente sull'isola di Lemnos, viene curato ma rimane claudicante per sempre. Invece nel libro XVIII dell'*Iliade* egli stesso racconta che a farlo precipitare fu proprio Era, che non sopportava la sua deformità congenita.
Piante e animali sacri Gli è consacrato il fuoco dei vulcani.
Le imprese Combatte davanti a Troia impugnando una fiamma. Costruisce le armi di Achille, lo scettro d'oro di Agamennone e le case degli dèi, forgiate in bronzo. Partecipa al castigo di Prometeo, il Titano che Zeus fa inchiodare a una rupe per aver donato il fuoco agli umani.

Poseidone (nella mitologia latina: Nettuno)

Lo stato di famiglia Figlio di Crono e di Rea, è fratello di Zeus. Ha sposato la ninfa oceanina Anfitrite ma è noto come un gran seduttore: infatti si è unito a molte donne e dee, da cui però ha avuto figli mostruosi o malvagi, come il ciclope Polifemo.
Le caratteristiche Dio del mare, attraversa la mobile distesa dell'acqua su un carro trainato da creature metà umane e metà serpentiformi ed è sempre accompagnato dai Tritoni e dalle ninfe Nereidi e Oceanine. Impugna il tridente, l'arma dei pescatori di tonni. Scatena le tempeste marine e i terremoti, perciò è detto *Enosictono*, «colui che scuote la terra».
Piante e animali sacri Il delfino, il toro e il legno di pino per costruire le navi.
Le imprese Aiuta il fratello Zeus contro il loro padre, Crono; insieme al nipote Apollo innalza le mura di Troia; contende ad Atena la sovranità sulla città di Atene.

Ade o Ades (nella mitologia latina: Ade)

Lo stato di famiglia Figlio di Crono e di Rea, è fratello di Zeus. Sua moglie è Persefone, figlia di Zeus e di Demetra.
Le caratteristiche È il dio dei morti e il suo nome significa «l'invisibile». A lui spetta la sovranità sul mondo sotterraneo, formato dagli Inferi e da una zona ancora più profonda, il Tartaro. È detto anche Plutone ovvero «colui che dispensa ricchezze», perché è il signore dei minerali preziosi che la Terra nasconde nelle sue profondità.
Piante e animali sacri L'asfodelo, il cipresso, il narciso, il toro e in genere gli animali neri, il cui sangue è lasciato scorrere affinché, impregnando la terra, raggiunga l'oltretomba.
Le imprese Si schiera a favore di Zeus nella guerra che lo oppone a Crono. Sfidato da Eracle, che vuole entrare nel suo regno, lo ferisce così gravemente che questi dev'essere trasportato sull'Olimpo per essere curato. Rapisce Persefone, che poi sposerà, scatenando l'ira della dea Demetra, la madre della fanciulla.

UNITÀ 1

Valori e sentimenti nel mito

COMPETENZE

- Individuare nei testi i caratteri generali e le tipologie del mito classico.
- Interpretare i testi del mito classico applicando gli strumenti dell'analisi testuale.
- Individuare e interpretare i messaggi e i valori trasmessi dal mito classico.
- Riconoscere la persistenza delle tematiche del mito classico nella civiltà contemporanea.
- Interpretare i testi del mito classico con un personale apporto critico.
- Riconoscere diversi registri linguistici in relazione ai differenti scopi comunicativi.
- Rafforzare le abilità grammaticali.
- Utilizzare il lessico specifico dell'analisi testuale.

CRITERI DI VALUTAZIONE

- Capacità di individuare i caratteri generali e le tipologie del mito classico.
- Capacità di interpretare i testi del mito classico secondo i concetti narratologici studiati.
- Capacità di cogliere i messaggi e i valori trasmessi da un mito classico.
- Capacità di riconoscere la persistenza delle tematiche e dei valori del mito classico nella civiltà contemporanea.
- Capacità di interpretare criticamente un testo del mito classico.
- Capacità di riconoscere i principali elementi della morfologia e della sintassi della lingua italiana.
- Capacità di organizzare i contenuti strutturando il pensiero in forma lessicalmente, sintatticamente e ortograficamente corretta.
- Capacità di usare un lessico appropriato e specifico.

Sentimenti e passioni

I miti incarnano i **valori** fondanti di una comunità umana, che in essi si riconosce e ai quali conforma il proprio comportamento. Di conseguenza, le narrazioni che appartengono al patrimonio mitologico di un popolo esprimono anche i **sentimenti** che si trovano alla base di quei valori e con cui si accordano o entrano in conflitto. L'**odio**, l'**amore**, il **desiderio di vendetta** rappresentano i temi che i miti più celebri sviluppano in molteplici sfumature, ricordandoci che nessuno, uomo o creatura divina, può sottrarsi alla forza delle **passioni**.

Dominante, in numerosi miti, è l'**amore**, analizzato nei suoi **diversi aspetti**. Possiamo incominciare con il caso in cui esso non si configura propriamente come una relazione personale, ma come l'estremo e generoso sacrificio di sé. È ciò che leggiamo nel mito di **Prometeo** (vedi p. 14), il gigante condannato a un'atroce punizione per aver alleviato, con il dono del fuoco, la vita degli uomini, ponendosi in tal modo contro la volontà di Zeus. Talvolta alla passione di un innamorato corrisponde il rifiuto da parte dell'amata, che si ritrae con sdegno davanti a un corteggiamento indesiderato: è la vicenda che vede il dio **Apollo** amare senza speranza la ninfa **Dafne** (vedi p. 20). Succede anche che l'amore abbia la forza di un vincolo così profondo che neppure una catastrofe naturale come il diluvio riesce a spezzare. Anzi rappresenta un'occasione per ricominciare a vivere insieme a un'umanità nuova: è la storia raccontata nel mito di **Deucalione** e **Pirra** (vedi p. 25).

Orgoglio e vendetta

Di frequente, poi, il mito induce il lettore a riflettere su tematiche di grande attualità, mettendolo in guardia contro il pericolo di **atteggiamenti eccessivi**, egoistici e, in definitiva, riprovevoli.

Il tema dell'**orgoglio punito** è comune a molte religioni che, per mezzo dei racconti mitologici, si propongono di sottolineare non solo la superiorità degli dèi sugli esseri umani, ma anche il dovere, da parte di questi ultimi, di non mettersi in competizione con le divinità, peccando di ***hýbris***.

Infatti gli uomini tentano di valicare i limiti che la saggezza degli dèi ha loro imposto, cercando di oltrepassare il confine che separa i due mondi, quello dei mortali e quello degli immortali. Nasce così la **presunzione** di sentirsi pari agli dèi in abilità, astuzia, intelligenza o potere, un atteggiamento che finisce per scatenare la reazione delle divinità, che mettono in atto punizioni estreme.

Nella cultura greca, il peccato di *hýbris* è quello più grave, tanto da generare i castighi più terribili. Il termine *hýbris* non trova una corrispondenza perfetta nella lingua italiana: lo si può intendere, con buona approssimazione, come **orgoglio sfrontato**, diretto a una divinità, oppure come **violazione dell'ordine naturale**. I miti che ne parlano sono pervasi da un'atmosfera cupa, dominata da un oscuro timore nei confronti della potenza degli dèi.

Alcuni protagonisti del mito rivelano un'indole egoista, dominata dall'arroganza, e sono colpiti da un triste ma ben meritato destino: è il caso, ad esempio, di **Narciso** (vedi pag. 30), il giovinetto bellissimo che, amato da molte ninfe, di nessuna ricambia la passione. Eco, che si vede da lui rifiutata, invoca un terribile castigo, che non tarda ad arrivare. La storia fa dunque comprendere che per nessun motivo possiamo ferire gli altri, disprezzandone i sentimenti o la sensibilità.

Prometeo, in un dipinto di Jacob Jordaens, 1640.

TESTO-GUIDA **PUBLIO OVIDIO NASONE**

Il sacrifico di sé: Prometeo

(METAMORFOSI)

L'AUTORE

Publio Ovidio Nasone nacque nel 43 a.C. a Sulmona, in Abruzzo, da un'agiata famiglia del ceto equestre, ma passò la vita a Roma, dove, in gioventù, ebbe occasione di frequentare lezioni di retorica e di grammatica, mostrando anche inclinazione per la poesia. Entrò nel circolo letterario di Mecenate, che gli permise di conoscere i più grandi poeti del tempo, come Orazio, Properzio e Virgilio, e di trovare l'ambiente adatto per dedicarsi alla letteratura. Si mise in luce con le prime raccolte di poesie, *Heroides* e *Amores*, di argomento mitologico e amoroso. Ormai celebre, pubblicò nell'1 d.C. l'*Ars amatoria*, sull'arte di sedurre, e il vasto poema mitologico *Metamorfosi*, in quindici libri, composto nell'8 d.C. Il poeta, colpito da un decreto d'esilio, emanato da Augusto per motivi rimasti tuttora oscuri, morì nel 18 d.C. a Tomi, una sperduta località sul mar Nero.

L'OPERA

Il poema, dallo stile elevato e solenne, è formato da più di 250 miti in circa 12.500 versi, che descrivono gli esordi del mondo a partire dal Caos, lo stato primordiale dell'universo, fino alla morte di Giulio Cesare.
Una parte fondamentale dell'opera è dedicata alle metamorfosi, che riguardano personaggi celebri del mito, come Apollo e Dafne. Altri racconti riportano le leggende relative alla nascita e alle imprese degli eroi, per esempio il tebano Cadmo o l'audace Perseo. Non mancano pagine dedicate ad altre storie famose, come le vicende degli Argonauti, l'uccisione del Minotauro, il tragico volo di Dedalo e Icaro, la sfortunata storia d'amore di Orfeo e di Euridice. L'ultimo libro, il quindicesimo, culmina con la divinizzazione della figura di Giulio Cesare e con una celebrazione dell'imperatore Augusto.
Le cause degli episodi descritti sono riconducibili, secondo l'autore, a cinque grandi forze che muovono il mondo e guidano le azioni umane: l'amore, l'ira, l'invidia, la paura e la sete di conoscenza. Inoltre ogni evento mitico si colloca in una struttura fissa, utile per inquadrare i fatti: l'attrazione di un dio per una mortale o di un uomo per una dea; la passione tra un uomo e una donna mortali; la sfida lanciata dagli uomini agli dèi e sempre conclusa con la punizione dell'arrogante; il duello, che provoca la morte di uno dei contendenti.

IL BRANO

Alcuni miti narrano che il genere umano ebbe origine da Prometeo, l'ultimo dei Titani ovvero dei temibili giganti che, ribelli contro il potere di Zeus, erano stati da lui sconfitti e, per punizione, incatenati sotto alcune isole del Mediterraneo. Tuttavia solo Prometeo si era mostrato saggio (d'altronde

il suo nome significa «colui che riflette prima») e, al tempo della rivolta dei fratelli, si era schierato dalla parte del re degli dèi.
Alla favolosa età dell'oro, un'epoca di pace e di eterna primavera, succedette la triste età dell'argento: gli uomini, violenti e invidiosi, si comportavano come belve feroci. Zeus, disgustato da quel comportamento malvagio, volle infliggere loro un castigo esemplare. Gli esseri umani furono colpiti dalla fame e dalle malattie e stremati dall'inclemenza delle stagioni tanto che Prometeo, il loro creatore, fu commosso da una sorte così crudele. Ma le preghiere da lui rivolte a Zeus affinché mitigasse le condizioni di vita dell'umanità rimanevano inascoltate, perciò egli volle intervenire personalmente.

Subito il mito presenta Prometeo come un generoso benefattore dell'umanità.

Allora Promèteo decise di salvare gli uomini a tutti i costi.
Un giorno si recò a Lèmno, un'isola della Grecia dove Efesto[1] aveva la sua fucina[2] e dove domava e foggiava i metalli col fuoco, l'elemento di cui erano formati gli astri del cielo. Prese una canna cava di ferro, in quella nascose una scintilla del prezioso elemento e la portò agli uomini.
I mortali misero la scintilla sotto un fascio di legna e quando videro divampare la fiamma si abbandonarono ad una gioia sfrenata. Un confortante tepore si sprigionava da quelle lingue lampeggianti e rianimava le loro membra intirizzite, il gelo accanto ad esse si scioglieva e perdeva il suo rigore, la legna diventava cenere e perfino le pietre erano domate dalle fiamme e rendevano le loro sostanze preziose: i metalli.
Con questi gli uomini si foggiarono delle armi, affrontarono le belve e le vinsero, squadrarono i macigni[3] e li sovrapposero, fabbricandosi delle case stabili, inventarono un gran numero di arnesi e di suppellettili[4] e con essi squarciarono il grembo della terra e spaccarono rupi. Se vedevano guizzare il fulmine non si spaventavano più, perché ormai anch'essi, come Zeus, potevano dar fuoco alle querce e incendiare i boschi.
Quando un giorno Zeus si affacciò dalle cime dell'Olimpo per guardare il mondo, vide dovunque fumare fuochi e le comunità degli uomini che in ogni parte con le loro opere emulavano[5] gli dèi. La terra era piena di case e di città, le misere creature che prima morivano di freddo nelle oscure grotte ora correvano il mondo come padroni splendidamente armati. Avevano addomesticato e messo il morso ai cavalli, aggiogati i buoi e avevano persino dominate le acque, sulle quali correvano in barche splendidamente costruite e incatramate.
Allora il geloso dio fu preso da un incontenibile furore. Chi avrebbe dominato più gli uomini ora che erano padroni del fuoco e si erano resi liberi dalla paura?
Volle sapere chi aveva consegnato loro il prezioso elemento celeste, e quando

1. **Efesto**: dio del fuoco e della lavorazione dei metalli (Vulcano per i Romani).
2. **fucina**: la bottega di un fabbro.
3. **squadrarono i macigni**: ridussero a forma quadrata enormi blocchi irregolari di pietra.
4. **suppellettili**: oggetti che fanno parte dell'arredamento di una casa; qui anche nel senso di utensili.
5. **emulavano**: tentavano di eguagliare o di superare.

apprese che ciò era avvenuto per opera di Promèteo, emise la sua tremenda sentenza.

Il gigante, che aveva elargito[6] agli uomini l'elemento divino, sarebbe stato incatenato sulla più aspra e gelata cima di una montagna e vi sarebbe rimasto per tutta l'eternità, esposto alle nevi ed al soffio degli uragani. Un gigantesco avvoltoio dal becco di bronzo gli avrebbe squarciato il fianco e gli avrebbe divorato il fegato, che si sarebbe riprodotto continuamente per rendere perenne il supplizio.

Ogni protesta ed ogni ragione fu vana. L'ordine di Zeus doveva essere eseguito.

Due mostruosi giganti, il Potere e la Forza, afferrarono Promèteo, lo trascinarono sul più ventoso giogo del Caucaso[7], la montagna più aspra d'Europa, e Efesto, il fabbro degli dèi, con catene infrangibili lo inchiodò alla roccia.

Il lessico è evocativo: i vocaboli creano immagini suggestive, tanto da suscitare commozione per la sorte di Prometeo.

Immediatamente dopo, un enorme avvoltoio apparve nell'aria, con grandi ruote[8] si posò sul petto del misero Promèteo e col suo rostro[9] di bronzo gli squarciò il fianco e si mise a strappargli a brani sanguinolenti il fegato.

Col calar della notte l'avvoltoio rivolava via e la piaga si chiudeva, ma all'indomani il supplizio ricominciava e così tutti i giorni senza fine.

Le pene di Promèteo erano inenarrabili. Su quella rigida solitudine i venti si scatenavano furibondi, mulinando turbini di neve, le carni del gigante si screpolavano e si piagavano dal gelo, i suoi capelli si attaccavano con il ghiaccio

6. elargito: donato.

7. giogo del Caucaso: la sommità tondeggiante di una montagna che fa parte della catena montuosa del Caucaso, posta tra il mar Nero e il mar Caspio.

8. ruote: movimenti di forma circolare.

9. rostro: il becco adunco degli uccelli rapaci.

alla rupe, e i suoi occhi erano accecati dal nevischio e, nelle giornate serene, dal folgorìo del sole e dal riverbero dei ghiacciai. Non una pianta cresceva a quell'altezza, non spuntava un fiore e gli uccelli migratori passavano altissimi mandando un pigolìo lamentoso. Le sole voci che si udivano erano quelle delle raffiche, lo scroscio sinistro delle valanghe, e l'urlo del gigante suppliziato che si confondeva con quello del vento.

I personaggi del mito, oltre che umani, sono anche semidei, come Eracle, dotati di poteri straordinari.

Ma invano Zeus attendeva che Promèteo chiedesse pietà. Il divino benefattore degli uomini attingeva una smisurata forza dalla coscienza di avere operato il bene e non si piegava davanti alla prepotenza e all'ingiustizia.

Per anni e anni durò la pena di Promèteo, quando un giorno venne a passare per quelle montagne Eracle[10], l'eroe che spese la sua vita per liberare la terra dai mostri che angustiavano[11] gli uomini.

Avendo udito il grido di Promèteo, salì sulla cima dove quello giaceva incatenato e gli chiese:

– Per quale colpa o delitto tu sei così crucciato[12]?

– Qual è la mia colpa? – rispose il gigante. – Quella di aver beneficato le creature delle mie mani. Esse erano simili ai bruti ed io le ho fatte ragionevoli. Cieche e sorde, quasi vane ombre, erravano senza ordine e senza legge, ignoravano l'arte di costruirsi le case e come vili insetti si rifugiavano nelle umide caverne. Col fuoco io largii loro il divino elemento con cui soggiogarono la natura, ho insegnato loro le arti e le scienze, fugata dalle loro menti l'ignoranza, e ho addolcito la loro vita. Zeus mi ha condannato per questo, per aver fatto del bene. Ma io non mi piego. Si converta in gioia per gli uomini quello che io soffro per la giustizia.

Prometeo accetta di soffrire per il bene dell'umanità, che gli sta a cuore.

Eracle fu commosso fino alle lacrime davanti allo spettacolo di quell'essere divino sottoposto a quell'orrendo martirio. Dopo tanti anni il corpo di Promèteo, logorato e macerato dal gelo, sferzato dai venti, si confondeva con la montagna, le sue carni erano dure e screpolate come il macigno, una crosta di ghiaccio gli copriva le mani e i piedi e il sangue che colava dall'orribile ferita prodotta dall'avvoltoio si era rappreso e arrossava tutta la neve intorno.

– Anch'io – disse Eracle indignato – non ho fatto che lottare per beneficare gli uomini. Ho combattuto contro orribili mostri, ho ucciso malefici giganti e ho fondato città. Non pemetterò più che tu soffra per aver fatto del bene.

Afferrò con le sue mani fortissime l'avvoltoio per le ali e con uno strappo lo squarciò in due, scagliandolo in un burrone. Poi con la clava possente ruppe le catene con cui Promèteo era legato, svelse i chiodi dalla roccia e, sorreggendolo amorosamente, lo accompagnò fin sulle cime dell'Olimpo.

Quivi tutti gli dèi presero le parti di Promèteo e Zeus, non osando più insistere nel suo crudele proposito, lo riammise fra le creature immortali.

(F. Perri, *Nel paese dell'ulivo*, SEI, Torino 1989)

10. Eracle: Ercole per i Romani; figlio di Zeus e della mortale Alcmena, era un eroe-simbolo della forza fisica e del coraggio.

11. angustiavano: tormentavano.

12. crucciato: afflitto, sofferente.

Comprendere e analizzare

→ La struttura del testo

Il testo si compone di varie sequenze, ciascuna delle quali risulta incentrata su due elementi essenziali: i personaggi, dalle caratteristiche identificabili con facilità, e una ben riconoscibile serie di azioni. In tal modo il lettore può seguire agevolmente la storia e comprenderne i contenuti e il tema.

1 La prima sequenza (rr. 1-17) è prevalentemente:

- A narrativa e descrittiva.
- B narrativa e dialogica.
- C descrittiva e riflessiva.
- D descrittiva e dialogica.

2 Quali benefici apporta agli esseri umani il dono del fuoco da parte di Prometeo?

3 La seconda sequenza (rr. 18-47) contiene due fatti tragici, che rappresentano il «cuore» del mito: raccontali in breve, seguendo la traccia proposta.

1. La reazione di Zeus.
2. La punizione di Prometeo.

4 Quale fatto doloroso caratterizza la terza sequenza (rr. 48-59)?

- A L'improvvisa fuga di Prometeo.
- B L'atroce sofferenza di Prometeo.
- C La supplica di Prometeo a Zeus.
- D Gli insulti di Prometeo a Zeus.

5 Chi restituisce la libertà a Prometeo e per quale motivo? Rileggi la quarta sequenza (rr. 60-89).

→ I personaggi

Numerosi racconti mitici sono costruiti intorno a figure di grande valore simbolico, che incarnano i sentimenti umani più elevati, come l'altruismo e un amore per l'umanità che giunge fino all'estremo sacrificio di sé. Nella cultura greca, tale ruolo è svolto da Prometeo, il quale, crudelmente punito da Zeus, saprà tuttavia commuovere le divinità ed essere liberato da un ingiusto supplizio. Gli altri personaggi, come gli esseri umani, il dio Zeus e il semidio Eracle, sono coinvolti a vario titolo nella vicenda: i loro interventi mettono in rilievo le straordinarie virtù del personaggio.

6 Dalle parole del narratore e da quelle dello stesso Prometeo veniamo a conoscenza di alcuni tratti significativi del carattere del Titano: spiega quali elementi della sua personalità puoi ricavare dalle righe indicate.

rr. 57-59; rr. 66-74.

7 Dalle parole di Eracle emerge un elemento che lo accomuna a Prometeo: di quale si tratta (rr. 81-83)?

- A La debolezza: entrambi si sottomettono a Zeus.
- B Il timore: entrambi temono le vendette di Zeus.
- C La generosità: entrambi hanno portato beneficio agli uomini.
- D La malvagità: entrambi hanno danneggiato gli uomini.

8 Ricostruisci le tappe della vicenda che vede la figura di Prometeo come quella di un vero eroe della civilizzazione, abbinando a ciascuna voce della prima colonna la voce corrispondente della seconda.

1. L'audace furto del fuoco:	A la punizione.
2. Il miglioramento della vita umana:	B la reazione divina.
3. La terribile ira di Zeus:	C la sfida agli dèi.
4. L'incatenamento e lo strazio:	D la liberazione.
5. L'arrivo di Eracle:	E la nascita della civiltà.

9 Delinea il sistema dei personaggi, assegnando a ciascuno il proprio ruolo.

1. Zeus, il tiranno:

- A Protagonista.
- B Antagonista.
- C Aiutante del protagonista.
- D Aiutante dell'antagonista.

2. Prometeo, l'eroe:

A Protagonista.

B Antagonista.

C Aiutante del protagonista.

D Aiutante dell'antagonista.

3. L'avvoltoio, l'esecutore:

A Protagonista.

B Antagonista.

C Aiutante del protagonista.

D Aiutante dell'antagonista.

4. Eracle, il liberatore:

A Protagonista.

B Antagonista.

C Aiutante del protagonista.

D Aiutante dell'antagonista.

10 Dai fatti narrati è possibile ricavare un'immagine precisa riguardo al mondo dell'Olimpo greco: quale potere è simboleggiato dagli dèi e, in particolare, dal loro re, il crudele Zeus (rr. 26-28; 38-39)?

→ La categoria

Per svolgere un'analisi più approfondita, gli studiosi hanno riconosciuto diverse categorie di miti, ciascuna delle quali tratta temi specifici. Il mito di Prometeo ci riporta alle radici del processo di incivilimento da parte degli esseri umani, reso possibile dall'uso versatile di quella luminosa scintilla che il protagonista ha rubato agli dèi, riaffermando orgogliosamente il diritto dell'uomo a migliorare la propria condizione.

11 A quale categoria appartiene il mito che hai letto?

A Teogonica, perché racconta la nascita del titano Prometeo.

B Naturalistica, perché descrive l'origine di un fenomeno naturale, il fuoco.

C Storica, perché spiega l'origine della ribellione degli uomini agli dèi.

D Eziologica, perché spiega la scoperta del fuoco da parte dei primi uomini.

→ Il linguaggio del mito

I miti sono racconti adatti a trasmettere contenuti essenziali per l'individuo e la comunità cui egli appartiene. Lo stile deve dunque risultare adeguato a far comprendere convinzioni e modelli di comportamento: in questo brano, la voce narrante si fa sentire con vivacità e fa uso di figure retoriche, tra cui prevale, per efficacia, la similitudine.

12 Il narratore riporta con immediatezza il pensiero di Zeus, adirato con Prometeo (rr. 26-29): quale tecnica narrativa ha usato?

A Soliloquio.

B Flusso di coscienza.

C Discorso indiretto.

D Discorso indiretto libero.

13 Nel brano, la similitudine è una figura retorica utilizzata soprattutto per delineare meglio i personaggi: rileggi le righe indicate e sottolinea le similitudini contenute in esse.

rr. 20-22; r. 69; r. 78.

→ I temi

Spesso il mito propone figure che, come Prometeo, rappresentano modelli elevati di comportamento, perciò il tema o i temi ruotano intorno a tali personaggi, alle loro scelte e alle conseguenze delle loro azioni. Prometeo incarna virtù eroiche, tanto più apprezzabili in quanto si propongono all'imitazione degli esseri umani, chiamati a condividere tali valori.

14 Nella figura di Prometeo ritroviamo una qualità umana, la cui messa in pratica costituisce il tema centrale del mito: individuala tra quelle proposte.

A L'altruismo.

B L'egoismo.

C La sincerità.

D L'ipocrisia.

15 Prometeo sfida la collera di Zeus, subisce un terribile castigo ma dimostra sempre coraggio e determinazione: alla fine dell'episodio possiamo considerarlo un personaggio statico o dinamico? Motiva la risposta.

L'amore rifiutato: Apollo e Dafne

(METAMORFOSI)

IL BRANO

Il mito si presenta come il racconto di una drammatica passione che coinvolge due esseri divini, il dio Apollo e la ninfa Dafne. La storia non è coronata da un lieto fine, ma da una conclusione inattesa e struggente: essa dimostra che l'amore può essere fonte di terribile sofferenza non solo per i mortali ma anche per le divinità, che non tollerano la sconfitta e il rifiuto. Dafne si sottrae a un amore indesiderato a prezzo di grandi sforzi, accettando di cambiare radicalmente la propria natura.
Mito dal fascino eterno, la vicenda dell'arrogante Apollo e della bellissima Dafne ha ispirato in ogni tempo artisti e poeti, spingendoli a creare capolavori straordinari.

CHIAVE DI LETTURA

In questo brano sofferma l'attenzione su:
– la **coppia dei protagonisti**, cioè **Apollo**, potente e sicuro di sé, e la fragile **Dafne**, che tuttavia riesce a sfuggire alle insidie del dio;
– la **morale** dell'episodio, che insegna il **rispetto** dell'altro e delle sue scelte;
– lo **stile**, che alterna il discorso indiretto al discorso diretto, per accentuare il carattere **tragico e commovente** della vicenda, e ricorre a numerose **similitudini**, che permettono di comprendere con efficacia i concetti espressi.

Il battibecco evidenzia come gli dèi fossero soggetti a sentimenti e passioni non meno degli uomini.

Il primo amore di Febo[1] fu Dafne figlia di Peneo: lo suscitò non la cieca Fortuna, ma la feroce ira di Cupido[2]. Apollo lo aveva poco prima visto mentre cercava di piegare l'arco tirando a sé la corda e così gli disse «Che cosa hai da fare con le forti armi, o fanciullo arrogante? Codesti pesi si addicono alle nostre spalle, noi che possiamo infliggere ferite mortali alle fiere, ferite ai nemici. Tu accontentati di suscitare con la tua fiaccola non so quali amori». [...] A lui il figlio di Venere «O Febo – disse – il tuo arco trafigga pure ogni cosa, ma il mio colpisca te, e di quanto tutti gli esseri animati sono inferiori a un dio, di tanto è minore la tua gloria della mia». Finì di parlare e muovendo rapido le ali fende l'aria e si ferma sulla cima ombrosa del Parnaso[3] e tira fuori dalla faretra[4] due dardi[5] dagli effetti opposti: ché uno suscita l'amore, l'altro lo impedisce; quello che fa innamorare è dorato e risplende nella sua punta aguzza, smussato invece quello che tiene lontano l'amore e con la punta di piombo. Quest'ultimo il dio conficcò nel corpo della ninfa[6] Peneia[7], mentre

1. **Febo**: altro nome del dio Apollo.
2. **Cupido**: dio dell'amore, figlio di Venere.
3. **Parnaso**: massiccio della Grecia centrale, creduto sede di Apollo.
4. **faretra**: astuccio per le frecce, portato sul dorso dagli arcieri.
5. **dardi**: frecce.
6. **ninfa**: divinità minore della mitologia classica.
7. **Peneia**: figlia del fiume Peneo.

I significati del paesaggio

La storia si colloca in uno scenario naturale che rivela un duplice aspetto. Da un lato, alcuni riferimenti (*cima ombrosa del Parnaso, recessi dei boschi, vergine Diana*) consentono di collocare la vicenda nel contesto del mito greco; dall'altro, la Natura, dai caratteri arcaici e misteriosi, evidenzia i fatti, sottolineando il carattere inquietante della trasformazione di Dafne.

con l'altro trapassandogli le ossa ferì fin nelle midolla Apollo: subito uno si innamora, l'altra ha orrore del nome dell'amore, allietandosi dei recessi[8] dei boschi e delle spoglie delle fiere catturate, emula[9] della vergine Diana[10]; una fascia tratteneva i capelli scomposti. Molti aspiravano a lei, ma essa schivando i corteggiatori, inesperta e intollerante dell'amore, si aggira per i boschi impervii, e non si cura di sapere che cosa sia Imene[11], cosa Amore, cosa il matrimonio. Spesso il padre le diceva: «Figlia tu mi devi un genero» e ripeteva «figlia tu mi devi dei nipoti»: ma quella, detestando le fiaccole nuziali[12] come un crimine, coloriva le belle guance con pudico rossore e teneramente cingendo con le braccia il collo del genitore: «Concedimi, o amatissimo, – diceva – che io conservi sempre la mia verginità: il padre degli dèi prima d'ora ha fatto tale concessione a Diana». Quello alla fine acconsente, ma questo tuo fascino impedisce che tu rimanga come desideri e la tua bellezza contrasta con la tua preghiera. Febo arde d'amore e brama l'unione con Dafne appena vista, e spera d'avere ciò che desidera e resta ingannato dai suoi stessi oracoli[13]; come la secca stoppia va in fiamme una volta mietute le spighe, come bruciano le siepi per una fiaccola qualora un viandante casualmente ve l'abbia accostata troppo o l'abbia abbandonata sul far del giorno: così il dio fu in preda al fuoco, così arde in tutto il cuore e nutre un vano amore continuando a sperare. Guarda i capelli che le scendono spettinati sul collo e si chiede «che cosa sarebbero, se venissero acconciati?»; guarda gli occhi luminosi simili alle stelle, guarda la boccuccia, che non si sazia di rimirare; ammira le dita, le mani, i polsi e le braccia scoperte più che a metà. Ma quella fugge più veloce del vento leggero e non si ferma a queste parole da lui dette per richiamarla: «Ninfa, figlia di Peneo, ti prego, fermati! non ti seguo come nemico; ninfa, fermati! In tale maniera l'agnella fugge il lupo, così la cerva il leone, così le colombe con trepido volo l'aquila: ciascuna stirpe ha un proprio nemico; ma per me è l'amore la causa per venirti dietro. O me infelice! Che tu non debba cadere inciampando e che i rovi non ti lacerino le gambe che non meritano alcuna ferita e che io non sia causa del tuo dolore. I luoghi, per i quali corri, sono selvaggi: corri, ti prego, con meno impeto e modera la fuga: da parte mia ti seguirò più lentamente. Chiediti però chi sia quello a cui piaci: non sono un montanaro, non sono un

Il narratore interviene nel racconto rivolgendosi direttamente alla ninfa.

8. recessi: luoghi solitari e nascosti.

9. emula: desiderosa di imitare.

10. Diana: dea della caccia, votata alla castità.

11. Imene: dio delle nozze.

12. fiaccole nuziali: torce con le quali, secondo l'usanza romana, il corteo nuziale accompagnava la sposa a casa dello sposo.

13. resta … oracoli: Apollo, dio della profezia, in questa circostanza non sa prevedere il proprio futuro.

pastore irsuto che qui fa la guardia ad armenti e greggi. Tu, impulsiva, non sai chi fuggi e per questo motivo fuggi. Sotto il mio dominio sta la regione di Delfi e Claro e Tenedo e la rocca di Patara[14]; mio padre è Giove. Per opera mia viene svelato il futuro, il passato e il presente; per opera mia i carmi[15] si accordano con la cetra[16]. La mia saetta poi è infallibile, tuttavia ce n'è un'altra più infallibile della mia, che ha provocato una ferita nel petto sinora libero dall'amore. La medicina fu inventata per opera mia, e in tutto il mondo mi si chiama soccorritore e la virtù delle erbe è a me soggetta: ahimè, perché l'amore non può essere guarito con i succhi delle erbe, né al maestro porta aiuto la sua arte, che aiuta invece tutti gli altri!».

La figlia di Peneo impaurita corre via da lui che voleva dire di più e gli tronca a metà il discorso. Anche allora sembrò bella: i venti mettevano a nudo il corpo e il loro soffio faceva svolazzare l'abito investendolo di fronte e la corrente d'aria leggera spingeva indietro i capelli, sicché la bellezza cresceva con la fuga. Ma per questo il giovane dio non tollera oltre di spendere le sue lusinghe[17], e come lo spingeva proprio l'amore, la insegue da vicino con rapido passo. Come quando un cane gallico[18] scorge una lepre in campo aperto, e l'uno cerca la preda correndo, l'altra la salvezza (quello quasi l'abbranca e spera già di afferrarla e allungando il muso sfiora le sue orme, mentre è in forse che l'altra possa essere raggiunta, sottraendosi essa ai morsi e sfuggendo ai denti che cercano di azzannarla): così il dio e la vergine ninfa; uno corre per la speranza, l'altra per il timore. Il dio tuttavia la insegue, spinto dalle ali dell'Amore è più veloce e non dà tregua e sta addosso alle spalle della fuggitiva e alita sulla chioma sciolta sul collo. La ninfa, esaurite le forze impallidì e sfinita per la fatica della veloce fuga [...] «O Terra – invoca – spalancati oppure distruggi con una metamorfosi[19] la mia bella figura che è causa del mio danno! Padre, dammi aiuto – aggiunge – se voi fiumi avete potere divino! Cancella trasformandolo il bel sembiante per cui piacqui tanto!». Aveva appena finito di pregare, che un pesante torpore[20] invade il suo corpo: il petto delicato viene avvolto da una sottile corteccia, i capelli si mutano in foglie, le braccia in rami, i piedi poco prima così veloci si fissano in radici inerti, il volto in una cima d'albero: le rimane soltanto la bellezza. Pur così Febo continua ad amarla e poggiando la destra sul tronco sente che ancora il petto batte sotto la fresca corteccia e, intrecciando le sue braccia ai rami come

Amore e dolore

Nel mito sull'origine dell'albero di alloro (simbolo della poesia e della gloria), Apollo è un innamorato respinto, che sperimenta la sofferenza come un qualsiasi mortale. Dafne, invece, accetta un cambiamento radicale, trasformandosi in un elemento di natura inferiore, per sottrarsi a un sentimento da lei vissuto come violento e offensivo.

14. Delfi ... Patara: località dell'antica Grecia.

15. carmi: composizioni liriche.

16. cetra: antico strumento a corde.

17. lusinghe: espressioni carezzevoli e dolci.

18. gallico: segugio originario della Gallia, l'attuale Francia, abile nella caccia.

19. metamorfosi: trasformazione in un altro essere.

20. torpore: sonnolenza, sopore.

L'autore trasferisce il mito greco nella civiltà romana in segno di continuità culturale.

se fossero le membra di lei, bacia il legno: ma il legno si sottrae a quei baci. A cui il dio: «Poiché non puoi essere mia coniuge – disse – sarai di certo il mio albero. La mia chioma, la mia cetra, la mia faretra, o alloro, si orneranno di te. Tu incoronerai i generali lieti per la vittoria, quando un coro festante intonerà il canto del trionfo e il Campidoglio[21] vedrà lunghi cortei. Tu medesima, come una custode fedelissima, sarai appesa alle porte della reggia di Augusto e guarderai la quercia che sta nel mezzo, e come il mio capo giovanile è pieno di capelli intonsi[22], anche tu avrai in eterno l'onore delle foglie sempreverdi». Apollo così finì di dire: l'alloro con i suoi rami formatisi da poco dà il suo assenso e sembrò che muovesse la cima come se fosse il capo.

(P. Ovidio Nasone, *Metamorfosi*, a cura di N. Scivoletto, Utet, Torino 2000)

Una morale di grande attualità

La trasformazione di Dafne in una pianta di alloro si è infine compiuta. Dalla triste vicenda si ricava l'idea dell'inutilità di impegnarsi in tentativi di conquista che non possono che risultare vani, se l'amato o l'amata non ricambiano il sentimento.

---

21. Campidoglio: colle di Roma su cui veniva celebrato il trionfo dei generali vittoriosi.

22. intonsi: non tagliati.

Comprendere

1 **Il dio Cupido suscita l'amore di Apollo e il disgusto di Dafne: come si spiega tale azione, che ha l'effetto di indurre opposti sentimenti (rr. 1-9)?**

2 **Come reagisce la ninfa alle lusinghe amorose di Apollo (rr. 63-67)?**

3 **A quale soluzione ricorre Dafne per sottrarsi definitivamente ad Apollo (rr. 77-82)?**

4 **Le parole di Apollo mettono in evidenza la sacralità dell'alloro: che cosa intende fare il dio e in quali circostanze le foglie della pianta erano usate nell'antica Roma (rr. 94-101)?**

Analizzare

5 **La struttura. Il brano si compone di diverse sequenze: a ciascuna di esse attribuisci un titolo che ne sintetizzi il contenuto.**

1. Prima sequenza (rr. 1-9).
2. Seconda sequenza (rr. 9-43).
3. Terza sequenza (rr. 43-67).
4. Quarta sequenza (rr. 67-104).

6 **I personaggi. Il comportamento di Cupido induce a riflettere: quale potere egli esercita su tutte le creature, umane e divine?** L'AMORE DI DAFNE

7 **I personaggi. Che cosa simboleggiano le frecce di Cupido?**

A La dolcezza dell'amore.
B La gioia dell'amore.
C L'arbitrio dell'amore.
D La sofferenza dell'amore.

8 I personaggi. Il personaggio di Dafne è delineato con grande ricchezza di dettagli e il narratore ne offre un'immagine viva, che balza agli occhi del lettore come se fosse reale: rileggi le righe 21-43, poi traccia un ritratto della fanciulla. Descrivine aspetto fisico e comportamento.

9 Lo stile. Nel testo sono presenti numerose similitudini, tratte dal mondo della natura. Sottolinea i paragoni contenuti nelle righe 35-39: quale concetto rendono più intenso?

10 Lo stile. Rileggi le righe 44-47 e sottolinea le similitudini: quale atteggiamento della ninfa mettono in particolare evidenza? Mediante il confronto con quali elementi?

11 I personaggi. Il dio Apollo, nel tentativo di attrarre a sé Dafne, nemica dell'amore, enumera le sue caratteristiche: di quali prerogative egli si vanta (rr. 52-62)?

12 I personaggi. Le divinità svolgono un ruolo ben preciso nel racconto: ricostruisci il sistema dei personaggi, completando lo schema.

1. Protagonista:
2. Antagonista 1:
   Oggetto del desiderio:
3. Antagonista 2:
   Oggetto del desiderio:

13 La categoria. Il mito raccontato dallo scrittore latino rientra nella categoria:

A storica, perché narra l'origine di un fatto vero.
B naturalistica, perché descrive l'origine di una pianta.
C eziologica, perché spiega l'origine di un'usanza.
D teogonica, perché racconta la nascita di una divinità.

14 I temi. Il racconto, come accade in genere con il mito, si presta a svariate interpretazioni: quale delle seguenti ritieni valida? Motiva la risposta.

A Convincere l'amato a ricambiare i propri sentimenti è inutile e dannoso.
B La punizione per la propria arroganza viene inflitta anche agli dèi.
C Pur di sottrarsi a un amore indesiderato, è preferibile cambiare la propria natura.
D La metamorfosi in un essere inferiore è il giusto castigo per chi rifiuta l'amore.

Lessico

GARZANTI LINGUISTICA

15 Il dio Apollo è in preda al *fuoco* (r. 38) dell'amore: inserisci la definizione di ciascuna voce, contenente la parola *fuoco*.

1. Una passione o un entusiasmo passeggero:
2. Devastare con spietata ferocia:
3. Affrontare un pericolo con troppa disinvoltura:
4. Attenuare le polemiche:

Scrittura

16 Racconta il momento della trasformazione di Dafne in una pianta d'alloro come se tu fossi uno stupefatto testimone oculare, seguendo la traccia proposta:

– adotta la prima persona e fai una breve presentazione di te (un abitante del bosco, umano o divino);
– descrivi accuratamente il luogo (la radura di una foresta, le vicinanze di una grotta o di una sorgente ecc.), con i suoi colori e suoni;
– descrivi in dettaglio l'aspetto fisico e l'abbigliamento di Apollo e Dafne;
– narra la metamorfosi di Dafne, cercando di trasmettere un senso di paura e di orrore.

La fedeltà agli dèi: Deucalione e Pirra

(METAMORFOSI)

IL BRANO

Deucalione, celebre personaggio del mito greco, è re di Ftia e figlio del Titano, cioè del gigante, Prometeo, a sua volta famoso per aver rubato agli dei una scintilla di fuoco e averla donata agli uomini. Sua moglie Pirra, invece, era figlia di Pandora, la prima donna, e di Epimeteo, il fratello di Prometeo.
Nel racconto che li vede protagonisti, un terribile diluvio ha inondato la terra: in tal modo, infatti, gli dei hanno punito gli uomini per la loro malvagità. Neppure la Grecia è stata risparmiata dalla catastrofe, tuttavia solo due esseri umani, appunto Deucalione e Pirra, sono scampati alla collera divina, arenandosi con un'imbarcazione sul monte Parnaso, sede delle Muse, le divinità ispiratrici delle arti.

CHIAVE DI LETTURA

In questo brano sofferma l'attenzione su:
- la **coppia dei protagonisti**, cioè **Deucalione** e la moglie **Pirra**, amanti del bene e della giustizia e per questo ricompensati dagli dèi, che offrono loro la salvezza dal diluvio;
- l'**argomento**, cioè la terribile inondazione che annienta l'umanità, una tipologia di racconto che appartiene al patrimonio mitico di innumerevoli popoli;
- il racconto della **rinascita** degli esseri umani, una metamorfosi che si colloca in un universo dinamico, nel quale gli uomini e gli elementi naturali si scambiano di continuo le forme.

Fu in questo luogo (l'unico non sommerso) che Deucalione
approdò, portato da una piccola barca, con la sua compagna[1],
e subito invocarono le ninfe coricie[2], gli dèi dei monti
e Temi[3], che predice il destino e che allora lì teneva oracoli.
Mai ci fu uomo migliore di lui e più amante
di giustizia, mai ci fu donna più timorata[4] di lei. E Giove,
quando vide il creato ridotto a un mare d'acque stagnanti[5]
e di tante migliaia d'uomini un solo superstite,
di tante migliaia di donne una sola superstite,
due esseri innocenti, due esseri devoti agli dèi,
squarciò le nubi e, dispersi col vento gli uragani,

Il narratore osserva che sono i meriti della coppia ad aver indotto Giove a deporre la collera.

---

1. **la sua compagna**: la moglie Pirra.
2. **coricie**: che vivono nella grotta Coricia, sul fianco del Parnaso. Le ninfe sono divinità, spesso raffigurate come giovani donne, che incarnano le forze della natura.
3. **Temi**: dea della giustizia e dei giuramenti, figlia del Cielo e della Terra. Il suo antichissimo santuario sorgeva a Delfi e fu dedicato in seguito al dio Apollo.
4. **timorata**: rispettosa degli dèi e delle regole morali.
5. **stagnanti**: ferme.

mostrò di nuovo al cielo la terra e alla terra il cielo.
Cessò la furia del mare e, deposto il suo tridente,
il dio degli oceani rabbonì le acque[6], chiamò l'azzurro Tritone[7],
che sporge fuori dai gorghi con le spalle incrostate
di conchiglie, e gli ordinò di soffiare nel suo corno
sonoro[8], perché a quel segnale rientrassero flutti e fiumi[9].

Tritone ubbidisce all'ordine di suo padre Nettuno e, dando fiato alla tromba, costringe le acque dolci e salate a rientrare nei propri confini.

Calano i fiumi e rispuntare si vedono i colli,
il mare riacquista un lido e gli alvei raccolgono i torrenti in piena[10];
emerge la terra, ricresce il suolo col decrescere delle acque,
e dopo giorni e giorni mostrano le loro cime spoglie
i boschi, coi rami ancora avvinti da residui di fango.
Restituita era la terra[11]; ma come[12] la vide deserta
e desolata dal cupo silenzio che incombeva, Deucalione
si volse a Pirra trafitto di pianto. Disse:

L'orribile devastazione

Lo sfondo della vicenda rivela un carattere apocalittico: prima dell'intervento di Giove e di Nettuno, che riportano il mondo al suo aspetto originario riordinandone gli elementi, gli uragani squarciano il cielo, il mare è in burrasca e le acque escono dai loro confini naturali. Silenzio e solitudine incombono su un paesaggio morto, che suscita il profondo dolore della coppia, le uniche persone scampate all'inondazione.

«O sorella, o sposa, unica donna rimasta,
che dividi con me la stirpe e l'origine di famiglia[13],
il giaciglio delle nozze e qui gli stessi timori,
noi due soli siamo tutti gli esseri della terra
che vede l'aurora e il tramonto, il resto è sommerso dal mare.
Né, certo, questa nostra vita puoi dire sicura,

6. il dio ... acque: Nettuno calmò la violenza delle acque. Il dio impugna un tridente, un forcone con tre denti o rebbi.

7. Tritone: figlio di Nettuno, è una divinità minore. La parte superiore del corpo è umana, mentre quella inferiore ha forma di pesce.

8. corno sonoro: una conchiglia ritorta, detta buccina, che il dio suona come una tromba.

9. rientrassero ... fiumi: le acque del mare e dei fiumi tornassero al loro luogo naturale.

10. il mare ... piena: il mare ritorna ad avere il litorale e nuovi letti (*alvei*) sono riempiti dalle acque impetuose dei torrenti.

11. Restituita ... terra: il terreno solido era riemerso, asciugandosi.

12. come: quando.

13. dividi ... famiglia: Pirra è cugina, oltre che moglie, di Deucalione, perché figlia di suo zio Epimeteo.

se ancora e sempre quelle nuvole ci opprimono la mente.
Quale sarebbe ora l'animo tuo, se fossi sfuggita
alla morte senza di me? come potresti sopportare
la paura qui da sola? come consolare il dolore?
E io pure t'avrei seguito, o sposa, se il mare t'avesse
inghiottito, credimi, anche me lo stesso mare avrebbe inghiottito.
Oh se con l'arte paterna potessi ricreare gli uomini
e plasmando la creta infondervi respiro[14]!
Ora in noi soli vive la qualità dei mortali,
questo il volere degli dèi, restiamo unici esempi».
Disse, e piangevano. Decisero di invocare la volontà
dei celesti[15] e di chiedere aiuto agli oracoli.
Senza indugio si accostarono insieme alla corrente del Cefiso[16],
che, pur non ancora limpida, già fluiva nel suo letto.
Attinta un po' d'acqua, la spruzzarono sulle vesti
e sul capo[17]; quindi volsero i passi verso il santuario
della dea, scolorito e deturpato[18] sino in cima
dal muschio e privo di qualsiasi fuoco sugli altari.
Giunti ai gradini del tempio, si prostrarono fianco a fianco
sino a terra, baciarono intimoriti la pietra gelida
e «Se a preghiere devote», dissero, «le divinità
si rabboniscono, se l'ira degli dèi si placa,
rivelaci, o Temi, come si possa rimediare alla rovina
della nostra stirpe e soccorri, tu così mite, il mondo sommerso».
Commossa la dea sentenziò: «Andando via dal tempio
velatevi il capo, slacciatevi le vesti
e alle spalle gettate le ossa della grande madre[19]».
Lungo fu il loro smarrimento, poi Pirra ruppe il silenzio
per prima, rifiutandosi di obbedire a quegli ordini e per sé

Il diluvio ha alterato anche la sfera della religione: il tempio è in rovina e il fuoco in onore della dea è tristemente spento.

Un consiglio curioso

L'esito favorevole dell'impresa di Deucalione e Pirra si spiega con la richiesta, da parte loro, dell'aiuto di Temi. La dea, partecipe della sventura che li ha colpiti, li istruisce, spiegando come devono comportarsi: l'atto di nascita dell'umanità deriva così da un gesto di venerazione e di rispetto del divino. Come sempre nel mito, le strade degli dèi incrociano quelle degli uomini.

14. Oh se ... respiro!: se, ricorrendo all'abilità di mio padre Prometeo, che aveva creato con il fango il primo uomo, potessi far esistere di nuovo gli esseri umani e, modellando la creta, dar loro la vita!

15. dei celesti: degli dèi, che hanno la loro sede nel cielo.

16. Cefiso: fiume nei pressi di Delfi.

17. Attinta ... sul capo: la purificazione con l'acqua era un rito da compiere prima di consultare l'oracolo.

18. deturpato: rovinato.

19. alle spalle ... madre: il responso di un dio è sempre oscuro, perciò necessita di un'interpretazione.

invocava, con voce tremante, il perdono divino al timore
di offendere l'ombra di sua madre, disperdendone le ossa.
E continuarono a ripetersi dentro le parole oscure,
impenetrabili, del responso e a girarvi intorno.
Ma a un tratto il figlio di Prometeo rasserena la sua sposa
con queste parole pacate[20]: «O io m'inganno o giusto
è l'oracolo e non c'induce in sacrilegio[21].
La grande madre è la terra; per ossa credo intenda
le pietre del suo corpo; queste dobbiamo noi gettarci alle spalle».
La figlia del Titano[22] è scossa dall'intuito del marito,
anche se dubbia è la speranza, tanto incredibile sembra a loro
il consiglio divino. Ma che male s'aveva a tentare?
S'incamminano, velandosi il capo, sciogliendo le vesti,
e, ubbidendo, lanciano pietre alle spalle sui loro passi.
E i sassi (chi lo crederebbe se non l'attestasse[23] il tempo antico?)
cominciarono a perdere la loro rigida durezza,
ad ammorbidirsi a poco a poco e, ammorbiditi, a prendere forma.
Poi, quando crebbero e più duttile[24] si fece la natura loro,
fu possibile in questi intravedere forme umane,
ancora imprecise, come se fossero abbozzate
nel marmo, in tutto simili a statue appena iniziate.
E se in loro v'era una parte umida di qualche umore[25]
o di terriccio, fu usata a formare il corpo;
ciò che era solido e rigido fu mutato in ossa;
quelle che erano vene, rimasero con lo stesso nome.
E in breve tempo, per volere degli dèi, i sassi
scagliati dalla mano dell'uomo assunsero l'aspetto di uomini,
mentre dai lanci della donna la donna rinacque.
Per questo siamo una razza dura, allenata alle fatiche,
e diamo testimonianza di che origine siamo.

(P. Ovidio Nasone, *Metamorfosi*,
trad. it. di M. Ramous, Garzanti, Milano 2008)

20. pacate: calme.

21. non ... sacrilegio: non ci spinge a compiere un'azione empia, riprovevole.

22. figlia del Titano: Pirra discende da Epimeteo, il cui padre era il titano Giapeto.

23. attestasse: confermasse.

24. duttile: morbida, flessibile.

25. umore: fluido.

Comprendere

1 **Quali azioni compiono Giove e Nettuno una volta finito il diluvio (vv. 323-334)?**

2 **Il desiderio di Deucalione e Pirra è quello di far rinascere l'umanità: spiega il loro**

intento, le incertezze e la scoperta della soluzione, dopo aver riletto i vv. 381-394.

3 **Racconta la trasformazione delle pietre in esseri umani (vv. 398-413).**

Analizzare

4 **Lo spazio.** **L'inondazione si è ormai conclusa: qual è l'aspetto del mondo (vv. 343-349)?**

5 **Lo spazio.** **La descrizione dei luoghi risulta:**

- A carica di emozione.
- B oggettiva e senza emozione.
- C caratterizzata da pochi tratti.
- D ricca di dettagli.

6 **Lo spazio.** **Quali sentimenti suscita la vista di tale desolazione (vv. 349-367)?**

7 **I personaggi.** **A Deucalione e Pirra, entrambi discendenti degli antichi e giganteschi Titani, il narratore attribuisce alcune caratteristiche:**

- A l'amore per il denaro, la malvagità, l'ipocrisia.
- B la generosità, la bontà, la sincerità.
- C l'empietà, la disonestà, l'immoralità.
- D la devozione agli dèi, l'amore per la giustizia, la moralità.

8 **I personaggi.** **La presentazione è:**

- A diretta, cioè fatta esplicitamente dal narratore.
- B indiretta, cioè ricavabile da una serie di indizi.

9 **I personaggi.** **Nella vita di Deucalione e Pirra gli dèi svolgono un ruolo essenziale: quale rapporto lega i protagonisti alle divinità?**

10 **Le tecniche narrative.** **Nei versi 377-383 i protagonisti implorano la dea Temi, che risponde alle loro suppliche. Si tratta di un:**

- A discorso indiretto.
- B discorso diretto.
- C dialogo.
- D monologo.

11 **I temi.** **La vicenda di Deucalione e Pirra contiene un insegnamento morale, che esalta le qualità dei protagonisti: che cosa dice il mito, sempre attuale, anche a noi?**

12 **La categoria.** **La parte finale della storia (vv. 390-415) fa, della vicenda di Deucalione e Pirra, un mito:**

- A storico, perché ....
- B naturalistico, perché ....
- C antropogonico, perché ....
- D cosmogonico, perché ....

13 **Il narratore.** **Rileggi i versi 400 (*chi crederebbe ... tempo antico?*) e 414-415: si tratta di parole che si devono attribuire:**

- A alla coppia protagonista.
- B agli esseri umani.
- C a Temi.
- D al poeta.

14 **Il narratore.** **Quale funzione svolge l'affermazione contenuta nel verso 400?**

Lessico

GARZANTI LINGUISTICA

15 **Nel contesto del verso 375, il verbo *si prostrarono* che cosa significa?**

Grammatica

16 **Rileggi i versi 343-345 e sottolinea i soggetti contenuti in essi.**

Scrittura

17 **Le previsioni meteorologiche avvisino dell'imminenza di una pioggia forte, accompagnata da possibili inondazioni. Sintetizza dieci consigli da offrire alla popolazione per affrontare la catastrofe.**

– Ricorri a uno stile serio, ma con espressioni efficaci dal punto di vista emotivo, per far comprendere l'importanza di quanto stai dicendo.
– Cerca di risultare convincente, per esempio dimostrando a quali gravi inconvenienti si andrebbe incontro se non si seguissero le istruzioni riportate.

Le voci dell'amore: Eco e Narciso

(Metamorfosi)

Il brano

Due passioni, intense e tragiche, animano questo celebre mito: l'amore della ninfa Eco per il bel Narciso e quello di Narciso per la propria immagine. Ovidio sviluppa il racconto rifacendosi a versioni antiche della storia e intrecciando il destino dei protagonisti: l'una mutata in voce, l'altro in un bel fiore. La vicenda mostra un interessante legame con la cultura antica. Narciso viene trasformato in un fiore che, nonostante l'aspetto candido, rivela un dettaglio inquietante. I Greci facevano risalire l'origine del nome al vocabolo *narké* (torpore), in quanto il profumo del narciso possiede proprietà narcotiche. Essendo inoltre velenoso, esso fu associato alla morte: gli Egizi, per esempio, se ne servivano per adornare le tombe e i Greci ne facevano corone per i defunti.

Chiave di lettura

In questo brano sofferma l'attenzione su:
- il **sentimento**, che caratterizza i due personaggi: si tratta di una forza inarrestabile, che li porta all'autodistruzione;
- la **sorte** dolorosa che li colpisce, negando la loro umanità e trasformandoli in elementi naturali;
- l'**intervento del narratore**, il quale lascia trasparire il suo giudizio e si fa portavoce dell'opinione del lettore;
- lo **stile semplice** e molto **poetico**, che contrasta con la drammaticità degli eventi.

Tiresia[1], divenuto famosissimo in tutte le città della Beozia[2], dava alle genti che li chiedevano responsi veritieri; le prime prove della veridicità e della validità delle sue profezie le ebbe la ninfa[3] Lirìope, che [...] concepì e partorì un pargolo[4] tale da poter essere amato fin da allora e lo chiamò Narciso; intorno a lui fu consultato il vate profetico[5] per sapere se avrebbe visto i lunghi giorni di una matura vecchiaia: «Se non si conoscerà» egli disse. La profezia dell'augure[6] a lungo sembrò menzognera, ma la confermarono la fine, gli avvenimenti, nonché il genere di morte e la singolarità della follia. Infatti, il giovinetto aveva aggiunto un anno ai quindici già compiuti e [...] lo desideravano molte fanciulle; ma non riuscivano a toccarlo (tanto aspra era la superbia racchiusa nella sua delicata bellezza). Ma una volta lo vide, mentre spingeva verso le reti i cervi tremanti, una ninfa loquace[7]: era Eco risonante, [...] che ripete la parte finale del discorso e ridice le parole ascoltate.

Quando essa vide Narciso che vagava per le campagne solitarie, se ne innamorò e si mise furtivamente sulle sue orme, e quanto più lo segue, più

1. **Tiresia**: celebre indovino della mitologia greca.
2. **Beozia**: regione della Grecia centrale, che ha conservato il suo nome.
3. **ninfa**: divinità minore della mitologia classica.
4. **pargolo**: bambino.
5. **vate profetico**: veggente.
6. **augure**: indovino.
7. **loquace**: chiacchierina.

intimamente brucia del fuoco d'amore, non diversamente di quando lo zolfo infiammabile, spalmato sulla sommità delle fiaccole, capta il fuoco che gli è stato accostato. O quante volte avrebbe voluto avvicinarlo con parole carezzevoli e porgergli supplichevoli preghiere! Ma la sua natura si oppone, non permettendole di iniziare il discorso; invece, essa è preparata ad ascoltare solo suoni, cui rinviare da parte sua le parole. Per caso il giovinetto, allontanatosi dalla schiera dei fedeli compagni aveva gridato «chi mai è qui?» a cui Eco aveva risposto «è qui». Egli si stupisce e volgendo gli occhi verso ogni dove grida a gran voce «vieni»: quella gli rivolge lo stesso invito. Guarda di nuovo e poiché non vede venir nessuno «perché – disse – mi fuggi?» e risentì altrettante parole di quante ne aveva dette. Insiste e, ingannato dal riflesso della voce alternantesi con la sua, «incontriamoci qui» disse, ed Eco, che a nessuna voce mai avrebbe risposto più volentieri, ripeté «incontriamoci»: asseconda[8] allora le proprie parole e uscita dalla selva si avvia a gettare le braccia a quel collo desiderato. Quello fugge e nella fuga: «Tieni lontane le mani, non abbracciarmi! – grida – Che possa morire prima di concedermi a te». Quella non rispose se non «concedermi a te». Così respinta si nasconde nelle selve e copre il viso pieno di rossore con fogliame e da allora vive nelle spelonche[9] solitarie; ma l'amore le rimane fisso nel cuore e cresce per il dolore del rifiuto: gli affanni e le veglie le fanno smagrire il miserevole corpo, la magrezza fa raggrinzire la pelle e ogni sua linfa vitale si disperde nell'aria; sopravvivono solo la voce e le ossa: ma, mentre la voce rimane, dicono che le ossa si siano pietrificate. Per ciò si nasconde nelle selve e non si vede sui monti, ma viene ascoltata da tutti: soltanto il suono sopravvive di lei.

Bello e arrogante

Narciso rivela una superbia che ne fa un personaggio negativo, convinto di una superiorità che gli deriva dall'aspetto fisico e che lo porta a disprezzare le fanciulle che lo desiderano. Tuttavia, Eco e Narciso non sono poi così diversi: entrambi, infatti, sono chiusi nella propria interiorità e disinteressati verso il mondo che li circonda. Infine, Eco svanisce, consumata dall'amore, e Narciso subisce la punizione che gli dèi infliggono agli arroganti. Di lei rimane una flebile traccia sonora, di lui il fiore candido, perché la metamorfosi li ha privati di un'umanità di cui si sono mostrati indegni.

Così Narciso s'era preso gioco di questa ninfa, e di altre ancora, ninfe dei monti e delle acque. [...]

Per tale motivo qualcuno, alzando le mani al cielo, invocò «che possa innamorarsi allo stesso modo costui, ma non possa godere dell'oggetto del suo amore»: la dea Ramnusia[10] acconsentì a queste giuste preghiere. Vi era una fonte limpida, splendente come l'argento per le sue acque terse, che non avevano mai bevuto né i pastori né le caprette dopo aver pascolato sulle balze né altro bestiame; quella stessa, inoltre, né gli uccelli né le fiere avevano reso torbida né le fronde staccatesi dagli alberi; tutto intorno cresceva l'erba ali-

La bellezza del paesaggio fa da cornice alla bellezza fisica del protagonista.

8. asseconda: mette in pratica.

9. spelonche: grotte oscure e profonde.

10. la dea Ramnusia: Nemesi, dea vendicatrice delle ingiustizie e delle colpe di superbia. È detta Ramnusia dalla località di Ramnunte in Grecia, dove si celebravano feste in suo onore.

mentata dalla vicina acqua e un bosco che impediva al sole di riscaldare il luogo. Qui il giovanetto, stanco per l'impegno della caccia e per il caldo e allettato dalla natura del luogo e dalla fonte, si prostra a terra, e, mentre brama di calmare la sete, se ne accresce un'altra; mentre beve, attratto dalla bellezza dell'immagine vista si innamora di un'ombra senza corpo, in quanto crede che sia reale la persona riflessa nell'acqua. Guarda stupito se stesso, se ne resta immobile e fisso sul suo volto, come una statua scolpita nel marmo pario[11]. Steso a terra contempla due stelle, i suoi occhi, e i capelli degni di Bacco e di Apollo[12], le guance senza peluria, il collo d'avorio e la bellezza del viso e il roseo colore misto al suo candore: e resta in ammirazione di tutti quei tratti, per i quali egli stesso è meraviglioso. Sconsiderato, è preso da desiderio per se medesimo e se applaude vede il medesimo gesto, se cerca di avvicinarsi vede ripetersi il movimento e contemporaneamente si accende d'amore e brucia per questo. Quante volte mandò invano baci all'acqua ingannatrice! quante volte immerse le braccia nell'acqua per stringerle sul collo che vedeva, senza riuscire ad abbracciare se stesso! Non sa che cosa veda, ma brucia per quel che vede e il medesimo errore inganna ed eccita i suoi occhi. O ingenuo, perché cerchi senz'esito di stringere un'ombra fallace? Quel che brami, non esiste; se ti giri, perderai quel che ami. Codesto fantasma che tu vedi è il riflesso della tua immagine; nessuna caratteristica è sua: viene e rimane con te, e si allontanerebbe con te se riuscissi a smuoverti da lì. Né il bisogno di alimento, né quello di riposo lo possono allontanare da lì, sdraiato all'ombra sull'erba,

Le parole rivolte a Narciso suonano crudeli ma anche pietose, nell'avvertire il giovane del tragico equivoco nel quale è caduto.

11. marmo pario: varietà pregiata di marmo, proveniente dall'isola di Paro nel mare Egeo.

12. di Bacco e di Apollo: dèi dell'Olimpo, famosi per la loro bellezza.

contempla l'immagine mendace[13] con occhi insaziabili, struggendosi d'amore proprio attraverso questi. Alzandosi un po' e tendendo le braccia alla selva circostante «O selve, chi mai – disse – ha amato in maniera più tormentosa? [...] Chiunque tu sia, vieni qui all'aperto! Perché mi inganni o dove fuggi quando ti desidero? Di certo né la mia bellezza né la mia età sono tali da farti fuggire: persino le ninfe mi amarono. Tu mi susciti non so quale speranza con il tuo volto benevolo e, quando ti porgo le braccia, tu mi porgi le tue spontaneamente; quando rido, ridi con me; ancora, ho notato spesso le tue lacrime quando io piangevo; tu con cenni rispondi ai miei e, per quel che deduco dal movimento della tua bella bocca, mi indirizzi parole destinate a non giungere alle mie orecchie.

Ma questo sono io! L'ho capito: né mi inganna la mia immagine: brucio d'amore per me stesso, suscitando e subendo la fiamma d'amore. Che fare? devo essere pregato o dovrò pregare? Ma poi cosa chiederò? L'oggetto del desiderio è con me: mi ha reso povero quanto è a mia disposizione. Oh, potessi separarmi dal mio corpo!» [...] Dopo tale sfogo, fuor di sé, ritornò a guardare la sua sembianza, intorbidando l'acqua con le lacrime; la superficie della fonte così smossa oscurò l'immagine e quello, vedendola scomparire, «Dove fuggi? – esclamò – fermati e non abbandonarmi, o crudele, in preda all'amore! Mi sia concesso guardare quel che non posso toccare e alimentare così la miserevole insania[14]!». In mezzo a tanto dolore si strappò le vesti dall'alto e si batté il petto nudo con le bianche mani. Per quelle percosse il petto assunse una tinta rossa sfumata, alla stessa maniera dei frutti che sono candidi da un lato, rosseggianti dall'altro o dell'uva che, anche se non giunta a maturazione, prende un colore porporino[15] dai suoi grappoli colorati. E appena scorse nell'acqua ritornata tranquilla quelle condizioni, non resse oltre, ma, come avviene che la cera color d'oro si liquefa per un leggero calore o la brina mattutina si scioglie man mano che il sole si scalda, così si strugge sfinito dall'amore e lentamente si consuma per un fuoco penetrato nell'intimo: il suo colore non è

13. mendace: ingannevole.

14. insania: follia.

15. porporino: rosso vermiglio.

Un amore prigioniero di sé

La vicenda dell'infelice Narciso ha dato origine al termine «narcisismo», che indica una sorta di culto innaturale di se stessi, il quale si esaurisce nell'esaltazione esclusiva della propria personalità, rinunciando a ogni altra forma di affetto. L'egocentrismo, caratteristica naturale dei primi anni di vita di un essere umano, deve trasformarsi in un sentimento maturo, aperto agli altri: diversamente, l'individuo «Narciso» corre il rischio di restare per sempre un bambino che, egoista e superficiale, si compiace soltanto di sé.

più un misto di candore e di rossore, non più rimane né forza né vigore, né quella bellezza che poco prima lo attraeva, e neppure quel corpo che un tempo Eco aveva amato. La quale, appena vide quello strazio, benché irata e memore dell'oltraggio, ne provò dolore, e, ogni volta che quell'infelice giovinetto esclamava «ahimè», essa ripeteva «ahimè» con la sua voce risonante. Quando, poi, quello si percuoteva le braccia con le mani, anch'essa riecheggiava il rumore dei colpi. Questo fu l'ultimo grido di lui che guardava ancora una volta in quell'acqua solita: «Oh, giovinetto amato invano!», che il luogo circostante ripeté esattamente e quando fu aggiunto «addio!», anche Eco disse «addio!». Narciso abbandonò il capo stanco sulla verde erba e la morte chiuse gli occhi che contemplavano la bellezza di colui che li possedeva. Dopo che fu accolto nella sede degli inferi[16], anche allora continuava a guardare nell'acqua dello Stige[17]. Lo piansero le sue sorelle, le naiadi[18], che, tagliate le chiome, le offrirono al fratello; lo piansero le driadi[19] e ai loro pianti rispondeva Eco. Già quelle preparavano il rogo e le fiaccole da agitare e la bara: ma il corpo non c'era, e al posto del corpo trovarono un fiore giallo cinto da petali bianchi.

(P. Ovidio Nasone, *Metamorfosi*, a cura di N. Scivoletto, Utet, Torino 2000)

16. sede degli inferi: oltretomba della religione greco-romana.

17. Stige: fiume sotterraneo che scorreva negli inferi.

18. naiadi: ninfe delle acque.

19. driadi: ninfe delle selve.

Comprendere

1 **La forza dolorosa dell'amore colpisce i protagonisti del mito: chi diventa rispettivamente l'oggetto della passione di Eco e Narciso?**

2 **L'atteggiamento di Narciso suscita l'ira di qualcuno: a quale richiesta la dea Ramnusia acconsente (rr. 49-51)?**

3 **In quale circostanza Narciso s'innamora di se stesso (rr. 57-61)?**

4 **Quali eventi colpiscono Narciso dopo che questi ha visto scomparire la propria immagine? Rispondi completando lo schema.**

1. Si dispera (rr. 98-99).
2. Perde le forze e muore (rr. 102-116; 123-126).

5 **Che cosa accade a Narciso dopo la morte (rr. 124-129)?**

Analizzare

6 **Lo spazio. L'amore infelice consuma Eco, portandola a cambiare natura: descrivi la sua metamorfosi (rr. 39-46).**

7 **Lo stile. L'uso delle figure retoriche rende più intenso il concetto che l'autore vuole esprimere, mettendo in grande risalto la bellezza di Narciso: quale figura retorica osservi nelle espressioni *due stelle* (r. 63) e *collo d'avorio* (r. 64)? Motiva la risposta.**

8 **I personaggi. La personalità di Eco e quella di Narciso emergono con chiarezza dalle loro azioni: attribuisci a ciascun personaggio le caratteristiche e gli atteggiamenti sottoriportati.**

1. Indifferenza: A Eco. B Narciso.
2. Passione: A Eco. B Narciso.
3. Insistenza: A Eco. B Narciso.
4. Insensibilità: A Eco. B Narciso.
5. Disillusione: A Eco. B Narciso.
6. Rifiuto: A Eco. B Narciso.

9 **La categoria. Il mito raccontato dallo scrittore latino rientra nella categoria:**

A teogonica: narra la nascita di un dio e di una dea.
B storica: racconta l'origine di un evento reale.
C eziologica: spiega l'origine di un'usanza molto antica.
D naturalistica: descrive l'origine di un fenomeno naturale e di una pianta.

10 **Il tema. Il comportamento di Narciso è utile per comprendere il tema del mito, ovvero:**

A l'immaturità tipica dei giovani.
B l'amore egoistico ed esclusivo di sé.
C la compassione per la sofferenza altrui.
D la gioia del sentimento amoroso.

Lessico

GARZANTI LINGUISTICA

11 **Narciso contempla la propria *immagine* (r. 60): quale sinonimo, tra *idea, simbolo, visione, aspetto*, può sostituire la parola *immagine* nelle seguenti frasi?**

1. La colomba è comunemente ritenuta un'immagine della pace.
2. Al risveglio, spesso abbiamo un'immagine confusa di ciò che abbiamo sognato.
3. Non sono riuscito a farmi un'immagine precisa della questione: è troppo complicata!
4. Quella persona cura la propria immagine con grande attenzione.

Grammatica

12 **Le espressioni *per l'impegno* e *per il caldo* (r. 57) costituiscono un complemento di:**

A svantaggio.
B fine.
C mezzo.
D causa.

Scrittura

13 **Se hai letto i brani relativi ai miti di Apollo e Dafne (vedi p. 20) e Deucalione e Pirra (vedi p. 25), immagina un dialogo a più voci che coinvolga le protagoniste femminili, tenendo conto dei suggerimenti che seguono:**

– Dafne, Pirra ed Eco raccontano in breve le rispettive storie: in tono addolorato Dafne ed Eco; in tono meno cupo Pirra;
– i tre personaggi alludono al rapporto con i rispettivi personaggi maschili della vicenda (Apollo, Deucalione, Narciso), scambiandosi qualche confidenza e rivelando magari qualche dettaglio sconosciuto della vicenda;
– l'incontro si conclude con un commento personale di ciascuna sui fatti che ha vissuto e sull'insegnamento che se ne può trarre.

Publio Ovidio Nasone

Il volo di Icaro

Il sovrano di Creta, Minosse, figlio di Giove, il re degli dèi, affida al celebre architetto ateniese Dedalo il compito di costruire un labirinto, nel quale imprigionare il mostruoso Minotauro, una creatura con la testa di toro e il corpo di uomo. Poiché Minosse non vuole che si scoprano i segreti dell'edificio, vieta a Dedalo e al figlio Icaro di allontanarsi dall'isola, ma l'ingegnoso artefice escogita un mezzo sorprendente per recuperare la libertà.

Minosse decide di rinchiudere il Minotauro in una casa piena di tortuosità e senza luce. Dedalo, famosissimo per l'abilità nella tecnica della costruzione, esegue quest'opera, sconvolgendo i segni di orientamento e ingannando la vista con le giravolte dei vari corridoi, tanto che a stento potè egli stesso arrivare fino alla via d'uscita: così grande è la possibilità di sbagliarsi in quella costruzione. [...]

Ma Dedalo, che aveva in odio Creta e il lungo esilio ed era preso dalla nostalgia del suo paese natale[1], rimaneva bloccato dal mare. «Sbarri pure le vie di terra e di mare – disse – ma di sicuro il cielo è aperto; andremo per quella via! Minosse sia pure padrone di tutto, ma non possiede l'aria». Così parlò e si dedicò a un'arte ancora sconosciuta e mutò le leggi di natura. Infatti, colloca in fila alcune penne, cominciando dalle più piccole, in modo che una più corta stesse dietro una lunga, tanto da credere che fossero cresciute su un pendio: nella stessa maniera per lo più la zampogna campestre si accresce gradualmente con le canne disuguali. Poi lega quelle di mezzo con un filo e unisce quelle estreme con la cera e, dopo averle così saldate, le piega con una leggera curva per imitare le ali vere. Il figlio Icaro gli stava appresso e, non sapendo di maneggiare la causa dei suoi pericoli, con il volto sorridente, ora cercava di fermare le piume che un vento leggero sparpagliava, ora plasmava con il pollice la bionda cera e con tali trastulli era d'impaccio al mirabile lavoro del padre. Dopo che dette l'ultima mano all'opera iniziata, l'artefice bilanciò il corpo sulle due ali e si librò muovendo l'aria. Equipaggia anche il figlio e «Icaro, – dice – ti esorto a volare a un livello medio per evitare che l'acqua appesantisca le ali, se tu volerai più in basso, o che il sole le bruci, se andrai più in alto. Vola a metà dell'aria e ti raccomando di non stare a guardare Boote o Elice né Orione[2]: continua a camminare seguendo la mia guida». Nello stesso tempo gli dà le istruzioni per volare e gli adatta alle spalle quelle ali inusuali. In mezzo ai preparativi e agli ammonimenti si inumidirono le guance del vecchio padre e gli tremarono le mani. Dette al figlio gli ultimi baci e levandosi sulle ali vola davanti e sta in ansia per il compagno di viaggio (come un uccello che ha spinto nell'aria, fuori dall'alto nido, la tenera prole) e lo esorta a stargli dietro e lo istruisce sui pericoli di quell'arte: agita le sue ali ma controlla quelle del figlio.

Qualcuno, mentre tenta di catturare i pesci con la lenza o un pastore che si reggeva

1. **paese natale**: Dedalo era originario di Atene.

2. **Boote ... Elice ... Orione**: costellazioni celesti.

sul bastone o un aratore appoggiato sul manico dell'aratro li vide, rimanendo stupito, e credette che fossero dèi per il fatto che potevano solcare l'aria. E già alla loro sinistra avevano Samo sacra a Giunone (avevano superato Delo e Paro) e a destra Lebinto e Calimne[3] ricca di miele, quando il fanciullo cominciò a gioire dell'audace volo e abbandonò la guida e trascinato dal fascino del cielo percorse una via più in alto: la vicinanza del sole ardente rammollisce la cera odorosa, che teneva unite le penne. La cera si liquefà: il ragazzo scuote le braccia nude e privo del remeggio delle ali non ha più presa sull'aria: mentre invoca il nome del padre sprofonda nel mare azzurro che da lui prese il nome. Allora l'infelice padre, che non era più padre, «Icaro – invocò – Icaro – chiamò ancora – dove sei? In qual posto ti devo cercare?» «Icaro», ripeteva: scorse le penne sulle onde e maledisse la sua arte; seppellì il corpo in un sepolcro e la terra fu chiamata dal nome del ragazzo sepolto.

(adattam. da P. Ovidio Nasone, *Metamorfosi*, a cura di N. Scivoletto, Utet, Torino 2000)

3. **Delo e Paro ... Lebinto e Calimne**: isole greche.

1 Dedalo e il figlio Icaro si allontanano dall'isola (rr. 6-29):

A dopo aver forzato tutte le porte del labirinto.
B avendo ucciso le sentinelle di guardia.
C volando con una macchina ingegnosa.
D volando con due ali fatte di piume e di cera.

2 Alle righe 15-16 si legge: *Il figlio Icaro ... non sapendo di maneggiare la causa dei suoi pericoli*. La frase rappresenta:

A un flasback, perché riferisce un fatto passato.
B una prolessi, perché anticipa ciò che accadrà in seguito.
C un sommario, perché sintetizza il racconto di un fatto.
D un'ellissi, perché omette un fatto molto importante.

3 Nel testo, alla riga 24, compare il vocabolo *inusuali*. Se cercassi il termine su un dizionario di italiano troveresti:

1. che è diverso dal solito.
2. straordinario.
3. che non accade abitualmente.
4. anormale.

A quale delle definizioni proposte si deve ricondurre il significato della parola nel contesto del brano?

A Alla definizione 1.
B Alla definizione 2.
C Alla definizione 3.
D Alla definizione 4.

4 *In mezzo ai preparativi e agli ammonimenti si inumidirono le guance del vecchio padre e gli tremarono le mani* (rr. 24-26). Questa frase può essere completata con:

A perché, essendo vecchio, si commuoveva con molta facilità.
B perché aveva previsto la conclusione della fuga.
C perché temeva per la salvezza di Icaro.
D perché aveva paura per la propria sorte.

5 *agita le sue ali ma controlla quelle del figlio* (rr. 28-29). Sostituisci la coordinata avversativa (*ma controlla quelle del figlio*) con una subordinata esclusiva, scegliendola tra:

A per controllare quelle del figlio.
B senza controllare quelle del figlio.
C così da controllare quelle del figlio.
D che controllano quelle del figlio.

6 **Sottolinea, tra quelli indicati tra parentesi, il sinonimo più adatto a ciascuna parola evidenziata in neretto nelle righe 34-35.**

il fanciullo cominciò a gioire dell'**audace** (sfacciato/temerario/innovativo/eccessivo) volo e abbandonò la guida e trascinato dal **fascino** (seduzione/richiamo/attrattiva/magia) del cielo **percorse** (perlustrò/visitò/attraversò/vagò per) una via più in alto.

7 **Indica la sequenza corretta che ricompone l'ordine originario del testo (rr. 36-39), numerando le frasi da 1 a 4.**

- [3] privo del remeggio delle ali non ha più presa sull'aria;
- [1] trascinato dal fascino del cielo percorse una via più in alto;
- [4] sprofonda nel mare che da lui prese il nome;
- [2] la cera si liquefà.

8 **L'espressione *non era più padre* (r. 39) significa che Dedalo:**

- A aveva perso il figlio.
- B non trovava più il figlio.
- C si era dimenticato del figlio.
- D era arrabbiato con il figlio.

9 **Icaro ha dato al figlio precise istruzioni su come comportarsi per evitare rischi mortali: quale di queste affermazioni è coerente con lo svolgimento del mito?**

- A È bene fare le proprie scelte, seguendo sempre i consigli altrui.
- B È bene fare le proprie scelte, senza seguire i consigli altrui.
- C È bene non fare le proprie scelte, lasciando il compito ad altri.
- D È bene non fare alcuna scelta, tanto si commettono sempre errori.

10 **Indica se le seguenti affermazioni sono vere o false rispetto a quanto si legge nel testo.**

	V	F
1. Il mito è di tipo eziologico.	☐	☒
2. Il mito esalta lo spirito d'iniziativa.	☒	☐
3. Icaro è un modello di obbedienza.	☐	☒
4. Icaro è punito per non aver rispettato i limiti umani.	☒	☐

Competenze di scrittura

11 **Tipo di testo: informativo-espositivo (sintesi).**
Scopo: informare.
Destinatario: studenti.

Prendendo come esempio i brani contenuti nell'unità, costruisci le chiavi di lettura del racconto, sviluppando i punti che seguono: il carattere dei protagonisti; il loro comportamento; il significato del mito.

Competenze digitali

12 **Icaro è animato dal desiderio di esplorare, che, nella storia umana, ha avuto molte occasioni di realizzarsi. Dopo aver svolto ricerche in internet, prepara con il computer una mappa, arricchita di immagini, di alcune esplorazioni spaziali avvenute nel XX e nel XXI secolo. Puoi anche immaginare e descrivere in breve quelle che, a tuo avviso, si potrebbero ancora compiere.**

UNITÀ 2

I moderni raccontano il mito

COMPETENZE
- Individuare il significato generale di un mito narrato da autori moderni e contemporanei.
- Individuare il messaggio trasmesso da un mito narrato da autori moderni e contemporanei.
- Cogliere l'attualità delle tematiche e dei valori del mito classico mediante discussione e confronto.

CRITERI DI VALUTAZIONE
- Capacità di individuare il significato generale di un mito narrato da autori moderni e contemporanei.
- Capacità di cogliere il messaggio trasmesso da un mito narrato da autori moderni e contemporanei.
- Capacità di cogliere l'attualità delle tematiche e dei valori del mito classico mediante discussione e confronto.

I MITI: ANTICHI, MA SEMPRE ATTUALI

Da tempo immemorabile i miti **appartengono all'umanità**: prima ancora che Omero componesse le sue opere, hanno segnato il trascorrere dei millenni, riproponendosi all'attenzione degli ascoltatori e dei lettori, che li hanno trasmessi in un ampio numero di varianti.

Gli individui più semplici prendevano alla lettera i racconti mitici e attribuivano loro un valore di verità assoluta; altri, più colti, o meno ingenui, ne hanno indagato i significati simbolici, quelli più profondi, nascosti dietro il senso letterale dei fatti. Tutti, in ogni caso, hanno avvertito la necessità di **imparare** e di **ricordare i miti** come narrazioni che **affrontano le grandi domande**, i «perché» cui da soli non sappiamo rispondere, quelli che ci colpiscono al cuore e riguardo ai quali la moderna tecnologia, pur così avanzata, offre ben poche soluzioni.

Non solo: **dèi**, **eroi**, **esseri umani**, insomma i protagonisti dei miti, ci fanno venire in mente persone «**di famiglia**», ci sembra di conoscerli da sempre, spesso ci guardano dai dipinti o attraverso gli occhi marmorei delle statue. Qualche scrittore, cui non difetta certo la fantasia, dice che essi si aggirano ancora tra noi, in abiti moderni.

Anche oggi l'arte, la letteratura e il cinema fanno rivivere il **fascino eterno** dei miti, una **fonte di ispirazione** che non si è mai inaridita, capace come poche altre forme culturali di dar voce ai nostri desideri, sogni e delusioni. Nelle vicende e nei personaggi mitici agiscono infatti le stesse **passioni** e le stesse **forze** che sperimentiamo nel nostro agire quotidiano, insieme a quella **scintilla del divino** che, presto o tardi, scopriamo nella nostra anima: i miti, dunque, **parlano di noi**.

Per far comprendere l'importanza e l'attualità del mito, questa unità ne contiene quattro **interpretazioni moderne**, raccontate da scrittori molto diversi, ma accomunati da una grande partecipazione emotiva alle antiche storie: **Nathaniel Hawthorne** fa rivivere nelle sue pagine le figure dell'eroe Teseo, della dolce Arianna e del crudele Minotauro; **Robert Graves** ci parla della giovinezza di un «supereroe», Eracle (Ercole, per i Romani), che di certo non immagineremmo bambino e adolescente, seppure un po' speciale; **Giorgio Ieranò** tratteggia un divertente intrigo sentimentale e delinea al contempo un modello positivo di condotta, incarnato in Efesto (Vulcano, per i Romani), il dio del fuoco; infine, **Paola Mastrocola** rievoca la tragedia di Orfeo ed Euridice, incentrata sull'amore, sulla morte e sulla nostalgia struggente del ricordo.

PARLIAMO DI SIMBOLI E DI EROI

Tutte le società hanno costruito una mitologia propria, ma quella antica continua a ispirarci, popolata com'è di personaggi cui spesso ci riferiamo per **identificare** con immediatezza **vari aspetti del nostro comportamento**. Espressioni

Arianna raffigurata con in mano la matassa di filo, in una litografia di Edward Burne-Jones.
1882-1889. Londra, British Museum.

Ercole De' Roberti, *Gli Argonauti lasciano la Colchide*.
Tempera e olio su tela. 1480.
Madrid, Collezione Thyssen Bornemisza.

come *sentirsi un Ulisse*, *agire come una Circe*, *essere un Adone* ci sono familiari e rinviano alle **figure del mito**, che hanno accompagnato l'uomo nel corso della sua evoluzione e nelle quali egli può riconoscersi.

Per non dire del fatto che talvolta le vicende mitologiche fanno la loro comparsa sotto altre forme. I **nuovi eroi** sono, fra i tanti, Superman, abitante di un altro mondo, proprio come gli dèi greci, o l'Uomo Ragno, solitario e sfortunato come Eracle, o l'equipaggio dell'astronave Enterprise, della serie *Star Trek*, che ricorda gli Argonauti alla ricerca del vello d'oro a bordo della nave Argo.

I personaggi citati, e naturalmente molti altri, sono entrati nell'immaginario collettivo, rappresentando i **simboli universali** di un atteggiamento, di un modo di essere e di pensare che presenta una molteplicità di sfaccettature: per esempio, **Odisseo**, il simbolo del **viaggiatore**, incarna anche lo **slancio** dell'uomo **verso la conoscenza**, verso il superamento dei propri limiti. Dunque, non dobbiamo rinunciare a conoscere i grandi miti, anche attraverso una riscrittura moderna, lasciandoci catturare dal **piacere di leggere** e di sognare altre vite, altre epoche: in fondo, come si è detto, i miti parlano della nostra vita e sono in grado di farci comprendere meglio il nostro presente.

L'astronave Enterprise in una scena della serie *Star Trek*.

NATHANIEL HAWTHORNE

Teseo e Arianna

(IL LIBRO DELLE MERAVIGLIE, 1851)

L'AUTORE

Nacque nel 1804 a Salem, nel Massachusetts, in una famiglia benestante. Dopo studi regolari, si dedicò all'attività letteraria, inizialmente con scarso successo. Il suo primo libro s'intitola *Racconti narrati due volte*, del 1837, ripubblicato con ampliamenti nel 1851. Trasferitosi a Boston, lo scrittore lavorò come impiegato doganale e nel 1842, con la moglie Sophia Peabody, decise di vivere a Concord. Al 1846 risale la raccolta di racconti *Muschi del vecchio presbiterio*; tuttavia la notorietà arrivò con il romanzo *La lettera scarlatta* (1850). Nominato console degli Stati Uniti prima a Liverpool e poi in Italia, compose altre opere, tra cui *La casa delle sette torri* (1851), *Il libro delle meraviglie* (1851), *I racconti di Tanglewood* (1853), *Il fauno di marmo* (1860). Ritornò in patria nel 1860 e morì quattro anni dopo, nel 1864.

IL BRANO

Il racconto del duello fra Teseo e il Minotauro è uno dei più celebri del mito greco, tanto da aver ispirato nei secoli la letteratura e le arti.

Per comprendere meglio il brano proposto, ricordiamo l'antefatto. Minosse, re dell'isola di Creta, si era rifiutato di sacrificare al sovrano del mare, il collerico Poseidone (Nettuno, per i Romani), un bellissimo toro che il dio gli aveva mandato in segno di apprezzamento. La punizione divina non si fece attendere: la regina Pasifae, moglie di Minosse, s'innamorò dell'animale e generò un figlio mostruoso, appunto il Minotauro, con il corpo umano e la testa di toro, che venne rinchiuso nel labirinto, un edificio dalle innumerevoli stanze. La città di Atene, sottomessa a Creta, vi inviava ogni anno, come tributo, sette fanciulli e sette fanciulle, che il Minotauro divorava. Teseo, figlio del re ateniese Egeo, decise di risolvere la drammatica situazione e di uccidere il mostro. Il testo incomincia descrivendo la spedizione di Teseo verso l'isola; prosegue con l'intervento della principessa Arianna, che aiuta il protagonista, e termina con la morte del Minotauro per mano dell'eroe.

CHIAVE DI LETTURA

In questo brano sofferma l'attenzione su:

– l'**intento educativo** del racconto, cioè trasmettere ai giovani lettori **valori e modelli positivi** di comportamento, incarnati da Teseo e da Arianna;

– i **protagonisti**, l'eroe **Teseo** che supera l'ostacolo mettendo in campo **coraggio** e **spirito di sacrificio**, ma che non avrebbe potuto vincere l'avversario senza l'intervento di **Arianna**. I due personaggi sono inoltre capaci di provare **compassione** per le vittime del **Minotauro** e, per quest'ultimo, solitario e feroce, quasi un sentimento di **pietà**;

– la **morale** del racconto, che invita i giovani a trarre ispirazione dal mito, lottando contro il **male** con la **collaborazione** dei propri simili;

– lo **stile**, **semplice** e di **registro medio**; l'autore **commenta i fatti** con vivacità e dà l'impressione di riprodurre l'**oralità** dei miti diffusi a voce prima di essere scritti.

Teseo salì a bordo e i marinai orientarono le nere vele della nave[1] secondo il vento, che soffiava debolmente da terra, formato più che altro dai sospiri che un po' tutti non potevano impedirsi di emettere in quella malinconica circostanza. Ma di lì a poco, non appena si erano portati abbastanza al largo, giunse da nord-ovest una forte brezza che li spinse allegramente sulla cresta spumeggiante delle onde [...]. Devono esserci state delle danze, m'immagino, sul ponte ondeggiante, dei calorosi scoppi di risa ed altri intempestivi[2] momenti di allegria fra le vittime, prima che le alte, azzurre montagne di Creta cominciassero a mostrarsi nella distanza, fra le nuvole.

Non avevano fatto in tempo ad entrare in porto che un drappello[3] di guardie del re Minosse venne a riva e prese sotto la sua custodia i quattordici giovani. Circondati dai guerrieri armati, il principe Teseo e i suoi compagni furono condotti al palazzo del re e introdotti alla sua presenza.

Ora, Minosse era un re inflessibile[4] e spietato. Alla vista delle povere vittime ateniesi, aggrottò le sue ispide[5] ciglia. Qualsiasi altro mortale, di fronte alla loro fresca e tenera bellezza, al loro aspetto innocente, sarebbe stato come sulle spine e avrebbe subito acconsentito, per la felicità di tutti loro, a lasciarli andare, liberi come il vento. Unico interesse dell'implacabile Minosse, invece, era di esaminarli, per vedere se erano abbastanza in carne da soddisfare l'appetito del Minotauro. Uno dopo l'altro, re Minosse chiamava quei pallidi, spaventati giovani e quelle fanciulle in lacrime ai piedi del suo sgabello, dava a ciascuno di loro un colpetto nelle costole con lo scettro (per verificare se erano o no bene in carne), dopodiché li consegnava con un cenno alle sue guardie. Quando però i suoi occhi si posarono su Teseo, il re lo osservò con più attenzione, dato che la sua faccia esprimeva calma e ardimento.

«Tu giovanotto» – gli chiese con la sua voce aspra – «non sei atterrito davanti alla certezza di essere divorato dal terribile Minotauro?».

«Ho sacrificato la mia vita per una buona causa» – rispose Teseo – «e pertanto la do liberamente e con piacere. Ma tu, re Minosse, non sei tu stesso atterrito per aver, anno dopo anno, perpetrato quest'orribile misfatto[6], dando in pasto ad un mostro sette giovani e altrettante fanciulle innocenti? Non tremi dunque, re malvagio, nel rivolgere il tuo sguardo sul tuo stesso cuore? Io ti dico in faccia che tu, re Minosse, seduto lì sul tuo trono d'oro e paludato[7] nei tuoi abiti regali, sei un mostro più orrendo dello stesso Minotauro!».

«Aha! Così tu mi ritieni tale?» – esclamò il re, ridendo in quel suo modo crudele. «Domani, all'ora di colazione, ti sarà data l'opportunità di giudicare chi è il mostro più grande, il Minotauro o il re! Guardie, portateli via; e che questo giovane sincero sia il primo boccone del Minotauro».

1. **le nere ... della nave**: l'eroe aveva promesso al padre che, se avesse ucciso il Minotauro, avrebbe cambiato le vele della nave (nere a simboleggiare il carattere luttuoso della spedizione) con altre bianche. Ma se ne dimenticò e il mito narra che Egeo, credendo che il figlio fosse morto, si uccise gettandosi nel mare che prese il suo nome.

2. **intempestivi**: inopportuni, date le tragiche circostanze.

3. **drappello**: gruppo di uomini armati.

4. **inflessibile**: intransigente, che non cambia idea con facilità.

5. **ispide**: ruvide.

6. **perpetrato ... misfatto**: commesso questo tremendo crimine.

7. **paludato**: rivestito di ricchi abiti.

Vicino al trono del re (anche se non ho avuto tempo di dirvelo prima) stava sua figlia Arianna. Era una bella fanciulla, dal cuore tenero, e alla vista di quei poveri prigionieri condannati provava sentimenti assai diversi da quelli del re Minosse, dal cuore di pietra. In effetti piangeva sinceramente all'idea di tutta quella felicità umana inutilmente gettata via, dando da mangiare così tanti giovani, ancora nel primo fiore delle loro vite[8], a una creatura che, senza dubbio, avrebbe preferito un grasso bue, o anche un grosso maiale, al più paffuto fra loro.

Quando poi vide l'ardita figura del principe Teseo, che si portava con tanta calma in mezzo al tremendo pericolo, il senso di pietà crebbe in lei centuplicato. Mentre le guardie lo stavano conducendo via, ella si gettò ai piedi del re, supplicandolo di lasciar liberi tutti i prigionieri, e in special modo quel giovane.

«Calma, sciocca ragazza» – rispose re Minosse. «Cosa c'entri tu con una faccenda del genere? È una questione politica e quindi va ben oltre la tua debole comprensione. Va' ad annaffiare i tuoi fiori e non pensare a quegli spregevoli ateniesi, che il Minotauro si mangerà a colazione com'è vero che io avrò pernice a cena».

Dato che non voleva sentire un'altra parola in loro favore, i prigionieri vennero condotti via e sbattuti in una prigione sotterranea, dove il carceriere li avvertì di andare a dormire al più presto, perché il Minotauro aveva l'abitudine di farsi venire presto la colazione.

Le sette fanciulle, e sei dei giovani, ben presto si addormentarono fra i singhiozzi. Ma Teseo non era come loro. Era ben consapevole di essere più saggio, più coraggioso e più forte dei suoi compagni e che pertanto sua era la responsabilità di tutte le loro vite e a lui toccava considerare se non ci fosse alcun modo di salvarli, anche in quel caso estremo. Perciò si tenne sveglio, andando su e giù per il fosco sotterraneo in cui erano stati rinchiusi.

Poco prima di mezzanotte la porta venne piano piano disserrata[9] e la dolce Arianna, con in mano una torcia, fece la sua apparizione.

«Sei sveglio, principe Teseo?» – sussurrò.

«Sì» – rispose Teseo. «Con il poco tempo che mi resta da vivere, proprio non me la sento di sciuparlo dormendo».

«Seguimi allora» – disse Arianna, «e cammina in punta di piedi».

Arianna dischiuse tutte le porte e, dalla cupa prigione, lo condusse sotto il dolce chiaro di luna.

«Teseo» – disse la fanciulla – «adesso sei libero di salire a bordo della tua nave e ripartire per Atene».

«No» – rispose il giovane – «io non lascerò Creta se prima non avrò ucciso il Minotauro, salvando così i miei compagni e liberando Atene da questo crudele tributo».

«Sapevo che sarebbe stata questa la tua decisione» – disse Arianna. «Vieni dunque con me, prode Teseo. Ecco qui la tua spada, che le guardie ti avevano tolto. Ne avrai bisogno e voglia il cielo che tu ne faccia buon uso».

Dopodiché, preso Teseo per mano, lo condusse fino a uno scuro, ombroso boschetto,

8. nel primo ... vite: adolescenti, quindi di età giovanissima.

9. disserrata: aperta.

dove il chiarore lunare si arrestava sulla cima degli alberi e neppure un raggio di luce riusciva a filtrare e a rischiarare il sentiero da loro percorso.

Dopo aver proceduto a lungo in quell'oscurità, raggiunsero un alto muro di marmo, tutto ricoperto di un manto di verzura[10] di piante rampicanti. Il muro sembrava non avere porta, né finestre, tuttavia ad Arianna bastò premere su un particolare blocco di marmo e questo cedette sotto il suo tocco, rivelando un'apertura abbastanza grande da permettere loro di entrare. I due vi si infilarono e la pietra di marmo, ruotando, tornò al suo posto.

«Ci troviamo ora» – disse Arianna «nel famoso labirinto costruito da Dedalo prima che si facesse un paio d'ali e volasse via dalla nostra isola come un uccello. [...] Se solo ci allontanassimo di pochi passi dalla porta, potremmo poi girare per tutta la vita senza mai ritrovarla. Senonché il Minotauro si trova proprio al centro di questo labirinto e tu, Teseo, è lì che devi andare a cercarlo».

«Ma come farò a trovarlo» – domandò Teseo – «se, come tu dici, il labirinto mi farà confondere?».

Proprio mentre stava parlando, giunse ai loro orecchi un suono aspro e quanto mai sgradevole che, pur somigliando moltissimo al muggito di un toro infuriato, aveva ancora qualcosa che ricordava una voce umana.

«Questo è il rumore del Minotauro» – sussurrò Arianna, stringendo con forza la mano di Teseo e portandosi l'altra al cuore, che era tutto in tumulto. «Tu devi seguire quel suono attraverso i meandri[11] del labirinto e, dopo un poco, lo raggiungerai. Aspetta! Prendi un capo di questo filo di seta; io terrò l'altro capo; se otterrai la vittoria, allora ti riporterà di nuovo a questo punto. Addio, prode Teseo».

Così il giovane, preso un capo del filo di seta nella sinistra e la spada dall'impugnatura d'oro, sguainata, nell'altra, avanzò arditamente nell'imperscrutabile[12] labirinto.

Teseo non aveva ancora fatto cinque passi che aveva già perso di vista Arianna; altri cinque e cominciò ad avere le vertigini. Ma proseguì lo stesso. E per tutto il tempo, attraverso quei percorsi vuoti, ora più vicino, ora di nuovo più distante, risuonava il grido del Minotauro; ed era un suono così feroce, così crudele, così brutto, così simile al muggito di un toro e al tempo stesso a una voce umana, e tuttavia a nessuno dei due, che il cuore ardimentoso di Teseo si faceva più inflessibile e più adirato a ogni passo, poiché sentiva come un insulto alla luna e al cielo, e alla nostra affettuosa e schietta Madre Terra[13], che un mostro del genere avesse il coraggio di esistere.

Mentre procedeva, il labirinto divenne così scuro che Teseo non era più in grado di distinguere la confusione che stava attraversando. Si sarebbe sentito proprio perso se, ad ogni momento, non fosse stato cosciente di un leggero strappo alla corda di seta. Sapeva in tal modo che Arianna, cuore tenero, stava ancora all'altro capo del filo e sperava e temeva per la sua persona e gli era di sostegno come se si fosse trovata al suo fianco. [...] Ed ecco che infine, in uno spiazzo, proprio al centro del labirinto, egli scorse la mostruosa creatura.

10. un manto di verzura: un fitto rivestimento di erbe e di foglie.

11. meandri: corridoi intricati.

12. imperscrutabile: difficilissimo da percorrere.

13. schietta ... Terra: sincera, nel senso che le creature terrestri non possiedono la natura ambigua del Minotauro, un semidio in parte uomo e in parte animale.

Era proprio un mostro ripugnante, non c'è dubbio! Solamente la sua testa, munita di corna, era quella di un toro; eppure, in un modo o in un altro, aveva, nell'insieme, l'aria di un toro che si dondoli assurdamente sulle zampe posteriori; oppure, a visualizzarlo da un'altra prospettiva, sembrava un uomo in tutto e per tutto, e in quanto tale ancora più mostruoso. Teseo lo odiava, e fremeva d'orrore, eppure non poteva esimersi dal[14] sentire come una specie di pietà, tanto più forte quanto più la creatura gli sembrava ripugnante e detestabile.

Questi non faceva che andare su e giù in un accesso[15] solitario di rabbia, emettendo di continuo un rauco muggito, curiosamente mescolato a parole semiarticolate[16]; e, dopo aver ascoltato per qualche istante, Teseo capì che il Minotauro andava ripetendo a se stesso quanto fosse disgraziato e affamato e quanto avesse in odio chicchessia e quanto desiderasse mangiarsi viva tutta la razza umana. [...]

Teseo aveva forse paura? Niente affatto, miei cari lettori. Come? Paura un eroe come Teseo! Ma nemmeno se il Minotauro avesse avuto venti teste invece di una! Per quanto fosse coraggioso, m'immagino però che, proprio in quella circostanza, l'aver sentito un tremulo strappo alla corda di seta, che stringeva sempre nella mano sinistra, abbia dato nuova forza al suo cuore ardimentoso. [...]

Il Minotauro, voltandosi all'improvviso, si avvide di Teseo e abbassò sull'istante le sue

14. esimersi dal: fare a meno di.

15. accesso: attacco.

16. semiarticolate: da un lato simili a quelle umane, dall'altro simili a versi di animali.

orribili corna acuminate, proprio come fa un toro infuriato quando è deciso a caricare contro un avversario. Al tempo stesso, vomitò un tremendo muggito, in cui c'era qualcosa che somigliava a delle parole di una lingua umana, ma del tutto sconnesse e ridotte in frantumi nel passare attraverso la gola di un essere bestiale terribilmente infuriato.

Teseo poteva solo indovinare cosa intendeva dire la creatura, ma il senso di ciò che proferiva[17] doveva essere più o meno questo: «Ah, miserabile di un essere umano! Ti infilzerò da parte a parte con le mie corna, ti scaglierò a quindici metri da terra e ti inghiottirò quando sarai di nuovo ricaduto».

«Coraggio, allora, fatti sotto!» – fu tutto ciò che Teseo si degnò di replicare.

Senza più una parola da entrambe le parti, seguì, fra Teseo e il Minotauro, il più impressionante duello che sia mai avvenuto sotto il sole o la luna. Non so proprio come sarebbe andato a finire se il mostro, nella sua prima carica a testa bassa contro Teseo, non lo avesse mancato per un pelo e non si fosse rotto un corno contro la parete di roccia. Al momento dell'incidente egli cacciò un muggito così intollerabile che una parte del labirinto crollò e gli abitanti di Creta scambiarono quel rumore per una tempesta di straordinaria intensità. Soffrendo dal dolore, si lanciò al galoppo attorno allo spiazzo in un modo così ridicolo che Teseo ne rise, molto tempo dopo però, non certo in quel momento.

Dopodiché i due antagonisti si affrontarono coraggiosamente, lottando a lungo spada contro corno. Alla fine il Minotauro caricò su Teseo, lo colpì di striscio al fianco destro con una cornata e lo gettò a terra; poi, credendo di averlo trafitto al cuore, fece una grande capriola per aria, spalancò da orecchio a orecchio la sua bocca di toro e si preparò a staccargli la testa con un morso. Ma Teseo nel frattempo era balzato in piedi e aveva colto il mostro con la guardia[18] abbassata. Assestatogli un fendente con tutta la forza che aveva, lo colpì esattamente sul collo e gli fece schizzar via quella sua testa di toro a cinque metri dal corpo di uomo, che cadde lungo disteso al suolo.

Dunque il combattimento era terminato. E Teseo, che si era appoggiato alla spada per riprendere fiato, sentì un altro strappo alla corda di seta, che durante tutto il terribile scontro aveva continuato a tenere stretta nella mano sinistra. Ansioso di far partecipe anche Arianna del suo successo, ripercorse il tracciato del filo e ben presto si ritrovò all'ingresso del labirinto.

«Hai ucciso il mostro» – gridò Arianna giungendo le mani.

«Grazie a te, cara Arianna» – rispose Teseo, – io torno vittorioso.

«Allora» – disse Arianna – «dobbiamo radunare in tutta fretta i tuoi amici e riportarli, insieme a te, a bordo della nave prima dell'alba. Se il mattino vi trova ancora qui, mio padre vendicherà il Minotauro».

Per far breve la mia storia, i poveri prigionieri vennero svegliati e, senza che si rendessero conto se si trattava di un lieto sogno, informati di ciò che Teseo aveva compiuto; ora si trattava solo di salpare per Atene prima dello spuntar del giorno. Affrettandosi alla nave, montarono tutti a bordo, salvo Teseo, che indugiava dietro di loro, a riva, tenendo la mano di Arianna stretta nella sua.

---

17. proferiva: pronunciava.

18. guardia: posizione di difesa.

«Cara fanciulla» – egli disse – «tu devi assolutamente venire con noi. Sei una figlia troppo tenera e gentile per un genitore dal cuore così duro come re Minosse. Egli non si cura di te più di quanto una roccia di granito si curi del fiorellino che cresce in una delle sue crepe. Ma mio padre e la mia cara madre e tutti i padri e le madri di Atene, e anche tutti i figli e le figlie, ti ameranno e ti onoreranno come loro benefattrice. Vieni dunque con noi; poiché re Minosse andrà certo su tutte le furie quando saprà ciò che hai fatto».

Questa è la risposta che il valoroso principe di Atene ricevette da Arianna quando la supplicò di accompagnarlo:

«No, Teseo» – disse la fanciulla, stringendogli la mano e indietreggiando poi di un passo o due – «io non posso venire con te. Mio padre è anziano e non ha nessun altro all'infuori di me che gli voglia bene. Per quanto duro tu possa ritenere il suo cuore, gli si spezzerebbe se dovesse perdermi. Da principio re Minosse si arrabbierà, ma finirà ben presto con il perdonare la sua unica figliola e sarà lieto all'idea che non debbano più venire ragazzi e fanciulle da Atene per essere divorati dal Minotauro».

Tutto ciò era così sincero e pronunciato con un tono così dolce e dignitoso che Teseo si sarebbe vergognato di insistere più a lungo. Pertanto non gli rimaneva altro da fare che dare un affettuoso saluto d'addio ad Arianna, salire a bordo e salpare. Nel giro di qualche istante la bianca spuma ribolliva davanti alla loro prua e il principe Teseo e i suoi compagni uscivano dalla rada[19] portati da una brezza che soffiava dietro di loro.

(adattam. da N. Hawthorne, *Gli eroi e l'avventura*,
a cura di F. Cereda, Marietti Scuola, Casale Monferrato 1991)

19. rada: insenatura riparata, adatta a ospitare imbarcazioni.

Discussione e confronto

1 Riflettere con l'epica. **A un certo punto del racconto, Teseo afferma, rivolto al re Minosse: *Ho sacrificato la mia vita per una buona causa e pertanto la do liberamente e con piacere.* Discutete in classe il significato e il valore di queste parole, tenendo presente la traccia.**

– Quale, nel mondo di oggi, si potrebbe definire una *buona causa*?
– Quali forme può assumere, nella società odierna, l'eventuale impegno per una buona causa?
– Teseo potrebbe anche essere considerato un «eroe sociale» grazie all'impresa compiuta: a quali persone applicheresti oggi tale definizione e perché?

2 Epica e media. **Anche la produzione d'intrattenimento ha fatto propria la storia del Minotauro. Cercate in rete il film *Teseo contro il Minotauro*, del 1961, un peplum (sottogenere cinematografico d'azione e di fantasia, ambientato nel mondo greco o romano), poi commentatelo, individuandone gli aspetti più interessanti: il modo di rappresentare i personaggi; lo scenario e i costumi; il rapporto con il mito greco e le eventuali somiglianze e differenze. Applicando i medesimi criteri, potete anche analizzare il più recente *Immortals* (2011), una libera interpretazione del mito di Teseo.**

ROBERT GRAVES

La giovinezza di Eracle

(I MITI GRECI, 1995)

L'AUTORE

Nato nel 1895 a Wimbledon, in Gran Bretagna, morì a Deià, in Spagna, nel 1985. Saggista e romanziere, studiò all'Università di Oxford. Durante la Prima guerra mondiale combatté in Francia, tragica esperienza su cui scrisse un libro autobiografico, *Addio a tutto questo* (1929). Dopo aver insegnato Letteratura inglese, si ritirò nell'isola di Maiorca, per dedicarsi alla scrittura. Tra le sue opere più significative ricordiamo il romanzo storico *Io, Claudio* (1934, sulla figura dell'imperatore romano), i saggi *Il vello d'oro* (1944) e *La dea bianca* (1958), e le raccolte narrative *I miti greci* (1955) e *I miti ebraici* (1963).

L'OPERA

La storia di Eracle (Ercole, per i Romani) incomincia molto lontano nel tempo. La regina Alcmena, moglie di Anfitrione, fu sedotta da Zeus (o Giove), il re degli dèi, che, per portare a termine la difficile conquista, aveva assunto le sembianze del marito Anfitrione. Dopo una notte d'amore che, secondo il mito, durò l'equivalente di tre giorni, Alcmena rimase incinta e generò due gemelli: Eracle (figlio di Zeus) e Ificle (concepito dal legittimo sposo). Era (Giunone per i Romani), la moglie che Zeus spesso tradiva, provò subito una grande gelosia per Alcmena e il piccolo Eracle che tuttavia allattò, indotta al nobile gesto da un inganno di Zeus che rese così immortale il bambino. Questi, fin da subito, rivelò doti sorprendenti di forza e di coraggio e, crescendo, ricevette un'educazione completa, fondata sull'addestramento militare e sulla pratica delle arti. L'autore, però, non manca di metterne in luce anche i difetti, come la golosità e la tendenza ad arrabbiarsi facilmente.

CHIAVE DI LETTURA

In questo brano sofferma l'attenzione su:

– il **protagonista** Eracle, il semidio incarnazione della **forza** e del **coraggio** di cui si raccontano vari episodi, legati all'infanzia e alla giovinezza, e di cui si ricostruisce il **passato**. In tal modo, il lettore ricava un'impressione di forte **realismo**, quasi egli fosse esistito davvero, e un'**immagine «umana»** dell'eroe: è come se il personaggio, che ha sempre rappresentato un modello, venisse riportato a una dimensione privata e quotidiana, che ci è familiare;

– il **significato** del mito, che racconta di un **bambino** straordinario, capace di affrontare persino un pericolo di morte; poi di un **adolescente** avido di imparare, ma spesso vittima dei propri istinti, anche di quelli negativi; infine di un **giovane uomo** che si può prendere a esempio, per il rispetto degli avversari e la cortesia del comportamento. La sua vita, dunque, è una sorta di **metafora della vita** di ognuno di noi, con le sue luci e ombre;

– lo **stile**, che utilizza i vocaboli semplici e la struttura lineare della frase, uniti a **vivacità e immediatezza**, risultando questi adatti a far rivivere il mondo del mito, che lo scrittore considera **eternamente valido** sia per gli insegnamenti che se ne possono trarre sia perché appartiene al **patrimonio spirituale** dell'umanità.

Alcmena, che temeva la gelosia di Era, abbandonò il suo bimbo neonato in un campo, fuori delle mura di Tebe; e colà, per istigazione[1] di Zeus, Atena[2] condusse Era a passeggiare. «Guarda, mia cara, che bimbo eccezionalmente robusto!» disse Atena simulando[3] sorpresa mentre si chinava per prendere Eracle tra le braccia. «Sua madre deve aver perduto il senno per abbandonarlo così in questo campo sassoso! Suvvia, tu hai del latte, danne a questa povera creatura!».

Sconsideratamente[4], Era prese il bambino e si denudò il petto ed Eracle vi si attaccò con tanta forza che la dea gemendo per il dolore lo allontanò da sé; un getto di latte volò verso il cielo e divenne la Via Lattea. «Quale mostro è mai questo bambino!» gridò Era. Ma ormai Eracle era immortale e Atena sorridendo lo restituì ad Alcmena, raccomandandole di averne cura e di farlo crescere bene. I Tebani ancor oggi mostrano il luogo dove Era fu così ingannata: il campo è chiamato «Pianura di Eracle».

Taluni tuttavia dicono che Hermes[5] portò Eracle neonato sull'Olimpo; che Zeus stesso lo posò sul petto di Era mentre la dea dormiva; e che la Via Lattea si formò quando Era, destatasi, lo allontanò da sé, oppure quando Eracle, avendo succhiato più latte di quanto la sua bocca ne potesse contenere, lo rigurgitò. In ogni caso, Era fu la madre adottiva di Eracle, seppure per breve tempo, e i Tebani perciò lo considerano addirittura suo figlio e dicono che egli si chiamava Alceo, prima che la dea lo allattasse, e gli fu poi mutato il nome in onore di lei.

Una sera, quando Eracle aveva otto o dieci mesi o, come altri sostengono, un anno, e non era ancora svezzato[6], Alcmena, dopo aver lavato e allattato i gemelli, li coricò sotto una coperta di vello[7] di agnello in una culla di bronzo. A mezzanotte Era mandò due prodigiosi serpenti dalle scaglie azzurrine nella casa di Anfitrione, col severo ordine di uccidere Eracle. Le porte si aprirono dinanzi a loro ed essi scivolarono sui marmorei pavimenti sino alla camera dei bambini; fiamme schizzavano dai loro occhi e veleno gocciolava dalle loro fauci[8].

I gemelli si destarono e videro i serpenti inarcarsi dinanzi a loro, dardeggiando[9] le lingue biforcute, poiché Zeus aveva illuminato la camera di luce divina. Ificle strillò, gettò via le coperte scalciando e nel tentativo di fuggire cadde dalla culla. Le sue grida atterrite, la strana luce che brillava nella camera dei bambini, destarono Alcmena. «Alzati, Anfitrione!» essa gridò. Senza nemmeno indugiare per infilarsi i sandali, Anfitrione balzò dal letto di legno di cedro, afferrò la spada che stava appesa alla parete e la sfilò dal lucido fodero. In quel momento la luce nella camera dei bambini si spense. Gridando agli schiavi addormentati di portare delle torce, Anfitrione varcò la soglia: ed Eracle, che non aveva lanciato nemmeno un gemito, tutto fiero gli mostrò i serpenti

1. istigazione: incitamento. Il termine è qui usato in senso ironico, perché indica propriamente l'atto di ispirare azioni riprovevoli o illecite.

2. Atena: figlia di Zeus, era la dea della sapienza.

3. simulando: fingendo.

4. Sconsideratamente: senza riflettere in modo adeguato sulle eventuali conseguenze.

5. Hermes: Mercurio, per i Romani. Figlio di Zeus e di Maia, era il dio dei commerci e il protettore dei viandanti. Svolgeva anche il compito di accompagnare nell'aldilà le anime dei defunti.

6. non ... svezzato: continuava a essere allattato.

7. vello: coperta fatta di soffice pelo.

8. fauci: bocche.

9. dardeggiando: proiettando velocemente all'infuori.

che egli stava strangolando, uno per mano. Appena furono morti, Eracle rise, fece balzi di gioia e gettò i rettili ai piedi di Anfitrione.

Mentre Alcmena confortava l'atterrito Ificle, Anfitrione fece coricare Eracle, gli rimboccò le coperte e tornò a letto. All'alba, quando il gallo ebbe cantato tre volte, Alcmena fece venire il vecchio Tiresia[10] e gli parlò del prodigio. Tiresia, dopo aver previsto future glorie per Eracle, consigliò ad Alcmena di innalzare un rogo con legna secca di erica, pruno selvatico e rovo, e di bruciarvi sopra a mezzanotte i serpenti. Il mattino seguente un'ancella doveva raccogliere le loro ceneri, portarle su una roccia e spargerle ai quattro venti, per poi fuggire senza voltarsi mai. Al suo ritorno bisognava purificare il palazzo con fumi di zolfo e acqua di sorgente salata e coronarne il tetto con rami di ulivo selvatico. Infine, si doveva sacrificare un cinghiale sul sommo altare di Zeus. E Alcmena fece tutto ciò. Ma altri dicono che i serpenti erano innocui e posti nella culla da Anfitrione stesso, che voleva sapere quale dei due gemelli fosse suo figlio, e lo seppe.

Quando Eracle non fu più un bambino, Anfitrione gli insegnò a guidare il cocchio[11] e a girare attorno alla meta[12] senza sfiorarla. Castore[13] gli diede lezioni di scherma, lo istruì nell'arte di maneggiare le armi e nella tattica di cavalleria e fanteria. Uno dei figli di Ermete fu il suo maestro di pugilato: era così orrendo a vedersi, quando combatteva, che nessuno osava affrontarlo. Lo stesso Apollo gli insegnò a maneggiare l'arco, ma Eracle superò tutti gli arcieri che fossero mai esistiti e persino un suo compagno, che sapeva trapassare una serie di anelli posti sugli elmi dei soldati in fila o tagliare in due metà una freccia in bilico sulla punta di una lancia.

Eracle imparò a cantare e a suonare la lira da Eumolpo, mentre Lino lo introdusse allo studio della letteratura. Un giorno, durante l'assenza di Eumolpo, Lino volle dare a Eracle lezioni di lira; il ragazzo si rifiutò di seguire princìpi diversi da quelli impartitigli da Eumolpo e uccise Lino con un colpo di lira. Processato per assassinio, Eracle citò la legge che giustificava l'uso della violenza contro un aggressore e si assicurò così l'assoluzione. Anfitrione, tuttavia, temendo che il ragazzo potesse commettere altri crimini, lo mandò a pascolare le mandrie in un suo possedimento agreste e colà egli visse fino al suo diciottesimo anno, sopravanzando tutti i coetanei per statura, forza e coraggio. Non si sa chi insegnò a Eracle l'astronomia e la filosofia, però egli era assai dotto in ambedue gli argomenti.

Gli occhi di Eracle lampeggiavano come fuoco ed egli aveva una mira infallibile sia col giavellotto sia con l'arco. Mangiava parcamente[14] a mezzogiorno; per cena il suo cibo favorito era carne arrostita e ciambelle d'orzo; e ne divorava tante (seppur la storia è credibile) da indurre uno dei suoi mandriani a borbottare: «Basta!». Indossava una tunica corta e pulita e preferiva trascorrere la notte sotto la volta stellata anziché al coperto. Una profonda conoscenza della scienza della divinazione[15] lo induceva a salutare con gioia il passaggio di avvoltoi nel cielo, ogni volta che egli dovesse iniziare

10. Tiresia: un celebre indovino.

11. cocchio: antico carro a due ruote, tirato da cavalli.

12. meta: tronco di colonna, intorno al quale i carri dovevano girare nelle gare di corsa.

13. Castore: lui e il gemello Pollùce, detti anche Diòscuri, erano figli di Zeus e della mortale Leda.

14. parcamente: con moderazione.

15. divinazione: pratica con cui si traevano presagi sul futuro interpretando fenomeni naturali o il volo degli uccelli.

una nuova fatica[16]. «Gli avvoltoi», pare dicesse, «sono i più onesti fra gli uccelli: non attaccano mai le creature viventi».
Eracle si vantava di non aver mai iniziato un litigio, ma di aver sempre trattato i suoi aggressori così come essi volevano trattare lui. Un certo Termero usava uccidere i viandanti sfidandoli a battersi con lui a testate; il cranio di Eracle si dimostrò il più solido ed egli spaccò la testa di Termero come se fosse un uovo. Eracle, tuttavia, era cortese per natura, e fu il primo mortale che spontaneamente restituì ai nemici i corpi dei loro morti perché li seppellissero.

(adattam. da R. Graves, *I miti greci*, a cura di U. Albini, Longanesi, Milano 1983)

16. **fatica**: colpito da un attacco di follia, provocato da Era, egli aveva ucciso la moglie e i figli. Per purificarsi da quel delitto, si era recato a Tirinto, presso il re Euristeo, che gli aveva imposto il superamento di dodici tremende imprese, dette appunto «fatiche».

Discussione e confronto

1 Riflettere con l'epica. Il mito ha fatto di Eracle il simbolo della forza fisica: il semidio supera ostacoli che gli uomini comuni non saprebbero affrontare ed è quindi possibile ricollegarlo ai supereroi dei fumetti o del cinema, dotati di poteri preclusi al resto dell'umanità. Discuti in proposito con l'insegnante e i compagni, seguendo la traccia.

– Quali personaggi moderni si avvicinano maggiormente alla figura di Eracle? Per quali elementi?
– Si osservano anche differenze tra Eracle e i moderni eroi del fumetto?
– Come si spiega il successo planetario di personaggi che, molto probabilmente, recano traccia dell'eroe?
– Alle figure di Eracle e a quelle dei suoi moderni imitatori è possibile associare un messaggio? In caso di risposta affermativa, quale?

2 Epica e media. Cercate in rete una puntata della serie televisiva *Hercules* (1995-2000), poi analizzatene le caratteristiche più evidenti (la trama, i personaggi, le scenografie), senza trascurare l'eventuale contaminazione con altri generi letterari, come per esempio l'horror o l'epica medievale (spesso, in questa riproposizione televisiva del mito, Eracle affronta personaggi che esulano dal contesto epico greco, come i vampiri o, addirittura, il medievale re Artù).

GIORGIO IERANÒ

Le sventure di Efesto

(OLYMPOS, 2011)

L'AUTORE

Nato a Milano nel 1961, scrittore e giornalista, insegna Letteratura greca nell'Università di Trento. Tra le sue opere ricordiamo i saggi *Arianna. Storia di un mito* (2007), *La tragedia greca. Origini, storia, rinascite* (2010) e le opere di narrativa *Olympos. Vizi, amori e avventure degli antichi dei* (2011) ed *Eroi. Le grandi saghe della mitologia greca* (2013).

IL BRANO

L'immagine che abbiamo comunemente degli dèi della Grecia antica è quella di creature superiori, le quali, onnipotenti e solenni, vivono un'esistenza piacevole nei loro palazzi dorati sull'Olimpo, tra le nubi, lontani dal nostro mondo e immersi nei piaceri, impegnati di tanto in tanto in qualche nobile impresa e molto più spesso pronti a intromettersi negli affari dei mortali. Il racconto che segue, invece, presenta una versione insolita e divertente di un episodio molto conosciuto della mitologia greca: il tradimento di Efesto (Vulcano, per i Romani) a opera della moglie Afrodite (Venere, nella mitologia latina) e dell'amante di lei, Ares (Marte, per i Romani). Svelando qualche retroscena e approfondendo i fatti con il rigore di un detective, l'autore ci fa comprendere che i protagonisti sono astuti, infidi e spesso violenti, ben diversi, dunque, da come li conosciamo. Quella che segue è la storia di un dio fisicamente debole e maltrattato, ma di carattere forte e poco disposto a farsi deridere e umiliare.

CHIAVE DI LETTURA

In questo brano sofferma l'attenzione su:

– il **protagonista** Efesto che, nonostante un più che comprensibile desiderio di vendetta, appare un **modello positivo** perché, pur avendo vissuto un'infanzia difficile ed essendo stato emarginato dagli altri dèi, è riuscito, con le sue sole forze, ad affrontare un destino avverso, che l'ha colpito fin da piccolo. È l'unico a sentirsi realizzato attraverso il lavoro, come può accadere a un comune essere umano, e la sua attività di fabbro gli consente di valorizzare al più alto grado le sue **doti speciali** di artigiano abilissimo;

– gli **altri personaggi**, ovvero gli dèi che agiscono nella vicenda e che appaiono, tranne il saggio Poseidone, come un gruppo di individui **litigiosi e intriganti**, poco rispettosi dei legami familiari. L'autore li descrive in modo realistico, perché deve risultare chiaro che le divinità del mito rappresentano una **proiezione ingrandita** degli esseri umani, di cui riproducono, con qualche esagerazione, pregi e difetti;

– lo **stile**, caratterizzato da una **scrittura vivace, brillante e ironica**, che rivela quanto l'autore si lasci coinvolgere dall'argomento, cercando di renderlo **attuale** quasi come una **cronaca in «diretta»**, nell'evidente proposito di far sì che le storie alla radice della nostra cultura possano recuperare il loro **fascino eterno**.

Sposare la creatura femminile più bella e desiderabile del mondo può essere un problema per tutti. Ma se uno è brutto e zoppo, ed è anche piuttosto rozzo, e se la creatura in questione è a sua volta capricciosa e insondabile come il mare[1], il problema non è più solo un problema: è una catastrofe, una maledizione. Insomma, quello tra Efesto e Afrodite non fu un matrimonio felice.

Eppure Efesto aveva un ruolo importante tra gli dei dell'Olimpo. Era il fabbro divino e dalla sua officina uscivano le folgori[2] di Zeus e anche i mirabili gioielli di cui le divinità si adornavano. Era una persona seria, un onesto lavoratore. Ma proprio per questo la sua bellissima e volubile[3] moglie lo derideva. Preferiva i bellimbusti[4] come Ares, il dio della guerra. Quello sì era un dio magnifico e avventuroso, pieno di vigore e di coraggio, che sprizzava forza da tutti i pori. Non come Efesto, che passava tutto il suo tempo a faticare in officina e la sua forza la manifestava solo battendo sull'incudine con il martello. Afrodite, crudelissima come sempre, derideva anche l'aspetto fisico del suo consorte. Gli rimproverava di non essere bello come gli altri dei. Gli rinfacciava di essere brutto, la vergogna dell'Olimpo.

Eppure non era certo colpa di Efesto se era diventato così. Non era stata neppure una fatalità. No, la colpa, ancora una volta, era dei litigi fra Zeus ed Era, i suoi genitori. Egli si era infatti intromesso in una lite familiare. Zeus, marito brutale come sempre, durante l'ennesima lite si era avventato sulla moglie per picchiarla. Efesto, generoso e impulsivo, intervenne, cercando di fermare il padre. Zeus, ancora più furibondo, sfogò allora la sua rabbia contro di lui. Afferrato Efesto per un piede, lo scagliò con violenza giù dall'Olimpo. Il dio volò per un giorno intero attraverso l'aria, atterrando infine nella brulla[5] e desertica isola di Lemno, davanti alle coste dell'odierna Turchia. Quando toccò terra, si sfracellò entrambe le gambe, e da allora rimase zoppo per sempre.

Come si vede, Efesto è un dio che ha avuto un'infanzia difficile e ha vissuto spesso come un emarginato. Non si sentiva amato e vedeva che tutti lo deridevano per la sua bruttezza. Non ha mai considerato l'Olimpo la sua vera casa. Il suo mondo era altrove: negli antri[6] e nelle officine dove poteva dedicarsi al suo lavoro di fabbro. Quando c'era da forgiare qualcosa[7], da trarre una forma dal metallo, Efesto si sentiva nella sua dimensione. E non esisteva uomo o dio che potesse gareggiare con lui in quest'arte. E presto la fama della sua officina si diffuse al punto che gli stessi dei gli commissionarono alcune opere. Arrivò, infatti, un'ordinazione dall'Olimpo: veniva richiesta al fabbro divino una fornitura di troni. A Efesto parve l'occasione per vendicarsi della madre che, a sua volta, lo aveva sempre maltrattato.

I troni costruiti da Efesto, dunque, arrivarono sull'Olimpo. Ma, quando Era andò a sedersi, improvvisamente il suo trono si animò. I due braccioli si trasformarono in

1. insondabile ... mare: impenetrabile, che non può essere compresa dalla mente umana, proprio come nessuno è in grado di capire i misteri e le profondità del mare.

2. le folgori: i fulmini, simbolo del potere di Zeus, che, oltre a essere il re degli dèi, era anche la divinità del cielo e dei fenomeni atmosferici.

3. volubile: incostante, mutevole, che cambia idea facilmente.

4. bellimbusti: damerini, uomini che curano eccessivamente l'aspetto fisico e l'eleganza.

5. brulla: priva di vegetazione.

6. antri: grotte.

7. forgiare qualcosa: costruire oggetti lavorando il metallo a caldo.

vincoli[8] che incatenarono la regina degli dei: il trono prese miracolosamente a volare ed Era si ritrovò in una posizione alquanto scomoda e inconsueta. Così seduta, era imprigionata a mezz'aria senza potersi muovere. Nessuno riuscì a sciogliere i vincoli magici creati da Efesto. Allora le divinità si riunirono per deliberare[9] cosa si poteva fare. Conoscendo il caratterino di Era, potete immaginare da soli con che spirito avrà preso lo scherzetto. Senz'altro era lì che urlava come una matta: «Stupidi, incapaci, liberatemi subito da qui!». Si decise dunque di mandare qualcuno a prendere Efesto, l'unico che potesse risolvere la situazione. Bisognava convincerlo a risalire sull'Olimpo, con le buone o con le cattive. E, se parliamo delle cattive, chi era più indicato di Ares, il dio della guerra in persona? Tronfio[10] e superarmato come sempre, Ares si incamminò dunque verso l'isola di Lemno. Poco tempo dopo, però, lo videro tornare sull'Olimpo scornato[11] e bruciacchiato. Difficile resistere alla furia guerriera di Ares: ma non impossibile per chi, come Efesto, era signore del fuoco. Per quanto egli fosse inabile alla battaglia, il potere sul fuoco gli donava una forza incredibile. Per cui il fabbro divino aveva alzato un muro di fiamme contro il dio della guerra che era scappato a gambe levate.

Come risolvere questa imbarazzante situazione, con Era sempre lì, incatenata a mezz'aria, che strepitava come un'ossessa[12]? «Ci penserò io» disse il dio Dioniso, signore del vino e dell'ebbrezza. Così Dioniso si presentò a Efesto, con una coppa di vino in mano. Incominciarono a bere insieme, come due vecchi compagnoni. E, quando Efesto fu ubriaco per bene, l'astuto Dioniso lo caricò su un mulo e lo portò sull'Olimpo. Gli dei risero vedendo arrivare questa bizzarra processione, con Efesto buttato come un sacco su un animale così poco nobile. Ma, per quanto ubriaco, il fabbro divino riuscì a conservare un barlume di lucidità. E disse: «Ascoltatemi, voi tutti. Io libererò Era dalle sue catene. Ma, in cambio, Zeus dovrà concedermi in sposa colei che io vi indicherò.» E fu così che il deforme Efesto sposò la più bella tra le divinità, la sinuosa[13] Afrodite.

Purtroppo non furono, non potevano essere nozze felici: lui lavorava troppo, forse era un marito distratto; lei, splendida e amante dei piaceri della vita, lo sopportava a stento. Efesto era destinato a essere vittima di un tradimento e un giorno, inevitabilmente, proprio questo accadde.

Afrodite gli mette le corna. Quando lui se ne va a Lemno, a lavorare nella sua officina, lei si apparta sull'Olimpo con il muscoloso e ipervitaminizzato Ares. Lo sanno tutti. Solo Efesto non ne sapeva nulla. E, quando sarà informato della tresca[14], non se ne starà con le mani in mano ma si vendicherà subito. E sarà una vendetta che organizzerà alla sua maniera, preparando una trappola ai due amanti, con l'astuzia e la fermezza della persona onesta a cui ne hanno fatte passare troppe.

A fare la spia sull'infedeltà di Afrodite fu un essere onniveggente: il Sole. Fu lui che

8. vincoli: lacci.

9. deliberare: decidere, dopo un'approfondita discussione.

10. Tronfio: superbo, pieno di sé.

11. scornato: beffato e umiliato.

12. strepitava ... ossessa: urlava agitandosi in modo scomposto, frenetico, come se fosse stata posseduta da un demone.

13. sinuosa: aggraziata, flessuosa.

14. tresca: relazione amorosa illecita.

sussurrò a Efesto, ingenuo brav'uomo che nulla sospettava, la verità sulla sua sposa. Gli disse anche qualcosa di più: che il tradimento veniva consumato proprio nel suo letto coniugale. Non appena lo seppe, Efesto sentì una fitta al petto: col cuore a pezzi, si rinchiuse nella sua officina e incominciò a pensare a come vendicarsi. Di colpo, ebbe un'idea: prese il suo martello e incominciò a pestare come un pazzo sull'incudine. Forgiava catene sottilissime, così aeree da essere quasi invisibili, ma così forti che nessuno, neppure un dio, le poteva spezzare. Poi andò nella sua stanza matrimoniale e appese le catene al soffitto, proprio sopra il letto. Erano tanto sottili che parevano fili di ragno: nessuno se ne sarebbe accorto. Sistemata la trappola, affettando[15] indifferenza, comunicò alla moglie che sarebbe andato a Lemno per sbrigare qualche lavoretto laggiù.
Quell'impunito di Ares, come al solito, ciondolava[16] intorno alla casa degli sposi. E quando vide Efesto che, martello in spalla, si dirigeva verso la Terra, iniziò a fregarsi le mani. Si guardò intorno, per accertarsi che nessuno lo stesse osservando, ed entrò nella casa, dove Afrodite lo aspettava come sempre. Ma Efesto aveva lasciato il Sole a fare la guardia: quando fosse successo qualcosa, lo avrebbe subito avvertito.
«Amore mio, non resistevo più» disse Ares stringendo le mani di Afrodite. «Entriamo subito nel letto, godiamo insieme le gioie d'amore: tuo marito se n'è appena partito e prima che torni ci vorrà del tempo.» I due si infilarono nel letto, la femmina più bella del mondo tra le braccia del maschio più vigoroso. Ma ecco che, all'improvviso, la trappola scatta. Le catene scendono dal soffitto e imprigionano i due amanti. Così nudi come sono restano impigliati senza potersi muovere. Intanto Efesto stava già rientrando in casa.
Era furibondo, il fabbro divino. Piantato sull'ingresso iniziò a gridare con voce tonante: «Zeus padre, e tutti voi, altri dei beati e immortali, venite a godervi lo spettacolo. Venite a vedere queste cose vergognose e ridicole. Afrodite mi disprezza perché sono zoppo e ama invece il crudele Ares. Che rabbia mi prende a vederli! Ah, certo, ora vorrebbero staccarsi l'uno dall'altra. Ma non possono perché li ho incatenati al letto! E non li libererò finché Zeus padre non mi restituirà tutto quello che ho speso in doni per questa sposa infedele e senza pudore.» Sentendo le urla, tutti gli dei accorsero e si accalcarono nella camera da letto. Guardarono stupiti la scena e rimasero senza parole. Poi uno di loro iniziò a ridere. E, alla fine, tutti quanti si sganasciavano dalle risate.
Gli dei erano ormai quasi esausti per il gran ridere, quando uno tra i più ragionevoli fra loro si fece avanti. Era Posidone[17]. Il quale, con tutta la sua autorevolezza, cercò di placare[18] Efesto: «Su, ora basta. Lasciali liberi. Ti garantisco che Ares ti pagherà qualsiasi risarcimento. Se non lo farà, verserò io ciò che ti deve».
«A te bisogna obbedire, signore Posidone» disse Efesto, rispettosamente, e sciolse le catene.
Ares fuggì subito, tra le risate generali, e si rifugiò presso i bellicosi barbari della Tracia[19], dove sfogò la sua umiliazione tagliando teste e trafiggendo cuori. Afrodite, tutta

15. affettando: fingendo.

16. ciondolava: gironzolava oziosamente.

17. Posidone: il dio del mare (Nettuno, nella mitologia romana).

18. placare: calmare.

19. i bellicosi ... Tracia: le popolazioni selvagge, amanti della guerra, che vivevano in Tracia, la regione che occupa l'estrema punta sudorientale della penisola balcanica.

piangente, se ne andò invece nella sua Cipro[20], dove le ninfe la consolarono e la fecero rilassare, preparandole un bel bagno e poi ungendola d'olio. Efesto, brutto e disprezzato da tutti, aveva avuto infine la sua rivincita.

(adattam. da G. Ieranò, *Olympos. Vizi, amori e avventure degli antichi dei*, Sonzogno, Milano 2011)

20. nella sua Cipro: l'isola è definita *sua*, perché, secondo la tradizione, Afrodite nacque dal mare intorno a essa.

Discussione e confronto

1 Riflettere con l'epica. Il dio Efesto ricorda, per certi aspetti, il *self-made man*, cioè colui che si è fatto da sé, che deve il successo sociale o professionale esclusivamente ai propri meriti. Discuti in classe con l'insegnante e i compagni, seguendo la traccia.

– Chi, nel mondo attuale, potrebbe incarnare questo modello e per quali motivi?
– In quale ambito oggi vedreste ben collocato il *self-made man*?
– Le capacità del *self-made man* e il suo impegno nel raggiungere i propri obiettivi rappresentano un elemento positivo: queste doti contano ancora nella nostra società o a esse è necessario affiancarne altre?

2 Epica e immaginazione. Efesto decide di visitare il nostro mondo per impiantare una «filiale» della sua attività ed eventualmente espandersi in altri settori. Come dovrebbe comportarsi un moderno imprenditore-Efesto, che voglia coniugare la legittima aspirazione al guadagno con una produzione artigianale di qualità?

PAOLA MASTROCOLA

Orfeo e Euridice

(L'AMORE PRIMA DI NOI, 2016)

L'AUTRICE

Nata a Torino nel 1956, dopo la laurea in Lettere, ha insegnato presso l'Università di Uppsala, in Svezia, e nelle scuole superiori in Italia. La sua sensibilità educativa e l'ampia esperienza didattica l'hanno condotta a scrivere romanzi e saggi, i quali spaziano dalla realtà della scuola alla descrizione del mondo e della vita quotidiana, adottando uno stile che mescola, con felice esito narrativo, realismo e toni fiabeschi. Ha esordito con il romanzo *La gallina volante* (2000), vincitore del Premio Calvino. Finalista al Premio Strega nel 2001 con *Palline di pane* e vincitrice del Premio Campiello nel 2004 con *Una barca nel bosco*, ha poi pubblicato *Togliamo il disturbo. Saggio sulla libertà di non studiare* (2011), *Non so niente di te* (2013), *L'esercito delle cose inutili* (2015) e *L'amore prima di noi* (2016).

IL BRANO

Il cantore Orfeo simboleggia il grande potere spirituale dell'arte tanto che, sceso nell'oltretomba per riportare nel mondo dei vivi l'amata Euridice, addolcì il cuore degli abitanti del regno tenebroso. Il racconto che segue descrive la triste vicenda di cui Orfeo e la giovane sposa furono i protagonisti. Per sfuggire al pastore Aristeo, che la insidiava, Euridice morì. I sovrani dell'aldilà, Ade e Persefone (rispettivamente Plutone e Proserpina, nella mitologia latina), accolsero la richiesta di Orfeo, purché egli, durante il cammino per risalire alla luce, non si fosse girato a guardare la moglie. Ma il poeta si voltò e la donna svanì per sempre. Rispetto alla versione tradizionale della storia, si trova qui una riflessione sulla morte, che separa gli esseri umani ma ne esalta il ricordo.

CHIAVE DI LETTURA

In questo brano sofferma l'attenzione su:
- i **personaggi**, tratteggiati con notevole **spessore psicologico** grazie all'autrice che ricorre all'immaginazione per metterne in evidenza i sentimenti più intimi;
- la **personalità** delle figure femminili. **Euridice**, smarrita nel regno del nulla, si sente afflitta, perché teme un'altra morte, un altro addio, dopo essere eventualmente ritornata alla vita; la saggia **Proserpina** impone che Orfeo non si volti, per non soffrire nel vedersi respinto da Euridice, poco propensa a risalire nel mondo dei vivi;
- il **significato** del mito, **secondo la scrittrice**. Orfeo sceglie di voltarsi e di perdere Euridice, per farla vivere eternamente nel **ricordo** e nella **poesia**, che si accompagna al **canto**, l'unica vera forma di **immortalità**;
- lo **spazio**, ovvero l'oltretomba che appare un luogo dominato da un **buio** denso, impenetrabile e che rimanda a un senso di **dolore** profondo;
- lo **stile**, che alterna vocaboli di registro medio ad altri di tono elevato, e privilegia una **sintassi** con prevalenza di **coordinate** e dunque con **un ritmo rapido**, per mettere in risalto i gesti e le emozioni dei protagonisti; molte espressioni sono così **intense** da risultare **poetiche**, con un effetto **coinvolgente**.

Euridice vive nel bosco di querce. È una delle Driadi, le ninfe dei boschi[1] a cui è data una vita lunghissima ma non eterna.
Passeggia per i prati con le ninfe delle sorgenti, e gioca con le Amadriadi, che abitano dentro gli alberi e sono destinate a morire con essi.
C'è un suono che ogni tanto arriva, lontano. Non hanno mai sentito niente di così armonioso. Un giorno decidono di andare a vedere da dove proviene.
Trovano un uomo, seduto all'ombra di un pino.
Tiene in mano il guscio vuoto di una testuggine[2] a cui, da un capo all'altro, ha teso tre corde. Le fa vibrare con le dita, e accompagna quella musica con la voce, dicendo parole.
Intorno uccelli e lepri, leoni e tigri, serpenti e cavalli, ragni e calabroni, caprette e cinghiali si fermano ad ascoltare. Anche gli alberi e l'erba, e le pietre, e l'acqua dei laghi e delle pozzanghere.
Quell'uomo che canta è figlio del dio dei poeti[3] e di Calliope, la Musa dalla bella voce. Si chiama Orfeo.
Poiché da lontano non si distingue bene che cosa canta, Euridice vuole farsi più vicina. Si siede davanti a lui, e tra tutte le parole che gli sente pronunciare scopre il suo nome: è lei che quell'uomo canta. E il suo canto parla d'amore.
Quando Orfeo finisce di suonare, le altre ninfe tornano nei boschi. Euridice rimane.
Perché canti?, gli chiede.
Perché non so fare nient'altro, davanti alla bellezza del mondo.
E perché canti il mio nome?
Orfeo china lo sguardo, abbassa la voce:
Perché tu sei la bellezza del mondo.

Euridice divenne la sposa di Orfeo.
Al loro matrimonio partecipò anche Imeneo, il dio delle nozze. Ma aveva il volto triste, come oscurato da un presagio non lieto[4]. E la fiaccola che portava non faceva scintille, bensì un fumo lacrimoso.
Un giorno nel bosco di querce passava Aristeo, apicoltore, anch'egli figlio di Apollo. Vide Euridice, per caso, e fu sovrastato da quella bellezza. Si fece vicino, ma lei si mise a correre. La inseguì. Euridice correva più veloce che poteva, saltando sassi e rovi, incespicando, cercando vanamente una via di fuga, un nascondiglio. In quella corsa trovò un serpente, che la uccise.

Ai vivi non è permesso varcare l'Oltretomba. Ma Orfeo non trovava pace. Aveva la forza del suo dolore, e sapeva cantare. Prese con sé la cetra e partì verso l'estremo occidente, dove si dice che finisca il mondo e s'apra l'abisso dell'Aldilà.
Giunse su una costa selvaggia e senza sole, dove i fiumi infernali si gettano nell'Oceano. Lì sulla spiaggia, davanti alle onde grigie, si fermò a contemplare l'invisibile con-

1. **Driadi ... boschi**: nella mitologia greca e latina, le ninfe sono divinità minori, raffigurate come bellissime fanciulle e associate alla Natura (boschi, fiumi, sorgenti ecc.).

2. **testuggine**: tartaruga.

3. **dio dei poeti**: Apollo.

4. **da ... non lieto**: dall'annuncio di eventi sfavorevoli.

fine. Un attimo, poi discese lungo lo Stige[5] e trovò Caronte, il traghettatore dei morti, figlio di Erebo e Notte[6].
Nessun vivo può salire sulla sua barca, ma Orfeo toccò le corde della cetra e il vecchio lasciò il remo, chiuse gli occhi e si abbandonò all'ascolto. L'acqua mandava lentamente la barca alla deriva, a battere contro la sponda, ma Caronte non se ne curava. Quando il canto finì, non c'erano più crudezze[7] in lui.
Dove vuoi andare?, gli chiese.
Dall'altra parte.
Sulla riva, mentre la barca andava, sorgevano dal nulla oscuro le ombre di chi era stato vivo: giovinetti, eroi guerrieri, fanciulle, vecchi. Da quando i nervi avevano smesso di tenere insieme ossa e carne, la loro anima fuggendo dal corpo aveva preso forma di ombra. Ora si affollavano. Venivano a sentire quella musica inaudita[8], e rimanevano sospesi. In quel momento, forse, dimenticavano la morte.
Orfeo arrivò nel centro di quel buio: il Tartaro[9]. Lì stavano i tre giudici infernali, a cui toccava esaminare le colpe e le virtù dei morti e destinare ognuno al suo giusto luogo. Di fronte a Orfeo che suonava tacquero e rimasero commossi ad ascoltare. E le tre Erinni[10] figlie della Notte, persecutrici dei colpevoli, chinarono le loro teste di cane, fermarono le ali e abbassarono i pungoli di bronzo con cui solevano tormentare i dannati. I loro occhi impietosi versavano lacrime. Era la prima volta.
Poi Orfeo fu davanti a Cerbero. Aveva tre teste e la coda di serpente, l'orribile carceriere del Tartaro che divora i morti qualora tentino di fuggire. Cerbero latrando lugubremente gli sbarrò la strada. Ma Orfeo cantò. E il cane rimase con le fauci spalancate e lo lasciò passare.

Orfeo andava. Intorno a lui cresceva il buio, gli occhi non gli servivano più. A un tratto percepì un fruscio. Un'ala che si muova appena, o una palpebra che s'alzi. E sentì un'aria, fredda, tiepida e di nuovo fredda: un fiato ritmico, un respiro. Capì di essere arrivato. Ade l'Invisibile[11] era davanti a lui.
Chi sei?
Sono uno che viene a pregarti.
Che cosa vuoi?
L'impossibile.
Sei tu, vivo, l'impossibile.

---

5. Stige: fiume degli Inferi; con il suo corso tortuoso formava una palude, detta appunto *Stigia*.

6. Caronte ... Notte: era il nocchiero o timoniere di una barca su cui trasportava nell'aldilà i morti che avevano ricevuto gli onori funebri. I suoi genitori erano la personificazione dell'oscurità, rispettivamente quella infernale e quella terrestre.

7. crudezze: gesti o parole violente.

8. inaudita: straordinaria, ma anche nel senso letterale di «mai udita prima».

9. Tartaro: il luogo sotterraneo e tenebroso in cui Zeus aveva rinchiuso i Titani dopo averli sconfitti.

10. Erinni: sono Aletto, Tisifone e Megera, personificazioni femminili della vendetta per delitti di sangue, soprattutto nei confronti dei parenti. Il loro aspetto era quello di donne alate con capelli serpentiformi e recanti in mano torce o fruste per spaventare e torturare coloro che esse perseguitavano. Se placate con gli opportuni riti, prendevano il nome di *Eumenidi* («Benevole»).

11. Ade l'Invisibile: il sovrano dell'oltretomba, fratello di Zeus. L'appellativo *Invisibile* è la traduzione del nome Ade: il dio, infatti, portava un elmo che gli nascondeva interamente il viso.

Orfeo non sa da che parte guardare, una nebbia spessa lo circonda ovunque. Ma deve rivolgere al dio la sua richiesta, è venuto per questo, e dirige le parole davanti a sé, fissando il buio:

Tu che regni sulla nostra fine, e ci accogli quando non abbiamo più respiro, ascolta. Son venuto a chiederti Euridice. La morte me l'ha presa troppo presto, dammi un altro pezzo del tempo. Lascia che la riporti nel regno della vita.

Cala un silenzio, come un drappo di velluto nero. Un movimento lentissimo occupa l'aria: Ade si toglie l'elmo che gli conferisce invisibilità. Dal nulla emerge il suo volto e Orfeo lo vede: i suoi occhi sono vuoti come quelli delle statue di marmo. Ade si alza dal trono, le sue parole sembrano un vento:

La legge è che le ombre non tornino di carne. Come osi, tu, che sei mortale?

Lo so. Avrei voluto sopportare il dolore, dio. Ma l'amore su di noi esercita un potere immenso. E la consolazione è una leggerezza che non conosco. Abbi pietà, se mai fosse che anche nel tuo regno, com'è fama, si conosca amore...

Ade abbassa le sue pupille spente, si fa pensieroso. E in questa sospensione di parole, Orfeo prende la cetra.

Al suo canto si ferma l'Oltretomba intero. Restano attonite[12] le potenze infernali, gli dèi, le ombre. Si acquietano gli ordigni[13], le dimore, il buio stesso ascolta. Per il tempo che quel canto dura, ha un po' di tregua il male, e le atroci pene dei dannati.

Persefone[14] emerge dal vuoto, ad ascoltare. Il suo volto è come la parte in ombra della luna. Si affianca a Ade, gli sfiora con la mano un braccio. Insieme piangono, commossi

12. attonite: sbalordite, stupefatte.

13. ordigni: strumenti di tortura.

14. Persefone: la sposa di Ade, che aveva rapito mentre raccoglieva fiori; è figlia di Demetra, la dea del grano e della fertilità, e trascorre sei mesi agli Inferi e i restanti sei sulla Terra.

dalla musica di Orfeo. Alla fine il dio rivolge a Orfeo queste parole:
Per la forza di quel che canti avrai ciò che desideri. Si rompano per una volta le leggi del mio mondo: ottieni la tua donna, che faccia il cammino inverso. Tornatevene alla luce accecante che chiamate vita. Questo ti è dato, in nome dell'amore che ha unito me alla mia sposa...
Persefone avvicina il suo viso a quello di Ade:
Digli di non voltarsi, gli sussurra.
Perché?
Lei parla a lungo al suo orecchio, gli dà una spiegazione, con una voce che nessuno sente. E alla fine le nasce un sorriso ambiguo, leggermente venato di tristezza. Ade si è convinto, approva. E comunica a Orfeo l'assurdità di un patto:
Riavrai la tua Euridice a condizione che tu non ti volga indietro. Non guardarla, finché non siate usciti nella luce. Se no tornerà ombra, e sarà morta per sempre.
Orfeo non fa domande. Accetta il patto, dentro di sé gli sembra lieve.
Ade si rimette sul capo l'elmo e pian piano scompare alla vista, prima il viso, poi il petto, le mani e giù fino ai piedi.

Orfeo giunge nel luogo dei Beati, i campi Elisi. Lì vede Euridice, ma cerca di non guardarla. La donna gli chiede se per caso anch'egli sia morto.

Euridice parla, ma Orfeo non la sente. Anche questa è legge d'Oltretomba, tremenda, che i vivi non possano sentire i morti.
Noi parliamo ai morti, la nostra vita è piena delle parole che rivolgiamo loro e che ci sembrano così vane[15]. E forse i morti ci ascoltano, ci parlano continuamente; ci mandano consigli, racconti, esortazioni, ricordi, preghiere. Siamo noi che non sentiamo niente, e ci crediamo soli. Non immaginiamo che loro si disperino del nostro silenzio.
Orfeo non la sente, ma le parla. Si crede l'unico a parlare. Le rivolge queste parole, di spalle, parole voltate:
Euridice, perdonami. Non so fare a meno di te, e son venuto a riprenderti.
Non mi è bastato il tempo, mi è sembrato che ce ne abbiano dato così poco... Ho combattuto per questo, perché avessimo un altro pezzo di vita insieme, e ho vinto.
Seguimi senza chiedere. Io ti riporterò alla luce. È una fiducia che ti impongo, una fede. Ricominceremo a vivere. Sei felice?
Euridice ha ascoltato. I suoi occhi annegano nel buio latteo del nulla[16]. E le parole che trova non arrivano:
Non so... Abbiamo tempo?
Il mio amore è diventato un nastro che non si svolge...
Un lago senza onde[17]...

C'è un'unica strada che serpeggia in quel buio, mandando un chiarore bianco, insinua

15. vane: inutili.

16. buio ... del nulla: il regno dei morti è inconsistente, vuoto di allegria e di felicità, avvolto in un'oscurità che manda riflessi più chiari, del colore del latte.

17. Il mio ... onde: la donna ha l'impressione che, dopo la morte, il suo sentimento sia divenuto meno appassionato.

il varco in un paesaggio che di colpo appare sconfinato. Boschi, rocce e montagne, ponti sospesi nel vuoto, e ovunque un infinito stagno grigio, come sono i laghi quando vi si rispecchia dentro un cielo nuvoloso.
Orfeo si avvia e Euridice rimane impietrita.
Non sa ancora se seguirlo. Sente che dovrebbe: quell'uomo ha vinto la Morte per riprendersela, nessuno mai ha fatto questo. Eppure qualche cosa la trattiene, una stanchezza che la rende inerte, le impedisce il passo. Dovrebbe corrergli dietro, cercare di abbracciarlo, dirgli grazie. Invece se ne resta lì, a guardarlo andare via senza di lei... E di colpo le viene una tristezza: si sente sola. Non l'aveva previsto, questo sentimento di solitudine. Non l'aveva mai provato. E ora invece... Lui è venuto fin lì, in quel suo mondo buio, e adesso la abbandona. Va avanti, e se lei non lo seguisse lo perderebbe. Ecco, lei che è morta per prima ora patisce il sentimento di chi perde l'altro. Le viene questo pensiero storto, insopportabile, di lui che muore.
Così, lo segue. Per non restare sola.

Nonostante i suoi dubbi, Euridice s'inoltra con Orfeo lungo un cammino che diventa sempre più ripido, difficile da percorrere.

Lei gli parla. Non può trattenersi, le sgorgano parole, come a tenere saldo il filo che la lega a lui, che non si perda. Ha paura. Un'ombra non può seguire un vivo, cosa sta facendo?
Sei venuto per riprendermi, grazie di questo impossibile sognare. Ma la vita è andata... Mentre mi camminavi avanti senza voltarti, ho capito che non ho più voglia... Se ti seguissi, mi riporteresti alla solita vita, giornate che finiscono e ripartono, e alla fine ci lasciano invecchiati, di nuovo sull'orlo di lasciarci. Troppo dolore vivere per morire. Io sono già morta, l'ho già compiuto il passaggio insopportabile. Ora che mi sono liberata della morte, posso esistere senza aver bisogno di questa faticosa incombenza che è la vita. Lasciami a questa libertà.
Il prezzo è non amarti? Credi?
L'amore è lontananza, si nutre di distanze impercorribili. Non ho bisogno di vivere con te. In questo buio dove non ti vedo e non ti ho, è perfetto amarti: la vita fa parte della morte. Come nella notte è contenuto il giorno, come lo stesso cielo abbraccia e luna e sole...
Sono diventata cielo. Fare a meno di te è l'amore[18].

Orfeo non sente. Sale, chino sui suoi passi. Ha paura di mettere male un piede, cadere e non rialzarsi. Teme gli agguati di quel luogo inospitale. Ha fretta. Sale di corsa, sente che il tempo, fermo, ora potrebbe ripartire. Ha fretta di lasciare l'incolore antro della Morte[19], non si fida.

18. Fare a meno ... amore: Euridice appartiene a un'altra dimensione, dove il suo amore per Orfeo, pur ancora vivo, non trova più posto. Tuttavia, è un'esperienza che ella ha vissuto e che farà per sempre parte di lei.

19. antro della Morte: grotta di Ade, il cui regno ricorda una vastissima caverna.

L'uscita è prossima, ancora qualche passo.
L'uscita è lì, si vede già la luce.
Orfeo cammina, ma la strada del ritorno a poco a poco ha cambiato anche lui. Impercettibilmente è diventato un altro, e ora ha altri pensieri.
Cammina, ma non sente le parole di Euridice, né il suo passo, nemmeno il minimo fruscio. È come avere dietro il nulla, e prova adesso una paura nuova: di colpo ha paura di riaverla, di ripiombare in un peso. Invece, vivere nella sua assenza è così leggero... È un vuoto. E lui che è un poeta ha bisogno di quel vuoto: la sua vita è canto, e solo ciò che manca si può cantare.
Orfeo si volta.
In quel momento Euridice si ferma. Ha gli stessi pensieri. Non vuole né morire ancora, né vedere la morte dell'uomo che ama. È già arrivata, nel regno dove tutto è nulla. Non vuole più quei nodi che ci tengono avvinghiati al mondo. Chi impara a staccarsi dalle cose, non torna.
Orfeo si volta, Euridice si ferma.
Nell'attimo in cui si volta, Orfeo la vede rimanere indietro. Riconosce la forma del suo corpo, il viso, che si dissolve. Invano. Quel che Orfeo vede è il suo amore che perde corpo, si fa ombra.
È salvo: libero dalle catene della vita, da questa necessità di amare Euridice nella carne.
Ora il canto gliela renderà eterna. E non patirà mai più nessuna perdita.
Scendere agli Inferi non era il gesto coraggioso, ma una forzatura, un inutile arbitrio[20].
Voltarsi a guardarla e perderla è la soluzione. L'amore è sguardo.

Euridice arretra e vede che lassù, dove il sentiero finisce e immette nella luce, Orfeo s'è voltato. All'ultimo, a pochi metri dall'uscita. E lei, che ha deciso di restare nella notte e non seguirlo, ora a quel gesto di lui vacilla. Davvero così tanto la ama da non riuscire a non guardarla? O la guarda proprio perché la vuole perdere?
Glielo chiede:
Perché ti sei voltato?
Orfeo non la sente. Ma intanto così le parla:
Siamo molto di più che un corpo, Euridice. Non ho più bisogno che tu esista. Ti posso perdere, perché ti posso avere meglio, se mi manchi[21]. La morte fa parte della vita, ne moltiplica la ricchezza.
E adesso lascia che ti guardi ancora una volta. Siamo fragili. Non abbiamo tutto questo potere di trattenere, ci basta un niente per dimenticare. Un sole che ci abbaglia, ed ecco che si stinge[22] il disegno che ci portiamo dentro, si scolora fino al bianco. E noi rimaniamo niente.
Niente.

20. una ... arbitrio: l'atto di scendere nell'aldilà appare adesso a Orfeo come una decisione inutile, avendo egli cercato di cambiare ciò che non può essere mutato ovvero il destino inesorabile di ogni essere umano, che è quello di morire e di allontanarsi per sempre dai vivi. Dunque ha compiuto una scelta libera, dettata dalla sua volontà, ma sostanzialmente inefficace.

21. se mi manchi: l'assenza della persona amata ne ravviva il ricordo e sollecita chi resta a pensare a lei più intensamente.

22. stinge: perde colore, risulta meno nitido.

I caratteri dell'epica

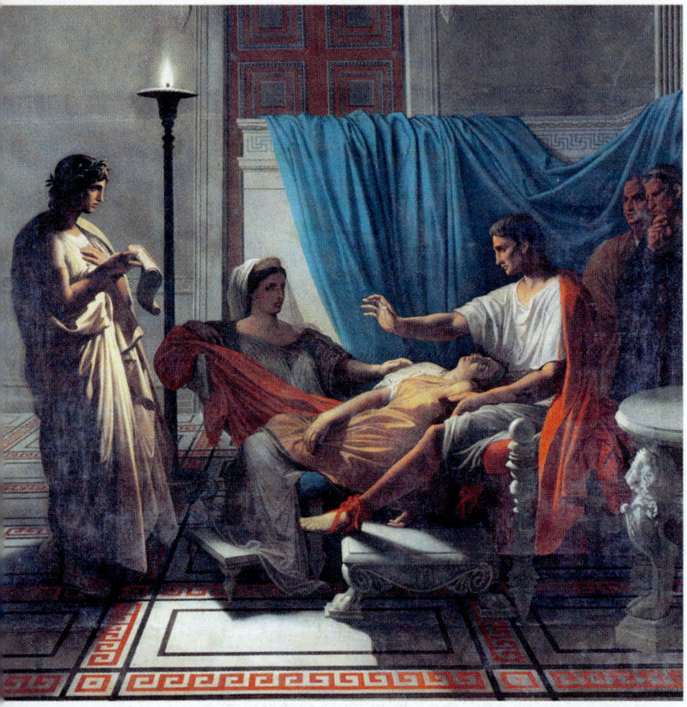

Jean Auguste Dominique Ingres,
Virgilio legge l'Eneide ad Augusto, Ottavia e Livia.
1815 ca. Tolosa, Musée des Augustins.

CHE COS'È L'EPICA?

In greco, **épos** vuol dire «parola» o «racconto»: il termine «**epica**» indica quindi una parola o un racconto solenni, di livello elevato. I testi epici narrano le **imprese guerresche** e le **avventure degli eroi**, rendendo in tal modo accessibile a tutti un vario e vasto **patrimonio di riti**, **conoscenze e valori tradizionali**, il cui apprendimento rinforzava in ciascuno il senso dell'appartenenza alla propria comunità. A questo **intento educativo** se ne accompagnava spesso uno **celebrativo**: per esempio l'*Eneide*, del poeta latino Virgilio, spiega la nascita del popolo romano esaltando insieme l'età augustea, in cui l'autore ha vissuto.

Le narrazioni dell'epica risalgono a periodi diversi e sono il prodotto della cultura di popoli lontani nel tempo e nello spazio. In questo genere letterario sono comprese infatti composizioni risalenti al III millennio a.C., opere di area mesopotamica e indiana; testi più tardi, dei Greci (*Iliade*, *Odissea*) e dei Romani (*Eneide*), fino alle manifestazioni letterarie dell'epica medievale e di quella rinascimentale. Le opere più note risultano formate da migliaia di versi, raggruppati in **libri** o in **canti**, e, quando sono scritte in versi, prendono il nome di **poemi**.

L'EROE, IL VERO PROTAGONISTA

Le storie che formano un poema epico si articolano intorno alla **figura dell'eroe**, un personaggio dotato di **qualità** e di **sentimenti eccezionali**. Si tratta di caratteristiche che emergono e vengono messe alla prova in diversi contesti: incontrando mostri o creature dai poteri sovrumani, se il poema è incentrato sull'**avventura** e sul **viaggio**; affrontando con coraggio battaglie e duelli, se l'argomento dell'opera è la **guerra**.

Nell'epica sumero-babilonese, il forte eroe **Gilgamesh**, assillato dal timore della morte, aspira alla vita eterna e alla gloria, per ottenere la quale si dedica a grandi imprese. **Achille** è il protagonista dell'*Iliade*, che sviluppa il tema della sua **ira funesta**, da cui è spinto, a causa di un affronto subìto, ad abbandonare il campo di battaglia. L'eroe dell'*Odissea* è l'astuto **Odisseo** (o **Ulisse** per i Romani). Reduce dalla guerra di Troia, affronta un viaggio interminabile e pieno di pericoli, simile in questo

Ulisse legato per resistere al canto delle sirene.
Particolare di un mosaico del III secolo, Tunisia.

a Gilgamesh, per tornare in patria, nell'isola di Itaca. Vagabondo e spesso naufrago nel Mediterraneo, egli vince le continue difficoltà ricorrendo a eccezionali virtù di astuzia e di intelligenza.

Mitologia e storia

Un testo epico di solito affianca alla vicenda principale una serie di **narrazioni parallele**, che vedono l'ingresso in scena di **personaggi secondari** o la presenza di **notizie** relative ai popoli e alle civiltà con cui il protagonista entra in relazione.

Gli **elementi mitologici e favolistici** (mostri, creature soprannaturali, divinità) si mescolano spesso a quelli **realistici** e si può notare, al riguardo, che, qualora alla base del racconto vi sia un **fatto storico** (come la guerra di Troia o le imprese di Carlo Magno), esso risulta nobilitato proprio dal suo inserimento in una dimensione magica.

Dunque, nei testi epici è facile riconoscere la rappresentazione del **pensiero**, dei **valori** e della **concezione della vita** di una determinata società, generalmente quella **guerriera e aristocratica**, che fa da sfondo alle vicende narrate: a tale scopo, si recuperavano miti e leggende di eroi e dèi e la descrizione dettagliata di armi, duelli, riti, abitudini quotidiane e familiari, in cui il pubblico facilmente si riconosceva, in quanto vi trovava esaltati i propri **ideali morali e religiosi**.

Lo stile epico

Il linguaggio dell'epica è caratterizzato da un **tono solenne**, ma al tempo stesso si presta a esprimere in dettaglio fatti e vicende molto diversi tra loro, anche legati alla dimensione semplice, non certo eroica, della vita quotidiana. Nei poemi dell'epica classica, greca e latina, si ricorre all'**esametro**, un tipo di verso dal ritmo ampio e fluente, adatto al racconto. I versi dell'*Orlando furioso*, invece, così come quelli della *Gerusalemme liberata*, sono **endecasillabi riuniti nell'ottava**, un tipo particolare di strofa che permette di armonizzare le esigenze narrative e quelle poetiche.

Vediamo allora le **caratteristiche** del linguaggio epico che ritroviamo nei testi antologizzati:

1. il ricorso alla similitudine. Si tratta di paragoni tra personaggi o situazioni, con immagini intense che ne sottolineano un particolare aspetto. Ad esempio, Achille che insegue Ettore è descritto come un cane che insegue sui monti il cucciolo di una cerva. L'uso di questa figura retorica è molto significativo, perché i confronti, derivati dalla vita sociale ed economica (caccia, agricoltura) e dalla sfera religiosa, mitologica o naturale, offrono informazioni preziose sul pensiero e sui sentimenti dei popoli di cui l'epica è un'espressione;

2. la presenza del linguaggio formulare. Le similitudini e le espressioni utilizzate per caratterizzare situazioni e personaggi sono così ricorrenti da poter parlare di uno stile formulare, cioè composto da formule fisse: in Omero, ad esempio, le dee e le donne più belle hanno sempre *bianche braccia* e i guerrieri sono sempre paragonati a leoni feroci;

3. una struttura stereotipata. In apertura di un poema vi è in genere un *proemio* o *prologo*, in cui si espone brevemente l'argomento e si introduce il protagonista dell'opera: perciò è detto anche *protasi*, nel senso di «anticipazione». Nell'epica classica, esso contiene un'invocazione alle muse

Incisione di Gustave Doré per la copertina dell'*Orlando furioso*.

o a una divinità, affinché ispirino il poeta a ricordare e ad esprimere con efficacia le storie che si appresta a raccontare;

4. le figure retoriche. Esse rendono coinvolgente il significato di un fatto o il carattere di un personaggio. Esaminiamo le più frequenti, con esempi tratti da diverse opere.

Anafora

È la ripetizione di una o più parole all'inizio di frasi o versi successivi:

> Ma se tu sei mortale, di quelli che vivono
> in terra,
> *tre volte beati* il padre e la madre sovrana,
> *tre volte beati* i fratelli: perché sempre il cuore
> s'intenerisce loro di gioia, in grazia di te...
>
> (Omero, *Odissea*)

Antitesi

È l'accostamento di termini o di concetti che hanno significato opposto:

> La sua piaga *più s'apre e più incrudisce*,
> quanto *più l'altra si ristringe e salda*.
>
> (Ariosto, *Orlando furioso*)

Apostrofe

Consiste nel rivolgersi in tono enfatico a una persona o a un'entità personificata:

> Ma quando alla quarta balzò, che un
> nume pareva,
> allora, *Patroclo*, apparve la fine della tua vita...
>
> (Omero, *Iliade*)

Chiasmo

Consiste nella disposizione incrociata di una serie di parole o espressioni, in cui l'ordine delle parole è invertito nella seconda rispetto alla prima:

> *Le donne*, i cavallier, l'arme, *gli amori*
>
> (Ariosto, *Orlando furioso*)

Climax

Dispone due o più termini in ordine crescente o decrescente di significato, in modo che l'espressione ne risulti intensificata (**climax ascendente**) o attenuata (**climax discendente**).

Climax ascendente

> poi che la lena vinta non risponde
> *allo sdegno, al grave odio, all'ardente ira,*
> cade sul prato, e verso il ciel sospira.
>
> (Ariosto, *Orlando furioso*)

Climax discendente

> Sopporti *il tuo cuore, la mente, l'udire*
> ché non il solo Odisseo perdette il ritorno
> a Troia, ma molti altri eroi vi perirono.
>
> (Omero, *Odissea*)

Enjambement

Termine francese che significa «inarcatura» e indica la continuazione di una frase nel verso successivo a quello in cui è iniziata, annullando così la pausa di fine verso:

> Segue egli la vittoria, e *la trafitta*
> *vergine* minacciando incalza e preme.
>
> (Tasso, *Gerusalemme liberata*)

Enumerazione

Si elenca una serie di parole mediante segni di punteggiatura o per mezzo delle congiunzioni coordinanti (*e*, *o*):

> Un bosco rigoglioso cresceva intorno
> alla grotta:
> *l'ontano, il pioppo e il cipresso odoroso.*
> Uccelli con grandi ali vi avevano il nido:
> *gufi, sparvieri e corvi di mare...*
>
> (Omero, *Odissea*)

Inversione

Consiste nel sovvertimento dell'ordine naturale delle parole (ad esempio, soggetto, verbo e complemento oggetto), per ottenere particolari effetti fonici o per sottolineare il significato di alcuni termini, collocati in posizioni ritmiche di rilievo, all'inizio o alla fine di un verso:

> le cortesie, l'audaci imprese *io canto*
>
> (Ariosto, *Orlando furioso*)

Iperbole

Rappresenta la realtà esagerandola per eccesso o per difetto, dandone cioè un'immagine dilatata oppure ristretta:

> Finché i fiumi correranno
> al mare, finché le ombre percorreranno
> i fianchi
> delle montagne, finché il cielo nutrirà
> le vive stelle: in me, dovunque il destino
> mi chiami
> dureranno il tuo nome, la tua grazia e
> i tuoi meriti!
>
> (Virgilio, *Eneide*)

Metafora

Detta anche «similitudine abbreviata», sposta il significato da una parola a un'altra, il cui significato letterale possiede una certa somiglianza con quello letterale della prima: così si crea un'espressione nuova e di grande intensità emotiva.

> (Gilgamesh), un eroe, figlio di Uruk, *uno scalpitante toro selvaggio*...
>
> (*Epopea di Gilgamesh*)

Metonimia

Sostituisce un termine con un altro, legato al primo da un rapporto di vicinanza, materiale o concettuale: per esempio, l'astratto per il concreto (*amicizia* = amici); la materia per l'oggetto (*ori* = gioielli d'oro); la causa per l'effetto (*pianto* = lacrime):

> Anfimedonte colpì alla mano Telemaco,
> al polso,
> di striscio: *il bronzo* escoriò l'epidermide.
>
> (Omero, *Odissea*)

Ossimoro

Nella medesima espressione si accostano due termini il cui significato si esclude a vicenda, essendo uno l'opposto dell'altro:

> Sommessi accenti e *tacite parole*...
>
> (Tasso, *Gerusalemme liberata*)

Personificazione

Attribuisce caratteristiche umane a oggetti, animali o entità astratte:

> *Caro montone*, perché vieni per la
> spelonca così,
> per ultimo?... Forse *tu* piangi l'occhio
> del tuo padrone?
>
> (Omero, *Odissea*)

Similitudine

Stabilisce un paragone fra due termini, uno dei quali è sconosciuto e viene spiegato dal confronto con l'altro. Il paragone è introdotto da nessi logici di collegamento: (*così*)... *come*, *quale*, *tale*... *quale*, *sembrare*, *parere*, *a somiglianza di*, *simile a*:

> ... Atena inviò un vento propizio,
> uno zeffiro fresco, urlante sul mare scuro
> *come vino*
>
> (Omero, *Odissea*)

Sineddoche

Sostituisce a un termine un altro termine, legato al primo da un rapporto di quantità, cioè dal significato più o meno ampio: il singolare per il plurale (*l'italiano* = gli italiani) e viceversa (*tempi* = tempo, nel senso di «epoca»); la parte per il tutto (*il tetto* = la casa); il genere per la specie (*il felino* = il gatto):

> Vi aiuterò con ogni mezzo, tanto...
> quanto vogliate dirigervi ai *lidi d'Erice*
> (= la Sicilia)...
>
> (Virgilio, *Eneide*)

UNITÀ 1

L'epica del Vicino Oriente

COMPETENZE

- Interpretare i testi dell'epica del Vicino Oriente applicando gli strumenti dell'analisi testuale.
- Riconoscere messaggi e valori trasmessi dai testi dell'epica del Vicino Oriente.
- Interpretare i testi con un personale apporto critico.
- Riconoscere diversi registri linguistici in relazione ai differenti scopi comunicativi.
- Rafforzare le abilità grammaticali.
- Utilizzare il lessico specifico dell'analisi testuale.

CRITERI DI VALUTAZIONE

- Capacità di analizzare un testo secondo i concetti narratologici studiati.
- Interiorizzare messaggi e valori.
- Capacità di interpretare e approfondire criticamente un testo.
- Capacità di organizzare i contenuti strutturando il pensiero in forma lessicalmente, sintatticamente e ortograficamente corretta.
- Capacità di usare un lessico appropriato e specifico.

I CARATTERI DELL'EPICA DEL VICINO ORIENTE

UN GENERE MOLTO DIFFUSO

Sin dai tempi più antichi si riscontrano in tutto l'**Oriente** composizioni poetiche di genere epico: in **Persia** è celebre il *Libro dei re*, opera di Firdusi; in **India**, si va dalle epopee di carattere religioso, come il *Mahabharata* o il *Ramayana*, a quelle più letterarie, scritte in sanscrito e nelle varie lingue neoindiane. Anche in Estremo Oriente si sviluppò questo genere letterario, di cui rappresenta un significativo esempio il *Kojiki*, un poema giapponese il cui titolo significa *Romanzo dei Tre regni*; in **Egitto**, un testo epico (sebbene questo genere, nella terra del Nilo, non fosse così importante come in altri luoghi) celebra la battaglia di Kadesh, combattuta dal faraone Ramses II contro gli Hittiti nel 1296 a.C. circa.

Queste e altre opere mostrano caratteri che le distinguono decisamente dai testi della tradizione occidentale e, in particolare, da quelli dell'epica classica, greca e latina. Pertanto, in questa unità si prendono in considerazione opere come l'*Epopea di Gilgamesh* e la *Bibbia*, che appartengono all'area mediorientale e che dunque risultano più vicine alla cultura dell'Occidente.

L'EPOPEA DI GILGAMESH

Le opere provenienti dal territorio della **Mesopotamia** (dal greco, «terra tra due fiumi», cioè il Tigri e l'Eufrate) possiedono un antichissimo patrimonio di miti e leggende. Il territorio era abitato dalla **civiltà sumera** e da quella **assiro-babilonese**, diverse per lingua (più antica quella sumera) e per tradizioni, ma che conobbero un processo di **integrazione** tale da rendere talvolta difficile, se non impossibile, riconoscere i caratteri distintivi di ciascuna.

Un celebre **esempio di tale fusione** è l'*Epopea di Gilgamesh*, che ha come oggetto le avventure di Gilgamesh, re di Uruk, un eroe per due terzi immortale, in quanto figlio della dea Ninsun, e per un terzo mortale. Il nucleo originario è sumero e risale al III millennio a.C., ma in esso confluirono testi della tradizione babilonese, mentre la versione più completa ci è giunta in lingua assira (VII secolo a.C.), a riprova dell'enorme successo dell'opera, che continuava a essere tramandata nei secoli. Celebre, in questo poema, è il racconto del diluvio universale, presente d'altra parte nei testi di molti popoli, anche lontani tra loro nello spazio: qui, in evidente analogia con la narrazione biblica, il saggio Utnapishtim descrive a Gilgamesh come, con l'aiuto di un dio, abbia salvato gli uomini dall'estinzione provocata da una terribile catastrofe.

LA BIBBIA

Anche i libri di cui è composta la ***Bibbia*** sono molto antichi, soprattutto quelli della *Genesi*, che si riferiscono ai primordi della cultura ebraica. La *Bibbia* racconta le **vicende del popolo ebraico**, con i suoi tentativi di diffondere la propria fede in un Dio unico, perciò, più che per il valore letterario, essa è fondamentale per il suo **significato religioso**. Il racconto, tuttavia, pur presentando un **fondamento storico**, è spesso arricchito dall'inserimento di **fatti leggendari**, di cui sono protagonisti eroi dalle qualità straordinarie, fisiche e morali, che conferiscono alla narrazione un carattere indiscutibilmente epico.

GLI ELEMENTI DELLA NARRAZIONE E DELLO STILE

Vediamo in dettaglio i **caratteri principali** dell'epica del Vicino Oriente, che si ritrovano nei brani presenti nell'unità:

1. gli dèi e le vicende umane. Le divinità esigono dagli uomini sottomissione e obbedienza e spesso interferiscono nelle loro azioni e decisioni. Se questi disattendono le regole loro imposte, l'ira divina si abbatte inesorabile su di essi; se invece si comportano in modo giusto e rispettoso, vengono premiati. Il rapporto tra gli dèi e gli uomini conferisce ai poemi un aspetto di grande sacralità, sebbene gli dèi siano più temuti che amati;

2. l'intreccio e i personaggi. Lo svolgimento degli episodi si incentra sulle figure dei protagonisti, delineati secondo uno schema fisso (aspetto fisico, carattere, comportamento). Nell'*Epopea di Gilgamesh* si impone la forte personalità dell'eroe che, insieme al fedele amico Enkidu, vive una serie di avventure incredibili, uccidendo mostri e affrontando con successo ostacoli di ogni genere. La *Bibbia*, invece, descrive personaggi eroici (Mosè, Noè, Sansone ecc.), che non solo si misurano con nemici potenti, ma sono capaci di resistere allo sconforto e alle passioni, mantenendo salda la fede in Dio. Gli eventi raccontati, inoltre, sono presentati come veri o comunque credibili, anche se in essi sono inseriti motivi tipici del meraviglioso, e traggono la propria legittimazione dal mito, dalla tradizione, dalla storia o dalla fede;

3. il tema del viaggio. Nell'*Epopea di Gilgamesh* e nella *Bibbia*, i luoghi cambiano di frequente. Il giovane eroe Gilgamesh affronta un cammino lunghissimo, scandito da varie tappe e da difficili prove, per ottenere l'immortalità e per comprendere il senso dell'esistenza. Alla fine delle sue peregrinazioni, invece, troverà la pace e l'autentica saggezza, che non consiste nel vivere in eterno, ma nell'accettare la propria condizione di essere mortale. Nella *Bibbia*, il viaggio coincide con l'arrivo degli Ebrei nella terra promessa: superando difficoltà e dolori, essi acquisteranno coscienza della propria identità e perfezioneranno il proprio comportamento, adeguandosi a un preciso codice morale. Il viaggio si configura dunque, per chi lo intraprende, come un percorso fisico ma soprattutto spirituale, simbolo di una sofferta ricerca e maturazione;

4. lo stile formulare. Nei poemi citati si osserva la ripetizione frequente di epiteti (aggettivi o espressioni che indicano qualità fisiche o morali dei personaggi), patronimici (che individuano il padre di un eroe) ed espressioni ricorrenti (che evidenziano azioni o situazioni di particolare interesse). La presenza dello stile formulare, che dà al racconto un tono alto e solenne, sembrerebbe confermare l'ipotesi che i testi epici in origine fossero tramandati oralmente. Infatti, grazie alla loro ripetitività, le formule favorivano l'apprendimento a memoria da parte del narratore e facilitavano agli ascoltatori la comprensione dei fatti. Non mancano infine flashback e prolessi, per integrare il testo con informazioni riferite al passato o per anticipare eventi futuri, allo scopo di suscitare l'interesse dell'ascoltatore o del lettore.

L'Epopea di Gilgamesh

La struttura del poema

L'*Epopea di Gilgamesh*, che precede l'epica omerica di almeno millecinquecento anni, ha come protagonista un re, **Gilgamesh**, che governò la città sumera di **Uruk**, sacra al dio Anu e dove, a quanto si dice, ebbe inizio la scrittura sulle tavolette d'argilla. Egli sarebbe vissuto nella prima metà del III millennio a.C. e viene indicato come il quinto sovrano della dinastia che regnò dopo il diluvio universale e a cui si attribuisce la costruzione di un'imponente cinta muraria che circonda la città.
Il poema è formato da una serie di episodi che narrano gli **eventi principali** della sua vita. È suddiviso in **12 canti in versi**, di circa 300 righe l'uno, incisi su altrettante tavolette in caratteri cuneiformi, per un totale approssimativo di 3500 versi. Di questi solo un migliaio è giunto fino a noi dopo i ritrovamenti archeologici nelle città di Ur e di Ninive, in particolare nella biblioteca del re assiro Assurbanipal (668-629 a.C.), che conteneva innumerevoli testi di argomento storico, scientifico, religioso e letterario.

L'autore

Non ci sono purtroppo pervenuti i nomi degli autori delle opere letterarie mesopotamiche ma, riguardo all'*Epopea di Gilgamesh*, le indicazioni di un catalogo conservato nella biblioteca di Assurbanipal la attribuiscono al **sacerdote Sinleqiunnini**, vissuto probabilmente nel XIII-XII secolo a.C., all'epoca del re Nabucodonosor I. Secondo alcuni studiosi, lo si dovrebbe identificare con il **consigliere di Gilgamesh**; altri ancora, invece, ritengono che nessuna delle due ipotesi sia attendibile, quindi il poema sarebbe opera di un **anonimo**.

La formazione del testo

Nella letteratura sumerica il poema riveste un particolare rilievo, tanto da far pensare che vari **racconti su Gilgamesh** presentassero una **forma scritta** già nei primi secoli del **III millennio a.C.**, ma che fossero recitati, esistendo dunque in forma orale già molto tempo prima.
Gli episodi più significativi, come quello del diluvio, appartenevano alla tradizione letteraria sumera. In seguito si sovrappose altro materiale, assai composito, proveniente da opere in lingua babilonese e assira e risalente a epoche diverse: esso comprendeva racconti mitologici, narrazioni avventurose e fantastiche, canti religiosi. La **stesura finale**, la più completa, è quella **in lingua neo-assira del VII secolo a.C.**, quando il re Assurbanipal ordinò di raccogliere le varie parti e di trascriverle.
Con il passare del tempo si cominciò a perdere memoria del nome e delle imprese del protagonista fino a quando, **alla metà del XIX secolo**, il testo fu riscoperto, prima in accadico a Ninive, nel 1853, poi nella versione sumerica più antica, grazie a una missione archeologica americana, che scavò a Nippur fra il 1888 e il 1889. Il lavoro di numerosi specialisti portò alla **prima edizione** del poema **nel 1928**: si tratta però di un lavoro sempre «in divenire», perché di frequente vengono colmate le lacune del testo e la datazione retrocede.

Lo stile

Lo **stile** del poema presenta le caratteristiche essenziali del **linguaggio epico**. Vediamo le principali:

1. l'uso di **epiteti**, che rendono immediatamente riconoscibile il personaggio o il luogo di cui si parla: il dio Shamash è *glorioso*, la città di Uruk è il *grande mercato*;

2. la **ripetizione** di un verso o di parti di esso. In tal modo si sottolinea di volta in volta l'importanza di un fatto, si mettono in rilievo i sentimenti di un personaggio oppure si creano emozioni nel lettore, soprattutto timore e meraviglia, come leggiamo nell'esempio, che descrive il cammino di Gilgamesh nella tenebrosa montagna di Masu: *Dopo due leghe, l'oscurità era fitta e non c'era luce alcuna... Dopo quattro leghe, l'oscurità era fitta e non c'era luce alcuna...*

3. il ricorso alle **figure retoriche**, tra cui prevalgono l'**enumerazione** (*I grandi venti designò, il vento del Nord, il turbine, la tempesta e il vento gelato, la bufera e il vento ardente*), l'**iperbole** (*I picchi gemelli di Masu sono alti quanto il muro del cielo, i suoi poggi scendono giù sino agli Inferi*), la **similitudine** (*Gilgamesh si abbatté sui leoni come una freccia scoccata dalla corda*);

4. la prevalenza della **paratassi**: nella costruzione del periodo troviamo spesso le coordinate per asindeto, cioè accostate mediante la punteggiatura, per dare ritmo al racconto e facilitare la comprensione degli eventi (*balenavano fulmini, un fuoco divampava, le nubi si abbassavano*).

Lo svolgimento del poema

Gilgamesh e il selvaggio Enkidu

Gilgamesh, re di Uruk, è il figlio di un mortale e della dea Ninsun. Dotato di grandi qualità, saggio, bello, coraggioso e forte, ha costruito le mura della città su cui regna, e il tempio di Anu, il dio del cielo. Egli, però, agisce in modo crudele e prepotente nei confronti del suo popolo che, stanco di soprusi e violenze, si lamenta con gli dèi per implorare soccorso. Le divinità si rivolgono alla dea Aruru, esortandola a creare un rivale per Gilgamesh, che in tal modo potrà distrarsi e lasciare in pace la città. Così da un pizzico di argilla nasce il selvaggio Enkidu, il quale, dopo varie esperienze, diventa un essere civile e stringe un forte legame d'amicizia con Gilgamesh.

Le avventure di Gilgamesh

Il dio Enlil ha decretato che la vita di Enkidu sarà breve, per quanto ricca di imprese valorose.
I due amici, spinti dal desiderio di gloria, si recano nella lontana Foresta dei Cedri per uccidere il guardiano del luogo, il gigante Humbaba, simbolo del male. Il dio Sole, il brillante Shamash, assicura il suo aiuto ai due eroi. L'impresa si conclude con successo, ma suscita l'ira degli dèi, protettori di Humbaba. Nel

frattempo, Ishtar, la dea dell'amore, presa dalla passione chiede a Gilgamesh di diventare il suo sposo, ma il giovane rifiuta, ricordando la tragica fine di molti suoi amanti. Furibonda, Ishtar manda contro di lui il Toro del Cielo, ma Gilgamesh, con l'aiuto dell'amico, lo uccide. Gli dèi, in preda all'ira, colpiscono Enkidu con una grave malattia e lo fanno morire.

La ricerca dell'immortalità

Gilgamesh, disperato per la scomparsa dell'amico e afflitto dalla solitudine, viene colto dal terrore della morte e decide di intraprendere un viaggio alla ricerca di Utnapishtim, *Colui che vide la vita*, un tempo re di Shuruppak e unico sopravvissuto al diluvio universale: gli dèi gli hanno concesso l'immortalità e Gilgamesh ne vuole conoscere il segreto.
Dopo aver affrontato un lunghissimo viaggio, superando difficoltà di ogni genere, come gli Scorpioni, creature terrificanti metà uomini e metà draghi, giunge, stremato dalla fatica e dagli stenti, da Utnapishtim, che vive con la moglie nella terra di Dilmun. L'anziano saggio gli racconta la sua storia e gli dona un'erba che ha il potere di far ringiovanire. Sulla via del ritorno, un serpente, attratto dal dolce profumo della pianta, la ruba. Per concessione divina, l'eroe incontra l'ombra di Enkidu, il quale gli rivela il suo destino, che non è quello di essere immortale, ma un re giusto e forte, consapevole che dopo la morte resteranno la gloria e il ricordo delle sue gesta. Egli arriva quindi a Uruk, dove muore, pianto dal popolo.

La realtà storica

Il contesto storico e culturale in cui nacque il poema epico l'*Epopea di Gilgamesh* si collega alla **civiltà dei Sumeri**.
Alla metà del IV millennio a.C., o forse molto prima, come le più recenti ricerche archeologiche sembrano confermare, i Sumeri, un popolo di origini ancora incerte, si stanziarono nella parte meridionale della **Mesopotamia**. Abili in numerose arti, essi costruirono **splendide città-stato**, come Ur, Uruk, Eridu, Kish, Nippur ecc. Questi centri urbani, in origine semplici villaggi fortificati, appartenevano a un dio, erano cioè consacrati a lui, e il re di conseguenza diventava una sorta di «servitore» del dio. Ogni divinità curava le fortune e il benessere della propria città e aveva la sua dimora in un **tempio**, un edificio riccamente decorato e spesso completato da una *ziggurat*, una specie di montagna sacra in miniatura, lo spazio privilegiato in cui gli dèi incontravano gli uomini.
Nella prima metà del III millennio, verso il 2400 a.C., il **re Sargon**, di stirpe semita, conquistò la terra di Sumer, realizzando l'unificazione del territorio e dando luogo al primo, grande impero della storia. Fu poi la volta dei Babilonesi e degli Assiri, che tuttavia assorbirono molti elementi culturali sumerici.

Statua di Gilgamesh in alabastro gessoso, risalente all'VIII sec. a.C. Parigi, Museo del Louvre.

I personaggi principali e le divinità

Gli uomini

Gilgamesh, sovrano di Uruk, protagonista del poema, figlio della dea Ninsun e di un mortale. Il suo scopo è di ottenere la gloria, anche a costo della vita. Dopo la morte dell'amico Enkidu si spingerà, senza esito positivo, alla ricerca dell'immortalità.

Enkidu, creato dalla dea Haruru per limitare l'eccessiva irruenza e la prepotenza di Gilgamesh, è, inizialmente, simile a un selvaggio e vive con le fiere. Trasformatosi in un essere civile grazie a un'esperienza d'amore, diventa l'amico inseparabile di Gilgamesh, col quale affronta innumerevoli imprese. Per aver offeso gli dei viene condannato a morire.

Lugalbanda, predecessore di Gilgamesh, custode e protettore della città; viene invocato come «padre» da Gilgamesh nel momento del bisogno.

Dumuzi, sfortunato sposo della dea Ishtar, presente in molti miti dell'antichità anche con il nome di Tammuz, è raffigurato ora come un eroe, ora come un sovrano, talvolta come un dio. È designato dalla dea Ishtar a espiare per lui la condanna.

Ishullanu, giardiniere del dio Anu, viene tramutato in talpa per aver rifiutato l'amore di Ishtar. È citato da Gilgamesh come prova della crudeltà della dea.

Utanapishtim o **Atrankhasis**, mitico principe della città di Shuruppak, scampato al diluvio grazie all'intervento di Ea e premiato con il dono dell'immortalità.

Gli dèi del cielo

È tipico dei poemi antichi uno stretto rapporto tra gli eroi, generalmente semidivini, gli uomini e gli dèi, spesso coinvolti nelle vicende umane. Poiché non fa eccezione neppure *L'epopea di Gilgamesh*, vediamo le divinità principali, suddividendole, per meglio evidenziarne le caratteristiche, in tre gruppi e cominciando dalle divinità celesti.

Adad Dio della tempesta, è rappresentato con un tridente in mano; lo accompagnano Sullat e Hanis, personificazione dei venti di bufera.

An o Anu Re degli dèi e degli uomini, è tuttavia soggetto a Namtar, il Fato o Destino. Figlio primogenito delle acque primordiali, rappresenta il firmamento, il cielo superiore. Dalla sua unione con la Terra o Ki, è nato Enlil, che a sua volta ha generato altri dèi.

Antu Madre di Ishtar e moglie di Anu, è paragonabile alla dea Giunone.

Enlil Dio del vento, patrono della città di Nippur. Nel poema è l'esecutore degli ordini di Anu e appare per lo più nel suo potere distruttivo.

La dea Ishtar in una raffigurazione del III millennio a.C. Damasco, Museo Nazionale.

Ishtar (o Inanna) Regina del cielo, è figlia di Nanna e di Ningal. Divinità dal duplice e contrastante aspetto, è venerata come dea dell'amore e della guerra, incantevole e tremenda al pari della greca Afrodite. In lei si fondono la benevola dea sumerica Inanna e la semitica Ishtar, chiamata «Signora dei dolori e delle battaglie».
Nanna (o Sin) Dio della Luna, è figlio di Enlil e padre di Shamash e di Ishtar. Naviga su un battello portando luce nel cielo notturno ed è onorato in particolare nella città di Ur.
Ninurta Dio della guerra, è la personificazione del vento del Sud. Costruisce uno sbarramento contro le acque degli Inferi e combatte molte creature mostruose.
Shamash Identificato con il Sole, vede tutto e sa tutto. Presiede agli oracoli, è legislatore e giudice: a lui i mortali possono appellarsi per ottenere giustizia. Sua moglie è Aia, l'aurora.

Bassorilievo proveniente dalla Mesopotamia e datato 2300 a.C. Raffigura alcune divinità tra cui Ea e Shamash (il secondo e il terzo da destra). Londra, British Museum.

Gli dèi della terra e delle acque

Ea Dio della sapienza, gli sono consacrate le acque dolci, che rendono fertili i campi. Amante della pace, ha un tempio nella città di Eridu, sul Golfo Persico. Definito nel poema come un dio *di vasta intelligenza e grande forza*, è il benefattore degli esseri umani, che ha creato e che continua a colmare di doni.
Ninhursag Dea della vegetazione, il suo nome significa «la Madre»; è detta anche Nintu, «Signora della nascita», o Aruru.
Ningirsu Dio della fertilità e dell'irrigazione dei campi, è il proprietario di un giardino abbellito da ogni genere di pianta. Secondo la tradizione, è figlio di una capra.
Nisaba Dea del grano, ha lunghi e fluenti capelli.
Sumuqan Dio degli animali, ha un aspetto selvaggio ed è ricoperto di un folto pelo. Favorisce la fecondità del bestiame e gli sono sacre le gazzelle e le pecore.

Gli dèi degli Inferi

Il regno degli Inferi, chiamato **Kur**, è un vasto spazio collocato sotto la superficie della terra ma sopra le acque inferiori (l'**Apsu** o il «grande abisso»). Vi si arriva penetrando in una montagna e poi percorrendo un cammino tortuoso, labirintico, *la via da cui non c'è ritorno*. Poco prima di morire, Enkidu, l'amico di Gilgamesh, vede in sogno questi luoghi oscuri.
Anunnaki Abitanti del mondo celeste, a causa delle colpe commesse sono stati confinati negli Inferi, dove svolgono la funzione di giudici.
Ereshkigal Regina degli Inferi, è una dea che in origine forse aveva caratteristiche celesti, perché viene detta «la sorella maggiore di Ishtar». È stata condotta nell'aldilà dopo che il cielo fu separato dalla terra.
Nergal Marito di Ereshkigal, è il tenebroso dio della pestilenza.

TESTO-GUIDA L'EPOPEA DI GILGAMESH

Prologo

(TAVOLA I)

IL BRANO

Secondo la tradizione dell'epica, il poema incomincia in tono solenne con una descrizione dettagliata delle caratteristiche personali e delle celebri gesta dell'eroe Gilgamesh, re di Uruk, sovrano forte e saggio. Si fa inoltre un breve cenno alla natura semidivina del protagonista, ma mancano del tutto notizie relative alla giovinezza: in effetti, agli inizi della storia lo vediamo già adulto e superiore a chiunque per forza, bellezza e coraggio. Inoltre, forse unico fra tutti gli eroi dell'epica, è anche un costruttore e lascia opere imponenti, che il tempo ha conservato all'ammirazione degli uomini. Si tratta dunque di un personaggio complesso, del quale però non mancano gli aspetti negativi.

Il narratore evidenzia alcune caratteristiche di Gilgamesh: è un saggio che conosce molti misteri, e ha visitato terre sconosciute fino ai confini del mondo.

[Di Gilgamesh che]* vide ogni cosa [voglio] io narrare
al mondo;
[di colui che] apprese [ogni cosa], rend[endosi esperto] di tutto.

[Egli andò alla ric]erca [dei Paesi] (più lontani)
(e) in ogni cosa [raggiunse] la com[pleta] saggezza.

Egli vide cose [seg]rete, [scoprì] cose nascoste,
egli [rif]erì le leggende dei tempi prima del diluvio[1].

Egli percorse vie lontane, (finché), stanco e abbattuto,
(non si fermò).
[Egli fece incide]re tutte le sue fatiche su una stele[2] di pietra.

---

* Tra parentesi sono riportate le parole o le lettere illeggibili nell'originale e ricostruite dal traduttore.

1. **diluvio**: nella mitologia mesopotamica – come nella *Bibbia* del popolo ebraico – è presente la memoria di un catastrofico diluvio che in tempi remoti avrebbe annientato il genere umano.

2. **stele**: lastra di pietra o di marmo, spesso decorata o scritta, impiegata per commemorare imprese e personaggi o come offerta in voto agli dei.

Fu lui a costruire le mura di Uruk[3], l'ovile
del santo Eanna[4], il luogo splendente.

Il narratore si rivolge al lettore con una serie di verbi, per invitarlo ad ammirare le opere fatte edificare da Gilgamesh e ad «entrare» in una storia affascinante.

Guarda le sue mura: i suoi merli sono come il rame!
Osserva la sua alzata, nessuna opera la eguaglia.

Varca la sua soglia, che è di tempi immemorabili,
avvicinati all'Eanna, l'abitazione della dea Ishtar:

mai nessuno, foss'anche un re, potrà costruire un monumento che lo eguagli!

Sali sulle mura di Uruk e percorrile,
ispeziona le fondamenta, scrutane i mattoni:

non è forse vero che son davvero mattoni cotti?
Non sono stati i sette saggi[5] a porre le sue fondamenta?

Un miglio quadrato[6] è la città, un miglio quadrato sono i suoi
orti, un miglio quadrato sono le sue cisterne oltre alle [ter]re
del tempio di Ishtar.
Per tre miglia quadrate si estende Uruk senza contare i suoi terreni agricoli.

[Cerca] la cassetta di rame delle tavolette[7],
[sblocca]ne la serratura di br[onzo],

[apr]i la porta (che cela) i segreti,
[solle]va la tavoletta di lapislazzuli[8] e leggila:

(vi è) la storia [di quel]l'uomo, di Gilgamesh che sperimentò
ogni possibile sofferenza.

Egli è [superio]re agli altri re, è (un signore) glorioso di grande statura,
un [ero]e, figlio di Uruk, uno scalpitante toro selvaggio,

egli come un duce precede tutti,
egli segue tutti, per prestare aiuto ai suoi fratelli,

3. **Uruk**: città della Mesopotamia meridionale, di cui Gilgamesh fu sovrano.

4. **Eanna**: tempio sacro dedicato ad Anu e a Ishtar, divinità protettrici della città di Uruk.

5. **i sette saggi**: esseri mitici che assistevano i sovrani nella loro opera legislativa e nella fondazione delle città. Qui si allude, probabilmente, a un'antica fondazione della città cui parteciparono, appunto, i sette saggi.

6. **Un miglio quadrato**: la misura dovrebbe corrispondere a circa 2 km^2.

7. **tavolette**: tavolette d'argilla, sulle quali le civiltà mesopotamiche incidevano con caratteri cuneiformi la loro scrittura.

8. **lapislazzuli**: pietra preziosa di colore turchino violaceo.

una solida [re]te a protezione dei suoi uomini,
un diluvio travolgente che può distruggere persino un muro di pietra.

[Primoge]nito di Lugalbanda[9], Gilgamesh di forza possente,
[figli]o dell'eccelsa vacca, Rimat-Ninsun[10].

Egli è Gilgamesh di fiero splendore:

(è) colui [che apr]ì passi nelle montagne,
colui [che sca]vò pozzi persino nei dirupi delle montagne,

(è) colui [che attrav]ersò l'Oceano, vasti mari fino al punto in cui sorge il sole,
colui che scrutò i confini del mondo alla disperata ricerca della vita eterna,

(è) colui [che riu]scì a raggiungere Utanapishtim[11], (che abita
in un) lontanissimo (luogo),
colui [che resta]urò i centri di culto distrutti dal diluvio.

Un semidio come Gilgamesh è dotato di una forza tremenda, in ciò simile a un toro, i cui attacchi incutono terrore.

[Ch]i fra la moltitudine delle genti
si può [a lui] paragonare nell'esercizio della regalità?

[Chi, come] Gilgamesh, ha il diritto di dire: «Io sono Re»?
[Gilga]mesh era destinato alla gloria dalla nascita.

Per due terzi[12] egli è dio e per un terzo uomo.

La dea(-madre) Mah disegnò la sagoma del suo corpo,
fece le sue forme [perfe]tte e splendenti;

[ ] era orgoglioso e forte
[ ] uomo eroico
per la decisione di [ ]

Si evidenziano anche aspetti negativi dell'eroe.

In Uruk, l'ovile (di Ishtar), egli v[a ava]nti e indietro,
si mostra superiore, tiene la [sua te]sta alta come un toro selvaggio;

9. Lugalbanda: penultimo re di Uruk prima di Gilgamesh; secondo una tradizione, padre dello stesso Gilgamesh, secondo altre fonti semplice protettore dell'eroe.

10. Rimat-Ninsun: divinità femminile, moglie del re Lugalbanda e, in base a testi sumerici, madre di Gilgamesh.

11. Utanapishtim: letteralmente significa «colui che ha trovato la vita eterna». Si tratta dell'unico sopravvissuto al diluvio, da cui Gilgamesh si recherà per scoprire il segreto dell'immortalità.

12. Per due terzi: si allude alla duplice natura dell'eroe, figlio di una dea, Rimat-Ninsun, e di un mortale. Circa il padre, le fonti sono contraddittorie: alcune lo identificano in Lugalbanda (vedi nota 9), altre in un uomo sciocco, altre ancora in una sorta di demone.

egli non ha rivali, [le sue] armi sono (sempre) sollevate
e al suono del suo *pukku*[13] debbono accorrere [i suoi] compagni.

I giovani uomini di Uruk erano angustiati nelle loro abi[tazioni];

«Gilgamesh non permette che il figlio stia con suo padre»(essi dicevano).
«[Giorno e nott]e [il suo] comportam[ento] è oppressivo.

[Egli è il pastor]e di Uruk, l'ov[ile],
egli è il [loro] pastore, eppure [ ],

[il pote]nte, il su[perbo, l'intelligente e l'esperto],
[Gilgamesh] non permette [alla fanciulla di stare con suo marito]»;

della figlia del guer[riero, della moglie del nobile]
[gli dèi udiro]no i lamenti.

(*L'epopea di Gilgamesh*, trad. it. di G. Pettinato, Rusconi, Milano 1992)

13. ***pukku***: è il tamburo con cui il re chiama a raccolta i giovani della città per portarli a combattere.

Comprendere e analizzare

→ La struttura del testo

Il prologo contiene una sintesi dell'opera, di cui il narratore anticipa il contenuto e i temi principali: egli intende narrare le gesta di un personaggio straordinario, animato dal desiderio di ottenere la gloria, ma anche dall'illusione di vincere la morte, la più grande nemica dell'essere umano.

1 **Nel prologo è facile rintracciare due argomenti fondamentali, riferiti al carattere e all'attività dell'eroe: quali? Sbarra le risposte corrette.**

A Le caratteristiche di Gilgamesh (bellezza, intelligenza, saggezza) e delle sue imprese.
B Le caratteristiche di Enkidu (grande forza fisica, lealtà, coraggio, sprezzo del pericolo).
C La lotta dell'eroe contro giganti, mostri e tori alati, in compagnia dell'amico Enkidu.
D Le opere architettoniche di Gilgamesh (le mura e il tempio della città di Uruk).

→ Il narratore

L'autore-narratore ribadisce il suo scopo, aprendo il poema con l'espressione in prima persona [*voglio*] *io narrare al mondo*. Egli dunque si propone di raccontare la vicenda di Gilgamesh con le sue sole forze e la potenza dell'ispirazione poetica, senza ricorrere all'aiuto di una divinità, diversamente dall'epica classica, greca e latina, nella quale il poeta invoca appunto la Musa del canto epico.

2 **Rileggi il primo verso: il narratore si presenta interno o esterno? Proseguendo nella lettura del brano, il narratore:**

A non cambia e mantiene la funzione già evidenziata nel primo verso.
B cambia, per determinare un maggiore coinvolgimento del lettore nei fatti narrati.
C cambia, perché, dopo aver chiarito la sua funzione di testimone, procede con una narrazione più oggettiva, diventando esterno.
D cambia, esprimendo giudizi, riflessioni e commenti, tipici di un narratore onnisciente.

3 **Per due volte il narratore menziona le fonti del suo racconto: trovale e sottolineale. Quale funzione svolgono questi riferimenti?**

→I personaggi

L'immagine di Gilgamesh si delinea ricca di particolari sia fisici sia spirituali. L'eroe è saggio, ansioso di conoscere e di penetrare quei segreti che gli uomini comuni ignorano. Impegnato in viaggi avventurosi, alla ricerca addirittura dell'eterna giovinezza, appare protetto dagli dèi, che lo hanno dotato delle migliori qualità. Egli non diventerà immortale, ma sarà tuttavia ricordato in eterno anche per le sue imprese.

4 **Di Gilgamesh viene fornita un'identità precisa: chi è e di chi è figlio?**

5 **Nel testo sono contenute molte informazioni, che permettono di tracciare un ritratto dettagliato del protagonista: completa la tabella, inserendo i dati richiesti.**

Le opere e le imprese	ATTRAVERSO L'OCEANO RAGGIUNSE UTNAPISTIN APRÌ MONTAGNI SCAVÒ POZZ
Il comportamento	ARROGANTE VERSO IL POPOLO
Il carattere	POTENTE E SUPERBO INTELLIGENTE

6 **Di Gilgamesh si mettono in luce anche tre atteggiamenti negativi, a proposito dei quali gli abitanti di Uruk lo rimproverano: di che cosa si tratta?**

1. In riferimento alla guerra.
2. In riferimento al suo modo di agire.
3. In riferimento ai suoi sudditi.

→Il linguaggio epico

Nel testo si rinvengono tracce dello stile epico, quindi non mancano espressioni formulari e l'uso delle figure retoriche, per rendere più intensa ed efficace l'esposizione dei concetti.

7 **Sottolinea nel testo quelle parole e frasi che ti sembra facciano parte dello stile formulare (vedi p. 74), poi inseriscile nello schema.**

Espressioni ricorrenti	....
Epiteti	....

8 **Nel brano sono contenute varie similitudini: sottolineale e spiega quali impressioni vogliono suscitare.**

9 **Nei versi 31-32, il narratore paragona Gilgamesh a una *solida rete* e a un *diluvio travolgente*, dando così l'idea di un eroe straordinario. Queste definizioni costituiscono:**

A una similitudine.
B una metafora.
C un climax ascendente.
D un climax discendente.

10 **I versi 40-41 si riferiscono a Utnapishtim, presso il quale Gilgamesh si reca per ottenere l'immortalità. L'allusione a questo personaggio costituisce:**

A un flashback.
B una prolessi. NO

Quale funzione svolge?

→I temi

Il prologo, nel quale si ritrovano alcuni caratteri dell'epica del Vicino Oriente, si ricollega ai temi trattati nel poema, tra cui spiccano, accanto alle eccezionali qualità del protagonista, l'importanza del processo di maturazione cui Gilgamesh va incontro, mostrandosi in ciò non solo eroe, ma anche figura profondamente umana.

11 **La vita di Gilgamesh conosce un percorso di crescita morale e spirituale. La causa di tale fenomeno è dovuta:**

A alla sofferenza.
B alla forza fisica.
C all'orgoglio.
D alla violenza.

La nascita di Enkidu

(Tavola I)

Il contesto

Conclusa la presentazione dell'eroe Gilgamesh e della città di Uruk, della quale è il sovrano, la narrazione lascia intravedere un aspetto negativo del protagonista. Egli infatti viene descritto come un tiranno spietato, che opprime i sudditi, convocati a ogni ora del giorno e della notte, mentre nessuna bella fanciulla si sottrae alla sua lussuria. Occorre dunque trovare al più presto un rimedio, che solo gli dèi sapranno escogitare.

Il brano

L'arroganza di Gilgamesh provoca lo sdegno della popolazione, che chiama in soccorso gli dèi. Questi decidono di plasmare con l'argilla (una pratica che ricorda la biblica creazione di Adamo) Enkidu, una creatura straordinariamente forte, ma primitiva, affinché si opponga al giovane re, di cui invece diventerà l'amico più caro.

Chiave di lettura

In questo brano sofferma l'attenzione su:
- i **due protagonisti**, cioè **Gilgamesh**, simbolo dell'uomo civilizzato, che vive entro lo spazio chiuso delle mura cittadine, ed **Enkidu**, il selvaggio che vive nello spazio aperto delle colline;
- lo **stile**, che alterna con vivacità il **racconto** dei fatti e le **parole** dei personaggi.

Gilgamesh se ne andava per il mondo[1]; ma non incontrò nessuno che potesse resistere alle sue armi finché non giunse a Uruk. Gli uomini di Uruk, tuttavia, mormoravano nelle loro case: «Gilgamesh suona il segnale d'allarme[2] per suo divertimento, giorno e notte non c'è limite alla sua arroganza. Nessun figlio è lasciato a suo padre, poiché Gilgamesh tutti li prende, anche i bambini[3]; eppure, il re dovrebbe essere un pastore per il suo popolo[4]. La sua lussuria non lascia nessuna vergine all'amante, né la figlia del guerriero, né la moglie del nobile; eppure egli è il pastore della città, saggio, avvenente, risoluto[5]». Udirono gli dèi il loro lamento, gli dèi del cielo elevarono un grido al Signore di Uruk, ad Anu, dio di Uruk[6]: «Una dea lo ha fatto[7], forte come toro

1. se ... il mondo: un cenno all'amore per i viaggi, di cui si era già parlato nel *Prologo*.

2. il segnale d'allarme: il tamburo *pukku*, con il quale convoca i sudditi.

3. Nessun ... i bambini: l'eroe costringe tutti a lavorare alle mura di Uruk o ad altre imprese.

4. un ... popolo: Uruk è talora definita «ovile», perciò il re dovrebbe prendersi cura del popolo come un pastore del gregge.

5. risoluto: deciso.

6. dio di Uruk: patrono della città, di cui egli era il «proprietario».

7. Una ... fatto: la saggia Ninsun, madre di Gilgamesh.

selvaggio; nessuno può resistere alle sue armi. Nessun figlio è lasciato a suo padre, poiché Gilgamesh tutti li prende; e questi sarebbe il re, il pastore del suo popolo? La sua lussuria non lascia nessuna vergine all'amante, né la figlia del guerriero, né la moglie del nobile». Quando Anu ebbe udito le loro lamentele, gli dèi esclamarono rivolti ad Aruru, dea della creazione: «Fosti tu a farlo, Aruru[8]; crea ora il suo pari, uno che sia simile a lui quanto il suo riflesso, un altro lui, cuore tempestoso per cuore tempestoso. Che essi contendano[9] fra loro e lascino Uruk in pace!».

L'eroe dal cuore tempestoso

Gilgamesh risplende di saggezza e di bellezza, ma si sente insoddisfatto, perché nessuno può stare alla pari con la sua natura semidivina. Svolge quindi un'attività frenetica, tormentando i sudditi che chiedono aiuto agli dèi. È dunque necessario creare un «diversivo» per tenerlo occupato e la dea Aruru dà vita a Enkidu.

Una curiosità su Enkidu: nel poema si dice che beve latte e non ha mai assaggiato il vino, come un altro «selvaggio» dell'epica, il ciclope Polifemo.

Così, la dea concepì nella sua mente un'immagine ed era fatta della sostanza di Anu del firmamento[10]. Nell'acqua immerse le mani, trasse un pizzico di argilla, lo lasciò cadere nella landa[11] deserta e fu creato il nobile Enkidu. C'era in lui la virtù del dio della guerra, di Ninurta stesso. Aspro[12] era il suo corpo, lunghi i suoi capelli come quelli di una donna, ondeggiavano come i capelli di Nisaba, dea del grano. Il suo corpo era coperto di pelo arruffato come quello di Sumuqan, dio del bestiame. Era ignaro dell'umanità, nulla sapeva della terra coltivata[13].

Enkidu si pasceva[14] d'erba sulle colline assieme alle gazzelle, con le bestie selvatiche si appostava[15] presso le pozze d'acqua; dell'acqua gioiva in compagnia dei branchi di animali selvatici.

Il «doppio» di Gilgamesh

Enkidu è una sorta di *alter ego* selvaggio del protagonista, di cui simboleggia la parte nascosta, segreta, quella dimensione della bestialità che ogni uomo civile deve saper controllare. Egli infatti incarna gli aspetti più primitivi dell'umanità: non conosce l'agricoltura e vive con gli animali selvatici. Tuttavia, viene definito *nobile* (r. 21), perché porta in sé, fin dalla nascita, una scintilla divina. Proprio per questo, una volta civilizzatosi, diventerà per l'eroe un amico leale e insostituibile.

(*L'epopea di Gilgamesh*, a cura di N. K. Sandars,
trad. it. di A. Passi, Adelphi, Milano 1986)

8. **Fosti tu a farlo, Aruru**: è un passo non troppo chiaro perché in genere si sa che l'eroe è figlio di Ninsun. Forse si può pensare ad Aruru non come alla madre di Gilgamesh ma come a colei che ne ha favorito il concepimento.

9. **contendano**: combattano.

10. **firmamento**: cielo, di cui Anu è il signore.

11. **landa**: pianura incolta.

12. **Aspro**: robusto, adatto alle fatiche.

13. **Era ... coltivata**: non conosceva l'esistenza della città di Uruk e ignorava la pratica dell'agricoltura.

14. **si pasceva**: si cibava.

15. **si appostava**: si avvicinava di nascosto.

Comprendere

1 **Il comportamento di Gilgamesh è davvero discutibile: come reagiscono gli abitanti di Uruk, la città di cui egli è il re (rr. 1-8)?**

....

....

....

....

....

2 **Dopo aver ascoltato le lamentele contro l'eroe, il dio Anu prende una decisione, ordinando che la dea Aruru (rr. 15-18):**

A annienti Gilgamesh, inviando un animale enorme e feroce, per esempio un toro.

B crei un essere pari a Gilgamesh, con cui l'eroe combatta, lasciando in pace Uruk.

C crei con l'argilla una bellissima sposa da donare a Gilgamesh e in tal modo distrarlo.

D crei un gigantesco esercito che impegni Gilgamesh in una battaglia eroica e sanguinosa.

Analizzare

3 **La struttura. Dividi il brano nelle tre sequenze che lo compongono: indica a quali tipologie appartiene ciascuna sequenza (Di = Dialogica, N = Narrativa, R = Riflessiva, De = Descrittiva) e a ciascuna attribuisci un titolo che ne sintetizzi il contenuto.**

	Di	N	R	De
Prima sequenza:	☐	☐	☐	☐
Seconda sequenza:	☐	☐	☐	☐
Terza sequenza:	☐	☐	☐	☐

Prima sequenza:
rr. ....-.....

....

....

....

Seconda sequenza:
rr. ....-.....

....

....

....

Terza sequenza:
rr. ....-.....

....

....

....

4 **Lo stile. Rileggi le parti relative alle lamentele di uomini e dèi contro Gilgamesh (rr. 3-8; 10-14): in esse puoi trovare facilmente due caratteristiche dello stile epico. Indica un esempio per ciascuna voce.**

1. La ripetizione di frasi.

....

....

....

2. La presenza di epiteti.

....

....

....

5 **I personaggi. Nonostante le sue virtù, evidenziate anche nel *Prologo* (vedi p. 80), Gilgamesh non è poi così perfetto. Arrogante e lussurioso, suscita l'ira dei sudditi: come si comporta nei loro confronti (rr. 3-8)? Gli abitanti di Uruk, pur scontenti dell'atteggiamento di Gilgamesh, ne mettono tuttavia in luce le qualità: sottolineale sul testo.**

6 **I personaggi. Enkidu viene creato per mezzo di un curioso procedimento: di che cosa si tratta (rr. 19-21)?**

....

....

....

....

7 **I personaggi. La presentazione di Enkidu (rr. 21-29) è fatta:**

A dal dio del cielo, Anu.

B dai sudditi di Gilgamesh.

C da Gilgamesh.

D dal narratore.

8 **Lo stile. L'aspetto fisico di Enkidu è descritto in dettaglio, ricorrendo con abilità alla figura retorica della similitudine che, nel brano, istituisce una serie di paragoni tra il corpo dell'uomo e gli elementi della Natura: completa ciascuna voce dello schema, inserendo la similitudine appropriata (rr. 22-26).**

1. I capelli erano lunghi come:

....

....

....

2. Essi ondeggiavano come:

....

....

....

3. Il corpo era coperto di pelo arruffato come:

....

....

....

9 **Lo stile. Le similitudini che hai individuato contribuiscono a delineare meglio un aspetto di Enkidu, cioè il suo essere un individuo:**

A civilizzato.
B primitivo.
C sapiente.
D ignorante.

10 **I personaggi. La vita che Enkidu conduce presenta caratteri particolari: quale rapporti intrattiene rispettivamente con gli altri esseri umani e con gli animali?**

....

....

....

....

11 **I temi. Il racconto narrato nel brano lascia emergere un tema che si impone al lettore in tutta evidenza. Esso consiste nel conflitto fra:**

A odio e amicizia.
B cultura e ignoranza.
C potere e subordinazione.
D civiltà e Natura.

Lessico

GARZANTI LINGUISTICA

12 **Enkidu e Gilgamesh hanno un *cuore tempestoso* (r. 17). La parola *tempesta*, in un contesto differente, significa anche:**

A una tranquillità spesso turbata da imprevisti.
B un carattere molto emotivo e facile all'ira.
C una rapida successione (di colpi, di domande).
D la capacità di affrontare una grande emozione.

Grammatica

13 **Nelle righe 20-21 (*Nell'acqua immerse ... il nobile Enkidu*) sottolinea, usando colori diversi, i nomi comuni e gli aggettivi qualificativi.**

14 **Alla riga 21, *lo* corrisponde a un complemento:**

A oggetto.
B di termine.
C di specificazione.
D di mezzo.

Scrittura

15 **L'eroe Gilgamesh s'imbatte in Enkidu: dopo uno scontro iniziale, i due diventano amici inseparabili. Ti è mai capitato di vivere un'esperienza analoga, ovvero di fare amicizia con una persona che, inizialmente, ti era molto antipatica? In caso affermativo, raccontala, soffermandoti sui punti che seguono:**

– adotta la prima persona e fai una breve presentazione di te e del tuo carattere;
– descrivi l'altro o l'altra, evidenziandone le caratteristiche (personalità, stile di vita ecc.);
– descrivi il vostro primo incontro (dove, quando, che cosa è successo);
– spiega perché e sotto quali aspetti i vostri rapporti sono cambiati.

La dea Ishtar s'innamora di Gilgamesh

(TAVOLA VI)

IL CONTESTO

A fatica Gilgamesh uccide con un colpo di spada Humbaba, simbolo del male e guardiano della Foresta dei Cedri (da collocarsi forse nel Libano, famoso per questa specie di alberi), il quale per sette volte aveva scagliato le sue fiamme su di lui e sull'amico Enkidu. I due eroi fanno ritorno nella città di Uruk, esibendo come trofeo la testa dell'avversario. Gilgamesh si cambia d'abito, indossando vesti pulite, cinge la corona reale e si presenta al popolo. I sudditi sono pieni d'ammirazione per il fascino che emana dalla sua persona e per le doti di forza e di coraggio, rivelatesi durante la grande impresa.

IL BRANO

La dea dell'amore e della guerra, Ishtar, protettrice di Uruk, osserva la scena dal suo tempio e si invaghisce del prestante Gilgamesh. Si reca quindi dall'eroe, al quale propone di diventare suo sposo, promettendogli in cambio potere e ricchezze che lo renderebbero superiore agli altri sovrani. Gilgamesh, però, rifiuta e rinfaccia alla dea la misera fine degli altri suoi amanti.

CHIAVE DI LETTURA

In questo brano sofferma l'attenzione su:

– i **due protagonisti**, ovvero la dea **Ishtar**, bella e volubile, abituata a ottenere sempre ciò che vuole, e **Gilgamesh**, che rifiuta le sue proposte, in un curioso rovesciamento dei ruoli, in cui lui fugge e lei lo perseguita;

– lo **stile**, che è caratterizzato da battute di dialogo e da frequenti **similitudini**, le quali danno grande vivacità ai discorsi dei personaggi e che ricordano le discussioni di una qualsiasi coppia umana.

Egli lavò la sua sporcizia, fece brillare le sue armi,
ributtò i suoi capelli sulla schiena;

gettò via i suoi sporchi vestiti e ne indossò di puliti,
egli si rivestì dei paludamenti[1] regali e li legò con una cintura.

Gilgamesh si pose sul capo la sua corona.
Allora Ishtar, la principessa, volse gli occhi sulla bellezza
di Gilgamesh:

L'aspetto fisico attraente è una caratteristica costante dell'eroe.

1. **paludamenti**: indumenti drappeggiati, ampi e solenni.

«Orsù, Gilgamesh, sii il mio amante!
Donami come regalo la tua virilità!
Sii il mio sposo ed io sarò la tua sposa.

Ti farò preparare un carro di lapislazzuli[2] e dai finimenti d'oro,
con ruote d'oro e corna di diamanti.

Tu vi farai aggiogare i demoni *Umu*[3] come fossero grandi muli!
Entra nella nostra casa attraverso la fragranza del cedro.
Quando tu entrerai nella nostra casa,
la soglia splendidamente decorata bacerà i tuoi piedi!

Re, nobili, principi si inchineranno davanti a te.
Le genti della montagna ed il Paese (tutto) ti saranno tributari;

le tue pecore figlieranno trigemini[4], le tue capre gemelli,
i tuoi puledri a pieno carico supereranno il mulo.

I tuoi cavalli al carro correranno veloci,
i tuoi buoi sotto il giogo saranno insuperabili».

Una proposta lusinghiera

Bello e coraggioso, Gilgamesh suscita inevitabilmente l'interesse di Ishtar, che cerca di attirarlo a sé con offerte allettanti. Promette all'eroe un futuro di grande benessere e la possibilità di soddisfare la sua brama di potere. Le parole della divinità sono indicative dello stile del poema, nel complesso semplice e con una prevalenza della paratassi. Il discorso diretto, in particolare, è funzionale a rivelare il carattere dei personaggi: Ishtar e poi Gilgamesh si esprimono con immediatezza, come due individui qualsiasi impegnati in un'accesa discussione.

Gilgamesh aprì la sua bocca e disse,
così parlò alla principessa Ishtar:

«Che cosa ti potrei dare in cambio dopo averti posseduta?
[Anche se io ti dessi olio] per il corpo e vestiti,

[anche se ti dessi] cibo e bevande,
[anche se ti procurassi] cibo adatto agli dèi,

[anche se ti procurassi beva]nde adatte ai re,

2. lapislazzuli: pietra preziosa di colore turchino violaceo.

3. demoni *Umu*: esseri infernali. La dea propone all'eroe di diventare re degli inferi.

4. trigemini: tre gemelli per volta.

[anche se…]

anche se ammassassi [ ]
[ ] un vestito,

[cosa mi succederebbe dopo] averti posseduta?
[Tu saresti come un forno che non fa sciogl]iere il ghiaccio,

Le parole di Gilgamesh sottolineano il potere di Ishtar, che non conosce ostacoli.

una porta sgangherata che non trattiene i venti e la pioggia;
un palazzo che schiac[cia] i propri guerrieri,

un elefante che [strappa] la sua bardatura,
pece che bru[cia l'uomo] che la porta,

un otre che inzuppa l'uomo che lo porta,
calcare che fa crollare il muro di pietra,

un ariete[5] che distrugge le postazioni nemiche,
una scarpa che morde il piede del suo portatore.
A quale dei tuoi amanti sei rimasta per sempre fedele?
Quale dei tuoi superbi fidanzati è salito [al cielo?]

Ishtar è dea della guerra… e dell'amore.

Vieni! Ti ricorde[rò uno per uno] i tuoi amanti,
quelli che tu hai ardentemente posseduto!
Dumuzi[6], l'amore della tua giovinezza:
a lui hai decretato il pianto anno dopo anno.

Tu hai amato il variopinto uccello Alallu[7]:
(e poi) lo hai colpito e gli hai rotto le ali;
egli si nasconde nei boschi gridando: "Le mie ali".

Tu hai amato il leone dalla forza perfetta:
per lui hai scavato fosse, sette e sette volte;

Il numero possiede un forte valore simbolico: di qui la sua iterazione.

tu hai amato il cavallo che esalta la battaglia,
lo hai condannato alla briglia, al pungolo e alla frusta;

a correre per sette ore doppie lo hai condannato,
a bere acqua putrida lo hai condannato,

5. **ariete**: macchina da guerra utilizzata per abbattere porte o mura.

6. **Dumuzi**: sfortunato marito della dea, di cui prese il posto negli Inferi.

7. **Alallu**: uccello mitico dalle piume multicolori.

di piangere sua madre Silili[8], gli hai assegnato come destino.

Poi hai amato il pastore, il guardiano,
che costantemente per te solleva (focacce cotte nella) brace;

ogni giorno egli per te sacrificava caprette,
ciò nonostante lo hai percosso e lo hai cambiato in lupo:

gli stessi suoi aiutanti ora lo cacciano via
e i suoi cani gli mordono i polpacci.

Tu hai amato anche Ishullanu[9], il giardiniere di tuo padre,
che costantemente ti portava cesti pieni di datteri,

ogni giorno egli faceva splendere la tua tavola:
tu hai alzato gli occhi verso di lui, ti sei avvicinata a lui, (dicendo):

"Oh mio Ishullanu fammi godere della tua virilità". [ ]

Ishullanu così ti rispose:

"Ma che cosa vuoi da me? [ ]

Ciò che io mangerò dovrebbe essere il cibo puzzolente e putrido?
dovrebbe essere il giunco il (mio) mantello contro il freddo[10]?"

Ishtar è dea permalosa e vendicativa.

Tu hai ascoltato quanto egli ti diceva,
lo hai bastonato e lo hai mutato in una talpa,
e lo hai lasciato vivere in mezzo alle difficoltà. [ ]
E per quanto mi concerne, sì! Tu mi amerai, ma poi mi
riserverai lo stesso trattamento».

Una dea pericolosa

Le parole di Gilgamesh tracciano un ritratto non troppo positivo di Ishtar. La donna rivela un duplice aspetto che l'eroe teme: da un lato, è la dea dell'amore, quindi conosce ed esercita abilmente le arti della seduzione; dall'altro, è la dea della guerra, dal carattere perfido e volubile, che gli sfortunati amanti hanno dovuto sperimentare.

8. Silili: cavalla divina, madre dello stallone amato da Ishtar.

9. Ishullanu: giardiniere del dio Anu, padre di Ishtar.

10. Ciò … il freddo?: Ishullanu allude alla scarsa affidabilità, in amore, della dea Ishtar, che non fornisce alcuna garanzia di stabilità e di affetto.

[Quando] Ishtar [udì] queste parole,
Ishtar divenne furiosa e [salì] al cielo.

(*L'epopea di Gilgamesh*, trad. it. di G. Pettinato, Rusconi, Milano 1992)

Comprendere

1 Quale aspetto dell'eroe Gilgamesh induce Ishtar a innamorarsi di lui (vv. 6-7)?

A Il coraggio.
B L'intelligenza.
C L'eleganza.
D La bellezza.

2 Quali doni la dea offre a Gilgamesh per convincerlo ad accettare le sue profferte amorose (vv. 10-21)? Completa lo schema, facendo, per ogni voce, un esempio tratto dal testo.

1. Una ricchezza infinita: ....
2. Uno smisurato potere: ....
3. La superiorità degli animali: ....

3 Che cosa risponde Gilgamesh e come reagisce Ishtar alle parole offensive dell'eroe (vv. 24-77; 78-79)?

Analizzare

4 Lo stile. Il testo è ricco di similitudini, un tipo di figura retorica molto usato nel genere epico. Sottolinea la similitudine contenuta nel verso 12: il confronto richiama il mondo superiore degli dèi o l'umile vita quotidiana degli uomini? Motiva la risposta.

5 Lo stile. Le similitudini messe in evidenza nei versi 34-41 creano immagini che amplificano a dismisura i significati che si vogliono esprimere, pertanto esse rappresentano anche:

A un climax ascendente.
B un climax discendente.
C un'iperbole.
D un'anafora.

6 I personaggi. Ishtar si presenta come un personaggio dall'intensa vita amorosa: si tratta quindi di un aspetto che convince Gilgamesh della sua inaffidabilità sentimentale. Completa la tabella, associando a ogni amante della dea la sorte a lui riservata, dopo aver indicato se si tratta di un essere umano o di un animale (vv. 48-77).

Amanti	Natura	Sorte
....	....	....
....	....	....
....	....	....
....	....	....
....	....	....

7 I personaggi. Le parole di Gilgamesh tracciano un ritratto approfondito di Ishtar: quali caratteristiche appaiono dominanti nella personalità della dea? Sottolinea le risposte corrette fra quelle che seguono, e rispondi alla domanda sottostante.

gentile ◦ crudele ◦ generosa ◦ magnanima ◦ vendicativa ◦ debole ◦ incostante ◦ capricciosa ◦ dolce ◦ onnipotente ◦ tranquilla ◦ violenta

Quale, tra gli aspetti evidenziati, appartiene al mondo divino e non a quello umano?

....

....

8 **Lo stile. Una caratteristica dello stile epico, che ritrovi con evidenza nella risposta di Gilgamesh (vv. 48-64), consiste nel ripetere la stessa espressione. Riconoscila tra quelle indicate, poi spiega quale aspetto della dea mette in evidenza.**

A Tu saresti.
B Tu hai amato.
C Tu mi amerai.
D Anche se.

9 **Il tema. Nel racconto domina il tema del rifiuto dell'amore di Ishtar da parte di Gilgamesh. Questo atteggiamento è stato variamente interpretato: quale motivo, tra quelli che seguono, ti sembra più convincente e perché? Gilgamesh si oppone ai desideri di Ishtar per il fatto di:**

A essere del tutto indifferente all'amore di una donna.
B volersi dedicare ai viaggi e alle imprese eroiche.
C provare orrore all'idea di diventare re degli Inferi.
D non apprezzare che una donna gli faccia un'offerta amorosa.

Se non sei d'accordo con nessuna delle spiegazioni proposte, indicane tu una, motivandola adeguatamente.

....

....

10 **Un confronto. L'amore è un sentimento che non necessariamente dev'essere corrisposto: se hai letto il mito di Apollo e Dafne (vedi p. 20), confronta i due racconti, accostando ad Apollo la figura di Ishtar e a quella di Dafne l'eroe Gilgamesh: quali somiglianze e differenze puoi notare tra le due coppie di personaggi?**

Lessico

GARZANTI LINGUISTICA

11 **La parola *pietra* (v. 39) può essere usata in senso figurato: spiega le espressioni che seguono, in cui il vocabolo assume un significato metaforico.**

1. Pietra di paragone:

....

2. Avere il cuore di pietra:

....

3. Pietra miliare:

....

4. Metterci una pietra sopra:

....

Trova un diminutivo del termine *pietra*:

....

....

12 **Quale, tra gli aggettivi proposti, significa «di pietra» nel registro alto della lingua?**

A Pietroso.
B Lapideo.
C Pietrificato.
D Lapidario.

13 **Il *lupo* (v. 61) è un animale presente in alcuni proverbi: indicane uno e spiegalo.**

Grammatica

14 **Rileggi i versi 10-13 e sottolinea i complementi di materia.**

15 **Il pronome *ti* (v. 10) corrisponde a un complemento di:**

A vantaggio.
B fine.
C termine.
D mezzo.

Scrittura

16 **Ha fatto bene oppure no l'eroe Gilgamesh a rifiutare l'amore di una dea tanto potente e capricciosa? Dividete la classe in due gruppi, poi svolgete le seguenti attività:**

– preparate un testo scritto di almeno 20-25 righe, in cui un gruppo approva e l'altro contesta la scelta di Gilgamesh, portando le adeguate motivazioni;
– leggete i due elaborati e discutete, in un confronto rispettoso delle opinioni altrui, le rispettive idee.

Utnapishtim e la grande pioggia

(TAVOLA XI)

IL CONTESTO

Enkidu, l'amico fraterno di Gilgamesh, ha ucciso il Toro del Cielo, creato dal dio Anu e portato a Uruk da Ishtar, che vuole vendicarsi del rifiuto di Gilgamesh alle sue proposte amorose, perciò gli dèi lo puniscono con la morte. A sua volta, l'eroe è terrorizzato all'idea di dover prima o poi morire. Questo pensiero lo ossessiona talmente da indurlo a recarsi, dopo innumerevoli fatiche che mettono alla prova la sincerità delle sue intenzioni, ai confini del mondo, presso Utnapishtim, un antenato al quale gli dèi hanno concesso l'immortalità. Da lui, infatti, spera di conoscere il segreto della vita eterna per far rivivere Enkidu. Infine giunge a Dilmun, il «giardino del sole», la terra ai confini dell'Oceano, dove risiede il suo avo.

IL BRANO

Utnapishtim è l'unico essere umano ad aver conquistato la vita eterna, sottraendosi alla morte. Raccontando a Gilgamesh come avesse ottenuto il prezioso dono, egli narra la storia di un terribile diluvio che distrusse gli uomini, i quali, troppo numerosi e chiassosi, avevano suscitato la collera degli dèi. Questi ultimi salvarono lui solo, perché era giusto, e come premio della sua virtù gli diedero l'immortalità.

CHIAVE DI LETTURA

In questo brano sofferma l'attenzione su:
– il **tema del diluvio**, ricorrente nei miti di molti popoli e incentrato sul **motivo** di una terribile catastrofe che ha annientato gli esseri umani, avviando una nuova era;
– la **morale** dell'episodio, la quale insegna che un comportamento corretto e la devozione agli dèi sono ampiamente ricompensati.

«Per poter raggiungere te, Utnapishtim, il lontano[1], del quale parlano gli uomini[2],
io girovagai, andando in ogni dove,
attraversai paesi pieni di insidie, e navigai per tutti i mari;
il mio viso non assaporò sufficientemente il dolce sonno;
mi ammalai quasi per mancanza di sonno;
il mio cuore era pieno di angoscia.
Che cosa ho guadagnato con le mie fatiche?
Per me non c'è stata protezione alcuna,
e le mie disavventure mi hanno ridotto in miseria!».

1. il lontano: Utnapishtim vive nell'isola di Dilmun, ai confini del mondo.

2. gli uomini: Gilgamesh non è del tutto umano, essendo figlio di un mortale, il re Lugalbanda, e della dea Ninsun.

Utnapishtim parlò a lui, a Gilgamesh:
«Perché, o Gilgamesh, vuoi prolungare il tuo dolore?
Tu, che gli dèi hanno creato con la carne di dèi e di uomini;
tu, che gli dèi hanno fatto simile a tuo padre e a tua madre,
proprio tu, Gilgamesh, ti sei ridotto come un vagabondo!
Eppure, per te un trono è stato deciso nell'assemblea degli dèi[3].
Perché ti sei agitato tanto? Che cosa hai ottenuto?
Ti sei indebolito con tutti i tuoi affanni;
hai soltanto riempito il tuo cuore di angoscia.
Hai soltanto avvicinato il giorno lontano della verità[4].
L'umanità è recisa come canne in un canneto.
Sia il giovane nobile come la giovane nobile sono preda della morte.
Eppure nessuno vede la morte, nessuno vede la faccia della morte,
nessuno sente la voce della morte. La morte malefica recide l'umanità.
Noi possiamo costruire una casa, possiamo costruire un nido,
i fratelli possono dividersi l'eredità, vi può essere guerra nel paese,
possono i fiumi ingrossarsi e portare inondazione:
il tutto assomiglia alle libellule che sorvolano il fiume,
il loro sguardo si rivolge al sole, e subito non c'è più nulla[5]».
Gilgamesh parlò a lui, al lontano Utnapishtim:
«Io guardo a te, Utnapishtim,
le tue fattezze[6] non sono diverse, uguale a me sei tu.
Perciò dimmi: come sei entrato nella schiera degli dèi, ottenendo la vita?».
Utnapishtim parlò a lui, a Gilgamesh:
«Una cosa nascosta, Gilgamesh, ti voglio rivelare,
e il segreto degli dèi ti voglio manifestare.

Tutti gli esseri umani sono destinati alla morte, così come le canne, indistinguibili l'una dall'altra, vengono tagliate.

Un modello di uomo perfetto

La lunga risposta di Utnapishtim a Gilgamesh è strutturata nella forma del discorso diretto, funzionale a manifestare con vivacità le emozioni. Le parole dell'immortale introducono un motivo frequente nella letteratura antica, quello del vecchio saggio, che ai beni materiali antepone quelli spirituali e che vive isolato, in una condizione di semidivinità. Egli era il sovrano dell'antichissima città di Shuruppak, amato dal dio Ea, che lo mette a conoscenza delle recondite intenzioni degli dèi, salvandogli così la vita.

Shuruppak[7] – una città che tu conosci, che sorge sulle rive dell'Eufrate –
questa città era già vecchia e gli dèi abitavano in essa.
Bramò[8] il cuore dei grandi dèi di mandare il diluvio.

3. **un trono ... dèi**: la sorte degli uomini è fissata dagli dèi. Poiché questi ultimi l'hanno eletto sovrano, egli deve ritenersi prediletto dalle divinità.

4. **il giorno ... verità**: il momento della morte.

5. **il tutto ... nulla**: Utnapishtim ammonisce il re a considerare che nessun essere vivente, neppure lui, così favorito dalla vita, può sottrarsi al proprio destino.

6. **le tue fattezze**: il tuo aspetto.

7. **Shuruppak**: città della Mesopotamia meridionale in prossimità dell'Eufrate, della quale Utnapishtim era originario.

8. **Bramò**: ebbe un intenso desiderio.

Prestarono il giuramento il loro padre An[9],
Enlil, l'eroe, che li consiglia,
Ninurta, il loro maggiordomo,
Ennugi, il loro controllore di canali.
Ninshiku-Ea[10] aveva giurato con loro.
Le loro intenzioni quest'ultimo però le rivelò ad una capanna:
Capanna, ascolta; parete, comprendi!
Uomo di Shuruppak, figlio di Ubartutu,
abbatti la tua casa, costruisci una nave,
abbandona la ricchezza, cerca la vita!
Fai salire sulla nave tutte le specie viventi!
La nave che tu devi costruire – le sue misure prendi attentamente,
eguali siano la sua lunghezza e la sua larghezza –
tu la devi ricoprire come l'Apzu[11].
Appena l'alba spuntò, si raccolse attorno a me tutto il Paese.
Al quinto giorno disegnai lo schema della nave;
la sua superficie era grande come un campo,
le sue pareti erano alte 120 cubiti[12].
Il bordo della sua copertura raggiungeva anch'esso 120 cubiti.
Io tracciai il suo progetto, feci il suo modello:
suddivisi la sua superficie in sei comparti, innalzai fino a sette piani[13].
La sua base suddivisi per nove volte[14].
Nel suo mezzo infissi pioli per le acque,
scelsi le pertiche[15] e approntai tutto ciò che serviva alla sua costruzione.
Tre sar di bitume grezzo[16] versai nel forno, tre sar di bitume fine impiegai.
Come approvvigionamento macellai buoi,
giorno dopo giorno uccisi pecore;
mosto[17], birra, olio e vino gli artigiani bevvero come fosse acqua del fiume,
essi celebrarono una festa come se fosse la festa del Nuovo Anno[18].

La divinità esorta il protagonista a essere saggio e, in tal modo, a salvarsi la vita.

9. An: padre degli dèi, è il dio del cielo.

10. Ninshiku-Ea: l'appellativo *Ninshiku* significa «saggio».

11. Apzu: l'abisso sotterraneo degli Inferi, ricoperto dalla superficie terrestre.

12. 120 cubiti: il cubito è una misura di lunghezza equivalente a poco più di mezzo metro, perciò la nave è alta e larga circa 60 metri.

13. suddivisi ... piani: all'interno di questa struttura si innalzano sette piani, a loro volta divisi in sei comparti, cioè grandi stanzoni. In totale gli spazi sono 42.

14. La sua ... volte: probabilmente il fondo piatto della nave risulta composto da nove sezioni quadrate, legate stabilmente l'una all'altra.

15. Nel suo ... pertiche: possiamo ipotizzare che la sezione centrale della base della nave sia rinforzata con massicci pioli o pali portanti, che le permettono di affrontare l'enorme pressione delle acque. È Utnapishtim in persona a sceglierli.

16. Tre ... grezzo: il sar è una misura di capacità usata in Mesopotamia. Il bitume è una sostanza, qui non lavorata, per impermeabilizzare le imbarcazioni.

17. mosto: succo, non ancora fermentato, che si ottiene dalla pigiatura dell'uva.

18. Nuovo Anno: anticamente l'anno iniziava con l'equinozio di primavera.

Al sorgere del sole io feci un'unzione[19]; al tramonto la nave era pronta.
Tutto ciò che io possedevo, lo caricai dentro:
sulla nave feci salire tutta la mia famiglia e i miei parenti,
gli animali della steppa, tutti gli artigiani feci salire sulla nave.

La costruzione della nave

Gli dèi, crudeli e impulsivi, non potendo più sopportare il rumore degli uomini, che impedisce loro di riposarsi, decidono di distruggerli. Utnapishtim viene incaricato di costruire una nave per sottrarsi al diluvio: è interessante notare che su di essa si imbarchino, oltre alla famiglia del protagonista, anche gli artigiani, quasi a voler sottolineare l'obbligo di preservare la cultura, la civiltà e l'abilità manuale, per non ricominciare da zero alla fine del disastro.

L'inizio del diluvio me lo aveva indicato Shamash[20]:
«Al mattino farò scendere focacce, la sera farò piovere una pioggia di grano;
allora sali sulla nave e chiudi la porta».
Venne il momento indicato:
al mattino scesero focacce, la sera una pioggia di grano.
io allora osservai le fattezze del giorno:
a guardarlo il giorno incuteva paura.
Entrai dentro la nave e sprangai la mia porta.

19. un'unzione: un rito di purificazione, che prevede l'aspersione del corpo con olio profumato.

20. Shamash: il dio Sole, che presiede alla guerra e alla giustizia.

Appena spuntò l'alba, dall'orizzonte salì una nuvola nera.
Adad[21] all'interno di essa tuonava continuamente.
Il mio palo d'ormeggio strappò allora Erragal[22].
Va Ninurta, le chiuse d'acqua abbatte[23].
Gli Anunnaki[24] sollevano fiaccole,
con la loro luce terribile infiammano il Paese.
Il mortale silenzio di Adad avanza nel cielo,
in tenebra tramuta ogni cosa splendente.
Il Paese come un vaso egli ha spezzato.
Per un giorno intero la tempesta infuriò,
il vento del sud si affrettò per immergere le montagne nell'acqua:
come un'arma di battaglia, la distruzione si abbatte sugli uomini.
A causa del buio il fratello non vede più suo fratello,
dal cielo gli uomini non sono più visibili.
Gli dèi ebbero paura del diluvio,
indietreggiarono, si rifugiarono nel cielo di An.
Gli dèi, accucciati come cani, si sdraiarono là fuori!
Sei giorni e sette notti soffia il vento, infuria il diluvio, l'uragano livella il Paese[25].
Quando giunge il settimo giorno, la tempesta, il diluvio cessa la battaglia.
Si calò il mare, il vento cattivo cessò e il diluvio si fermò.

Uno stile drammatico

Le similitudini sono tratte dalla vita quotidiana (*come un vaso... come un'arma*) e dal comportamento animale (*come cani*), per dare l'idea della fragilità e dell'effimera durata della vita umana. Un climax discendente (*Si calò il mare, il vento cattivo cessò e il diluvio si fermò*), sostituendo un senso di quiete alla furia scatenata della Natura, lascia intuire l'urgenza del narratore di giungere al termine della dolorosa rievocazione.

Io osservo il giorno. Vi regna il silenzio.
Ma l'intera umanità è ridiventata argilla[26].
Come un tetto era pareggiato il Paese.
Aprii allora lo sportello e la luce baciò la mia faccia.
Mi abbassai, mi inginocchiai e piansi.
Sulle mie guance scorrevano due fiumi di lacrime.
Scrutai la distesa delle acque alla ricerca di una riva:

---

21. Adad: figlio di Enlil, è il dio delle tempeste.

22. Erragal: il dio delle pestilenze.

23. Va ... abbatte: il dio Ninurta, ricordato poco prima come maggiordomo degli dèi, apre le dighe che trattengono le acque.

24. Anunnaki: la denominazione collettiva degli dèi del cielo.

25. livella il Paese: spiana il territorio sumero.

26. l'intera... argilla: è una suggestiva metafora per indicare che gli esseri umani sono stati distrutti, tornando a quella polvere con la quale gli dèi li avevano plasmati.

finché ad una distanza di dodici leghe[27] non scorsi un'isola.
La nave si incagliò sul monte Nisir[28].
Il monte Nisir prese la nave e non la fece più muovere.
Quando giunse il settimo giorno, feci uscire una colomba, la liberai.
La colomba andò e ritornò,
un luogo dove stare non era visibile per lei, tornò indietro.
Feci uscire una rondine, la liberai; andò la rondine e ritornò.
Feci uscire un corvo, lo liberai.

La rielaborazione di un mito antichissimo

Che cosa fu nella realtà questo furioso diluvio? Il mito è presente in altre tradizioni. Esistono all'incirca cinquecento racconti su una grande inondazione, provocata da una violentissima pioggia o da una salita improvvisa di parecchi metri del livello del mare. Fu in ogni caso un evento fondamentale per la Mesopotamia, tanto che le antiche cronache sumere parlano di avvenimenti prima e di avvenimenti dopo il diluvio. I testi della Terra di Sumer ne parlavano come di un fatto reale ma lontanissimo nel tempo: ... *quel lontano giorno, quella notte remota, quell'anno lontano, quando avvenne il Diluvio...*

Andò il corvo, e questo vide che l'acqua ormai defluiva[29],
egli mangiò, starnazzò, sollevò la coda e non tornò.
Feci allora uscire ai quattro venti tutti gli occupanti della nave
e feci un sacrificio.
Posi l'offerta sulla cima del monte.
Sette e sette vasi vi collocai: in essi versai canna, cedro e mirto[30].
Gli dèi odorarono il buon profumo[31].
Gli dèi si raccolsero come mosche intorno all'offerente.
Enlil salì allora sulla nave, prese la mia mano e mi fece alzare,
prese mia moglie e la fece inginocchiare al mio fianco.
Toccò la nostra fronte e stando in mezzo a noi ci benedisse:
«Prima, Utnapishtim era uomo,
ora Utnapishtim e sua moglie siano simili a noi dèi.
Risieda Utnapishtim lontano, alla foce dei fiumi[32].
Essi allora mi presero e mi fecero abitare lontano, alla foce dei fiumi.
Ed ora, chi potrà far radunare per te gli dèi

27. dodici leghe: la lega è un'unità di misura della distanza, del valore corrispondente a quattro-sei chilometri a seconda delle regioni. L'isola dovrebbe quindi essere a una distanza di cinquanta-sessanta chilometri.

28. Nisir: il monte su cui si ferma la nave di Utnapishtim.

29. defluiva: si abbassava.

30. Sette ... mirto: è probabile che i rami odorosi delle piante citate siano usati per accendere il fuoco sotto i quattordici vasi.

31. Gli dèi ... profumo: le divinità sembrano apprezzare le offerte sacrificali dei sopravvissuti, che rappresentano un omaggio alla loro potenza e bontà.

32. alla foce dei fiumi: con questa espressione si designa un Paese misterioso.

in modo che tu trovi la vita che tu cerchi[33]?».

(*La saga di Gilgamesh*, a cura di G. Pettinato, Mondadori, Milano 2004)

Il diluvio come prova di saggezza

È stato dunque un capriccio degli dèi a porre fine alla vita dell'umanità, tuttavia dal tragico evento emerge anche un aspetto per così dire educativo: Utnapishtim viene scelto per la sua saggezza, grazie alla quale, ubbidendo agli ordini divini, riesce a salvarsi. Perciò la catastrofe si presenta come un modo per esaltare l'uomo prudente e accorto, generoso verso il prossimo, l'unico a comprendere il valore della vita e, appunto per questo, l'unico degno di possederla nella forma più totale e completa, cioè quella dell'immortalità.

33. Ed ora ... cerchi: gli dèi non si riuniranno di nuovo per decidere, come hanno fatto per lui, di dare o di rifiutare l'immortalità a Gilgamesh. Nessun altro mortale, tranne Utnapishtim, riceverà mai il medesimo onore.

Comprendere

1 **Quale rivelazione viene fatta a Utnapishtim dal dio Ea e che cosa gli ordina di fare (vv. 34-52)?**

2 **La costruzione della nave è un procedimento complesso, che Utnapishtim descrive in dettaglio: elenca in sintesi le varie fasi del lavoro (vv. 54-71).**

1. Il progetto.
2. Il contenuto della nave.

3 **Come si conclude il racconto (vv. 129-130)?**

Analizzare

4 **I personaggi. Le parole di Gilgamesh (vv. 1-9; 30-32) evidenziano due aspetti molto umani del suo carattere:**

- A noia e ossessione per l'immortalità.
- B dolore e ossessione per l'immortalità.
- C allegria e ossessione per l'immortalità.
- D entusiasmo e ossessione per l'immortalità.

5 **I temi. Già dalle prime righe il saggio Utnapishtim trasmette all'eroe Gilgamesh un messaggio dall'elevato contenuto morale: che cosa lo sollecita a fare, ricordandogli la sua natura di semidio, soggetto pertanto alla morte (vv. 11-28)?**

6 **Lo spazio. Il terribile diluvio è narrato con ricchezza di dettagli (vv. 80-93; 97-102). Lo scopo di una presentazione così particolareggiata è quella di suscitare paura nel lettore per i castighi che gli dèi possono infliggere agli esseri umani. Descrivi le condizioni della Terra prima, durante e dopo il diluvio, seguendo lo schema.**

1. Prima e durante il diluvio:
   - la profonda oscurità
   - i rumori e il silenzio
   - l'infuriare della tempesta
2. Dopo il diluvio:
   - la devastazione

7 **I personaggi. Gli dèi hanno scatenato il diluvio, ma, sorprendentemente, la loro reazione (vv. 94-95) è di:**

- A divertimento.
- B stupore.
- C terrore.
- D ansia.

8 **Lo stile. Il comportamento degli dèi durante il diluvio suscita il disprezzo del narratore, che li descrive mediante un'efficace**

similitudine (v. 96): sottolineala sul testo e spiega quale aspetto delle divinità contribuisce a mettere in evidenza.

9 **Lo stile. Il racconto fa ampio uso di figure retoriche, che rendono più efficace la narrazione, coinvolgendo i lettori nell'avventura di Utnapishtim: rileggi i versi 88-91 e 101 e sottolinea le similitudini contenute in essi.**

10 **Lo stile. Quale figura retorica è contenuta nel verso 103? Sottolineala sul testo e spiegala.**

11 **Lo stile. L'espressione *due fiumi di lacrime* (v. 105) fonde due figure retoriche, con il risultato di descrivere con immediatezza il sollievo di Utnapishtim nell'essere riuscito a toccare terra: quali riconosci? Sbarra la risposta corretta e motivala.**

- A Una metafora e un'iperbole.
- B Una metafora e una similitudine.
- C Una metafora e un ossimoro.
- D Una metafora e un climax ascendente.

12 **Lo stile. Una caratteristica dello stile epico, che risulta evidente nel brano, consiste nella frequente ripetizione di espressioni: sottolineane alcune, poi spiega quale funzione svolgono.**

13 **Un confronto. Il mito del diluvio è uno dei più presenti nella cultura di molti popoli, con varianti e somiglianze da un testo all'altro: se hai letto l'episodio narrato dal poeta latino Ovidio (vedi p. 25), individua somiglianze e differenze rispetto al racconto sumero, seguendo la traccia proposta.**

1. La causa del diluvio.
2. I protagonisti.
3. L'imbarcazione.
4. I protagonisti dopo il diluvio.

Lessico

GARZANTI LINGUISTICA

14 **La parola *diluvio* (v. 38) si può usare in vari significati: completa con una subordinata o una coordinata a tua scelta le frasi che seguono.**

1. Fuori diluvia, perciò...
2. Laura sta piangendo un diluvio di lacrime, perché...
3. Stefano mi ha stordito con un diluvio di parole, tanto che...

15 **Nell'espressione figurata un *diluvio di proteste*, il termine diluvio può essere sostituito da:**

- A inondazione.
- B scroscio.
- C effluvio.
- D caterva.

Grammatica

16 **Fai l'analisi logica della frase *Enlil allora salì sulla nave* (v. 122).**

Scrittura

17 **E se Utnapishtim non fosse riuscito a salvarsi così facilmente, ma avesse dovuto lottare contro pericoli e imprevisti? Narra una versione alternativa della storia, tenendo presenti i seguenti punti:**

– puoi scegliere di narrare la vicenda in prima o in terza persona;
– immagina, per esempio, la presenza di un nemico sconosciuto all'interno o all'esterno della nave, magari modernizzandone la figura (un extraterrestre, un virus letale ecc.);
– racconta la lotta di Utnapishtim e dei compagni contro tale nemico;
– inventa un nuovo finale, dall'esito felice o tragico.

La Bibbia

LA TRADIZIONE DEL TESTO BIBLICO

Il termine «Bibbia» deriva dal greco *biblía*, che significa «libri»: esso è usato solo a partire dal III secolo a.C. per indicare **una raccolta di numerosi testi**, diversi per autore, data di composizione e genere, i quali rappresentano il **libro sacro** della religione ebraica, che viene tuttavia considerato espressione diretta della parola divina anche dal cattolicesimo, dal protestantesimo e dalla Chiesa ortodossa.

La ***Bibbia* ebraica** comprende **39 libri**, distinti come segue: la *Torah* o *Legge* (formata da Genesi, Esodo, Levitico, Numeri, Deuteronomio); i *Profeti* (Giosuè, Giudici, Samuele, Isaia, Geremia, Ezechiele ecc.); gli *Scritti* (Salmi, Proverbi, Cantico dei Cantici ecc).

La ***Bibbia* cristiana** è invece formata dai volumi di quella ebraica con l'aggiunta di opere redatte a partire dal I secolo d.C., dopo la morte di Gesù, per un totale di **73 libri**, divisi in **Antico Testamento** (che corrisponde alla *Bibbia* ebraica) e **Nuovo Testamento** (*Vangeli*, *Lettere*, *Atti degli Apostoli*, *Apocalisse*).

Fra il XII e l'XI secolo a.C., presso il popolo ebraico si avverte l'esigenza di **mettere per iscritto** racconti che, in precedenza, erano tramandati oralmente: così è possibile incominciare a leggere storie molto diffuse.

La forma pressoché definitiva dell'opera si colloca nel **IV secolo a.C.** e i fatti, che risalgono a **epoche diverse**, sono narrati da **vari compilatori** detti **agiografi**, in quanto autori di libri sacri. In seguito, a partire dal **II secolo a.C.**, alcuni circoli di intellettuali cominciano a scrivere libri di **contenuto filosofico**, oltre che religioso, su alcuni temi di grande interesse come il senso della vita e della sofferenza.

IL CONTENUTO DELLA BIBBIA, TRA MITO E STORIA

I **vari argomenti** che la *Bibbia* sviluppa sono accomunati dallo stesso filo conduttore, cioè dalla descrizione del **rapporto tra Dio e l'uomo**, ricorrendo a un **linguaggio** che, spesso arricchito da **simboli**, è necessario decifrare.

La *Bibbia* ripercorre la storia umana intesa come la storia delle **alleanze** tra Dio e gli uomini: con Adamo e Noè; con Abramo e i suoi discendenti, per fondare il popolo di Israele; con Gesù di Nazareth, di cui si narrano morte e resurrezione per la salvezza del mondo. Non è essenziale cercare la storicità della *Bibbia*, che non si riduce all'annotazione di fatti più o meno realmente accaduti, sebbene sia facile intuire come un testo, frutto di un'elaborazione plurisecolare, abbia potuto acquisire **autorevolezza** anche in ambito storico: tanto più se esso riunisce in sé i fondamenti politici, religiosi e morali di un popolo ed è considerato dai credenti come ispirato da Dio, quindi esente da errori.

Per secoli, in mancanza di testimonianze originali, la *Bibbia* si è dimostrata l'**unica fonte** disponibile per ricostruire la storia di molte civiltà antiche (Egizi, Babilonesi, Assiri, Hittiti) e avvenimenti dell'Oriente. Si cominciò a considerarla in **modo più critico** intorno alla metà del Seicento e si procedette poi a una **revisione globale** nel corso del Settecento e dell'Ottocento, con l'obiettivo di distinguere il dato storico dal mito e dalla leggenda.

Oggi la critica tende a rivalutare la *Bibbia* come fonte documentaria e a restituire **veridicità** a eventi e figure significative, come per esempio quella di Mosè, grazie a scoperte che hanno confermato molte notizie fornite dal testo biblico. Tuttavia, la **dimensione religiosa** appare **prevalente** e i **fatti storici** vengono interpretati come **manifestazioni dell'intervento divino** nel mondo. Per esempio, l'esodo degli Ebrei dall'Egitto è un fatto accettato come storico, tuttavia, poiché esso risulta essenziale per l'identità del popolo, è collocato ed esaltato in una cornice di fenomeni straordinari, come la separazione delle acque del Mar Rosso, l'annientamento dell'esercito inseguitore e l'incontro tra Mosè e Dio sul Monte Sinai, dove il condottiero riceve le Tavole della Legge. Dio governa lo svolgersi delle vicende umane, pertanto la *Bibbia*, pur condizionata dalla personalità e dalla cultura dei suoi autori, esprime in sostanza la **parola divina**, che guida la stesura del testo e ispira la riflessione sugli eventi raccontati.
Per quanto riguarda il **contenuto mitico**, esso forse subì **variazioni** nel corso del tempo, dovendo adattarsi a esprimere istituzioni, abitudini e leggi in continuo mutamento, tuttavia conserva alcuni caratteri comuni ad altre culture dell'area mediterranea e orientale, come la vicenda del diluvio universale, presente nell'epica sumerica e babilonese, ma anche nelle tradizioni letterarie di molti popoli in varie parti del mondo.

La Bibbia e l'epica

La *Bibbia* è dunque riconosciuta come un'opera di **valore religioso e storico**, ma a volte in essa s'intrecciano aspetti eterogenei, tratti dal mito e dalla poesia, per esprimere con maggiore efficacia il **messaggio** che vuole trasmettere.
Le drammatiche vicende del popolo ebraico si collegano a **eventi leggendari** e sono ricche di **personalità eccezionali**, dotate di qualità straordinarie, talvolta sovrumane.
Questi eroi sono spesso personaggi storici che incarnano **modelli di forza**, **coraggio e generosità**, di conseguenza sono messi alla prova e devono affrontare e superare difficoltà di ogni genere e mantenere salda la fede in Dio, evitando di cadere nella trappola delle passioni o del desiderio smodato di potere e di gloria.
In questo aspetto consiste appunto il «**colore**» **epico** di gran parte del testo biblico. Se però la *Bibbia* non contiene propriamente tutti gli elementi del genere epico, tuttavia i protagonisti che agiscono in essa sono paragonabili a quelli che troviamo nei miti e nell'epica greca e latina. Il «giudice» Sansone, che mette la sua forza smisurata al servizio del suo popolo e per esso sacrifica la vita o il giovane e intrepido Davide, che vince il gigante Golia, sono figure che hanno colpito in modo indelebile la fantasia dei lettori e possiedono una statura morale e un ardire paragonabili a quelli di Achille, Ettore o Enea.

Leggere la Bibbia: perché?

Oltre a quello storico, religioso o letterario, la *Bibbia* possiede un **altro valore**. Essa, infatti, costituisce un testo di importanza fondamentale per comprendere le **radici della cultura occidentale**, che ne è stata fortemente influenzata sia durante l'impero romano, con la predicazione degli apostoli e la diffusione del Cristianesimo, sia nel periodo successivo, segnato tragicamente dalle invasioni barbariche, e infine nel Medioevo.
Dunque, la lettura della *Bibbia* contribuisce, insieme ad altri elementi culturali, provenienti dal mondo germanico e orientale, a fornirci gli strumenti per capire la **civiltà comune** dei popoli dell'Occidente.

TESTO-GUIDA **LA BIBBIA**

Il diluvio universale

(LIBRO DELLA GENESI, 6, 9-8)

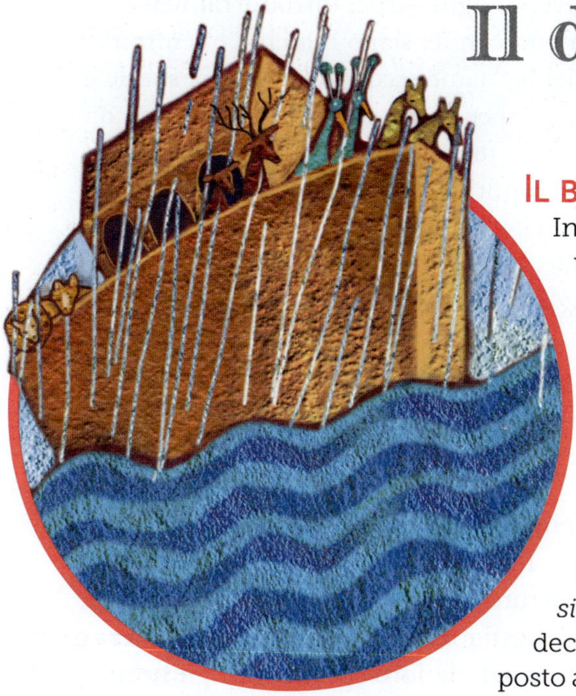

IL BRANO

In un'epoca di antichità inimmaginabile gli uomini vengono annientati da un terribile diluvio, voluto da Dio per punirne i peccati. Solo a Noè, ai membri della sua famiglia e a due esemplari di ogni specie vivente è concesso di salvarsi, rinchiudendosi in un'enorme arca, capace di galleggiare sulla furia delle acque. La fine del diluvio riveste un importante significato simbolico: da quel momento, infatti, nasce e si consolida una nuova alleanza tra Dio e l'umanità.

Il celebre episodio è contenuto nel *Libro della Genesi*, che narra la creazione del mondo e la progressiva decadenza del creato per effetto del peccato dell'uomo, posto al vertice della Natura ma ribelle al suo Creatore. Tutta l'umanità sprofonda nel male e la punizione divina, con l'invio della catastrofica inondazione, non tarda ad arrivare.

La vicenda di Noè racchiude un insegnamento morale: il diluvio è un castigo necessario affinché sia sconfitto il male che domina gli uomini. Noè e la sua famiglia si salveranno per dare vita a un'umanità nuova.

Questa è la storia di Noè. Noè era uomo giusto e integro[1] tra i suoi contemporanei e camminava con Dio[2]. Noè generò tre figli: Sem, Cam e Iafet. Ma la terra era corrotta davanti a Dio e piena di violenza.

Dio guardò la terra ed ecco essa era corrotta, perché ogni uomo aveva pervertito[3] la sua condotta sulla terra.

Allora Dio disse a Noè: «È venuta per me la fine di ogni uomo, perché la terra, per causa loro, è piena di violenza; ecco, io li distruggerò insieme con la terra. Fatti un'arca[4] di legno di cipresso; dividerai l'arca in scompartimenti e la spalmerai di bitume[5] dentro e fuori. Ecco come devi farla: l'arca avrà trecento cubiti[6] di lunghezza, cinquanta di larghezza e trenta di altezza. Farai nell'arca un tetto e a un cubito più sopra la terminerai; da un lato metterai la porta dell'arca. La farai a piani: inferiore, medio e superiore.

Ecco, io manderò il diluvio, cioè le acque, sulla terra, per distruggere sotto il cielo ogni carne in cui è alito di vita, quanto è sulla terra perirà. Ma con te io

---

1. **integro**: onesto.

2. **camminava con Dio**: era gradito alla divinità, perché ne rispettava le leggi.

3. **pervertito**: resa immorale e malvagia.

4. **un'arca**: una barca coperta, di ragguardevoli dimensioni.

5. **bitume**: sinonimo di catrame, una sostanza densa e oleosa usata per rendere impermeabili le imbarcazioni.

6. **cubiti**: il cubito è un'unità di misura della lunghezza, equivalente a circa 50 cm, pertanto l'arca sarebbe stata lunga 150 metri, larga 23 e alta 15.

Noè riceve istruzioni precise per la costruzione dell'arca. Egli le esegue subito: infatti, il patto che la divinità stringe con lui conferisce ai preparativi un'inattesa luce di speranza.

stabilisco la mia alleanza[7]. Entrerai nell'arca tu e con te i tuoi figli, tua moglie e le mogli dei tuoi figli. Di quanto vive, di ogni carne, introdurrai nell'arca due di ogni specie, per conservarli in vita con te: siano maschio e femmina. Degli uccelli secondo la loro specie, del bestiame secondo la propria specie e di tutti i rettili della terra secondo la loro specie, due d'ognuna verranno con te, per essere conservati in vita. Quanto a te, prenditi ogni sorta di cibo da mangiare e raccoglilo presso di te: sarà il nutrimento per te e per loro». Noè eseguì tutto; come Dio gli aveva comandato, così egli fece. Noè aveva seicento anni[8] quando venne il diluvio, cioè le acque, sulla terra. Noè entrò nell'arca e con lui i suoi figli, sua moglie e le mogli dei suoi figli, per sottrarsi alle acque del diluvio. [...]

Dopo sette giorni, le acque del diluvio furono sopra la terra; nell'anno seicentesimo della vita di Noè, nel secondo mese, il diciassette del mese, proprio in quello stesso giorno eruppero tutte le sorgenti del grande abisso e le cateratte del cielo si aprirono[9].

Cadde la pioggia sulla terra per quaranta giorni e quaranta notti. In quello stesso giorno entrò nell'arca Noè con i figli Sem, Cam e Iafet, la moglie di Noè, le tre mogli dei suoi tre figli: essi e tutti i viventi secondo la loro specie e tutto il bestiame secondo la sua specie e tutti i rettili che strisciano sulla terra secondo la loro specie, tutti i volatili secondo la loro specie, tutti gli uccelli, tutti gli esseri alati. Vennero dunque a Noè nell'arca, a due a due, di ogni carne in cui è il soffio di vita. Quelli che venivano, maschio e femmina d'ogni carne, entrarono come gli aveva comandato Dio: il Signore chiuse la porta dietro di lui.

Il diluvio durò sulla terra quaranta giorni: le acque crebbero e sollevarono l'arca che si innalzò sulla terra. Le acque divennero poderose e crebbero molto sopra la terra e l'arca galleggiava sulle acque. Le acque si innalzarono sempre più sopra la terra e coprirono tutti i monti più alti che sono sotto tutto il cielo. Le acque superarono in altezza di quindici cubiti[10] i monti che avevano ricoperto.

La ripetizione di parole e di espressioni dà al racconto un tono solenne e proprio dello stile dell'epica.

Perì ogni essere vivente che si muove sulla terra, uccelli, bestiame e fiere e tutti gli esseri che brulicano sulla terra e tutti gli uomini. Ogni essere che ha un alito di vita nelle narici, cioè quanto era sulla terra asciutta, morì.

Così fu sterminato ogni essere che era sulla terra: dagli uomini agli animali domestici, i rettili e gli uccelli del cielo; essi furono sterminati dalla terra e rimase solo Noè e chi stava con lui nell'arca.

Le acque restarono alte sopra la terra centocinquanta giorni.

7. **alleanza**: patto, accordo.

8. **seicento anni**: è un numero fantasioso, per dire che è un uomo molto vecchio. Gli autori della *Bibbia* tramandano notizie provenienti da un'antichissima tradizione, la quale misurava il tempo con metodi di calcolo ovviamente differenti da quelli di oggi.

9. **eruppero ... si aprirono**: vennero in superficie le sorgenti che, secondo la cosmologia biblica, si trovavano in un abisso posto sotto la Terra; inoltre, giunse dal cielo un'enorme massa d'acqua, simile, per violenza, a quella prodotta dalla rottura delle cateratte o dighe.

10. **quindici cubiti**: sei metri e mezzo.

Dio si ricordò di Noè, di tutte le fiere e di tutti gli animali domestici che erano con lui nell'arca. Dio fece passare un vento sulla terra e le acque si abbassarono. Le fonti dell'abisso e le cateratte del cielo furono chiuse e fu trattenuta la pioggia dal cielo; le acque andarono via via ritirandosi dalla terra e calarono dopo centocinquanta giorni. Nel settimo mese, il diciassette del mese, l'arca si posò sui monti dell'Ararat[11]. Le acque andarono via via diminuendo fino al decimo mese. Nel decimo mese, il primo giorno del mese, apparvero le cime dei monti.

Trascorsi quaranta giorni, Noè aprì la finestra che aveva fatto nell'arca e fece uscire un corvo per vedere se le acque si fossero ritirate. Esso uscì andando e tornando finché si prosciugarono le acque sulla terra. Noè poi fece uscire una colomba, per vedere se le acque si fossero ritirate dal suolo; ma la colomba, non trovando dove posare la pianta del piede, tornò a lui nell'arca, perché c'era ancora l'acqua su tutta la terra. Egli stese la mano, la prese e la fece rientrare presso di sé nell'arca. Attese altri sette giorni e di nuovo fece uscire la colomba dall'arca e la colomba tornò a lui sul far della sera; ecco, essa aveva nel becco un ramoscello di ulivo. Noè comprese che le acque si erano ritirate dalla terra. Aspettò altri sette giorni, poi lasciò andare la colomba; essa non tornò più da lui.

L'anno seicentouno della vita di Noè, il primo mese, il primo giorno del mese, le acque si erano prosciugate sulla terra; Noè tolse la copertura dell'arca ed ecco la superficie del suolo era asciutta. Nel secondo mese, il ventisette del mese, tutta la terra fu asciutta. Dio ordinò a Noè: «Esci dall'arca tu e tua moglie, i tuoi figli e le mogli dei tuoi figli con te. Tutti gli animali d'ogni specie che hai con te, uccelli, bestiame e tutti i rettili che strisciano sulla terra, falli uscire con te, perché possano diffondersi sulla terra, siano fecondi e si moltiplichino su di essa».

La fine positiva dell'avventura dimostra che Noè ha compiuto un'impresa straordinaria collaborando al piano di Dio.

Noè uscì con i figli, la moglie e le mogli dei figli. Tutti i viventi e tutto il bestiame e tutti gli uccelli e tutti i rettili che strisciano sulla terra, secondo la loro specie, uscirono dall'arca. Allora Noè edificò un altare al Signore; prese ogni sorta di animali e di uccelli e offrì olocausti[12] sull'altare. Il Signore ne odorò la soave fragranza e disse tra sé: «Non maledirò più il suolo a causa dell'uomo, perché l'istinto del cuore umano è incline al male[13] fin dall'adolescenza; non colpirò più ogni essere vivente come ho fatto. Finché durerà la terra, seme e messe[14], freddo e caldo, estate e inverno, giorno e notte non cesseranno».

(*La Sacra Bibbia*, Edizione Ufficiale CEI)

11. Ararat: in Armenia, tra il Caucaso e la Mesopotamia, s'innalza un massiccio montuoso che anticamente dava il nome a tutta la regione circostante.

12. olocausti: la parola «olocausto» deriva dall'ebraico *olah* e significa «ciò che ascende». L'olocausto è un sacrificio consueto presso gli Ebrei: dando fuoco a un'offerta (generalmente carni di animali), essa viene trasformata in fumo che sale al cielo, la casa dell'Onnipotente.

13. l'istinto ... male: l'autore si riferisce al peccato originale, compiuto da Adamo ed Eva e trasmesso ai loro discendenti, indotti in tal modo a compiere il male.

14. seme e messe: semina e raccolto.

Comprendere e analizzare

→La struttura del testo

Il racconto dell'arrivo e della fine del grande diluvio è composto da una serie di scene, ciascuna delle quali, a sua volta, comprende le varie azioni dei personaggi. La semplicità della struttura si spiega con l'intento di rendere facilmente comprensibile il racconto, mettendo in evidenza la drammaticità dei fatti.

1 A ciascuna sequenza attribuisci un titolo che ne sintetizzi il contenuto.

1. Prima sequenza (rr. 1-25):

....

....

....

2. Seconda sequenza (rr. 26-59):

....

....

....

3. Terza sequenza (rr. 60-86):

....

....

....

2 Dio ha deciso di annientare l'umanità per mezzo di un diluvio: a causa di quali peccati (rr. 2-5)?

3 Che cosa accade durante il diluvio (rr. 26-51)?

4 Il diluvio si è finalmente concluso e Noè, per esserne sicuro, si serve di un corvo e di una colomba allo scopo di verificare il livello raggiunto dalle acque: quali ordini Dio impartisce al protagonista e quale promessa gli fa (rr. 74-86)?

→Il tempo e lo spazio

La descrizione di una serie di eventi così drammatici come il diluvio e la morte di ogni essere vivente richiede una serie di coordinate spazio-temporali di tipo particolare. La cronologia che, secondo lo stile dell'epica, è caratterizzata da annotazioni ripetute (*quaranta giorni... sette giorni... il primo mese, il secondo giorno del mese* ecc.), è volutamente indeterminata, per dare l'idea di un tempo anteriore al tempo della Storia, dunque mitico. Gli spazi, a loro volta, sono descritti in modo abbastanza dettagliato e suggeriscono la visione, emotivamente coinvolgente, di un mondo devastato dall'inondazione.

5 La data dell'inizio del diluvio (rr. 26-27) è:

- A reale.
- B irreale.
- C né reale né irreale.
- D definibile per ipotesi.

6 Gli spazi entro cui si colloca la vicenda sono in prevalenza (due risposte corrette):

- A aperti.
- B chiusi.
- C definiti.
- D indefiniti.

7 Gli spazi sono descritti in toni:

- A apocalittici e grandiosi.
- B scarsamente emotivi.
- C molto divertiti.
- D drammatici, ma non troppo.

→I personaggi

I protagonisti del racconto non hanno un carattere approfondito: il narratore, infatti, offre su di essi qualche scarna informazione, dato che lo scopo del testo è quello di mettere in luce l'inesauribile bontà di Dio, il quale si preoccupa delle sue creature, punisce i cattivi e ricompensa i giusti. I personaggi principali sono Dio e Noè, il quale compie un'impresa straordinaria: a differenza però del sumero Utnapishtim (vedi p. 95), egli non riceve una ricompensa materiale, come l'immortalità, ma la promessa che più nulla avrebbe turbato il futuro del genere umano.

8 Il ritratto di Noè si può costruire sintetizzando le informazioni che trovi sparse nel testo: che cosa si dice a proposito di questo personaggio sia direttamente, cioè in modo esplicito, sia indirettamente ovvero tramite le riflessioni

del narratore? Inserisci nello schema i dati richiesti, facendo riferimento al brano.

Il comportamento (rr. 1-2)	La sua fede in Dio (rr. 21-22)
....	....
....	....
....	....
....	....
....	....

9 **L'altro protagonista del brano è Dio, che appare severo ma giusto: dimostra questa affermazione con opportuni esempi, tratti dal testo, e osservando, in particolare, il discorso diretto con cui la divinità si rivolge a Noè e il tempo dei verbi che vi compaiono.**

→ Il linguaggio epico

Il brano rivela la presenza di elementi dello stile epico o formulare e il ricorso alle figure retoriche, che mettono in risalto il significato dei concetti, suscitando i sentimenti del lettore di fronte all'immane catastrofe.

10 **Rileggi le righe 14-19 e 26-37: quale aspetto dello stile formulare (vedi p. 74) riconosci in esse?**

....

....

....

11 **Quale effetto produce il ricorso alla tecnica narrativa che hai evidenziato nell'esercizio precedente?**

....

....

....

....

12 **Nella descrizione dello spazio, soprattutto alle righe 27-29 e 39-44, si fa uso di una figura retorica particolarmente adatta ad amplificare i concetti che si vogliono esprimere e che qui, infatti, intensifica il senso di sfacelo e distruzione che regna ovunque. Si tratta pertanto di:**

- A un climax ascendente.
- B un climax discendente.
- C un'iperbole.
- D una similitudine.

→ I temi

Il brano s'inserisce perfettamente nella tematica generale del *Libro della Genesi*, che affronta l'argomento della corruzione e decadenza del genere umano per effetto del peccato. Tuttavia spicca, nel racconto, anche il messaggio rivolto agli uomini dalla divinità, la quale svolge un ruolo centrale nella vicenda. Né si deve dimenticare l'evento del diluvio, confrontabile con altri fatti analoghi, narrati nei miti di molti popoli dell'antichità.

13 **Nella parte finale del brano (rr. 83-86), quale messaggio confortante traspare dalle parole di Dio?**

....

....

....

14 **Confronta il brano con la narrazione del diluvio contenuta nell'*Epopea di Gilgamesh* (p. 95), indicando quali somiglianze e differenze riscontri circa:**

1. la funzione morale della catastrofe;
2. il risultato del sacrificio offerto alle divinità.

Imprese e morte di Sansone

(Libro dei Giudici, 13-15)

Il contesto

La celebre storia di Sansone è raccontata nel *Libro dei Giudici* (o «Governatori»), composto da ventuno capitoli, i quali presentano le vicende che vedono protagoniste le dodici tribù del popolo ebraico nella terra di Canaan. Per questo motivo, l'opera appartiene ai cosiddetti libri «storici», che si occupano del periodo che va da Giosuè, il successore di Mosé, a Samuele.

I Giudici sono capi militari e civili, cui Dio ha attribuito il compito di liberare gli Ebrei dalla minaccia delle popolazioni confinanti: si tratta di veri e propri eroi liberatori, dalle elevate qualità morali, tra i quali si colloca appunto Sansone, di cui si descrive la storia in modo abbastanza dettagliato. Accanto a essi troviamo i Giudici «minori» che, responsabili dell'amministrazione e dell'applicazione delle leggi presso il popolo di Israele, esercitavano un'autorità che forse si estendeva solo alla loro città o al loro distretto. Al riguardo si fornisce un minor numero di notizie, riferite per lo più all'origine e alla famiglia. In definitiva, dunque, il *Libro dei Giudici* costituisce quasi l'unica fonte a nostra disposizione per ricostruire più di un secolo di storia ebraica.

Il brano

Nel testo si narrano le fasi principali della vita di Sansone, originario di Gat e appartenente alla tribù di Dan: la nascita, annunciata da un angelo del Signore; la sua consacrazione a Dio, quando ancora è nel grembo della madre, per mezzo del cosiddetto voto di «nazireato», che impone l'obbligo di astenersi dal bere alcolici e dal tagliarsi i capelli; le nozze con una donna del popolo dei Filistei, intenzionati a occupare la terra di Canaan; la morte, conseguenza del tradimento di Dalila.

Chiave di lettura

In questo brano sofferma l'attenzione su:
- la figura del **protagonista**, il gigantesco **Sansone**, la cui vita presenta, fin dalla nascita, caratteri inconsueti;
- le figure **femminili**, astute e traditrici, fra le quali spicca **Dalila**, che conduce l'eroe alla morte;
- il **tema** del **rapporto** tra Dio e l'essere umano, che al primo è strettamente legato e al quale si sottomette.

Gli Israeliti tornarono a fare quello che è male agli occhi del Signore e il Signore li mise nelle mani dei Filistei per quarant'anni. C'era allora un uomo di Zorea di una famiglia dei Daniti[1], chiamato Manoach; sua moglie era sterile

1. **Zorea … Daniti**: la tribù di Dan si era insediata in una zona abitata dai Filistei, dove sorgeva la città di Zorea.

e non aveva mai partorito. L'angelo del Signore apparve a questa donna e le disse: «Ecco, tu sei sterile e non hai avuto figli, ma concepirai e partorirai un figlio. Ora guardati dal bere vino o bevanda inebriante e dal mangiare nulla d'immondo. Poiché ecco, tu concepirai e partorirai un figlio, sulla cui testa non passerà rasoio, perché il fanciullo sarà un nazireo[2] consacrato a Dio fin dal seno materno; egli comincerà a liberare Israele dalle mani dei Filistei». [...]

Poi la donna partorì un figlio che chiamò Sansone. Il bambino crebbe e il Signore lo benedisse. Lo spirito del Signore cominciò a investirlo quando era a Macane-Dan, fra Zorea ed Estaol[3].

Erano i genitori a scegliere la sposa.

Sansone scese poi a Timna[4] e a Timna vide una donna tra le figlie dei Filistei. Tornato a casa, disse al padre e alla madre: «Ho visto a Timna una donna, una figlia dei Filistei; ora prendetemela in moglie». Suo padre e sua madre gli dissero: «Non c'è una donna tra le figlie dei tuoi fratelli e in tutto il nostro popolo, perché tu vada a prenderti una moglie tra i Filistei?». Ma Sansone rispose al padre: «Prendimi quella, perché mi piace». Suo padre e sua madre non sapevano che questo veniva dal Signore, il quale cercava pretesto di lite dai Filistei. In quel tempo i Filistei dominavano Israele. Sansone scese con il padre e con la madre a Timna; quando furono giunti alle vigne di Timna, ecco un leone venirgli incontro ruggendo. Lo spirito del Signore lo investì e, senza niente in mano, squarciò il leone come si squarcia un capretto. Ma di ciò che aveva fatto non disse nulla al padre né alla madre. Scese dunque, parlò alla donna e questa gli piacque. Dopo qualche tempo tornò per prenderla e uscì dalla strada per vedere la carcassa del leone: ecco nel corpo del leone c'era uno sciame d'api e il miele. Egli prese di quel miele nel cavo delle mani e si mise a mangiarlo camminando; quand'ebbe raggiunto il padre e la madre, ne diede loro ed essi ne mangiarono; ma non disse loro che aveva preso il miele dal corpo del leone. Suo padre scese dunque da quella donna e Sansone fece ivi un banchetto, perché così usavano fare i giovani. Quando lo ebbero visto, presero trenta compagni perché stessero con lui. Sansone disse loro: «Voglio proporvi un indovinello; se voi me lo spiegate entro i sette giorni del banchetto e se l'indovinate, vi darò trenta tuniche e trenta mute di vesti[5], ma se non sarete capaci di spiegarmelo, darete trenta tuniche e

Una nascita straordinaria

Sansone è un personaggio particolare già prima di nascere, consacrato a Dio con un voto speciale, che lo lega al divino in un rapporto assoluto, totalizzante: egli, infatti, «appartiene» davvero a Dio. Ma la divinità lo ha scelto per farne lo strumento dei suoi scopi e persino il suo amore per una donna viene preso a pretesto per scatenare quella che si direbbe una guerra personale di Dio contro i Filistei. Sembra dunque che l'eroe non abbia molte possibilità di scelta e ubbidisca a una volontà che ne condizionerà pesantemente il destino.

Il narratore fornisce notizie preziose sulle usanze degli antichi abitanti della Palestina.

2. nazireo: individuo che, per voto, deve astenersi dalle bevande alcoliche e dal tagliarsi i capelli.

3. Macane-Dan ... Estaol: città dei Filistei.

4. Timna: un'altra città dei Filistei.

5. mute di vesti: vesti di ricambio.

trenta mute di vesti a me». Quelli gli risposero: «Proponi l'indovinello e noi lo ascolteremo». Egli disse loro:

«Dal divoratore è uscito il cibo
e dal forte è uscito il dolce».

Per tre giorni quelli non riuscirono a spiegare l'indovinello. Al quarto giorno dissero alla moglie di Sansone: «Induci tuo marito a spiegarti l'indovinello; se no daremo fuoco a te e alla casa di tuo padre. Ci avete invitati qui per spogliarci?». La moglie di Sansone si mise a piangergli attorno e a dirgli: «Tu hai per me solo odio e non mi ami; hai proposto un indovinello ai figli del mio popolo e non me l'hai spiegato!». Le disse: «Ecco, non l'ho spiegato a mio padre né a mia madre e dovrei spiegarlo a te?». Essa gli pianse attorno, durante i sette giorni del banchetto; il settimo giorno Sansone glielo spiegò, perché lo tormentava, ed essa spiegò l'indovinello ai figli del suo popolo. Gli uomini della città, il settimo giorno, prima che tramontasse il sole, dissero a Sansone:

«Che c'è di più dolce del miele?
Che c'è di più forte del leone?».

Rispose loro:

Nota l'acuta risposta di Sansone che ha compreso il tradimento della moglie.

«Se non aveste arato con la mia giovenca,
non avreste sciolto il mio indovinello».

Dopo qualche tempo, nei giorni della mietitura del grano, Sansone andò a visitare sua moglie, le portò un capretto e disse: «Voglio entrare da mia moglie nella camera». Ma il padre di lei non gli permise di entrare e gli disse: «Credevo proprio che tu l'avessi ripudiata e perciò l'ho data al tuo compagno; la sua sorella minore non è più bella di lei? Prendila dunque al suo posto». Ma Sansone rispose loro: «Questa volta non sarò colpevole verso i Filistei, se farò loro del male». Sansone se ne andò e catturò trecento volpi; prese delle fiaccole; legò coda e coda e mise una fiaccola fra le due code. Poi accese le fiaccole, lasciò andare le volpi per i campi di grano dei Filistei e bruciò i covoni ammassati, il grano tuttora in piedi e perfino le vigne e gli oliveti. I Filistei chiesero: «Chi ha fatto questo?». Fu risposto: «Sansone, il genero dell'uomo di Timna, perché costui gli ha ripreso la moglie e l'ha data al compagno di lui». I Filistei salirono e bruciarono tra le fiamme lei e suo padre. Sansone disse loro: «Poiché agite in questo modo, io non la smetterò finché non mi sia vendicato di voi».
Li batté l'uno sull'altro, facendone una grande strage. Poi scese e si ritirò nella caverna della rupe di Etam[6].

6. caverna della rupe di Etam: presumibilmente si tratta di una caverna ubicata in un luogo vicino alla città di Timna, identificato con la città di Lechi.

Allora i Filisteri vennero, si accamparono in Giuda[7] e fecero una scorreria fino a Lechi. Gli uomini di Giuda dissero loro: «Perché siete venuti contro di noi?». Quelli risposero: «Siamo venuti per legare Sansone; per fare a lui quello che ha fatto a noi». Tremila uomini di Giuda scesero alla caverna della rupe di Etam e dissero a Sansone: «Non sai che i Filistei ci dominano? Che cosa ci hai fatto?». Egli rispose loro: «Quello che hanno fatto a me, io l'ho fatto a loro». Gli dissero: «Siamo scesi per legarti e metterti nelle mani dei Filistei». Sansone replicò loro: «Giuratemi che voi non mi colpirete». Quelli risposero: «No, ti legheremo soltanto e ti metteremo nelle loro mani; ma certo non ti uccideremo». Lo legarono con due funi nuove e lo fecero salire dalla rupe. Mentre giungeva a Lechi e i Filistei gli venivano incontro con grida di gioia, lo spirito del Signore lo investì; le funi che aveva alle braccia divennero come fili di lino bruciacchiati dal fuoco e i legami gli caddero disfatti dalle mani. Trovò allora una mascella d'asino ancora fresca, stese la mano, l'afferrò e uccise con essa mille uomini.

In seguito si innamorò di una donna della valle di Sorek, che si chiamava Dalila. Allora i capi dei Filistei andarono da lei e le dissero: «Seducilo e vedi da dove proviene la sua forza così grande e come potremmo prevalere su di lui per legarlo e domarlo; ti daremo ciascuno mille e cento sicli[8] d'argento». Dalila dunque disse a Sansone: «Spiegami: da dove proviene la tua forza così grande e in che modo ti si potrebbe legare per domarti?». Sansone le rispose: «Se mi si legasse con sette corde d'arco fresche, non ancora secche, io diventerei debole e sarei come un uomo qualunque». Allora i capi dei Filistei le portarono sette corde d'arco fresche, non ancora secche, ed essa lo legò con esse. L'agguato era teso in una camera interna. Essa gli gridò: «Sansone, i Filistei ti sono addosso!». Ma egli spezzò le corde come si spezza un fil di stoppa, quando sente il fuoco. Così il segreto della sua forza non fu conosciuto. Poi Dalila disse a Sansone: «Ecco tu ti sei burlato di me e mi hai detto menzogne; ora spiegami come ti si potrebbe legare». Le rispose: «Se mi si legasse con funi nuove non ancora adoperate, io diventerei debole e sarei come un uomo qualunque». Dalila prese dunque funi nuove, lo legò e gli gridò: «Sansone, i Filistei ti sono addosso!». L'agguato era teso nella camera interna. Egli ruppe come un filo le funi che aveva alle braccia. Poi Dalila disse a Sansone: «Ancora ti sei burlato di me e mi hai detto menzogne; spiegami come ti si potrebbe legare». Le rispose: «Se tu tessessi le sette trecce della mia testa nell'ordito e le fissassi con il

Una personalità contrastante

Il dialogo con Dalila conferma la complessità del personaggio di Sansone: egli ha la forza di un gigante, che non esita a usare contro i nemici; talora è astuto, ma al tempo stesso si lascia facilmente ingannare dalle donne da cui è attratto e che, più tenaci e furbe di lui, lo conducono alla rovina. Proprio queste contraddizioni, unite alle sue umane debolezze, lo rendono una figura accattivante e potenziano la scena della sua morte eroica.

7. **in Giuda**: nel territorio abitato dalla tribù di Giuda.

8. **sicli**: la moneta dell'epoca.

pettine del telaio, io diventerei debole e sarei come un uomo qualunque». Essa dunque lo fece addormentare, tessé le sette trecce della sua testa nell'ordito e le fissò con il pettine, poi gli gridò: «Sansone, i Filistei ti sono addosso!». Ma egli si svegliò dal sonno e strappò il pettine del telaio e l'ordito. Allora essa gli disse: «Come puoi dirmi: Ti amo, mentre il tuo cuore non è con me? Già tre volte ti sei burlato di me e non mi hai spiegato da dove proviene la tua forza così grande». Ora poiché essa lo importunava ogni giorno con le sue parole e lo tormentava, egli ne fu annoiato fino alla morte e le aprì tutto il cuore e le disse: «Non è mai passato rasoio sulla mia testa, perché sono un nazireo di Dio dal seno di mia madre[9], se fossi rasato, la mia forza si ritirerebbe da me, diventerei debole e sarei come un uomo qualunque». Allora Dalila vide che egli le aveva aperto tutto il cuore, mandò a chiamare i capi dei Filistei e fece dir loro: «Venite su questa volta, perché egli mi ha aperto tutto il cuore». Allora i capi dei Filistei vennero da lei e portarono con sé il denaro. Essa lo addormentò sulle sue ginocchia, chiamò un uomo adatto e gli fece radere le sette trecce del capo. Egli cominciò a infiacchirsi e la sua forza si ritirò da lui. Allora essa gli gridò: «Sansone, i Filistei ti sono addosso!». Egli svegliatosi dal sonno, pensò: «Io ne uscirò come ogni altra volta e mi svincolerò». Ma non sapeva che il Signore si era ritirato da lui. I Filistei lo presero e gli cavarono gli occhi; lo fecero scendere a Gaza e lo legarono con catene di rame. Egli dovette girare la macina[10] nella prigione.

Una storia dal tono popolare

Il racconto della vita di Sansone si configura come un insieme di episodi dallo stile semplice e immediato, adatto a un pubblico pronto a meravigliarsi di fronte alle azioni stupefacenti del protagonista, a commuoversi per le sue sventure, a gioire della vendetta che egli compie sui nemici. Costoro, infine, dopo aver subìto i suoi attacchi, lo accecano e lo deridono, esponendolo allo scherno della gente che egli, divenuto goffo e inoffensivo, affronta con rassegnazione.

Intanto la capigliatura che gli avevano rasata cominciava a ricrescergli. Ora i capi dei Filistei si radunarono per offrire un gran sacrificio a Dagon[11] loro dio e per far festa. Dicevano:

«Il nostro dio ci ha messo nelle mani
Sansone nostro nemico».

Quando il popolo lo vide, cominciò a lodare il suo dio e a dire:

9. **dal seno di mia madre**: sin dal concepimento.

10. **girare la macina**: la grossa pietra utilizzata per macinare il grano veniva fatta girare al traino di animali o di schiavi.

11. **Dagon**: dio delle messi, venerato originariamente nella zona del Medio Eufrate e successivamente in Siria e in Palestina.

«Il nostro dio ci ha messo nelle mani
Sansone nostro nemico,
che ci devastava il paese
e che ha ucciso tanti dei nostri».

Nella gioia del loro cuore dissero: «Chiamate Sansone perché ci faccia divertire!». Fecero quindi uscire Sansone dalla prigione ed egli si mise a fare giochi alla loro presenza. Poi lo fecero stare fra le colonne. Sansone disse al fanciullo che lo teneva per la mano: «Lasciami pure; fammi solo toccare le colonne sulle quali posa la casa, così che possa appoggiarmi ad esse». Ora la casa era piena di uomini e di donne; vi erano tutti i capi dei Filistei e sul terrazzo circa tremila persone fra uomini e donne, che stavano a guardare, mentre Sansone faceva giochi. Allora Sansone invocò il Signore e disse: «Signore, ricordati di me! Dammi forza per questa volta soltanto, Dio, e in un colpo solo mi vendicherò dei Filistei per i miei due occhi!». Sansone palpò le due colonne di mezzo, sulle quali posava la casa; si appoggiò ad esse, all'una con la destra, all'altra con la sinistra. Sansone disse: «Che io muoia insieme con i Filistei!». Si curvò con tutta la forza e la casa rovinò addosso ai capi e a tutto il popolo che vi era dentro. Furono più i morti che egli causò con la sua morte di quanti aveva uccisi in vita. Poi i suoi fratelli e tutta la casa di suo padre scesero e lo portarono via; risalirono e lo seppellirono fra Zorea ed Estaol nel sepolcro di Manoach suo padre. Egli era stato giudice d'Israele per venti anni.

La descrizione ricca di particolari accresce l'autenticità della scena e aumenta la suspense.

(*La Bibbia di Gerusalemme*, a cura di F. Vattioni, EDB Borla, Bologna 1974)

Comprendere

1 **Quali elementi rendono straordinaria la nascita e la vita di Sansone (rr. 4-9)?**

....

....

....

2 **Perché Sansone s'innamora di una Filistea e la sposa (rr. 14-38)?**

....

....

....

3 **Quale funzione riveste l'indovinello, per elaborare il quale il protagonista si ispira all'episodio dell'uccisione del leone? Perché il piano di Sansone fallisce (rr. 45-57)?**

....

....

....

4 **In quale modo Sansone recupera la forza perduta e si vendica dei Filistei (rr. 159-173)?**

....

....

....

Analizzare

5 **I personaggi. I Filistei mostrano la propria crudeltà nei vari episodi di cui si compone il brano. Rileggi le righe 62-76 e spiega come reagiscono i nemici alla violenza di Sansone nei loro confronti.**

6 **Lo stile. Una caratteristica dello stile epico è la sua semplicità dal punto di vista della sintassi, cioè della costruzione del periodo. Quale struttura risulta evidente nelle righe 68-71?**

A Le frasi sono tutte coordinate.
B Le frasi sono tutte subordinate.
C Alla principale si legano quattro coordinate.
D Alla principale si legano quattro subordinate.

7 **Lo stile. Il risultato di questa scelta sintattica è un ritmo:**

A molto veloce.
B molto lento.
C veloce.
D lento.

8 **I personaggi. Il comportamento sempre molto aggressivo di Sansone nei confronti dei nemici rivela che la sua forza ha una causa ben precisa (rr. 79-93):**

A l'uso delle armi.
B un cibo speciale.
C una bevanda speciale.
D l'intervento divino.

9 **I personaggi. Dalila, la donna della valle di Sorek, sembra aver a cuore solo il bene del suo popolo: che cosa cerca di carpire a Sansone, su incarico dei Filistei, e per quale scopo (rr. 94-133)?**

....

....

....

10 **I personaggi. Quali ruoli svolge Dalila nei confronti di Sansone? La donna rappresenta, per il protagonista, l'oggetto del desiderio ma anche (sbarra le due risposte corrette):**

A una protagonista.
B un'antagonista.
C la sua aiutante.
D l'aiutante dei Filistei.

11 **I personaggi. La figura di Sansone presenta svariati elementi, che compongono una personalità sfaccettata e, come si è visto, per certi aspetti anche contraddittoria. Traccia un ritratto del protagonista, sintetizzando e riportando nella tabella le informazioni richieste, con esempi tratti dal testo.**

La sua forza	I CAVEI
La sua debolezza	SENSA CAVEI
La sua fede	IN UN UNICO DIO

12 **I temi.** **Sansone manifesta un rapporto molto stretto con Dio, che gli assicura e poi gli toglie il suo favore. Ricostruisci il legame che unisce il protagonista e la divinità, dopo aver riletto le righe indicate.**

rr. 12-13; 19-20; 89-94; 142-143; 164-166.

13 **Un confronto.** **Se hai letto gli episodi che vedono come protagonisti Deucalione e Pirra (vedi p. 25), Utnapishtim (vedi p. 95) e Noè (vedi p. 105), sapresti indicare per quale aspetto essi differiscono da Sansone in ciò che riguarda il rapporto con il divino? Motiva la risposta.**

Lessico

GARZANTI LINGUISTICA

14 **Nel corpo del leone ucciso dall'eroe c'è del *miele* (r. 34). Come si definisce una persona sdolcinata, melliflua, ossia troppo dolce, proprio come il miele?**

15 **Sansone appare dotato di una grandissima *forza* (r. 97). Il sostantivo rientra in una serie di espressioni avverbiali di uso comune: spiegale, abbinando a ogni voce della prima colonna la voce corrispondente della seconda colonna.**

1. Per forza: A con tutta l'energia.
2. A forza di: B con molta insistenza.
3. A viva forza: C per costrizione o violenza.
4. A tutta forza: D a furia di, insistendo.

16 **Trova due sinonimi e due contrari del sostantivo *forza* in riferimento a una condizione fisica.**

Grammatica

17 **«… fammi solo toccare le colonne sulle quali posa la casa, *così che possa appoggiarmi a esse*» (rr. 160-161): quale subordinata riconosci nella frase in corsivo?**

Sottolinea il complemento che contiene un pronome relativo.

Scrittura

18 **Riassumi in non più di quindici righe la scena che vede protagonisti Sansone e Dalila, trasformando, dove necessario, il discorso diretto in discorso indiretto.**

LA BIBBIA

Davide e Golia

(PRIMO LIBRO DI SAMUELE, 17, 3-51)

Ai tempi del re Saul (1030-1015 ca a.C.), gli Ebrei combattono una difficile guerra contro i Filistei, un popolo che occupa la regione a ovest del Mar Morto. Lo scontro che oppone il giovane ebreo Davide al gigante Golia, campione dei Filistei, è un famoso episodio di questo conflitto, narrato nel Libro di Samuele.

I Filistei stavano sul monte da una parte e Israele[1] sul monte dall'altra parte e in mezzo c'era la valle.

Dall'accampamento dei Filistei uscì un campione, chiamato Golia, di Gat[2]; era alto sei cubiti e un palmo[3]. Aveva in testa un elmo di bronzo ed era rivestito di una corazza a piastre, il cui peso era di cinquemila sicli[4] di bronzo. Portava alle gambe schinieri di bronzo e un giavellotto di bronzo tra le spalle. L'asta della sua lancia era come un subbio di tessitori e la lama dell'asta pesava seicento sicli di ferro[5]; davanti a lui avanzava il suo scudiero.

Egli si fermò davanti alle schiere d'Israele e gridò loro: «Perché siete usciti e vi siete schierati a battaglia? Non sono io Filisteo e voi servi di Saul? Scegliete un uomo tra di voi che scenda contro di me. Se sarà capace di combattere con me e mi abbatterà, noi saremo vostri schiavi. Se invece prevarrò io su di lui e lo abbatterò, sarete voi nostri schiavi e sarete soggetti a noi».

Il Filisteo aggiungeva: «Io ho lanciato oggi una sfida alle schiere d'Israele. Datemi un uomo e combatteremo insieme». Saul e tutto Israele udirono le parole del Filisteo; ne rimasero colpiti ed ebbero grande paura.

Davide era figlio di un Efratita da Betlemme di Giuda[6] chiamato Iesse, che aveva otto figli. Al tempo di Saul, quest'uomo era anziano e avanti negli anni. I tre figli maggiori di Iesse erano andati con Saul in guerra. Di questi tre figli, che erano andati in guerra, il maggiore si chiamava Eliab, il secondo Abinadab, il terzo Samma. Davide era ancor giovane quando i tre maggiori erano partiti dietro Saul. Egli andava e veniva dal seguito di Saul e badava al gregge di suo padre in Betlemme.

Il Filisteo avanzava mattina e sera; continuò per quaranta giorni a presentarsi. Ora Iesse disse a Davide suo figlio: «Prendi su per i tuoi fratelli questa misura di grano tostato e questi dieci pani e portali in fretta ai tuoi fratelli nell'accampamento. Al capo di migliaia porterai invece queste dieci forme di cacio. Informati della salute dei tuoi

1. **Israele**: l'esercito di Israele.

2. **di Gat**: originario della città filistea di Gat.

3. **sei ... palmo**: oltre tre metri.

4. **cinquemila sicli**: circa cinquanta chili.

5. **L'asta ... di ferro**: la circonferenza dell'asta ricorda il cilindro del telaio lungo il quale i tessitori avvolgono l'ordito; la lama pesa circa cinque chili.

6. **un Efratita ... Giuda**: un uomo originario della città di Efrata, della tribù di Giuda.

fratelli e prendi la loro paga. Saul con essi e tutto l'esercito di Israele sono nella valle del Terebinto a combattere contro i Filistei». Davide si alzò di buon mattino: lasciò il gregge alla cura di un guardiano, prese la roba e partì come gli aveva ordinato Iesse. Arrivò all'accampamento quando le truppe uscivano per schierarsi e lanciavano il grido di guerra. Si disposero in ordine Israele e i Filistei; schiera contro schiera. Davide si tolse il fardello e l'affidò al custode dei bagagli, poi corse tra le file e domandò ai suoi fratelli se stavano bene. Mentre egli parlava con loro, ecco il campione, chiamato Golia, il Filisteo di Gat, uscì dalle schiere filistee e tornò a dire le sue solite parole e Davide le intese. Tutti gli Israeliti, quando lo videro, fuggirono davanti a lui ed ebbero grande paura.

Ora un Israelita disse: «Vedete quest'uomo che avanza? Viene a sfidare Israele. Chiunque lo abbatterà, il re lo colmerà di ricchezze, gli darà in moglie sua figlia ed esenterà la casa di suo padre da ogni gravame[7] in Israele». Davide domandava agli uomini che stavano attorno a lui: «Che faranno dunque all'uomo che eliminerà questo Filisteo e farà cessare la vergogna da Israele? E chi è mai questo Filisteo non circonciso[8] per insultare le schiere del Dio vivente?». Tutti gli rispondevano la stessa cosa: «Così e così si farà all'uomo che lo eliminerà». Lo sentì Eliab, suo fratello maggiore, mentre parlava con gli uomini, ed Eliab si irritò con Davide e gli disse: «Ma perché sei venuto giù e a chi hai lasciato quelle poche pecore nel deserto? Io conosco la tua arroganza e la malizia del tuo cuore: tu sei venuto per vedere la battaglia». Davide rispose: «Che ho dunque fatto? Non si può fare una domanda?». Si allontanò da lui, si rivolse a un altro e fece la stessa domanda e tutti gli diedero la stessa risposta.

Sentendo le domande che faceva Davide, pensarono di riferirle a Saul e questi lo fece venire a sé. Davide disse a Saul: «Nessuno si perda d'animo a causa di costui. Il tuo servo andrà a combattere con questo Filisteo». Saul rispose a Davide: «Tu non puoi andare contro questo Filisteo a batterti con lui: tu sei un ragazzo e costui è uomo d'armi fin dalla sua giovinezza». Ma Davide disse a Saul: «Il tuo servo custodiva il gregge di suo padre e veniva talvolta un leone o un orso a portar via una pecora dal gregge. Allora lo inseguivo, lo abbattevo e strappavo la preda dalla sua bocca. Se si rivoltava contro di me, l'afferravo per le mascelle, l'abbattevo e lo uccidevo. Il tuo servo ha abbattuto il leone e l'orso. Codesto Filisteo non circonciso farà la stessa fine di quelli, perché ha insultato le schiere del Dio vivente». Davide aggiunse: «Il Signore, che mi ha liberato dalle unghie del leone e dalle unghie dell'orso, mi libererà anche dalle mani di questo Filisteo». Saul rispose a Davide: «Ebbene va' e il Signore sia con te». Saul rivestì Davide della sua armatura, gli mise in capo un elmo di bronzo e gli fece indossare la corazza. Poi Davide cinse la spada di lui sopra l'armatura, ma cercò invano di camminare, perché non aveva mai provato. Allora Davide disse a Saul: «Non posso camminare con tutto questo, perché non sono abituato». E Davide se ne liberò. Prese in mano il suo bastone, si scelse cinque ciottoli lisci dal torrente e li pose nel suo sacco da pastore che gli serviva da bisaccia; prese ancora in mano la fionda e mosse verso il Filisteo.

7. esenterà ... gravame: esonererà la famiglia paterna da ogni tassa.

8. non circonciso: la cerimonia della circoncisione consente a un maschio di far parte del popolo di Israele, secondo il patto che questo ha stretto con Dio.

Il Filisteo avanzava passo passo, avvicinandosi a Davide, mentre il suo scudiero lo precedeva. Il Filisteo scrutava Davide e, quando lo vide bene, ne ebbe disprezzo, perché era un ragazzo, fulvo di capelli e di bell'aspetto. Il Filisteo gridò verso Davide: «Sono io forse un cane, perché tu venga a me con un bastone?». E quel Filisteo maledisse Davide in nome dei suoi dèi. Poi il Filisteo gridò a Davide: «Fatti avanti e darò le tue carni agli uccelli del cielo e alle bestie selvatiche». Davide rispose al Filisteo: «Tu vieni a me con la spada, con la lancia e con l'asta. Io vengo a te nel nome del Signore degli eserciti, Dio delle schiere d'Israele, che tu hai insultato. In questo stesso giorno, il Signore ti farà cadere nelle mie mani. Io ti abbatterò e staccherò la testa dal tuo corpo e getterò i cadaveri dell'esercito filisteo agli uccelli del cielo e alle bestie selvatiche; tutta la terra saprà che vi è un Dio in Israele. Tutta questa moltitudine saprà che il Signore non salva per mezzo della spada o della lancia, perché il Signore è arbitro della lotta e vi metterà certo nelle nostre mani». Appena il Filisteo si mosse avvicinandosi incontro a Davide, questi corse prontamente al luogo del combattimento incontro al Filisteo. Davide cacciò la mano nella bisaccia, ne trasse una pietra, la lanciò con la fionda e colpì il Filisteo in fronte. La pietra s'infisse nella fronte di lui che cadde con la faccia a terra. Così Davide ebbe il sopravvento sul Filisteo con la fionda e con la pietra e lo colpì e uccise, benché Davide non avesse spada. Davide fece un salto e fu sopra il Filisteo, prese la sua spada, la sguainò e lo uccise, poi con quella gli tagliò la testa. I Filistei videro che il loro eroe era morto e si diedero alla fuga.

(*La Sacra Bibbia*, Edizione Ufficiale CEI)

1 Quale delle forme seguenti può sostituire il pronome relativo *che* nella subordinata *che scenda contro di me* (r. 10)?

A cui.
B i quali.
C il quale.
D al quale.

2 Indica se le seguenti affermazioni sono vere o false rispetto a quanto si legge nel testo.

	V	F
1. Golia sfida Israele a far combattere contro di lui un uomo in duello (rr. 9-11).	☐	☐
2. In caso di vittoria di Golia, i Filistei si sarebbero sottomessi agli Israeliti (rr. 11-12).	☐	☐
3. Davide è un ragazzo inesperto in confronto al possente Golia (rr. 51-53).	☐	☐
4. Davide sostiene di poter abbattere Golia come un tempo uccideva le belve (rr. 53-58).	☐	☐

3 *Tutti gli Israeliti, quando lo videro, fuggirono davanti a lui ed ebbero grande paura* (rr. 35-36): tra le parole che seguono, sottolinea i quattro intrusi ovvero i vocaboli che non corripondono allo stato d'animo degli Israeliti di fronte a Golia.

apprensione ◦ dubbio ◦ spavento ◦ timore ◦ allarme ◦ terrore ◦ sospetto ◦ sbigottimento ◦ presentimento

4 Le parole in corsivo nella frase «Io conosco *la tua arroganza* e *la malizia del tuo cuore*» (rr. 45-46) si possono sostituire rispettivamente con le espressioni:

A la tua grande modestia e la tua furbizia.
B la tua semplicità e la tua lealtà.
C la tua presunzione e la tua inclinazione all'inganno.
D la tua sfrontatezza e la tua malvagità.

5 Nella frase *Poi Davide cinse la spada di lui sopra l'armatura* (r. 62), il complemento *di lui* è riferito:

- A al guerriero Golia.
- B al re Saul.
- C all'anziano Iesse.
- D a un altro Israelita.

6 Il periodo *si scelse cinque ciottoli lisci dal torrente e li pose nel suo sacco da pastore* (r. 65) è formato da due frasi unite dalla congiunzione *e*, che le collega logicamente, in modo che la seconda frase, rispetto alla prima, introduca:

- A un confronto.
- B una precisazione.
- C una limitazione.
- D una conseguenza.

7 Nella frase *tutta la terra saprà che vi è un Dio in Israele* (rr. 76-77), sostituisci l'espressione *vi* è con un'altra, scegliendola nell'elenco che segue.

ce ◦ c'è ◦ ve ◦ n'è ◦ ce la ◦ ce lo ◦ ce n'è

8 Attribuisci le caratteristiche poste alla rinfusa alla fine dell'esercizio a Davide o a Golia.

alto più di tre metri ◦ figlio di un anziano Efratita ◦ un filisteo di Gat ◦ armato solo di una fionda ◦ dai capelli fulvi, di bell'aspetto ◦ pesantemente armato ◦ un pastore ◦ un guerriero

9 Davide e Golia incarnano rispettivamente valori inconciliabili: quali?

- A L'astuzia e la prudenza.
- B La fede in Dio e la forza bruta.
- C L'incoscienza e la violenza.
- D Il coraggio e la vigliaccheria.

Competenze di scrittura

10 Tipo di testo: informativo-espositivo (sintesi).
Scopo: informare.
Destinatario: studenti.

Riassumi le vicende narrate nel brano, evidenziando il diverso atteggiamento dei protagonisti e il tema di una sfida impari ma dall'esito sorprendente.

Competenze digitali

11 Immagina di essere un giornalista e di intervistare il giovane e valoroso Davide all'indomani della vittoria su Golia. Impagina su più colonne il tuo pezzo, arricchito da opportune illustrazioni come dovesse essere inserito in una pagina di giornale.

UNITÀ 2

L'epica greco-latina

COMPETENZE

- Interpretare i testi dell'epica greco-latina applicando gli strumenti dell'analisi testuale.
- Riconoscere messaggi e valori trasmessi dai testi dell'epica greco-latina.
- Interpretare i testi con un personale apporto critico.
- Riconoscere diversi registri linguistici in relazione ai differenti scopi comunicativi.
- Rafforzare le abilità grammaticali.
- Utilizzare il lessico specifico dell'analisi testuale.

CRITERI DI VALUTAZIONE

- Capacità di analizzare un testo secondo i concetti narratologici studiati.
- Interiorizzare messaggi e valori.
- Capacità di interpretare e approfondire criticamente un testo.
- Capacità di organizzare i contenuti strutturando il pensiero in forma lessicalmente, sintatticamente e ortograficamente corretta.
- Capacità di usare un lessico appropriato e specifico.

I CARATTERI DELL'EPICA GRECA

Le opere più conosciute dell'epica classica provengono dalla **civiltà greca** e sono rappresentate dall'*Iliade* e dall'*Odissea*, composte, secondo la tradizione, intorno al VI secolo a.C. dal poeta **Omero**, che avrebbe elaborato un materiale narrativo più antico di alcuni secoli.
A detta di molti studiosi, l'*Iliade* e l'*Odissea* costituirebbero l'espressione letteraria di un insieme di canti in precedenza realizzati da cantori, detti **aedi**, che li recitavano in pubblico, accompagnandosi con uno strumento musicale e cambiando in parte le scene, e poi trasmessi oralmente dai **rapsodi**, cioè i «tessitori di canti», che ripetevano i testi senza alcun intervento personale. L'argomento concerneva le **imprese eroiche** avvenute durante la **conquista di Troia** a opera degli Achei o fatti a essa collegati. Infine, il materiale di questa vastissima tradizione orale sarebbe stato sintetizzato in composizioni dalla struttura più solida, ben organizzata (vedi, al riguardo, la «questione omerica», a pp. 126-127), e **messo per iscritto**.
In particolare, l'***Iliade*** ha come tema gli eventi accaduti nell'ultimo anno, il decimo, della guerra che oppone i **Greci** e i **Troiani** all'epoca dei Micenei (XIII secolo a.C. circa). I protagonisti, fra cui spiccano i guerrieri Ettore e Achille, aderiscono a un codice etico fondato sull'onore e sul coraggio in battaglia, mezzi privilegiati per conquistare una gloria immortale.
L'***Odissea***, invece, narra l'avventuroso viaggio di **Odisseo** per tornare a Itaca, la sua patria. Le sofferenze che egli deve affrontare non offuscano la sua insaziabile curiosità e il suo desiderio di conoscenza, pertanto appaiono qui valori nuovi rispetto all'*Iliade*, come la necessità di affermare se stessi superando ogni sorta di ostacoli.
L'epica omerica divenne una specie di «**libro sacro**» dei Greci: se ne recitavano brani nelle diverse occasioni pubbliche e private e li si considerava un **tesoro di conoscenze** relative alla religione, ai riti sacri, alla storia, alle vicende degli dèi e degli eroi. Continuamente ricopiati e trasmessi nel corso delle generazioni, i poemi omerici rappresentano un **patrimonio** che oggi nessuno dovrebbe ignorare, tanto più che la loro enorme diffusione li ha fatti entrare nella cultura e nell'immaginario di buona parte dell'umanità.

I CARATTERI DELL'EPICA LATINA

Il poeta latino **Virgilio** (I secolo a.C.) prende spunto dall'*Iliade* e dall'*Odissea* per comporre il suo capolavoro, l'***Eneide***, un poema in cui trovano spazio i filoni narrativi della **guerra**, del **viaggio** e dell'**amore** (si pensi alla descrizione della passione fra il protagonista, il troiano Enea, e la regina Didone). Non manca, e riveste anzi una notevole importanza, il **motivo encomiastico** ovvero celebrativo, con l'esaltazione della missione civilizzatrice di Roma e del principato di Augusto.
Diversamente dai poemi greci, in cui la narrazione è oggettiva e non si sente la presenza del narratore, nel poema virgiliano l'autore fa sentire la sua voce, intervenendo spesso con giudizi e anticipazioni e rivolgendosi ai lettori.

GLI ELEMENTI DELLA NARRAZIONE E DELLO STILE

Le caratteristiche dell'epica antica riprendono quelle dell'epica in generale (vedi p. 68), ma a esse se ne aggiungono alcune specifiche, che esaminiamo qui in dettaglio.

LA FABULA E L'INTRECCIO

In un testo epico, come in qualsiasi genere narrativo, gli eventi possono svolgersi secondo l'**ordine logico-cronologico** ma più spesso sono organizzati in base a un **criterio diverso**. In tal caso l'autore ricorre di frequente ai **flashback** e alle **prolessi** allo scopo di informare il lettore di quanto è accaduto in precedenza o di alludere a ciò che non si è ancora verificato. I flashback arricchiscono la descrizione dei personaggi, fornendo notizie sul loro passato o spiegando eventi già accaduti, ma importanti per comprendere la storia. Talvolta sono introdotti dal protagonista che, attraverso il ricordo,

trasmette agli ascoltatori il suo stato d'animo: Odisseo, per esempio, rivolgendosi alla corte dei Feaci, descrive eventi ormai trascorsi, come la terribile avventura nella caverna del ciclope Polifemo, ma ancora carichi di emozione.
Un esempio di prolessi è, nell'*Iliade*, il concetto, su cui ci si sofferma più volte, della caduta di Troia; nell'*Odissea*, il ritorno certo dell'eroe, già ribadito nel Proemio; nell'*Eneide*, il glorioso futuro di Roma, predetto a Enea dal padre Anchise.

IL METRO

Grazie all'impiego dell'**esametro**, la narrazione presenta un andamento solenne, adeguato a esprimere soprattutto contenuti elevati, di carattere morale e religioso.

LO STILE FORMULARE

Lo stile è caratterizzato da espressioni ricorrenti:
– le **formule fisse**, costituite da versi o da gruppi di versi, ripetuti sempre uguali, allo scopo di riconoscere subito l'intervento di un personaggio o il verificarsi di una situazione: nell'*Iliade*, un esempio è dato dai versi che annunciano le battute dei vari personaggi: ... *disse Achille*..., *gli rispondeva Ettore* oppure *A lui di rimando diceva*..., cui segue il nome del personaggio; *Gli rispondeva allora*;
– gli **epiteti**: sono sostantivi, aggettivi o espressioni formate da più vocaboli che accompagnano, in forma sempre uguale, i nomi propri degli eroi e degli dèi, gli oggetti o gli aspetti del paesaggio, indicandone una caratteristica specifica: nell'*Iliade*, Achille è detto *dal piede veloce*; nell'*Odissea*, le navi sono descritte *nere* o *ricurve*, il mare è *sonoro* o *divino*; Enea è spesso definito *pio*, aggettivo che allude al suo profondo rispetto verso gli dèi e i valori della patria e della famiglia;
– i **patronimici**: sono aggettivi usati per indicare l'ascendenza, solitamente paterna, di un personaggio: il re Priamo è chiamato *Dardanide*, perché discendente di Dardano, fondatore di Troia; Zeus è solitamente definito *Cronide*, in riferimento a suo padre, il dio Crono; il re Agamennone è *l'eroe figlio di Atreo*; Achille è detto *Pelìde*, perché figlio di Peleo.

I PERSONAGGI

I **protagonisti** dell'epica classica sono gli **dèi** e gli **eroi**; molto raramente, e in funzione di **personaggi secondari**, agiscono gli individui comuni (ancelle, servi, soldati). Gli eroi sono rappresentati dai guerrieri che combattono a Troia, cioè gli Achei e i Troiani loro nemici. **Antagonisti** degli eroi sono creature mostruose o selvagge, di natura semidivina (i Ciclopi, le Arpie) o umana (i Lestrìgoni). Le **divinità principali** sono i dodici dèi olimpici, anche nella loro versione latina, ciascuno dei quali presiede a un ambito specifico della vita e dei fenomeni dell'universo.
La **presentazione dei personaggi** (sia diretta sia indiretta) contiene svariati **elementi**: breve storia personale; discendenza; patria d'origine; caratteristica distintiva, messa in evidenza dalla ripetizione dell'epiteto formulare.
Un personaggio può entrare nella storia tramite le parole del narratore: nel libro XVIII dell'*Odissea*, è la voce narrante in terza persona a descrivere la stupefacente trasformazione del falso mendicante, sotto le cui vesti si nasconde Odisseo, dal fisico forte, allenato alle fatiche della battaglia. Talora, invece, è un personaggio a presentarne un altro: nel libro I dell'*Eneide*, la dea Venere, travestita da cacciatrice, parla della regina Didone, presso la quale Enea, suo figlio, dovrà rifugiarsi, insistendo nel racconto del passato dell'infelice sovrana.
Dal punto di vista **psicologico** i personaggi dell'epica greco-latina risultano **scarsamente approfonditi**, perché il narratore si concentra sul loro comportamento, che si conforma a un codice morale cui non ci si può sottrarre, pena il commettere gravi errori ed essere di conseguenza emarginati dal proprio mondo e dalla sfera degli affetti. Fa eccezione Odisseo che, durante i lunghi anni di viaggio per tornare a Itaca, mette continuamente alla prova se stesso, scopre

qualità che non credeva di possedere e, in definitiva, affronta un percorso di maturazione, vivendo avventure che sfiorano il limite estremo delle esperienze umane: addirittura, egli scende nel regno dei morti, oltrepassa il confine del mondo luminoso riservato ai vivi e penetra in luoghi tenebrosi. Se Odisseo è un personaggio **dinamico**, la maggior parte dei protagonisti ha una **personalità statica**: essi mantengono inalterate le loro caratteristiche e non subiscono trasformazioni profonde.

Lo spazio e il tempo

Nell'*Iliade* i **luoghi** si ripetono **costanti e in numero limitato**: allo spazio esterno del campo di battaglia davanti a Troia e dell'accampamento acheo (di cui sono riportati, in entrambi i casi, scarsi dettagli) si contrappongono gli spazi interni, come il palazzo di Priamo o la tenda di Achille. L'*Odissea* e l'*Eneide*, invece, in cui il viaggio dei protagonisti occupa gran parte della narrazione, sono caratterizzati dal **continuo cambiamento degli spazi** e da una loro descrizione particolareggiata soltanto quando essi sono in stretto rapporto con i personaggi: per esempio, il mare in tempesta che, nell'*Eneide*, getta i Troiani sull'isola delle Arpie, è ben delineato nei suoi «effetti speciali» di suono e di buio che terrorizzano i naufraghi. Nell'*Odissea*, la casa del protagonista, la meta del suo vagabondare, assume il significato simbolico del luogo che custodisce i ricordi e gli affetti più sacri.

I vari episodi sono collocati in un **tempo fuori dal tempo**, impossibile da determinare con esattezza perché appartiene alla dimensione del mito. Talora il narratore dichiara di esporre fatti realmente accaduti: essi però sono così alterati da risultare irriconoscibili.

Il narratore e il punto di vista

Nei poemi dell'epica classica **il narratore** è in prevalenza **esterno**. Egli svolge due **funzioni** essenziali:

– si esprime in terza persona, in genere senza manifestare giudizi e senza intervenire nel racconto;

– introduce i personaggi che dialogano fra loro e narrano in prima persona le loro avventure, come accade per esempio a Odisseo nell'*Odissea* o all'eroe troiano Enea nell'*Eneide*.

Questo tipo di narratore adotta un **punto di vista esterno** e descrive i fatti senza lasciarsi influenzare dalla propria opinione personale. I rari, **brevi commenti** hanno solitamente lo scopo di sottolineare la **drammaticità** di un episodio, come quando la voce narrante dell'*Iliade*, riguardo alla morte di Patroclo, fa capire che la rovina dell'eroe è stata preparata dagli dèi, quindi è inevitabile.

I temi e i motivi

I poemi classici sviluppano essenzialmente **due temi**, la **guerra** e il **viaggio**, che a loro volta presentano ulteriori elementi che arricchiscono e completano il tema.

Per ciò che riguarda la **guerra**, si descrivono caotiche **battaglie e duelli** furibondi ma anche **scene di vita militare**, come la vestizione dell'eroe (che indossa l'armatura e impugna le armi in previsione dello scontro con il nemico), il suo ferimento, la morte e i funerali; né possono mancare le riunioni dell'esercito e le discussioni, spesso alquanto accese, tra i capi. Si raccontano anche le assemblee degli dèi, le frequenti visite ai loro protetti, in sostanza la loro continua e talora fastidiosa intromissione nelle vicende umane.

Il tema del **viaggio** narra **avventure incredibili** e tra esse ricordiamo: l'offesa arrecata a un dio, che per questo perseguita l'eroe; la tempesta marina, con onde gigantesche che fanno naufragare l'imbarcazione dell'eroe e lo costringono ad approdare in un luogo sconosciuto e pericoloso; l'incontro-scontro con creature mostruose; l'amore per una donna o una dea che lo trattiene, ritardandone, seppur piacevolmente, il ritorno a casa; la discesa agli Inferi, durante la quale egli incontra e interroga le anime dei morti.

I poemi omerici

Video: • Antica Ionia • Civiltà ellenica • Creta e le isole dell'Egeo

CHI È OMERO?

Fin dall'antichità a un poeta chiamato **Omero** è stata attribuita la composizione di due grandi poemi epici, l'*Iliade* e l'*Odissea*. Nessuno ne metteva in dubbio l'esistenza, ma la **scarsità di notizie** sulla sua identità aveva favorito, già in tempi molto antichi, la nascita di leggende che lo descrivevano come un vecchio cieco, molto saggio e degno di rispetto, perché si riteneva che i ciechi avessero doti profetiche e parlassero ispirati dagli dèi.

Lo storico greco **Erodoto** (V secolo a.C.) sosteneva che egli fosse originario di Smirne, in Asia Minore, una regione nella quale i Greci possedevano colonie: in questa città sarebbe nato alla metà del IX secolo e proprio qui avrebbe composto l'*Iliade*, poi diffusa nel corso dei suoi tanti spostamenti come poeta girovago. Divenuto vecchio e infermo, avrebbe infine composto l'*Odissea*, forse dopo essersi trasferito nell'isola di Chio, vicino a Smirne. Già dal III secolo a.C., però, cominciarono a sorgere **dubbi** sull'attribuzione delle due opere allo stesso autore e, addirittura, sull'esistenza stessa del poeta Omero: in tal modo prese avvio la cosiddetta «questione omerica».

LA «QUESTIONE OMERICA»

In epoca ellenistica (III-II secolo a.C.) si iniziò uno studio più accurato delle opere attribuite a Omero, anche di quelle minori, come gli *Inni*, dedicati alle vicende degli dèi, e la *Batracomiomachia*, cioè «la battaglia delle rane e dei topi», una parodia del genere epico.

A causa delle evidenti differenze tra l'*Iliade* e l'*Odissea*, alcuni studiosi sostennero che Omero avesse composto in gioventù l'*Iliade*, il poema della guerra, mentre nella vecchiaia si sarebbe dedicato all'*Odissea*, il poema dell'avventura, o che di quest'ultimo fosse autore un altro poeta. Prevalse tuttavia la **tesi unitaria**, che per alcuni secoli non venne più messa in discussione.

La questione fu ripresa intorno alla metà del Seicento, quando l'abate francese **François d'Aubignac** (1604-1676) si disse convinto dell'inesistenza di Omero e che i due poemi fossero in realtà un insieme di canti privi di una vera unità e coesione interna, messi insieme nel VI secolo a.C. Nel XVIII secolo, anche il filosofo **Giambattista Vico** (1668-1744) affermò che Omero non fosse mai esistito e che la sua figura dovesse intendersi come la personificazione ideale della lirica greca arcaica e che dunque fosse più opportuno parlare di «Omeri», poeti in carne e ossa e interpreti della tradizione.

Contro la tesi unitaria si dichiarò anche il filosofo tedesco **Friedrich A. Wolf** (1759-1824), per il quale i testi omerici non potevano essere stati formulati dallo stesso autore, ma costituivano una serie di canti separati, tramandati dagli aedi per via orale e poi messi per iscritto intono al VI secolo a.C. Queste teorie furono poi confermate, nell'Ottocento, dalla cosiddetta corrente «analitica», i cui esponenti principali furono **Karl Lachmann** (1793-1851) e **Adolf Kirchhoff** (1826-1908). La tesi unitaria fu ripresa nello stesso secolo dal filologo tedesco **Ulrich von Wilamowitz** (1826-1908).

Philippe Laurent, *Omero*.
Scultura in marmo, XVIII sec. Parigi, Museo del Louvre.

Nel Novecento, lo studioso americano **Milman Parry** (1902-1935) si è dichiarato favorevole all'ipotesi secondo la quale, nelle epoche più antiche, i due poemi sarebbero stati recitati in occasione di riunioni o di feste riservate all'aristocrazia. Nel corso del tempo, ogni singolo poeta avrebbe inserito le proprie **varianti**, collegandole con rime e formule fisse alle parti già esistenti; infine i testi avrebbero trovato una formulazione scritta, acquistando una veste definitiva.

Neppure oggi la «questione omerica» può dirsi conclusa. Le ricerche più recenti permettono di formulare le seguenti **ipotesi**:

– la composizione dell'*Iliade* precede quella dell'*Odissea*, perché si notano differenze nella rappresentazione della società nei vari ambiti (politico, culturale e religioso). Dunque, la prima risalirebbe all'VIII secolo a.C., la seconda alla fine della medesima epoca, evidenziando un maggior livello di evoluzione sociale;

– la formazione dei poemi si colloca nel momento del declino della tradizione orale a favore di quella scritta, mantenendo però le caratteristiche essenziali dell'oralità (la ripetizione di versi, l'uso di epiteti ecc.);

– uno o più poeti hanno rimaneggiato e reso coerente una materia orale, formata da racconti di età diverse; oppure avrebbero dato ai canti già in loro possesso un'impronta personale, modificandoli in modo decisivo.

Lo sfondo storico dei poemi omerici

Secoli di discussioni, di ricerche e di importanti scoperte archeologiche consentono di affermare che alla base dell'epica omerica vi è la **civiltà micenea**. L'*Iliade* e l'*Odissea* hanno come protagonisti gli **Achei** (letteralmente «*gli abitanti dell'Acaia*», termine che, nell'VIII secolo a.C., era usato per indicare la Grecia intera): si tratta di un popolo di lingua greca, che vive un periodo di grande splendore nell'Egeo meridionale verso la seconda metà del II millennio a.C. Grandi palazzi a **Micene**, **Argo**, **Tirinto** e **Pilo** sono i centri del potere: di Micene e di Argo, lo ricordiamo, è re Agamennone, mentre su Pilo regna il saggio Nestore, entrambi personaggi dell'*Iliade*.

Maschera funeraria d'oro detta "Maschera di Agamennone". XVI sec. a.C. Atene, Museo Archeologico Nazionale.

È dunque opinione comune degli studiosi che l'epica omerica riproponga canti che risalgono alla **cultura micenea**: infatti molti secoli dopo la guerra di Troia si celebravano ancora le gesta di Achille e di Agamennone, benché in un contesto storico e sociale del tutto diverso. Tracce dell'epica micenea sono sparse ovunque nei poemi. Nel libro VIII dell'*Odissea*, per esempio, si dà ampio spazio alla figura del cantore Demodoco che intrattiene gli ospiti: proprio così facevano i cantori di età micenea, almeno stando alle scene, simili a questa, raffigurate negli affreschi del cosiddetto «palazzo di Nestore» a Pilo. È evidente però che nei poemi omerici si intrecciano e si confondono le due dimensioni culturali e temporali. Da un lato, il **substrato miceneo**, che si rivela nella descrizione delle armature e degli edifici e nell'uso del carro da guerra; dall'altro, l'**epoca post-micenea o Medioevo ellenico**, contemporanea all'autore (o agli autori), con l'impiego del ferro, il rito funerario della cremazione e le abitudini di vita di piccole comunità agresti. Anche la figura del sovrano, i cui poteri appaiono molto limitati, soprattutto nell'*Odissea*, dalle assemblee dei nobili e dei cittadini liberi, risulta assai lontana da quella del potente *wanax* miceneo, mentre si avvicina a quella dei re del Medioevo ellenico.

L'Iliade

L'ARGOMENTO

L'*Iliade* è il poema epico che narra la **guerra combattuta dai Greci** o Achei **contro Troia**, il cui antico nome era **Ilio** (da cui, appunto, il titolo *Iliade*). Più precisamente, i **24 libri in esametri** che compongono l'opera, per un totale di 15.696 versi, raccontano gli **ultimi cinquantuno giorni** del decimo e ultimo anno dell'assedio alla città. Non vengono descritti né l'inizio della guerra né gli anni seguenti e l'opera termina prima della conquista della città da parte degli Achei.

L'ANTEFATTO

La storia narrata nel poema inizia lontano nel tempo, quando la regina **Ecuba**, moglie di **Priamo**, re di Troia, sogna di partorire una fiaccola splendente che incendia la città. Interrogati riguardo al prodigio, gli indovini dichiarano che il bambino che sta per nascere avrebbe portato lutti e rovine. Dunque Priamo ordina che il piccolo sia abbandonato a morte certa sul monte Ida, sacro ad Artemide. Il pastore **Agelao** trova il bambino, lo chiama **Paride** e si prende cura di lui.
Molti anni più tardi Zeus, il re degli dèi e degli uomini, ricorre al **giudizio di Paride** per risolvere una questione delicata: chi è la dea più bella? L'imbarazzante domanda viene posta durante i festeggiamenti per le **nozze**, celebrate sull'Olimpo, tra il mortale **Peleo** e l'incantevole ninfa marina **Teti**, i futuri genitori dell'eroe **Achille**.
Durante il banchetto, cui sono invitati dèi, semidei e uomini (dopotutto, lo sposo è un pronipote di Zeus e la sposa è una discendente di Oceano), appare **Eris**, la dea della discordia che ci si è «dimenticati» di invitare: ella getta fra le donne una mela d'oro su cui è incisa appunto la frase «*Alla più bella*».
Subito **Era**, **Atena e Afrodite** si lanciano a raccogliere l'aureo frutto, ma Zeus, per evitare una lite che rovinerebbe la gioia della festa, dichiara che la decisione spetta al più bello degli uomini, **Paride**. Le tre contendenti cercano di corrompere il giovane con un'allettante ricompensa: Era gli offre il dominio sull'Asia, Atena la saggezza e Afrodite l'amore della donna più affascinante del mondo, Elena, moglie di Menelao, re di Sparta. Senza esitare, egli assegna il premio proprio ad Afrodite, suscitando, com'è prevedibile, l'indignazione delle altre.
Tornato in città, Paride viene riconosciuto come figlio di Priamo, ma la vita di corte non sembra renderlo felice. Per placare l'irrequietezza che lo tormenta, si reca in missione diplomatica a **Sparta**, insieme al principe **Enea**, suo cugino. Il re **Menelao** si trova a Creta, così è la bellissima **Elena**, sua moglie, ad accogliere gli ospiti. La donna s'innamora, ricambiata, di Paride e fugge con lui a Troia. Per vendicarsi dell'affronto, Menelao organizza una spedizione punitiva, alla quale partecipano numerosi principi achei: tra essi spicca suo fratello **Agamennone**, sovrano di Argo e Micene e capo designato della spedizione.
Così prende avvio la guerra di Troia, che si conclude dopo **dieci anni di duro assedio**. L'*Iliade* inizia proprio raccontando un episodio dell'ultimo anno del conflitto, cioè la **disputa rovinosa** che oppone Agamennone ad Achille, il più forte dei guerrieri achei.

La trama

L'ira di Achille

L'*Iliade* si apre con un **proemio** nel quale il poeta, seguendo la tradizione, si rivolge alla musa Calliope, per ricevere l'ispirazione al suo canto e in cui dichiara il **tema centrale** dell'opera: l'**ira di Achille** e le **funeste conseguenze** che essa ebbe sugli Achei. Prosegue, quindi, raccontando i **motivi** di tale ira.
Da nove lunghi anni gli Achei assediano Troia ma il risultato è ancora incerto, perché gli abitanti della sfortunata città resistono coraggiosamente agli attacchi dei nemici. Gli Achei saccheggiano le località vicine e a Lirnesso, sulla costa della Misia, catturano Criseide, la figlia di Crise, un sacerdote di Apollo, e la bella Briseide: la prima è data come schiava ad Agamennone, la seconda ad Achille, sovrano dei Mirmìdoni.
Crise offre un'ingente quantità d'oro come riscatto per la figlia ma Agamennone rifiuta, trattandolo duramente e rispondendo con parole ingiuriose. Il sacerdote invoca la vendetta di Apollo e il dio, infuriato, diffonde una terribile pestilenza nel campo acheo. L'indovino Calcante consiglia ad Agamennone di rinunciare alla prigioniera, ma il sovrano pretende in cambio un'altra schiava ed esige che Achille gli ceda Briseide. L'eroe si sottomette alla richiesta, tuttavia, in preda all'ira, si allontana dal combattimento, pregando sua madre, la ninfa oceanina Teti, di far intervenire Zeus a favore dei Troiani. Il re degli dèi acconsente, pur sapendo che il suo gesto scatenerà la reazione della moglie Era, che protegge gli Achei.

Le difficoltà degli Achei

Le sorti del conflitto favoriscono i Troiani, così l'anziano e saggio Nestore, il sovrano di Pilo, convince Agamennone a inviare all'eroe Achille una delegazione, formata dal re di Itaca, Odisseo, e dai guerrieri Aiace e Fenice, per comunicargli di essere pronto a restituire Briseide con l'aggiunta di ricchi doni, se egli tornerà a combattere. Achille accoglie cortesemente l'ambasceria ma non muta il suo proposito.
L'esercito acheo resiste dietro un alto muro difensivo, ma, dopo che Ettore ha guidato un attacco vittorioso contro una delle sue porte, ai soldati non resta che rifugiarsi frettolosamente sulle navi. Il dio del mare, Poseidone, mosso a compassione degli Achei, si reca sul campo e restituisce coraggio ai soldati. Intanto Era con uno stratagemma fa addormentare il marito Zeus, impedendogli di favorire i Troiani.
Al risveglio, il re degli dèi ordina alla moglie di non immischiarsi nelle vicende della guerra. Decide inoltre che è giunto il momento di far cambiare idea ad Achille, perché Ettore è tornato alla carica contro le fortificazioni achee.

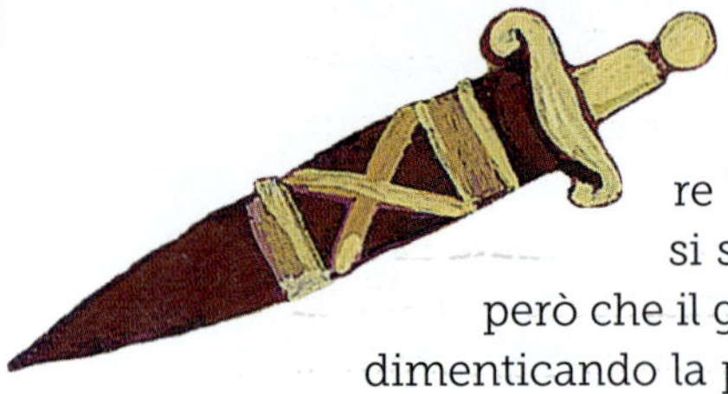

Il tragico destino di Patroclo

Il guerriero Patroclo, l'amico più caro di Achille, vuole indossare l'armatura dell'eroe e affrontare la battaglia: i Troiani, ingannati, si sarebbero facilmente persi d'animo. Achille accetta, a condizione però che il giovane si limiti ad allontanare i nemici dalle navi achee. Tuttavia, dimenticando la promessa, Patroclo insegue i Troiani fino alle mura e poi, colpito da Apollo e dal troiano Euforbo, viene ucciso da Ettore, al quale profetizza la fine imminente per mano di Achille.

Antiloco, il figlio di Nestore, annuncia ad Achille la morte dell'amico: la disperazione e i lamenti dell'eroe fanno accorrere sua madre Teti, alla quale egli rivela che il suo più grande desiderio è quello di uccidere Ettore. Nel frattempo, il corpo di Patroclo è riportato nell'accampamento acheo e Atena infonde una forza divina in Achille che, ancora sconvolto, rifiuta di toccare cibo.

Il ritorno di Achille e la morte di Ettore

Comprendendo che la situazione è giunta a una svolta decisiva, Achille si riappacifica con Agamennone e indossa le splendide armi, appositamente forgiate per lui da Efesto, il fabbro divino. Spinto da un inarrestabile desiderio di vendetta, decide di tornare sul campo e di fare strage di Troiani: molti soldati sono schiacciati dal suo invincibile carro o trafitti dalla sua spada e chi sfugge alla sua collera è obbligato a rifugiarsi all'interno delle mura cittadine. Gli dèi prendono allora posizione al fianco delle due schiere di combattenti: Ares, Artemide, Apollo, Afrodite e Xanto, il dio del fiume Scamandro, che scorre nei pressi della città, favoriscono i Troiani; per gli Achei parteggiano Era, Atena, Ermes, Poseidone, Efesto.

Enea affronta Achille, salvandosi però dalla furia del nemico perché è destinato a lasciare Troia e a fondare una dinastia che perpetuerà in una terra lontana il nome troiano. Priamo, angosciato per la sorte dei suoi, ordina di aprire le porte della città. I Troiani si mettono in salvo, tranne Ettore, di cui è ormai giunto il momento estremo. I due eroi si fronteggiano: Achille uccide il principe troiano e ne sfregia il cadavere, legandolo per i piedi al suo carro e trascinandolo per la pianura insanguinata.

Mentre si celebrano i riti funebri in onore di Patroclo, Achille promette all'amico scomparso che il cadavere di Ettore sarà lasciato in pasto ai cani. Il dolore e la solitudine tormentano l'eroe, impedendogli di trovare la pace. Priamo, da parte sua, si reca al campo acheo a offrire un generoso riscatto per il corpo del figlio. Achille, impietosito dall'atteggiamento supplice e dalle lacrime dell'anziano re, esaudisce la sua richiesta.

I Troiani, dopo aver accatastato la legna per nove giorni, nel decimo innalzano il rogo e bruciano il corpo dell'eroe, le cui ossa, custodite in una cassa d'oro, vengono sepolte, mentre un tumulo segnerà per sempre il luogo della tomba.

Che cosa accade dopo la guerra di Troia

Fin qui il poema: ma quali **fatti significativi** avvengono dopo la presa della città e che Omero non ci ha raccontato? Per saperlo dobbiamo fare riferimento ad **altre opere**, composte probabilmente nel **VII secolo a.C.**

Nell'*Etiopide*, un poema forse elaborato da un autore originario di Mileto, di nome **Arctino**, si narra la **fine di Achille**, ucciso da una freccia scagliata da Paride e perfidamente indirizzata dal dio Apollo contro l'eroe.

L'opera *La caduta di Ilio*, anch'essa ritenuta scritta da Arctino, racconta la **caduta di Troia** per mezzo di un astuto stratagemma. Gli Achei edificano un gigantesco **cavallo di legno**, vuoto all'interno. Molti guerrieri si nascondono nelle sue ampie cavità, mentre il resto dell'esercito finge di partire: si smonta l'accampamento e finalmente ci si imbarca. I Troiani, invece, esultanti per la fine dell'assedio e incuriositi dal manufatto, decidono di introdurlo in città, nonostante l'opinione contraria del sacerdote Laocoonte, che verrà strozzato, insieme ai figli, da due giganteschi serpenti usciti dal mare. Gli Achei passano all'azione: sbucano dal ventre del cavallo e aprono le porte ai compagni, che nel frattempo, con il favore delle tenebre, sono ricomparsi dopo una partenza evidentemente falsa.

La fine di Troia è segnata: gli Achei fanno strage di chiunque cerchi di opporsi e saccheggiano e bruciano le case. Altri episodi descritti nel libro sono agghiaccianti: Neottolemo, figlio di Achille, uccide Priamo nel santuario di Zeus, poi Astianatte, orfano di Ettore, e Polissena, la figlia adolescente di Priamo, sacrificandola sulla tomba del padre. Così, nel sangue e nel dolore, si chiude la tragica storia di Troia: è compito degli storici, ai quali i poeti lasciano la parola, stabilire se dietro questi racconti si celino eventi realmente accaduti o se essi siano soltanto frutto della più sfrenata immaginazione.

LA REALTÀ STORICA

La vicenda raccontata nell'*Iliade* presuppone l'esistenza di una città chiamata **Troia**. Essa sorgeva, già nel II millennio a.C., nei pressi dello stretto dei Dardanelli, che mette il mar Nero in comunicazione con il mar Egeo. Il sito fu identificato dall'archeologo tedesco **Heinrich Schliemann** (1822-1890) nei pressi di **Hissarlik**, una collina sulla costa dell'Asia Minore, nell'attuale Turchia. Gli scavi, condotti fra il 1870 e il 1873, hanno evidenziato i nove strati di una città più volte assalita, distrutta e poi ricostruita. Quella celebrata da Omero dovrebbe trovarsi nel **sesto strato**, risalente al **1500-1000 a.C.**; invece quella indicata da Schliemann, e ritrovata nel settimo strato, sarebbe più antica di almeno mille anni.

In Grecia, e precisamente nella regione del Peloponneso, città come Micene e Argo accrescevano il proprio potere controllando importanti vie di traffico marittimo: pertanto appare plausibile che per **motivi commerciali** sia scoppiata una **guerra** che opponeva Greci e Troiani in un'epoca compresa fra il XIII e il XII secolo a.C.

La ricerca archeologica compie **continue scoperte**, a riprova della sostanziale esattezza dei dati forniti nel poema. Di recente una missione archeologica italiana ha scoperto un'**antichissima città**, databile al 1300-1200 a.C. (appunto l'epoca della guerra di Troia), sull'**isola di Lemnos**, nell'Egeo settentrionale, a quaranta chilometri da Hissarlik. L'elemento sorprendente è che sull'isola è stato rinvenuto un impianto per la produzione del vino: il ritrovamento confermerebbe quindi il racconto di Omero, secondo il quale i guerrieri achei ricevevano i rifornimenti di vino proprio da Lemnos.

I personaggi

Gli eroi dell'*Iliade* si dividono in due gruppi, Achei e Troiani. Guerrieri famosi dello schieramento acheo sono, fra i tanti, Achille, i fratelli Agamennone e Menelao, Diomede, Odisseo, Aiace Oileo e Aiace Telamonio. I loro nemici, i **Troiani**, annoverano nelle loro fila Enea, Ettore e Paride. La loro principale virtù è la forza fisica, accompagnata dal coraggio: questi due elementi si fondono nell'*aristéia*, cioè nel **valore in battaglia**. Tuttavia gli eroi non **combattono** per un ideale o per la patria, ma **per se stessi**: in tal modo il loro nome verrà esaltato nella **gloria** militare e il **ricordo** delle imprese compiute si tramanderà nei secoli.

I personaggi, umani e divini, usano la forza e il coraggio per imporre la propria volontà, reagire alle provocazioni e vendicarsi, soprattutto uccidendo il nemico. Nel poema non c'è quindi troppo spazio per i sentimenti e le riflessioni: le azioni dei personaggi occupano gran parte del racconto e sono descritte con immediatezza e con un certo gusto per i particolari macabri. Vediamo in dettaglio i principali **protagonisti** dell'*Iliade*, il loro carattere e le loro gesta.

GLI ACHEI

AGAMENNONE: IL GRANDE SOVRANO

Chi è Discendente di Atreo, è chiamato *Atride*; fratello maggiore di Menelao, regna su Micene. Sposato con Clitennestra, sorella di Elena, comanda l'esercito acheo durante le operazioni militari contro la città di Troia.

Le azioni In lui l'arroganza prevale sul coraggio tanto che, incapace di gestire i rapporti personali con i compagni d'arme, provoca l'abbandono della guerra da parte dell'eroe Achille. Il ritorno in patria gli sarà funesto: accompagnato da Cassandra, una principessa troiana divenuta preda di guerra, viene assassinato dalla moglie, gelosa della sua amante e fortemente adirata per la morte della figlia Ifigenia: il padre, infatti, pur di ingraziarsi i favori della dea Artemide, aveva sacrificato la fanciulla prima di salpare per Troia.

Simbologia È il sommo condottiero: sempre descritto con i titoli regali, impugna uno scettro e porta un diadema. Dal punto di vista dell'autorità, egli è il *primus inter pares* («primo fra i pari»); in pratica esercita il potere superando spesso i limiti della propria autorità e suscitando nei subordinati un senso di rancore e un desiderio di rivalsa.

Agamennone in un affresco di Giambattista Tiepolo (particolare). 1757. Villa Valmarana ai Nani, Vicenza.

Testa di Menelao. Città del Vaticano, Museo Pio-Clementino.

MENELAO: IL MARITO TRADITO

Chi è Re di Sparta, è figlio di Atreo, fratello di Agamennone e marito di Elena, che lo sceglie soprattutto per quell'avvenenza fisica che lo fa notare in una schiera di pretendenti, tuttavia è anche un valoroso condottiero.

Le azioni Paride gli sottrae la splendida consorte, scatenando l'impresa militare degli Achei contro la città anatolica. Confrontandosi in duello con Paride, riesce quasi ad aver ragione di lui, ma l'intervento diretto di Afrodite sottrae il rivale alla sua vendetta. Dopo la presa della città, ritorna in patria insieme alla moglie.
Simbologia È spesso ricordato come la vittima di uno dei tradimenti più celebri della letteratura e, quando il suo onore viene offeso, è necessario che egli, con l'aiuto del fratello Agamennone, prepari la spedizione punitiva contro Troia.

Evelyn De Morgan, *Elena di Troia*. 1898.

ELENA: L'IRRESISTIBILE

Chi è Figlia di Zeus e della mortale Leda, moglie di Tindaro, re di Sparta, è la bellissima consorte di Menelao, dal quale ha una figlia, Ermione. Sua sorella Clitennestra sposa invece Agamennone, fratello di Menelao.
Le azioni Considerata la donna più attraente del mondo, è molto corteggiata fin dalla giovinezza. Sceglie come marito il re di Sparta, l'atride Menelao, e Tindaro, che l'aveva allevata come una figlia, esige che gli altri pretendenti giurino di proteggerla in caso di rapimento. Elena viene portata via da Paride, con le ben note conseguenze.
Simbologia Incarna il fascino femminile e il potere della bellezza e della seduzione.

ACHILLE: IL QUASI INVINCIBILE

Chi è Detto *Pelide*, perché figlio del mortale Peleo, re di Ftia, in Tessaglia, e della dea Teti, è il capo dei guerrieri mirmìdoni, che si distinguono per la loro ferocia in battaglia. Appena nato, la madre lo immerge nelle acque del fiume Stige, che hanno il potere di rendere immortale chi si bagni in esse. Teti però lo tiene per il tallone destro, l'unica parte del corpo asciutta e dunque vulnerabile. Proprio in questo punto lo colpisce mortalmente la freccia avvelenata scagliata da Paride ma guidata dal dio Apollo.
Le azioni È l'eroe più forte dei Greci; soprannominato *piè veloce*, è anche il più rapido nella corsa. Il litigio con Agamennone determina la sua esclusione volontaria dalla guerra. Alla notizia della morte di Patroclo per mano di Ettore risveglia il suo animo combattivo allo scopo di vendi-

Achille in un particolare tratto dal ciclo *Storie dell'Iliade*, di Felice Giani.
Affresco, XIX secolo. Palazzo Milzetti, Faenza.

care l'amico. Uccide Ettore, ma muore a sua volta sotto le mura di Troia, come gli aveva predetto il principe troiano.

Simbologia Incarna l'eroe imbattibile, ma che conserva un margine di fragilità: sperimenta ira, odio e amore, come il più comune dei mortali.

ODISSEO: IL CONSIGLIERE ASTUTO

Chi è Re della piccola e rocciosa isola di Itaca, è figlio di Laerte e nipote del dio Ermes. In greco, il suo nome significa «colui che è odiato».

Le azioni Il suo genio si manifesta con lo stratagemma del cavallo di legno, che permette ai guerrieri achei di entrare a Troia e di conquistarla. Dopo la guerra si imbarca per tornare in patria, ma il suo nemico, il dio Poseidone, ostacola il viaggio: prima di raggiungere la meta, dovrà affrontare infiniti ostacoli e peripezie, descritte nell'*Odissea*.

Simbologia La letteratura lo consacra come colui che meglio esprime la furbizia, la sete inesauribile di conoscenza e l'abilità tecnica (lo ammiriamo mentre costruisce una zattera per lasciare Calipso e l'isola di Ogigia). Dante lo colloca, insieme a Diomede, nell'ottavo cerchio dell'*Inferno* (Canto XXVI) tra i consiglieri fraudolenti, cioè coloro che usano l'intelligenza non per operare virtuosamente ma per ingannare il prossimo.

DIOMEDE: IL CIVILIZZATORE

Chi è Figlio di Tideo, e perciò detto *Tidide*, e della principessa Deipile, è re di Argo e amico e confidente di Odisseo, del quale condivide gli inganni.

Le azioni Guerriero valoroso, riesce persino a ferire in battaglia gli dèi Afrodite e Ares. Ma l'impeto con cui combatte non lo offusca completamente: durante uno scontro con Glauco, il sovrano dei Lici, lo riconosce come un vecchio amico di famiglia, perciò abbandona le armi e lo abbraccia. Travestito da mendicante, insieme a Odisseo ruba il Palladio, una statua della dea Atena, il cui possesso si diceva avrebbe garantito ai Troiani la salvezza della loro città. Al suo rientro ad Argo, la moglie Egialea non lo riconosce perché la dea Afrodite ha cancellato il suo ricordo dalla memoria della donna. Per questo abbandona Argo e salpa per l'Italia.

Simbologia Egli personifica la diffusione della civiltà nel Mediterraneo, insegnando a numerosi popoli la navigazione e l'allevamento del cavallo e talvolta dedicandosi alla fondazione delle città.

Diomede. Statua in marmo copia di originale greco del V sec. a.C. Monaco, Gliptoteca.

NESTORE: L'ANZIANO SAPIENTE

Chi è Re di Pilo, è il guerriero acheo più anziano. È dotato di una grande saggezza, che lo rende un modello e un punto di riferimento per tutto l'esercito.

Le azioni Valoroso soldato fin dalla giovinezza, partecipa con Giasone e gli Argonauti alla ri-

cerca del vello d'oro. Dopo il rapimento di Elena, messo in atto dal principe troiano Paride, aiuta Menelao a radunare l'esercito acheo. Alla fine della guerra torna in patria, carico di gloria e di onori. Amico di Odisseo, è da lui che si reca Telemaco per avere notizie del padre scomparso da molti anni.
Simbologia Rappresenta il senno che si sostituisce al vigore fisico ormai affievolito e dispensa consigli e ammonizioni.

AIACE: L'ISTINTIVO

Chi è Figlio di Telamone, re di Salamina, per questo riceve il patronimico di *Telamonio*. È il guerriero acheo più forte dopo Achille; combatte gettandosi senza esitazione nella mischia e dimostrando coraggio ma anche un istinto spesso incontrollabile.
Le azioni Partecipa a tutti gli scontri senza riportare alcun danno, tuttavia non supplica mai gli dèi per restare incolume. Egli vorrebbe possedere le armi di Achille che, dopo la morte dell'eroe, sono consegnate a Odisseo in riconoscimento del suo valore. La sciagurata circostanza lo conduce alla follia e al suicidio.
Simbologia Personifica la violenza bruta, unita all'audacia irriflessiva.

PATROCLO: L'AMICO FEDELE

Chi è Figlio di Menezio, re di Opunte, nella Locride, abbandona la sua città d'origine e raggiunge Ftia, dove il sovrano della città, Peleo, lo alleva insieme al proprio erede, Achille, di cui diventa il migliore amico.
Le azioni Combatte al posto di Achille quando costui si tiene lontano dagli scontri, essendo adirato con Agamennone. Egli getta scompiglio nelle file dei Troiani ma, indebolito da Apollo e ferito da Euforbo, cade per mano di Ettore. Per vendicarlo, Achille torna sul campo di battaglia e uccide il principe troiano straziandone poi il cadavere.
Simbologia Incarna la generosità e l'amicizia disinteressata.

Achille fascia le ferite di Patroclo.
Coppa a figure rosse del VI secolo. Berlino, Musei Statali.

I TROIANI

PRIAMO: IL CAPOSTIPITE

Chi è Erede di Laomedonte, è il re di Troia, già molto vecchio ai tempi delle vicende narrate dall'*Iliade*. Sposo di Ecuba, una principessa di origine frigia, da lei, secondo la tradizione, ha avuto cinquanta figli, tra cui spiccano Ettore, Paride e Cassandra.
Le azioni In gioventù si dimostra un sovrano abile e amplia i confini del proprio regno. Profondamente religioso, non svolge un ruolo di rilievo durante la guerra, preferendo delegare compiti e decisioni al figlio Ettore. Muore durante la tragica notte della caduta di Troia, barba-

ramente ucciso dal guerriero acheo Neottolemo.
Simbologia Fondatore della stirpe troiana, incarna la fecondità e l'amore per la famiglia.

ETTORE: L'EROE SFORTUNATO

Chi è Primogenito del re di Troia, Priamo, e di sua moglie, la regina Ecuba, è un guerriero valoroso e uno dei protagonisti del poema. Sposa Andromaca ed è padre di Astianatte.
Le azioni Dotato di nobiltà d'animo, non può tuttavia, essendo umano, competere con Achille, che è un semidio. Nel duello che lo oppone all'eroe acheo, egli è pienamente consapevole della propria inferiorità, ma giudica disonorevole abbandonare il campo di battaglia, andando così incontro a una morte prematura.
Simbologia Incarna il modello dell'eroe vittima del Fato nella letteratura classica, mentre in quella medievale è visto come il cavaliere perfetto. Esprime i valori del coraggio e della correttezza, che si esplicita nel rispetto del nemico, e crede nella difesa della propria reputazione, anteponendo la morte all'infamia di essere giudicato un vigliacco.

PARIDE: IL BELLO CODARDO

Chi è Figlio dei sovrani di Troia, Priamo ed Ecuba, è fratello di Ettore. A causa di una profezia, fatta dalla sorella Cassandra e dall'indovino Esaco, che lo ritengono il principale responsabile della futura caduta della città, ancora neonato viene abbandonato sul monte Ida. Salvato, diventa un pastore e, riconosciuto dal padre, ritorna a corte. Uomo bellissimo, è considerato un guerriero codardo, che disdegna il contatto con il nemico.
Le azioni È il giudice di un singolare concorso di bellezza fra Era, Atena e Afrodite e ottiene dalla vincitrice, la dea Afrodite, la regina Elena di Sparta come ricompensa. Da questa fatale circostanza prende avvio la decennale guerra di Troia. Quasi sempre assente dal terreno delle attività militari, sarà lui tuttavia a uccidere Achille, colpendolo con una freccia nell'unica parte vulnerabile dell'eroe, il tallone destro.
Simbologia Incarna il modello tipicamente greco del *kalòs kagathòs*, cioè dell'individuo «bello e buono», ma molti suoi comportamenti non si rivelano irreprensibili (è pauroso, codardo, insincero).

ENEA: IL DEVOTO

Chi è Figlio di Anchise, cugino di Priamo, e della dea Afrodite, è lo sposo di Creusa e padre di Ascanio o Iulo. Nell'*Iliade* svolge un ruolo secondario, mentre il poeta latino Virgilio ne fa il protagonista del suo poema, l'*Eneide*.
Le azioni Forte guerriero, possiede, come il cugino Ettore, un grande senso dell'onore. È sempre protetto in battaglia dalla madre Afrodite, che veglia premurosa su di lui.

Paride. Particolare dal dipinto *Venere presenta Elena a Paride*, di Gavin Hamilton.
1785. Roma, Museo di Roma.

Johann Ludwig Gebhard, *Andromaca, Astianatte e Pirro alla tomba di Ettore*. 1808. Flensburgo (Germania), Museumsberg.

Durante l'incendio di Troia fugge con il figlio Ascanio e il padre Anchise, che trasporta sulle spalle.

Simbologia Rappresenta l'amore filiale e il rispetto dei doveri verso gli dèi e gli uomini (la virgiliana *pietas*).

Andromaca: la madre afflitta

Chi è Figlia di Eezione, re di Tebe, viene costretta a sposare Ettore, ma poi scopre di amarlo e gli dà un erede, Astianatte, che, al tempo dell'assedio acheo, è ancora un bambino.

Le azioni Preoccupata per la sorte del marito, cerca di dissuaderlo dal continuare a combattere, ma Ettore le risponde che le questioni d'onore non riguardano le donne. Rimasta vedova, deve portare il peso di un altro lutto, quello per Astianatte, che lo spietato guerriero acheo Neottolemo getta da una rupe. Costui la riduce in schiavitù e la rende madre di altri tre figli, per poi abbandonarla. L'infelice principessa trova serenità nel terzo matrimonio, che la unisce a Eleno, un altro figlio di Priamo e di Ecuba.

Simbologia Incarna la figura della *mater dolorosa*, cioè della madre addolorata, colpita duramente negli affetti familiari.

Cassandra: l'indovina inascoltata

Chi è Figlia di Priamo e di Ecuba, riceve dal dio Apollo il dono della preveggenza; poiché però ha rifiutato le profferte amorose del dio, questi la condanna a profetizzare e a non essere creduta.

Le azioni Predice il ruolo tragico svolto dal fratello Paride nella caduta di Troia e avverte inutilmente i concittadini dell'inganno del cavallo, l'ingegnosa trappola che, ideata dall'astuto Odisseo, permette ai guerrieri achei di entrare di nascosto in città e di conquistarla. Portata in Grecia come schiava, viene uccisa da Clitennestra, la moglie di Agamennone, gelosa di lei.

Simbologia Incarna la saggezza che gli esseri umani si rifiutano di riconoscere e di seguire.

Anthony Frederick Augustus Sandys, *Cassandra*. Acquerello, 1868. Collezione privata.

TESTO-GUIDA **OMERO**

Il Proemio

(LIBRO I, VV 1-9)

IL BRANO

L'opera si apre con il Proemio, cioè con una premessa o introduzione che orienta l'ascoltatore o il lettore sul tema e sui personaggi principali, perciò è detto anche protasi ovvero «anticipazione». In esso è presente l'invocazione alla Musa, ritenuta, nell'antichità, la fonte ispiratrice del canto dei poeti. Il testo anticipa in sintesi anche il motivo centrale della narrazione: l'ira del fortissimo guerriero Achille contro il re Agamennone, il comandante della spedizione condotta dagli Achei contro la città di Troia, e la lite che ne derivò con effetti funesti, comportando il ritiro dell'eroe dalla battaglia.

L'ira del guerriero più forte, tuttavia, non è un sentimento da rovesciare contro il nemico, i Troiani assediati, ma è rivolta contro un singolo individuo. Agamennone è il nemico personale di Achille né conta il fatto che entrambi combattano per la stessa causa: il rancore che li divide porterà dolorosi lutti e sciagure.

L'argomento del poema.

Ispirato dalla musa, il poeta celebra le antiche storie di guerra.

Canta, o dea[1], l'ira di Achille figlio di Peleo,
rovinosa, che mali infiniti provocò agli Achei[2],
e molte anime forti di eroi sprofondò nell'Ade[3],
e i loro corpi fece preda dei cani
e di tutti gli uccelli[4]; si compiva il volere di Zeus,
dal primo istante in cui una lite divise
l'Atrìde[5], signore di popoli, e Achille divino[6].

(Omero, *Iliade*, trad. it. di G. Cerri, Rizzoli, Milano 2006)

1. **dea**: la musa Calliope, che ispira il canto dei poeti. Le muse erano nove, una per ogni arte.

2. **Achei**: il termine con cui si indicavano gli abitanti dell'Acaia, nel Peloponneso; in generale, erano i Greci e i loro alleati nella guerra di Troia.

3. **Ade**: l'oltretomba, regno di Ade, il dio dei morti.

4. **i loro corpi ... uccelli**: è un fatto grave, perché i morti insepolti non avrebbero potuto entrare nell'Ade.

5. **Atrìde**: patronimico del re Agamennone, figlio di Atreo.

6. **divino**: figlio della dea Teti.

Comprendere e analizzare

→La struttura del testo

Il proemio si presenta come un testo brevissimo ma caratterizzato dagli elementi principali della storia, ponendosi come una «guida» per orientare il lettore nello sviluppo degli avvenimenti.
Per questo motivo i primi versi del poema si possono considerare un'unità a sé stante, che non solo offre informazioni ma dà anche un'idea dell'atmosfera cupa e del senso di tragedia che permeano l'intera vicenda dell'assedio di Troia.

1 Esponi il contenuto delle varie parti di cui si compone il proemio, completando lo schema (l'esercizio è avviato).

1. L'invocazione alla musa: il poeta chiede a Calliope sostegno per il suo canto.
2. Il tema dell'opera: L'IRA DI ACHILLE
3. Le conseguenze: MORTE DEGLI ACHEI
4. L'intervento divino: DI ZEUS

2 L'aggettivo *rovinosa* (v. 2) allude a tragici eventi futuri, causati dall'ira di Achille, pertanto essa rappresenta:

A un flashback.
B una prolessi.

→I personaggi

I versi iniziali permettono al lettore di familiarizzare con i personaggi, che animano i vari episodi. Osserviamoli con attenzione, perché essi costituiscono il vero «motore» della narrazione.

3 Quali personaggi troviamo citati nel testo?

4 Achille è un personaggio determinante nell'opera: anche quando non agisce direttamente, la sua presenza influisce sulla vicenda e sulla condotta degli altri personaggi. Chi è Achille e quali caratteristiche emergono in relazione al suo carattere (vv. 1-2; 6-7)?

5 Achille e Agamennone si scontrano in una violenta contesa, che provocherà dolore e morte agli Achei. Pertanto essi svolgono rispettivamente i ruoli:

A dell'antagonista e del protagonista.
B del protagonista e dell'antagonista.
C del protagonista e del suo aiutante.
D dell'antagonista e del suo aiutante.

→Il linguaggio epico

Nel proemio si riscontrano anche esempi dello stile dell'epica: in particolare, risultano evidenti l'uso del linguaggio formulare, che consente di individuare le caratteristiche salienti di un personaggio, e il ricorso alle figure retoriche.

6 Completa lo schema con i dati richiesti.

1. Achille:
patronimico: PELIDE
epiteto fisso: DIVINO

2. Agamennone:
patronimico: ATRIDE
epiteto fisso: SIGNORE DI POPOLI

7 Riconosci la figura retorica sottolineata nella frase motivando la risposta.

1. ... *l'ira di Achille... che mali infiniti provocò agli Achei* (vv. 1-2).

A Iperbole per eccesso.
B Iperbole per difetto.
C Metafora.
D Enumerazione.

→I temi

Nel proemio il poeta si rivela pienamente consapevole dell'importanza della poesia, la quale gli consente di far rivivere, con straordinaria carica emotiva, fatti che da tempo immemorabile erano recitati davanti a un pubblico attento e partecipe.

8 Nel verso 1 il poeta ha invocato l'aiuto della musa Calliope che gli insegnerà le regole per comporre versi immortali. Dunque il proemio contiene anche un riferimento al tema del significato che, per un autore, riveste la propria arte. Per il poeta, la capacità di scrivere versi è:

A il frutto della sua abilità.
B un dono divino.
C un fatto casuale.
D una fonte di guadagno.

La contesa fra Achille e Agamennone

(LIBRO I, VV. 101, 247)

IL CONTESTO

La narrazione continua con il racconto dettagliato dei motivi che hanno causato l'ira di Achille, mettendo in evidenza la responsabilità di Agamennone nella vicenda. Che cos'era accaduto, dunque, di tanto grave? Crise, il sacerdote di Apollo, aveva offerto al capo dell'esercito acheo un riscatto per la figlia Criseide, fatta prigioniera dopo il saccheggio della città di Cilla. Agamennone aveva invece dichiarato che la fanciulla avrebbe vissuto come schiava nel suo palazzo di Argo. Allontanato in malo modo dall'accampamento nemico, Crise, disperato e offeso, aveva implorato il dio Apollo che, per vendetta, era sceso fra gli Achei scatenando una terribile pestilenza. Per nove giorni le frecce avvelenate del dio compiono una strage fino a quando, nel decimo giorno, Achille convoca l'assemblea dei comandanti. L'indovino Calcante, il quale accompagna la spedizione, rivela che la causa del tragico evento è proprio l'offesa arrecata da Agammenone al sacerdote Crise.

IL BRANO

Agamennone reagisce con violenza alle parole di Calcante, che propone, come unica soluzione per far cessare la pestilenza, di restituire Criseide al padre. Il sovrano accetta di liberare la donna e di fare un'offerta per placare il dio, ma pretende che in cambio gli venga concesso un altro dono, cioè la bellissima Briseide, che appartiene ad Achille. Mentre questi, furibondo, sta per sguainare la spada e risolvere la disputa con le armi, interviene la dea Atena, che lo invita alla moderazione.

CHIAVE DI LETTURA

In questo brano sofferma l'attenzione su:

- il **violento contrasto** che oppone i due personaggi principali, l'eroe **Achille** e il re **Agamennone**: lo scontro fra i due mette in luce anche gelosia e invidia;
- alcuni dei **valori** che caratterizzano il mondo guerriero dell'*Iliade*, come il coraggio in battaglia (e il suo contrario, la codardia), la ricerca della gloria, l'avidità di bottino;
- il **ruolo** degli dèi: un eroe, per ottenere l'appoggio delle divinità, deve obbedire al loro volere, anche se questo gli è sgradito;
- lo **stile**, fondato in prevalenza sulla tecnica narrativa del **dialogo**, che permette ai personaggi di manifestare apertamente e con forza le proprie convinzioni.

Il potere di Agamennone è maggiore rispetto a quello degli altri capi, ma non è illimitato.

Così detto, sedette[1]; s'alzò fra loro
l'eroe figlio d'Atreo, il molto potente Agamennone,
infuriato; d'ira tremendamente i neri precordi[2]
erano gonfi, gli occhi parevano fuoco lampeggiante;
subito guardando male Calcante gridò:
«Indovino di mali, mai per me il buon augurio tu dici,
sempre malanni t'è caro al cuore predire,
buona parola mai dici, mai la compisci[3]!
E adesso in mezzo ai Danai annunci profetando
che proprio per questo dà loro malanni il dio che saetta,
perch'io della giovane Criseide il ricco riscatto
non ho voluto accettare: molto io desidero
averla in casa, la preferisco a Clitemnestra[4] davvero,
benché sposa legittima, ché in nulla è vinta da lei,
non di corpo, non di figura, non di mente, non d'opere.
Ma anche così consento a renderla, se questo è meglio;
io voglio sano l'esercito, e non che perisca.
Però un dono, subito, preparate per me; non io solo
degli Argivi resti indonato, non è conveniente[5].
Dunque guardate tutti quale altro dono mi tocchi».
Lo ricambiò allora Achille divino piede rapido:
«Gloriosissimo Atride, avidissimo sopra tutti,
come ti daranno un dono i magnanimi Achei?
In nessun luogo vediamo ricchi tesori comuni;
quelli delle città che bruciammo, quelli son stati divisi.
Non va[6] che i guerrieri li mettano di nuovo in comune.
Ma tu ora cedi[7] al dio questa[8]; poi noi Achei
tre volte, quattro volte la riscatteremo[9], se Zeus
ci dia[10] d'abbatter la rocca di Troia mura robuste».
Ma ricambiandolo disse il potente Agamennone:
«Ah no, per quanto tu valga, o Achille pari agli dèi,
non coprire il pensiero[11], perché non mi sfuggi né puoi persuadermi.

Il premio di guerra è la conferma del valore dell'eroe: sottrarlo significa lederne l'onore.

1. sedette: il soggetto è l'indovino Calcante.

2. neri precordi: le parti vicine al cuore, ritenute sede dei sentimenti; *neri* perché offuscati dall'ira.

3. mai la compisci: non fai mai in modo che si realizzi.

4. Clitemnestra: moglie di Agamennone e sorella di Elena, sposa di Menelao.

5. non io solo … conveniente: cosicché non soltanto io resti privo di doni (*indonato*) tra i principi di Argo, poiché non è cosa che si addica (alla mia autorità).

6. Non va: non va bene, non è giusto.

7. cedi: è imperativo.

8. questa: questa tua schiava.

9. la riscatteremo: facendo prigioniere numerose belle donne troiane.

10. ci dia: ci concederà.

11. non coprire il pensiero: non cercare d'ingannarmi, coprendo le tue vere intenzioni.

La violenza delle parole

Fin da subito, Agamennone si presenta come il capo indiscusso, mentre Achille avanza il diritto del più forte, quello di chi, come lui, rischia la vita senza timore. Il dialogo manifesta lo stato d'animo dominante nel racconto, cioè l'ira: Achille, infatti, è incapace di controllarsi, furioso per la perdita di Briseide.

Dunque pretendi – e intanto il tuo dono tu l'hai – che così
io me ne lasci privare, e vuoi farmi rendere questa?
Ma se mi daranno un dono i magnanimi Achei,
adattandolo al mio desiderio, che faccia compenso, sta bene[12];
se non lo daranno, io stesso verrò
a prendere il tuo, o il dono d'Aiace, o quel d'Odisseo
prenderò, me lo porterò via: ah! s'infurierà chi raggiungo.
Ma via, queste cose potremo trattare anche dopo:
ora, presto, una nave nera spingiamo nel mare divino[13],
raccogliamovi rematori in numero giusto, qui l'ecatombe[14]
imbarchiamo, la figlia di Crise guancia graziosa
facciamo salire; uno dei capi consiglieri la guidi,
o Aiace, o Idomeneo[15], oppure Odisseo luminoso,
o anche tu, Pelìde, il più tremendo di tutti gli eroi,
che tu ci renda benigno, compiendo il rito, il Liberatore[16]».
Ma guardandolo bieco[17] Achille piede rapido disse:
«Ah vestito di spudoratezza, avido di guadagno,
come può volentieri obbedirti un acheo,
o marciando o battendosi contro guerrieri con forza?

Un re senza pudore

Achille definisce il rivale uno *spudorato*, termine che assume, nel mondo guerriero dell'*Iliade*, un senso preciso: Agamennone è meno valoroso di Achille, tuttavia sfrutta senza ritegno la propria superiorità gerarchica di comandante supremo dell'esercito. Così egli costringe Achille a rinunciare a Briseide, il premio che il suo coraggio gli ha fatto guadagnare.

Davvero non pei Troiani bellicosi io sono venuto
a combattere qui, non contro di me son colpevoli:
mai le mie vacche han rapito o i cavalli,
mai a Ftia[18] dai bei campi, nutrice d'eroi,
han distrutto il raccolto, poiché molti e molti nel mezzo

12. sta bene: mi sta bene, sono d'accordo.

13. divino: che è sede di dèi.

14. ecatombe: gli animali per il sacrificio.

15. Idomeneo: figlio di Deucalione, nipote di Minosse e re di Creta.

16. il Liberatore: Apollo, che liberava gli uomini dalle malattie.

17. bieco: con sguardo torvo, accigliato.

18. Ftia: capitale del regno di Achille e città natale dell'eroe, situata nella Tessaglia.

ci sono monti ombrosi e il mare sonante.
Ma te, o del tutto sfrontato, seguimmo, perché tu gioissi,
cercando soddisfazione per Menelao, per te, brutto cane,
da parte dei Teucri, e tu questo non pensi, non ti preoccupi,
anzi, minacci che verrai a togliermi il dono
pel quale ho molto sudato, i figli degli Achei me l'han dato.
Però un dono pari a te non ricevo, quando gli Achei
gettano a terra[19] un borgo ben popolato dei Teucri;
ma il più della guerra tumultuosa
le mani mie lo governano; se poi si venga alle parti[20]
a te spetta il dono più grosso. Io un dono piccolo e caro
mi porto indietro alle navi, dopo che peno[21] a combattere.
Ma ora andrò a Ftia, perché certo è molto meglio
andarsene in patria sopra le concave navi. Io non intendo per te,
restando qui umiliato, raccoglier beni e ricchezze».
Lo ricambiò allora il sire d'eroi Agamennone:
«Vattene, se il cuore ti spinge; io davvero
non ti pregherò di restare con me, con me ci son altri
che mi faranno onore, soprattutto c'è il saggio Zeus.
Ma tu sei il più odioso per me tra i re alunni[22] di Zeus:
contesa sempre t'è cara, e guerre e battaglie:
se tu sei tanto forte, questo un dio te l'ha dato!
Vattene a casa, con le tue navi, coi tuoi compagni,
regna sopra i Mirmìdoni[23]: di te non mi preoccupo,
non ti temo adirato; anzi, questo dichiaro:
poi che Criseide mi porta via Febo Apollo,
io lei con la mia nave e con i miei compagni
rimanderò; ma mi prendo Briseide guancia graziosa,
andando io stesso alla tenda, il tuo dono, sì, che tu sappia
quanto son più forte di te, e tremi anche un altro
di parlarmi alla pari, o di levarmisi a fronte».
Disse così; al Pelide venne dolore, il suo cuore
nel petto fu incerto tra due[24]:
se, sfilando la daga[25] acuta via dalla coscia[26],
facesse alzare gli altri, ammazzasse l'Atride,
o se calmasse l'ira e contenesse il cuore.

L'accusa che Agamennone rivolge ad Achille è di amare la lite per se stessa.

19. gettano a terra: abbattono, distruggono.

20. se poi … parti: quando si spartisce il bottino.

21. dopo che peno: dopo che mi do tanto da fare.

22. alunni: allevati, protetti; l'espressione indica che il potere regale era considerato come un dono concesso dalla divinità.

23. Mirmìdoni: popolazione della Tessaglia su cui regna Achille.

24. tra due: tra due decisioni.

25. daga: spada.

26. dalla coscia: dal fodero posto sulla coscia.

Il valore del dono

Nel mondo omerico, il dono rappresenta il concreto riconoscimento del valore in battaglia ed è proporzionale all'impegno nel combattimento: in tal modo, a un guerriero viene riconosciuto il prestigio sociale e si esalta la sua gloria. Dunque, vedersi sottratte le due fanciulle costituisce, per entrambi gli eroi, un motivo di grande disonore.

E mentre questo agitava[27] nell'anima e in cuore
e sfilava dal fodero la grande spada, venne Atena
dal cielo; l'inviò la dea Era braccio bianco,
amando ugualmente di cuore ambedue[28] e avendone cura;
gli stette dietro, per la chioma bionda prese il Pelide,
a lui solo visibile; degli altri nessuno la vide.
Restò senza fiato Achille, si volse, conobbe subito
Pallade Atena: terribilmente gli lampeggiarono gli occhi
e volgendosi a lei parlò parole fugaci:
«Perché sei venuta, figlia di Zeus egìoco[29],
forse a veder la violenza d'Agamennone Atride?
Ma io ti dichiaro, e so che questo avrà compimento:
per i suoi atti arroganti perderà presto la vita!».
E gli parlò la dea Atena occhio azzurro:
«Io venni a calmar la tua ira, se tu mi obbedisci,
dal cielo: m'inviò la dea Era braccio bianco,
ch'entrambi ugualmente ama di cuore e cura.
Su, smetti il litigio, non tirar con la mano la spada:
ma ingiuria con parole, dicendo come sarà:
così ti dico infatti, e questo avrà compimento:
tre volte tanto splendidi doni a te s'offriranno un giorno
per questa violenza; trattieniti, dunque, e obbedisci».
E disse ricambiandola Achille piede rapido:
«Bisogna una vostra parola, o dea, rispettarla,
anche chi[30] molto è irato in cuore; così è meglio,
chi obbedisce agli dèi, molto essi l'ascoltano».
Così sull'elsa[31] d'argento trattenne la mano pesante,
spinse indietro nel fodero la grande spada, non disobbedì
alla parola d'Atena; ella verso l'Olimpo se n'era andata,
verso la casa di Zeus egìoco, con gli altri numi.

Ad Achille gli occhi lampeggiano perché è adirato con la dea che, intervenendo, ha impedito la sua vendetta.

Achille si dimostra rispettoso del volere divino, a differenza del superbo Agamennone.

27. agitava: rimuginava.

28. ambedue: Agamennone e Achille.

29. egìoco: epiteto di Zeus; significa «che brandisce l'egida», cioè uno scudo di pelle con cui Zeus governava gli agenti atmosferici.

30. chi: da parte di chi.

31. elsa: impugnatura della spada.

La volontà degli dèi

Achille non esita a sguainare la spada, così intenso è il suo odio per Agamennone. L'intervento di Atena giunge provvidenziale: infatti, la situazione sta precipitando e Achille non è più disposto a sopportare la tracotanza del sovrano e il suo disprezzo verso gli dei (*hýbris*). La presenza di Atena riconduce l'impulsivo eroe alla ragione, imponendogli una volontà superiore cui egli accetta di adeguarsi.

Di nuovo allora il Pelide con parole ingiuriose
investì l'Atride e non trattenne il corruccio[32]:
«Ubriacone, occhi di cane, cuore di cervo,
mai vestir corazza con l'esercito in guerra
né andare all'agguato coi più forti degli Achei
osa il tuo cuore: questo ti sembra morte[33].
E certo è molto più facile nel largo campo degli Achei
strappare i doni a chi a faccia a faccia ti parla,
re mangiatore del popolo, perché a buoni a niente comandi,
se no davvero, Atride, ora per l'ultima volta offendevi!
Ma io ti dico e giuro gran giuramento:
sì, per questo scettro[34], che mai più foglie o rami
metterà, poi che ha lasciato il tronco sui monti,
mai fiorirà, ché intorno ad esso il bronzo ha strappato
foglie e corteccia: e ora i figli degli Achei
che fanno giustizia lo portano in mano: essi le leggi
in nome di Zeus mantengono salde. Questo sarà il giuramento:
certo un giorno rimpianto d'Achille prenderà i figli degli Achei,
tutti quanti, e allora tu in nulla potrai, benché afflitto,
aiutarli, quando molti per mano d'Ettore massacratore
cadranno morenti; e tu dentro lacererai il cuore,
rabbioso che non ripagasti il più forte degli Achei».
Disse così il Pelide e scagliò in terra lo scettro
disseminato di chiodi d'oro. Poi egli sedette.
Dall'altra parte l'Atride era furioso.

(Omero, *Iliade*, trad. it. di R. Calzecchi Onesti, Einaudi, Torino 1950)

32. corruccio: sdegno.

33. questo … morte: Achille pensa che Agamennone sia così vile da ritenere il solo pensiero di combattere equivalente alla morte.

34. per questo scettro: lo scettro è il simbolo del comando, quindi il giuramento di Achille è particolarmente impegnativo. Presumibilmente lo teneva chi, nell'assemblea, prendeva la parola.

Comprendere

1 **Che cosa risponde Agamennone, pieno di dispetto, all'indovino Calcante (vv. 106-120)?**

2 **Quale minaccia Agamennone rivolge ad Achille (vv. 179-187)?**

3 **La lite con il re si è ormai conclusa (vv. 239-244) e Achille, in preda a un'ira sempre più violenta, giura di:**

A convocare i guerrieri a lui fedeli.
B uccidere Agamennone.
C riconciliarsi con Agamennone.
D ritirarsi dalla guerra.

Analizzare

4 **I personaggi. Il narratore, presentando Agamennone, lo descrive fisicamente alterato dall'ira; Achille, invece, mette in evidenza il carattere e il comportamento del re. Traccia un ritratto del sovrano acheo, completando lo schema.**

1. L'aspetto fisico (vv. 103-105).
2. La personalità (vv. 122-133; 149-171).

5 **Lo stile. Gran parte del brano è occupato dai dialoghi tra i protagonisti. In essi, Achille e Agamennone sostengono le rispettive posizioni ed esprimono con grande immediatezza i sentimenti reciproci: pertanto, si tratta di una narrazione in prevalenza oggettiva o soggettiva?**

6 **Lo stile. Le parole dei personaggi si caricano di una notevole forza emotiva anche grazie all'uso delle figure retoriche. Rileggi i versi 225-232 e sottolinea le tre metafore contenute in essi, per mezzo delle quali Achille sfoga la sua rabbia contro Agamennone.**

7 **I personaggi. Achille giudica le scelte e l'atteggiamento di Agamennone con frasi dal tono tagliente e carico di disprezzo. Spiega, con un esempio tratto dal testo, le seguenti caratteristiche del sovrano acheo:**

1. vigliacco (vv. 225-228).
2. meschino (vv. 229-230).
3. incapace (vv. 241-244).

8 **I personaggi. Agamennone è il capo dell'esercito, ma il guerriero dominante è senza dubbio Achille. Riconosci gli elementi della superiorità di Achille su Agamennone in relazione:**

1. al comportamento morale;
2. al valore in battaglia.

9 **Lo stile. Una caratteristica costante del linguaggio epico è la presenza di epiteti fissi, cioè di aggettivi, sostantivi o locuzioni (brevi frasi), utili a riconoscere facilmente personaggi oppure spazi e oggetti, identificandone le caratteristiche più evidenti. Individua gli epiteti fissi riferiti alle voci che seguono.**

Esseri umani	Epiteti
Achille	....
Agamennone	....
Criseide	....
Briseide	....
Divinità	**Epiteti**
Apollo	....
Atena	....
Zeus	....
Era	....
Spazi e oggetti	**Epiteti**
Troia	....
Ftia	....
Le navi	....
Il mare	....
La daga	....

10 Lo stile. Quali patronimici individui a proposito di Agamennone e di Achille?

11 I temi. Dal brano emerge con chiarezza il tema dell'ira, che si è impadronita dei due guerrieri: sottolinea sul brano, in colori diversi a seconda che si riferiscano ad Achille o ad Agamennone, le parole e le espressioni che manifestano questo sentimento, così funesto per gli Achei.

Lessico

GARZANTI LINGUISTICA

12 Agamennone esorta a spingere in mare una nave *nera* (v. 141). Quale significato riveste l'espressione figurata *vedere tutto nero*?

13 Inserisci nello spazio predisposto un sinonimo e un contrario del verbo *rendere nero*.

1. Sinonimo: ....
2. Contrario: ....

14 Agamennone appare *furioso* (v. 247). Un contrario dell'aggettivo *furioso* è:

A silenzioso.
B iroso.
C calmo.
D contento.

15 Quale verbo o espressione, tra quelli proposti, significa *destare entusiasmo, riscuotere un successo strepitoso*?

A Furoreggiare.
B Infuriarsi.
C Diventare di moda.
D Diventare famoso.

Grammatica

16 Sottolinea i soggetti contenuti nei vv. 239-241.

17 Al verso 241, *in nulla* è un complemento di:

A argomento.
B limitazione.
C modo.
D stato in luogo figurato.

Scrittura

18 Il racconto mantiene una certa neutralità ed è difficile capire se le simpatie del narratore vadano ad Achille o ad Agamennone. A chi dei due invece daresti ragione e perché? Dividete la classe in due gruppi, poi svolgete le seguenti attività:

– preparate un testo scritto di almeno 20-25 righe, in cui un gruppo approva, motivandolo, il comportamento dell'uno o dell'altro guerriero;
– confrontate i due elaborati e discutete, rispettando le opinioni altrui, le vostre idee.

Il ferimento della bella Afrodite

(Libro V, vv. 329-375)

Il contesto

L'eroe Diomede, figlio di Tideo e perciò chiamato «Tidide», si distingue per il suo valore tra i guerrieri achei e gode della protezione di Atena. Durante un attacco ai nemici è ferito dall'arciere Pandaro, che guida il carro del troiano Enea. Miracolosamente guarito dalla dea, affronta Pandaro e lo uccide trafiggendolo con il giavellotto. Infine scaglia una pietra enorme contro Enea, che riesce a salvarsi perché sua madre Afrodite lo nasconde, avvolgendolo in un lembo dell'abito. Ma la battaglia non è ancora conclusa e a pagarne un alto prezzo sarà proprio la bellissima divinità dell'amore.

Il brano

Dopo aver messo in salvo il figlio, Afrodite non tarda a scoprire che Diomede continua a infuriare e li insegue, anche perché Enea è rallentato nella fuga: dei suoi cavalli, infatti, si è impossessato l'acheo Stenelo. Nel frattempo, la lancia infallibile di Diomede colpisce Afrodite, del tutto inesperta di questioni militari. Prima di rifugiarsi in fretta sull'Olimpo, la dea chiede l'aiuto del fratello Ares, il feroce dio della guerra.

Chiave di lettura

In questo brano sofferma l'attenzione su:

– i **rapporti conflittuali** che emergono tra gli dèi e gli esseri umani. In modo del tutto inatteso, sono questi ultimi ad avere la meglio sui primi, tanto che Afrodite fugge ignominiosamente davanti al guerriero acheo Diomede;

– il **duplice punto di vista** del narratore che presenta Diomede come un eroe nobile e coraggioso, mentre la sua vittima, Afrodite, ne sottolinea l'inaudita arroganza;

– lo **stile**, che soprattutto nel discorso diretto fa uso di un **lessico vivace**, il quale rende lo scontro fra i protagonisti un duello anche e soprattutto verbale.

Quando poi la raggiunse, braccandola in mezzo al tumulto[1],
il figlio di Tideo magnanimo, protesosi allora in avanti,
d'un balzo ferì con la lancia puntuta la mano di lei
delicata; subito l'asta penetrò nella pelle
attraverso il peplo immortale, che le Cariti[2] stesse le avevano fatto,
al carpo[3] della mano; scorreva il sangue immortale della dea,

1. **braccandola ... tumulto**: dandole la caccia nella confusione della battaglia.

2. **Cariti**: figlie di Zeus e compagne di Afrodite, incarnano la grazia e la bellezza.

3. **al carpo**: alle ossa del polso.

l'ikhòr[4], quello che scorre nelle vene degli dèi beati:
ché non mangiano pane, non bevono vino scintillante,
e perciò sono privi di sangue e sono detti immortali.
Mandando un alto lamento, depose giù suo figlio:
lo prese allora tra le braccia Febo[5] Apollo
dentro una nuvola nera, che nessuno degli Achei dai veloci cavalli,
cacciatogli il bronzo nel petto, gli strappasse la vita;
contro lei lanciò un grande urlo Diomede possente nel grido:
«Vattene, figlia di Zeus, dalla guerra e dalla battaglia!
Non ti basta dunque sedurre le femmine imbelli[6]?
Ma se la guerra andrai bazzicando[7], io penso davvero
che tu tremerai della guerra, anche a sentirne parlare».

Un nemico incapace

Afrodite è immortale, ma Diomede non rinuncia ad assalirla. L'accanimento del guerriero acheo, indegno di un animo nobile, è accentuato dalle parole di scherno e dagli insulti e minacce rivolte ad Afrodite, da cui traspare la ferma convinzione di una società che crede nell'inferiorità della donna, dea o mortale che sia.

Così diceva, e lei se n'andò sbigottita, sentiva terribile strazio;
Iris[8], che ha nei piedi il vento, la prese e la portò via dalla mischia,
tormentata dai suoi dolori, si macchiava di nero la bella pelle.
Trovò[9] poi seduto sulla sinistra della battaglia Ares bellicoso[10],
la lancia appoggiata alla nebbia, come anche i cavalli veloci;
quella, caduta in ginocchio, supplicandolo senza posa,
chiedeva a suo fratello i cavalli dai frontali[11] d'oro:
«Fratello caro, aiutami, e dammi i cavalli,
ch'io torni in Olimpo, dov'è la sede degli immortali.
Troppo soffro per la ferita, che m'ha inferto un uomo mortale,
il Tidide[12], che anche contro il padre Zeus combatterebbe ormai».
Così parlava, e Ares le dette i cavalli dai frontali d'oro:
lei montò sopra il cocchio, disperata in cuor suo,
accanto le saliva Iris e prendeva in mano le briglie,
frustò alla corsa e quelli, non contro voglia, presero il volo.

4. **ikhòr**: un liquido che scorre nelle vene degli dèi al posto del sangue.

5. **Febo**: epiteto di Apollo, significa «puro» o «splendente».

6. **sedurre ... imbelli**: attirare al tuo culto le donne, deboli e incapaci di combattere.

7. **la guerra ... bazzicando**: continuerai a intrometterti nel conflitto.

8. **Iris**: la messaggera degli dèi, ritenuta anche la personificazione dell'arcobaleno.

9. **Trovò**: Afrodite è il soggetto dell'azione.

10. **bellicoso**: amante della guerra.

11. **frontali**: parti della testiera, che passano sulla fronte sotto gli orecchi del cavallo.

12. **Tidide**: patronimico, significa «figlio di Tideo».

L'arroganza di un eroe

Il narratore definisce Diomede *magnanimo* (v. 330), ma Afrodite non è d'accordo. Ella lo giudica un presuntuoso, incapace di mantenersi entro i propri limiti. Egli si macchia della colpa di *hýbris*, nella quale cadono coloro che non riconoscono la superiorità degli dèi nei confronti degli esseri umani.

Subito poi raggiunsero la sede degli dèi, l'Olimpo scosceso[13];
qui fermò i cavalli Iris veloce, che ha nei piedi il vento,
li sciolse dal carro e a loro gettò foraggio immortale[14];
intanto la divina Afrodite s'abbandonava in grembo a Dione,
sua madre; e lei strinse tra le braccia la figlia sua,
l'accarezzò con la mano, articolò la voce e disse:
«Chi t'ha fatto una cosa così, figlia mia, tra i Celesti,
senza ragione, quasi avessi fatto del male sotto i suoi occhi?».
Le rispondeva allora Afrodite che ama il sorriso:
«Il figlio di Tideo m'ha ferito, il tracotante[15] Diomede,
perché io il figlio mio volevo sottrarre alla guerra,
Enea, che fra tutti mi è di molto il più caro.
Ormai la battaglia crudele non è più fra i Troiani e gli Achei,
ma anche agli immortali adesso i Danai[16] fanno la guerra».

(Omero, *Iliade*, trad. it. di G. Cerri, Rizzoli, Milano 2006)

Una guerra crudele

Il biasimo di Afrodite verso Diomede si estende agli Achei, che fanno guerra alle divinità. La dea soffre per la ferita, ma è ancor più turbata per la tracotanza dell'eroe. Egli, infatti, ha mostrato disprezzo per lei, di certo inadatta alla battaglia, ma desiderosa, come ogni madre, di salvare il proprio figlio.

13. **scosceso**: dai fianchi ripidi.

14. **foraggio immortale**: ai cavalli spetta un cibo speciale, dato che sono immortali.

15. **tracotante**: insolente.

16. **Danai**: Achei; il termine indica propriamente i discendenti di Danao, un antenato giunto in Grecia dall'Egitto.

Comprendere

1 Quali azioni compie Diomede, dopo aver inseguito e raggiunto Afrodite?

vv. 329-335; vv. 343-346.

2 Chi e come interviene per aiutare la dea (vv. 358-363)?

3 Racconta l'epilogo o situazione finale (vv. 370-375).

Analizzare

4 La struttura. Il brano si compone di tre sequenze, che vedono esseri umani e divinità impegnati ad affrontarsi senza

esclusione di colpi: indica le sequenze a margine del testo, specificando a quale tipologia o tipologie appartengono.

5 I personaggi. Protagonista indiscussa dell'episodio è la bella Afrodite, che ha momentaneamente abbandonato le armi della seduzione per trasformarsi in un guerriero alquanto maldestro. Osserviamo con attenzione il personaggio: quali sono le sue caratteristiche esteriori?

1. L'abbigliamento (v. 333).
2. Il corpo (vv. 331-332; 334-335; 349).

6 I personaggi. Dal racconto delle azioni di Afrodite e dalle parole che pronuncia, possiamo ricavare alcuni elementi del suo carattere: quali, tra le caratteristiche proposte, si addicono alla personalità della dea? Sbarra le tre risposte corrette.

A Audacia. D Fragilità.
B Forza. E Coraggio.
C Timore. F Bisogno d'aiuto.

7 Lo stile. Nel brano, i nomi propri sono accompagnati da un epiteto fisso, un nome o un'espressione che si ripete sempre uguale e che mette in risalto le caratteristiche dell'individuo cui si riferisce. Completa lo schema, inserendo gli epiteti relativi a ciascun personaggio.

1. Diomede: ....
2. Afrodite: ....
3. Achei: ....
4. Ares: ....

8 I personaggi. La dea Afrodite interagisce con altri personaggi, di volta in volta a lei ostili o favorevoli: quale ruolo essi svolgono nei suoi confronti?

1. Ares: A antagonista. B aiutante.
2. Diomede: A antagonista. B aiutante.
3. Dione: A antagonista. B aiutante.

9 I temi. Alcuni personaggi del poema si macchiano di una colpa che la cultura greca giudica molto grave ovvero la *hýbris*, l'incapacità di riconoscere i propri limiti, soprattutto nei confronti del superiore potere degli dèi: in che cosa consiste, nel brano, la *hýbris* di Diomede?

Lessico

GARZANTI LINGUISTICA

10 Il *tumulto* (v. 329) della battaglia sta infuriando: spiega il significato del sostantivo *tumulto* nelle frasi che seguono.

1. I fuggiaschi si sottrassero a stento al tumulto della folla che li inseguiva.
2. I personaggi di quel romanzo esprimono con immediatezza il tumulto delle loro passioni.

11 La dea Afrodite ama il *sorriso* (v. 370): scrivi una frase in cui il sostantivo *sorriso* sia usato in senso figurato.

Grammatica

12 Sottolinea tutti i pronomi personali contenuti nei versi 354-364.

13 Indica quale funzione svolgono, nell'analisi logica, i seguenti pronomi relativi:

1. *che* (v. 356): ....
2. *che* (v. 357): ....
3. *che* (v. 363): ....

Scrittura

14 Immagina che l'eroe Enea racconti la disavventura capitata a lui e alla madre, tenendo presenti i punti sottoriportati:

– adotta la prima persona e usa un linguaggio misurato, ma coinvolgente;
– descrivi la particolare situazione in cui ti trovi: il luogo (la pianura davanti a Troia), gli avversari umani e divini;
– narra, eventualmente con l'aggiunta di dettagli di fantasia, le azioni di Afrodite e quelle di Diomede;
– esprimi un commento sulla *hýbris* di Diomede.

Ettore sprona Paride

(LIBRO VI, VV. 314-371)

IL CONTESTO

Con il soccorso della dea Afrodite, che lo protegge, Paride ha lasciato il campo di battaglia, interrompendo il duello con Menelao, mentre non accenna a placarsi la contesa che oppone Achei e Troiani. L'indovino Eleno, che aveva messo in guardia Paride dalle funeste conseguenze del suo viaggio a Sparta, consiglia a Ettore di persuadere sua madre Ecuba e le anziane della città a compiere un sacrificio propiziatorio, offrendo alla dea Atena i loro pepli, per placarne l'ira. Dopo la conclusione del rito l'eroe si reca da Paride.

IL BRANO

Giunto alla casa del fratello, Ettore rimprovera con asprezza il giovane per il suo comportamento, che un guerriero valoroso non può non giudicare vile. Lo esorta quindi a riprendere la battaglia e Paride, che sta lucidando le armi, dichiara di essere di nuovo pronto a combattere. Da parte sua, Elena, che appare dolorosamente consapevole della sventura che ha causato ai Troiani con il suo gesto rovinoso, prova vergogna per la codardia dell'amante e rimpiange di non aver scelto un uomo più valoroso. Conclusa la visita, Ettore si dirige a casa sua, dalla moglie Andromaca.

CHIAVE DI LETTURA

In questo brano sofferma l'attenzione su:
- **Ettore**, eroe fiero e combattivo, animato dalla devozione per il suo popolo e adirato per l'atteggiamento di Paride, che si nasconde al sicuro nella sua casa;
- **Paride**, profondamente diverso dal fratello e preoccupato soltanto di conservare la propria vita, ritardando il momento di andare a combattere;
- **Elena**, la donna bellissima a causa della quale è scoppiata la guerra e che critica apertamente l'uomo che ama, di cui ha ben compreso la natura di codardo.

Ettore intanto alla casa movea del divino Alessandro[1],
bella, ch'ei stesso aveva costrutta con quanti a quel tempo
sperti maestri di mura contava la fertile Troia.
E avevano costrutta la casa la sala ed il letto
presso alle case di Priamo e d'Ettore, in cima alla rocca.
Ettore quivi giunse diletto ai Celesti[2]; e la lancia

1. Alessandro: altro nome di Paride, fratello di Ettore.

2. Ettore … Celesti: e qui giunse Ettore, caro (*diletto*) agli dei (*Celesti*).

d'undici cubiti in pugno stringeva: la cuspide in vetta
lampi mandava in bronzo, cingevala d'oro un anello.
E lo trovò che l'armi nel talamo[3] stava forbendo[4],
il corsaletto e lo scudo bellissimi, e l'arco ricurvo.
Elena poi, l'Argiva, sedea fra le donne di casa,
ed alle ancelle dava comandi, e compieano bell'opre.
Ettore, come lo vide, lo invase di turpi rampogne[5]:
«Oh sciagurato! Hai proprio ragione di fare l'offeso!
Alla città d'attorno, d'attorno alle mura, le genti
cadono nella battaglia: fiammeggiano intorno a la rocca
l'urlo di guerra e la mischia: tu pure arderesti di sdegno
qualora altri vedessi non darsi pensier de la pugna[6]!
Su, ché la rocca presto non arda pel fuoco nemico!».
Ed Alessandro, che un Nume sembrava, così gli rispose:
«Ettore, sì che a ragione rampogna mi fai, non a torto.
Dunque ti risponderò; tu ascoltami e intendimi bene.
Non per collera no, né per sdegno contro i Troiani,
io me ne stavo chiuso nel talamo, in preda all'accidia[7].
Anzi la sposa, or ora, volgendomi blande parole,
me, ch'io tornassi a guerra, spronava: ed il meglio è sembrato
questo anche per me: la vittoria sorride ora a questo ora a quello.
Aspettami ora un po', ché l'arme di guerra io rivesta.
Oppur, va', ch'io ti seguo: di certo raggiungerti penso».

Questo quadro di vita familiare è ricorrente nell'*Iliade*.

L'eroe e l'anti-eroe

Ettore è un eroe pronto a sacrificarsi per la patria. Paride, al contrario, si presenta come un anti-eroe incapace di assumersi le proprie responsabilità e di affrontare il destino, abbandonando la sicurezza della sua casa. Non per nulla, Ettore impugna la lancia, adatta a un duello ravvicinato con il nemico, mentre Paride prepara l'arco, un'arma che colpisce l'avversario da lontano.

Disse: né a lui risposta veruna diede Ettore prode.
E disse Elena ad Ettore queste melliflue[8] parole:
«Cognato mio, davvero ch'io sono una cagna funesta,
lurida! Oh, se quel giorno che a luce la madre mi diede,
una maligna procella[9] di venti m'avesse rapita,
o sovra un'alpe[10], o fra l'onde, fra i mille frastuoni del mare,
che m'inghiottissero i gorghi, che tanta sciagura non fosse!

Osserva la disperazione di Elena tormentata dal senso di colpa.

3. **talamo**: letto; qui intendi: stanza nuziale.
4. **forbendo**: pulendo, lustrando.
5. **lo invase… rampogne**: lo ricoprì di aspri rimproveri.
6. **pugna**: combattimento.
7. **accidia**: apatia.
8. **melliflue**: dolci.
9. **procella**: tempesta.
10. **alpe**: monte.

Ma poi che tanti mali volean che seguissero i Numi,
deh! fossi almeno stata la sposa d'un uomo più prode,
non come questo, sordo degli uomini al biasimo e all'onta[11]!
Saldo volere questi non ha, né sarà mai che l'abbia
per l'avvenire; e un giorno dovrà ben pagarne la pena!
Ma dunque, entra, su' via, su questo sgabello ti siedi,
cognato mio, ché più d'ogni altro te grava il travaglio[12],
cagna ch'io sono, per me, d'Alessandro pel tristo destino:
ché Giove sopra noi volle infitta la sorte malvagia
ché noi fossimo oggetto di canto alle genti future[13]».
Ettore, il prode dall'elmo lucente, così le rispose:
«Elena, pur se ti preme di me, non mi chieder ch'io segga.
Non m'indurresti: ché il cuore mi sprona ch'io corra al soccorso
dei miei guerrier, che molto mi bramano, ed io sono lungi[14].
Scuoti bensì costui, s'affretti egli stesso ad armarsi,
sì che raggiungermi possa mentre io sono ancor fra le mura.
Io vado intanto a casa, ché voglio vedere i miei cari,
la prediletta sposa, col pargolo infante[15]: ché ignoro
se dalla pugna ad essi potrò ritornare, o se i Numi
spento mi vogliano oggi sottesse le man' degli Achivi[16]».

C'è casa e casa

Dell'abitazione di Paride si ammirano la bellezza e la perizia costruttiva di coloro che l'avevano edificata. Anche la casa di Ettore è bella, ma diversa da quella di Paride. Qui, infatti, il giovane vive con la donna che ha sottratto a un altro uomo; nell'altra, Ettore abita con la moglie e il figlio: luogo di una passione socialmente condannata e funesta, la prima; «tempio» dell'amore familiare e socialmente riconosciuto, fonte di serenità e armonia, la seconda.

Dette queste parole, l'eroe dal fulgente cimiero,
Ettore, mosse: e alla bella sua casa in un attimo giunse.

(Omero, *Iliade*, trad. it. di E. Romagnoli, Zanichelli, Bologna 1963)

11. sordo … onta: sordo al rimprovero e al disonore.

12. travaglio: sofferenza.

13. sorte malvagia … future: allude alla cattiva fama che lei e Paride avranno presso i posteri.

14. lungi: lontano.

15. pargolo infante: bambino piccolo.

16. o se … Achivi: o se gli dei mi vogliono morto oggi nelle (*sottesse*) mani dei Greci.

Comprendere

1 **Quale rimprovero rivolge Ettore a Paride (vv. 327-332)?**

2 **Quale decisione prende Ettore alla fine dell'episodio (vv. 366-367)?**

Analizzare

3 **Lo spazio.** **Il narratore fornisce alcuni dettagli sulla casa di Paride (vv. 314-318): si tratta di una descrizione oggettiva o soggettiva? Motiva la risposta.**

4 **I personaggi.** **Elena interviene nell'incontro-scontro tra Paride ed Ettore, rivelando qualcosa di sé: quale opinione nutre nei propri confronti? Di che cosa mostra rimpianto (vv. 345-349)?**

5 **I personaggi.** **Oltre che con il fratello, Ettore ha un colloquio anche con Elena: quale esortazione le rivolge il principe troiano (vv. 361-365)?**

6 **Lo stile.** **I nomi di Ettore e Paride sono accompagnati da epiteti fissi: quali? A quali virtù o qualità degli eroi essi alludono?**

1. Ettore: ....
2. Paride: ....

7 **I personaggi.** **In quali versi Ettore esprime il dubbio angoscioso sulla propria sorte, quasi ne intuisse l'esito tragico? Sottolineali sul testo.**

8 **I temi.** **Il colloquio di Ettore con Paride ed Elena lascia intuire il tema dell'episodio, che mette in luce la profonda differenza tra i due fratelli. Si tratta dunque del contrasto tra:**

A il disinteresse e l'egoismo.
B la generosità e la meschinità.
C il coraggio e la viltà.
D l'amore e l'odio.

Lessico

GARZANTI LINGUISTICA

9 **Ettore dice che i Troiani *molto lo bramano* (v. 363): che cosa significa, in questo contesto, il verbo *bramare*? Con quale espressione puoi sostituirlo?**

10 **Un sinonimo del sostantivo *brama*, nella frase *Quel ragazzo è mosso da una brama di conoscenza*, è:**

A ingordigia.
B avidità.
C rifiuto.
D disgusto.

11 **Al verso 366 Ettore fa riferimento alla propria *casa*: spiega il significato delle espressioni, in cui il termine *casa* assume un valore figurato.**

1. Sentirsi a casa propria.
2. Abitare a casa del diavolo.

Grammatica

12 **L'espressione *dal fulgente cimiero* (v. 370) è un complemento di:**

A qualità.
B modo.
C mezzo.
D causa efficiente.

Scrittura

13 **Un'ancella di Elena ha assistito, non vista, alla scena e ne parla a un'amica. Immedesimati nella narratrice, sviluppando i punti che seguono:**

– adotta la prima persona e usa un linguaggio semplice, vivace e coinvolgente;
– metti in rilievo il diverso comportamento dei due guerrieri, esprimendo un tuo personale commento al riguardo;
– evidenzia i sentimenti di Elena (severa nei confronti di Paride, amichevole verso Ettore, preoccupata per le sorti della guerra).

Ettore e Andromaca

(Libro VI, vv. 369-502)

Il contesto

Ettore, sostenuto da Elena, che ne condivide l'angoscia, ha esortato il fratello Paride, il quale si era vilmente sottratto al combattimento, a ritornare al suo posto sul campo di battaglia, dove le sorti della guerra sembrano volgere a favore dei nemici. Al termine del colloquio, l'eroe troiano si reca nella propria abitazione per rivedere la moglie Andromaca e il figlio, il piccolo Astianatte.

Il brano

Ettore viene a sapere dalle ancelle che Andromaca e il bambino non sono in casa: infatti la donna, preoccupata per la sorte del marito, impegnato a contenere l'avanzata degli Achei, si è recata con il figlio sulle imponenti mura occidentali della città per scrutare la pianura che si stende davanti a Troia e apprendere così qualche notizia. Ettore si avvia a cercarli e li incontra presso le porte Scee.

Chiave di lettura

In questo brano sofferma l'attenzione su:

– il profondo **legame** di **tenerezza** e di **affetto** che unisce Ettore alla moglie Andromaca; si tratta di un sentimento tanto più prezioso quanto più si manifesta in un mondo dominato dalla violenza della guerra;

– il **codice morale** di cui Ettore è l'incarnazione: l'eroe proverebbe vergogna al pensiero di sottrarsi al suo dovere, per avere salva la vita, perché è stato educato al valore guerriero e a combattere per esaltare la gloria sua e di suo padre.

Osserva come i due aggettivi caratterizzino la condizione di angoscia in cui si trova Andromaca.

Partì, così dicendo, Ettore elmo abbagliante;
e giunse in breve alla sua comoda casa;
ma non trovò nella sala Andromaca braccio bianco
perch'ella col bambino e un'ancella bel peplo[1],
stava sopra la torre, desolata, gemente.
Ettore, come dentro non vide la sposa,
si fermò sulla soglia, si rivolse alle schiave:

1. bel peplo: dal bel peplo; il peplo era la veste femminile lunga fino ai piedi, chiusa in vita con una cintura e sulla spalla con una fibbia.

«Schiave, ditemi, presto, parole sicure:
dove andò Andromaca braccio bianco fuori di casa?
dalle sorelle mie, o dalle cognate bei pepli,
o forse è andata al tempio d'Atena, dove l'altre
Troiane riccioli belli la dea terribile placano?».
L'attiva dispensiera[2] gli ricambiò parole:
«Ettore, poi che molto spingi a dir cose vere,
non dalle tue sorelle o dalle cognate bei pepli,
e non è andata al tempio d'Atena, dove l'altre
Troiane riccioli belli la dea terribile placano,
ma si recò sulla gran torre[3] d'Ilio, perché ha sentito
che i Troiani son vinti, grande è la forza achea;
ed ella è corsa alle mura, tutta affannata,
come una pazza; la balia le porta dietro il bambino».
Disse la dispensiera; Ettore si slanciò fuori di casa,
per la medesima via; giù per le strade ben fatte.
E quando, attraversata la gran città, giunse alle porte
Scee, da cui doveva uscir nella piana,
qui la sposa ricchi doni[4] gli venne incontro correndo,
Andromaca, figliuola d'Eezìone[5] magnanimo,
Eezìone, che sotto il Placo[6] selvoso abitava
Tebe Ipoplacia[7], signore di genti cilice[8];
la sua figlia appartiene ad Ettore elmo di bronzo.
Dunque gli venne incontro, e con lei andava l'ancella,
portando in braccio il bimbo, cuore ingenuo, piccino,
il figlio d'Ettore amato, simile a vaga stella.
Ettore lo chiamava Scamandrio[9], ma gli altri
Astianatte[10], perché Ettore salvava Ilio lui solo.
Egli, guardando il bambino, sorrise in silenzio:
ma Andromaca gli si fece vicino piangendo,
e gli prese la mano, disse parole, parlò così:
«Misero, il tuo coraggio t'ucciderà, tu non hai compassione

Questa similitudine con un astro luminoso e affascinante ha un forte potere evocativo.

2. **dispensiera**: vivandiera, la schiava che doveva custodire le provviste.

3. **gran torre**: si tratta della torre presso le porte Scee, a ovest della città, da dove si poteva vedere il campo di battaglia.

4. **ricchi doni**: che aveva recato in dote a Ettore ricchi doni.

5. **Eezìone**: re di Tebe, fu ucciso da Achille.

6. **Placo**: monte della Misia, in Asia Minore.

7. **Tebe Ipoplacia**: che sorge ai piedi del monte Placo, per distinguerla dalla Tebe tessalica e beotica.

8. **cilice**: della Cilicia, regione costiera dell'Asia Minore, corrispondente in parte alla Turchia.

9. **Scamandrio**: appellativo derivato dal nome del fiume Scamandro che scorreva presso le mura di Troia ed era venerato come una divinità fluviale.

10. **Astianatte**: letteralmente significa «difensore della città»; il nome intendeva rendere omaggio al padre, il miglior difensore di Troia.

I riti funebri presenti nell'*Iliade* prevedono sempre la cremazione, tipica non dell'età micenea, ma di quella omerica.

del figlio così piccino, di me sciagurata, che vedova presto
sarò, presto t'uccideranno gli Achei,
balzandoti contro tutti: oh, meglio per me
scendere sotto terra, priva di te; perché nessun'altra
dolcezza, se tu soccombi al destino, avrò mai,
solo pene! il padre non l'ho, non ho la nobile madre.
Il padre mio Achille glorioso l'ha ucciso,
e la città ben fatta dei Cilici ha atterrato,
Tebe alte porte; egli uccise Eezìone,
ma non lo spogliò, ché n'ebbe tema[11] in cuore;
e lo fece bruciare con le sue armi belle,
e gli versò la terra del tumulo sopra; piantarono olmi intorno
le ninfe montane[12], figlie di Zeus egìoco[13].
Erano sette i miei fratelli dentro il palazzo:
ed essi tutti in un giorno scesero all'Ade di freccia[14];
tutti li uccise Achille glorioso rapido piede,
accanto ai buoi gambe storte, alle pecore candide.
La madre – che regnava sotto il Placo selvoso –
poi che qui la condusse con tutte le ricchezze,
la liberò, accettando infinito riscatto,
ma là in casa del padre, la colpì Artemide arciera[15].
Ettore, tu sei per me padre e nobile madre
e fratello, tu sei il mio sposo fiorente[16];
ah, dunque, abbi pietà, rimani qui sulla torre,
non fare orfano il figlio, vedova la sposa;
ferma l'esercito presso il caprifico[17], là dove è molto
facile assalir la città, più accessibile il muro;
per tre volte venendo in questo luogo l'hanno tentato i migliori
compagni dei due Aiaci[18], di Idomeneo[19] famoso,
compagni degli Atridi[20], del forte figlio di Tideo[21]:
o l'abbia detto loro chi ben conosce i responsi[22],

11. ché n'ebbe tema: poiché ne ebbe timore.

12. ninfe montane: le ninfe erano divinità minori, fanciulle sempre giovani che abitavano i boschi, i ruscelli e i monti; impersonavano le forze della natura.

13. egìoco: che tiene l'egida, cioè lo scudo.

14. scesero … di freccia: morirono trafitti da frecce.

15. la colpì … arciera: morì all'improvviso, colpita da Artemide, dea della caccia: si pensava fossero le sue frecce a causare le morti subitanee e inspiegabili.

16. fiorente: nel fiore degli anni.

17. caprifico: fico selvatico, alimento preferito delle capre.

18. due Aiaci: oltre ad Aiace Telamonio, combatteva nell'esercito greco anche Aiace Oileo, capo dei locresi.

19. Idomeneo: capo delle truppe cretesi.

20. Atridi: Agamennone e il fratello Menelao, figli di Atreo.

21. figlio di Tideo: Diomede.

22. i responsi: le profezie degli oracoli.

oppure ve li spinga l'animo stesso e li guidi!».
E allora Ettore grande, elmo abbagliante, le disse:
«Donna, anch'io, sì, penso a tutto questo; ma ho troppo
rossore dei Teucri, delle Troiane lungo peplo,
se resto come un vile lontano dalla guerra.
Né lo vuole il mio cuore, perché ho appreso a esser forte
sempre, a combattere in mezzo ai primi Troiani,
al padre procurando grande gloria e a me stesso.

Il timore della vergogna

Andromaca ha proposto al marito di recarsi a difendere una postazione importante ma meno pericolosa. Ettore però è consapevole di dover rifiutare: egli infatti non può e non vuole rinunciare al suo ruolo di capo e di guida del popolo. Se facesse altrimenti, se ne vergognerebbe perché il suo carattere e la sua educazione gli impongono di far prevalere l'onore sull'amore per la famiglia. Rinunciare a combattere significa perdere tale onore e gettare il discredito su di sé, sui propri cari e sulla patria.

L'ineluttabilità della distruzione di Troia e il presentimento della fine sembrano tormentare Ettore.

Io lo so bene questo dentro l'anima e il cuore:
giorno verrà che Ilio sacra[23] perisca,
e Priamo, e la gente di Priamo buona lancia:
ma non tanto dolore io ne avrò per i Teucri,
non per la stessa Ecuba, non per il sire Priamo,
e non per i fratelli, che molti e gagliardi
cadranno nella polvere per mano dei nemici,
quanto per te, che qualche acheo chitone[24] di bronzo,
trascinerà via piangente, libero giorno togliendoti[25]:
allora, vivendo in Argo, dovrai per altra[26] tessere tela,
e portar acqua di Messeìde o Iperea[27],
costretta a tutto: grave destino sarà su di te.
E dirà qualcuno che ti vedrà lacrimosa:
"Ecco la sposa d'Ettore, ch'era il più forte a combattere
fra i Troiani domatori di cavalli[28], quando lottavan per Ilio!"
Così dirà allora qualcuno; sarà strazio nuovo per te,
priva dell'uomo che schiavo giorno[29] avrebbe potuto tenerti lontano.

Quello di lavorare per altre era il destino delle donne prese prigioniere.

23. Ilio sacra: Troia è sacra in quanto le sue mura, secondo il mito, erano sorte dalla collaborazione tra Apollo e Poseidone.

24. chitone: armatura.

25. libero giorno togliendoti: togliendoti la libertà, rendendoti sua schiava.

26. per altra: per un'altra donna, non per te.

27. Messeìde o Iperea: fonti d'acqua rispettivamente della Laconia e della Tessaglia, regioni della Grecia.

28. domatori di cavalli: la pianura di Troia era famosa per l'allevamento di cavalli.

29. schiavo giorno: la condizione della schiavitù.

Osserva l'abilità del poeta nel cogliere la psicologia infantile attraverso la descrizione di un atto spontaneo del fanciullo.

Morto, però, m'imprigioni la terra su me riversata,
prima ch'io le tue grida, il tuo rapimento conosca!».
E dicendo così, tese al figlio le braccia Ettore illustre:
ma indietro il bambino, sul petto della balia bella cintura[30]
si piegò con un grido, atterrito all'aspetto del padre,
spaventato dal bronzo e dal cimiero chiomato[31],
che vedeva ondeggiare terribile in cima all'elmo.
Sorrise il caro padre, e la nobile madre,
e subito Ettore illustre si tolse l'elmo di testa,
e lo posò scintillante per terra;
e poi baciò il caro figlio, lo sollevò fra le braccia,
e disse, supplicando a Zeus e agli altri numi:

30. bella cintura: dalla bella cintura che chiudeva il peplo.

31. cimiero chiomato: ornamento di piume o di crini di cavallo posto in cima all'elmo, come una sorta di chioma.

La preghiera di Ettore ribadisce l'ideale eroico in cui egli crede.

«Zeus, e voi numi tutti, fate che cresca questo
mio figlio, così come io sono, distinto[32] fra i Teucri,
così gagliardo di forze, e regni su Ilio sovrano;
e un giorno dica qualcuno: "È molto più forte del padre!",
quando verrà dalla lotta. Porti egli le spoglie cruente[33]
del nemico abbattuto, goda in cuore la madre!».
Dopo che disse così, mise in braccio alla sposa
il figlio suo; ed ella lo strinse al seno odoroso,
sorridendo fra il pianto; s'intenerì lo sposo a guardarla,
l'accarezzò con la mano, le disse parole, parlò così:
«Misera, non t'affliggere troppo nel cuore!

La forza del dovere

La preghiera che Ettore rivolge agli dèi in favore del figlio conferma l'importanza che, nella società guerriera dell'*Iliade*, riveste il codice del comportamento eroico. Ad Astianatte egli augura una gloria guadagnata sul campo di battaglia, tra il sangue e la lotta, nel ricordo di un padre che ha saputo, con la sua condotta, allontanare da sé il disonore, svolgendo il proprio compito fino all'ultimo. L'unico motivo di consolazione risiede nell'accettare il destino, sebbene, come ricorda alla moglie, ci sia ancora speranza: non sarà tanto facile per gli Achei ucciderlo, sebbene la morte sia la fine comune di tutti gli esseri umani.

L'espressione sottolinea l'ineluttabilità del Fato, a cui nessuno può sottrarsi.

nessuno contro il destino potrà gettarmi nell'Ade;
ma la Moira[34], ti dico, non c'è uomo che possa evitarla,
sia valoroso o vile, dal momento ch'è nato.
Su, torna a casa, e pensa all'opere tue,
telaio, e fuso; e alle ancelle comanda
di badare al lavoro; alla guerra penseran gli uomini
tutti e io sopra tutti, quanti nacquero ad Ilio».
Parlando così, Ettore illustre riprese l'elmo
chiomato; si mosse la sposa sua verso casa,
ma voltandosi indietro, versando molte lacrime;
e quando giunse alla comoda casa
d'Ettore massacratore[35], trovò dentro le molte
ancelle, e ad esse tutte provocò il pianto:
piangevano Ettore ancor vivo nella sua casa,
non speravano più che indietro dalla battaglia
sarebbe tornato, sfuggendo alle mani, al furore dei Danai.

Torna il presagio della morte di Ettore, con una sapiente prolessi che crea aspettativa nel lettore.

(Omero, *Iliade*, trad. di R. Calzecchi Onesti, Einaudi, Torino 1950)

32. **distinto**: illustre, nobile.

33. **cruente**: tinte di sangue.

34. **Moira**: dea del destino umano.

35. **massacratore**: uccisore di molti uomini.

Comprendere

1 **Ettore, giunto a casa, non trova Andromaca nel suo luogo abituale: dove si è recata la moglie e per quale motivo (vv. 382-389)?**

....

....

....

2 **Quale azione suggerisce Andromaca al marito (vv. 433-434)?**

- A Convocare subito l'assemblea dei guerrieri.
- B Affrontare in duello gli Aiaci e Diomede.
- C Difendere un luogo meno esposto al pericolo.
- D Evitare una battaglia che si prospetta imminente.

3 **Andromaca si separa da Ettore, si volta a guardarlo e piange amaramente: che cosa fa dopo che egli la esorta a riprendere il suo lavoro al telaio (vv. 497-502)?**

....

....

....

Analizzare

4 **I personaggi. Andromaca tenta di impietosire il marito affinché questi non corra rischi eccessivi. A tal proposito, ella rievoca alcuni fatti della sua vita trascorsa (vv. 414-428), perciò il racconto costituisce:**

- A un flashback.
- B una prolessi.

5 **I personaggi. Quali informazioni Andromaca fornisce su di sé e sulla sua famiglia?**

....

....

....

6 **La struttura. Ettore, in un momento di amara e disperata lucidità, prevede la triste sorte di Andromaca se egli dovesse morire (vv. 450-463). Le sue parole costituiscono:**

- A un flashback.
- B una prolessi.

7 **I personaggi. Che cosa potrebbe accadere all'infelice donna, dopo la caduta della città?**

....

....

....

8 **I personaggi. Ettore, pur essendo membro di una società guerriera e dunque spietata, poco incline a esprimere i propri sentimenti, ha instaurato un evidente rapporto di affetto con il giovanissimo figlio. Come si comporta nei suoi confronti (vv. 471-474)?**

....

....

....

9 **I personaggi. Quale codice eroico di condotta Ettore si augura che un giorno Astianatte possa condividere (vv. 476-481)?**

....

....

....

10 **I temi. Nel brano emerge con evidenza un tema molto interessante, cioè quello della condizione femminile. Sintetizza le informazioni al riguardo, seguendo la traccia proposta.**

1. Il ruolo delle donne nella società omerica.
2. Le donne come vittime della guerra.

11 **Lo stile. Il nome dei personaggi è accompagnato e completato da formule ed epiteti fissi. Ritrova e inserisci nello schema quelli riferiti rispettivamente a:**

1. Ettore: ....
2. Andromaca: ....
3. le Troiane: ....
4. i Troiani: ....

12 **Lo stile. Quali aspetti o qualità dei personaggi vengono evidenziati dalle formule e dagli epiteti fissi? Sbarra le tre risposte corrette.**

A L'eroismo in battaglia.
B L'abilità nel commercio.
C L'aspetto fisico.
D La prosperità economica.
E Le elevate virtù morali.
F L'amore per la conoscenza.

13 **I temi. Quali temi, fra quelli indicati, ritrovi nel brano?**

A L'amicizia.
B Gli affetti familiari.
C La superbia.
D Il presagio della morte imminente.
E Il senso dell'onore e del dovere.
F La follia della guerra.
G La vergogna della sconfitta.
H L'ineluttabilità del destino.

Lessico

GARZANTI LINGUISTICA

14 **L'aggettivo *accessibile* (v. 434) non si riferisce, come nel contesto del brano, solo alle caratteristiche di un luogo. Trova un sinonimo (una o più parole) che sostituisca *accessibile* nelle espressioni che seguono.**

1. Un prezzo accessibile: ....

2. Un testo accessibile: ....

3. Una persona accessibile: ....

Grammatica

15 **Quale subordinata riconosci nella frase *venendo in questo luogo* (v. 435)?**

A Modale.
B Temporale.
C Causale.
D Finale.

16 **L'aggettivo *migliori* (v. 435) è il comparativo di:**

A ottimo.
B meglio.
C buono.
D più buono.

Scrittura

17 **Immagina di intervistare Astianatte: sopravvissuto alla rovina della sua patria, il bambino di un tempo, divenuto ormai un grande condottiero, rievoca commosso la guerra di Troia e l'ultimo incontro fra i suoi genitori. Soffermati sui punti che seguono:**

– una breve descrizione del conflitto, con le sue battaglie e l'atmosfera di dolore e morte che esso reca con sé;
– il ricordo di Ettore e di Andromaca, reso più intenso dalla dolcezza e dalla nostalgia;
– l'intuizione, da parte di Ettore, della sua fine ormai prossima, e la sofferenza di Andromaca, che sta per essere privata dell'uomo che ama;
– l'insegnamento morale che Ettore ha trasmesso al figlio con il suo comportamento eroico.

La morte di Ettore

(Libro XXII, vv. 131-176; 303-393)

Il contesto

Sconvolto dalla morte di Patroclo, l'eroe Achille giura vendetta e si ripromette di non seppellirlo prima di aver ucciso Ettore. Sua madre, la ninfa Teti, gli regala nuove armi, forgiate per lui da Efesto, il fabbro degli dèi. In seguito, durante un'assemblea, egli si riconcilia con Agamennone, accetta i doni che gli vengono offerti a compensazione del torto subìto e ottiene che gli sia restituita Briseide, la sua schiava prediletta. Quindi, indossata l'armatura, torna a combattere, aprendo vuoti nelle file nemiche, mentre anche gli dèi si gettano nella mischia: Atena abbatte Ares con un enorme macigno; Poseidone sfida Apollo; Era strappa l'arco ad Artemide. I Troiani si ritirano, stremati, entro le mura della città, tranne Ettore. Il re Priamo, che assiste alla scena, scongiura il figlio di mettersi in salvo, sostenuto nella richiesta da Ecuba, che invano implora Ettore di non battersi.

Il brano

L'eroe, benché desideroso di rientrare nella città, salvandola da un terribile destino, e di mettere fine alla guerra, restituendo Elena a Menelao, lo sposo legittimo, sceglie di affrontare il suo grande nemico, Achille, che si slancia contro di lui e lo insegue intorno alle mura. La dea Atena, assunte le sembianze di Deifobo, un fratello di Ettore, convince quest'ultimo ad affrontare Achille. Il duello termina con la morte dell'eroe troiano: la famiglia reale, dall'alto delle mura della città, vede il suo corpo, legato al carro di Achille, venire trascinato nella pianura in mezzo alla polvere e al sangue.

Chiave di lettura

In questo brano sofferma l'attenzione su:
- lo **scontro impari** che oppone i due guerrieri più valorosi dei rispettivi schieramenti: Achille, deciso e spietato, ed Ettore, più debole del rivale, perciò più umano;
- il **coraggio** di Ettore, che accetta consapevolmente il suo triste destino di morte;
- lo **stile** del brano, crudamente realistico nella descrizione del duello e dello strazio che Achille infligge al corpo esanime dell'avversario.

Così ragionava [Ettore] aspettando; e Achille gli fu vicino,
pari a Enialio[1] guerriero, agitatore dell'elmo,
alto scuotendo sopra la spalla destra il faggio del Pelio[2],
terribile: il bronzo gli lampeggiava intorno, simile al raggio
del fuoco ardente o del sole che sorge.
Come lo vide, spavento prese Ettore, non seppe più
attenderlo fermo, si lasciò dietro le porte e fuggì:
si slanciò pure il Pelide, fidando nei piedi veloci:
come il nibbio[3] sui monti, che tra gli uccelli il più rapido,
facilmente insegue una tremante colomba,
e quella gli fugge di sotto, ma il nibbio stridendole addosso
vola fitto, il cuore lo sprona a ghermirla;
così Achille volava, furioso: tremò Ettore

Un eroe meno eroico

Prima di affrontare il nemico, Ettore, travolto da un improvviso timore, compie tre volte il giro delle mura. I motivi della paura e della fuga rendono più umano il personaggio, sopraffatto dalle proprie emozioni e indifeso di fronte alla sorte che incombe, affrettata dal successivo intervento di Atena. Questa inattesa condizione di fragilità è ben evidenziata dalle scelte lessicali (*spavento*, *fuggì*, *tremò*) e dalla similitudine, che esalta la ferocia del nibbio-Achille e lo spavento della colomba-Ettore.

sotto il muro dei Teucri e moveva rapidamente i ginocchi[4].
Corsero oltre la torre di guardia e il caprifico[5] ventoso
lungo la strada dei carri, allontanandosi sempre dal muro,
e giunsero alle due belle fontane; sgorgano
qui le sorgenti del vorticoso Scamandro[6]. [...]
Così essi girarono intorno alla rocca di Priamo tre volte
con rapidi piedi: tutti gli dèi li guardavano. [...]
Achille veloce seguiva Ettore, senza riposo incalzandolo,
come un cane sui monti insegue un nato di cerva
per valli e per gole dopo averlo snidato:
e se quello s'appiatta smarrito sotto un cespuglio,
corre pur sempre cercando le tracce finché lo trova;
così non sfuggiva Ettore al piede rapido Achille.
Quante volte pensava di balzare in avanti
verso le porte dei Dardani, verso le solide torri,
se mai con l'aste dall'alto potessero dargli soccorso;

1. **Enialio**: epiteto di Ares, dio della guerra; significa «bellicoso».

2. **il … Pelio**: la lancia di Achille, fatta con legno di faggio proveniente dal Pelio, monte della Tessaglia, così particolare che nemmeno Patroclo aveva potuto usarla.

3. **nibbio**: uccello rapace, simile al falco.

4. **moveva … i ginocchi**: nella velocità della corsa.

5. **caprifico**: fico selvatico, particolarmente gradito alle capre.

6. **Scamandro**: il fiume sacro che scorre sotto le mura di Troia.

Osserva la similitudine tratta dal sogno, che rende bene l'atto incessante e ripetitivo della fuga.

tante Achille gli si parava incontro e lo faceva voltare
verso la piana; volava lui sempre dritto alla rocca.
Come uno nel sogno non può arrivare[7] un fuggiasco,
questi non può sfuggire, l'altro non può arrivarlo;
così non poteva correndo Achille afferrarlo, né l'altro salvarsi.
E come Ettore avrebbe potuto sfuggire le Chere di morte[8]
se Apollo non gli veniva vicino per l'ultima volta
a stimolargli le forze e le ginocchia veloci?
Intanto ai soldati il rapido Achille accennava di no,
non voleva che i dardi amari scagliassero ad Ettore,
non gli rubasse qualcuno la gloria, colpendolo, e lui fosse secondo.
Ma quando arrivarono la quarta volta alle fonti,
allora Zeus, agganciò la bilancia d'oro[9],
le due Chere di morte lunghi strazi vi pose,
quella d'Achille e quella d'Ettore domatore di cavalli,
la tenne sospesa pel mezzo: d'Ettore precipitò il giorno fatale
e finì giù nell'Ade[10]; l'abbandonò allora Apollo. [...]

7. arrivare: raggiungere.

8. le Chere di morte: le dee della morte.

9. la bilancia d'oro: si trattava della bilancia con cui Zeus pesava i destini degli uomini e decretava il momento di una morte già precedentemente stabilita dal disegno imperscrutabile del destino.

10. Ade: il regno dei morti.

La dea Atena raggiunge Achille per rassicurarlo sull'esito del duello. Si presenta, quindi, a Ettore con l'aspetto del fratello Deifobo e lo esorta a combattere e a confidare nel suo aiuto. Ben presto l'eroe troiano scopre l'inganno della dea: intuita l'ineluttabilità della morte, si avventa su Achille con la spada sguainata.

«Ebbene, non senza lotta, non senza gloria morrò,
ma compiuto gran fatto, che anche i futuri lo sappiano.»
Parlando così sguainò la spada affilata,
che dietro il fianco pendeva, grande e pesante,
e si raccolse e scattò all'assalto, com'aquila alto volo,
che piomba sulla pianura traverso alle nuvole buie,
a rapir tenero agnello o lepre appiattato:
così all'assalto scattò Ettore, la spada acuta agitando.
Ma Achille pure balzò, di furia empì il cuore
selvaggio: parò davanti al petto lo scudo
bello, adorno, e squassava l'elmo lucente;
volava intorno la bella chioma d'oro,
che fitta Efesto lasciò cadere in giro al cimiero[11].

La decisione irrevocabile

Ettore si rassegna a combattere e a morire, consapevole di compiere un'impresa che gli assicurerà gloria eterna. La sua decisione è descritta per mezzo di una similitudine: la colomba, cui si è fatto cenno nei versi precedenti, ha spiegato le ali diventando un'aquila maestosa, che scatta all'assalto della preda, incurante del pericolo, simboleggiato dalle nuvole oscure. Così Ettore, con rinnovato coraggio e vigore, affronta Achille.

Come la stella avanza fra gli astri nel cuor della notte,
Espero[12], l'astro più bello ch'è in cielo,
così lampeggiava la punta acuta, che Achille scuoteva
nella sua destra, meditando la morte d'Ettore luminoso,
cercando con gli occhi la bella pelle, dove fosse più pervia[13].
Tutta coprivan la pelle l'armi bronzee, bellissime,
ch'Ettore aveva rapito, uccisa la forza di Patroclo;
là solo appariva, dove le clavicole dividon le spalle
dalla gola e dal collo, e là è rapidissimo uccider la vita.
Qui Achille glorioso lo colse con l'asta mentre infuriava,
dritta corse la punta traverso al morbido collo:
però il faggio greve non gli tagliò la strozza[14],
così che poteva parlare, scambiando parole.

11. che fitta ... cimiero: la bella criniera che Efesto, il dio artefice delle armi di Achille, aveva disposto sul cimiero in modo che gli ricadesse intorno.

12. Espero: il pianeta Venere che, a causa della sua luminosità, era dagli antichi considerato una stella.

13. pervia: vulnerabile, raggiungibile da un colpo di lancia.

14. strozza: trachea.

Uno scontro verbale

Nello scontro fra Ettore e Achille, l'esibizione della forza si alterna a scambi di battute. Ettore si preoccupa dei funerali, affinché i suoi resti non giacciano insepolti, mentre Achille vorrebbe addirittura annientare il suo corpo. È opportuno osservare che le parole disumane, con le quali lo spietato Achille infierisce sul nemico vinto, rientrano nella «norma» del comportamento guerresco. Il mondo brutale degli eroi omerici non lascia spazio agli scambi di cortesie o al rispetto dell'avversario.

Anche Ettore aveva pronunciato parole di vanto sul corpo di Patroclo.

Stramazzò nella polvere: si vantò Achille glorioso:
«Ettore, credesti forse, mentre spogliavi Patroclo,
di restare impunito: di me lontano non ti curavi,
bestia! ma difensore di lui, e molto più forte,
io rimanevo sopra le concave navi,
io che ti ho sciolto i ginocchi[15]. Te ora cani e uccelli
sconceranno sbranandoti: ma lui[16] seppelliranno gli Achei».
Gli rispose senza più forza, Ettore elmo lucente:
«Ti prego per la tua vita, per i ginocchi[17], per i tuoi genitori,
non lasciare che presso le navi mi sbranino i cani
degli Achei, ma accetta oro e bronzo infinito,
i doni che ti daranno il padre e la nobile madre:
rendi il mio corpo alla patria, perché del fuoco
diano parte a me morto[18] i Teucri e le spose dei Teucri...».
Ma bieco guardandolo, Achille piede rapido disse:
«No, cane, non mi pregare, né pei ginocchi né pei genitori;
ah! che la rabbia e il furore dovrebbero spingere me
a tagliuzzar le tue carni e a divorarle così, per quel che m'hai fatto:
nessuno potrà dal tuo corpo tener lontane le cagne,
nemmeno se dieci volte, venti volte infinito riscatto
mi pesassero qui, altro promettessero ancora;
nemmeno se a peso d'oro vorrà riscattarti
Priamo Dardanide[19], neanche così la nobile madre
piangerà steso sul letto il figlio che ha partorito,
ma cani e uccelli tutto ti sbraneranno».
Rispose morendo Ettore elmo lucente:
«Va', ti conosco guardandoti! Io non potevo
persuaderti, no certo, ché in petto hai un cuore di ferro.

---

15. che ti ho sciolto i ginocchi: che ti ho reso le gambe fiacche (colpendoti a morte).

16. lui: Patroclo.

17. per i ginocchi: per le tue ginocchia; è espressione di supplica. Ettore, in fin di vita, abbraccia idealmente le ginocchia di Achille per implorarlo di dargli sepoltura.

18. diano ... morto: mi concedano di essere cremato, arso sul rogo funebre.

19. Dardanide: patronimico; significa discendente di Dardano, capostipite dei re troiani.

Come Patroclo aveva predetto la morte a Ettore, così Ettore profetizza ad Achille la sua fine.

Bada però, ch'io non ti sia causa dell'ira dei numi,
quel giorno che Paride e Febo Apollo con lui
t'uccideranno, quantunque gagliardo, sopra le Scee[20]».
Mentre diceva così, l'avvolse la morte:
la vita volò via dalle membra e scese nell'Ade,
piangendo il suo destino, lasciando la giovinezza e il vigore.
Rispose al morto il luminoso[21] Achille:

Un annuncio tremendo

Con la lucidità propria di chi sta per morire, Ettore, vilipeso dall'eroe acheo, che gli ha rifiutato persino l'onore della sepoltura, si rivolge ad Achille, predicendogli la fine della vita. I due sono uniti da un tragico destino di morte: Ettore ne era già stato avvisato da Patroclo e, come avviene qui, proprio nel momento in cui conseguiva la vittoria. Sembra davvero che il poeta non perda occasione di ricordare al suo pubblico che la guerra non è solo motivo di gloria, ma anche causa di dolore e di lutto, che colpiscono quanti, comuni mortali, eroi e dèi, se ne sono lasciati coinvolgere.

«Muori! La Chera[22] io pure l'avrò, quando Zeus
vorrà compierla e gli altri numi immortali».
Disse e strappò dal corpo l'asta di bronzo
e la pose da parte; l'armi sanguinanti spogliò
dalle spalle: accorsero gli altri figli dei Danai,
la statura ammirando e la bellezza stupenda
d'Ettore, e nessuno s'avvicinò senza colpire.
E così andava dicendo qualcuno, rivolto al vicino:
«Davvero è più morbido adesso a palparsi
Ettore, di quando bruciò col fuoco ardente le navi[23]!».
Così diceva, e colpiva, standogli appresso.
Ma quando Achille glorioso rapido piede l'ebbe spogliato, [...]
meditò ignominia contro Ettore glorioso:
gli forò i tendini dietro ai due piedi
dalla caviglia al calcagno, vi passò due corregge[24] di cuoio,
lo legò al cocchio, lasciando strasciconi[25] la testa,
e balzato sul cocchio, alte levando le nobili armi,
frustò per andare: vogliosi i cavalli volarono.
E intorno al corpo trainato s'alzò la polvere: i capelli
neri si scompigliarono; tutta giaceva in mezzo alla polvere
la testa, così bella prima: ma allora Zeus ai nemici

20. quel ... Scee: Ettore allude alla fine di Achille che verrà provocata da una freccia scagliata da Paride dall'alto delle porte Scee (le porte occidentali delle mura di Troia) e guidata da Apollo fino all'unico punto vulnerabile (il tallone) dell'eroe greco.

21. luminoso: raggiante per la vittoria.

22. La Chera: vedi nota 8.

23. di quando ... le navi: allusione a un'ardita spedizione compiuta da Ettore tra le navi achee per incendiarle.

24. corregge: cinghie.

25. strasciconi: a trascinare per terra.

Il poeta pone l'attenzione sul dolore dei congiunti, cogliendone il dramma e la disperazione.

lo diede, che lo sconciassero[26] nella sua patria.
Così tutta s'impolverava la testa; e la madre
prese a strapparsi i capelli, gettò via lo splendido velo,
lontano, scoppiò in singhiozzi violenti a vedere il figlio.
Gemeva da far pietà il padre caro, e il popolo intorno
era in preda al singhiozzo e ai lamenti per la città.
Sembrava che tutta intera Ilio ricca di poggi[27]
da capo a fondo si consumasse nel fuoco.

(Omero, *Iliade*, trad. it. di R. Calzecchi Onesti, Einaudi, Torino 1950)

26. sconciassero: ne facessero scempio. **27. poggi**: colline.

Comprendere

1 Quali eventi accadono nelle sequenze indicate? Raccontali in sintesi.

vv. 131-135; vv. 136-176; vv. 306-393.

2 Il guerriero acheo non teme di morire: con quali parole reagisce alla profezia di Ettore, che gli predice la sua prossima fine (vv. 364-365)?

Analizzare

3 I personaggi. Quale fatto Achille intende vendicare con tanta ferocia (vv. 331-333)?

A La perdita della bella Briseide.
B Il furto delle sue preziose armi.
C La morte dell'amico Patroclo.
D La sconfitta in duello con Ettore.

4 I personaggi. L'implacabile Achille è crudele nei confronti di Ettore, comportandosi più da belva che da essere umano, nonostante nel brano si esalti il suo valore. Quali violazioni del codice di comportamento guerresco riscontri nell'atteggiamento dell'eroe acheo?

vv. 344-353; vv. 375-385.

5 I personaggi. I protagonisti del brano esprimono con forza i propri sentimenti: quali, tra quelli riportati, accomunano Ettore e Achille?

A Crudeltà.
B Amicizia.
C Coraggio.
D Amore.
E Accettazione della propria sorte.
F Odio.
G Viltà.
H Timore.
I Ineluttabilità del destino.
L Amore per la patria e la famiglia.

6 Lo stile. Nel pieno rispetto del linguaggio epico, il brano è ricco di espressioni ricorrenti, che servono a definire meglio un personaggio, un luogo, un oggetto o una situazione. Di ciascuna voce indica se rappresenta un patronimico, un epiteto fisso o un'espressione formulare.

1. *Enialio agitatore dell'elmo*: ....
2. *la vita volò via dalle membra e scese nell'Ade*: ....
3. *Priamo dardanide*: ....
4. *Ilio ricca di poggi*: ....
5. *e mentre diceva così l'avvolse la morte*: ....
6. *piede rapido Achille*: ....
7. *elmo lucente*: ....

8. *Ettore domatore di cavalli*: ....

7 **I personaggi. Nel succedersi dei fatti, anche le divinità svolgono un ruolo importante: specifica quale, riflettendo sui loro rapporti con gli esseri umani e motivando le risposte.**

1. Zeus: ....
2. Apollo: ....
3. Atena: ....

8 **Lo stile. Il narratore usa di frequente, nel brano, la figura retorica della similitudine, la quale gli permette di rafforzare i concetti che intende esprimere facendo riferimento al mondo celeste e alla natura. Completa le voci dello schema, inserendo per ciascuna la similitudine appropriata.**

1. La lancia di Achille lampeggia come ....
2. Achille seguiva Ettore come ....

9 **I temi. Ettore e Achille combattono e affrontano la morte perché in questo consiste il loro dovere di guerrieri. Nel caso di Ettore, però, gioca un ruolo essenziale anche il grande desiderio di una:**

A pace duratura.
B vendetta contro il nemico.
C gloria immortale.
D fine che susciti ammirazione.

Lessico

GARZANTI LINGUISTICA

10 **La punta della lancia di Achille brilla come una *stella* (v. 316): a ciascuna voce della colonna di sinistra abbina il termine corrispondente nella colonna di destra.**

1. Giovane attrice agli inizi della carriera.	A stellette.
2. Cosparso di stelle.	B stellare.
3. Distintivo militare.	C stellato.
4. Elevato, smisurato.	D stellina.

11 **La parola *fuoco* (v. 392) si ritrova in varie espressioni figurate: spiega il significato di quelle sottoriportate.**

1. Mettere troppa carne al fuoco.
2. Fare fuoco e fiamme.
3. Scherzare col fuoco.

12 **Quale, tra i verbi sottoriportati, significa *ravvivare* il fuoco?**

A Accendere.
B Attizzare.
C Stimolare.
D Avvampare.

Grammatica

13 ***Come lo vide* (v. 136): nel contesto, la parola *come* equivale a:**

A un avverbio di modo.
B una congiunzione comparativa.
C una congiunzione dichiarativa.
D un complemento di tempo.

14 **Individua i soggetti e i complementi oggetto nei versi 136-138.**

Scrittura

15 **I guerrieri dell'*Iliade* desiderano ardentemente la fama che deriva dalle loro imprese e dalla vittoria sul nemico. Qual è la concezione attuale della celebrità? A quale genere di fama si aspira oggi? Scrivi un testo di 25-30 righe in cui esponi le tue idee al riguardo, confrontandole poi con quelle dell'insegnante e dei compagni. Soffermarti in particolare sui punti che seguono:**

– elabora in sintesi il concetto di «fama» nell'*Iliade*, facendo riferimento ai brani letti;
– spiega in che cosa consiste la fama nella nostra società e che cosa si è disposti a fare per ottenerla;
– confronta le due concezioni, quella omerica e quella contemporanea;
– esponi la tua opinione motivata sull'argomento.

L'addio a Ettore

(LIBRO XXIV, VV. 777-804)

IL CONTESTO

Achille, tornato al campo acheo e dato l'ordine di iniziare i riti funebri in onore di Patroclo, compie un nuovo scempio sul corpo di Ettore, trascinandolo intorno al rogo dell'amico. Tuttavia, per intervento di Apollo, il cadavere rimane intatto. Zeus, afflitto dal triste spettacolo, ordina a Teti, la madre di Achille, di fermare il figlio e di convincerlo a riconsegnare il corpo del nemico. L'eroe è costretto a obbedire e, nel frattempo, Iride, la messaggera degli dèi, invita Priamo a recarsi da Achille per riscattare il corpo di Ettore. Il guerriero acheo, commosso dal dolore di quell'uomo anziano, che lo implora inginocchiandosi davanti a lui, lo conforta e, dopo avergli offerto del cibo, gli restituisce il corpo di Ettore, lavato e profumato.

IL BRANO

All'alba, davanti alla città, iniziano i riti funebri in onore di Ettore: dureranno undici giorni, al termine dei quali saranno celebrate le esequie dello sfortunato eroe. La vicenda narrata nel poema si avvia al termine: i funerali di Ettore, vittima del destino e della furia di Achille, segnano la fine di una storia drammatica, che alterna lutti e momenti di serenità familiare, odio e amore. Il poema era iniziato con una sconvolgente visione di morte: il dio Apollo, silenzioso e implacabile, diffondeva la peste nel campo acheo. Si chiude con un'altra immagine di morte, addolcita dal ricordo e dall'affetto per Ettore, *domatore di cavalli*.

CHIAVE DI LETTURA

In questo brano sofferma l'attenzione su:
– i **riti** in onore di Ettore, che offrono informazioni sulle usanze funebri della società omerica, che pratica la cremazione;
– la **fine** tragica e commovente, ma gloriosa, di un uomo che si presenta come **modello** di forza d'animo e di valore guerriero;
– l'accento sui **sentimenti** di profondo dolore dei Troiani e dello sventurato Priamo per la morte di Ettore.

Il vecchio Priamo disse allora al suo popolo:
«Adesso, Troiani, portate legna in città, e non abbiate paura
di un agguato insidioso[1] degli Achei: Achille stesso,
congedandomi dalle navi nere[2], m'assicurava così,
che prima della dodicesima aurora non avrebbe dato battaglia».
Disse così; quelli attaccarono ai carri
i buoi e i muli, e si raccolsero subito sotto le mura.
Per ben nove giorni carreggiarono[3] gran quantità di legna:

1. **insidioso**: a tradimento.

2. **nere**: per il colore della pece che le rendeva impermeabili.

La sofferenza dignitosa di un padre

Pur nella tragica circostanza, il re Priamo mantiene il suo ruolo regale, impartendo ordini accurati per le esequie di Ettore, ma appare soprattutto come un padre avanti negli anni, prostrato dal dolore di dover seppellire il proprio figlio. L'esortazione rivolta ai sudditi rivela anche un profondo senso dell'onore: egli, infatti, si fida di Achille e della sua promessa di lasciar svolgere indisturbati i funerali di Ettore.

ma quando apparve la decima aurora luminosa,
allora, in lacrime, portarono via Ettore valoroso,
deposero il morto in cima al rogo, appiccarono il fuoco.
Ma quando al mattino apparve l'Aurora che ha dita di rosa[4],
allora si strinse la folla intorno al rogo di Ettore glorioso.
Quando si furono accalcati e si trovarono insieme riuniti,
per prima cosa spensero il rogo con vino scintillante,
dappertutto, ovunque giungeva la forza del fuoco;
poi fratelli e compagni raccoglievano le ossa bianche,
lamentandosi, pianto copioso[5] scendeva giù per le guance.
Raccolte che l'ebbero, le misero in una cassa d'oro,
e avvolsero in un morbido drappo di porpora[6]:
le calarono poi dentro una fossa scavata, e sopra
lastricarono[7] con pietroni grossi e fitti;
alzarono il tumulo[8] in fretta, mentre le scolte[9] intorno badavano,
che non attaccassero prima del tempo gli Achei dalle solide gambiere[10].
Dopo aver innalzato il tumulo, si ritirarono; quindi,
riunitisi in buon ordine, celebravano il banchetto solenne
dentro la reggia di Priamo, il re alunno di Zeus[11].

Osserva il cordoglio per la fine di un eroe così valoroso: le lacrime ne sono l'espressione più commovente.

Un funerale commovente

I sudditi svolgono il rito funebre ma, al di là dei gesti, commuove il loro pianto, quelle lacrime amare che versano su Ettore, morto per difendere la loro città. Il principe troiano è nei pensieri di tutti, non più protagonista ma certo non dimenticato: infatti i particolari del funerale, minuziosamente descritto, mettono in evidenza gli onori che si devono tributare a un uomo valoroso, a un eroe che ha affrontato la morte con coraggio.

Davano così sepoltura ad Ettore domatore di cavalli.

(Omero, *Iliade*, trad. it. di G. Cerri, Rizzoli, Milano 2006)

---

3. carreggiarono: trasportarono con i carri.

4. dita di rosa: la luce dell'alba ha i toni delicati del rosa.

5. copioso: abbondante.

6. di porpora: di colore rosso.

7. lastricarono: fecero un rivestimento.

8. tumulo: monticello di terra che segnala la presenza di una tomba.

9. scolte: sentinelle.

10. gambiere: parti dell'armatura per proteggere la gamba sotto il ginocchio.

11. alunno di Zeus: discepolo del re degli dèi, che conferisce ai sovrani la loro autorità.

Comprendere

1 **Quali azioni compiono i concittadini di Ettore nella prima fase dei funerali dell'eroe (vv. 784-797)?**

2 **Nella fase successiva delle esequie (vv. 795-799), dove e in quale modo vengono conservate le ossa di Ettore?**

3 **Al termine del rito funebre, i Troiani ricordano Ettore con (vv. 801-804):**

A una gara di corsa nella pianura.
B un banchetto nel palazzo reale.
C un banchetto nella tenda di Achille.
D danze e canti all'interno della città.

Analizzare

4 **I personaggi. Ettore è il guerriero più amato dall'esercito e dai suoi concittadini, che ne piangono sinceramente la morte: quale ricordo di lui emerge dall'episodio? Sottolinea anche gli epiteti e le formule fisse che esaltano le qualità del personaggio.**

5 **I personaggi. Priamo è il sovrano di una città ricca e potente, ma è anche un padre provato dal dolore: quale aggettivo evidenzia la sua fragilità fisica e psicologica? Sottolinealo sul testo.**

6 **I temi. Appare dominante la figura di Ettore, intorno alla quale si incentra il tema del brano: individualo, riflettendo sulla condotta dell'eroe in battaglia e sul suo coraggio nel difendere la patria.**

7 **Lo stile. I nomi propri sono accompagnati da alcuni epiteti: inseriscili nello schema.**

1. La dea Aurora: ....
2. Priamo: ....
3. Gli Achei: ....

Lessico

GARZANTI LINGUISTICA

8 **Con del vino *scintillante* (v. 791) viene spento il rogo di Ettore. Un sinonimo di *scintillante*, in riferimento a uno sguardo, è:**

A vivace, acuto.
B energico, vigoroso.
C scuro, cupo.
D ottuso, opaco.

9 **Di Ettore si dice che fosse un *domatore* (v. 804) di cavalli: spiega il significato del verbo *domare* nelle frasi che seguono.**

1. È bene domare le passioni e gli istinti.
2. I vigili del fuoco hanno prontamente domato l'incendio.

Grammatica

10 **Sottolinea i complementi di materia contenuti nei versi 795-796.**

11 **Trasforma nell'aggettivo corrispondente i complementi individuati nell'esercizio precedente.**

Scrittura

12 **Immagina che i familiari di Ettore annuncino ai Troiani la morte dell'eroe, ordinando la lettura pubblica di uno scritto (15-20 righe), che contenga i seguenti punti:**

– l'esaltazione del contributo dato da Ettore alla guerra contro gli Achei;
– l'espressione del dolore di familiari e amici;
– l'augurio che risplenda per sempre la sua gloria.

OMERO

La morte di Patroclo

(LIBRO XVI, VV. 783-804; 818-857)

Il guerriero greco Patroclo va incontro ai nemici con le armi di Achille, seminando il terrore: le file dei Troiani indietreggiano disordinate ed egli le incalza fin sotto le mura di Troia. Lo vede il dio Febo Apollo, che lo fa cadere a terra tramortito, quindi viene colpito da Ettore, che vibra il colpo fatale.

E Patroclo balzò sui Troiani, meditando rovina.
Andò all'assalto tre volte di seguito, pari al rapido Ares,
lanciando urla paurose, nove uomini uccise ogni volta.
Ma quando la quarta volta si scagliò simile a un demone,
allora per te, Patroclo, era la fine della tua vita:
gli si contrappose Febo in dura battaglia,
tremendo, ma non lo vide venire in mezzo alla mischia:
s'era fatto avanti avvolto di fitta nebbia;
si fermò dietro di lui, gli percosse la schiena e le larghe spalle
a mano aperta, gli si stravolsero gli occhi.
Febo Apollo gli gettò l'elmo giù dalla testa:
rimbombò rotolando sotto ai piedi dei cavalli
l'elmo ad alto cimiero, s'insozzò la criniera
di sangue e di polvere; mai prima era stato possibile
che quell'elmo chiomato s'insozzasse di polvere,
aveva invece protetto la bella fronte, la testa d'un uomo divino,
di Achille; ma quel giorno Zeus concesse a Ettore
di portarlo sulla sua testa, tanto la morte gli era vicina.
Gli si frantumò tutta tra le mani la sua lunga lancia,
pesante, grande, robusta, armata di bronzo; dalle spalle
gli cadde a terra con tutta la cinghia lo scudo ricco di frange.
Gli sciolse poi la corazza Apollo sovrano, figlio di Zeus.
[...]

Appena Ettore vide che il valoroso Patroclo
retrocedeva colpito dal bronzo affilato,
gli venne vicino attraverso le schiere, lo ferì con la lancia
al basso ventre, e spinse a fondo il bronzo;
cadde in un tonfo, dando molto dolore al popolo acheo;
come quando un leone batte allo scontro cinghiale indomabile,
le due belve lottano con furia sulla cima d'un monte,
intorno a piccola fonte, perché entrambe vogliono bere;

alla fine il leone l'atterra di forza tutto ansimante:
così, da vicino, Ettore Priamide tolse la vita con l'asta
al forte figlio di Menezio[1], che tanti ne aveva uccisi,
e a lui, vantandosi, diceva parole che volano:
«Patroclo, e sì che pensavi di mettere a sacco la nostra città,
e tolta la luce della libertà alle donne troiane,
portartele via sulle navi nella tua terra patria,
sciocco! A loro difesa i cavalli veloci di Ettore
balzano con i garretti[2] a combattere; e io stesso con l'asta
primeggio sui Troiani bellicosi, io che storno da loro
il giorno fatale; tu qui sarai pasto agli avvoltoi.
Misero, non t'è stato d'aiuto Achille, per quanto valente,
lui che, restando inattivo, dava ordini a te che partivi:
"Non tornare anzi tempo, Patroclo, provetto cavaliere,
alle navi ricurve, prima d'aver trafitto sul petto
d'Ettore massacratore il suo chitone sanguinante".
Così certo ti disse, e a te, stolto, persuase la mente».
E tu, allo stremo delle forze, rispondevi a lui, Patroclo cavaliere:
«Adesso, Ettore, vantati pure: t'hanno dato vittoria
Zeus Cronide e Apollo, che m'hanno abbattuto
senza fatica; m'hanno tolto loro di dosso le armi.
Se m'avessero affrontato ben venti uomini come te,
tutti qui stesso sarebbero morti, prostrati dalla mia lancia!
Invece m'ha ucciso una sorte maligna e il figlio di Leto[3],
nonché, tra gli uomini, Euforbo: tu sei terzo a finirmi.
Ma un'altra cosa ti dico, e tu mettila in mente:
non avrai nemmeno tu molto da vivere,
ma già ti è addosso la morte e il duro destino
di cadere sotto i colpi di Achille, l'infallibile Eacide[4]».
Mentre così gli diceva, l'ora della morte lo avvolse:
l'anima volò via dalle membra e se ne scese nell'Ade,
rimpiangendo il proprio destino, lasciando la forza e la giovinezza.

(Omero, *Iliade*, trad. it. di G. Cerri, Rizzoli, Milano 2006)

1. **figlio di Menezio**: è il patronimico di Patroclo.

2. **con i garretti**: con le zampe robuste e veloci.

3. **figlio di Leto**: Apollo, la cui madre era Leto o Latona.

4. **Eacide**: discendente di Eaco, suo nonno.

1 **I versi 783-828 sono caratterizzati dal succedersi di una serie di azioni: completa la tabella, assegnando a ciascuna azione il suo protagonista, cioè il personaggio che la compie, e il suo antagonista, ovvero colui che la subisce.**

Azione	Protagonista	Antagonista
Verso 783	PATROCLO	
Verso 789		FEBO
Verso 804	APOLLO	
Verso 827-828	ETTORE	

2 **Il soggetto del verbo *venire* (v. 789) é:**

A Apollo.
B Ares.
C Patroclo.
D Achille.

3 **Al verso 799, la parola *ma* può essere sostituita con:**

A siccome.
B infatti.
C pertanto.
D però.

4 **Nella frase *retrocedeva colpito dal bronzo affilato* (v. 819), la parola *bronzo* è una:**

A analogia.
B metafora.
C metonimia.
D sineddoche.

5 **A ciascuna frase (vv. 837-838) attribuisci la sua funzione nell'analisi del periodo.**

1. Misero, non t'è stato d'aiuto Achille
2. per quanto valente
3. lui che dava ordini a te
4. che partivi
5. restando inattivo

A subordinata I grado, relativa.
B subordinata II grado, relativa.
C principale.
D subordinata I grado, avversativa.
E subordinata I grado, concessiva.

6 **Chi si rivolge a Patroclo nel verso 843?**

A Ettore.
B Il narratore.
C Il dio Apollo.
D Achille.

7 **Completa il periodo che segue (vv. 847-850), scegliendo i termini appropriati fra quelli posti alla fine dell'esercizio.**

Se m'avessero ASSALITO ben venti uomini come te, tutti qui stesso sarebbero morti, FERITI dalla mia lancia! .... m'ha ucciso una sorte .... e il figlio di Leto, ... , tra gli uomini, Euforbo: tu sei il terzo a ....

darmi il colpo mortale ◦ feriti ◦ non solo ◦ sconfitto ◦ benevola ◦ al contrario ◦ assalito ◦ evitato ◦ annientati ◦ e anche ◦ ugualmente ◦ crudele ◦ ma non ◦ allo stesso modo ◦ tratti in salvo ◦ consumarmi

8 **La parola *Ma* (v. 851) è una congiunzione:**

A avversativa.
B concessiva.
C copulativa.
D conclusiva.

9 **Ettore non può sottrarsi al proprio *destino* (v. 853): in quale di queste espressioni il verbo non può essere sostituito con il verbo *destinare*?**

A Riservare una somma per uno scopo.
B Rivolgere un invito a qualcuno.
C Indirizzare un saluto a qualcuno.
D Adibire un locale a uso abitativo.

10 **Ai versi 855 e 857 compaiono alcune parole che svolgono funzioni diverse: indicale nella tabella, mettendo una crocetta per ogni riga.**

Mentre così gli diceva, l'ora della morte lo avvolse (v. 855).
rimpiangendo il proprio destino, lasciando la forza e la giovinezza (v. 857).

	Articolo	Pronome
1. Gli (v. 855)	☐	☐
2. l' (v. 855)	☐	☐
3. lo (v. 855)	☐	☐
4. il (v. 857)	☐	☐
5. la (v. 857)	☐	☐

11 **Alla fine dell'episodio (vv. 855-857), il narratore:**

- A racconta la morte di Patroclo.
- B descrive l'attacco finale di Ettore.
- C allude all'intervento di un dio.
- D esprime un giudizio sulla vicenda.

12 **Quali sono i temi di un brano incentrato sullo scontro mortale tra guerrieri? Sbarra le due risposte corrette.**

- A La spietata crudeltà di Ettore.
- B L'inutile valore di Patroclo.
- C L'audacia eccessiva di Ettore.
- D La pietà per la fine di Patroclo.

Competenze di scrittura

13 **Tipo di testo: informativo-emotivo (sintesi).**
Scopo: informare e coinvolgere.
Destinatario: studenti.

La notizia della morte di Patroclo si diffonde nel campo acheo: immagina che Odisseo sia incaricato di portare l'annuncio ad Achille. Scrivi un testo di 15-20 righe, tenendo presenti i punti che seguono:

- adotta la prima persona e un linguaggio coinvolgente, che lasci trasparire dolore e rabbia per l'accaduto;
- racconta i fatti, con un riferimento al coraggio di Patroclo e alla furia di Ettore;
- sottolinea il ruolo degli dèi nella fine prematura del giovane, vittima di un destino avverso.

Competenze digitali

14 **Utilizzando il computer, prepara una ricerca sul modo di intendere la guerra e sui vari tipi di armi nel mondo greco. Arricchiscila con opportune immagini (dipinti, manufatti ecc.).**

L'Odissea

Il poema e i «nóstoi»

L'*Odissea* racconta il rientro in patria di Odisseo (Ulisse per i Latini), dal cui nome è derivato il titolo dell'opera. Quest'ultima racconta il lungo viaggio dell'eroe, intelligente e accorto, per ritornare a casa, nell'isola di Itaca, dopo aver contribuito alla caduta di Troia, assediata dagli Achei, escogitando l'inganno del cavallo di legno.
Il poema rientra dunque in un ampio **ciclo di poemi epici**, che hanno come sfondo la guerra di Troia e che comprendono anche fatti successivi alla morte e ai funerali del guerriero troiano Ettore, posti a conclusione dell'*Iliade*, come per esempio lo stratagemma del cavallo pieno di guerrieri achei o la morte di Achille per mano di Paride.
Al ciclo troiano appartengono anche molte **narrazioni** composte dagli **aedi** sugli avventurosi ritorni in patria degli eroi che avevano partecipato alla guerra di Troia. Essi prendono il nome di ***nóstoi***, appunto «ritorni», e l'*Odissea* può essere inserita a pieno titolo in questo filone narrativo, di cui costituisce l'esempio più famoso. Inoltre, per la quantità di avventure in cui il protagonista si trova coinvolto, il poema, pur essendo in versi, merita di essere definito il primo grande romanzo d'avventura della letteratura occidentale.

L'argomento e la struttura

L'*Odissea*, come l'*Iliade*, è un poema in **esametri**, composto da **24 libri** o canti e risalente all'**VIII secolo a.C.** Le vicende si organizzano intorno a **tre nuclei** fondamentali:

– la ***Telemachia***, formata dai libri I-IV, dedicati al figlio di Odisseo, Telemaco; il giovane, incapace di reggere il governo dell'isola di Itaca in assenza del padre, si allontana dalla reggia per raccogliere notizie su di lui, recandosi a Pilo, dal re Nestore, e a Sparta dal re Menelao;

– i **viaggi di Odisseo**, il cui racconto occupa i libri V-XII; in essi si descrivono le peregrinazioni dell'eroe nel Mediterraneo, narrate in prima persona a partire dal libro IX;

– il **ritorno** e la **vendetta**, cui sono dedicati i libri XIII-XXIV, che parlano del rientro di Odisseo a Itaca e della sua vendetta contro i Proci, i nobili pretendenti che aspirano alle nozze con sua moglie Penelope e alla conquista del trono. Nell'epilogo, il protagonista si propone di fondare il suo potere su valori nuovi rispetto a quelli evidenziati nell'*Iliade*, cioè su princìpi di concordia e di pace.

Per quanto riguarda la **tecnica** usata dall'autore per organizzare una materia narrativa così vasta e complessa, occorre fare le seguenti osservazioni:

– la **prima parte**, ovvero la *Telemachia*, che inizia *in medias res*, è raccontata da un **narratore esterno di I grado**, che descrive il viaggio del giovane e fa riferimento a Odisseo, prigioniero della ninfa Calipso nell'isola di Ogigia. Al protagonista si allude soltanto e il differire la sua entrata nel poema accresce le aspettative nei suoi confronti;

– nella **seconda parte**, il **narratore esterno** racconta le peripezie dell'eroe, di cui si espongono le vicende relative alla fine del viaggio, da Ogigia all'arrivo a Scheria, l'isola dei Feaci. A questo punto abbiamo un **narratore interno di II grado**, cioè l'eroe stesso che, mediante la tecnica del **flashback**, descrive le sue avventure in prima persona;

– la **terza parte** è di nuovo raccontata dal **narratore esterno**, che riprende gli ultimi eventi della storia, il ritorno a Itaca e la strage dei Proci, ricollegandosi alle vicende iniziali e dando al poema una **struttura circolare**.

La trama

Il concilio degli dèi

Dopo il proemio, nel quale il poeta, seguendo la tradizione, invoca la musa come ispiratrice del suo canto, il racconto prende avvio con l'assemblea degli dèi, riuniti sull'Olimpo. La città di Troia è finalmente caduta: Zeus, nonostante l'opposizione di Poseidone, su richiesta di Atena acconsente a inviare nell'isola di Ogigia il suo messaggero, Ermes, con l'ordine che la ninfa Calipso lasci libero Odisseo, il quale da sette anni si trova suo ospite. A sua volta, la dea Atena andrà a Itaca, dopo aver assunto l'aspetto di Mente, re dei Tafi, un vecchio amico di Odisseo: il suo compito è quello di convincere Telemaco, il figlio dell'eroe, a cercare notizie del padre.

Il viaggio di Telemaco

La reggia di Itaca è occupata dai Proci, i prìncipi delle isole vicine, che, sotto la guida dell'arrogante Antinoo, corteggiano la regina Penelope allo scopo di impadronirsi del potere sposandola. Telemaco accoglie con cortesia Mente, al quale indica i Proci per nome: sempre riuniti a banchetto, essi stanno distruggendo le ricchezze del regno.

Quindi il giovane si reca dagli amici paterni, i re Nestore e Menelao, dai quali apprende la notizia della conclusione della guerra di Troia e che Odisseo è trattenuto sull'isola di Calipso. Intanto, i Proci decidono di tendergli un agguato per ucciderlo sulla via del ritorno a casa. Penelope, informata del complotto, è rassicurata da Atena: la dea le promette che il figlio rientrerà sano e salvo.

Il viaggio di Odisseo verso Itaca

Alla fine della *Telemachia*, il poeta sposta la sua attenzione sul protagonista, Odisseo, che soffre per la nostalgia della patria e della famiglia. La ninfa Calipso, che lo ama e gli promette l'immortalità pur di trattenerlo presso di sé, cede alla volontà di Zeus. L'eroe costruisce una zattera e si mette in viaggio.
Dopo diciassette giorni di navigazione, durante i quali deve affrontare una terribile tempesta, Odisseo finalmente approda sulla spiaggia di un'isola montuosa, alla foce di un piccolo fiume: sfinito, si addormenta. Egli si trova a Scheria, una terra abitata dal popolo dei Feaci. Qui riceve l'aiuto di Nausìca, la figlia del re Alcinoo, che si era recata sulla spiaggia dopo un sogno in cui la dea Atena le chiedeva di andare in quel luogo con le sue ancelle, per lavare le vesti. La fanciulla accompagna Odisseo alla reggia, dove il naufrago viene accolto con benevolenza dal sovrano.

Il racconto di avventure straordinarie

Durante un banchetto in suo onore, Odisseo accetta l'invito di Alcinoo a raccontare la sua storia. Mediante la tecnica del flashback egli rievoca le avventurose tappe del *nóstos*, cioè del viaggio di ritorno a casa: lo scontro con i bellicosi Cìconi, che abitano nella Tracia; l'approdo nella terra dei misteriosi Lotòfagi, i «mangiatori di loto», un frutto che fa perdere la memoria; l'incontro con i Ciclopi, esseri giganteschi dotati di un solo occhio, e la lotta contro Polifemo, figlio di Poseidone, il dio del mare. Proprio l'accecamento del mostro provoca l'ira e la persecuzione della divinità nei confronti dell'eroe.
Giunto nell'isola governata da Eolo, il dio dei venti, Odisseo ottiene un otre che contiene tutti i venti contrari alla navigazione; quando già la nave è in vista di Itaca, i compagni, convinti che dentro vi sia un tesoro, aprono l'otre e i soffi furiosi, scatenandosi, li sospingono di nuovo sull'isola di Eolo. Quest'ultimo, temendo che Odisseo sia perseguitato dagli dèi, lo allontana rifiutandogli il proprio aiuto. Dopo essere scampati ai Lestrìgoni, che si nutrono di carne umana, l'eroe e i pochi compagni sopravvissuti arrivano nell'isola di Eea, dove vive la maga Circe, che trasforma gli ospiti in maiali. Grazie all'aiuto del dio Ermes, Odisseo si sottrae alle magie di Circe e libera dall'incantesimo i suoi amici, che riprendono la forma umana. Un anno più tardi, il protagonista, prima di partire, raggiunge i confini del mondo, più precisamente il paese dei Cimmerii, dove si trova l'ingresso dell'oltretomba o Ade: qui incontra Agmennone e Achille, uccisi il primo dalla moglie, il secondo da Paride; sua madre Anticlea e l'indovino Tiresia, che gli predice l'arrivo in patria e la lotta contro i Proci.

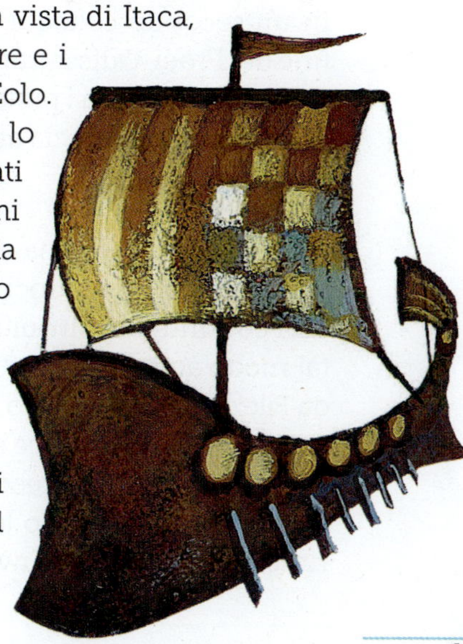

Di ritorno sull'isola di Circe, ascolta i consigli della dea e, ripreso il mare, evita le Sirene, che con il loro canto melodioso attirano i naviganti e li fanno naufragare. Perde quindi sei uomini durante il passaggio dello stretto fiancheggiato da due esseri orrendi, la serpentiforme Scilla e il vortice Cariddi, ma alla fine giunge in vista dell'isola di Trinacria (l'attuale Sicilia). I compagni lo implorano di fare una sosta per riposare e rifocillarsi. Affamati, essi non resistono alla tentazione e si cibano dei bianchi buoi, sacri al Sole, provocando la vendetta del dio: onde altissime fanno inabissare la nave e il solo Odisseo sfugge alla morte, trovando rifugio sull'isola di Calipso.
Addolorati per le sue innumerevoli peripezie, i Feaci riconducono in patria l'ospite, carico di doni. Inizia così la terza e ultima parte del poema.

L'arrivo a Itaca

L'eroe si risveglia sull'isola e fatica a riconoscerla, ma la dea Atena lo rassicura di essere arrivato in patria. Tuttavia, poiché la reggia è in mano ai Proci, egli dovrà sterminarli, non senza aver prima subìto gravi umiliazioni. Atena lo trasforma in un anziano mendicante e lo sollecita a recarsi da Eumeo, il guardiano dei porci, che gli è rimasto fedele; lei invece andrà a Sparta, per affrettare il ritorno di Telemaco, che sfugge all'agguato dei pretendenti. Nella capanna di Eumeo, padre e figlio si incontrano dopo vent'anni: Odisseo gli rivela la propria identità e i due progettano il piano per mettere in atto la vendetta.

Telemaco torna al palazzo per rassicurare la madre e poco dopo giungono alla casa anche Odisseo, del quale nessuno sospetta, e il porcaro. Introdotto nella sala dei banchetti, l'eroe è deriso dai Proci e, colpito da Antinoo, gli predice la morte imminente. Quindi incontra Penelope e la rassicura, dicendole che il marito sta per tornare. Allora la regina affida lo strano mendicante alle cure della nutrice Euriclea. La donna lo riconosce dalla cicatrice di una vecchia ferita di caccia ed egli la persuade a mantenere il segreto.
In un secondo colloquio con la moglie, che gli racconta un sogno premonitore sulla fine dei Proci, Odisseo apprende i suoi propositi per il giorno successivo: sceglierà come sposo colui che fra i pretendenti sarà capace di tendere il pesante arco del marito, facendo passare una freccia attraverso gli anelli di dodici scuri allineate.

La vendetta

Durante la notte Atena esorta Odisseo ad avere fiducia negli dèi. All'alba egli si accinge a fare giustizia dei Proci, che come ogni giorno si sistemano alla tavola dell'ampia sala. Essi continuano a insultare il mendicante, resi più arroganti e sfrenati da Atena, che in tal modo accresce l'ira di Odisseo, il quale si fa riconoscere, oltre che da Eumeo, anche da Filezio, un altro servo, che gli promette il suo aiuto. Nessuno fra i pretendenti vince la prova, che viene invece superata con facilità dal mendicante, tra le urla e gli insulti degli avversari. La prima freccia attraversa le asce e la seconda raggiunge Antinoo. A questo punto i servi sbarrano le porte e Penelope si ritira nella sua stanza. Quando nel cielo rimbomba un tuono, inviato da Zeus, incomincia il massacro. I Proci cadono uno dopo l'altro e Atena, nelle vesti di Mente, devia i loro colpi, proteggendo Odisseo e i suoi. Le ancelle che avevano cercato il favore dei Proci vengono impiccate, ma l'eroe, prima di farle giustiziare, le obbliga a pulire la sala dal sangue e a rimuovere i cadaveri.

IL RICONOSCIMENTO

Euriclea avverte Penelope dell'accaduto e la regina stenta a credere che il povero mendicante sia in realtà Odisseo. Decide tuttavia, animata dalla speranza suscitata in lei dal racconto della nutrice, di metterlo alla prova. Così ordina alla serva di portare fuori dalla camera nuziale il letto che il marito aveva costruito con le proprie mani, intagliandolo in un tronco di ulivo e rendendolo quindi inamovibile. Odisseo reagisce con foga alle parole della moglie, spiegando il particolare: a queste parole Penelope scoppia in lacrime e riconosce finalmente colui che le sta davanti. Dopo vent'anni di separazione, i due coniugi si abbracciano fra le lacrime e trascorrono la notte, prolungata per dono di Atena, raccontandosi le proprie avventure.

Il giorno seguente, Odisseo fa visita a suo padre Laerte, che vive modestamente coltivando un piccolo campo. Poi insieme al figlio cerca di impedire uno spargimento di sangue che sembra inevitabile dopo il massacro dei Proci, le cui famiglie chiedono vendetta. Infatti, non molto tempo dopo, una folla rumoreggiante si riunisce davanti alla reggia, ma, per intervento di Atena, lo scontro viene evitato. Rimane ucciso solo il padre di Antinoo, abbattuto da Laerte con un colpo di giavellotto. La dea calma gli animi, così la pace e l'autorità di Odisseo sono finalmente restaurate.

LA REALTÀ STORICA

Nell'*Odissea* manca un preciso fatto storico di riferimento, come invece abbiamo nell'*Iliade*, tuttavia essa rappresenta una fonte significativa di informazioni riguardo all'**epoca post-micenea**, cui si fa cenno nel poema e della quale non abbiamo documenti scritti.

La base storica dell'*Odissea* si ricollega alle **prime esplorazioni** compiute dai Greci nel Mediterraneo: essi elaborarono audaci rotte marittime e fondarono scali, poi sfruttati nel corso della seconda colonizzazione.

Nell'opera si rappresentano una **società** indubbiamente **più complessa** e una **cultura più evoluta** rispetto a quelle rintracciabili nell'*Iliade*. Odisseo appartiene a una **classe aristocratica e guerriera**, che detiene il potere; ma, accanto a essa, cominciano ad affermarsi **altri gruppi sociali**, come gli artigiani, i medici, gli aedi e gli indovini, di cui è riconosciuta l'utilità. L'autore si riferisce inoltre ai braccianti, posti all'ultimo gradino della scala sociale, e ai servi, che godono della protezione del padrone e che spesso sono pienamente inseriti nella famiglia cui appartengono.

Dunque la **narrazione** si presenta in generale **più realistica** rispetto a quella dell'*Iliade*, nonostante l'introduzione di elementi fantastici e fiabeschi, tipici del tema del viaggio: infatti, accanto alle classi elevate, fa la sua comparsa la **dimensione del quotidiano**, per esempio nella descrizione della vita familiare, facendoci conoscere le varie attività economiche e la stratificazione sociale di un mondo lontanissimo nel tempo, ma, grazie ai versi omerici, ancora ricco di fascino.

I personaggi

Il mondo di Itaca

Jacopo D'Andrea, *Penelope*.
Olio su tela, 1849.
Venezia, Accademia delle Belle Arti.

Penelope: la moglie saggia

Chi è Figlia dello spartano Icario e della naiade (ninfa delle acque) Policasta; su di lei circola una diceria inquietante: subito dopo la nascita, sarebbe stata gettata in mare per ordine del padre e uno stormo di anatre l'avrebbe salvata e nutrita. Tutti gridano al prodigio e da allora Icario le attribuisce il nome di Penelope («anatra»). Diventa la moglie di Odisseo, re di Itaca, al quale dà un figlio, Telemaco.
Le azioni Come regina di Itaca, rimane incrollabilmente fedele al marito per circa vent'anni, quanti occorrono a Odisseo per tornare a casa dopo la lunga guerra di Troia e gli innumerevoli vagabondaggi sul mare. Durante l'assenza dell'eroe subisce le pesanti attenzioni dei Proci, i prìncipi delle isole vicine, che nutrono la speranza di sposarla per conquistare il trono. Allo scopo di contrastare queste nozze sgradite, Penelope promette di scegliere un marito fra i pretendenti solo al termine del lungo lavoro di tessitura di una tela, un dono da offrire al vecchio Laerte, padre di Odisseo. Di notte la donna disfa il lavoro compiuto di giorno, ritardando così all'infinito il momento della decisione.
Simbologia Rappresenta il modello della donna dagli alti valori morali, simbolo di pudore, di fedeltà e di astuzia.

Telemaco: il figlio coraggioso

Chi è Figlio di Odisseo e di Penelope, è protetto dalla dea Atena.
Le azioni Determinato e audace, si oppone con tutte le sue forze ai Proci, i quali decidono di tendergli un agguato, cui per fortuna scampa. Presso il guardiano di maiali Eumeo incontra il padre e insieme a lui elabora il piano per sterminare i pretendenti e castigare i servi infedeli. Secondo la leggenda, alla morte del padre avrebbe sposato Circe, da cui sarebbe nato il figlio Latino. Secondo un altro mito, si sarebbe unito a Nausìca, diventando padre di Persepoli. Anche sulla sua morte esistono versioni differenti: quando la maga Circe si accorge che egli aveva ucciso Cassifone, figlia sua e di Odisseo, tenta di eliminarlo. Ma Telemaco

Ceramica a figure rosse raffigurante Telemaco.
V sec. a.C.

respinge l'aggressione e le toglie la vita; poi, pentitosi del suo gesto, si suicida gettandosi da un altissimo dirupo. Secondo altri fonti, è la stessa Cassifone a uccidere Telemaco, per vendicarsi delle gravi crudeltà che egli avrebbe inflitto a Circe.
Simbologia Incarna il modello del figlio rispettoso dell'autorità dei genitori e amante della famiglia, di cui si prende cura in assenza del padre.

I Proci: i corteggiatori arroganti

Chi sono Giovani prìncipi di Itaca e delle isole vicine, si sono stabiliti in permanenza nel palazzo di Odisseo durante la sua lontananza a causa della guerra di Troia. Si trattengono nella reggia allo scopo di ottenere la mano di Penelope. Tra essi spicca per arroganza il loro capo, Antinoo, ideatore del piano di uccidere Telemaco.
Le azioni Dimorano alla corte di Itaca comportandosi come parassiti che consumano il patrimonio del re. La loro presenza è tollerata in base al concetto della sacralità dell'ospite, molto sentito nella cultura greca. Sono sterminati senza pietà da Odisseo, con l'aiuto di Telemaco e di alcuni fidati servitori.
Simbologia Rappresentano la malvagità unita alla stoltezza e alla *hýbris* («tracotanza»), che impedisce loro di vedere (sono definiti *ciechi*) la fine imminente per mano dell'eroe.

Eumeo: il servo fedele

Chi è È il migliore e il più affezionato tra i servi di Odisseo: Omero lo definisce *díos uforbós*, il «divino porcaro», perché si prende cura dei maiali del padrone. Non ha moglie né figli, è virtuoso e modesto, soddisfatto della vita che conduce, nonostante appartenga a una stirpe reale: è lui stesso infatti a raccontare, nel libro XV, di essere figlio di un re siciliano, di essere stato rapito dai pirati fenici e poi venduto a Laerte, il padre di Odisseo, e da questi allevato con affetto nella sua casa.
Le azioni Non si distingue per imprese particolari quanto per lo scrupolo con cui svolge il proprio lavoro, dispiacendosi al contempo per la rovina della casa di Odisseo, perpetrata dai Proci. Custodisce e difende le proprietà del padrone, accoglie con rispetto il mendicante straniero sotto le cui vesti lacere si cela Odisseo, offrendogli addirittura il suo unico mantello. Dopo il ritorno dell'eroe, svolge parte attiva nella punizione dei Proci e dei servi infedeli.
Simbologia Incarna la fedeltà, che non viene meno neppure per una lunga attesa. Questo carattere lo associa a Penelope e a Telemaco.

Eumeo in attesa del ritorno di Ulisse.
Terracotta del V sec. a.C.
New York, Metropolitan Museum of Art.

Mostri e creature divine

Calipso: la ninfa innamorata

Chi è Figlia di Atlante e di Teti, è una ninfa bellissima, che risiede nella lontana, quasi inaccessibile, ma paradisiaca isola di Ogigia.
Le azioni L'evento più significativo della sua vita è la passione che nutre per Odisseo, giunto naufrago a Ogigia dopo essere sopravvissuto a una terribile tempesta scatenata dal suo nemico Poseidone. Pur di trattenere l'eroe presso di sé, gli propone i doni dell'immortalità e dell'eterna giovinezza, che lui rifiuta. Riesce a ritardare la partenza di Odisseo per sette anni, periodo in cui alla coppia nascono due figli, Nausitoo e Nausinoo. Infine, per volere di Zeus, lo lascia ripartire.
Simbologia Incarna l'amore non egoistico, che rinuncia alla felicità per il bene dell'amato.

Polifemo: il gigante stolto

Chi è Figlio di Poseidone, dio del mare, e della ninfa Toosa, vive in una grotta alle pendici dell'Etna. Di statura e aspetto mostruosi, ha un occhio solo in mezzo alla fronte. Alleva pecore e montoni da cui ricava i mezzi per sostentarsi. Come racconta il poeta latino Ovidio nelle *Metamorfosi*, è l'innamorato non ricambiato della ninfa Galatea, a sua volta presa dalla passione per il bel pastore Aci, che Polifemo uccide con un macigno. Invece, il poeta greco Teocrito descrive il Ciclope come una creatura benevola e dal carattere estroverso.
Le azioni Non rispettando gli ospiti, come impone una legge non scritta ma importantissima della cultura greca, uccide e divora alcuni compagni di Odisseo, che lo acceca con un palo rovente. Deriso dai suoi simili, rivela loro che è stato Nessuno (il falso nome fornitogli dall'eroe) a privarlo della vista. Si appella poi a suo padre, che promette di vendicarlo: da questo momento inizia la persecuzione di Odisseo a opera del dio Poseidone, che lo costringe a vagare per dieci anni prima di fare ritorno a casa.
Simbologia Incarna il disprezzo delle leggi umane e divine e la mancanza di civiltà e di cultura, in contrapposizione alla civiltà e alla cultura rappresentate da Odisseo e dai compagni.

Alessandro Allori, *Ulisse e i suoi compagni fuggono dalla grotta di Polifemo.*
Affresco, 1576. Palazzo Portinari Salviati, Firenze.

Circe: la maga astuta

Chi è Esperta nelle arti magiche e nella preparazione di filtri, è figlia di Helios, il Sole, e della ninfa oceanina Perseide, nonché sorella della regina Pasifae, la sposa di Minosse, sovrano di

Creta e padre del Minotauro, essere mostruoso.
Le azioni È gelosa del dio marino Glauco, il quale le preferisce la ninfa Scilla, che non esita a trasformare in uno dei due mostri che infestano lo Stretto di Messina. Dopo aver assassinato il marito, re dei Sarmati, si nasconde nell'isola di Eéa, luogo di approdo di Giasone e Medea, di ritorno dalla spedizione degli Argonauti, e dove sbarca anche Odisseo. La maga trasforma in porci gli uomini che hanno la sventura di giungere al suo palazzo e fa altrettanto con i compagni dell'eroe, da lui prontamente salvati. Secondo alcuni scrittori latini, Circe genera a Odisseo tre figli: Agrio, Latino e Telegono. Prima della sua partenza, gli offre utili consigli per il viaggio di ritorno, suggerendogli di recarsi nel mondo dei morti e di interpellare l'indovino Tiresia, il veggente che gli predice il futuro.
Simbologia Incarna il lato oscuro dell'essere umano, il contatto con l'invisibile e l'irrazionale.

Tilla Durieux interpreta Circe in un dipinto di Franz von Stuck.
1913. Berlino, Alte Nationalgalerie.

SCILLA: LA NINFA SFORTUNATA

Chi è In origine è una bellissima ninfa, di identità incerta.
Le azioni Di lei si innamora il dio Glauco, che la preferisce alla maga Circe. Quest'ultima, accecata dalla gelosia, lancia erbe magiche nelle acque in cui la rivale è solita bagnarsi. Immediatamente Scilla muta la sua natura e diventa un mostro ringhiante a sei teste, con una triplice fila di denti, e sei zampe. Disperata per la propria sorte, si nasconde in una cavità sulla costa calabra dello Stretto di Messina, di fronte a Cariddi. Da quel luogo assale le navi per divorarne l'equipaggio. La nave di Odisseo deve affrontare una prova simile, cercando un passaggio sicuro tra la sua tana e il vortice generato da Cariddi.
Simbologia Rappresenta l'ignoto, il rischio e il pericolo che tutti gli esseri umani devono affrontare durante la vita.

CARIDDI: LA NINFA AVIDA

Chi è In origine è una naiade, figlia di Poseidone e di Gea. Dopo la sua trasformazione in un'orribile creatura marina, vive nei pressi di una rupe della costa siciliana, nelle vicinanze dello Stretto di Messina, proprio di fronte a Scilla.
Le azioni Dall'appetito insaziabile e dedita alle ruberie, si rende protagonista di un furto di bestiame ai danni di Eracle. Il latrocinio è punito da Zeus, che la getta in mare, dopo averla trasformata in un mostro che, con la sua larghissima bocca, tre volte al giorno ingoia e rigetta le acque, generando vortici e gorghi pericolosissimi per i naviganti. Odisseo riesce a malapena a salvarsi da lei, pagando un prezzo altissimo in termini di vite umane.
Simbologia Come Scilla, rappresenta gli ostacoli dell'esistenza.

I viaggi di Odisseo: tempeste, mostri e meraviglie

Le **avventure di Odisseo** presentano una **struttura «circolare»**: esse infatti iniziano e si concludono a Itaca, l'isola soleggiata e arida, sovrastata dal boscoso monte Nerito, e adatta solo al pascolo delle capre.
In mezzo si colloca la vasta distesa del mare, che i Greci non hanno mai amato benché la necessità di commerciare e la curiosità di conoscere nuovi popoli e usanze imponessero loro di confrontarsi con quell'elemento infido, di cui l'immaginazione esagerava i pericoli. Nel corso delle sue peregrinazioni Odisseo incontra creature che si pongono al di fuori della realtà, misurando contro di esse le proprie forze e le risorse della sua intelligenza. Gli spazi hanno spesso un carattere fiabesco e si nota una prevalenza di isole, mondi isolati, solitari, che attraggono l'eroe e i suoi compagni con la promessa di cibo e ristoro ma che nascondono segreti e insidie. I libri dal IX al XII contengono il resoconto di tali viaggi: vediamone le tappe.

Il paese dei Cìconi

I Cìconi rappresentano il primo popolo che Odisseo incontra dopo essere partito da Troia. Numerosi e forti, sono abili combattenti a piedi e sui carri. Vivono in un territorio dell'attuale Tracia, sul Mar Nero. La città principale si chiama Ismaro ed è ricca di bestiame.
L'impresa di Odisseo Devasta Ismaro e ne uccide molti abitanti, facendo portar via le donne e le ricchezze da dividere tra i guerrieri. Attaccati dai Cìconi dell'interno, l'eroe e i suoi sono costretti a riprendere il mare.

La terra dei Lotofagi

I Lotofagi, come dice il nome, sono i «mangiatori di loto», una pianta che suscita l'oblio, cioè induce a dimenticare la vita passata.
Il loro territorio, sulle coste della Libia, è ricco di acqua, di cui Odisseo e i compagni hanno necessità di rifornirsi.
L'impresa di Odisseo Informatosi sugli abitanti, l'eroe manda in ricognizione tre uomini, che però, assaggiato il dolce frutto del loto, non vogliono più saperne di partire. Perciò li trascina a forza sulle navi e ordina agli altri di sciogliere subito le vele.

L'isola del ciclope Polifemo

Figlio del dio del mare Poseidone, Polifemo è un Ciclope, gigante dall'unico occhio in mezzo alla fronte.
La terra dei Ciclopi, probabilmente i Campi Flegrei sulla costa della Campania, è occupata da un'ampia pianura fertile in cui

Odisseo e i suoi compagni lasciano l'isola del ciclope Polifemo.
Illustrazione di Jean-Léon Gérôme (1824-1904). Collezione privata.

grano, orzo e viti fioriscono senza che nessuno li coltivi. La grotta di Polifemo è circondata da pini e querce e da un recinto che ospita molte greggi di ovini. All'interno ci sono graticci carichi di formaggi, brocche di latte e recinti per gli agnelli. Un'enorme pietra ne chiude l'ingresso.

L'impresa di Odisseo L'eroe chiede ospitalità a Polifemo, ma questi divora alcuni degli uomini che lo accompagnano. Per sfuggirgli, Odisseo lo acceca con un palo rovente; poi, insieme ai superstiti, esce dalla grotta aggrappandosi al ventre dei montoni che vanno al pascolo. Gli Achei salgono sulla nave, mentre il Ciclope li insegue lanciando grandi massi e invocando la vendetta di suo padre Poseidone.

L'isola di Eolo

Figlio di Poseidone, Eolo è il dio dei venti, che può suscitare o calmare a suo piacimento.
Collocata nell'arcipelago delle Eolie, l'isola si muove nel mare. Lungo la costa, alta e priva di vegetazione, si snoda un'indistruttibile muraglia di bronzo. Il palazzo reale possiede un ampio cortile e le stanze sono dotate di comodi letti. La città più importante ha belle case.

L'impresa di Odisseo Eolo dona all'eroe un otre fatto di pelle di bue, in cui ha rinchiuso la forza dei venti impetuosi, contrari alla navigazione. I compagni di Odisseo lo aprono, pensando che contenga ricchezze, e la furia degli elementi sospinge al largo le navi. Gli uomini devono mettersi faticosamente ai remi perché il vento favorevole, lo Zefiro, è scomparso.

La terra dei Lestrìgoni

I Lestrìgoni sono giganti cannibali, sui quali regna il re Antifate.
La loro terra è da collocarsi forse in Sardegna. La capitale, che riceve acqua da una bella fonte, è stata costruita dal re Lamo, figlio di Poseidone. Il porto, ben protetto dalla furia delle onde, è circondato da pareti di roccia scoscesa. Al suo imbocco si allungano due promontori, che ne restringono l'entrata.

L'impresa di Odisseo Il mostruoso re Antifate divora uno dei compagni dell'eroe, mentre i suoi sudditi scagliano enormi massi sulle navi. Odisseo, che ha ancorato la propria nave fuori dal porto, recide gli ormeggi e salpa immediatamente; purtroppo le altre navi vengono distrutte.

Affresco romano del I secolo raffigurante i Lestrigoni che attaccano le navi di Odisseo.

L'isola della maga Circe

Circe, figlia del Sole, è la sorella del crudele Eeta, il re della Colchide (sul Mar Nero).
Nell'isola di Eéa, nei pressi del promontorio del Circeo, sorge la casa della maga, in una valle

profonda e ben riparata. L'abitazione, difesa da animali selvaggi, è fatta di pietre lisce, e ha porte lucenti; all'interno vi sono sedie e troni ornati d'oro e d'argento.

L'impresa di Odisseo La maga ha trasformato in porci gli uomini mandati dall'eroe a esplorare il territorio. Odisseo, con l'aiuto di un'erba magica, evita gli incantesimi di Circe e la costringe a restituire un aspetto umano agli sfortunati compagni.

Il paese dei Cimmerii

Odisseo definisce i Cimmerii *gente infelice* perché abitano una regione dove il sole non splende mai e sulla quale incombe una notte perenne.

Il loro paese è collocato nell'estremo Occidente, ai limiti del fiume Oceano che circonda la Terra: da qui si scende nell'orrido regno di Ade.

L'impresa di Odisseo L'eroe incontra le anime dei morti, fra le quali riconosce sua madre Anticlea, morta di dolore per non averlo rivisto, e l'indovino Tiresia, che gli predice il futuro.

L'isola delle Sirene

J. William Waterhouse, *Odisseo e le sirene*. Olio su tela, 1891.

Le Sirene sono creature dal volto femminile e dal corpo di uccello; con il loro canto soave attirano i marinai e li fanno naufragare sulle rocce.

L'isola delle Sirene si può forse collocare presso la penisola sorrentina. È coperta da un prato su cui biancheggia la distesa delle ossa degli infelici che vi si sono fermati e hanno trovato la morte.

L'impresa di Odisseo Con un po' di cera l'eroe chiude le orecchie dei compagni; poi si fa legare mani e piedi all'albero della nave, che passa veloce senza fermarsi davanti all'isola maledetta.

Lo stretto di Scilla e Cariddi

Scilla è un mostro marino, che latra paurosamente; ha dodici piedi e sei teste con tre file di denti ciascuna. Di fronte le sta Cariddi, un mostro che provoca un terribile vortice.
Lo stretto braccio di mare è delimitato ai lati da due scogli. A metà circa di uno di essi si apre una caverna rivolta a ovest, dove vive Scilla, che sporge dall'antro le teste per afferrare ogni essere vivente. Più in basso si trova l'altro scoglio, con il vortice Cariddi che inghiotte le imbarcazioni.
L'impresa di Odisseo Scilla ghermisce sei compagni dell'eroe, ma il gruppo riesce ad allontanarsi, sottraendosi alla presa di Cariddi. Dopo che una tremenda tempesta ha affondato la nave, Odisseo ha la sventura di passare ancora per lo stretto: fortunatamente Scilla non lo vede e Cariddi non lo sommerge, perché l'eroe si tiene saldamente aggrappato all'albero della nave distrutta.

L'isola di Trinacria

Il Sole, chiamato anche Hélios, rallegra i mortali con la sua luce. Possiede una mandria bellissima, custodita dalle figlie. Il suo epiteto è *Iperione*, cioè *colui che sta in alto*.
Questa bella isola, definita *egregia*, è con tutta probabilità la Sicilia. È così ricca di bestiame che Odisseo ne sente i muggiti e i belati quando ancora si trova sulla nave. Possiede un porto profondo e ben riparato, vicino al quale sgorga una fonte di acqua dolce.
L'impresa di Odisseo Affamati, i compagni dell'eroe mangiano le vacche del Sole, animali sacri e perciò intoccabili. Il dio scatena una tempesta alla quale sopravvive il solo Odisseo.

L'isola di Calipso

Calipso è una ninfa che vive nell'isola di Ogigia, presso lo Stretto di Gibilterra, lontana e difficile da raggiungere. Un'ampia grotta costituisce l'abitazione della dea: all'interno vi sono un focolare, su cui bruciano legni odorosi, e un telaio. La grotta è circondata da un bosco rigoglioso, dove molti uccelli fanno il nido, da prati fioriti, da fontane di acqua limpida e da una vite carica di grappoli.
L'impresa di Odisseo L'eroe trascorre sette anni sull'isola perché Calipso, innamorata di lui, lo trattiene lì. Infine lo lascia partire per ordine di Zeus ed egli, impaziente di riprendere il mare, costruisce una robusta zattera.

L'isola dei Feaci

I Feaci discendono dal dio del mare Poseidone; marinai molto abili, vivono sull'isola di Scheria (l'attuale Corfù) e sono governati dal re Alcinoo e dalla regina Arete.
La reggia di Alcino è una dimora sontuosa, lucente come il sole, alla quale fanno la guardia cani d'oro e d'argento, fabbricati dal dio Efesto. Ha muri di bronzo, porte dorate con stipiti d'argento. È circondata da un ampio giardino, nel quale peri, meli, melograni, olivi e fichi danno frutti tutto l'anno. La sala dei banchetti è arredata con sedili rivestiti di drappi ben lavorati ed è illuminata da fiaccole tenute in mano da statue d'oro.
L'impresa di Odisseo Dopo la partenza da Ogigia, una violenta tempesta getta l'eroe su una spiaggia dell'isola di Scheria. Trovato da Nausìca, la figlia del re Alcinoo, ottiene ospitalità alla reggia e narra alla corte, riunita a banchetto, la storia delle avventure che gli erano capitate da quando, con dodici navi e un gruppo di compagni, aveva lasciato Troia per ritornare a casa.

TESTO-GUIDA **OMERO**

Il Proemio

(LIBRO I, VV. 1-10)

IL BRANO

Come l'*Iliade*, anche l'*Odissea* si apre con l'invocazione alla Musa e con una sintesi dell'argomento trattato nel poema, il cui protagonista è Odisseo, l'eroe greco che aveva ideato l'inganno del cavallo di Troia. Dopo la distruzione della città egli affronta, insieme ai compagni, un viaggio lunghissimo e irto di pericoli per rientrare nella sua patria, l'isola di Itaca. Ma gli dèi hanno deciso diversamente: odiato dal dio del mare Poseidone, di cui ha accecato il figlio, il ciclope Polifemo, Odisseo non riuscirà a salvare i compagni, puniti dal Sole per aver mangiato i buoi a lui sacri. Egli, pertanto, dovrà affrontare da solo il ritorno a casa.

Il protagonista è un uomo dotato d'ingegno, capace di soffrire e di conoscere.

Narrami, o Musa[1], dell'eroe multiforme[2],
che tanto vagò, dopo che distrusse la rocca sacra[3] di Troia:
di molti uomini vide le città e conobbe i pensieri,
molti dolori patì[4] sul mare nell'animo suo,
per acquistare a sé la vita e il ritorno ai compagni.
Ma i compagni neanche così li salvò, pur volendo:
con la loro empietà si perdettero[5],
stolti, che mangiarono i buoi del sole
Iperione[6]: a essi egli tolse il dì del ritorno[7].

1. **Musa**: Calliope, la musa che ispira la poesia epica.

2. **multiforme**: nell'originale greco, la parola *polýtropos* significa «astuto», dall'intelligenza versatile, ma anche «che ha molto viaggiato». Entrambi i significati si adattano alla personalità del protagonista, l'eroe scaltro che ha peregrinato a lungo per i mari prima di ritornare a casa.

3. **sacra**: in cui si trovavano i templi degli dèi.

4. **patì**: soffrì.

5. **con ... si perdettero**: morirono a causa della loro empia condotta. Essi infatti, come si racconta nel libro XII del poema, avevano ucciso e mangiato i buoi sacri al Sole.

6. **Iperione**: epiteto del Sole, vuol dire «colui che si muove in alto».

7. **tolse ... ritorno**: per punizione, il Sole aveva decretato che essi sarebbero morti senza rivedere la patria.

Racconta qualcosa anche a noi[8], o dea figlia di Zeus.

(Omero, *Odissea*, trad. it. di G. A. Privitera,
Fondazione Lorenzo Valla-Mondadori, Milano 1986)

8. a noi: all'autore del poema e ai suoi ascoltatori.

Comprendere e analizzare

→ La struttura del testo

Come si è già osservato a proposito dell'*Iliade* (vedi p. 138), anche qui il breve proemio contiene tutti gli elementi necessari alla comprensione dell'opera, delle vicende narrate, dei temi e dei personaggi. Il testo lascia intravedere un racconto avvincente di prove affrontate e superate, di incontri emozionanti, di pericoli imprevisti.

1 Indica in sintesi il contenuto di ciascuna delle tre parti, ben riconoscibili, in cui si divide il proemio.

– vv. 1-5;
– vv. 6-9;
– v. 10.

2 Nonostante la discussione sull'identità di Omero, è innegabile che vi sia una relazione tra l'*Iliade* e l'*Odissea*: l'eroe, infatti, è un personaggio della prima e il protagonista della seconda. Quale riferimento viene fatto alla vicenda dell'*Iliade*?

→ I personaggi

Dal momento che Odisseo è il «centro» del poema, il personaggio intorno al quale ruota l'intera storia, il poeta si preoccupa di evidenziarne fin da subito le caratteristiche. Egli ne descrive alcune in modo esplicito e ne lascia altre all'intuizione dell'ascoltatore o del lettore, facendole scaturire dal racconto delle sue azioni.

3 Accanto a Odisseo, troviamo nel testo il riferimento ad altri personaggi: di chi si tratta?

1. MUSA
2. COMPAGNI
3. ZEUS

4 Odisseo è indubbiamente un uomo d'azione e questo suo aspetto è messo in rilievo da alcuni verbi, che si riferiscono al suo comportamento: completa lo schema, associando a ognuno di essi un'esperienza compiuta dall'eroe.

vagò (v. 2):	....
vide (v. 3):	....
conobbe (v. 3):	....
patì (v. 4):	....

Come un eroe delle fiabe, Odisseo si allontana da un'esistenza serena e rassicurante: messo alla prova, deve confrontarsi con l'imprevisto, per poi ritornare a Itaca, più saggio e psicologicamente più maturo. Vediamone allora gli elementi della personalità.

5 All'inizio del proemio, l'autore si riferisce al protagonista senza farne il nome, ma indicandone un aspetto specifico: quale?

6 Quali caratteristiche interiori è possibile attribuire a Odisseo? INTELLIGENTE
MOLTA VOGLIA DI CONOSCERE

7 Chi, tra i personaggi citati nel testo, è l'antagonista di Odisseo, del quale prolunga le peregrinazioni e le sventure?

- [x] A Il dio Poseidone.
- [ ] B I compagni dell'eroe.
- [x] C Il dio Zeus. NO
- [ ] D Il dio Sole.

→Il linguaggio epico

Il proemio mostra alcuni esempi dello stile dell'epica, con il linguaggio formulare, in rapporto ai tratti che distinguono un personaggio e con la presenza di figure retoriche e di adeguate scelte sintattiche.

8 Sottolinea nel proemio l'epiteto riferito alla musa.

9 Nei versi 3-5, il poeta accumula una serie di sostantivi, aggettivi e verbi, per dare l'idea della complessità dell'agire e dei caratteri del protagonista. Di quale figura retorica fa uso?

A Anafora.
B Enumerazione.
C Climax ascendente.
D Climax discendente.

10 Nel proemio si insiste sulla misera fine dei compagni di Odisseo: quale figura retorica è presente nell'espressione *a essi egli tolse il dì del ritorno* (v. 9)? Motiva la risposta.

11 Il testo non manca di riferirsi a vicende che di certo susciteranno interesse, ma che devono essere qui raccontate in sintesi pur offrendo contemporaneamente svariati dettagli. Pertanto la costruzione del periodo privilegia:

A l'ipotassi, con prevalenza di subordinate.
B la paratassi, con prevalenza di coordinate.
C una mescolanza di ipotassi e di paratassi.
D l'ipotassi nei primi versi, la paratassi alla fine.

→I temi

L'invocazione alla musa Calliope apre il testo e viene ripresa al termine, quando l'autore riconosce il potere della dea, che ha saputo ispirare tanti altri poeti. All'invocazione segue una sintesi degli argomenti sviluppati nel poema. In tal modo appaiono delineati con chiarezza i due temi dell'opera.

12 Il poeta si rivolge direttamente alla fonte ispiratrice del suo canto: che cosa le chiede (vv. 1 e 10)?

13 Qual è l'argomento del poema?

→Un confronto

La lettura del proemio dell'*Odissea* comporta la possibilità di confrontarlo con quello dell'*Iliade* (vedi p. 138), dal quale appare molto diverso. Si tratta in ogni caso di un esercizio utile per comprendere le specificità di entrambe le opere, osservando al contempo che il poeta dell'*Odissea* esercita la propria arte con maggiore autonomia: qui, infatti, è lui a raccontare la storia, pur essendo ispirato dalla dea; nell'*Iliade*, invece, è la musa in persona a narrare una vicenda, eleggendo l'autore a suo «portavoce».

14 Confronta il proemio delle due opere, seguendo la traccia proposta: quali somiglianze e differenze riscontri?

1. L'invocazione alla musa.
   Iliade: TUTTE E DUE
   Odissea:
2. I protagonisti e le loro caratteristiche.
   Iliade: AGAMENNONE ETTORE ACCHILLE
   Odissea: ULISSE, ZEUS, MUSA
3. L'argomento.
   Iliade:
   Odissea:
4. L'intervento degli dèi.
   Iliade:
   Odissea:

Telemaco e Penelope

(LIBRO I, VV. 252-364)

IL CONTESTO

Riuniti in consiglio, gli dèi hanno deciso di favorire il ritorno di Odisseo nella sua patria, l'isola di Itaca. Si oppone il dio del mare, Poseidone, adirato con l'eroe perché ha accecato suo figlio, il mostruoso ciclope Polifemo. Atena espone a Zeus il suo piano: inviare il messaggero degli dèi, Ermes, sull'isola di Ogigia, presso la ninfa Calipso, ordinandole di lasciar partire Odisseo, che vive con lei ormai da molto tempo. La dea, invece, andrà a Itaca, per incoraggiare Telemaco, il figlio dell'eroe, e spronarlo a reagire contro i Proci, i nobili che aspirano alla mano di sua madre Penelope. Atena, prese le sembianze di Mente, signore dei Tafi, giunge alla reggia di Odisseo. Qui trova i Proci, intenti a gozzovigliare, ma è accolta cortesemente da Telemaco, che in tal modo adempie alle leggi dell'ospitalità. Il giovane si confida, rivelando a Mente la difficile situazione in cui si trovano lui e la madre, privi della guida sicura del rispettivo padre e marito. Mente rassicura Telemaco e gli predice il ritorno di Odisseo.

IL BRANO

Atena, apparendo nelle sembianze di Mente, offre saggi consigli a Telemaco, da cui si congeda subito. Intanto Femio, l'aedo della reggia di Odisseo, turba con il suo canto la regina Penelope, la quale, abbandonate le sue stanze, scende nella sala dei banchetti, dove incontra il figlio, che dimostra un atteggiamento nuovo, più deciso.

CHIAVE DI LETTURA

In questo brano sofferma l'attenzione su:

– l'**intento di Atena** che, nelle vesti di Mente, invita Telemaco ad agire finalmente in prima persona e a ristabilire l'ordine, sconvolto dai Proci;

– il **cambiamento interiore** del figlio di Odisseo, che l'assenza del padre obbliga a svolgere le funzioni di capo della casa;

– l'**opinione del narratore** che, per bocca di Telemaco, giudica severamente la guerra come portatrice di infiniti lutti.

Sdegnata gli[1] disse Pallade Atena:
«Ah, infelice! ti manca molto, davvero, l'assente
Odisseo, che getti le mani addosso ai pretendenti sfrontati.
Perché se ora, tornato, stesse sulla soglia,
con una scure, lo scudo e due lance
così come io la prima volta lo vidi
in casa nostra, che beveva e godeva,
di ritorno da Efira[2], da Ilo di Mermero
(andò anche lì Odisseo con la nave veloce,
in cerca del veleno omicida, per averne
da ungere le frecce di bronzo: ma quello non glielo
diede, perché temeva gli dei che vivono eterni,
glielo diede invece mio padre, perché l'amava moltissimo);
se stesse Odisseo tra i pretendenti così,
essi avrebbero tutti rapida morte e nozze amare[3].
Ma sulle ginocchia degli dei questo giace[4],
se, una volta tornato, farà o no vendetta
nella sua casa: te invece io esorto a riflettere
come cacciare i pretendenti da casa.

Un legame speciale

Le parole di Atena tratteggiano un ricordo di Odisseo, l'eroe che le è caro più di ogni altro. A unire la dea e il mortale è l'ingegno multiforme, che entrambi dimostrano: lei, rivelandosi quando gli umani sono in difficoltà, lui superando ogni ostacolo. Qui Atena ricorda a Telemaco una qualità importante del padre: trovandosi nella medesima situazione, Odisseo saprebbe che cosa fare, affrontando e uccidendo i Proci. Anche Telemaco, dunque, deve escogitare al più presto una soluzione, per dimostrarsi degno figlio di tanto eroe.

Ebbene ora ascolta e alle mie parole da' retta.
Domattina, chiamati gli eroi Achei a consiglio,
rivolgi a tutti un discorso, e siano testimoni gli dei.
Ai pretendenti comanda d'andarsene per i fatti loro,
e tua madre, se l'animo la spinge alle nozze,
ritorni a casa del padre molto potente.
Prepareranno essi le nozze e disporranno i doni nuziali,
moltissimi, quanti gli pare che debbano andare alla figlia.
Ti darò un saggio consiglio, se vuoi ascoltarmi:

1. **gli**: a Telemaco.

2. **Efira**: città di dubbia collocazione geografica, dove probabilmente abitava il figlio di Mermero, Ilo, di cui non sappiamo nulla.

3. **nozze amare**: si riferisce, ironicamente, alle nozze a cui aspiravano i pretendenti di Penelope, i Proci.

4. **sulle … giace**: questo sta alla volontà degli dèi.

armata di venti remi la nave migliore che c'è,
parti e cerca notizie del padre da tanto tempo lontano,
te ne parlasse[5] un mortale, o sentissi la fama
di Zeus, che molto divulga[6] le voci fra gli uomini.
Va' a Pilo, prima di tutto, il chiaro Nestore interroga,
e di là a Sparta, dal biondo Menelao[7],
che è tornato per ultimo fra gli Achei chitoni di bronzo[8].
E se del padre saprai vita e ritorno,
quantunque dilapidato[9], un anno ancora sopporta:
se invece senti che è morto, che non è più,
allora tornato alla terra paterna,
alzagli il tumulo, offrigli i doni funebri,
molti, come è giustizia, e affida a un marito la madre.
Quando infine avrai fatto e compiuto ogni cosa,
medita allora nell'animo e in cuore
come potrai massacrare in casa tua i pretendenti,
se di nascosto, d'inganno, o apertamente: non devi
fare il bambino, ché non hai tale età.
Non senti che gloria s'è fatta Oreste[10] divino
fra gli uomini tutti, uccidendo l'assassino del padre,
Egisto ingannatore, che il nobile padre gli uccise?
Anche tu, caro, poiché bello e aitante ti vedo,
sii forte, che ci sia chi ti lodi ancora fra i tardi[11] nipoti.
Ma all'agile nave ormai tornerò,
e ai compagni, che certo sono irati aspettandomi.
E tu abbi a cuore la cosa, e ai miei consigli da' ascolto.

Telemaco non è più un bambino: deve affrontare prove e assumersi responsabilità proprie di un adulto.

Un'insolita aiutante

Il ruolo della dea appare fondamentale nell'episodio. Infondendo in Telemaco la fiducia di cui il giovane, inesperto e pieno di timore, ha bisogno, lo richiama ai suoi doveri dispensandogli saggi consigli. L'intervento di Atena, che protegge Odisseo e dunque si prende cura anche del figlio, si conforma pienamente all'attitudine, tipica degli dèi omerici, di interferire, in positivo o in negativo, nelle vicende degli esseri umani.

5. **te ne parlasse**: per scoprire se mai te ne potesse parlare, ti potesse dare notizie.

6. **divulga**: diffonde.

7. **Pilo … Menelao**: Pilo è una città della Messenia, regione del Peloponneso, governata dal famoso (*chiaro*) Nestore; Sparta è ubicata in Laconia ed è retta da Menelao, il marito di Elena.

8. **chitoni di bronzo**: espressione ricorrente che indica le corazze dei guerrieri, simili a tuniche.

9. **quantunque dilapidato**: nonostante il patrimonio (di Telemaco) venga ancora sperperato dai Proci.

10. **Oreste**: è il figlio di Agamennone che vendicò la morte del padre, assassinato da Egisto al ritorno dalla guerra di Troia.

11. **tardi**: lontani.

E il saggio Telemaco rispondendo diceva:
– Ospite, queste parole con animo amico le hai dette,
come padre a figliuolo: non le scorderò.
Ma adesso rimani, anche se il viaggio ti preme,
e preso un bagno e ristorato nel cuore,
gioioso torna alla nave, portandoti un dono
bello, di pregio, che ti sia mio ricordo,
come ne donano agli ospiti gli ospiti amici.
Ma gli rispose la dea Atena occhio azzurro:
– Non trattenermi di più, ché troppo mi preme l'andare.
Il dono che il cuore ti spinge a donarmi,
me lo darai al mio ritorno, che a casa lo porti;
e bellissimo sceglilo: tu avrai il contraccambio.
Detto così, se n'andò Pallade Atena,
come un uccello volò via sparendo: ma il cuore
gli ispirò forza e ardire, gli infuse un ricordo del padre
più intenso di prima; e lui, tra sé riflettendo,
restò attonito in cuore, capì ch'era un dio.
Allora fra i pretendenti tornò, l'eroe pari ai numi.

L'ospitalità è uno dei doveri e dei valori più sentiti nella società omerica.

Una maggior consapevolezza di sé

Dopo la partenza di Mente, Telemaco percepisce subito un cambiamento dentro di sé e lo attribuisce alla natura divina dell'ospite appena scomparso. Il suo modo di comportarsi, più sicuro, è quindi ispirato dalla dea ed egli si conforma alle sue esortazioni, meritandosi l'epiteto di *pari ai numi*, attribuitogli dal narratore.

Per essi il cantore famoso[12] cantava: e in silenzio
quelli sedevano, intenti: cantava il ritorno degli Achei,
che penoso a loro inflisse da Troia Pallade Atena[13].
Dalle stanze di sopra, intese quel canto divino
la figlia d'Icario, la saggia Penelope,
e l'alta scala del suo palazzo discese,
non sola, con lei andavano anche due ancelle.
Come fra i pretendenti fu la donna bellissima,
si fermò in piedi accanto a un pilastro del solido tetto,
davanti alle guance tirando i veli lucenti:
da un lato e dall'altro le stava un'ancella fedele.
Piangendo, dunque, parlò al cantore divino:
– Femio, molti altri canti tu sai, affascinatori degli uomini,

L'espressione sottolinea il lungo tempo trascorso, al punto che le vicende legate ai *nòstoi* degli eroi da Troia sono divenute oggetto di poesia.

12. cantore famoso: si tratta di Femio, cantore presente nella reggia già ai tempi di Odisseo.

13. cantava … Atena: probabilmente Omero accoglie la tradizione secondo cui Atena si sarebbe adirata con i Greci perché il guerriero acheo Aiace aveva tentato di rapire la profetessa Cassandra (figlia di Priamo) rifugiata in un tempio a lei dedicato.

fatti d'eroi, di numi, che gli aedi glorificano:
uno di quelli canta a costoro, sedendo, e in silenzio
essi bevano il vino. Ma smetti questo cantare
straziante, che sempre in petto il mio cuore
spezza, perché a me soprattutto venne pazzo dolore,
così cara testa rimpiango, sempre pensando a quell'uomo,
di cui va larga la gloria per l'Ellade e nel cuore d'Argo.
Allora il saggio Telemaco rispondendo diceva:
– Madre mia, perché vieti che il gradito cantore
diletti come la mente lo ispira? Non certo i cantori
son causa, Zeus è la causa: lui dà
la sorte agli uomini industri[14], come vuole a ciascuno.
Costui non ha biasimo, cantando la mala sorte dei Danai,
perché quel canto più lodano gli uomini,
che agli uditori suona intorno più nuovo[15].
Sopporti il tuo cuore, la mente, l'udire,
ché non il solo Odisseo perdette il ritorno
a Troia, ma molti altri eroi vi perirono.
Su, torna alle tue stanze e pensa all'opere tue,
telaio e fuso; e alle ancelle comanda
di badare al lavoro; al canto pensino gli uomini
tutti, e io sopra tutti: mio qui in casa è il comando.

Un mutamento inatteso

Addolorato per l'assenza del padre e incapace di decidere riguardo ai Proci, sempre più avidi e prepotenti, Telemaco appare dunque trasformato dopo il colloquio con Atena-Mente. Egli, infatti, parla alla madre in tono autorevole, lasciando trasparire l'intento di assumere il ruolo di capo e le responsabilità che ne derivano. Il giovane sta prendendo coscienza dei suoi doveri: inizia per lui un processo di maturazione, che risulterà compiuto nel momento in cui si ricongiungerà con il padre.

Lei stupefatta tornò alle sue stanze,
e la prudente parola del figlio si tenne in cuore.
Al piano di sopra salì, con le donne sue ancelle,
e pianse a lungo Odisseo, il caro sposo, fin che soave
sonno sopra le ciglia le gettò Atena occhio azzurro.

(Omero, *Odissea*, trad. it. di G. A. Privitera,
Fondazione Lorenzo Valla-Mondadori, Milano 1991)

14. industri: laboriosi.

15. quel canto … nuovo: gli uomini tanto più lodano una composizione poetica quanto più essa appare loro nuova.

Comprendere

1 Gli dèi hanno a cuore la sorte dei loro protetti: quali consigli Atena offre a Telemaco? Rileggi i vv. 279-286; vv. 287-292; vv. 293-300.

2 Quali fatti consentono a Telemaco di intuire la natura divina di Mente (vv. 319-323)?

3 Dove si reca e come si comporta Penelope alla fine dell'episodio (vv. 360-364)?

A Nel giardino della reggia a riposare.
B Nelle sue stanze a tessere e a pranzare.
C Nelle sue stanze a piangere Odisseo.
D In un tempio a pregare per Odisseo.

Analizzare

4 I personaggi. Il protagonista del brano è Telemaco, cui tocca sostituire il padre assente e tenere a bada i pretendenti. Traccia un profilo del figlio di Odisseo, considerando i punti che seguono.

1. L'aspetto fisico (v. 301).
2. Il comportamento verso i Proci (vv. 253-254; 268-271).

5 I personaggi. Nonostante le difficoltà che incontra nell'assumersi le funzioni di capo della casa, Telemaco si comporta con Atena-Mente secondo le regole dell'ospitalità: come agisce nei confronti dell'amico di suo padre (vv. 307-313)?

6 I personaggi. Il narratore ritrae Penelope che, in lacrime, si presenta nella sala del banchetto: qual è il motivo del suo pianto (vv. 337-344)?

7 Il tema. Quale ruolo svolge il divino nelle vicende umane? Rifletti sulle parole che Atena e Telemaco pronunciano in relazione agli dèi (vv. 267 e 346-349).

8 Lo stile. Rintraccia nel brano e spiega la similitudine riferita alla dea.

9 Lo stile. Il narratore attribuisce a Telemaco l'epiteto di *saggio* (vv. 306 e 345): per quali motivi il giovane merita pienamente di essere definito in tal modo?

10 Un confronto. Rileggi i versi 356-359: nell'*Iliade*, un famoso personaggio pronuncia parole quasi identiche. Di chi si tratta? E a chi si rivolge? Paragona le due situazioni, evidenziandone la differenza.

Lessico

GARZANTI LINGUISTICA

11 La parola *animo* (v. 275), nel contesto, significa:

A esortazione.
B sensazione.
C opinione.
D inclinazione.

12 Quale, tra i vocaboli proposti, non può essere usato come sinonimo del termine *animo*?

A Convinzione.
B Carattere.
C Coraggio.
D Proposito.

Grammatica

13 Rileggi i versi 325-327, poi inserisci, per ciascuna voce, l'espressione che corrisponde al complemento indicato.

1. Complemento di svantaggio.
2. Complemento di specificazione.
3. Complemento di modo.
4. Complemento di vantaggio.

Scrittura

14 Riscrivi la fine dell'episodio, immaginando che Penelope decida di non ascoltare la richiesta del figlio. Tieni presenti i punti sottoriportati:

– formula la risposta della regina, in aperto disaccordo con le parole del giovane;
– adotta uno stile pacato, ma deciso, che conferisca autorità alle tue parole;
– inventa una diversa conclusione: Penelope lascia la sala del banchetto e...

Odisseo e Calipso

(LIBRO V, VV. 44-94)

IL CONTESTO

La cosiddetta *Telemachia* (libri I-IV), dedicata ai viaggi di Telemaco, si è ormai conclusa e, a partire dal libro V, incominciano le avventure di Odisseo. Durante il consiglio degli dèi, Zeus accetta la proposta di Atena, che continua a tormentarlo, ricordandogli che, mentre tutti i capi degli Achei hanno già fatto ritorno in patria, solo il re di Itaca non riesce a realizzare il suo sogno: infatti, la bellissima ninfa Calipso (letteralmente, «colei che nasconde») lo trattiene ormai da otto anni sull'isola di Ogigia. Perciò il re degli dèi le invia il dio Ermete, con l'ordine di lasciar partire l'eroe.

IL BRANO

Ermete, l'alato messaggero divino, vola rapido sul grande mare. Giunto a destinazione, nella lussureggiante isola di Ogigia, trasmette a Calipso il comando perentorio di Zeus. La ninfa sta tessendo nella sua grotta, mentre Odisseo guarda la distesa delle acque, addolorato di non poter riprendere il viaggio verso Itaca.

CHIAVE DI LETTURA

In questo brano sofferma l'attenzione su:
- la **prontezza** con la quale **Ermete** reca a Calipso l'ordine di Zeus: tutti, anche gli immortali, devono piegarsi alla volontà del re degli dèi;
- l'**abilità descrittiva** dell'autore, che delinea un paesaggio ricco di attrattive, magico, fuori dal tempo e dallo spazio;
- l'**apparizione** del protagonista, **Odisseo**, visto non come un eroe ma come un essere umano fragile e sofferente.

Il dio è ritratto mentre si prepara a eseguire senza indugio gli ordini di Zeus.

Subito legò ai piedi i bei sandali,
immortali[1], d'oro, che sia sul mare lo portavano,
sia sulla terra infinita, coi soffi del vento.
Prese la verga[2]: incanta con essa gli occhi degli uomini
che vuole, e altri, dormienti, invece li sveglia.
Con essa in mano, il forte Arghifonte[3] volò.

1. **immortali**: indistruttibili, perché calzati da un essere divino; erano anche dotati di ali, che consentivano a Ermete di volare.

2. **la verga**: detta *caducèo*, è una bacchetta lunga e sottile, dai poteri magici.

3. **Arghifonte**: significa forse «l'uccisore di Argo», un mostruoso cane dai cento occhi.

Disceso sulla Pieria[4] calò dall'etere[5] in mare:
poi si slanciò come uccello sull'onda, come gabbiano
che nei seni paurosi del mare infecondo
bagna d'acqua salata le salde ali in caccia di pesci[6]:
simile a questo, Ermete avanzò su molte onde.
Ma quando all'isola giunse, che era lontana,

Un viaggio lunghissimo

Ogigia è così lontana che, per arrivarci, Ermete deve compiere un lungo viaggio: dalle vette della Pieria arriva sul mare, che sorvola rapido come un gabbiano affamato. Ogigia è la prima delle molte isole dell'*Odissea*. Nel poema si prova attrazione e al tempo stesso repulsione per il concetto di «isola», la quale sempre nasconde pericoli sotto il suo fascino. Infatti l'isola presenta una duplice, ambigua natura: essa è terrestre e solida, ma anche legata all'elemento acqueo, perciò, vista dal mare, pur splendida suscita sempre inquietudine.

lasciato il mare viola[7] andò sulla terra,
finché arrivò alla grande spelonca[8], nella quale abitava
la ninfa dai riccioli belli: la trovò che era in casa.
Sul focolare ardeva un gran fuoco, si sentiva lontano
per l'isola l'odore di tenero cedro e di tuia[9]
che bruciavano: lei dentro, con voce bella cantando,
movendosi davanti al telaio, tesseva con l'aurea spola[10].
Un bosco rigoglioso cresceva intorno alla grotta:
l'ontano, il pioppo e il cipresso odoroso.
Uccelli con grandi ali vi avevano il nido:
gufi, sparvieri[11] e corvi di mare
ciarlieri[12], che amano le cacce marine.
Attorno alla grotta profonda,
s'allungava vigorosa una vite, ed era fiorita di grappoli.

4. Pieria: regione della Macedonia, a nord del monte Olimpo.

5. dall'etere: dal cielo.

6. come … pesci: simile a un gabbiano che, alla ricerca di preda, bagna le sue forti ali sfiorando i temibili abissi del mare, il quale, a differenza della terra, è sterile, non produce frutti.

7. viola: dal colore cupo.

8. spelonca: grotta vasta e profonda.

9. cedro … tuia: piante dal legno aromatico.

10. spola: cilindro intorno al quale si arrotola il filo da passare poi nella trama per formare il tessuto.

11. sparvieri: una specie di uccelli rapaci.

12. ciarlieri: che ripetono continuamente il loro verso.

Quattro fonti sgorgavano in fila con limpida acqua,
vicine tra loro e rivolte in parti diverse.
V'erano intorno morbidi prati fioriti di viole
e di sedano. Arrivato in quel luogo, anche un dio
avrebbe guardato stupito, e gioito nell'animo suo.

L'isola meravigliosa

L'isola di Ogigia è un luogo così straordinario che il dio Ermete ne rimane colpito. La descrizione rappresenta un modello del cosiddetto *locus amoenus* o «luogo ameno», piacevole, in cui molteplici elementi compongono uno scenario di grande bellezza e serenità. Qui i poteri magici della dea armonizzano perfino i contrasti (le viole, fiori primaverili, compaiono insieme ai grappoli d'uva, frutti autunnali), mettendo ulteriormente in risalto il fatto che l'isola appartiene a un'altra dimensione, quella della fantasia, dove tutto è possibile.

Si fermò ammirato il messaggero Arghifonte.
E, quando nella sua mente ebbe tutto ammirato,
subito entrò nella vasta spelonca: di fronte,
vedendolo non ebbe dubbi Calipso, chiara[13] fra le dee,
perché gli uni agli altri non sono ignoti gli dèi
immortali[14], neanche se abitano case lontane.
Non vi trovò il magnanimo[15] Odisseo:
seduto sulla riva, gemeva come sempre
lacerandosi l'animo con lacrime, lamenti e dolori,
guardava piangendo il mare infecondo.

13. chiara: di luminosa bellezza.

14. perché … immortali: gli dèi conoscono gli uni i pensieri degli altri, poiché sono onniscienti.

15. magnanimo: significa «colui che ha un grande cuore».

Il dolore di Odisseo

Prima di descrivere il breve incontro tra Ermete e Calipso, che ha già intuito in cuor suo il motivo dell'insolita visita, il poeta volge lo sguardo a Odisseo, eroe *magnanimo* ovvero dotato di un animo nobile, che lo spinge a grandi imprese. È la prima volta che egli compare nel poema e di lui viene data un'immagine di grande intensità: osservando il mare, piange come se il cuore gli stesse andando in pezzi, perché ignora che il suo desiderio di riprendere il viaggio verso casa sta per realizzarsi.

Chiese Calipso, chiara tra le dee, ad Ermete,
fattolo sedere sullo splendido trono lucente.
«Perché sei venuto, Ermete dall'aurea verga,
onorato e caro? non sei venuto spesso in passato.
Di' quel che pensi: l'animo mi dice di farlo[16],
se posso farlo e se deve farsi.
Ma seguimi oltre, perché ti offra cose ospitali[17]».
Detto così, la dea gli pose dinanzi una tavola
colma di ambrosia e gli mescé rosso nettare[18].
Ed egli beveva e mangiava, il messaggero Arghifonte.

(Omero, *Odissea*, trad. it. di G. A. Privitera,
Fondazione Lorenzo Valla, Mondadori, Milano 1986)

16. **mi ... farlo**: mi suggerisce di fare ciò che stai per dirmi.

17. **ospitali**: che si offrono di consueto agli ospiti.

18. **colma ... nettare**: la ninfa gli ha presentato il cibo e versato (*mescé*) la bevanda degli dèi.

Comprendere

1 Il dio Ermete giunge nell'isola di Ogigia: che cosa fa, subito dopo il suo arrivo (vv. 59-75)?

A Viene attaccato da animali feroci.
B Si accorge che l'isola nasconde insidie.
C Ammira uno splendido paesaggio naturale.
D Incontra Odisseo in segreto.

2 Come viene accolto il dio dalla ninfa Calipso (vv. 76-94)?

Analizzare

3 I personaggi. Quali elementi caratterizzano l'aspetto fisico del dio Ermete (vv. 44-48)?

....

....

....

4 Lo stile. Il linguaggio dell'epica fa uso di figure retoriche come la similitudine per arricchire i significati: sottolinea la similitudine presente nei versi 51-54.

5 **Lo stile.** **Quale caratteristica del dio Ermete viene messa in risalto dal paragone?**

A La forza fisica.
B L'acutezza della vista.
C La finezza dell'udito.
D La velocità del volo.

6 **Lo spazio.** **L'isola di Ogigia è splendida e lussureggiante, una visione incantevole, quasi fiabesca: inserisci gli elementi del vario e ameno paesaggio (vv. 59-73).**

1. I profumi: ......
2. L'acqua: ......
3. Le piante: ......
4. Gli animali: ......

7 **Lo stile.** **La descrizione della natura, ricca di dettagli, svolge la funzione di:**

A delineare uno scenario che susciti meraviglia.
B permettere di collocare geograficamente l'isola.
C abbellire lo sfondo del colloquio tra le due divinità.
D dimostrare le conoscenze naturalistiche del poeta.

8 **I personaggi.** **Nel brano si fa cenno alla presenza di Odisseo: dove si trova l'eroe, al momento dell'arrivo di Ermete, e in quale stato d'animo (vv. 81-84)?**

9 **Lo stile.** **Il nome proprio dei personaggi è completato da epiteti e formule fisse, che ne richiamano caratteristiche o qualità: individuali e inseriscili nello schema.**

1. Ermete: ......
2. Calipso: ......
3. Odisseo: ......

Lessico

GARZANTI LINGUISTICA

10 **La grotta di Calipso è definita *spelonca* (v. 57). In un contesto diverso, il termine può essere usato in senso spregiativo: quale?**

11 **La grotta di Calipso è circondata da un *bosco* (v. 63): che cosa significa l'espressione figurata *portare legna al bosco*?**

......

......

......

12 **Inserisci la definizione (sostantivo o aggettivo) corrispondente a ciascuna voce:**

1. Coperto o ricco di boschi:

......

2. Bosco di aspetto piacevole:

......

3. Coltivato o tenuto a bosco:

......

Grammatica

13 ***Non vi trovò il magnanimo Odisseo* (v. 81): a quale complemento corrisponde la parola *vi*?**

......

14 **L'espressione *il magnanimo Odisseo* è il soggetto o il complemento oggetto?**

......

Scrittura

15 **Il dio Ermete, sempre affaccendato a trasmettere i messaggi divini, tiene un diario scrupoloso dei suoi spostamenti. Immedesimandoti nel personaggio, fai la cronaca del lungo volo e dell'arrivo sull'isola di Ogigia, sviluppando i punti che seguono:**

– adotta la prima persona e uno stile vivace e coinvolgente (Zeus ti ha affidato l'ennesima fatica e non ne sei molto contento);
– descrivi qualcuno dei luoghi che hai attraversato durante il viaggio, osservandoli dall'alto;
– esprimi stupore per la bellezza di Ogigia e gratitudine per l'ospitalità che Calipso ti ha offerto;
– quasi come una guida turistica, spiega perché consiglieresti a tutti una visita sull'isola.

I preparativi del viaggio

(Libro V, vv. 193-264)

Il contesto

Calipso è adirata e triste al tempo stesso: è stata lei a salvare dalla morte Odisseo, trovandolo aggrappato ai resti della nave, e ora gli dèi vogliono separarla da lui, il naufrago di cui si è perdutamente innamorata. Tuttavia è costretta a cedere, per timore di una possibile vendetta di Zeus.

Il brano

Odisseo riconosce la straordinaria bellezza della ninfa, ma non riesce a dimenticare la patria né la moglie fedele, Penelope, e si strugge di nostalgia. Pur di rivedere i suoi luoghi e i suoi affetti, è disposto a rinunciare al dono dell'immortalità, offertogli da Calipso. Così la dea, sebbene a malincuore, fornisce all'eroe i mezzi per costruire una solida zattera, facendogli però credere di aver preso lei la decisione di lasciarlo partire. Cinque giorni dopo, Odisseo riprende il mare.

Chiave di lettura

In questo brano sofferma l'attenzione su:

– i **sentimenti contrastanti** dei protagonisti. Calipso tenta di convincere Odisseo a rimanere, mentre quest'ultimo è impaziente di andarsene. I due mondi, quello umano e quello divino, sono incompatibili;

– il **riferimento** al personaggio di **Penelope**, accomunata al marito da una caratteristica importante, la saggezza;

– la **conclusione** dell'episodio, quando finalmente Odisseo, dopo sette lunghi anni sull'isola di Ogigia, è pronto a riprendere il viaggio e ad affrontare nuove insidie, pur di tornare a Itaca.

Osserva l'espressione formulare, usata spesso in riferimento ai banchetti.

Lei stessa sedette di fronte al divino Odisseo
e le ancelle le misero innanzi ambrosia e nettare[1].
Ed essi sui cibi pronti, imbanditi[2], le mani tendevano.
Poi, quando furono sazi di cibo e bevanda,
tra essi cominciò a parlare Calipso, chiara fra le dee:
«Divino figlio di Laerte, Odisseo pieno di astuzie,
e così vuoi ora andartene a casa, subito,
nella cara terra dei padri[3]? E tu sii felice, comunque.
Ma se tu nella mente sapessi quante pene

1. **ambrosia e nettare**: il cibo e la bevanda degli dèi.

2. **imbanditi**: sontuosamente disposti.

3. **nella ... padri**: nell'isola di Itaca.

ti è destino patire[4] prima di giungere in patria,
qui resteresti con me a custodire questa dimora,
e saresti immortale, benché voglioso di vedere
tua moglie, che tu ogni giorno desideri.
Eppure mi vanto di non essere inferiore a lei
per aspetto o figura, perché non è giusto
che le mortali gareggino con le immortali per aspetto e beltà[5]».

Una proposta allettante

La ninfa ha ben compreso la volontà di Zeus, però sembra quasi pentita e cerca di trattenere ancora Odisseo presso di sé. L'argomento, alquanto persuasivo, assume la forma di un'anticipazione: l'eroe non immagina neppure quanto dovrà ancora soffrire prima di giungere in patria. Dunque Calipso simboleggia la tentazione, lasciando intravedere a Odisseo una vita immortale e serena, accanto a una donna bellissima.

Rispondendo le disse l'astuto Odisseo:
«Dea possente[6], non ti adirare per questo con me: lo so
bene anche io che la saggia Penelope
a vederla è inferiore a te per beltà e statura:
lei infatti è mortale, e tu immortale e senza vecchiaia.
Ma anche così desidero e voglio ogni giorno
giungere a casa e vedere il dì[7] del ritorno.
E se un dio mi fa naufragare sul mare scuro come vino,
saprò sopportare, perché ho un animo paziente nel petto:
sventure ne ho tante patite e tante sofferte
tra le onde e in guerra: sia con esse anche questa».

Scegliere senza esitare

La risposta di Odisseo alle parole della dea suona davvero straordinaria: egli rifiuta l'immortalità, preferendo un'esistenza breve e piena di dolori ma da condividere con la moglie. Egli fa attenzione a non ferire l'orgoglio della ninfa, che è dea sì ma anche e soprattutto donna. Però dichiara di preferire Penelope, di cui sottolinea non la bellezza, ma un aspetto del carattere: ella è *saggia*, qualità che l'intelligente e astuto Odisseo non può non apprezzare. Con lei l'eroe ha intrecciato un legame duraturo, Calipso invece scompare dalla sua vita e dal poema, simile a un'immagine fugace, presto dimenticata.

Disse così, il sole calò e sopraggiunse la tenebra:
ed essi, andati nella cava spelonca,
goderono l'amore giacendosi insieme.
Quando mattutina apparve Aurora dalle rosee dita[8],

---

4. patire: sopportare.

5. beltà: bellezza.

6. possente: potente.

7. dì: giorno.

8. dalle rosee dita: la luce dell'alba ha delicate sfumature di rosa.

subito Odisseo mise un mantello e una tunica;
invece la ninfa s'avvolse un gran drappo[9] lucente,
sottile e grazioso, si cinse ai fianchi una fascia
bella, d'oro, e pose un velo sul capo.
Allora preparò la partenza al magnanimo Odisseo.
Una scure grande gli diede, da impugnare a due mani,
di bronzo, affilata a due tagli: v'era infisso
un bel manico di legno d'ulivo;
gli diede inoltre una lucida ascia. S'avviò
verso l'orlo dell'isola dov'erano gli alberi alti:
l'ontano e il pioppo e, alto fino al cielo, l'abete,
stagionati, secchi, che galleggiassero lievi[10].
Dopo che gli ebbe mostrato dov'erano gli alberi alti,
se ne andò verso casa Calipso, chiara fra le dee,
ed egli cominciò a recidere[11] tronchi: lavorava rapidamente.
Ne abbatté in tutto venti, li sgrossò[12] con la scure di bronzo,
li spianò a regola d'arte e li fece diritti col filo[13].
Intanto Calipso, chiara fra le dee, portò le trivelle[14]:
egli fece in tutti dei fori e li strinse l'un l'altro,
connesse la zattera con caviglie e chiavarde[15]
Come è grande il fondo di un'ampia nave da carico
che un uomo esperto dell'arte[16] fabbrichi cavo,
così grande Odisseo lo fece per l'ampia zattera.
Vi pose e fece dei fianchi fissandoli con fitti
puntelli[17]: li completò poi con tavole lunghe.
Vi fece l'albero e, legata a esso, l'antenna[18]:
inoltre fece il timone per poterla guidare.
La ristoppò[19] tutt'intorno con giunchi di salice,
a riparo dal flutto: molto legno vi sparse.
Calipso, chiara fra le dee, portò intanto dei teli
per fare le vele: ed egli fece bene anche quelle.

Incomincia qui la lunga descrizione della costruzione della zattera da parte di Odisseo, abile artigiano oltre che uomo astuto e valoroso guerriero.

La similitudine permette, a chi è esperto di costruzioni navali, di apprezzare le raffinate capacità tecniche di Odisseo.

9. drappo: una sciarpa che, portata sulle spalle, era legata ai fianchi con una cintura.

10. stagionati ... lievi: molto vecchi, con un legno leggero, privo di umidità.

11. recidere: tagliare in un solo colpo.

12. li sgrossò: li privò della corteccia e dei rami.

13. col filo: tendendo il filo a piombo. Con un peso all'estremità, esso viene usato per rendere verticale una superficie.

14. trivelle: attrezzi con punta a spirale per praticare fori nel legno.

15. caviglie e chiavarde: viti di legno e bulloni metallici che tengono unite le varie parti dell'imbarcazione.

16. dell'arte: della carpenteria, la tecnica di costruire strutture in legno o in metallo.

17. puntelli: travi per sostenere la zattera.

18. l'antenna: un'asta inclinata alla quale si agganciano le vele.

19. la ristoppò: ne chiuse le fessure.

Legò in essa le sartie, le drizze e le scotte[20];

Un abile artigiano

L'allestimento della zattera è descritto in dettaglio, con molti particolari realistici e vocaboli tecnici. Oltre che valoroso guerriero, Odisseo si dimostra anche esperto di lavori manuali. È da notare che il realismo del racconto contrasta con la descrizione dell'isola. Calipso, che vive in una grotta, è una dea delle profondità della terra e abita un luogo che solo l'immaginazione può rappresentare. Odisseo invece è mosso dal desiderio di muoversi all'aperto, sulla vastità del mare, che rientra nella comune esperienza degli uomini e di cui si parla appunto in termini concreti, aderenti alla realtà.

poi, per mezzo di stanghe[21], la trasse nel mare lucente.
Era già il quarto giorno e tutto egli aveva finito:
al quinto la chiara Calipso lo fece partire dall'isola,
dopo averlo coperto di vesti odorose e lavato.
A bordo la dea mise un otre di vino scuro,
un altro grande di acqua, e viveri
in una bisaccia: molti cibi saporiti vi mise
e gli mandò un vento propizio[22] e leggero.
Lieto del vento, il chiaro Odisseo tese le vele.

(Omero, *Odissea*, trad. it. di G. A. Privitera, Fondazione Lorenzo Valla, Mondadori, Milano 1986)

20. sartie … scotte: i cavi per sostenere, alzare e tenere distese le vele.

21. stanghe: sbarre di legno per far scivolare la zattera in mare.

22. propizio: favorevole.

Comprendere

1 Calipso cerca di trattenere Odisseo presso di sé: a quali argomenti ricorre (vv. 198-208)?

1. L'allusione al futuro:

....

2. Un'offerta irresistibile:

....

2 Odisseo si rivela un abile artigiano: descrivi le varie fasi della costruzione della zattera, seguendo lo schema (vv. 229-256).

1. La ricerca degli alberi.
2. La preparazione del legname.
3. L'assemblaggio dell'imbarcazione.
4. Il varo della zattera e l'inizio del viaggio.

Analizzare

3 I personaggi. Nonostante la lontananza, Penelope è sempre presente nei pensieri di Odisseo: quali differenze emergono tra lei e Calipso (vv. 206-208)?

4 I personaggi. L'importanza della risposta di Odisseo alle offerte di Calipso (vv. 216-219) consiste nel fatto che essa rivela alcune caratteristiche essenziali della personalità dell'eroe ovvero:

A audacia e imprudenza.

B pazienza e audacia.

C pazienza e tenacia.

D tenacia e rassegnazione.

5 **I personaggi. Quali ruoli, nel brano, sono svolti da Calipso nei confronti di Odisseo? Motiva la risposta.**

A Prima aiutante, poi antagonista.
B Prima antagonista, poi aiutante.
C Aiutante e oggetto del desiderio.
D Antagonista e oggetto del desiderio.

6 **Un confronto. Nell'*Iliade* assistiamo a un altro addio, quello tra Ettore, che si appresta a combattere di nuovo i nemici, e Andromaca, sua moglie, convinta di non rivederlo più. Se hai letto il commovente episodio (vedi p. 156), confrontalo con quello del congedo di Odisseo dall'affascinante Calipso.**

7 **Lo stile. Nel brano, ai nomi dei protagonisti si aggiungono un patronimico e alcuni epiteti, che ricorrono sempre uguali nel poema e sottolineano l'ascendenza familiare e le caratteristiche dei personaggi. Completa lo schema con i dati richiesti.**

1. Calipso: epiteti ....
2. Odisseo: patronimico: ....
epiteti: ....

8 **Le tecniche narrative. Quale funzione svolge il dialogo tra Odisseo e Calipso (vv. 198-219)?**

9 **I temi. L'autore pone al centro dell'episodio il personaggio di Odisseo che, nell'*Iliade*, è visto come un sovrano astuto e un combattente valoroso: quale tema risulta qui evidente, tanto da far apparire Odisseo nella sua dimensione umana e non eroica?**

A Il desiderio di conoscere genti nuove.
B La brama di compiere imprese gloriose.
C La necessità di vendicarsi dei Proci.
D Il desiderio della patria e della famiglia lontana.

Lessico

GARZANTI LINGUISTICA

10 **Odisseo ha sofferto *tra le onde* (v. 219): scrivi una frase che contenga l'espressione figurata *sull'onda del successo*.**

Grammatica

11 **Sottolinea gli aggettivi qualificativi contenuti nei versi 232-235.**

12 **Al verso 233 *erano* è un:**

A predicato verbale.
B predicato nominale.
C verbo fraseologico.
D verbo copulativo.

13 **La frase *che galleggiassero lievi* (v. 235) è una subordinata:**

A relativa.
B finale.
C modale.
D consecutiva.

Scrittura

14 **Calipso scrive una lettera a Zeus, contestando la decisione, presa dal re degli dèi, di far partire l'eroe. Immedesimati nel personaggio della ninfa e sviluppa i seguenti punti:**

– adotta la prima persona e usa un linguaggio rispettoso e formale, ma che lascia trasparire il tuo stato d'animo;
– spiega per quali motivi ti risulta così difficile obbedire all'ordine divino;
– afferma con forza il tuo diritto a essere felice con l'uomo che ami.

Odisseo e Nausìca

(Libro VI, vv. 185-291; 389-424)

Il contesto

Su invito della dea Atena, Telemaco si reca a Pilo e a Sparta dagli amici del padre, i re Nestore e Menelao, per chiedere notizie di lui. Nel frattempo, continua il viaggio per mare di Odisseo (qui chiamato Ulisse), che ha abbandonato l'isola di Calipso e sta veleggiando verso Itaca. Dopo alcuni giorni di navigazione l'eroe è sorpreso da una terribile tempesta, scatenata dal dio del mare, Poseidone, che in tal modo vuole punire il responsabile dell'accecamento di suo figlio, il ciclope Polifemo. Dopo aver trascorso due giorni e due notti in balia di onde altissime, Odisseo approda su un'isola, più precisamente alla foce di un fiume; vinto dalla stanchezza, si addormenta nascondendosi tra gli arbusti. La dea Atena si reca alla casa di Alcinoo, re di Scheria e del popolo dei Feaci, abitanti della terra su cui Odisseo è giunto. Ella appare in sogno a Nausìca, la figlia del sovrano, consigliandola di pensare alle nozze e di recarsi al fiume per lavare il suo corredo. Mentre Nausìca gioca con le ancelle sulla sponda del fiume, la dea fa in modo che la palla cada nell'acqua. Le grida delle fanciulle svegliano Odisseo che, dopo un momento di incertezza, decide di mostrarsi e di chiedere una veste e informazioni sul luogo.

Il brano

Vedendo l'uomo ricoperto di alghe e salsedine, le fanciulle fuggono in preda alla paura, tranne Nausìca, la quale, per incoraggiamento di Atena, rimane ed esaudisce la preghiera dell'eroe, ordinando alle donne di sfamarlo e di rivestirlo. Poi si incammina verso il palazzo di suo padre Alcinoo, chiedendo a Odisseo, che per intervento della dea ha ritrovato un aspetto affascinante, di seguirla a una certa distanza, per evitare maldicenze.

Chiave di lettura

In questo brano sofferma l'attenzione su:

- la **multiforme personalità** di Odisseo, uomo dalle innumerevoli risorse: sempre accorto e prudente, conquista con facilità il favore della figlia di Alcinoo;
- un'affascinante **figura femminile**, quella di **Nausìca**, che attrae il protagonista, nel cui animo tormentato affiora però sempre il dolce e malinconico ricordo della moglie Penelope;
- le **notizie** che, attraverso le parole dei personaggi, vengono fornite su alcune **usanze della società** in cui la vicenda è ambientata.

Lordo[1] com'era d'alga e di salsedine,
così selvaggio apparve, che gridando
di qua e di là sovra le aguzze rocce
le fanciulle si sparsero. Ma sola,
ferma, d'Alcìnoo rimanea la figlia[2],
perché la dea[3] le infuse ardire in petto
e tolse dalle membra ogni tremore.
In faccia a Ulisse si drizzava, ed egli
incerto stava se con supplice atto
abbracciare alla vergine i ginocchi,
o di lontano, con parole blande[4],
una veste richiederle e invocare
che gli additasse la città vicina.
Così pensando, a lui ben questo parve
il partito[5] miglior: di supplicarla
da lontano con placide parole,
ond'ella poi non si sdegnasse in cuore
s'egli l'avesse stretta alle ginocchia.

Una prova d'ingegno

Ulisse, reso più accorto dalle precedenti esperienze, riflette a lungo prima di fare la sua apparizione: ricoperto di salsedine e di alghe ha infatti l'aspetto di un selvaggio. Ma, in perfetto accordo con il suo carattere, decide di rendersi conto della situazione in cui si trova, lasciando prevalere la curiosità e il suo desiderio di sapere. Prima, però, ha bisogno di ottenere il favore della fanciulla, presentandosi come un uomo che ha molto vagato e sofferto, per suscitarne la pietà.

E con accenti lusinghieri e accorti
sì le parlava: «Ascoltami, regina!
– ma dea chiamarti io devo, o mortal donna? –
Se dell'Olimpo fra le dive stai,
per il nobile aspetto e la statura
e le forme vezzose[6] in te Diana
veder mi piace, del gran Giove figlia;
se invece in terra fra i mortali vivi,
sia tre volte beato il padre tuo,
e tre volte la madre veneranda,
e tre volte i fratelli: ad essi il cuore
di conforto s'accende e d'allegrezza
sempre che[7] vedan sì leggiadre forme

1. **Lordo**: sporco.

2. **la figlia**: Nausìca, figlia di Alcinoo, re dei Feaci.

3. **la dea**: Atena, protettrice di Ulisse.

4. **blande**: dolci e lusinghiere.

5. **partito**: decisione.

6. **vezzose**: aggraziate.

7. **sempre che**: tutte le volte che.

Ulisse mostra di conoscere bene l'animo femminile della fanciulla, facendo riferimento a ciò a cui essa aspira: le nozze.

muovere a danza. Ma più ancor beato
nel suo cuore colui che, te colmando
più d'ogni altro di splendidi regali[8]
sposa ti condurrà nella sua casa.
Ché sulla terra umana creatura
– uomo né donna – non m'apparve mai,
che di sembianza[9] a te rassomigliasse:
sicché, pur riguardandoti[10], m'incanto.
Tale era, sì, quello che in Delo io vidi
presso l'ara d'Apollo ergersi un dì
esile arbusto di superba palma[11];
ché in Delo io mi recai, da numeroso
popol seguito, in quel viaggio, ahimè,
che cagione mi fu d'empi travagli[12].
E come, fisso[13] in quell'arbusto, a lungo
attònito rimasi, poiché mai
albero tal vid'io sorger da terra:
così stupor, mirando te, mi tiene,
e le ginocchia tue sfiorar non oso.
E sì che un gran dolore il cuor mi punge!
Ieri solo scampai dal cupo mare:
fin dall'isola Ogigia[14] irosi flutti,
per vénti giorni, e orribile tempesta
trascinato mi aveano: e a questa riva
mi gettò, forse a risoffrire[15], un nume;
ché[16] non penso abbian fine i miei malanni,
ma molti ancor gli dèi me ne daranno.
Abbi, dunque, pietà: tu cui la prima,
io, dopo le sofferte ansie, contemplo:
ché di questa città, di questa terra
creatura viva ancora io non conobbi.
Alla città mi guida[17] e un cencio dammi
di cui mi copra; se recato avessi,
per avvolgere i lini, un qualche panno.

In quanto naufrago e privo di tutto, Ulisse implora ospitalità.

8. te … regali: i pretendenti erano soliti porgere ricchi doni alla fanciulla che desideravano sposare.

9. di sembianza: d'aspetto.

10. pur riguardandoti: continuando a osservarti.

11. Tale … palma: simile a te per bellezza era un giovane tronco di palma che vidi ergersi presso l'altare di Apollo sull'isola di Delo (dove sorgeva un celebre santuario del dio).

12. empi travagli: terribili sventure.

13. fisso: fissando.

14. Ogigia: l'isola dove risiedeva la ninfa Calipso, presso la quale Ulisse era rimasto per molto tempo.

15. risoffrire: soffrire di nuovo.

16. ché: poiché.

17. mi guida: guidami.

Di nuovo il riferimento al matrimonio, in cui si avverte la nostalgia dell'eroe per Penelope, la sposa lontana.

E tutti i voti[18] del tuo cuor gli dèi
facciano paghi[19]: a te casa, a te sposo,
e un voler solo, un desiderio in due[20]!
Perché, cred'io, non v'è più dolce cosa
che di mirar lo sposo e la sua donna
con un sol cuore governar la casa:
se pei nemici loro è gran tristezza,
per chi li ama è letizia, ed assai più
di lieta fama esultano i due sposi».

18. voti: desideri.

19. facciano paghi: possano esaudire.

20. un desiderio in due: Ulisse augura a Nausìca un'unione basata sulla concordia e sulla pace.

Un abile oratore

Nel suo discorso ben costruito, Ulisse si mostra accorto, guardandosi dal rivelare la propria identità e offrendo notizie vaghe sul suo passato, per non farsi riconoscere. Egli peraltro lusinga la vanità della giovane, di cui loda l'avvenenza e alla quale augura un futuro felice di sposa. Del resto, sarebbe contrario alle regole della civiltà avanzare una richiesta di aiuto senza aver conquistato la benevolenza dell'interlocutore.

E a lui Nausìca dalle bianche braccia:
«Ospite, – disse – tu non sembri punto[21]
stolto o malvagio; pur l'olimpio Giove
fra gli uomini dispensa la fortuna,
ai buoni e ai tristi[22], come più gli aggrada.
A te dà questa sorte, e in ogni modo
convien soffrirla[23], ma, poiché sei giunto
a questa terra, a te nulla di quanto
porger si deve a un misero che invoca
sarà negato. Io vo' mostrarti intanto
la mia città, degli abitanti il nome
svelarti: de' Feàci è questa terra[24];
del magnanimo Alcìnoo io son la figlia;
egli regge la forza ed il potere
di questa gente». E, detto ciò, Nausìca,
volta alle ancelle dalle belle trecce:
«Qui ferme, – comandò – dove fuggite,
perché un uomo v'apparve? O che pensate
che un nemico egli sia? Non è mortale
da temere, costui; né certo alcuno
in terra vive, né vivrà, che possa
ai Feàci arrivar portando guerra:
tanto cari noi siamo agl'Immortali.
Lungi[25] viviamo in mezzo al vasto mare
e della terra nell'estremo lembo[26],
ove nessuno dei mortali arriva.
Ma un misero è colui che qui ramingo[27]
è giunto: ci convien dunque onorarlo;
vengon da Giove supplici e stranieri
e ogni dono, pur lieve[28], a loro è grato.

La richiesta di ospitalità viene già accolta da Nausìca, che promette il suo aiuto.

Il dovere di ospitalità è una costante nel discorso e mostra l'apertura mentale dei Feàci.

21. punto: affatto.

22. tristi: malvagi.

23. soffrirla: sopportarla.

24. de' Feàci … terra: si tratta dell'isola di Scheria, odierna Corfù.

25. Lungi: lontani da tutti.

26. della terra … lembo: ai confini estremi della terra.

27. ramingo: errabondo.

28. lieve: di poco conto.

Ancelle, orsù, date bevande e cibi
all'ospite e lavatelo nel fiume,
in luogo che rifugio offra dal vento». [...]

Una fanciulla decisa

In un poema di eroi, mostri e dèi, Nausìca appare come una semplice e dolce figura di adolescente, in attesa di uno sposo e della felicità. Oltre alla bellezza, possiede un carattere deciso ed equilibrato, rispettoso delle leggi che governano l'isola, ma anche autorevole, quando ordina alle ancelle di servire il naufrago, al quale promette soccorso.

Le ancelle lavano e rivestono Ulisse; Atena interviene per far risaltare la prestanza dell'eroe, così da suscitare l'ammirazione di Nausìca e indurla a sperare che proprio lui sia lo sposo destinatole dagli dèi. La giovane esorta Ulisse a seguirla fino alla città: là egli dovrà fermarsi, perché i maldicenti, vedendola con uno straniero, potrebbero sparlare di lei, indisponendo anche il re suo padre. Quindi gli dispensa ulteriori consigli.

Nausìca ha compreso che il desiderio di Ulisse è tornare nella propria patria.

«Tu, dunque, ascolta ben quello ch'io dico,
se ottener vuoi la scorta[29] del ritorno
dal padre mio. Folto di pioppi un bosco
sacro ad Atena lungo il tuo sentiero
tu troverai; vi sgorga una fontana
e attorno è un prato: qui del padre mio
giace il podere e l'orto suo verdeggia,
lungi come un gridar d'uomo dall'urbe[30].
Lì fermati ed aspetta un po' fin quando
alla città siam giunte ed alla casa
del babbo mio. E quando giunte proprio
tu ci supponga[31], allora alla città
de' Feàci t'avvia[32], e della reggia
del re Alcìnoo domanda, il padre mio.
Immantinente ti colpisce gli occhi,
e potrebbe guidarti un pargoletto[33],
giacché non sorgon qui, presso i Feàci,
case simili a quella di mio padre.
Quando accolto t'avrà la bella corte[34]
dell'eccelso palagio[35], entra diritto
nella gran sala. Troverai mia madre
irradiata di luce, accanto al fuoco:

29. scorta: una nave e degli uomini.

30. lungi … urbe: lontano tanto da poter sentire il grido di un uomo dalla città.

31. supponga: ritenga.

32. t'avvia: avviati, dirigiti.

33. pargoletto: bambino.

34. corte: cortile.

35. palagio: palazzo.

La principale occupazione femminile nei poemi omerici è sempre la stessa: tessere.

poggiata a una colonna, ella ritorce
fra le dita, mirabile a vedersi,
i molli fili di purpuree lane.
Le stan dietro le ancelle, e accanto al suo
è di mio padre il trono, ove, adagiato
pari ad un nume, ei sta libando[36] il vino.
Corri oltre, corri dalla madre mia,
alle ginocchia sue stendi le braccia,
se vuoi che lieto il dì del tuo ritorno
spunti presto per te, se pur da lungi
tu sei venuto. Se il suo cuor si scioglie
per te d'affetto, nutri speme[37], allora,
di rivedere finalmente i tuoi
e la tua casa, e la tua patria terra».

Il dovere dell'ospitalità

Nell'isola dei Feaci l'ospitalità è un dovere che viene rigorosamente rispettato. Gli stranieri, come i mendicanti, godono della speciale protezione di Zeus e vanno accolti con la necessaria considerazione. Il tema dell'ospitalità si riconnette, nell'ambito dei poemi epici e in particolare dell'*Odissea*, a quello dell'ordine e dell'armonia: se l'ospitalità viene meno, la società precipita nel caos e nell'ingiustizia, spezzando il vincolo essenziale che lega gli uomini e le divinità.

(Omero, *Odissea*, trad. it. di F. Castellino, Sei, Torino 1956)

36. libando: sorseggiando, gustando.   **37. speme**: speranza.

Comprendere

1 **Perché, di fronte all'apparizione improvvisa di Odisseo, la giovane Nausìca non fugge come fanno, invece, le sue ancelle (vv. 188-191)?**

2 **Prima di parlare alla fanciulla, Odisseo riflette (vv. 192-197): quali possibili comportamenti egli prende in considerazione?**

3 **Quale atteggiamento l'eroe giudica più conveniente (vv. 198-202)?**

4 **L'episodio si conclude con i consigli di Nausìca a Odisseo: che cosa suggerisce la fanciulla all'eroe (vv. 407-424)?**

Analizzare

5 **I personaggi. Nelle prime righe del testo l'autore evidenzia alcune caratteristiche di Odisseo, che confermano quello che di lui ha già detto nel proemio (vedi p. 192): spiega le espressioni sottoriportate, le quali si riferiscono al comportamento dell'eroe.**

1. *incerto stava* (v. 193):

....

2. *accenti lusinghieri e accorti* (v. 203):

....

6 Lo stile. **Nei versi 211-213 è contenuta la figura retorica dell'anafora, che prevede la ripetizione di una o più parole all'inizio di versi successivi: quale funzione svolge nel contesto del discorso di Odisseo?**

7 Lo spazio. **Nausìca descrive allo straniero la reggia paterna e i suoi dintorni, alle porte della città: quale immagine ne offre la fanciulla, allo scopo di impressionare l'interlocutore (vv. 391-396; 407-416)?**

8 Lo spazio. **Quale atmosfera appare dominante in quei luoghi? In essi troviamo un senso di:**

A allegria e confusione.
B diffidenza e timore.
C disordine e incuria.
D pace e armonia.

9 I personaggi. **Dal brano emerge un ritratto abbastanza approfondito di Nausìca: quali elementi ne fanno parte? Rispondi seguendo la traccia.**

1. L'aspetto fisico (vv. 220-234).
2. Il carattere e il comportamento.

10 I personaggi. **Oltre a Nausìca, l'altro protagonista del brano è l'eroe Odisseo, qui nel ruolo del naufrago, ma che tuttavia non rinuncia a mettere in atto le risorse del suo ingegno: riconosci le qualità e i sentimenti che lo caratterizzano, sbarrando le quattro risposte corrette.**

A Prudenza.
B Imprudenza.
C Ingenuità.
D Astuzia.
E Rispetto.
F Insolenza.
G Ammirazione.
H Disprezzo.

11 Lo stile. **Gli epiteti fissi accompagnano il nome dei personaggi: inserisci nello schema gli epiteti che ne mettono in risalto le qualità fisiche.**

1. Nausìca: ....
2. Le ancelle: ....

.....

12 I temi. **Le azioni che Nausìca compie rivelano il forte senso di ospitalità, il quale caratterizza la società dei Feaci e che costituisce il tema del brano: sviluppalo, facendo gli opportuni riferimenti al testo.**

Lessico

GARZANTI LINGUISTICA

13 Il sostantivo *tristezza* (v. 256) è usato al plurale nel significato di:

A eventi noiosi.
B fatti dolorosi.
C ricordi malinconici.
D azioni malvagie.

Grammatica

14 L'espressione *per te* (v. 422) corrisponde a un complemento di:

A vantaggio.
B svantaggio.
C causa.
D limitazione.

15 L'espressione *d'affetto* (v. 422) corrisponde a un complemento di:

A mezzo.
B modo.
C causa.
D specificazione.

Scrittura

16 Se Odisseo si fosse fermato a lungo nell'isola dei Feaci... immagina e narra una conclusione diversa dell'episodio che vede Odisseo temporaneamente ospite del re Alcinoo. Sviluppa i punti che seguono:

– l'infatuazione di Odisseo per Nausìca e il progetto di nuove nozze;
– la violenta opposizione di un corteggiatore che la fanciulla ha respinto;
– una situazione difficile da risolvere, alla quale Odisseo si sottrae con le astuzie dell'ingegno.

Polifemo

(Libro IX, vv. 181-197; 256-286; 345-370; 415-467)

Il contesto

Odisseo, seguendo Nausìca, giunge alla corte del re Alcinoo, il padre della fanciulla, che lo accoglie amichevolmente e gli offre persino una nave per ritornare in patria. L'eroe accetta l'ospitalità e, il giorno successivo, durante un banchetto, ascolta il cantore Demodoco che narra alcuni episodi riguardanti la caduta di Troia e l'inganno del cavallo di legno, nel cui ventre vuoto si erano nascosti molti valorosi guerrieri achei. Sentendo quei versi, egli non riesce a trattenere il pianto e Alcinoo, che si è accorto del profondo turbamento dell'ospite, lo invita a dichiarare la sua vera identità. L'eroe rivela il proprio nome e comincia a raccontare alcune avventure che gli erano capitate dopo la partenza da Troia: era sbarcato nella terra dei Cìconi e dei Lotòfagi (i mangiatori di loto, un fiore che induce l'oblio del passato), dove aveva perso molti compagni; era quindi approdato nell'isola dei Ciclopi, giganti mostruosi con un solo occhio posto nel mezzo della fronte. Spinto dalla curiosità di conoscere e lasciata la maggior parte dei compagni nella vicina «isola delle capre», incontra il ciclope Polifemo, che vive in una caverna.

Il brano

Polifemo, dopo aver sbarrato l'ingresso della grotta in cui Odisseo e i suoi dodici compagni si erano introdotti, comincia a sbranarli due alla volta. Poi conduce le bestie al pascolo, non senza aver richiuso l'apertura della spelonca. L'eroe elabora un piano per punire il mostro e recuperare la libertà. Dopo un'accurata riflessione, decide di far ubriacare il gigante e di accecarlo con un gran tronco d'ulivo arroventato nel fuoco. In preda a un dolore atroce, Polifemo cerca inutilmente di afferrare gli Achei che, grazie a un ingegnoso stratagemma, escono sani e salvi dalla grotta, mentre il mostro, adirato, si lamenta della sua sorte infelice.

Chiave di lettura

In questo brano sofferma l'attenzione su:
- il **contrasto** tra la **natura ferina**, bestiale, di Polifemo e l'**astuzia** di Odisseo, qualità che permette all'eroe di salvare se stesso e i compagni da un destino orrendo;
- lo **scambio di battute** tra Odisseo e il Ciclope, con l'effetto di accrescere la **drammaticità** degli eventi;
- l'unico **barlume di umanità** che sembra animare Polifemo, cioè l'**affetto** che egli nutre per l'ariete più bello del gregge.

Quando dunque arrivammo alla terra vicina[1],
qui sull'estrema punta una grotta vedemmo, sul mare,
eccelsa, ombreggiata da lauri[2], e qui molte greggi,
pecore e capre, avevano stalla; intorno un recinto
alto correva, fatto di blocchi di pietra,
e lunghi tronchi di pino e querce alta chioma.
Qui un uomo aveva tana, un mostro, che greggi
pasceva, solo, in disparte, e con gli altri
non si mischiava, ma solo viveva, aveva animo ingiusto.
Era un mostro gigante; e non somigliava
a un uomo mangiatore di pane, ma a picco selvoso
d'eccelsi monti, che appare isolato dagli altri.

L'anticipazione che fa presagire una situazione difficile.

Un terribile mostro

In poche righe il poeta offre una descrizione del mostro che Odisseo e i compagni dovranno affrontare, insistendo su quei caratteri che lo differenziano dagli esseri umani: egli vive in una grotta, in uno stato quasi bestiale; trascorre l'esistenza in totale solitudine; ha una statura gigantesca; non pratica la giustizia; non si nutre di pane (ma, come si vedrà, oltre che di formaggi, anche di carne umana). Unico particolare positivo è il bel recinto per gli animali in pietra e legno, che ne rivela l'abilità costruttiva.

Allora ai fidi compagni ordinavo
di rimanere alla nave, di far guardia alla nave;
e io, scelti fra loro i dodici più coraggiosi,
andai, ma un otre caprino[3] avevo, di vino nero,
soave. [...]

Entrati nell'antro del Ciclope, Odisseo e i compagni si ristorano con il cibo che vi trovano, in attesa del padrone di casa. Il Ciclope entra con gran fracasso e sbarra l'ingresso della caverna con un grosso masso. Accortosi della loro presenza, chiede loro chi siano.

Così disse, e a noi si spezzò il caro cuore
dalla paura di quella voce pesante e di quell'orrido mostro.
Ma anche così, gli risposi parola, gli dissi:
«Noi siamo Achei, nel tornare da Troia travolti
da tutti i venti sul grande abisso del mare;
diretti alla patria, altro viaggio, altri sentieri
battemmo: così Zeus volle decidere.
Ci vantiamo guerrieri dell'Atride Agamennone[4],

Osserva l'orgoglio di Odisseo per il fatto di appartenere ai distruttori di Troia.

1. **terra vicina**: vicina all'Isola delle capre, dove Odisseo e compagni avevano lasciato le navi.

2. **lauri**: allori.

3. **otre caprino**: recipiente fatto di pelle di capra e adatto a contenere liquidi.

4. **Atride Agamennone**: re di Argo e di Micene, fratello di Menelao e capo dell'esercito acheo schierato contro Troia; *Atride*: patronimico, figlio di Atreo.

di cui massima è ora sotto il cielo la fama,
tale città ha distrutto, ha annientato guerrieri
innumerevoli. E ora alle tue ginocchia veniamo
supplici, se un dono ospitale ci dessi, o anche altrimenti
ci regalassi qualcosa; questo è norma per gli ospiti.
Rispetta, ottimo, i numi; siamo tuoi supplici.
E Zeus è il vendicatore degli stranieri e dei supplici,
Zeus ospitale, che gli ospiti venerandi accompagna».
Così dicevo; e subito rispose con cuore spietato:
«Sei uno sciocco, o straniero, o vieni ben da lontano
tu che pretendi di farmi temere e rispettare gli dèi.
Ma non si dànno pensiero di Zeus egìoco[5] i Ciclopi
né dei numi beati, perché siam più forti.
Non certo evitando l'ira di Zeus ti vorrò risparmiare,
né te, né i compagni, se non vuole il mio cuore.
Ma dimmi dove lasciasti la nave ben fabbricata,
se laggiù in fondo all'isola o vicino, che sappia».

Nota la differenza fra il mondo dei Ciclopi e quello dei Feaci, a cui Odisseo aveva domandato ospitalità.

Il contrasto tra civiltà e barbarie

Benché orgoglioso di aver contribuito alla caduta di Troia, Odisseo presenta se stesso e i compagni come stranieri e supplici. In nome degli dèi, l'eroe implora soccorso, insistendo sul necessario rispetto delle regole umane e divine. La tracotante risposta di Polifemo dimostra invece una natura brutale, che lo colloca al di fuori della civiltà: è infatti privo dell'indispensabile pietà verso chi ha bisogno di aiuto e non si cura della *filoxenía*, cioè del dovere di accogliere l'ospite prima ancora di conoscerne l'identità.

Così disse tentandomi[6], ma non mi sfuggì, perché sono accorto.
E rispondendogli dissi con false parole:
«La nave me l'ha spezzata Poseidone enosìctono[7],
contro gli scogli cacciandola, al limite del vostro paese;
proprio sul promontorio: il vento dal largo spingeva.

5. egìoco: armato di scudo.

6. tentandomi: mettendomi alla prova.

7. enosìctono: epiteto che significa «scuotitore del mondo»: Poseidone poteva agitare il mare e le terre.

Io solo sfuggii con questi l'abisso di morte».

Il Ciclope, impassibile, afferra due uomini e li sbrana, comportandosi come una belva feroce. Lo stesso rito compie il giorno seguente. Odisseo, allora, medita la vendetta.

Allora io al Ciclope parlai, avvicinandomi
con in mano un boccale del mio nero vino:
«Ciclope, to', bevi il vino, dopo che carne umana hai mangiato,
perché tu senta che vino è questo che la mia nave portava.
Per te l'avevo recato come un'offerta, se avendo pietà
m'avessi lasciato partire; invece tu fai crudeltà intollerabili,
pazzo! Come in futuro potrà venir qualche altro
a trovarti degli uomini? Tu non agisci secondo giustizia».
Così dicevo; e lui prese e bevve; gli piacque terribilmente
bere la dolce bevanda; e ne chiedeva di nuovo:
«Dammene ancora, sii buono, e poi dimmi il tuo nome,
subito adesso, perché ti faccia un dono ospitale e tu ti rallegri.
Anche ai Ciclopi la terra dono di biade[8]
produce vino nei grappoli, e a loro li gonfia la pioggia di Zeus.
Ma questo è un fiume d'ambrosia e di nettare[9]».
Così diceva: e di nuovo gli porsi vino lucente;
tre volte gliene porsi, tre volte bevve, da pazzo.
Ma quando al Ciclope intorno al cuore il vino fu sceso,
allora io gli parlai con parole di miele[10]:
«Ciclope, domandi il mio nome glorioso? Ma certo,
lo dirò; e tu dammi il dono ospitale come hai promesso.
Nessuno ho nome[11]: Nessuno mi chiamano
madre e padre e tutti quanti i compagni».
Così dicevo; e subito mi rispondeva con cuore spietato:
«Nessuno io mangerò per ultimo, dopo i compagni;
gli altri prima; questo sarà il dono ospitale».

I valori dell'ospitalità, esaltati nell'episodio dei Feaci, sono qui stravolti.

Polifemo, dopo aver bevuto in abbondanza, cade a terra ubriaco e si addormenta. È il momento opportuno per la vendetta. L'eroe, con l'aiuto di quattro compagni, conficca un grosso palo, dopo averne arroventato la punta, nell'occhio del gigante, accecandolo. Il mostro invoca aiuto dagli altri ciclopi, ma invano, poiché le sue parole sembrano insensate: urla che «Nessuno» lo sta uccidendo. Il gigante, allora, fa uscire il bestiame, sperando di catturare così Odisseo e i compagni.

8. la terra … biade: la terra che, grazie alla sua fertilità, produce la biada per nutrire gli animali.

9. d'ambrosia e di nettare: si tratta del cibo e della bevanda degli dèi.

10. di miele: dolci.

11. Nessuno ho nome: è l'espediente ideato da Odisseo per ingannare Polifemo, nel momento in cui avesse voluto denunciare lui e i compagni agli altri ciclopi.

Il Ciclope piangendo, straziato da strazio feroce,
a tentoni levò dalla porta il gran masso,
e stava lui stesso a seder sulla porta, a braccia distese,
se tra le pecore potesse afferrare qualcuno che uscisse:
così sperava che nel mio cuore fossi bamboccio[12].
Io, intanto, pensavo come cavarmela nel miglior modo,
se ai compagni e a me stesso qualche scampo da morte
potevo trovare; ogni sorta d'inganni e di piani tessevo,
perch'era in gioco la vita, grande sovrastava il malanno[13].
E questo nell'animo mi parve il mezzo migliore:
c'erano dei montoni ben grassi, dal vello foltissimo,
belli e grandi, e avevano lana colore di viola;
questi in silenzio legavo insieme coi vimini torti[14]
su cui il Ciclope dormiva, il mostro assassino,
a tre a tre; e quello di mezzo portava un uomo,
e i due di fianco, avanzando, il compagno salvavano.
Così tre montoni ciascun uomo portavano; io, poi,
– c'era un ariete, fra tutta la greggia il più bello –
per le reni afferrandolo, steso sotto la pancia lanuta
stetti; e con le mani la lana meravigliosa torcendo
stretta, mi tenni avvinto con cuore paziente.
Così allora, gemendo, aspettavamo l'Aurora lucente.

Viene ribadita la mancanza di intelligenza del Ciclope.

La ragione contro la bestialità

Per sfuggire al Ciclope, Odisseo elabora un piano ben congegnato, in cui risalta la stoltezza dell'avversario, caduto senza sospetto nella trappola che gli è stata preparata. Ciò ha comportato il ricorso alla *métis* ovvero a una felice sintesi di intelligenza, astuzia e pazienza, che induce il protagonista ad aspettare, con un tempismo perfetto, il momento più adatto per intervenire. L'eroismo di Odisseo è dunque ben diverso da quello celebrato nell'*Iliade*: qui, infatti, esso consiste nella lotta che l'intelligenza umana conduce contro la forza bruta.

Come, figlia di luce, brillò l'Aurora dita rosate,
allora balzarono al pascolo i maschi del gregge;
le femmine belavano intorno ai chiusi[15] non munte,
le poppe eran gonfie, ma in preda a tormenti feroci,
il padrone tastava la schiena di tutte le bestie,
ch'eran già ritte; non sospettò lo stolto che gli uomini
eran legati sotto le pance delle bestie lanose.
Ultimo il maschio del gregge mosse verso la porta,

12. **bamboccio**: sciocco, ingenuo come un bambino.

13. **grande … malanno**: correvamo grave pericolo.

14. **torti**: attorcigliati.

15. **chiusi**: recinti.

Nelle parole del gigante al montone si intravede un barlume di umanità.

pesante della sua lana e di me, il molto accorto;
e gli diceva tastandolo Polifemo gagliardo:
«Caro montone, perché così m'esci dall'antro
per ultimo? di solito tu non vai dietro alle pecore,
ma primissimo pasci[16] i teneri fiori dell'erba,
a gran balzi, per primo raggiungi le correnti dei fiumi,
per primo alla stalla vuoi tornare impaziente
a sera; e adesso sei l'ultimo. Forse del tuo padrone
piangi l'occhio, che un malvagio accecò
coi suoi tristi compagni, vinta la mia mente col vino,
Nessuno, il quale non credo che scamperà dalla morte.
Oh! se avessi intelletto, se diventassi parlante,
da dirmi dove colui si ripara dalla mia furia:
allora il suo cervello schizzerebbe qua e là per l'antro,
in terra, dalla testa spaccata; sollievo il mio cuore
avrebbe dalle torture, che questo Nessuno da nulla m'ha inflitto».
Così dicendo l'ariete lontano da sé spinse fuori;
e appena fummo un poco lontani dal cortile e dall'antro,
per primo io dall'ariete mi sciolsi, poi sciolsi i compagni;
e rapidamente le pecore zampe sottili, fiorenti di grasso,

Dal punto di vista fisico, Odisseo è certo inferiore al Ciclope!

16. pasci: ti nutri di.

L'equivoco e la beffa

L'intelligenza di Odisseo, quella capacità di sapersi adattare a ogni situazione, anche con l'inganno, se necessario, agisce non soltanto sul piano pratico, ma anche sul gioco verbale che, nell'episodio, s'instaura fra lui e Polifemo. Questi, senza sospettare di nulla, ha creduto all'eroe, che ha dichiarato di chiamarsi *Nessuno*: quando implorerà l'aiuto degli altri ciclopi contro *Nessuno*, il nome dall'ambiguo significato diventerà una tremenda beffa ai suoi danni.

correndo intorno spingevamo in gran numero, finché alla nave
giungemmo; con gioia fummo rivisti dai cari compagni
noi scampati alla morte, ma singhiozzando piangevano gli altri[17].

(Omero, *Odissea*, trad. it. di R. Calzecchi Onesti, Einaudi, Torino 1963)

17. gli altri: i compagni divorati da Polifemo.

Comprendere

1 Odisseo si rivolge al mostruoso Ciclope (vv. 259-271): qual è il contenuto del suo discorso?

1. L'identità degli esuli: ....

2. Una richiesta urgente: ....

2 Come reagisce l'eroe alla violenza del Ciclope, che sbrana i suoi compagni? Quale risposta gli dà Polifemo (vv. 347-370)?

3 In quale modo Odisseo e i suoi riescono a fuggire dalla caverna del Ciclope e a salvarsi (vv. 424-435; 461-467)?

4 Odisseo ha sconfitto il Ciclope ricorrendo:

A a un incantesimo, insegnatogli da Calipso.
B all'intervento di Atena, che lo protegge.
C a un piano molto astuto e ben realizzato.
D alla forza fisica e all'aiuto dei compagni.

Analizzare

5 I personaggi. Con le sue parole e i suoi atteggiamenti, il Ciclope rivela di essere una creatura che non pratica le usanze proprie degli esseri umani. Spiega, con esempi tratti dal testo, le due caratteristiche indicate.

1. Brutalità (vv. 187-189; 272; 347; 369-370; 457-460): ....

2. Empietà (vv. 273-276): ....

6 I personaggi. Odisseo è dotato di accortezza, che appare una caratteristica rilevante della sua personalità: rileggi i versi 279-286 e spiega perché le parole dell'eroe confermano quanto egli dice a proposito di se stesso (*sono accorto*, v. 281).

7 **I personaggi. Dal comportamento di Polifemo possiamo ricavare altri elementi del suo carattere: quali, tra gli aggettivi proposti, non si addicono alla personalità del Ciclope? Sbarra le quattro risposte corrette.**

A Intelligente.	E Mite.
B Solitario.	F Pietoso.
C Maligno.	G Furioso.
D Violento.	H Ospitale.

8 **Lo stile. Ricerca e inserisci nello schema gli elementi dello stile formulare che accompagnano il nome dei personaggi indicati.**

1. Agamennone: ....
2. Zeus: ....
3. Poseidone: ....
4. Polifemo: ....
5. Le pecore: ....

9 **Il tema. Spesso, in chiave simbolica, l'epica esprime informazioni, notizie oppure sollecita la riflessione. A tuo parere, quale tema si nasconde sotto l'orrido comportamento di Polifemo?**

A L'esistenza, nell'antichità, di creature mostruose.
B Il grande timore degli antichi di fronte all'ignoto.
C L'esistenza di una pratica inumana come il cannibalismo.
D La concezione della Natura come forza bruta.

10 **Il narratore. Chi racconta l'episodio di Polifemo?**

A Omero.
B Odisseo.
C Un compagno di Odisseo.
D Un altro Ciclope.

11 **Un confronto. L'esistenza che Polifemo conduce appare molto lontana dallo stile di vita dei Feaci (p. 211). Paragona le due diverse posizioni, seguendo i punti indicati.**

1. L'atteggiamento verso gli dèi.
2. Il genere di abitazione.
3. Il diverso grado di civiltà.

Lessico

GARZANTI LINGUISTICA

12 **Polifemo alleva *pecore* (v. 184): che cosa significa l'espressione *comportarsi da pecora*, intesa in senso figurato?**

13 **Il Ciclope ha un cuore *spietato* (v. 272): spiega le espressioni sottolineate nelle frasi che seguono.**

1. Quel ragazzo *fa* a Claudia *una corte spietata*.
2. Il nuovo negozio *fa* agli altri *una concorrenza spietata*.

Grammatica

14 ***dimmi* (v. 279): a quale complemento corrisponde la particella *mi*?**

A vantaggio.	C argomento.
B svantaggio.	D termine.

15 **Fai l'analisi del periodo dei versi 279-280.**

Scrittura

16 **Aiutandoti con il vocabolario, fai la parafrasi dei versi 273-280 (*Sei sciocco... lo sappia*), trasformando il discorso diretto in discorso indiretto.**

17 **Fra i tanti mezzi cui Odisseo ricorre per salvarsi, in questa come in altre occasioni, ci sono le *false parole* (v. 282) e le *parole di miele* (v. 363): quanto conta saper parlare bene, esprimersi in modo adeguato a ogni circostanza, anche distorcendo la verità, se necessario? Dividete la classe in due gruppi, poi svolgete le seguenti attività:**

– preparate un testo scritto di almeno 20-25 righe, in cui ogni gruppo esprime le proprie idee sull'argomento, motivandole adeguatamente;
– confrontate i due elaborati e discutete, rispettando le opinioni altrui e le diverse posizioni.

Odisseo e Circe

(LIBRO X, VV. 210-243; 306-346)

IL CONTESTO

Fuggito da Polifemo, l'eroe approda nell'isola di Eolo, il dio dei venti, il quale dona agli ospiti un otre, con la raccomandazione di non aprirlo, poiché in esso sono racchiusi i venti contrari alla navigazione. Proprio quando all'orizzonte già si staglia il profilo di Itaca, i compagni, convinti che l'otre nasconda un tesoro, lo aprono e liberano i venti che spingono le navi in alto mare. Ritornato da Eolo, l'eroe si vede rifiutare un ulteriore aiuto e non può che riprendere il viaggio, giungendo nella terra dei Lestrìgoni, giganti cannibali che divorano molti degli Achei. Con l'unica nave superstite, egli si dirige verso l'isola di Eéa.

IL BRANO

Odisseo, sbarcato sull'isola di Eea, manda Euriloco con ventidue uomini a esplorarla. Al centro di una valle riparata sorge un misterioso palazzo: i guerrieri vedono animali selvaggi che si aggirano intorno all'edificio e che accolgono i visitatori come i cani che aspettano con ansia il ritorno del padrone. Le porte si aprono ed esce la maga Circe, che invita gli ospiti a entrare. Tutti la seguono, tranne il prudente Euriloco. Gli uomini gustano vino pregiato, al quale Circe ha mescolato filtri oscuri; poi, toccati dalla sua bacchetta magica, si trasformano in porci. Odisseo, informato da Euriloco, corre a salvare i compagni, non senza aver accettato l'aiuto del dio Ermete. Infine, con la sua intelligenza, si sottrae agli incantesimi di Circe.

CHIAVE DI LETTURA

In questo brano sofferma l'attenzione su:
- i **luoghi inquietanti** (l'isola di Eea, il palazzo di Circe), che inviano segnali trascurati dagli incauti compagni di Odisseo;
- la **trasformazione** degli uomini in animali, a sottolineare la **forza degli istinti**, che permane in ogni essere umano, nascosta sotto l'apparenza della civiltà;
- il **personaggio di Circe** e il connubio di bellezza e pericolo, di seduzione e dominio che la dea esercita sugli uomini.

Nella vallata trovarono le case di Circe costruite
con pietre squadrate, in un luogo protetto:
c'erano intorno lupi montani e leoni
che ella aveva stregato, dandogli filtri maligni[1].
Essi non assalirono gli uomini, ma
agitando le lunghe code si alzarono.
Come quando i cani scodinzolano al padrone che torna
da un pranzo, perché porta ogni volta dei buoni bocconi;
così i lupi dalle forti unghie e i leoni scodinzolavano
a essi: temettero, quando videro le orribili fiere.
Si fermarono davanti alle porte della dea dai bei riccioli,
sentivano Circe che dentro con voce bella cantava,
intenta a un ordito[2] grande, immortale, come le dee
sanno farli, sottili e pieni di grazia e di luce.
E cominciò fra essi a parlare Polite, capo di forti[3],
che mi era tra i compagni il più caro e fidato:
«O cari, qui dentro, intenta a un grande ordito,
canta in modo perfetto – ne risuona tutta la casa –
una dea o una donna: su presto, gridiamo[4]».
Disse così, ed essi con grida chiamarono.
Lei subito uscita aprì le porte lucenti[5]
e li invitò: la seguirono tutti senza sospetto.
Indietro restò Euriloco: pensò che fosse una trappola.
Li guidò e fece sedere sulle sedie e sui troni:
formaggio, farina d'orzo e pallido miele mischiò
a essi col vino di Pramno[6]; funesti farmaci[7]
mischiò nel cibo, perché obliassero[8] del tutto la patria.
Dopoché glielo diede e lo bevvero, li toccò subito
con una bacchetta e li rinserrò[9] nei porcili.
Dei porci essi avevano il corpo: voci e setole[10]
e aspetto. Ma come in passato la mente era salda[11].
Così essi furono chiusi, piangenti, e Circe
gli gettò da mangiare le ghiande di leccio, di quercia
e corniolo[12], che mangiano sempre i maiali stesi per terra.

L'inattesa mutazione mette in luce la compresenza, nell'essere umano, dell'istinto (*porci*) e della razionalità (*mente salda*).

1. **filtri maligni**: pozioni magiche dall'effetto dannoso.
2. **intenta a un ordito**: impegnata a tessere una tela.
3. **Polite … forti**: compagno di Odisseo, che comanda guerrieri valorosi.
4. **gridiamo**: chiamiamo a voce alta gli abitanti dell'edificio.
5. **lucenti**: splendenti, forse bronzee.
6. **vino di Pramno**: un vino rosso pregiato e dal gusto forte.
7. **funesti farmaci**: filtri dalle conseguenze tremende.
8. **obliassero**: dimenticassero.
9. **rinserrò**: rinchiuse.
10. **setole**: i duri peli del dorso.
11. **la mente … salda**: avevano conservato la coscienza di sé.
12. **corniolo**: arbusto con bacche rosse, di cui gli animali si nutrono.

Un luogo inquietante

L'esplorazione dell'isola e l'arrivo al palazzo di Circe sono pervasi da un'atmosfera densa di mistero. Fatta eccezione per Euriloco, il più simile a Odisseo per prudenza, gli esploratori non si accorgono della stranezza di un luogo dove le bestie selvagge si comportano come cani affettuosi. Circe ha dunque buon gioco nel trasformarli. La metamorfosi rivela un amaro sapore di beffa, perché i malcapitati non perdono la coscienza di sé, nonostante l'assunzione di forme animali.

Sconvolto da quanto ha visto, Euriloco torna alla nave e avverte Odisseo dell'inspiegabile sparizione dei compagni. L'eroe s'incammina verso la casa di Circe e lungo la strada incontra il dio Ermete, che gli consegna la magica erba moly per neutralizzare gli incantesimi della maga.

Poi Ermete andò via, sull'alto Olimpo,
per l'isola boscosa. E io mi diressi alla casa
di Circe: andavo e il mio cuore era molto agitato.
Mi fermai davanti alle porte della dea dai bei riccioli;
fermatomi lì, gridai: la dea sentì la mia voce
e subito uscita aprì le porte lucenti.
Mi invitò: la seguii col cuore angosciato.
Mi guidò e fece sedere su un trono con borchie[13] d'argento,
bello, lavorato: c'era sotto uno sgabello per i piedi.
In un vaso d'oro mi preparò un beverone[14], perché lo bevessi:
un farmaco ci mise dentro, meditando sventure nell'animo.
Poi me lo diede e lo bevvi, ma non mi stregò;
mi colpì con la verga[15], mi rivolse la parola, mi disse:
«Va' ora al porcile, stenditi con gli altri compagni».

13. borchie: dischi in metallo, usati come ornamento.

14. beverone: filtro.

15. verga: bacchetta magica.

Il fascino oscuro della magia

Gli elementi della magia di Circe, oltre alla casa isolata e agli animali stregati, sono i filtri e la bacchetta magica. Un po' strega un po' fata, la protagonista, trasformando gli uomini in bestie, mette in luce quel residuo di spirito selvaggio che nessun processo di civilizzazione può eliminare nell'uomo. Odisseo salverà i compagni e lascerà l'isola solo dopo aver affrontato un altro pericolo, ovvero il rischio di sperimentare una natura diversa da quella umana, resistendo agli incanti della dea.

Disse così; io, tratta l'aguzza lama lungo la coscia,
assalii Circe, come fossi bramoso[16] d'ucciderla.
Lei con un urlo corse, m'afferrò le ginocchia[17]
e piangendo mi rivolse alate[18] parole:
«Chi sei, di che stirpe[19]? dove hai città e genitori?
Mi stupisce che bevuti i miei farmaci non fosti stregato.
Nessun altro sopportò questi farmaci,
chi li bevve, appena varcarono il recinto dei denti[20]:
una mente che vince gli inganni hai nel petto[21].
Certo Odisseo tu sei, il multiforme[22], che sempre
l'Arghifonte dall'aurea verga[23] mi diceva sarebbe arrivato,
venendo da Troia con la nera nave veloce.
Ma orsù, riponi la lama nel fodero, e tutti e due
saliamo sul letto, perché congiunti
nel letto e in amore ci si possa l'un l'altro fidare».
Disse così, e io rispondendole dissi:
«Circe, come puoi chiedermi d'essere mite con te,
che nella casa m'hai fatto[24] maiali i compagni,
e qui tenendomi adeschi anche me, insidiosa,
a venire nel talamo[25] sopra il tuo letto,
perché, appena nudo, mi faccia vile e impotente[26]?
Sul tuo letto io non voglio salire,
se non acconsenti a giurarmi, o dea, il gran[27] giuramento
che non mediti un'altra azione cattiva a mio danno».
Dissi così, e lei giurò subito come volevo.

16. **bramoso**: molto desideroso.

17. **m'afferrò le ginocchia**: è il gesto del supplice, di chi implora pietà o aiuto.

18. **alate**: rapide.

19. **di che stirpe?**: chi sono i tuoi antenati?

20. **appena ... denti**: dopo essere stati messi in bocca.

21. **una ... nel petto**: la mente, dove agisce la ragione e si trovano i sentimenti, nei poemi omerici è situata nel petto.

22. **multiforme**: intelligente e astuto.

23. **Arghifonte ... verga**: l'epiteto significa *uccisore di Argo*; il dio Ermete inoltre tiene in mano una bacchetta d'oro, detta anche *caducèo*.

24. **m'hai fatto**: hai reso.

25. **adeschi ... talamo**: tu, ingannatrice, attiri anche me a venire in camera da letto.

26. **mi ... impotente**: mi faccia diventare debole, incapace di reagire.

27. **gran**: solenne.

E dopo che ebbe giurato e finito quel giuramento,
allora io salii sul bellissimo letto di Circe.

La sconfitta degli incantesimi

Dovendosi confrontare con la magia, l'eroe fa di nuovo ricorso a quell'intelligenza pratica che aveva messo in atto contro Polifemo, comportandosi quindi con astuzia e fermezza. Odisseo ha la meglio su Circe: non se ne lascia intimorire, anzi lui mortale obbliga lei, una dea, a giurare di non recargli alcun danno. D'altra parte Circe, poco prima (v. 329), aveva riconosciuto il carattere versatile del rivale, non a caso definito *il multiforme*: l'uomo dalle innumerevoli capacità.

(Omero, *Odissea*, trad. it. di G. A. Privitera,
Fondazione Lorenzo Valla-Mondadori, Milano 1986)

Comprendere

1 **Quali azioni sono compiute da Circe per mutare in porci i compagni di Odisseo (vv. 233-238)?**

2 **Come reagisce Circe alla mancata trasformazione di Odisseo (vv. 315-334)?**

3 **Quale giuramento Odisseo richiede a Circe (vv. 341-343)?** DI NON PROVARLO A STREGARE PIU

Analizzare

4 **Lo stile.** **La similitudine, nel linguaggio epico, mette spesso in evidenza il valore drammatico di una situazione o il carattere di un personaggio: quale funzione svolge la similitudine contenuta nei versi 216-219?**

5 **Lo spazio.** **La casa della maga Circe è descritta con vari dettagli: quali caratteristiche presenta? Distingui tra l'esterno e l'interno dell'edificio.**

vv. 210-213; v. 230; vv. 313-315; v. 346.

6 **I personaggi.** **Prima dell'incontro con la maga, Odisseo manifesta sentimenti di comprensibile ansia per la sorte dei compagni, poi, però, non rinuncia a mettere in atto le risorse del suo ingegno: spiega perché il comportamento dell'eroe è astuto e deciso al tempo stesso (vv. 315-321).**

7 **I personaggi.** **Circe è una donna bellissima, ma anche pericolosa: quali caratteristiche la rendono tale, ovvero capace di nuocere ai malcapitati che giungono nella sua isola?**

8 **Lo stile.** **I nomi propri, com'è usuale nel linguaggio dell'epica, sono accompagnati da un epiteto fisso, un nome o un'espressione che si ripete sempre uguale. Completa lo schema, inserendo gli epiteti relativi a ciascun personaggio.**

Circe	BEI RICCI
Odisseo	IL MULTIFORME
Ermete	

9 Quali caratteristiche del personaggio sono messe in evidenza da ciascun epiteto?

Circe	GLI RICCI
Odisseo	L'ASTUZIA E LA VOGLIA DI IMP
Ermete	

10 Un confronto. Circe e Calipso sono entrambe coinvolte, seppure in modo diverso, nella vicenda di Odisseo. Se hai letto l'episodio relativo a Calipso (vedi p. 201), confronta la ninfa e la maga, seguendo lo schema.

1. L'identità.
2. L'aspetto fisico e le occupazioni.
3. L'abitazione.
4. Il rapporto con Odisseo.
5. Gli interventi di Ermete.

11 Un confronto. Quale dei due personaggi ti sembra meglio costruito, più approfondito e affascinante? Motiva la risposta.

Lessico

GARZANTI LINGUISTICA

12 Odisseo non rimane *stregato* (v. 325) dalle pozioni di Circe. Che cosa significa, nel contesto, la parola *stregato*?

A Preso d'amore per la maga.
B Colpito dal malocchio.
C Vittima di un incantesimo.
D Ipnotizzato dallo sguardo della maga.

13 Quale significato attribuisci a *stregato* nella frase *La prima volta che l'ha incontrata è rimasto stregato dai suoi occhi*? Trova un sinonimo dell'aggettivo *stregato* in relazione al medesimo contesto.

Grammatica

14 L'espressione *formaggio, farina d'orzo e pallido miele* (v. 234) costituisce un:

A soggetto.
B complemento predicativo del soggetto.
C complemento oggetto.
D complemento predicativo dell'oggetto.

15 *essi* (v. 241) è un pronome:

A dimostrativo.
B indefinito.
C possessivo.
D personale.

Scrittura

16 Circe si rivolge a un'altra celebre incantatrice, Calipso, che aveva trattenuto Odisseo presso di sé per lunghi anni. Immaginando di essere la maga, scrivi una lettera alla ninfa, sviluppando i punti che seguono:

– adotta la prima persona e un linguaggio amichevole e vivace, adatto all'atmosfera delle confidenze femminili;
– racconta a Calipso l'arrivo di Odisseo, il tuo inutile tentativo di trasformarlo e l'amore che l'eroe ha suscitato nel tuo cuore;
– chiedile qualche consiglio su come comportarti con un uomo dalla personalità così complessa;
– se credi, elabora, in un'altra lettera, la risposta di Calipso oppure scegli un compagno/a, cui far scrivere la risposta.

Il cane Argo

(Libro XVII, vv. 290-327)

Il contesto

Per ben due giorni si prolunga il racconto delle avventure di Odisseo alla corte dei Feaci. Infine, l'eroe ottiene da Alcinoo di essere riaccompagnato a Itaca. Ha così inizio il terzo momento del poema, quello in cui si narrano il suo ritorno a casa, il suo ricongiungimento con la famiglia e la vendetta nei confronti dei Proci. Il racconto evidenzia una serie di fraintendimenti. All'inizio Odisseo non riconosce Itaca e soltanto l'intervento di Atena lo rassicura di aver raggiunto la patria; poi saranno il figlio Telemaco, la moglie Penelope e i servi a non vedere, nell'uomo che sta loro di fronte, l'eroe tanto rimpianto. Gli unici a riconoscerlo saranno l'anziana nutrice Euriclea e il cane Argo. Trasformato da Atena in un mendicante, Odisseo chiede ospitalità al fedele servo Eumeo che, pur non avendone compreso la vera identità, lo tratta con cortesia e accetta di accompagnarlo alla reggia.

Il brano

All'ingresso del palazzo reale, dove si è recato per mettere in atto il suo piano per sbarazzarsi dei Proci, i pretendenti al trono, Odisseo rivede l'amato cane Argo, da lui addestrato personalmente alla caccia e ormai vicino alla morte. L'animale, accortosi della presenza dell'eroe, è stroncato dall'emozione e dagli anni: gli mancano le forze per corrergli incontro e muore.

Chiave di lettura

In questo brano sofferma l'attenzione su:
- il costante **riferimento al passato**, quando Argo era giovane e veloce, prima che Odisseo partisse per la luttuosa guerra di Troia;
- la **fine dell'episodio**, che si chiude con la scena commovente della morte dell'animale;
- il profondo **rapporto di affetto** che unisce Argo al suo padrone e che nemmeno una lunga lontananza ha potuto indebolire.

Essi dunque facevano questi discorsi tra loro[1].
E un cane, che era sdraiato, sollevò il capo e le orecchie,
Argo, il cane dell'intrepido[2] Odisseo, che egli stesso
s'era allevato, ma non goduto: andò prima
alla sacra Ilio[3]. Con lui i giovani un tempo cacciavano
capre selvatiche, daini e lepri:
ma ora, partito il padrone, giaceva in disparte
sul molto letame di muli e di buoi
che stava ammucchiato davanti alle porte, finché lo toglievano
i servi di Odisseo, per concimare il grande podere.
Giaceva il cane su di esso, Argo, pieno di zecche[4].
Allorché vide Odisseo accanto,
scodinzolò e piegò entrambe le orecchie,
ma al proprio padrone non poté
avvicinarsi. Questi distolse lo sguardo e si terse[5] una lacrima,

In questi versi domina l'antitesi tra un passato felice e un presente infelice.

Gli animali nel poema

Fino a questo momento gli animali hanno svolto un ruolo funzionale allo svolgimento della storia: il gregge di Polifemo ispira a Odisseo lo stratagemma con cui uscire dalla grotta; le bestie del palazzo di Circe provocano l'intervento dell'eroe, impietosito dalla loro sorte. La vista del cane Argo, invece, risveglia in Odisseo le immagini di un passato felice e di un affetto profondo, mai dimenticato, nonostante la lontananza da casa. Da parte sua, il cane sofferente riconosce subito il padrone con il suo istinto infallibile, senza esitare e solo al sentirne la voce.

facilmente eludendo Eumeo[6]; poi domandò:
«Eumeo, che meraviglia[7], questo cane sopra il letame!
È bello il suo aspetto, ma non so chiaramente
se era anche celere[8] con questa figura,
o se era come sono i cani da mensa[9]
degli uomini: li allevano per lusso i padroni».
E tu rispondendo, o porcaro Eumeo, gli dicesti:
«Oh sì, questo è il cane di un uomo che è morto lontano:
se per l'aspetto e l'azione[10] fosse così
come quando Odisseo, partendo per Troia, lo lasciò,
subito ne ammireresti la celerità e la forza.

1. **tra loro**: Odisseo e il porcaro Eumeo.

2. **intrepido**: audace.

3. **ma … Ilio**: è un breve flashback, che ricorda come Odisseo, essendosi recato alla guerra di Troia, non avesse potuto usare il cane nella caccia.

4. **zecche**: parassiti che succhiano il sangue di molti mammiferi.

5. **si terse**: si asciugò.

6. **eludendo Eumeo**: senza farsi vedere da lui.

7. **che meraviglia**: è strano.

8. **celere**: veloce.

9. **da mensa**: che stanno sotto il tavolo del padrone per afferrare gli avanzi.

10. **l'azione**: la bravura nel cacciare.

Nei recessi della selva profonda[11] non gli sfuggiva
una fiera che egli inseguisse: eccelleva nel seguire le peste[12].
Ma ora è in miseria[13]: il padrone gli è morto lontano

> **Un legame duraturo**
> La figura di Argo esalta il vincolo di fedeltà tra un uomo e il suo cane. Il pianto di Odisseo per l'animale ormai vicino alla morte si accompagna inoltre alla constatazione del caos nel quale è precipitata la reggia, in assenza del re. I servi non ubbidiscono, le ancelle non si prendono più cura di Argo, tutto sprofonda nel degrado e si perdono i valori, come viene ben sottolineato dalle parole di Eumeo.

da casa e le donne, incuranti[14], non l'accudiscono.
Quando i padroni non ordinano, i servi
non vogliono più lavorare a dovere.
Zeus dalla voce possente toglie metà del valore
a un uomo, appena lo umilia il servaggio[15]».
Detto così, entrò nella casa ben situata
e si diresse nella gran sala, tra i pretendenti egregi[16].
E subito il fato della nera morte[17] colse Argo,
quando ebbe visto Odisseo dopo venti anni.

(Omero, *Iliade*, trad. it. di G. A. Privitera,
Fondazione Lorenzo Valla-Mondadori, Milano 1986)

---

11. Nei recessi … profonda: nelle zone nascoste della foresta più fitta.

12. peste: orme degli animali.

13. è in miseria: patisce sofferenze.

14. incuranti: svogliate.

15. il servaggio: la servitù.

16. egregi: di nobile condizione.

17. il fato … morte: il destino, che impone a tutti la morte oscura.

Comprendere

1 Quali reazioni manifesta Argo vedendo il padrone (vv. 291; 301-304)?

2 Alla conclusione dell'episodio (vv. 326-327), il cane:

A viene curato e sfamato dalle ancelle.
B si lascia accarezzare da Odisseo.
C abbaia, rivelando la presenza dell'eroe.
D muore dopo aver rivisto il padrone.

Analizzare

3 I personaggi. Di Argo colpisce la differenza tra le abilità che esercitava in passato e la sofferenza presente. Come si comportava il cane da giovane e in quali condizioni si trova al momento del ritorno dell'eroe? Distingui tra:

1. le parole del narratore (vv. 294-300):
....
....

2. le parole di Eumeo (vv. 312-319):
....
....

4 I personaggi. Alla vista del suo cane, Odisseo manifesta profonde emozioni: che cosa prova, di fronte al vecchio e fedele amico (vv. 304; 306-310)?

5 Lo stile. Quali epiteti fissi sono attribuiti dal narratore ai personaggi indicati, favorendone così l'immediata identificazione? Inseriscili nello schema.

1. Odisseo: ....
2. Zeus: ....

6 Il tema. L'insistenza sulla triste condizione di Argo allude in realtà alla situazione, ben più grave, della reggia di Odisseo: che cos'è accaduto, in assenza dell'eroe (vv. 318-321)?

7 Un confronto. L'affetto di Odisseo per Argo richiama l'analogo sentimento che hai potuto osservare in un altro personaggio del poema: di chi si tratta e a chi rivolge attenzione e cure costanti, in ciò rivelandosi più «civile» dei servi di Odisseo?

Lessico

GARZANTI LINGUISTICA

8 Argo scopriva le tracce nella foresta *profonda* (v. 316): spiega il termine *profondità* sbarrando la risposta corretta.

1. La *profondità* di un sentimento.
   A La segretezza. B L'intensità.

2. Le *profondità* del cuore.
   A La densità. B La parte più nascosta.

9 Scrivi due frasi inserendo le espressioni *oscurità profonda* e *silenzio profondo*.

1. ....
2. ....

10 L'aggettivo *valore* (v. 322), al plurale, può assumere anche il significato di:

A efficacia, validità.
C agiatezza economica.
B oggetti preziosi.
D vasta e approfondita cultura.

Grammatica

11 *accanto* (v. 301) è una preposizione:

A propria.
B impropria.

12 Costruisci una frase con la preposizione *accanto*, unita a un'altra preposizione.

13 *entrambe* (v. 302) è un aggettivo:

....

14 Fai l'analisi del periodo sottoriportato (vv. 301-304).

1. *Allorché vide Odisseo accanto*:
....
....
....

2. *scodinzolò*:
....
....
....

3. *e piegò entrambe le orecchie*:
....
....
....

4. *ma al proprio padrone non poté avvicinarsi*:
....
....
....

Scrittura

15 Riscrivi l'episodio, adottando il punto di vista del cane e seguendo lo schema seguente:

– esprimi la tua gioia alla vista di Odisseo, riconosciuto da te ma non da Eumeo e da altri;
– manifesta rimpianto per il passato in cui eri giovane e veloce;
– spiega perché puoi infine accettare la sofferenza e la morte.

Odisseo piega l'arco

(LIBRO XXI, VV. 393-434)

IL CONTESTO

Assunto l'aspetto di un mendicante, Odisseo entra nella reggia per mettere in atto il piano di vendetta contro i Proci e i servi infedeli. Solo il figlio Telemaco e la nutrice Euriclea conoscono la sua vera identità. Durante un banchetto, i pretendenti deridono Odisseo e allontanano l'indovino Teoclimeno, che aveva predetto loro la fine imminente. La regina Penelope fa portare in sala l'arco del marito e, ispirata dalla dea Atena, propone una gara: sposerà colui che sarà riuscito a tendere l'arco e a far passare una freccia attraverso gli anelli di dodici scuri poste in fila. Mentre i Proci sono impegnati nella prova, Odisseo, allontanatosi, si rivela ai servi Eumeo e Filezio. Poi chiede e ottiene, nonostante la derisione e le urla dei pretendenti, di cimentarsi anch'egli nella gara. Telemaco accetta e ordina alla madre di ritirarsi nelle sue stanze.

IL BRANO

Odisseo, impugnata l'arma, grande e molto pesante, la maneggia con facilità e, fra lo stupore dei presenti, trapassa con una freccia tutti i fori delle scuri, aggiudicandosi la vittoria. Poi Telemaco accoglie l'invito del padre e, cintosi della spada e impugnata la lancia, gli si pone al fianco.

CHIAVE DI LETTURA

In questo brano sofferma l'attenzione su:

– la progressiva, emozionante «**metamorfosi**», che vede la trasformazione di Odisseo da mendicante deriso da tutti a eroe implacabile;

– una **tragica anticipazione** (*... presto gli Achei le dovevan provare*, in riferimento alle frecce scagliate da Odisseo): essa annuncia ai pretendenti la fine imminente;

– il **linguaggio** usato dal protagonista, ferocemente ironico e allusivo della sorte che egli intende riservare ai Proci.

Osserva come queste azioni, non consone a un mendicante, preludano alla rivelazione di Odisseo.

Già aveva preso l'arco Odisseo,
e lo girava da tutte le parti, lo tentava[1] qua e là,
se avessero i tarli roso il corno[2], mentre il padrone non c'era.
Allora qualcuno guardando diceva a un altro vicino:
«Certo costui era un esperto, un uomo pratico d'archi.
E forse anche lui possiede archi simili in casa,
o sta pensando di farsene uno, tanto fra mano
sopra e sotto lo gira, il randagio esperto di mali[3]».
E un altro dei giovani alteri diceva:
«Oh se potessi incontrare altrettanta fortuna,
quant'è vero che quello riesce a tendere l'arco!».
Così dicevano i pretendenti; e l'accorto Odisseo, all'improvviso,
dopo che il grande arco palpò e osservò da ogni parte,
come un uomo, che è esperto della cetra e del canto,
senza fatica tende le corde sui bischeri[4] nuovi,
fissando ai due estremi il budello[5] ben torto di pecora,
così senza sforzo tese il grande arco, Odisseo.
Poi con la mano destra pizzicò e provò il nervo[6],
che bene gli cantò sotto, simile a grido di rondine[7].
Ma ai pretendenti strazio grande ne venne, a tutti il colore
cambiò[8]. E Zeus tuonò forte per dare il segno;

Continua il processo di rivelazione.

Un comportamento insolito

Il racconto descrive in dettaglio le azioni di Odisseo, che dimostrano grande familiarità con l'arma che egli tiene in mano e che lasciano intuire uno sviluppo imprevisto dei fatti. Anche i Proci, però, stanno cambiando atteggiamento: impallidiscono e si preoccupano, in attesa degli eventi.

e godette Odisseo costante, glorioso
che gli mandasse un segno il figlio di Crono[9] pensiero complesso[10].
Prese la freccia rapida, ch'era davanti a lui sulla mensa

1. **lo tentava**: lo tastava, lo toccava.

2. **il corno**: le corna di capra o di altro animale con cui l'arco era fatto.

3. **il randagio esperto di mali**: il vagabondo esperto di sventure; nota l'ironia dei Proci contenuta in queste parole che si fanno beffa dei gesti di Odisseo.

4. **bischeri**: piccoli pezzi di legno per tendere le corde degli strumenti musicali.

5. **budello**: corda della cetra, realizzata con il budello di pecora.

6. **nervo**: la corda dell'arco.

7. **simile ... rondine**: la similitudine vuole sottolineare il suono stridulo della corda dell'arco pizzicata per saggiarne la tensione.

8. **il colore cambiò**: impallidirono.

9. **Crono**: uno dei Titani, figlio di Gea e Urano. Divorò i suoi figli, dei quali soltanto Zeus si salvò.

10. **pensiero complesso**: dai pensieri imperscrutabili; epiteto.

nuda[11], l'altre nella faretra[12] capace
stavano, e presto gli Achei le dovevan provare;
l'arco pel mezzo afferrò, tirò nervo e cocca[13],
dal suo posto, seduto sul seggio, e lasciò andare la freccia
mirando dritto: non fallì di tutte le scuri,
l'anello alto, ma li traversò e ne uscì fuori
il dardo greve di bronzo[14]. Poi disse a Telemaco:
«Telemaco, non ti disonora l'ospite che nella tua sala
è seduto: non ho fallito il bersaglio, non ho faticato
molto a tendere l'arco; ancora ho salda la forza,
non come i pretendenti disprezzando m'insultano.
Adesso è ora di preparare la cena agli Achei,
finch'è giorno; e poi variamente prendersi svago,
col canto e la cetra[15]: questi son corona al banchetto».
Disse, e accennò con la fronte: si cinse la spada affilata
Telemaco, il caro figlio del divino Odisseo,
la mano gettò sull'asta, e accanto a lui venne
a piantarsi, vicino al seggio, armato di bronzo accecante[16].

(Omero, *Odissea*, trad. it. di R. Calzecchi Onesti,
Einaudi, Torino 1963)

11. nuda: già sfoderata (l'aggettivo è riferito alla freccia).

12. faretra: guaina portatile in cui si custodiscono le frecce.

13. cocca: scanalatura della freccia in cui viene introdotta la corda dell'arco.

14. greve di bronzo: pesante per la punta di bronzo.

15. col canto e la cetra: si allude ai gemiti dei Proci e al suono stridulo della corda dell'arco che scoccherà le frecce.

16. accecante: che mandava bagliori accecanti.

Comprendere

1 Come reagiscono i Proci quando Odisseo prende in mano l'arco e ne esamina attentamente ogni parte (vv. 396-403)?

2 Con il tuono mandato da Zeus (vv. 413-415), il re degli dèi fa sapere di:

A approvare i Proci e di essere dalla loro parte.
B volere l'allontanamento immediato dei Proci.
C essere favorevole al piano di Odisseo.
D volere che Odisseo rinvii l'inevitabile vendetta.

3 Quale gesto di Telemaco mette fine all'episodio (vv. 431-434)?

Analizzare

4 Le tecniche narrative. Nel brano vengono inserite le riflessioni dei Proci, che commentano il comportamento di Odisseo: quale tecnica narrativa riconosci (vv. 397-400; 402-403)?

A Monologo interiore.
B Flusso di coscienza.
C Discorso indiretto.
D Discorso diretto.

5 Le tecniche narrative. Le osservazioni dei pretendenti svolgono due funzioni importanti: quella di sottolineare la differenza tra Odisseo, che ha atteso questo momento, e se stessi, arroganti e impulsivi. Qual è l'altra funzione?

6 Lo stile. Il linguaggio dell'epica fa uso di figure retoriche per aiutare il lettore (o, in tempi più antichi, l'ascoltatore) a farsi un'idea più precisa di un personaggio, di un luogo, di una situazione ecc. Rileggi i versi 404-409: a chi viene paragonato Odisseo? Che cosa significa la similitudine?

7 I personaggi. Quali sentimenti invadono i Proci alla vista di Odisseo che, senza sforzo, tende l'arco (vv. 412-413)?

A Una lieve preoccupazione.
B Profonda angoscia e timore.
C Allegria e compiacimento.
D Paura e ammirazione.

8 I temi. Il discorso rivolto dall'eroe al figlio (vv. 424-430) riafferma con grande chiarezza alcuni valori tipici della società omerica dell'*Odissea*: individuali, sbarrando le quattro risposte corrette.

A Mitezza.
B Forza fisica.
C Senso di umanità.
D Senso di superiorità.
E Valore del perdono.
F Esaltazione della legge.
G Orgoglio.
H Desiderio di vendetta.

9 Lo stile. Il ricorso alla metafora (v. 428) esprime, con un'allusione ironica, una verità: che cosa intende dire Odisseo, quando parla di *preparare la cena agli Achei*?

10 Lo stile. Il nome di Odisseo è accompagnato da epiteti: sottolineali nel testo.

Lessico

GARZANTI LINGUISTICA

11 La freccia scagliata da Odisseo ha la punta di *bronzo* (v. 423): spiega le espressioni che seguono, di senso figurato.

1. Cuore di bronzo: ....
2. Faccia di bronzo: ....
3. Incidere qualcosa nel bronzo: ....

Scrittura

12 Immagina di essere uno dei Proci che hanno assistito alla gara dell'arco. Racconta la scena, sviluppando i punti che seguono:

– descrivi la sala della reggia di Odisseo e il banchetto che vi si sta svolgendo, in un'atmosfera di spensierata allegria;
– presenta il mendicante, coperto di stracci, ma stranamente abile nel maneggiare l'arco;
– racconta il superamento della prova da parte dello straniero e i tuoi sentimenti di fronte a quell'impresa;
– narra il tuo tentativo, subito bloccato da Telemaco, di uscire dalla sala e di salvarti la vita.

La strage dei Proci

(LIBRO XXII, VV. 1-99)

IL BRANO

Odisseo (qui chiamato Ulisse), liberatosi del travestimento da falso mendicante, svela la sua identità e minaccia tutti di morte, dopo aver ucciso l'arrogante Antinoo, il capo dei Proci. Respinta l'offerta di un risarcimento, l'eroe si batte con ardore, sostenuto da Telemaco e dai servi Eumeo e Filezio. Ben presto la strage si conclude: sopravvivono solo il cantore Femio e l'araldo Médonte, che i Proci avevano costretto a entrare al loro servizio. La dea Atena, da parte sua, provvede a neutralizzare le frecce dei nemici. La nutrice Euriclea vorrebbe manifestare la propria gioia per il trionfo di Odisseo, che tuttavia glielo impedisce, perché non è bene rallegrarsi davanti ai morti, e le chiede invece di convocare nella sala le ancelle traditrici, che vengono impiccate. La casa è purificata con lo zolfo e il fuoco. Infine l'eroe si abbandona a un pianto liberatore.

CHIAVE DI LETTURA

In questo brano sofferma l'attenzione su:
- il concetto di «**giustizia**», opposto a quello di «**vendetta**», che trovava uno spazio molto più ampio nell'*Iliade*;
- le **scene** dell'attacco ai Proci da parte di Odisseo, caratterizzate da molteplici **dettagli crudamente realistici**;
- i **dialoghi** tra i personaggi, che evidenziano la feroce determinazione di Odisseo e la vigliaccheria dei Proci, all'inutile ricerca della salvezza.

Qui la rivelazione si completa: il mendico è diventato Ulisse.

Allora si tolse di dosso il logoro manto[1] lo scaltro
Ulisse e alla soglia alta balzò, la faretra
piena di frecce e l'arco tenendo; le frecce
rapide sparse[2] ai suoi piedi e ai Proci parlò:
«La gara tremenda ecco è finita; ora tento
di cogliere un altro bersaglio, a cui non ha mai
tirato nessuno, se Apollo mi assiste».
Disse, e vibrò contro Antìnoo[3] il rigido strale[4].

1. logoro manto: è il mantello da mendicante che Ulisse indossava per celare la sua vera identità ai Proci.

2. sparse: per averle pronte all'uso.

3. Antìnoo: il più autorevole e arrogante dei Proci.

4. strale: freccia.

Stava egli levando e portando alle labbra
una splendida tazza a due anse[5]
d'oro, con ambe le mani stringendola,
per bere del vino; né certo pensava alla morte:
come infatti temere che in mezzo al convito
un uomo fra tanti, solo, anche fortissimo,
gli recasse la morte, trista, nera, improvvisa?
Ma in lui Ulisse mirò e lo colse alla gola col dardo:
la punta trafisse diritta il tenero collo. Piegò
riversa la testa il ferito, di mano gli cadde
la tazza, un gran fiotto di sangue gli venne
subito su dalle nari[6]: sbatté[7], respinse col piede
lontana la mensa, si sparsero a terra
gli avanzi del pasto, il sangue inzuppava
il pane, le carni arrostite. Gridarono

Gli aggettivi rendono bene la tragicità della morte, ancor più tremenda perché inaspettata.

5. a due anse: a due manici.

6. nari: narici.

7. sbatté: si accasciò violentemente.

Un crudo realismo

Il lessico con cui si descrive l'attacco di Ulisse e dei suoi compagni ai Proci è fortemente realistico e non vengono risparmiati dettagli raccapriccianti (le ferite, il sangue sparso, gli spasimi dei morenti), che si ripetono quasi ossessivamente fino alla conclusione dell'episodio. Così la morte dei pretendenti assume i caratteri di una vera e propria agonia, che si presenta come il compimento del volere di Zeus.

L'incoscienza dei Proci rimanda il momento della rivelazione di Ulisse creando un senso di attesa e di dramma.

i Proci vedendo quell'uomo cadere, dai seggi
balzarono, andaron qua e là per la sala di corsa
volgendo lo sguardo alle forti pareti: ma scudo
non c'era né lancia robusta da prendere[8].
A Ulisse gettavano grida, parole feroci d'insulto:
«Per tuo danno, straniero, uomini abbatti;
altre gare tu più non farai: la tua fine
ora è certa. Tu l'uomo hai ucciso,
fra quanti in Itaca sono, il più nobile: strazio
adesso faranno di te gli avvoltoi».
Questo dicevano tutti: pensavano infatti
che non per volere egli avesse quell'uomo ammazzato[9]:
non sapevano, stolti, che tutti stringeva la morte.

Incapaci di vedere

L'aggettivo *stolti*, ripreso dal poeta in altri episodi che riguardano i Proci, si riferisce a una sorta di «cecità» che caratterizza le reazioni dei pretendenti. Essi, infatti, parlano e agiscono senza comprendere nulla: fino all'ultimo hanno ignorato la vera identità del mendicante e anche adesso non si rendono conto delle intenzioni dell'eroe. La morte di Antinoo non è frutto del caso, ma l'inizio di una lunga, orribile strage.

E Ulisse rispose, torvo guardandoli:
«O cani, voi certi eravate ch'io mai più tornassi
dalla terra troiana: m'avete così divorato
la casa, costretto avete le schiave
mie a giacere con voi; bramavate, me vivo[10],
sposare la donna ch'è mia, non gli dèi
paventando[11], che il cielo alto posseggono,
né pensosi[12] di alcuna umana futura vendetta:
ed ecco arriva la morte e tutti vi stringe».

8. ma scudo … prendere: tutte le armi erano state precedentemente tolte dalla sala, affinché non potessero essere utilizzate dai Proci.

9. pensavano … ammazzato: i Proci si illudono ancora che l'uccisione di Antinoo sia stata fortuita, un caso, non il frutto di una volontà precisa.

10. me vivo: mentre ancora io, il legittimo marito, ero vivo.

11. non gli dèi paventando: senza avere alcun timore degli dèi.

12. né pensosi: senza preoccuparvi.

Questo disse, e una verde[13] paura li prese
tutti. Ciascuno guardava all'intorno,
cercava uno scampo alla morte sospesa[14].
Rispose Eurìmaco solo, che disse: «Se tu
Ulisse Itacese che torna sei veramente,
il tuo biasimo è giusto per quello che han fatto
gli Achei: empietà nel palazzo, nei campi,
molte. Ma l'uomo che di tutto fu causa
ora è perito, Antìnoo, che tali delitti eccitava:
non tanto cercando e bramando le nozze,
quanto ad altro pensando, che Zeus gli ha negato:
farsi lui stesso signore del popolo d'Itaca,
teso che avesse[15] a tuo figlio insidia mortale.
Ucciso adesso egli giace, ed è giusta la pena; ma tu
perdona ai tuoi sudditi; ammenda faremo comune[16]
di quanto ti è stato bevuto e mangiato
qui nel palazzo, a parte pagando una multa
ciascuno di venti giovenche; e bronzo ed oro
daremo a compenso, finché non si placa
il tuo cuore. Ma certo, prima di questo
l'ira tua non è riprovevole[17]».
E Ulisse rispose, torvo guardandolo:
«Eurìmaco, no: se pure mi date i beni paterni
quanti ne avete e se altri poi ne aggiungete
in qualunque modo trovati, nemmeno così
fermare vorrei dalla strage le mani,
prima che i Proci la colpa mi paghino intera.
Soltanto la lotta vi resta davanti
o la fuga, se qualcuno riesca di voi con la fuga
a schivare la morte e il destino. Però non potrà
sfuggire nessuno, mi pare[18], alla morte sospesa».
Questo disse; e cuore e ginocchia a quelli mancarono.
Ma volle di nuovo parlare Eurìmaco agli altri:
«Amici, le mani tremende quest'uomo
non frenerà; poi che l'arco lucido ha preso
e le frecce, farà dalla porta bersaglio di noi
finché non cadremo tutti ammazzati: si pensi

13. **verde**: che rende lividi, verdastri in volto.

14. **sospesa**: che pendeva sulle loro teste.

15. **teso che avesse**: non appena avesse teso.

16. **ammenda faremo comune**: ripareremo, chiederemo perdono pubblicamente.

17. **non è riprovevole**: non è condannabile, è ben motivata.

18. **Però … mi pare**: poiché tutte le porte sono sbarrate.

dunque a combattere. Presto, snudate le spade,
fate avanti le mense a riparo[19] dei dardi
che subito uccidono, e tutti gettiamoci insieme
su lui, se lontano possiamo respingerlo
via dalla porta e grida levare per Itaca:
e avrebbe quest'uomo scagliato l'ultime frecce».

Un re giusto e spietato

Il brano alterna momenti descrittivi e parti dialogate, creando un'atmosfera segnata dalla furia e dalla morte incombente. Ulisse si mostra determinato nel perseguire quello che è anche e soprattutto un atto di giustizia, che deve compiere per recuperare la propria legittima autorità. Egli ritorna a essere un guerriero temibile, che non si lascia smuovere dalle offerte di pace: il discorso di Eurimaco, invece, ribadisce la scarsa statura morale dei Proci, ai quali non resta che combattere per la propria vita.

La scena di crudo realismo è efficace nel rendere i momenti dell'agonia.

E nuda a queste parole trasse la spada di bronzo
acuta, a due tagli, e saltò su di lui
con orribile grido. Ma Ulisse divino scagliava
in quell'attimo stesso una freccia e nel petto
di sotto alla mamma[20] lo colse: il dardo nel fegato
restò conficcato; gli cadde di mano la spada
a terra, oscillò su la mensa curvo piombando
e all'urto caddero i cibi, la coppa; e poi
sbatté contro il suolo la fronte già nel respiro
ultimo, e i piedi agitandosi scossero il seggio
e l'ombra coperse i suoi occhi per sempre.

(Omero, *Odissea*, trad. it. di E. Cetrangolo, Sansoni, Firenze 1990)

---

19. fate … riparo: disponete innanzi a voi le mense come riparo, fatevi scudo con le mense.

20. mamma: mammella.

Comprendere

1. **Qual è il senso del discorso che Odisseo rivolge ai Proci (vv. 5-7)?**
2. **Chi viene colpito per primo e con quale effetto sugli altri pretendenti (vv. 8-27)?**
3. **Che cosa offrono a Odisseo i suoi nemici, per avere salva la vita (vv. 59-66)?**
4. **Come reagisce Odisseo all'attacco di Eurìmaco (vv. 91-99)?**

Analizzare

5. **Il narratore. L'episodio, fortemente drammatico, è raccontato da:**

   A Odisseo.
   B Telemaco.
   C uno dei Proci.
   D un narratore esterno.

6. **I personaggi. Odisseo si rivolge di nuovo ai Proci (vv. 38-45) per giustificare la loro fine imminente presentandola come un atto di giustizia, che si deve compiere davanti agli dèi e agli uomini: di quali gravissime colpe si sono macchiati i pretendenti?**

7 **La struttura.** **Rileggi i versi 5-6, 36, 45, 75-76: in essi, il protagonista terrorizza i Proci, alludendo alla morte cui non potranno sottrarsi. Si tratta di una serie di:**

A prolessi. B flashback.

8 **La struttura.** **Quale funzione svolgono queste allusioni?**

9 **I personaggi.** **Odisseo, di solito accorto e prudente, rifiuta con fermezza le offerte di pace di Eurìmaco: perché non desiste dal suo proposito di sterminare i Proci (vv. 68-76)?**

10 **Lo stile.** **Il brano contiene varie scene di particolare violenza (vv. 16-23; 46-47; 93-99): scegline una e spiega in che cosa consiste il suo macabro realismo, soffermandoti sui dettagli descrittivi e sulle reazioni dei personaggi.**

11 **Le tecniche narrative.** **I personaggi dialogano tra loro, esprimendo le rispettive posizioni e manifestando con forza i propri sentimenti, pertanto la narrazione, quando si assume il punto di vista dei personaggi, risulta:**

A oggettiva.
B soggettiva.
C in parte oggettiva, in parte soggettiva.
D non definibile con precisione.

12 **Lo stile.** **Il nome *Odisseo* è accompagnato dagli epiteti *scaltro*, *Itacese*, *divino*: a quali caratteristiche dell'eroe alludono?**

Lessico

GARZANTI LINGUISTICA

13 **L'*ombra* (v. 99) della morte scende su Eurìmaco: quale significato attribuisci alle espressioni in corsivo nelle frasi che seguono? Sbarra la risposta corretta.**

1. Per risolvere la questione, è necessaria almeno *un'ombra* di correttezza.

A Parvenza. C Barlume.
B Eccesso. D Traccia.

2. Per tessere i suoi inganni, il personaggio di quel film *rimane* sempre *nell'ombra*.

A Si rivela a poco a poco.
B Resta chiuso in casa.
C Si mostra in piena luce.
D Si circonda di mistero.

14 **Quale carattere rivela chi è *ombroso*? Trova almeno due sinonimi dell'aggettivo *ombroso*, riferito alla personalità di un individuo.**

Grammatica

15 ***all'urto caddero i cibi, la coppa* (v. 96): qual è il soggetto? Sottolinealo nella frase.**

16 **Fai l'analisi grammaticale del verbo *caddero*.**

Scrittura

17 **Sei un giornalista che si occupa di delitti rimasti irrisolti: sono stati scoperti i cadaveri dei Proci e le autorità indagano. Scrivi un articolo di cronaca per il tuo giornale, sviluppando i punti che seguono:**

– adotta la prima persona e uno stile vivace, per appassionare i lettori all'incredibile caso;
– descrivi la «scena del crimine» e l'attività degli investigatori;
– formula qualche ipotesi sul responsabile della strage e sui possibili moventi;
– congedati dal pubblico, promettendo ulteriori notizie.

18 **Quando si è gravemente offesi o danneggiati, è preferibile ricorrere alla giustizia o alla vendetta? Il comportamento di Odisseo non lascia dubbi, tuttavia la riflessione, su un problema di tale importanza, è necessaria. Dividete la classe in due gruppi, ciascuno dei quali sostiene, con le opportune argomentazioni scritte, una delle due posizioni, poi confrontatevi e discutete le rispettive idee.**

Il riconoscimento di Odisseo

(LIBRO XXIII, VV. 153-236)

IL CONTESTO

Avvenuta la punizione dei Proci e delle ancelle infedeli, la nutrice Euriclea annuncia a Penelope, che si era rinchiusa nelle sue stanze, la notizia del massacro e il ritorno del marito. La regina è incredula e, presa dal timore di una delusione, pensa che l'uccisione dei pretendenti sia l'opera di un dio, sdegnato dalla loro turpe condotta. Tuttavia si reca nella sala, si siede vicino al fuoco e osserva l'eroe. Rimproverata da Telemaco per la freddezza nei confronti dell'ospite, ella afferma che esistono dei segni, noti soltanto a lei e a Odisseo, che le permetteranno di verificarne l'identità. Poi l'eroe esorta il figlio a consentire che Penelope lo metta alla prova e ad organizzare un banchetto, affinché i parenti degli uccisi non si accorgano dell'accaduto e non chiedano vendetta.

IL BRANO

Odisseo, lavato e rivestito da Euriclea, chiede alla nutrice di fargli preparare un giaciglio da qualche parte, visto che la moglie non intende accoglierlo. Penelope ordina che il letto, che Odisseo aveva fatto con le proprie mani, sia trasportato fuori. Ma egli obietta che non è possibile: uno dei montanti è il tronco di un olivo attorno al quale il letto è stato costruito. Penelope lo abbraccia, sicura di aver ritrovato Odisseo: infatti, nessuno straniero potrebbe conoscere quella storia curiosa. L'episodio si conclude con i due sposi finalmente riuniti in una magica notte durante la quale si rafforza il sentimento di amore profondo.

CHIAVE DI LETTURA

In questo brano sofferma l'attenzione su:

- l'atmosfera di **suspense** che pervade l'episodio, incentrato sul ricongiungimento dei protagonisti;
- l'**atteggiamento** di Penelope, tanto saggia e accorta da eguagliare il marito in virtù e abilità;
- il **dialogo** tra i personaggi, che alterna toni ora adirati ora increduli ora sofferti, ma sempre intensamente espressivi di sentimenti e reazioni.

Egli uscì dalla vasca simile agli immortali[1] nel corpo;
di nuovo sedette sul trono da cui s'era alzato,
di fronte a sua moglie e le disse:
«Disgraziata! a te fecero il cuore molto più duro
che alle deboli donne quelli che hanno l'Olimpo[2].

1. agli immortali: agli dèi.

2. quelli … l'Olimpo: gli dèi, che risiedono sull'Olimpo.

Nessuna altra donna starebbe con cuore ostinato[3] lontana
così dal marito, che avendo sofferto molte sventure
tornasse a lei, al ventesimo anno, nella terra dei padri.
Su, balia[4], stendimi il letto perché, anche solo,
mi corichi: costei ha nel petto un cuore di ferro».
Gli disse allora la saggia Penelope:
«Sciagurato! non sono altezzosa o sprezzante
né sono attonita[5]: so molto bene come eri

La necessità di essere prudenti

Secondo Odisseo, la moglie non conosce amore né compassione, perciò nasconde nel petto un *cuore di ferro*. Penelope risponde alle accuse del marito, rivendicando l'importanza di un atteggiamento cauto. Ella, infatti, ricorda bene l'aspetto di lui prima della sua partenza da Troia e non corre il rischio di farsi ingannare: dopo tanta fatica e astuzia per conservare all'eroe la famiglia e il trono, non può vivere accanto a un uomo che non sia Odisseo. Se dunque Penelope non mostra le sue emozioni non è perché non le provi, ma perché vuole la certezza che le sue sofferenze sono giunte al termine.

salpando da Itaca sopra la nave dai lunghi remi.
Orsù, Euriclea, stendigli il solido letto
fuori del talamo ben costruito, che fece lui stesso[6];
portate fuori il solido letto e gettatevi sopra il giaciglio,
pelli e coltri e coperte lucenti[7]».
Disse così per provare[8] il marito; e Odisseo,
sdegnato, disse alla moglie solerte[9]:
«Donna, è assai doloroso quello che hai detto.
Chi mise altrove il mio letto? sarebbe difficile
anche a chi è accorto[10], se non viene e lo sposta,
volendolo, un dio in un luogo diverso, senza difficoltà.
Nessun uomo, vivo, mortale, neppure giovane e forte,
lo smuoverebbe con facilità: perché v'è un grande segreto
nel letto lavorato con arte; lo costruii io stesso, non altri.
Nel recinto[11] cresceva un ulivo dalle foglie sottili,
rigoglioso, fiorente: come una colonna era grosso.
Intorno a esso feci il mio talamo, finché lo finii
con pietre connesse[12], e coprii d'un buon tetto la stanza,

Da qui, fino al verso 191, è inserito un flashback per dare informazioni importanti e al tempo stesso ritardare il felice epilogo.

3. **cuore ostinato**: atteggiamento caparbio, testardo.

4. **balia**: la nutrice Euriclea.

5. **non … attonita**: non sono superba né mostro disprezzo o stupore.

6. **stendigli … lui stesso**: preparagli il letto robusto, quello che lui personalmente aveva costruito, facendolo portare fuori dalla stanza nuziale.

7. **pelli … lucenti**: fatto di pelli, di stoffe di lana e di coperte colorate.

8. **provare**: mettere alla prova.

9. **solerte**: laboriosa e diligente.

10. **accorto**: capace e conoscitore del segreto.

11. **recinto**: cortile del palazzo.

12. **connesse**: disposte con cura le une accanto alle altre.

vi apposi una porta ben salda, fittamente connessa[13].
Dopo, recisi la chioma all'ulivo dalle foglie sottili:
sgrossai dalla base il suo tronco, lo piallai con il bronzo,
bene e con arte, e lo feci diritto col filo[14],
e ottenuto un piede[15] di letto traforai tutto col trapano.
Iniziando da questo piallai la lettiera[16], finché la finii,
rabescandola[17] d'oro e d'argento e d'avorio.
All'interno tesi le cinghie di bue[18], splendenti di porpora.

13. fittamente connessa: fatta di tavole fissate saldamente.

14. col filo: tendendo il filo a piombo, che si usa appunto per rendere verticale una superficie.

15. un piede: un sostegno, una base.

16. la lettiera: la testiera del letto.

17. rabescandola: arabescandola, cioè ornandola con disegni.

18. di bue: di cuoio.

Ti rivelo, così, questo segno[19]. Donna,
non so se il mio letto è fisso tuttora o se un uomo,
tagliato il tronco d'ulivo alla base, altrove lo mise».
Disse così, e lì le si sciolsero ginocchia e cuore[20],
nel riconoscere i segni che Odisseo le rivelò, sicuri.
Piangendo gli corse incontro, gettò le braccia
al collo di Odisseo, gli baciò il capo e gli disse:
«Odisseo, non essere irato con me, dopoché anche in altro[21]
fosti assai saggio tra gli uomini: ci diedero pene gli dèi,
che a noi negarono di vivere insieme e insieme
goderci la giovinezza e toccare la soglia[22] della vecchiaia.
Non essere, ora, adirato, non essere offeso
se non t'ho detto, appena ti vidi, il mio affetto.
Il mio animo aveva sempre timore
nel petto che qualche mortale venisse a ingannarmi
con chiacchiere: molti tramano, infatti, astuzie malvage.
Neanche Elena Argiva, nata da Zeus,
si sarebbe congiunta con uno straniero[23] in amore e nel letto,
se avesse saputo che i bellicosi figli degli Achei[24]
l'avrebbero portata di nuovo a casa e in patria.
Ma certo la spinse un dio a compiere l'ignobile azione:
non da prima ebbe chiaro nell'animo l'accecamento
funesto, da cui venne il primo dolore anche a noi[25].

Penelope fa appello alla virtù specifica di Odisseo, la saggezza.

Il «doppio» di Odisseo

Di Penelope si mettono in evidenza le doti di donna prudente e astuta. Infatti, sottopone il marito a una prova che, pienamente superata, le dà la certezza che l'uomo che le sta davanti è davvero chi dice di essere. Dunque anche Penelope, come Odisseo, possiede ed esercita la *métis*, l'intelligenza unita all'accortezza.

Ma ora che hai elencato i segni chiarissimi
del nostro letto, che non ha veduto alcun altro mortale,
ma soli tu e io e un'altra ancella,
Attorìde[26], che mio padre[27] mi diede allorché venni qui,
colei che a noi custodiva le porte del solido talamo,

19. segno: segreto, che ti permetterà di riconoscermi.

20. le … cuore: mostrò grande commozione.

21. in altro: quanto a capacità di architettare astuzie.

22. la soglia: l'inizio.

23. uno straniero: Paride, che l'aveva tolta a suo marito, il re Menelao.

24. i bellicosi … Achei: i guerrieri greci, amanti dei combattimenti.

25. non … a noi: ma, come se un dio le avesse offuscato la ragione, non aveva prima compreso la gravità della sua colpa, dalla quale derivarono sventure a tutti noi (la guerra di Troia).

26. Attorìde: Eurinome, la figlia di Attore (patronimico).

27. mio padre: Icario.

ora hai convinto il mio animo, benché tanto duro[28]».
Disse così e in lui suscitò ancor più la voglia di piangere:
piangeva stringendo la sposa diletta, accorta.
Come appare gradita la terra a coloro che nuotano
e di cui Posidone spezzò la solida nave,
sul mare, stretta dal vento e dal duro maroso[29]:
e pochi sfuggirono all'acqua canuta[30] nuotando
alla riva, e la salsedine s'è incrostata copiosa[31] sul corpo,
e toccano terra con gioia, scampati al pericolo;
così le era caro lo sposo, guardandolo.

Il riconoscimento

Dissipati i dubbi, Penelope si abbandona alla felicità. Il poeta paragona il suo sentimento a quello del naufrago che ha toccato la terra; non manca un riferimento a Poseidone, il dio del mare, che, adirato contro Odisseo, aveva dato avvio alle sventure che lo avevano tenuto tanti anni lontano da casa. La forte tensione emotiva dell'episodio si stempera nella dolcezza dell'abbraccio tra gli sposi.

Non gli staccava più le candide braccia dal collo.
Aurora dalle rosee dita sarebbe spuntata che ancora piangevano,
se la dea glaucopide[32] Atena non avesse pensato altre cose:
fece lunga alla fine la notte, trattenne
Aurora dall'aureo trono vicino all'Oceano, non le fece aggiogare[33]
i cavalli dai piedi veloci che portano agli uomini il giorno,
Lampo e Fetonte, i puledri che portano Aurora.

(Omero, *Odissea*, trad. it. di G. A. Privitera,
Fondazione Lorenzo Valla-Mondadori, Milano 1986)

28. duro: ostinato.

29. duro maroso: grandi ondate.

30. canuta: bianca di schiuma.

31. copiosa: in gran quantità.

32. glaucopide: epiteto, vuole dire «dagli occhi azzurri».

33. aggiogare: attaccare al carro, con il quale attraversa il cielo portando il nuovo giorno.

Comprendere

1 Quale rimprovero Odisseo, dopo aver fatto il bagno, rivolge a Penelope (vv. 156-162)?

2 In che cosa consiste il tranello al quale Penelope sottopone Odisseo (vv. 167-170)?

3 Come risponde l'eroe alle parole della moglie (vv. 173-194)?

4 Dopo il sofferto riconoscimento, i due sposi possono finalmente riunirsi: quale espediente escogita Atena per prolungarne l'incontro (vv. 231-236)?

Analizzare

5 Lo stile. Odisseo è turbato dall'atteggiamento di Penelope, dopo una lontananza durata vent'anni: spiega la

metafora *ha nel petto un cuore di ferro* (v. 162), da lui riferita alla moglie.

6 Lo stile. Ben diverso è il comportamento della regina di Itaca alla fine dell'episodio, quando è ormai sicura della vera identità dell'ospite: il narratore paragona la sua felicità (vv. 223-229) a quella di:

- A un guerriero che ha vinto molte e difficili battaglie.
- B un sovrano che sa di aver governato bene il proprio regno.
- C una moglie fedele, che ha atteso il marito per molto tempo.
- D un naufrago che tocca terra dopo aver corso gravi pericoli.

7 I personaggi. L'atteggiamento di Penelope nei confronti dello straniero è comprensibilmente cauto: spiega perché il narratore la definisce *saggia* (vv. 163-166).

8 I personaggi. Penelope ha riconosciuto Odisseo: qual è il contenuto del discorso, con il quale la regina spiega al marito i motivi del suo comportamento e si abbandona finalmente all'emozione?

1. La giustificazione iniziale (vv. 203-211).
2. L'ammissione dei propri sentimenti (vv. 215-220).

9 I personaggi. Il narratore e Odisseo parlano di Penelope sottolineandone vari aspetti del carattere, ma ponendosi in un'ottica completamente differente: inserisci nello schema le espressioni riferite da entrambi alla protagonista. Come spieghi una simile diversità?

Espressioni del narratore:	....
Espressioni di Odisseo:	....

10 Lo stile. Quali epiteti e formule fisse accompagnano i nomi sottoriportati, secondo lo stile proprio dell'epica che, in tal modo, evidenzia con immediatezza caratteristiche facilmente riconoscibili dei personaggi?

1. Odisseo: ....
2. Elena: ....
3. Aurora: ....
4. Atena: ....

11 I temi. L'incontro di Penelope e Odisseo fa emergere il tema di un'evidente affinità di caratteri tra i due personaggi: sottolinea quelli che entrambi possiedono.

- A Prudenza.
- B Imprudenza.
- C Pazienza.
- D Impazienza.
- E Stoltezza.
- F Accortezza.
- G Fedeltà.
- H Infedeltà.

Lessico

GARZANTI LINGUISTICA

12 Odisseo ha intagliato il *letto* coniugale (v. 179): spiega le espressioni in corsivo nelle frasi che seguono.

1. Caterina *mi ha buttato giù dal letto* per arrivare in tempo all'appuntamento.
2. Siamo andati a far visita a Carlo *nel suo letto di dolore*.

Grammatica

13 A chi o a che cosa si riferisce il pronome personale *lo* (v. 178)?

14 Quale funzione svolge nell'analisi logica l'espressione *con facilità* (v. 178)? Si tratta di un complemento di:

- A modo.
- B mezzo.
- C vantaggio.
- D svantaggio.

Scrittura

15 Penelope e Odisseo si ritrovano dopo vent'anni: come immagini il tuo futuro tra due decenni? Prepara su questo argomento un testo di 25-30 righe, da leggere in classe e sul quale confrontarti con i compagni.

OMERO

Il dolce canto delle sirene

(LIBRO XII, VV. 165-200)

Lasciata l'isola della maga Circe, Odisseo giunge in vista dell'isola delle Sirene che, con il loro canto armonioso, attirano i marinai di passaggio e li conducono a una morte atroce: infatti, gli scogli della loro isola biancheggiano di ossa.

Dicendo così io spiegavo ogni cosa ai compagni[1]:
intanto la solida nave rapidamente arrivò
all'isola delle Sirene[2]; la spingeva un vento propizio.
Subito dopo il vento cessò, successe una calma
senza bava di vento, un dio assopiva le onde.
I compagni, levatisi e piegate le vele,
le deposero nella nave ben cava e postisi
ai remi imbiancavano l'acqua con gli abeti piallati.
Io invece, tagliato col bronzo aguzzo un grande
disco di cera a pezzetti, li premevo con le mani robuste.
Subito la cera cedette, sollecitata dalla gran forza
e dal raggio del Sole, del signore Iperione:
le spalmai sulle orecchie a tutti i compagni, uno a uno.
Essi poi mi legarono per le mani e i piedi
ritto sulla scassa[3] dell'albero, ad esso eran strette le funi,
e sedutisi battevano l'acqua canuta coi remi.
Ma appena distammo quanto basta per sentire chi grida,
benché noi corressimo, non sfuggì ad esse la nave veloce
che s'appressava e intonarono un limpido canto:
«Vieni, celebre Odisseo, grande gloria degli Achei,
e ferma la nave, perché di noi due possa udire la voce.
Nessuno mai è passato di qui con la nera nave
senza ascoltare dalla nostra bocca il suono di miele,
ma egli va dopo averne goduto e sapendo più cose.
Perché conosciamo le pene che nella Troade[4] vasta

1. **Dicendo … compagni**: Odisseo ha fornito ai marinai le istruzioni per superare incolumi l'isola delle Sirene.

2. **Sirene**: demoni dall'aspetto femminile. Solo nelle rappresentazioni più tarde nella pittura e scultura appaiono come uccelli con la testa di donna o come donne con la coda di pesce.

3. **scassa**: una struttura di legno o ferro che contiene la base dell'albero di una nave.

4. **Troade**: la regione dell'Asia Minore nella quale sorgeva Troia.

soffrirono Argivi e Troiani per volontà degli dei;
conosciamo quello che accade sulla terra ferace».
Così dissero, cantando con bella voce e il mio cuore
voleva ascoltare e ordinai ai compagni di sciogliermi,
facendo segno cogli occhi: ma essi curvi remavano.
Subito Perimede ed Euriloco alzatisi
mi legarono e strinsero di più con le funi.
Ma quando le superarono e più non s'udiva
la voce delle Sirene né il loro canto,
subito i fedeli compagni la cera levarono
che gli spalmai sulle orecchie, e dalle funi mi sciolsero.

(Omero, *Odissea*, trad. it. di G. A. Privitera,
Fondazione Lorenzo Valla-Mondadori, Milano 1986)

1 Indica se le seguenti affermazioni sono vere o false rispetto a quanto si legge nel testo.

	V	F
1. Una tempesta spinge la nave di Odisseo verso l'isola delle Sirene (vv. 166-167).	☐	☐
2. Odisseo tappa le orecchie dei compagni con pezzetti di cera morbida (vv. 173-177).	☐	☐
3. I compagni si rifiutano di legare Odisseo all'albero della nave (vv. 178-180).	☐	☐
4. Le Sirene intonano un canto, rivolto a Odisseo e ai compagni (vv. 181-183).	☐	☐

2 Al verso 167, compare il termine *sirena*: indica quale, tra i significati che seguono, non si adatta all'espressione *da sirena* nella frase *La bellissima Anna ha un comportamento da sirena*.

A affascinante.
B ipocrita.
C seducente.
D ammaliatore.

3 Al verso 183, il canto delle Sirene è definito *limpido*: a ciascuna espressione della colonna di sinistra abbina uno dei significati che trovi nella colonna di destra.

1. Acqua limpida:	A pura, innocente.
2. Comportamento limpido:	B cristallina, trasparente.
3. Coscienza limpida:	C squillante, sonoro.
4. Suono limpido:	D sincero, schietto.

4 Le Sirene sono creature inquietanti, ma abili nell'illudere gli sventurati (vv. 186-188): che cosa offrono a Odisseo?

A La felicità e l'amore.
B La felicità e la ricchezza.
C La felicità e la conoscenza.
D La conoscenza e il potere.

5 Al verso 188, la parola *egli* si riferisce:

A a Odisseo.
B a un compagno di Odisseo.
C a un uomo qualunque.
D al dio Sole.

6 Al verso 193 la frase *di sciogliermi* diventa esplicita nella forma:

A in modo che mi sciogliessero.
B perché mi sciogliessero.
C dato che mi avrebbero sciolto.
D che mi sciogliessero.

7 Alla fine dell'episodio (vv. 197-200), Odisseo:

- [x] A pieno di curiosità, dialoga amabilmente con le Sirene.
- [ ] B resiste alle lusinghe delle Sirene e procede oltre.
- [ ] C fa fermare subito la nave e sbarca sull'isola.
- [ ] D si ferma sull'isola per uccidere le Sirene.

8 Ai versi 197-200 compaiono alcune parole che svolgono funzioni diverse: riconoscile e crocetta la voce corretta.

Ma quando le superarono e più non s'udiva / la voce delle Sirene né il loro canto, / subito i fedeli compagni la cera levarono / che gli spalmai sulle orecchie, e dalle funi mi sciolsero.

	Articolo	Pronome
1. *le* (v. 197)	☒	☐
2. *la* (v. 198)	☐	☒
3. *la* (v. 199)	☒	☐
4. *gli* (v. 200)	☐	☒

9 L'atteggiamento di Odisseo nei confronti del pericolo rappresentato dalle Sirene si può definire prudente e accorto: quale delle seguenti coppie di aggettivi è il contrario di *prudente* e *accorto*?

- [ ] A cauto e perspicace.
- [x] B attento e saggio.
- [ ] C guardingo e riflessivo.
- [ ] D sprovveduto e stolto.

10 Nello stile dell'epica, oggetti e personaggi sono caratterizzati dalla presenza di epiteti fissi e di espressioni formulari, che ne indicano aspetti e qualità: inserisci nello schema gli epiteti e le espressioni riportate di seguito alla rinfusa e relative alle voci indicate.

1. La nave dell'eroe: ....
2. Il Sole: ....
3. Odisseo: ....
4. Le Sirene: ....

nera ◦ celebre ◦ suono di miele ◦ solida ◦ signore Iperione ◦ ben cava ◦ grande gloria degli Achei ◦ veloce ◦ bella voce

Competenze di scrittura

11 Tipo di testo: informativo (sintesi).
Scopo: informare.
Destinatario: studenti.

Le Sirene attirano Odisseo, ma lui solo è capace di resistere a quelle voci meravigliose e potenti e restare vivo. Nel corso del tempo, curiosamente, molti autori si sono chiesti che cosa le Sirene volessero raccontare all'eroe: prova tu a rispondere a questa domanda, sviluppando la tua ipotesi in un testo di 10-15 righe.

Competenze digitali

12 Facendo uso del computer, prepara una ricerca sull'immagine della sirena nell'arte e sui significati che, nel corso del tempo, sono stati variamente attribuiti a questo personaggio. Arricchisci il tuo lavoro con immagini adeguate ed eventualmente con un sottofondo musicale, che metta in evidenza il fascino oscuro della sirena e le suggestioni emotive che essa ha saputo suscitare nell'immaginario di molti popoli.

L'Eneide

L'AUTORE E LA SUA EPOCA

A differenza di Omero, le notizie biografiche su Virgilio sono numerose. Le più particolareggiate risalgono al grammatico Elio Donato (IV secolo d.C.), al quale si attribuisce la composizione di una *Vita* di Virgilio, che si rifà a fonti più antiche, ma giudicate attendibili.

Publio Virgilio Marone nacque nel 70 a.C. nel villaggio di **Andes**, forse l'attuale Pietole, vicino a Mantova, da una famiglia di proprietari terrieri di agiate condizioni economiche. Prima a **Cremona**, poi a **Milano** e a **Roma** compì gli studi di grammatica e di retorica (l'arte di «parlare bene»), tuttavia non sembra fosse adatto a fare l'avvocato, a causa di un carattere timido e poco incline alla discussione. Portato invece per la filosofia, si trasferì a **Napoli** per assistere alle lezioni del filosofo Sirone, stringendo amicizia con Orazio, anch'egli destinato a diventare un celebre poeta.

Dopo la morte di Giulio Cesare, nel 44 a.C., ritornò ad Andes, dove iniziò a scrivere le ***Bucoliche*** (42-39 a.C.), che comprendono dieci canti o ecloghe in versi, nella forma del dialogo tra pastori e mandriani: qui la vita dei campi è descritta come un mondo ordinato, in pieno contrasto con la furia delle guerre civili. L'opera reca traccia dello sgradevole episodio della confisca delle terre dell'autore, che facevano parte delle proprietà assegnate ai veterani dell'esercito dopo la vittoria di Filippi (42 a.C), nella quale Ottaviano, il futuro imperatore Augusto, e Marco Antonio avevano sconfitto Bruto e Cassio, gli assassini di Cesare. Solo dopo molti anni, per diretto intervento di Augusto, il poeta rientrò in possesso dei suoi beni.

A partire dal 40 a.C. Virgilio visse di nuovo a Roma, dove entrò nel **circolo di Mecenate**, un ricco uomo d'affari che finanziava e proteggeva artisti e intellettuali, i quali a loro volta offrivano sostegno al programma politico di Ottaviano. Fra il 37 e il 30 a.C., proprio per suggerimento di Mecenate, il poeta compose le ***Georgiche***, quattro libri in esametri che trattano dell'agricoltura, dell'apicoltura e dell'allevamento del bestiame.

Nel 29 a.C., **Ottaviano**, che, due anni prima, aveva sconfitto Marco Antonio nella battaglia di Azio, chiese al poeta un'opera che celebrasse la grandezza dell'impero romano e della *gens Iulia*, la nobile stirpe alla quale egli apparteneva, e i valori del nascente **principato augusteo** (operosità, concordia, rispetto degli dèi e della tradizione): nacque così l'idea di comporre un poema epico, l'***Eneide*** appunto, poiché, al di là dell'intento celebrativo, Virgilio credette davvero che l'avvento del governo di Augusto sarebbe stato provvidenziale per garantire l'ordine e l'armonia.

Per circa dieci anni il poeta modificò e corresse l'opera; poi decise di recarsi in Asia Minore e in Grecia per verificare personalmente le caratteristiche di alcuni luoghi che aveva descritto. Si ammalò a Megara, in Grecia, forse a causa di un'insolazione, e **morì a Brindisi** il 21 settembre del 19 a.C., senza aver potuto dare la revisione definitiva dell'*Eneide*.

IL MITO DI ROMA

L'*Eneide* narra le avventure di **Enea**, figlio di Anchise, un parente di Priamo, il re di Troia; sua madre invece è la dea Venere. Salvatosi dalla conquista della sua città a opera degli Achei, l'eroe prende il mare alla ricerca di una nuova patria, secondo la volontà divina e del Fato. Giunto nel **Lazio** e sconfitte le popolazioni autoctone, avrebbe poi fondato una nuova città e dato origine a una stirpe che avrebbe regnato sul mondo.

Per questo racconto Virgilio si ispira a una leggenda, diffusa dal III secolo a.C. nella penisola italica, secondo la quale Enea, personaggio secondario dei poemi omerici, era destinato a un grande regno dopo l'estinzione della famiglia di Priamo. Il figlio **Iulo**, chiamato anche **Ascanio**, sarebbe stato, in seguito all'arrivo dei Troiani nel Lazio, l'antenato di Romolo e Remo, i fondatori mitici di Roma.

È lecito chiedersi, a questo punto, come si saldino tra loro il **mito** e la **storia** e quale **scopo** Virgilio intendesse perseguire con la scrittura dell'opera.

Con il suo poema epico, l'autore celebra le antiche glorie di Roma e, con il recupero della vicenda di Enea, ormai collocata in una dimensione mitologica, spiega il **grande destino** della «città eterna»: ad essa è riservato un lungo periodo di **pace** e di **sviluppo** in tutti i campi grazie all'impero di Augusto, al quale, nel I libro, Virgilio si riferisce con l'appellativo di *troiano di splendide origini*.

Dunque l'*Eneide* si presenta come un **poema celebrativo**, a dimostrazione che la storia di Roma, iniziata con Enea, si è pienamente realizzata con Augusto, che ha salvato Roma, e indirettamente il mondo intero, dal disordine delle guerre civili, riportando la **tranquillità** e l'**ordine**.

Ecco dunque evidenziarsi il legame profondo che unisce la storia e il mito. Augusto appartiene alla *gens Iulia*, discendente da Iulo (o, come si è visto, Ascanio), il figlio di Enea: questa nobile stirpe è stata scelta dal Fato per dominare il mondo. Tramite il figlio, Enea diventa il **progenitore dei Romani**, la cui potenza raggiunge il culmine proprio durante il principato di Augusto.

L'ARGOMENTO E LA STRUTTURA

Il poema si divide in **due parti**, che comprendono **sei libri** ciascuna, in esametri. La prima parte, rifacendosi alle avventure di Odisseo, racconta il **viaggio di Enea** e dei profughi troiani verso il Lazio; la seconda, proponendo **vicende guerresche**, ispirate con tutta evidenza al modello dell'*Iliade*, narra la lotta sanguinosa sostenuta dall'eroe e dai suoi compagni per conquistare la terra assegnata loro dal Fato. Secondo una profezia di Giove, il re dell'Olimpo, dai Troiani sarebbe discesa una stirpe che avrebbe dato vita alla potenza di Roma, dominatrice del mondo.

Nei libri II e III, Enea narra a **Didone**, la regina di Cartagine, le peripezie affrontate dopo aver lasciato Troia. La storia è dunque presentata in **flashback** da un **narratore di secondo livello**, l'eroe troiano, mentre nel resto dell'opera vi è un **narratore di primo livello**, che si esprime in terza persona ed è esterno alla vicenda. Una simile modalità di costruzione dell'intreccio ricorda quella dell'*Odissea*, in cui il protagonista, ospite alla corte dei Feaci nell'isola di Scheria, rievoca in flashback i suoi vagabondaggi.

Il linguaggio epico e lo stile

Virgilio è un **narratore meno impersonale**, meno «oggettivo» rispetto alla voce narrante che prevale nei poemi omerici: infatti egli talora commenta le vicende descritte, lasciando trasparire il proprio punto di vista. Anche i personaggi del poema esprimono la **necessità di raccontare** la propria storia, di manifestare emozioni e stati d'animo, mettendo in luce posizioni spesso contrastanti: per esempio la regina Didone interpreta come un gesto di crudeltà l'essere stata abbandonata da Enea, che invece parte da Cartagine per obbedire ai voleri del Fato.

Dallo stile epico l'*Eneide* riprende **epiteti e formule** (vedi p. 124), per conformità al modello omerico. Dato che si tratta di un poema scritto, manca in esso quell'immediatezza di espressione che invece caratterizza i poemi omerici, originariamente nati in una cultura che attribuiva importanza all'oralità e pertanto composti per essere recitati in pubblico. Il poeta latino, però, sceglie gli epiteti fissi o perifrasi più efficaci per evidenziare il **carattere dei personaggi**, allontanandosi da formule stereotipate e ormai prive di significato.

Enea, l'eroe della «pietas»

La personalità e il comportamento di Enea sono caratterizzati da una particolare virtù, la *pietas*. Essa sintetizza vari elementi, che concorrono a delineare il **modello ideale del cittadino romano**, appunto incarnato dall'eroe troiano:

- il **rispetto** della volontà degli dèi e, al di sopra di essi, del Fato, che stabilisce lo svolgersi delle vicende: a tale volontà, imperscrutabile da parte degli uomini e spesso incomprensibile, Enea si sottomette sempre, sacrificando persino i propri sentimenti;
- la **fedeltà** ai valori della patria e della famiglia;
- il **coraggio** di sopportare dolori e sventure, la **tenacia** nel perseguire gli obiettivi, la **moderazione**, la **clemenza** verso gli sconfitti e la **semplicità** della vita quotidiana.

La *pietas* esprime quella **forza inarrestabile** che aveva reso grandi i Romani, consentendo loro di conquistare il mondo. Per Enea la vita richiede un grande impegno, consacrato alla realizzazione del progetto che il Fato ha voluto per lui: fondare una nuova stirpe, dare vita a una grande potenza. Un **eroe «disumano»** dunque? Forse no, perché nel corso della storia appare spesso sfiduciato, stanco, drammaticamente diviso tra il dovere e il desiderio della felicità, tra l'amore e la rinuncia a esso in nome del dovere.

Vedremo in dettaglio, nelle pagine seguenti, il **carattere** e le **gesta** degli altri **protagonisti** dell'*Eneide*.

La trama

La missione di Enea

Alla base del poema vi sono le peregrinazioni di Enea che, esule da Troia e tormentato dall'ira di Giunone, arriverà nel Lazio per fondare la città e la stirpe da cui trarrà origine la progenie romana. La dea perseguita con accanimento l'eroe e i suoi compagni perché è ancora adirata per il giudizio espresso da Paride, uno dei figli del re di Troia, che aveva ritenuto Afrodite la più bella nel confronto che la opponeva alla stessa Giunone e ad Atena.

Mentre dirige la rotta verso l'Italia, Enea è travolto con le sue navi da una tempesta per volere di Giunone; è perciò costretto ad approdare sulle coste della Libia, dove la regina Didone ha fondato la fiorente Cartagine e ne sta completando la costruzione.
Venere appare al figlio sotto le false sembianze di una giovane cacciatrice e gli suggerisce di chiedere aiuto proprio alla sovrana, anch'ella, come lui, esule dalla sua patria, la città fenicia di Tiro, da cui era fuggita dopo l'assassinio del marito Sicheo. Allo scopo di ostacolare i progetti di Giunone, la dea intende suscitare l'amore della donna per l'eroe troiano.

Le peripezie di Enea

Colpita dalla sventura dei Troiani, la regina Didone li accoglie benevolmente e offre un banchetto in loro onore, poi chiede all'ospite di narrare le sue avventure. Enea narra dunque la sua storia: l'inganno del cavallo di legno, dal ventre pieno di soldati greci, condotto entro le mura della città; la distruzione e il saccheggio di Troia; la fuga insieme al padre Anchise e al figlio Iulo; la perdita della moglie, Creùsa, improvvisamente scomparsa nel tumulto della tragica notte. Enea racconta che lui e i superstiti si erano rifugiati sul monte Ida, che sovrasta Troia, e che lì avevano trascorso l'inverno allestendo una flotta, per poi partire alla ricerca di una nuova patria. Gli esuli erano sbarcati prima in Tracia e poi nell'isola di Delo, dove l'oracolo di Apollo avvertì i Troiani della necessità di ritornare nella loro madrepatria, l'«antica madre», dove avrebbero fondato un grande impero. Anchise era convinto che questa terra fosse Creta, l'isola dalla quale proveniva Teucro, il primo re di Troia. Lì a Enea erano apparse i Penati, gli dèi protettori della città: essi gli rivelarono che l'«antica madre» era l'Italia, il luogo d'origine del capostipite della sua gente, Dardano, figlio di Giove e della ninfa Elettra.
Ripresa la navigazione, dopo essere approdati alle isole Strofadi, dove avevano affrontato l'assalto delle Arpie, creature mostruose con il corpo da uccello e il volto da donna, erano giunti nell'Epiro e, infine, nella terra dei Ciclopi. Sulla costa settentrionale della Sicilia, nella località di Drèpano, muore Anchise. Poco dopo, una tempesta getta le navi troiane sulla costa africana, nel territorio di Cartagine.

L'amore e la morte di Didone

Quando Enea finisce il suo racconto, la regina è già innamorata di lui, anche perché Venere, per proteggere il figlio, ha sostituito a Iulo, seduto sulle ginocchia della donna, il dio Cupido, che la colpisce con una delle sue frecce infallibili. Didone si confida con la sorella Anna, che la invita a seguire il suo cuore, tanto più che il valore e il prestigio di Enea avrebbero potuto accrescere la potenza cartaginese. Lacerata tra la fedeltà al ricordo del marito e il nuovo amore, Didone chiede al principe troiano di restare con lei e di dare avvio all'unione dei rispettivi popoli. I Troiani rimangono a Cartagine per un anno, ma poi Giove invia il suo messaggero alato, Mercurio, perché ricordi a Enea che il suo destino è segnato e che egli deve andarsene. Inutilmente Didone cerca di trattenere l'eroe e, quando vede le sue navi già lontane, folle di dolore e di rabbia si uccide con la spada che aveva donato a Enea, non prima di maledirlo e di pronosticare una futura inimicizia fra i Cartaginesi e i Troiani.

Il viaggio lungo il Mediterraneo

Allontanatisi da Cartagine, i Troiani ritornano in Sicilia, a Drèpano, dove celebrano solenni giochi funebri in onore di Anchise. Intanto Giunone istiga le donne a dare fuoco alle navi, per fare in modo che i Troiani si fermino in quei luoghi e non proseguano più alla volta del Lazio, ma Giove, supplicato da Enea, invia un temporale che spegne le fiamme. In Sicilia restano coloro che hanno preso la decisione di interrompere il viaggio. L'eroe, pur turbato dai fatti, ritrova l'entusiasmo grazie alle parole di Anchise che, apparsogli in sogno, lo esorta a recarsi a Cuma, sulla costa occidentale dell'Italia. Qui Enea consulta la Sibilla, la sacerdotessa di Apollo, e insieme a lei scende nell'Averno, il regno dell'oltretomba, dove incontra l'ombra di Didone, alla quale dichiara inutilmente la propria innocenza, e quella di Anchise. Questi gli predice la nascita di Roma e di una stirpe di uomini potenti, come Giulio Cesare e Augusto, destinati a governare un vasto impero.

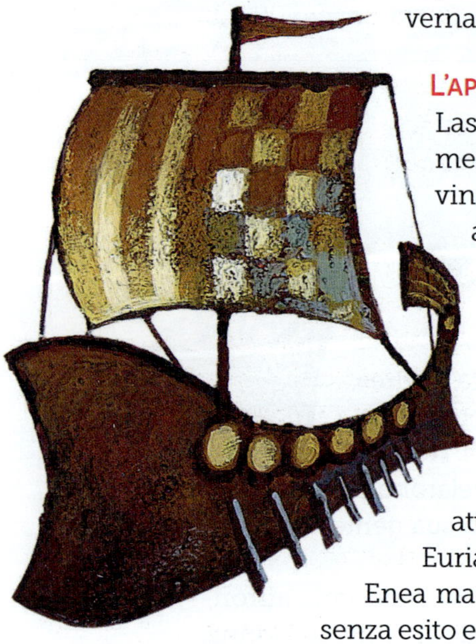

L'approdo nel Lazio e la guerra

Lasciata Cuma, i Troiani giungono nel Lazio, dove sono benevolmente accolti dal re Latino, il quale aveva sognato che sua figlia Lavinia sarebbe andata in sposa a uno straniero e che questa unione avrebbe dato origine a un nuovo popolo. Latino concede a Enea la mano della fanciulla, suscitando però la gelosia di Turno, il fiero re dei Rutuli, che si era innamorato di lei. La pace è ostacolata da Giunone, che manda sulla terra la mostruosa Aletto, una delle Furie, affinché susciti la guerra fra i Troiani da una parte e i Rutuli, i Latini e i loro alleati, dall'altra.

Approfittando dell'assenza di Enea, recatosi in Etruria per rinsaldare il vincolo di amicizia con gli Etruschi, il giovane Turno attacca il campo nemico. Nella notte due giovani guerrieri troiani, Eurialo e Niso, tentano di attraversare le linee nemiche per riunirsi a Enea ma vengono uccisi dai Rutuli. Gli attacchi di Turno si susseguono senza esito e nel frattempo l'eroe troiano ritorna con gli alleati etruschi, guidati dal re Tarconte. Durante un combattimento Turno uccide Pallante, figlio di Evandro, il re degli Arcadi schierato con Enea, e s'impossessa del suo cinturone. A sua volta Enea elimina Lauso e suo padre Mezenzio.

Il duello fra Enea e Turno

Addolorato, il re Evandro supplica Enea di vendicare la morte del figlio. I combattimenti però s'interrompono per dodici giorni, il tempo necessario a seppellire i morti. Turno, che ha subìto gravi perdite, comunica al re Latino di voler mettere fine al conflitto mediante un duello con Enea. Mentre Giove ricorda a Giunone che il fato deve compiersi e che non possono mutarlo interventi divini o umani, Enea e Turno si affrontano per l'ultima volta. Il principe troiano ferisce l'avversario, al quale intende risparmiare la vita. Tuttavia, vedendogli indosso il cinturone appartenuto a Pallante, è preso dall'ira e lo uccide. I Troiani ottengono la vittoria e persino gli dèi dell'Olimpo accettano l'esito della guerra.

L'«ENEIDE» E I POEMI OMERICI

Svariati aspetti avvicinano o differenziano l'*Eneide* dal modello dei poemi omerici, dai quali Virgilio ha certamente tratto ispirazione. Ne analizziamo qui i principali.

L'INTRECCIO

I poemi omerici e l'*Eneide* iniziano tutti *in medias res*:
• l'*Iliade* si apre con il racconto della **pestilenza** che, quasi al termine del conflitto, devasta il campo acheo per colpa di Agamennone, il capo supremo della spedizione contro Troia;
• l'*Odissea* incomincia con la descrizione dei **viaggi di Telemaco** alla ricerca del padre Odisseo, che da otto anni si trova presso la ninfa Calipso, nell'isola di Ogigia;
• l'*Eneide* prende avvio dalla narrazione di una **tempesta** che fa naufragare Enea e i compagni, fuggiti sette anni prima da Troia e che li costringe ad approdare a Cartagine.

IL TEMPO

• Le vicende narrate nell'*Iliade* riguardano gli ultimi **cinquantun giorni** dell'assedio di Troia;
• gli eventi dell'*Odissea* si collocano nei **quaranta giorni** conclusivi del viaggio di Odisseo;
• non disponiamo di indicazioni precise per quanto riguarda l'*Eneide*, ma è possibile dedurre che i fatti narrati presentino una durata cronologica di **circa sei o sette mesi**.

LO SPAZIO

• Nell'*Iliade* i **luoghi sono pochi** e per lo più riferiti alla città di Troia, ai suoi dintorni e all'accampamento acheo;
• nell'*Odissea* gli **spazi sono più numerosi**. Gli esterni sono rappresentati dal mare e dalle molteplici località visitate da Odisseo. Gli interni sono in genere grotte e palazzi: oscure e pericolose le prime; scintillanti d'oro e pietre preziose, ospitali o insidiosi, i secondi;
• l'*Eneide* delinea sommariamente i luoghi, facendone soprattutto lo **sfondo dell'azione**.

I PERSONAGGI

• L'*Iliade* riserva scarsa attenzione alla psicologia dei personaggi, perché il poema si concentra soprattutto sul racconto delle loro **azioni;**
• l'*Odissea* mette invece in rilievo le **qualità umane** del protagonista, per quanto senza un grande approfondimento e adeguandosi alla contrapposizione schematica intelligenza/stoltezza o intelligenza/violenza bruta;
• nell'*Eneide* l'autore scava nell'**interiorità** dei personaggi, in particolare di Enea, del quale si analizzano le motivazioni dell'agire e le sofferenze causate soprattutto dalla necessità di ubbidire al Fato, anche a costo della propria e altrui infelicità.

I TEMI

• Nell'*Iliade* risulta dominante il tema della **guerra**, descritta in dettaglio e con particolari spesso raccapriccianti;
• l'*Odissea* è incentrata sul tema del **viaggio** e dell'**avventura**: Odisseo vaga sul mare per molti anni, affrontando insidie di ogni genere, nel tentativo di tornare nell'isola di Itaca;
• l'*Eneide* racconta prima i **viaggi** e le **peripezie di Enea**, alcune delle quali in comune con Odisseo (l'incontro con Polifemo e Scilla e Cariddi; la discesa nell'oltretomba), poi la

guerra fra i Troiani e i Latini per il predominio sul Lazio, senza però indulgere a episodi di brutale ferocia;
• nell'*Eneide* il tema dominante risulta essere quello del **Fato**, il destino solenne e inesorabile, al quale sia gli dèi sia gli uomini devono sottomettersi. È appunto il Fato a investire Enea della missione di guidare i Troiani nel Lazio per fondarvi la futura stirpe di Roma.

I valori

• L'*Iliade* è il poema dell'**ira** di Achille, dell'esaltazione della forza fisica e dello slancio eroico in battaglia;
• l'*Odissea* celebra l'**ingegno multiforme** del protagonista, che fa dell'intelligenza e del coraggio i mezzi per raggiungere l'obiettivo, cioè il rientro in patria dopo vent'anni di assenza;
• l'*Eneide* è incentrata sulla figura del «**pio**» **Enea** e sulla sua **integrità morale**. L'eroe troiano non è violento, come Achille, anzi vede la guerra come una tragica necessità che preferirebbe evitare; né lo si può definire astuto come Odisseo, perché non mente, non inganna né escogita soluzioni ingegnose per risolvere le difficoltà. È invece un uomo di elevati princìpi morali, coraggioso e umile nel suo affidarsi con fiducia al divino.

Le figure femminili

• I personaggi femminili dell'*Iliade* sono **pochi** e fanno più che altro «**da contorno**» in un'opera incentrata sul racconto di imprese militari, dunque riservate agli uomini;
• i personaggi femminili dell'*Odissea* sono invece **più numerosi** e dalla **personalità più spiccata**, da Circe e Calipso alla fedele e saggia Penelope;
• nell'*Eneide* le figure femminili sono **divine** (come Venere, la madre di Enea) o **umane** (come Didone e Lavinia, la futura sposa dell'eroe), ma nessuna di esse sembra per così dire vivere «di vita propria»: piuttosto appaiono tutte **funzionali** alla vicenda dell'eroe, di cui attraversano il cammino senza troppo coinvolgerlo dal punto di vista emotivo.

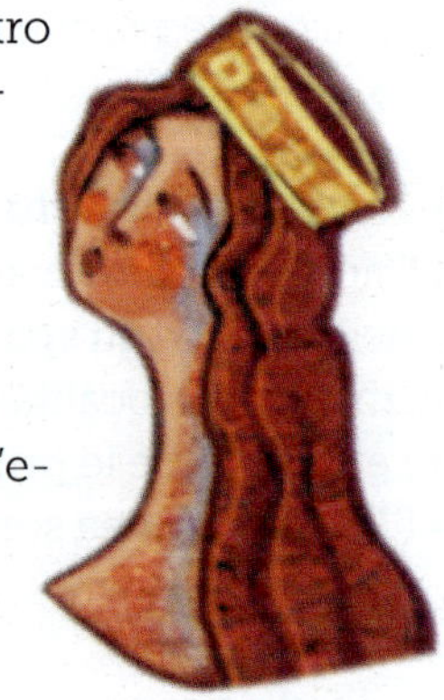

Gli dèi

• Nell'*Iliade* e nell'*Odissea* **gli dèi assomigliano agli uomini** sia nelle passioni, forti e immediate, sia nel comportamento, spesso volto a perseguire i propri interessi e a danneggiare i nemici con intrighi di ogni sorta;
• l'*Eneide* riprende sostanzialmente il **modello degli dèi olimpici**, con l'inserimento di qualche caratteristica derivata dalle divinità etrusche e italiche. Nel poema virgiliano è molto sentita la presenza del **Fato**, la forza potentissima alla quale le divinità non possono opporsi, neppure Giove, che è il re dei Celesti;
• nei tre poemi si attribuisce grande importanza alle **profezie**, ai **sogni** e alle **apparizioni divine**.

Per comprendere meglio il **ruolo delle divinità** nell'*Eneide*, è utile consultare le schede con la corrispondenza tra gli dèi greci e quelli romani, alle pagine 6 e seguenti.

I personaggi

Pompeo Batoni, *Enea fugge da Troia in fiamme*. XVIII secolo. Torino, Galleria Sabauda.

I Troiani

Anchise: il vecchio padre

Chi è Padre di Enea, è nipote di Ilo, il fondatore di Troia. Cugino del re Priamo, partecipa con lui ad alcune spedizioni contro le Amazzoni. La dea Afrodite, innamoratasi follemente di lui, gli si presenta nelle vesti di una principessa e dalla sua unione con il principe troiano nasce Enea. Un giorno, però, visibilmente ubriaco, egli inizia a vantarsi dell'eccezionale conquista amorosa, scatenando l'ira di Zeus, che lo colpisce con un fulmine e lo rende zoppo (il suo nome infatti significa «curvo», «storto»).

Le azioni Dopo la caduta di Troia, essendo cieco e non potendo muoversi, viene caricato da Enea sulle spalle e portato via mentre la città brucia. Durante il viaggio che avrebbe condotto gli esuli troiani nel Lazio, muore nella località di Drèpano (Trapani) ed è sepolto sul monte Erice, un luogo sacro in cui esisteva un tempio consacrato ad Afrodite. Incontra Enea negli Inferi e gli predice la nascita e la grandezza di Roma.

Simbologia Incarna l'amore paterno e il saggio consiglio.

Ascanio o Iulo: il figlio predestinato

Chi è Unico figlio di Enea e di Creusa, è chiamato Iulo dai Romani ed è indicato dalla tradizione come il capostipite della *gens Iulia*.

Le azioni Allontanatosi con il padre da Troia, giunge con lui sulle coste del Lazio. Il re Latino gli promette in sposa la figlia, ma il progetto di una futura unione viene bruscamente spezzato quando il giovane, senza volerlo, colpisce a morte una cerva particolarmente cara ad Almone e a Silvia, i figli di Tirro, capo dei pastori del re Latino. L'episodio scatena la guerra fra i Latini e i Troiani, durante la quale Ascanio uccide Numano, il cognato di Turno, re dei Rutuli. La vittoria del suo popolo lo consacra legittimo successore al trono di Latino dopo Enea. Fonda la città di Alba Longa sul Monte Albano e i suoi discendenti saranno Romolo e Remo, da cui nascerà Roma.

Simbologia Come Telemaco, rappresenta l'amore filiale e il rispetto dei doveri familiari.

Creusa: la moglie scomparsa

Chi è Principessa troiana, è figlia di Priamo e di Ecuba, moglie di Enea e madre di Ascanio.

Le azioni Durante la drammatica fuga da Troia in fiamme, Creusa scompare misteriosamente ed Enea torna indietro a cercarla, incontrando soltanto la sua ombra che gli rivela i viaggi che

egli avrebbe compiuto per raggiungere la nuova patria. La donna era stata rapita e portata in cielo da Afrodite.
Simbologia Costituisce, con Andromaca e Penelope, un altro esempio di moglie innamorata e fedele al marito.

LAOCOONTE: IL SACERDOTE INASCOLTATO

Chi è È fratello di Anchise e sacerdote di Apollo.
Le azioni Mentre i suoi concittadini ammirano il cavallo di legno lasciato dai Greci sulla spiaggia, il sacerdote diffida del dono e scaglia la sua lancia contro il ventre della statua esortando i Troiani a emulare il suo gesto. Sentendosi sfidata, la dea Atena (alleata dei Greci) invia dal mare due giganteschi serpenti che si avviluppano al sacerdote e ai figli (Antifate e Timbreo), stritolandoli. Il popolo interpreta l'intervento divino come un castigo per il comportamento dell'uomo, quindi decide di introdurre nelle mura cittadine il cavallo di legno, provocando in tal modo la distruzione della città.
Simbologia Incarna il contatto con il divino ma anche la saggezza inascoltata.

Francesco Hayez, *Laocoonte*.
Olio su tela (particolare), 1812. Milano, Accademia di Belle Arti di Brera.

I CARTAGINESI E I POPOLI DEL LAZIO

DIDONE: L'AMANTE ABBANDONATA

Chi è Nota anche come Elissa, è figlia di Belo, il re di Tiro, e sorella di Pigmalione. Alla morte del padre, il fratello sale al trono, mentre lei sposa Sicheo, che viene fatto assassinare dal nuovo sovrano, desideroso di impadronirsi delle sue immense ricchezze. Elissa, accompagnata da molti nobili, abbandona la città e inizia a peregrinare nel Mediterraneo.
Le azioni Approdata a Cipro, imbarca un centinaio di fanciulle da offrire come spose ai suoi cortigiani. Dopo una sofferta traversata, giunge nell'odierna Tunisia e, accolta con tutti gli onori dal re Iarba, ottiene il permesso di stabilirvisi. Questi concede alla donna «tanta terra quanta ne può contenere una pelle di bue». L'astuzia di Didone inventa un curioso stratagemma: ella taglia la pelle di bue in strisce sottilissime e le collega fra loro in modo da de-

Johann Heinrich Fussli, *Didone nella legnaia*.
Olio su tela, fine XVIII secolo. New Haven, Yale Center for British Art.

limitare una porzione di terra sufficiente per fondarvi una città: Cartagine. La condizione vedovile la rende oggetto di spiacevoli molestie da parte di Iarba, ma la minaccia di una guerra la costringe ad accettare le sgradite nozze. Non volendo però disonorare la memoria del marito, cui aveva giurato eterna fedeltà, finge di assecondare la proposta matrimoniale e, dopo aver fatto innalzare una pira, sale sull'altare e si trafigge con una spada, invocando il nome di Sicheo. Fin qui, il mito. Nell'*Eneide*, invece, con una sorta di viaggio nel tempo, Virgilio la rende contemporanea di Enea, mentre fra la caduta di Troia e la fondazione di Cartagine esiste un intervallo cronologico di ben tre secoli. Nel poema, il principe troiano, naufrago con molti suoi concittadini, approda sulle coste libiche e, complici Anna, la sorella di Didone, e le dee Venere e Giunone, suscita nella regina una profonda passione amorosa. Ma la volontà di Giove e le imperscrutabili decisioni del Fato gli impongono di continuare il viaggio verso l'Italia. Dopo un drammatico congedo dall'eroe, Didone si suicida con la spada donatale proprio da lui. I due si incontreranno nell'Ade, dove la donna, sdegnosa, volterà per sempre le spalle al suo amante.
Simbologia Incarna la forza travolgente dell'amore, che conduce alla follia e alla morte.

ANNA: LA SORELLA PREMUROSA

Chi è È la sorella di Didone, anch'essa figlia di Belo, il re di Tiro.
Le azioni Dopo la tragica morte della sorella, si reca a Malta, per sfuggire alla persecuzione da parte del fratello Pigmalione. Tuttavia la situazione precaria la obbliga a partire: un naufragio la fa approdare sulle coste laziali, dove viene ospitata con riguardo da Enea, una circostanza che però suscita il risentimento di sua moglie Lavinia. In sogno Didone la esorta ad allontanarsi da quei luoghi, ma la donna viene rapita da una divinità marina che la nasconde nella sua caverna. Secondo la tradizione religiosa romana, Anna, venerata con il nome di Anna Perenna, è la personificazione femminile dell'anno e del suo eterno ritorno; le celebrazioni in suo onore coincidono con l'inizio della primavera.
Simbologia Rappresenta l'amore fraterno.

LATINO: IL RE BUONO

Chi è Il mito lo indica come il re eponimo dei Latini, un'antica popolazione italica pre-romana, residente nell'Italia centrale. Sulla sua origine circolano svariate tradizioni: secondo fonti greche è figlio di Odisseo e della maga Circe; per altri è un nipote di Odisseo, quindi figlio di Telemaco e di Circe; alcuni autori lo ritengono invece figlio di Odisseo e di Calipso. Secondo Virgilio, egli è figlio di Fauno, una divinità laziale, e della ninfa Marica. Sposo di Amata, ha una figlia, Lavinia.
Le azioni Offre la figlia in sposa a Enea, come pegno dell'alleanza fra i Latini, il popolo che egli governa, e i Troiani. Le nozze suscitano le ire di

Ferdinand Bol, *Enea alla corte del re Latino.*
Olio su tela, 1661-1663. Amsterdam, Rijksmuseum.

Turno, il re dei Rutuli, un giovane cui Lavinia era stata promessa in precedenza. La guerra di Turno contro Enea e Latino si conclude con la sconfitta dei Rutuli, ma durante una battaglia Latino viene ucciso.

Simbologia Rappresenta il modello del sovrano preoccupato del bene dei sudditi.

LAVINIA: LA SECONDA MOGLIE

Chi è È una principessa italica, figlia del re Latino e della regina Amata, promessa dal padre a Turno, il re dei Rutuli. Diventa poi la seconda moglie di Enea.

Le azioni L'arrivo nel Lazio del principe troiano Enea induce suo padre, Latino, a offrirla in sposa all'eroe, scatenando l'ira della madre, che preferirebbe le nozze della figlia con Turno. Secondo lo storico Tito Livio, la rottura dei precedenti patti nuziali scatena il conflitto fra i Troiani e i Latini contro i Rutuli, conclusosi con la disfatta di Turno. Invece nell'*Eneide*, Virgilio afferma che Latino, su pressione della corte, è costretto ad allearsi con Turno contro Enea per vendicare l'assassinio di un suo cortigiano. Lavinia sposa Enea e, dopo la scomparsa del marito, continua a regnare sui Latini. Alcuni contrasti con il figliastro Ascanio la costringono a rifugiarsi presso Tirro, custode del bestiame di suo padre. Da lei nasce Silvio, progenitore dei re di Roma, il quale succede ad Ascanio come governante di Alba Longa.

Simbologia Incarna la moglie innamorata e devota.

EVANDRO: L'ALLEATO FEDELE

Chi è Figlio del dio Ermete e della ninfa Carmenta, è il re degli Arcadi, un popolo al comando del quale era giunto nel Lazio, arrivando dall'Arcadia. Nella nuova patria introduce il culto della dea Cerere, di Pan e di Ercole. È ricordato anche per aver insegnato ai sudditi la scrittura, un'arte che gli era stata trasmessa dalla madre. In ricordo del sovrano Pallante, suo glorioso antenato, fonda la città di Pallanteo, circostanza avvenuta sessant'anni prima della guerra di Troia.

Le azioni Alleato di Enea nella guerra contro Turno, gli concede un esercito di quattrocento soldati, guidati da suo figlio Pallante, che muore poco dopo per mano di Turno.

Simbologia Incarna il dolore inconsolabile per la perdita degli affetti familiari.

TURNO: L'ALLEATO TRADITO

Chi è Sovrano dei Rutuli, una popolazione italica, è figlio di Dauno e della ninfa Venilia e fratello di un'altra ninfa, Giuturna, resa immortale da Giove in quanto oggetto della sua passione amorosa.

Le azioni Il re Latino, desideroso di stringere con

Aureliano Milani, ***Combattimento tra Enea e Turno.***
Olio su tela, 1708. Collezione privata.

Enea un'alleanza per garantire al suo popolo prosperità e pace, offre in sposa all'eroe troiano la figlia Lavinia, precedentemente promessa proprio a Turno. Alle nozze si oppone la madre della giovane, la regina Amata, la quale, ispirata dalla furia Aletto per iniziativa di Giunone, sobilla il popolo e reclama il rispetto dei patti. Il giovane decide di combattere i Troiani e si impegna in azioni rischiose come quella di bruciare le navi del nemico. Nella scena finale dell'opera, Enea vorrebbe risparmiargli la vita, ma la vista di una cintura del suo giovane amico Pallante, indossata da Turno come trofeo di guerra, scatena in lui una rabbia vendicativa che lo costringe a uccidere il nemico senza pietà. Lo storico Tito Livio non riferisce nulla della morte di Turno, ma solo della battaglia che vede contrapposti i Rutuli e i loro alleati Etruschi, guidati dal re Mezenzio, ai Latini, comandati da Enea, il quale rimane ucciso in un'azione militare.
Simbologia Rappresenta colui che, vittima del Fato, non può realizzare i propri ideali.

I MOSTRI

LE ARPIE: LE PROFETESSE DI SCIAGURE

Chi sono Creature mostruose, a seconda delle fonti sono presentate come donne alate munite di artigli o come spaventosi uccelli dal volto di donna. Vengono fatte discendere da Taumante ed Elettra oppure da Tifone ed Echidna o ancora da Poseidone e Gea. Non vi è accordo sul loro numero ma le più famose sono Celeno, Ocipete, Aello e Podarge. La loro regina è Celeno, nome che significa «oscurità».

Particolare di vaso attico a figure nere con rappresentate due arpie.
V sec. a.C. Taranto, Museo Nazionale Archeologico.

Le azioni
Nelle *Argonautiche* di Apollonio Rodio sono descritte mentre, alla corte del re cieco Fineo, rubano il cibo dalle tavole apparecchiate e lo insozzano con i loro escrementi. L'intervento degli eroi Zeto e Calai le costringe a rifugiarsi nelle isole Strofadi, in cui sono confinate per sempre. Qui le incontrano Enea e i Troiani, ai quali Celeno predice sventure ma anche l'arrivo nel Lazio. Sono citate da Dante nel Canto XIII dell'*Inferno*.
Simbologia Rappresentano la personificazione delle forze distruttive della Natura.

CERBERO: IL GUARDIANO DELL'ALDILÀ

Chi è Figlio di Tifone e di Echidna, è un mostro a tre teste (cinquanta, secondo alcuni), custode dei tetri luoghi dell'Ade, con l'incarico di trattenere le anime dei morti e impedire ai vivi di accedere agli Inferi. Apollodoro lo raffigura con tre teste di cane, una coda di drago e teste di serpente di ogni specie che appaiono lungo la schiena.
Le azioni Solo tre eroi riescono a fronteggiare quest'orrida creatura: Eracle (Ercole), Orfeo ed Enea. Il primo, nella sua dodicesima e ultima fatica, lo incatena per condurlo da Euristeo, re di Micene. Durante il tragitto, Cerbero si agita furiosamente e sparge così nei campi una bava

avvelenata che favorisce la nascita di un'erba nociva, della quale si nutrono le Erinni (o Furie), esseri mostruosi con ali di pipistrello. Il cantore Orfeo, nel drammatico tentativo di riportare sulla Terra sua moglie Euridice, lo fa assopire con il melodioso suono della lira. Infine Enea, accompagnato dalla Sibilla Cumana, lo addormenta con una focaccia di miele ed erbe soporifere, riuscendo così a varcare indenne la soglia dell'Ade. Dante lo colloca nel Canto VI dell'*Inferno*.
Simbologia È il confine invalicabile che separa il mondo dei morti da quello dei vivi.

CARONTE: IL TRAGHETTATORE INFERNALE

Chi è Figlio di Erebo, personificazione dell'oscurità, e della Notte, è di solito descritto come un vecchio canuto e, nell'*Eneide*, ancora forte, vigoroso.
Le sue azioni Svolge la funzione di nocchiero, quella cioè di traghettare oltre il fiume Acheronte le anime dei morti che hanno ottenuto sepoltura ed è per questo definito psicopompo («guidatore di anime»). Come ricompensa per il lavoro svolto viene pagato con un obolo, collocato in bocca al defunto. Egli trasporta Eracle nel Tartaro, ma Ade, il re degli Inferi, lo punisce, incatenandolo per un anno, avendo egli violato la regola di non introdurre esseri viventi nel mondo sotterraneo. Anche Enea, con l'aiuto della Sibilla Cumana, ricorre ai suoi servigi. È un personaggio del III Canto dell'*Inferno* dantesco.
Simbologia Allude all'ineluttabilità della morte, dalla quale non c'è scampo.

Jose Benlliure y Gil, *La barca di Caronte*.
Olio su tela, 1919. Valencia, Museo delle Belle Arti.

TESTO-GUIDA **PUBLIO VIRGILIO MARONE**

Il Proemio

(LIBRO I, VV, 1-11)

IL BRANO

Il proemio dell'opera si rifà in generale al modello dei poemi omerici e introduce il protagonista, l'eroe Enea, e le sue innumerevoli peripezie. Profugo da Troia, conquistata dagli Achei, viene scelto dal Fato allo scopo di gettare le fondamenta della grande potenza di Roma: tuttavia, lui e i compagni, prima di giungere sulle coste del Lazio, dovranno affrontare prove di ogni genere e grandi sventure per fondare la stirpe da cui avrà origine il glorioso popolo romano.

L'autore sottolinea che la fondazione di Roma è stata stabilita da una volontà superiore.

Canto le armi e l'uomo[1] che per primo dalle terre di Troia
raggiunse esule[2] l'Italia, per volere del Fato[3] e le sponde
lavinie[4], molto per forza di dèi travagliato in terra
e in mare, e per la memore ira della crudele Giunone[5],
e molto avendo sofferto in guerra, pur di fondare
la città, e introdurre nel Lazio i Penati[6], di dove la stirpe
latina, e i padri albani[7] e le mura dell'alta Roma.

1. **Canto ... l'uomo**: celebro con i miei versi le imprese militari e l'eroe Enea, guerriero e uomo.

2. **esule**: profugo.

3. **Fato**: il destino, simile alla Moira dei Greci, che guida le sorti di uomini e dèi e al quale tutti devono sottostare.

4. **le sponde lavinie**: il territorio nei pressi di Lavinio, la città fondata da Enea dopo la guerra con i Rutuli e chiamata così in onore di Lavinia, la sua seconda moglie.

5. **molto ... Giunone**: dopo aver sofferto numerose disgrazie per terra e per mare a causa delle divinità nemiche e dell'ira di Giunone, che non dimentica le offese ricevute.

6. **i Penati**: le divinità protettrici della famiglia e della patria.

7. **di dove ... albani**: l'evento dal quale ebbero origine il popolo latino e i fondatori di Alba Longa (detti *padri* perché da questa città uscirono Romolo e Remo, a loro volta fondatori di Roma).

La *pietas* di Enea è uno dei fili conduttori del poema.

O Musa[8], dimmi le cause, per quali offese al suo nume[9],
di cosa dolendosi[10], la regina degli dèi costrinse un uomo
insigne per pietà[11] a trascorrere[12] tante sventure, a imbattersi
in tanti travagli? Tali nell'animo dei celesti[13] le ire?

(Virgilio, *Eneide*, trad. it. di L. Canali,
Fondazione Lorenzo Valla-Mondadori, Milano 1986)

8. Musa: Calliope, che ispira la poesia epica.

9. al suo nume: alla sua volontà e al suo potere. I motivi dell'odio di Giunone verso i Troiani sono due: Paride le aveva preferito Afrodite, consegnandole la mela d'oro; inoltre la dea è consapevole che Enea fonderà una città, Roma, destinata a vincere tutte le altre, anche Cartagine, a lei molto cara.

10. di cosa dolendosi: per quale motivo adirandosi.

11. insigne per pietà: che si distingueva per la sua pietà (*pietas*), cioè per il rispetto del volere degli dèi e dei valori più nobili.

12. trascorrere: affrontare.

13. dei celesti: delle divinità.

Comprendere e analizzare

→ La struttura del testo

Nel proemio dell'*Eneide* siamo in presenza di uno schema rovesciato rispetto alla tradizione dell'epica: infatti, l'opera inizia con l'esposizione dell'argomento, seguito, e non preceduto, come in Omero, dall'invocazione alla musa. Tale struttura suggerisce che il poeta intenda sottolineare con fermezza la scelta personale di voler cantare le imprese di Enea, attribuendo un ruolo di primo piano alla propria capacità poetica.

1 Il proemio si può dividere in due parti, nettamente distinte: sintetizzane il contenuto, seguendo lo schema.

1. L'esposizione dell'argomento (vv. 1-7): TUTTI I FATTI AVVENUTI PRIMA DI ROMA

2. L'invocazione alla musa (vv. 8-11): ....

→ I personaggi

Virgilio costruisce il personaggio di Enea mettendo subito in rilievo quelle caratteristiche che si ritroveranno nello svolgimento dell'opera: la sua umanità, con i dubbi e le debolezze che essa comporta; la sua obbedienza ai voleri imperscrutabili del Fato, che ne condiziona l'agire e le scelte. Enea è un eroe molto diverso dai protagonisti dei poemi omerici, dediti alla guerra e al massacro dei nemici, e proprio per la sua forza d'animo viene scelto al fine di dare avvio alla nascita gloriosa di Roma.

2 Quale, tra i personaggi citati nel testo, è l'antagonista di Enea, del quale prolunga le peregrinazioni e le sventure?

A Il dio Poseidone.
B I Penati.
C La dea Giunone. ☒
D La dea Atena.

3 Il protagonista affronta innumerevoli prove e sofferenze: sottolinea nel testo le espressioni che si riferiscono alle sventure patite dall'eroe troiano, poi spiega perché, da questo punto di vista, possiamo accostarlo al personaggio di Odisseo.

4 Enea appare diverso da Achille e da Odisseo per un elemento importante che lo caratterizza e che costituisce l'aspetto più significativo della sua personalità: quale?

A L'ira.
B La curiosità.
C Il coraggio.
D La *pietas*. ☒

→ Il linguaggio epico

Nel proemio è possibile rintracciare alcuni esempi di stile epico: un'espressione formulare, riferita a un personaggio, la presenza di una figura retorica e di una sintassi adeguata a esprimere il contenuto.

5 **Sottolinea l'epiteto riferito a Giunone.**

6 **Nei versi 6-7, il poeta ricorre a un serie di sostantivi (*stirpe... padri... mura*) per indicare le gloriose conseguenze dell'arrivo di Enea nel Lazio: di quale figura retorica si tratta?**

- A Enumerazione.
- B Anafora.
- C Climax ascendente.
- D Climax discendente.

7 **Il testo fa riferimento a varie vicende: a quelle di Enea, esule sul mare e tormentato dall'ira divina, e a quelle di Roma, che nascerà dai sacrifici e dalla fermezza dell'eroe. Si tratta di argomenti complessi, per alludere ai quali il poeta ricorre, nella costruzione del periodo:**

- A alla paratassi, con prevalenza di coordinate.
- B all'ipotassi, con prevalenza di subordinate.
- C all'ipotassi nei primi versi, alla paratassi verso la fine.
- D a una mescolanza di paratassi e di ipotassi.

→ I temi

Emerge, nel proemio, il «debito» di Virgilio nei confronti dei poemi omerici, che egli ha presenti ma dai quali, fin da subito, la sua opera prende le distanze. Se alcuni temi sono comuni ai testi omerici, è molto diverso il modo con cui essi si sviluppano nell'opera, con una maggiore attenzione all'aspetto psicologico dei personaggi e al ruolo del destino nelle travagliate vicende umane.

8 **Nei primi versi puoi ritrovare un esplicito riferimento ai poemi omerici: attribuisci a ciascuna opera le voci adeguate, che trovi alla fine dell'esercizio.**

1. *Iliade*: VIAGGIO, IRA, SOFFERENZA
2. *Odissea*: ARMI, UOMO, FATO

armi ◦ uomo ◦ viaggio ◦ fato ◦ ira ◦ sofferenza

9 **Nell'esercizio precedente, sei riuscito ad abbinare tutte le voci? Se la risposta è no, specifica quale hai omesso e perché.**

10 **Quali temi emergono in sintesi nel proemio?**

- A Guerra, viaggio, violenza, arroganza.
- B Guerra, viaggio, paura, sopportazione.
- C Guerra, viaggio, fato, forza d'animo.
- D Guerra, viaggio, avidità, ricerca del potere.

→ Un confronto

Un elemento di spicco, nel proemio, è la funzione riservata alla musa. Virgilio, come già Omero, le si rivolge direttamente, mostrando però un atteggiamento quasi provocatorio. Le sue domande alla dea sono infatti dirette e toccano questioni cui non è facile rispondere, ma per le quali si chiede appunto la guida di un'autorità superiore, come quella della musa: perché gli dèi, e la loro regina in particolare, si accaniscono contro Enea, che è *pio*? Perché questa prova di forza delle divinità contro gli uomini?

11 **Confronta il diverso ruolo della musa nel proemio dei poemi omerici e in quello dell'*Eneide*.**

1. Nel proemio dei poemi omerici la musa viene invocata:
   - A all'inizio, per ispirare il canto del poeta.
   - B alla fine, per esaltare la gloria del poeta.

2. Nel proemio dell'*Eneide* la musa viene invocata:
   - A all'inizio, per rafforzare le capacità poetiche dell'autore.
   - B nella seconda parte, per guidare le riflessioni del poeta.

Didone accoglie Enea e i suoi compagni

(LIBRO I, VV. 561-647)

IL CONTESTO

Il principe troiano Enea, cugino dell'eroe Ettore, e i suoi compagni sono approdati sulle coste dell'Africa, nei pressi di Cartagine, dopo essersi salvati da una tempesta scatenata dal signore dei venti, Eolo, per ordine della dea Giunone, avversa ai Troiani. Enea ha perso di vista molte delle navi con cui era salpato da Troia, ormai conquistata dagli Achei, ma cerca di nascondere l'angoscia che prova e di infondere coraggio a tutti. Mentre esplora il territorio, gli appare Venere, sua madre. La dea gli racconta la storia di Didone, la regina del luogo, e lo nasconde in una nuvola insieme all'amico Acate, per consentirgli di raggiungere Cartagine sano e salvo. Dall'alto di una collina, i due guerrieri osservano la città, poi si recano al tempio di Giunone. Qui la regina si mostra nella sua sfolgorante bellezza; insieme a lei si trovano i compagni che Enea temeva di aver perso e che invece sono stati salvati dalla benevola sovrana.

IL BRANO

All'improvviso si dissolve la nube che nasconde Enea e Acate, perciò i due si presentano allo sguardo stupefatto di Didone e degli altri naufraghi. L'eroe troiano è stato reso più bello dalla madre Venere e la regina se ne sente irresistibilmente affascinata, pertanto lo invita nella reggia, dove si sarebbe tenuto un banchetto in onore degli stranieri.

CHIAVE DI LETTURA

In questo brano sofferma l'attenzione su:
- la **viva solidarietà** che Didone dimostra nei confronti degli esuli troiani: la regina ha sperimentato personalmente la triste condizione del profugo e il dolore le ha insegnato a soccorrere chi soffre;
- l'**attrazione** che Didone mostra di provare per Enea e che, unita alla sua naturale generosità, la convince ad aiutarlo;
- il **linguaggio formale** cui fanno ricorso i due protagonisti, quasi a voler ribadire la solennità della circostanza e il ruolo di capo dei rispettivi popoli.

Allora Didone, abbassati gli occhi a terra, rispose[1]:
«Non abbiate paura, bandite gli affanni dal cuore.
La dura necessità, i rischi che corre lo Stato
troppo recente e ancora poco solido, m'obbligano

1. Allora ... rispose: la regina è giunta nel tempio di Giunone con i compagni di Enea scampati alla tempesta. Ora sta rispondendo alla loro richiesta di ospitalità.

a usare tali cautele, difendendo i confini
dovunque con corpi di guardia. Chi non conosce la stirpe
degli Eneadi, Troia, il valore, gli eroi,
l'incendio che pose fine a così grande guerra?
Non sono duri gli animi dei Tiri, il Sole aggioga
i suoi cavalli[2] abbastanza vicino alla mia città
da infondere il calore della pietà nei cuori
dei miei sudditi e in me[3]. Vi lascerò partire

Un'emozione incontenibile

Le parole che Didone pronuncia qui sono caratterizzate da un tono enfatico e appassionato, messo in evidenza da una lunga interrogativa retorica (*Chi non conosce... grande guerra?*). La regina si serve anche con insistenza dell'imperativo (*Non abbiate paura*) e della negazione (*Non son duri gli animi...*), allo scopo di infondere sicurezza nei cuori indecisi e spaventati dei Troiani.

sicuri, vi aiuterò con ogni mezzo, tanto
che vogliate cercare la grande Esperia[4] e le terre
sacre a Saturno[5], quanto vogliate dirigervi ai lidi
d'Erice[6], dal re Aceste[7]. Se poi volete fermarvi
nel mio regno, sappiate che questa nuova città
è vostra: tirate a secco le navi, non farò
nessuna differenza tra Punici[8] e Troiani.
Volesse il cielo che Enea fosse qui, trascinato
dal medesimo vento! Comunque manderò
persone fidate a frugare le coste,
e ordinerò di esplorare tutta quanta la Libia,
per vedere se fosse riuscito a prendere terra
e magari stia errando per qualche bosco o città».
Rassicurati, il pio Enea e il forte Acate[9] da tempo
bruciavano dal desiderio di squarciare la nube[10].

2. il Sole ... cavalli: sorge, aggiogando i cavalli al suo carro.

3. da infondere ... in me: intendi: cosicché il clima mite rende il mio cuore e quello dei miei sudditi incline alla pietà e alla comprensione. Gli antichi credevano che le condizioni climatiche influenzassero il carattere degli uomini: il freddo intenso rendeva gli individui più crudeli e severi; una temperatura moderata, invece, li raddolciva.

4. Esperia: antico nome dell'Italia.

5. le terre ... Saturno: il Lazio, in cui il dio Saturno, secondo il mito, si sarebbe rifugiato per sfuggire al figlio Giove.

6. lidi d'Erice: la terra dove è sepolto Erice, antichissimo re della Sicilia figlio della dea Venere, ucciso da Ercole. Per sineddoche, dunque, l'espressione indica la Sicilia.

7. Aceste: il troiano Aceste aveva fondato in Sicilia una colonia della quale i compagni di Enea si sentono cittadini.

8. Punici: Cartaginesi.

9. Acate: uno dei compagni di Enea.

10. la nube: la nuvola in cui Venere li aveva avvolti per proteggerli.

Un discorso rassicurante

La comparsa in scena di Didone ne rivela subito la profonda umanità: infatti le parole con cui assicura ospitalità e aiuto ai Troiani sono piene di comprensione per gli sfortunati esuli, tanto che ella si offre anche di mandare qualcuno a cercare Enea. Quest'ultimo, ancora avvolto dalla nube, ascolta la regina, che esorta i suoi compagni a deporre la paura, e finalmente si rivela ai presenti, attoniti per la sua apparizione.

E Acate disse a Enea: «O figlio di Venere,
che cosa pensi di fare? Tutto va bene, lo vedi:
la flotta e i compagni son stati ritrovati.
Manca soltanto Oronte[11], che abbiamo visto noi stessi
sommerso dalle onde feroci: tutto il resto
risponde fedelmente ai detti di tua madre».
Aveva appena parlato quando la fitta nebbia
che li chiudeva si sciolse d'improvviso e disparve
nell'aria libera. Enea splendette nella chiara
luce simile a un Dio, bellissimo di viso
e di corporatura; poiché la stessa Venere
col suo soffio divino aveva dato al figlio
una chioma stupenda e la purpurea luce
di giovinezza ed occhi soavemente brillanti.
Così l'artista aggiunge splendore al chiaro avorio,
così l'oro abbellisce l'argento o il marmo pario[12].

11. **Oronte**: comandante dei Lici, morto durante la tempesta.

12. **marmo pario**: marmo dell'isola di Paro, particolarmente pregiato per il suo candore.

Allora parla a Didone davanti alla folla stupita
dalla sua apparizione inaspettata, e dice:
«Ecco il troiano Enea che cercate, scampato
alle onde della Libia. O regina, che sola
hai avuto pietà dei travagli indicibili
di Troia, e che ci accogli da amici in casa tua
scampati dai Greci, esausti da tante fatiche
di terra e di mare, bisognosi di tutto:
non siamo in grado di renderti ringraziamenti degni,
né noi né quanto resta della gente troiana
sparsa un poco dovunque, per tutto il vasto mondo.
Ti ricompenseranno gli Dèi, se un qualche Nume
ha riguardo dei buoni, se esiste la giustizia
e la coscienza del bene. Che secolo felice
ti produsse? Che nobili genitori ti fecero,
o gentile? Finché i fiumi correranno
al mare, finché le ombre percorreranno i fianchi
delle montagne, finché il cielo nutrirà
le vive stelle: in me, dovunque il destino mi chiami
dureranno il tuo nome, la tua grazia e i tuoi meriti!».
Ciò detto tese la destra a Ilioneo, la sinistra
a Segesto e man mano salutò tutti gli altri,
il valoroso Gia ed il forte Cloanto[13].
La sidonia[14] Didone stupì prima a vederlo
poi a sentirlo narrare le sue sventure, e disse:
«Figlio di Dea, quale sorte ti perseguita in mezzo
a così grandi pericoli? Quale forza ti spinge
a spiagge barbare[15]? Tu sei quell'Enea che Venere
generò ad Anchise presso l'onda del frigio
Simoenta[16]? Ricordo che Teucro[17], il fratello di Ajace,
venne un giorno a Sidone, scacciato dalla patria,
cercando un nuovo regno con l'aiuto di Belo
mio padre, il quale allora saccheggiava la ricca
Cipro e ne era signore. Da quel giorno so tutto

Le interrogative retoriche e l'iperbole conferiscono enfasi e solennità alle parole di Enea.

13. Ilioneo … Cloanto: sono tutti compagni di Enea, profughi da Troia e scampati alla tempesta.

14. sidonia: di Sidone, città fenicia capitale del regno di Belo, padre di Didone, e città natale della donna.

15. barbare: straniere.

16. frigio Simoenta: il fiume Simoenta, che scorre vicino a Troia nella regione della Frigia, in Asia Minore.

17. Teucro: figlio di Telamone, re di Salamina, e fratello del prode guerriero Aiace che era morto suicida durante la guerra di Troia, poiché le armi di Achille erano state assegnate come premio a Ulisse e non a lui. Teucro, tornato in patria, era stato cacciato dal padre perché non aveva vendicato la morte del fratello; si era allora rifugiato da Belo che lo aveva aiutato a procurarsi un regno.

della rovina di Troia, di te e dei re pelasgi[18].
Benché ostile ai Troiani, Teucro assai li lodava
e si diceva nato dalla stirpe dei Teucri.
Venite dunque, o giovani, entrate a casa mia.
Un'identica sorte volle che anch'io, sbattuta
in mezzo a molti travagli, giungessi finalmente
a questa cara terra[19]. Non ignoro il dolore,
per questo ho imparato a aiutare chi soffre».
Così dicendo guida Enea al palazzo reale
e ordina sacrifici nei templi dei Celesti.

La coscienza della sventura

Colpisce, nella regina, il riferimento diretto a una personale esperienza di dolore, che l'ha segnata profondamente. Per questo motivo Didone si riconosce con facilità nella sofferenza degli uomini che le stanno di fronte e che hanno implorato il suo soccorso. Rispetto ai poemi omerici, qui il vincolo di ospitalità assume i caratteri di un rapporto ricco di calore umano, che la regina ha saputo creare con la solidarietà che la unisce alle vittime di una sorte avversa.

(Virgilio, *Eneide*, trad. it. di C. Vivaldi, Garzanti, Milano 1990)

18. pelasgi: Achei. In realtà con questo nome si indicano i più antichi abitanti della Grecia.

19. Un'identica … terra: Didone allude alla sua storia che la vede esule, dopo che il fratello Pigmalione aveva ucciso il suo consorte per impadronirsi del potere, costringendola alla fuga.

Comprendere

1 Qual è il contenuto dei punti principali del discorso che Didone rivolge agli esuli troiani (vv. 562-585)?

1. L'invito a deporre la paura: ....
2. L'offerta di aiuto: ....
3. La ricerca di Enea: ....

2 Quale colpo di scena si produce, lasciando tutti stupefatti (vv. 594-606)?

3 Quale accoglienza Didone riserva a Enea (vv. 646-647)?

Analizzare

4 I personaggi. Il brano è incentrato sulla figura di Didone: qual è l'identità di questo personaggio?

A Regina di Tiro.
B Regina di Cartagine.
C Regina di Troia.
D Regina di Roma.

5 Lo stile. Il racconto epico è ricco di figure retoriche, che rendono più intenso il significato dei concetti o più comprensibili una vicenda oppure un personaggio. Rileggi i versi 602-603: quale figura retorica riconosci?

6 Lo stile. A chi e a che cosa viene paragonata Venere e in riferimento a quale azione?

7 La struttura. Le parole di Didone fanno riferimento al personaggio di Teucro (vv.

633-640), inserendo nella narrazione un fatto accaduto tempo prima. Dunque si tratta di:

A un flashback.
B una prolessi.

8 La struttura. Quale funzione svolge la rievocazione?

9 Lo stile. Riporta gli epiteti fissi relativi ai personaggi indicati.

1. Didone: ....
2. Enea: ....

10 Lo stile. Quali caratteristiche vengono messe in luce dagli epiteti che hai individuato?

1. Didone: ....
2. Enea: ....

11 I personaggi. I discorsi dei protagonisti manifestano i sentimenti che essi provano con grande intensità: Didone, perché emozionata dalla presenza di Enea; quest'ultimo, perché è grato per l'accoglienza riservata dalla regina a lui e ai compagni. Di ciascuno stato d'animo indica a chi si riferisce.

1. Coscienza del dolore: ....
2. Simpatia: ....
3. Senso del dovere: ....
4. Riconoscenza: ....
5. Solidarietà: ....
6. Interesse: ....
7. Ammirazione: ....
8. Senso dell'ospitalità: ....

12 Un confronto. La trasformazione fisica è uno strumento che gli dèi usano nei confronti dei loro protetti: Venere, infatti, rende più affascinante Enea per propiziargli il favore della regina. Quale situazione analoga ricordi nell'*Odissea*? Chi sono i personaggi coinvolti e per quale scopo?

13 I temi. Spiega perché il tema dell'episodio è la *pietas* di Didone, una virtù che, evidentemente, non è prerogativa del solo Enea. Rifletti in particolare sui versi 641-645, che svelano un dettaglio importante del carattere della sovrana.

Lessico

GARZANTI LINGUISTICA

14 Davanti al tempio di Giunone si raduna una grande *folla* (v. 604): in quale, tra le frasi che seguono, la parola *folla* è usata in senso figurato?

A La folla era tale che non si riusciva a vedere nulla.
B Quell'attore è sempre seguito da una folla di ammiratori.
C Sono tormentato da una folla di brutti pensieri.
D Evitiamo pericoli e teniamoci lontani dalla folla.

Grammatica

15 *bellissimo* (v. 597) è un aggettivo: ...., di grado:

A positivo.
B comparativo.
C superlativo.

16 *bellissimo di viso e di corporatura* (vv. 597-598): l'espressione *di viso e di corporatura* costituisce un complemento di:

A qualità.
B argomento.
C specificazione.
D limitazione.

Scrittura

17 Didone prova un'attrazione improvvisa per l'ospite troiano, una specie di «colpo di fulmine». Pensi che questo sia un modo reale di innamorarsi oppure che si riveli più adatto a situazioni di fantasia, per così dire letterarie? Dividete la classe in due gruppi, ciascuno dei quali sostiene, con le opportune argomentazioni scritte, la propria posizione, poi confrontate e discutete le rispettive idee.

Il dono del cavallo e la morte di Laocoonte

(LIBRO II, VV. 1-56; 199-231)

IL CONTESTO

Enea accoglie la proposta di Didone, che vorrebbe i Troiani ospiti di un sontuoso banchetto, e invia alle navi il fedele Acate a prendere suo figlio Iulo e i doni da offrire alla regina. Nel frattempo la madre dell'eroe, cioè la dea Venere, per garantirgli l'aiuto di Didone, chiede a Cupido, l'alata divinità dell'amore, di assumere le sembianze di Iulo e di colpire la donna con le sue frecce, suscitando in lei un'incontenibile passione amorosa verso Enea.

IL BRANO

Durante il banchetto, dopo aver ascoltato il cantore Iopa, la regina esorta Enea a narrare le peripezie che lo hanno portato a Cartagine. L'eroe allora racconta come i Greci avessero costruito un gigantesco cavallo di legno, poi abbandonato di fronte a Troia. In tal modo i nemici, molti dei quali si celavano nelle oscure profondità della statua, erano riusciti a oltrepassare le mura. Egli ricorda inoltre il tentativo di Laocoonte, sacerdote di Apollo, che aveva messo in guardia i concittadini dagli infidi doni dei Greci. Ma i Troiani non gli avevano dato ascolto, segnando la fine della città assediata.

CHIAVE DI LETTURA

In questo brano sofferma l'attenzione su:
- la parola **dolore**, che connota il sentimento di Enea, dominante nel brano;
- il **Fato**, che incombe sugli eventi e la cui presenza è costante nei discorsi dell'eroe troiano;
- l'**immagine iperbolica** dei mostruosi serpenti e quella, **umanamente fragile**, del sacerdote Laocoonte, che non riesce a proteggere né i figli né se stesso dall'intervento di Minerva.

L'espressione iniziale rende il clima di attesa per l'imminente racconto di Enea.

Il dono del cavallo di legno

Tacquero tutti[1] e tenevano attento lo sguardo.
Allora dall'alto giaciglio[2] il padre Enea cominciò:
«Mi chiedi, o regina, di rinnovare un dolore indicibile,
il modo tenuto dai Danai[3] nel distruggere la potenza troiana

1. **tutti**: i Troiani e i Cartaginesi che attendono il racconto di Enea.

2. **giaciglio**: letto. Secondo le usanze romane, qui attribuite ai personaggi, il cibo si consumava stando sdraiati su un letto.

3. **dai Danai**: dagli Achei, così chiamati dal nome di Danao, il loro progenitore.

e il regno sventurato, tristissimi fatti dei quali
fui testimone e protagonista. Chi mai a raccontarli,
mirmidone o dolope[4] o soldato del duro Ulisse,
frenerebbe le lagrime? E già l'umida notte discende
dal cielo e le stelle al tramonto conciliano il sonno.
Ma se desideri tanto di conoscere le nostre vicende
e di udire brevemente l'estremo travaglio[5] di Troia,
sebbene l'animo inorridisca al ricordo e sempre si sia abbandonato al pianto,
comincerò. Stremati dalla guerra e respinti dai fati[6],

Enea come Odisseo

Il racconto ha la struttura di un lungo flashback, in cui l'eroe descrive, nell'ottica dello sconfitto, non solo il dramma della guerra e della caduta della patria, ma anche la perdita del proprio mondo e dei propri affetti. In quanto voce narrante di secondo grado, Enea, al pari di Odisseo alla corte dei Feaci, appare come il narratore, disilluso e al tempo stesso appassionato, delle sventure sue e del popolo troiano, vinto non per mancanza di valore ma dall'inganno, dalla menzogna e dal destino.

i capi dei Danai, trascorsi ormai tanti anni,
per divina arte di Pallade[7] costruiscono un cavallo
a misura di monte[8] e ne intessono i fianchi di abete;
simulano un voto per il ritorno[9], la fama[10] si sparge.
Qui rinchiudono di frodo[11] nel fianco oscuro prescelti
corpi di eroi designati a sorte, e le vaste
profonde caverne del ventre riempiono d'uomini armati.
Davanti è Tenedo in vista, famosa isola,
florida e ricca durante il regno di Priamo,
ora soltanto una baia, una sosta malfida[12] alle navi;
qui, spintisi al largo, si celano nella riva deserta.
Pensammo che fossero partiti con il vento diretti a Micene[13].
Allora tutta la Teucria[14] si scioglie da un lungo dolore.
Si aprono le porte; piace l'andare, e il dorico

4. **mirmidone o dolope**: i Mirmìdoni e i Dolopi sono popolazioni della Tessaglia, comandate rispettivamente da Achille e da suo figlio Pirro.

5. **l'estremo travaglio**: l'agonia della città ovvero gli ultimi, terribili momenti della sua esistenza.

6. **Stremati … dai fati**: sfiniti da una guerra che durava da dieci anni e respinti dal destino, che ostacolava i loro tentativi di impadronirsi della città.

7. **Pallade**: epiteto della dea Atena, Minerva per i Romani, con il probabile significato di «colei che scaglia la lancia».

8. **a … monte**: grande come una montagna.

9. **simulano … il ritorno**: fingono che sia un'offerta alla dea perché favorisca il loro rientro in patria.

10. **fama**: voce, notizia.

11. **di frodo**: di nascosto.

12. **malfida**: malsicura.

13. **Micene**: la città della Grecia su cui regnava Agamennone, il capo supremo della spedizione contro Troia.

14. **Teucria**: o Troade, la regione dove sorgeva Troia.

campo[15] e i luoghi deserti vedere e la libera spiaggia.
Qui la schiera dei Dolopi, qui di Achille crudele la tenda,
qui la flotta, qui usavano combattere schierati.
Parte al dono esiziale per la vergine Minerva stupisce[16],
e ammirano la mole del cavallo; e per primo Timète[17]
esorta a introdurlo tra le mura e a collocarlo sulla rocca,
si trattasse d'inganno o già comportasse così
il destino di Troia. Ma Capi[18] e quelli che hanno in mente

Ricordi dolorosi

Nel suo discorso Enea arricchisce i fatti, cioè gli eventi che, rapidi, avevano portato alla caduta di Troia, con la sua personale interpretazione dei medesimi. Egli racconta e al tempo stesso commenta le tristi vicende della città, perché di esse è stato un protagonista e un testimone oculare: nessuno le conosce meglio di lui che, solo a parlarne, sente rinnovarsi un atroce dolore.

un migliore pensiero vogliono che si getti in mare il tranello
dei Danai, il dono sospetto, o si arda appiccandovi fiamme,
o si forino le cavità del ventre e si esplorino i nascondigli.
Il popolo incerto si divide in opposti pareri.
Per primo accorre, davanti a tutti, dall'alto
della rocca Laocoonte[19] adirato, seguito da una grande turba;
e di lungi[20]: «Sciagurati cittadini, quale così grande follia?
credete partiti i nemici? o stimate alcun dono
dei Danai privo d'inganni? Così conoscete Ulisse?

15. il dorico campo: l'accampamento dei Greci. I Dori erano una delle tre stirpi dell'antica Grecia.

16. Parte … stupisce: alcuni osservano stupefatti il funesto dono alla dea Minerva.

17. Timète: un parente di Priamo, che nutriva rancore verso il re per la morte del figlio. Quindi Timète potrebbe aver esortato i Troiani a introdurre il cavallo in città per desiderio di vendetta, dopo essersi accordato con i Greci.

18. Capi: un troiano che accompagnerà Enea in Italia.

19. Laocoonte: fratello di Anchise e sacerdote di Apollo, sostituiva il sacerdote di Nettuno, morto durante la guerra.

20. di lungi: da lontano.

O chiusi in questo legno si tengono nascosti Achei,
o questa macchina[21] è fabbricata a danno delle nostre mura,
per spiare le case e sorprendere dall'alto la città,
o celà un'altra insidia: Troiani, non credete al cavallo.
Di qualunque cosa si tratti, ho timore dei Danai
anche se recano doni[22]». Disse, e avventò con vigore
gagliardo la grande asta[23] al fianco della fiera e al ventre
dalle curve giunture[24]. Quella s'infisse vibrando e dall'alvo
percosso risuonarono le cavità e diedero un gemito le caverne[25].
E se i fati degli dèi, se la nostra mente non era funesta[26],
egli ci aveva sospinti a violare il nascondiglio argolico[27] con il ferro;
oggi Troia si ergerebbe, e tu, alta rocca di Priamo, dureresti ancora.

21. macchina: marchingegno.

22. ho … doni: l'espressione è diventata proverbiale e invita a guardarsi dalle persone infide anche e soprattutto quando si mostrano gentili.

23. asta: lancia.

24. giunture: assi di legno che formano i fianchi del cavallo.

25. dall'alvo … caverne: dal ventre colpito rimbombarono le cavità e l'interno vuoto emise un rumore basso e sinistro.

26. funesta: accecata, incapace di comprendere la realtà.

27. argolico: greco (l'Argolide è una regione della Grecia).

Nel frattempo davanti al re Priamo viene condotto un giovane sconosciuto, in realtà il greco Sinone, il quale aveva accettato di farsi prendere prigioniero e di convincere i Troiani a introdurre il cavallo in città. La sua drammatica storia sconvolge il popolo: destinato a essere offerto in sacrificio agli dèi, affinché favorissero il ritorno in patria dell'esercito, egli era riuscito a fuggire e si era nascosto nell'acqua torbida di uno stagno. Alle domande di Priamo, che vorrebbe sapere qualcosa di più sul cavallo, Sinone risponde che si tratta di un dono per la dea Minerva, adirata con i Greci per il furto della sua statua, il Palladio, garante della salvezza di Troia. Inoltre l'indovino Calcante aveva profetizzato che, se il cavallo avesse varcato le mura, tutta l'Asia avrebbe portato la guerra nelle terre dei Greci, perciò aveva ordinato che lo si costruisse enorme e impossibile da trascinare. Sinone ha appena concluso il suo discorso quando dal mare emerge uno straordinario prodigio.

La morte di Laocoonte

Qui un nuovo avvenimento, più grande
e molto più orrendo, si offre agli sventurati, e turba i cuori
sorpresi. Laocoonte, sacerdote tratto a sorte a Nettuno[28],
immolava un grande toro presso le are[29] solenni.
Ma ecco da Tenedo in coppia per le profonde acque tranquille
– inorridisco a raccontarlo – due serpenti con immense volute[30]
incombono sul mare, e parimenti si dirigono alla riva;
i petti erti[31] tra i flutti e le creste sanguigne
sovrastano le onde; tutta l'altra parte
sfiora il mare da tergo[32] e incurva in spire gli enormi dorsi;
scroscia il gorgo schiumante[33]. E già approdavano,
e iniettati di sangue e di fuoco gli occhi che ardevano,
lambivano[34] con lingue vibrate le bocche sibilanti.
Fuggiamo esangui[35] a quella vista. I serpenti con marcia sicura
si dirigono su Laocoonte; e prima l'uno e l'altro
serpente avvinghiano i piccoli corpi dei due figli
e li serrano, e a morsi si pascono[36] delle misere membra;
poi afferrano e stringono in grandi spire
lui che sopraggiunge in aiuto e brandisce[37] le armi;
avvintolo due volte alla vita, e attortisi al collo
due volte con le terga squamose[38], sovrastano con il capo

---

28. tratto … Nettuno: designato per compiere un sacrificio in onore di Nettuno, il dio del mare.

29. are: altari.

30. volute: spire, gli anelli che i serpenti formano avvolgendosi su se stessi.

31. erti: sollevati.

32. da tergo: da dietro.

33. scroscia … schiumante: le onde del mare spumeggiano con grande fragore.

34. lambivano: toccavano appena.

35. esangui: pallidi per la paura.

36. si pascono: si nutrono.

37. brandisce: impugna.

38. con … squamose: con il dorso ricoperto di scaglie.

e con l'alte cervici[39]. Egli si sforza di svellere
i nodi con la forza delle mani, cosparso le bende[40] di sangue
corrotto e di nero veleno, e leva orrendi clamori
alle stelle: quali i muggiti d'un toro ferito che fugge
dall'ara, e scuote via dal collo la scure malcerta[41].

Una vittima del Fato

Nel racconto spicca la figura di Laocoonte, vittima innocente, insieme ai giovanissimi figli, di un destino che ha condannato Troia e che si deve inevitabilmente compiere. Nella descrizione di questa morte straziante si percepiscono il dubbio e la perplessità dell'autore di fronte a eventi che sembrano inspiegabili da un punto di vista umano. Egli, tuttavia, giustifica il sacrificio di persone innocenti in nome della sua concezione provvidenziale della Storia, della quale non è possibile cambiare il corso.

I versi rendono esplicito il «mandante» del crudele assassinio: è la dea Minerva, che odia i Troiani.

Strisciando in coppia i due draghi fuggono verso l'alto
santuario e muovono verso la rocca della crudele Tritonide[42];
si acquattano ai piedi della dea e sotto il cerchio dello scudo[43].
Allora a tutti s'insinua nei petti tremanti
un nuovo timore, e dicono che Laocoonte ha pagato
giustamente il delitto, poiché ha violato con la punta
il legno sacro, e avventato al fianco la lancia delittuosa.

(Virgilio, *Eneide*, trad. it. di L. Canali,
Fondazione Lorenzo Valla-Mondadori, Milano 1986)

39. **cervici**: teste.

40. **bende**: fasce che i sacerdoti avvolgevano intorno al capo prima di celebrare un sacrificio.

41. **malcerta**: malferma.

42. **crudele Tritonide**: Minerva, nemica dei Troiani. L'epiteto allude forse alla libica palude Tritonia, prediletta dalla dea.

43. **sotto … scudo**: al di sotto dello scudo di forma circolare che Minerva tiene in mano nelle statue che la rappresentano.

Comprendere

1 **In che cosa consiste l'inganno del cavallo e chi l'aveva ordito (vv. 13-20)?**

2 **Come si comportano i Troiani alla vista del cavallo di legno (vv. 31-39)?**

3 **Racconta lo straziante episodio della fine di Laocoonte e dei suoi figli, vittime dell'ira di Minerva (vv. 203-224).**

1. L'apparizione dei serpenti.
2. L'attacco ai figli di Laocoonte.
3. La morte del sacerdote.

4 **Alla morte di Laocoonte (vv. 228-231), i Troiani reagiscono con un sentimento di:**

- A gioia, per aver ricevuto in tal modo un segno del favore di Minerva.
- B sollievo, per essersi sbarazzati di un individuo molto scomodo.
- C indifferenza, per un fatto che emotivamente non li coinvolge per nulla.
- D timore, per aver assistito a un castigo terribile, ma ritenuto giusto.

Analizzare

5 Lo stile. Secondo un procedimento consolidato del linguaggio epico, i nomi dei personaggi più importanti sono completati da epiteti fissi: spiega a quale caratteristica di ciascun personaggio alludono gli epiteti riportati.

1. *padre* Enea (v. 2).
2. *duro* Ulisse (v. 7).
3. Achille *crudele* (v. 29).

6 Lo stile. Enea è un uomo che non si vergogna di manifestare con forza i propri sentimenti, lasciandosi prendere dalla commozione: rileggi i versi 1-13 e sottolinea sul testo le espressioni che rivelano la profonda sofferenza dell'eroe per ciò che è accaduto alla sua patria.

7 I temi. Dalle parole di Enea emerge con chiarezza il duplice motivo che ha determinato la decisione di introdurre il cavallo in città: quali sono le cause funeste della rovina di Troia, che tanto addolora l'eroe (vv. 34-35; 54)?

8 Lo stile. Gli ultimi istanti di vita di Laocoonte sono descritti in tono fortemente drammatico, come si addice a una fine così tragica: spiega la similitudine contenuta nei versi 222-224.

9 Lo stile. Quale immagine, per mezzo del paragone, viene offerta a proposito del personaggio?

10 Il tema. Il Fato, ovvero il destino, gioca un ruolo essenziale nell'episodio: spiega perché.

Lessico

GARZANTI LINGUISTICA

11 Il cavallo lasciato dai Greci potrebbe rappresentare un *inganno* (v. 34): a ciascuna espressione della colonna di sinistra, abbina il corrispondente sinonimo della colonna di destra.

1. Ingannare la fiducia:	A eludere.
2. Ingannare la vigilanza:	B frodare.
3. L'apparenza inganna:	C deludere.
4. Ingannare il fisco:	D trarre in errore.

12 Scrivi una frase per ciascuno dei sinonimi del sostantivo *inganno*.

1. Raggiro.
2. Abbaglio.

Grammatica

13 *sebbene* (v. 12) è una congiunzione:

A condizionale.
B concessiva.
C conclusiva.
D esplicativa.

Scrittura

14 Aiutandoti con le note e con il vocabolario, fai la parafrasi dei versi 42-50, trasformando il discorso diretto in discorso indiretto.

15 Immagina di essere un giornalista di cronaca «nera» che ha assistito alla scena della morte di Laocoonte. Raccontala, sviluppando i punti che seguono:

– descrivi in breve l'atteggiamento dei Troiani, lacerati tra meraviglia e diffidenza, di fronte al cavallo di legno;
– racconta l'intervento di Laocoonte, che tenta di dissuadere i concittadini dal portare il cavallo dentro le mura;
– narra dell'arrivo dei serpenti e della morte del sacerdote e dei figli;
– esprimi un commento sulla vicenda, riportando il tuo personale punto di vista oppure, se lo condividi, quello dei Troiani.

Le Arpie

(LIBRO I, VV. 192-267)

IL CONTESTO

Abbandonata la Tracia, gli esuli si dirigono nell'isola di Delo, per consultare il famoso oracolo di Apollo. Enea ottiene un responso ambiguo, ma incoraggiante, riguardo al futuro: occorre infatti cercare l'*antica madre*, la terra da cui ha tratto origine la stirpe troiana; da quel luogo i discendenti di Enea eserciteranno a lungo il dominio.

Anchise, l'anziano e autorevole padre di Enea, è convinto che l'oracolo si riferisca all'isola di Creta, la patria di Teucro, il fondatore di Troia. Sbarcati dunque nell'isola, Enea e i compagni si preparano a fondare una nuova città, ma una pestilenza e una carestia rappresentano i segni indubitabili che quello scelto non è il luogo indicato dal dio. Essi tornano a Delo e qui Enea fa un sogno, nel quale i Penati gli rivelano che la terra da raggiungere è l'Italia, da cui era partito Dardano, il capostipite dei Troiani.

IL BRANO

Ripresa la navigazione, i Troiani vengono sorpresi da una tempesta e sono costretti a fermarsi nelle isole Strofadi, dove subiscono l'attacco delle orride Arpie, uccelli dal volto di donna. Infatti, dopo essersi nutriti di alcuni buoi, gli esuli hanno scatenato l'ira delle mostruose creature, cui gli animali erano sacri. Esse calano sulle mense dei Troiani, insozzandole per tre volte. Dall'alto di una rupe, l'arpia Celeno, emessa una terribile profezia, ordina a Enea e ai suoi compagni di andarsene e di continuare il viaggio verso l'Italia.

CHIAVE DI LETTURA

In questo brano sofferma l'attenzione su:
- la coinvolgente **descrizione della tempesta**, da cui emerge il senso di smarrimento e di incertezza che afferra i Troiani;
- il costante **senso di pericolo** che incombe sugli esuli, ancora una volta chiamati ad affrontare coraggiosamente le avversità;
- l'**espediente narrativo** di informare Enea e i compagni sul destino che li aspetta, affidando a Celeno il compito di pronunciare un'oscura profezia.

Dopo che le navi furono al largo, e disparvero[1]
tutte le terre, e dovunque cielo e dovunque acque,
allora mi s'addensò sul capo un livido uragano,
portando notte e tempesta, e rabbrividì[2] l'onda nelle tenebre.
Subito i venti sconvolgono il mare e alti si levano
i flutti; siamo dispersi e agitati dal vasto gorgo[3];
i nembi[4] avvolsero il giorno, e un'umida notte ci tolse
il cielo[5]; s'infittiscono, squarciate le nubi, i fulmini.
Usciamo sbalzati dalla rotta, ed erriamo sulle cieche[6] onde.
Lo stesso Palinuro[7] dice di non distinguere in cielo
la notte dal giorno, e di non riconoscere la via tra le onde.
Così erriamo sul mare per tre incerti soli
nella cieca caligine[8], e altrettante notti senza stelle.
Infine il quarto giorno appare ergersi una terra,
e lontano svelare montagne, e levare fumo.
Le vele cadono, sorgiamo[9] sui remi; i marinai instancabili
rovesciano con forza le schiume e spazzano i lividi flutti.
Mi accolgono dapprima in salvo dalle onde le rive
delle Strofadi[10]; sono denominate Strofadi, con nome greco,
le isole del vasto Ionio, che la sinistra Celeno[11]
e le altre Arpie abitano, dopo che la casa di Fineo
si chiuse, e per timore lasciarono le antiche mense[12].

Creature disgustose

Enea accenna agli abitanti delle isole, le Arpie, uccelli dall'ingannevole volto di fanciulla, in realtà luttuose portatrici di sventura guidate da Celeno, la loro regina. La mitologia le descrive come esseri infernali perché trasportano le anime nell'aldilà (il loro nome deriva dal verbo greco *arpázo*, che significa «rapisco, porto via»). Il breve cenno a questi orrendi personaggi rende più tragico il seguito della narrazione.

1. **disparvero**: scomparvero alla vista.
2. **rabbrividì**: si increspò sollevandosi.
3. **dal vasto gorgo**: dagli ampi vortici.
4. **nembi**: grandi nuvole portatrici di tempesta.
5. **tolse il cielo**: fece sparire la vista del giorno.
6. **cieche**: così oscure da risultare invisibili.
7. **Palinuro**: il timoniere della nave di Enea.
8. **erriamo ... caligine**: andiamo alla ventura sul mare per tre giorni nella nebbia fitta.
9. **sorgiamo**: ci gettiamo.
10. **Strofadi**: isolette dello Ionio, a ovest del Peloponneso.
11. **Celeno**: la regina delle Arpie.
12. **dopo che ... mense**: Fineo, un re della Tracia, aveva ingiustamente fatto accecare i propri figli, perciò gli dèi lo avevano punito con la cecità e una fame insaziabile, che egli tuttavia non poteva soddisfare dato che le Arpie insozzavano il cibo. I due figli del vento Borea le inseguirono, impedendo loro di entrare nella casa del re e di sottrargli le vivande, poi le confinarono nelle Strofadi.

Non v'è mostro più infausto[13] di quelle; nessuna peste
più crudele o maledizione divina uscì dalle onde stigie[14].
Virginei volti su corpi di uccelli, nauseante profluvio
di ventre, artigli adunchi[15], e pallida sempre
la faccia di fame.
Come, arrivati qui, entrammo nel porto, ecco
vediamo floridi armenti[16] di buoi sparsi nei campi
e senza alcun custode un gregge di capre tra l'erba.
Assaliamo col ferro e chiamiamo a parte della preda
gli dèi e lo stesso Giove[17]; allora sulla curva spiaggia
disponiamo giacigli e banchettiamo con laute vivande.
Ma improvvise con orribile discesa dai monti compaiono
le Arpie e scuotono con grandi strida le ali,
ghermiscono i cibi e lordano tutto con immondo
contatto; s'odono lugubri strida tra il lezzo[18].

La colpa e la punizione

Senza rendersi conto di commettere un sacrilegio, i Troiani uccidono il bestiame sacro alle Arpie, scatenandone la reazione. Pur comportandosi rettamente (celebrano un sacrificio a Giove prima di imbandire le mense), i Troiani compiono, senza saperlo, un'azione sacrilega, di cui pagheranno la pena. Essi sembrano dunque le vittime di forze superiori e di entità malvagie, contro cui non è possibile opporre resistenza.

Imbandiamo di nuovo le mense in una profonda rientranza
sotto una cava[19] rupe, racchiusa intorno da alberi
e da ombre emergenti, e riponiamo[20] il fuoco sulle are:
di nuovo da una diversa parte del cielo, e da ciechi[21] nascondigli,
vola la turba sonora[22] intorno alla preda con unghie
adunche e insozza i cibi con la bocca. Allora ai compagni
ordino di prendere le armi, e di combattere la sinistra
genìa[23]. Fanno com'è comandato, e dispongono
le spade celate nell'erba e nascondono gli scudi.
Dunque, appena esse discesero per la curva spiaggia e produssero

13. infausto: annunciatore di sventure.

14. stigie: dello Stige, un fiume infernale.

15. adunchi: curvi come uncini.

16. floridi armenti: mandrie ben nutrite.

17. Assaliamo … Giove: attacchiamo con le armi in pugno e, prima di nutrirci, offriamo una parte degli animali sacrificati agli dèi e al loro sovrano.

18. s'odono … lezzo: si sentono versi sinistri in mezzo a un odore nauseabondo.

19. cava: vuota all'interno.

20. riponiamo: riaccendiamo.

21. ciechi: invisibili.

22. la turba sonora: lo stormo schiamazzante.

23. sinistra genìa: stirpe malvagia e feroce.

strepito, Miseno dall'alta vedetta emette il segnale
con il cavo bronzo[24]. I compagni assalgono e tentano
strane battaglie, ferire col ferro i sudici uccelli del mare.
Ma non ricevono offesa nelle piume, o ferite
sul dorso, e volate con rapida fuga alle stelle
lasciano la preda semidivorata e le sozze vestigia[25].
Sola si fermò su un'altissima rupe Celeno,
infausta profetessa[26], ed eruppe questa voce dal petto:
«Guerra, anche, per la strage dei buoi e gli abbattuti
giovenchi, o Laomedontiadi[27], guerra vi preparate a portare
e a scacciare dal patrio regno le innocenti Arpie?
Accogliete dunque nell'animo e imprimete queste parole:
ciò che il Padre onnipotente[28] predisse a Febo,
Febo Apollo a me, io, massima delle Furie[29], svelo.
Voi navigate verso l'Italia, e la invocate seguendo i venti:

L'attacco dei Troiani non nuoce alle Arpie, che si dimostrano invulnerabili.

24. Miseno … bronzo: un compagno di Enea, da un elevato punto di osservazione, lancia un avvertimento con la tromba di bronzo forato.

25. sozze vestigia: le ripugnanti tracce del loro passaggio.

26. infausta profetessa: indovina di mali.

27. Laomedontiadi: stirpe discesa da Laomedonte, padre del re Priamo.

28. il Padre onnipotente: Giove.

29. Furie: divinità infernali, qui identificate con le Arpie, sebbene in genere siano considerate personaggi diversi.

Parole di malaugurio

Celeno, la regina delle Arpie, pronuncia una profezia che, se da un lato rassicura i Troiani (raggiungeranno la meta di tanto vagare), dall'altro li terrorizza, gettando una luce sinistra sul futuro. Nel libro VII il mistero sarà infine svelato: arrivati nel Lazio, i Troiani affamati divorano i pani sottili che usavano di solito come piatti. Ascanio, il figlio di Enea, esclama: *Oh! Noi divoriamo anche le mense!* L'eroe allora comprende che quelli sono i luoghi di cui aveva parlato Celeno.

giungerete in Italia, e potrete entrare in porto;
ma non cingerete di mura la città destinata[30]
prima che una terribile fame e l'offesa fatta coll'aggredirci
vi costringa a consumare con le mascelle le róse mense[31]».
Disse, e levatasi sulle ali, fuggì nella selva.
Ai compagni per l'improvviso terrore si rapprese gelido
il sangue; caddero gli animi[32] e non più con le armi,
ma con voti[33] e preghiere esigono di chiedere pace,
siano dee, o sinistri e sudici uccelli.
Il padre Anchise, sollevate le braccia dalla riva,
invoca i grandi numi, e indice giusti onori[34].
«O dèi, impedite la minaccia, disperdete una tale sventura,
e benigni salvateci per la nostra pietà». Poi ordina
di strappare gli ormeggi dalla riva e di scuotere e mollare le gomene[35].

(Virgilio, *Eneide*, trad. it. di L. Canali,
Fondazione Lorenzo Valla-Mondadori, Milano 1986)

30. destinata: che il Fato vi ha concesso.

31. le róse mense: le tavole rosicchiate con i denti. In realtà le «mense» sono pani rotondi, usati come piatti nei sacrifici ai Penati.

32. caddero gli animi: venne meno il coraggio.

33. voti: promesse di fare sacrifici.

34. indice giusti onori: ordina i riti appropriati a ciascuna divinità.

35. gomene: grosse funi intrecciate, che si usano per l'ormeggio o il rimorchio delle imbarcazioni.

Comprendere

1 I Troiani sono di nuovo in mare: che cosa li sorprende e perché è pericoloso il luogo in cui sono costretti a sbarcare (vv. 194-213)?

2 Quali azioni compiono gli esuli, dopo essere giunti sulla terraferma (vv. 219-224)?

3 Enea e i suoi compagni ascoltano le parole di Celeno, poi prendono una decisione (vv. 259-267):

- A catturare la regina delle Arpie.
- B combattere contro le Arpie.
- C fuggire di nascosto dalle Arpie.
- D compiere riti religiosi e partire.

Analizzare

4 I personaggi. Traccia una descrizione delle Arpie, raccogliendo e sintetizzando le informazioni contenute nel brano.

5 **Lo stile.** **Le Arpie sono personaggi circondati da una fama sinistra e la loro apparizione incute timore: individua e sottolinea sul testo le espressioni e gli aggettivi con i quali Enea e il narratore ne mettono in rilievo l'incombente presenza.**

6 **Lo stile.** **Quali sono gli epiteti con cui Celeno, la regina delle Arpie, si riferisce a Giove e a se stessa?**

7 **Lo stile.** **Le espressioni relative alle Arpie suggeriscono che queste ultime sono connesse:**

- A alla buona sorte, di cui sono annunciatrici.
- B al malaugurio, essendo portatrici di sventura.
- C al disgusto che il loro aspetto fisico suscita.
- D alla malvagità che dimostrano verso i Troiani.

8 **Lo spazio.** **Le isole Strofadi vengono descritte per mezzo di dettagli inseriti in vari punti della narrazione: individuali e sottolineali.**

9 **Lo spazio.** **La descrizione del paesaggio svolge la funzione di delineare uno spazio:**

- A di straordinaria bellezza e fascino.
- B che non coinvolga emotivamente.
- C che accresca la trepidazione del lettore.
- D seguendo una consuetudine dell'epica.

10 **Un confronto.** **I Troiani si nutrono di animali sacri alle Arpie, di cui scatenano l'ira: ricordi dove si fa cenno, nell'*Odissea*, a un episodio analogo?**

Lessico

GARZANTI LINGUISTICA

11 **Le Arpie (v. 212) sono creature sgradevoli: spiega il significato dell'espressione *arpia* nella frase *Quella donna, sempre pronta a rimproverare e a criticare chiunque, è una vera arpia*.**

12 **Le Arpie hanno sempre *fame* (v. 218): scrivi una frase in cui la parola *fame* sia usata in senso figurato.**

13 **Quale parola, in base al contesto, può essere definita un sinonimo dell'aggettivo *fameliche* nella frase *Il cacciatore fu circondato da belve fameliche*?**

- A Famigerate.
- B Famose.
- C Voraci.
- D Sazie.

Grammatica

14 **Fai l'analisi del periodo dei versi 253-254.**

15 **La congiunzione *ma* (v. 255) introduce una coordinata:**

- A esplicativa.
- B concessiva.
- C avversativa.
- D conclusiva.

16 **Quale complemento riconosci nell'espressione di *mura* (v. 255)?**

Scrittura

17 **Riassumi la parte principale del brano (vv. 225-257), seguendo la traccia proposta.**

1. Gli attacchi delle Arpie.
2. La profezia di Celeno.

18 **La sinistra Celeno narra in prima persona l'episodio di cui è stata protagonista. Immedesimati nel personaggio, sviluppando i punti che seguono:**

– descrivi la tempesta che colpisce i Troiani e alla quale hai assistito dalla vetta di una montagna;
– descrivi l'aspetto misero degli esuli, finalmente scesi a terra, la fame che li tormenta e l'uccisione degli animali per cibarsene;
– racconta la decisione tua e delle altre Arpie di attaccarli con forza e di allontanarli;
– esponi il contenuto della profezia da te rivolta ai Troiani, esprimendo soddisfazione per le sventure che li attendono.

L'amore di Didone

(LIBRO IV, VV. 1-89)

IL CONTESTO

Enea descrive la fine di suo padre Anchise, il quale, stremato dalle fatiche di un così lungo peregrinare, muore a Drepano, in Sicilia. Sepolto il genitore con tutti gli onori, l'eroe riprende il mare e insieme ai compagni arriva sulle coste dell'Africa, nelle vicinanze di Cartagine, dopo una terribile tempesta dalla quale gli esuli si erano salvati per miracolo. Il racconto di Enea colpisce profondamente la regina Didone, ormai perdutamente innamorata dell'ospite. Così ella trascorre una notte insonne, in preda alla passione ma anche tormentata dal ricordo del marito Sicheo, sulla cui tomba aveva pronunciato un giuramento di eterna fedeltà.

IL BRANO

Al mattino Didone si confida con la sorella Anna, manifestandole le proprie inquietudini e ricevendo da lei l'esortazione a seguire il proprio cuore e a trattenere Enea presso di sé. Infatti, sono innegabili i vantaggi delle nozze con l'eroe troiano, il quale sarebbe stato certamente in grado di proteggere lei e il suo popolo da genti straniere e ostili. L'infelice regina si abbandona dunque ai sentimenti e, dimenticando persino i suoi doveri di sovrana, passa il tempo con Enea o a vagare senza meta per la città.

CHIAVE DI LETTURA

In questo brano sofferma l'attenzione su:
- l'**amore** che lega Didone al troiano Enea: i vocaboli che lo indicano rimandano a una passione vista come fuoco, come incendio dell'anima e dei sensi;
- i **dubbi** e il **senso del dovere** che impediscono a Didone di essere felice;
- l'**abbandono progressivo** della regina alla follia amorosa.

Ma già la regina, tormentata da un profondo affanno,
nutre una ferita nelle vene, e un cieco fuoco la divora.
Il grande valore dell'eroe, la grande gloria della stirpe
le ritornano in mente: non dileguano, impressi nel cuore, il volto
e le parole; l'affanno non concede alle membra la placida quiete.
L'Aurora seguente illuminava le terre con la luce
febea[1] e aveva allontanato dal cielo l'umida ombra,
quando, già perturbata, parla alla concorde sorella:
«Anna, sorella, che sogni mi tengono sospesa e m'angosciano!
Che ospite straordinario è entrato nel nostro palazzo,

1. **febea**: di Febo, cioè di Apollo (dio del Sole).

quale mostrandosi in volto! che forza nel cuore e nell'armi!
Credo davvero che sia – non è fede illusoria –
di stirpe divina. Il timore accusa[2] gli animi ignobili.
Quali fati[3] lo hanno agitato! Che guerre sofferte narrava!
Se non fosse decisione irremovibile e fissa nel cuore
di non volermi unire a nessuno con vincolo coniugale,
dopo che il primo amore m'ingannò e m'illuse[4] con la morte,
se non avessi in odio il talamo[5] e le fiaccole nuziali[6],
forse per questo solo potrei soccombere al peccato[7].
Anna, lo confesso, dopo la morte del misero sposo
Sicheo, e la casa insanguinata da fraterna strage[8],
egli soltanto ha scosso i miei sensi, e m'ha fatto
vacillare l'animo. Riconosco i segni dell'antica fiamma.
Ma voglio che prima la terra mi s'apra in un abisso,
e il padre onnipotente[9] mi spinga con il fulmine tra le ombre,
le ombre del pallido Erebo[10] e la notte profonda,
prima che ti violi, o Pudore[11], o sciolga le tue leggi.
Quello che per primo mi unì a sé, mi rapì l'amore;
egli lo abbia con sé e lo serbi nel sepolcro».
Detto ciò, riempì la veste di dirotte lagrime.

L'amore come rinuncia

L'urgenza di confidarsi con qualcuno spinge Didone a cercare il conforto e il consiglio della sorella Anna. Le sue parole rivelano una passione assoluta, di cui ben riconosce i segni, ma destinata a farla soffrire senza rimedio, perché ella non vuole rompere il giuramento di fedeltà a Sicheo e in tal modo si condanna per sempre alla solitudine.

Anna risponde: «O più cara della luce alla sorella,
ti consumerai sola e dolente per l'intera giovinezza,
e non conoscerai i dolci figli né i doni di Venere[12]?
Credi che di ciò si curino le ceneri[13] e i Mani[14] sepolti?
Sia, un giorno nessun marito ti piegò affranta,

2. accusa: denuncia.

3. fati: eventi del destino.

4. m'illuse: mi tradì.

5. talamo: letto nuziale.

6. fiaccole nuziali: nel costume romano, venivano agitate durante il percorso del corteo nuziale che conduceva la sposa alla casa dello sposo.

7. soccombere al peccato: cedere alla tentazione di tradire la memoria del marito per unirsi a Enea.

8. fraterna strage: l'uccisore di Sicheo era stato Pigmalione, fratello di Didone.

9. padre onnipotente: Giove.

10. Erebo: qui genericamente il regno dei morti. Erebo era il principe delle tenebre, figlio di Caos.

11. Pudore: il sentimento del pudore era diventato, per i Latini, una divinità.

12. doni di Venere: le gioie dell'amore.

13. le ceneri: le ceneri dei morti.

14. Mani: le anime dei morti, considerate divinità in genere benevole.

né in Libia, né prima in Tiro; hai spregiato Iarba[15]
e gli altri capi che nutre l'Africa, terra
ricca di trionfi[16]: resisterai anche a un amore gradito?
Non ti viene in mente nei campi di chi sei stanziata?
Da una parte città getule[17], stirpe invincibile in guerra,
e sfrenati Numidi ti attorniano, e le inospitali Sirti[18];
dall'altra una regione desolata dalla sete, e per largo tratto
i furenti Barcei[19]. Che dire delle guerre[20] che sorgono da Tiro
e delle minacce del fratello[21]?
Penso davvero che, àuspici[22] gli dei e propizia Giunone,
le navi iliache seguirono questa rotta col vento.
Quale vedrai questa città, sorella, e quale regno
sorgere per tale connubio[23]! Con l'aiuto delle armi dei Teucri
per quali grandi eventi si leverà la punica gloria!
Ma tu invoca il favore degli dei e, compiuti i sacrifici,
prolunga l'ospitalità, e intreccia cause d'indugio[24],

L'amore come legame utile

Se l'amore di Didone per Enea è frutto di un intervento del dio Cupido, il legame con l'eroe troiano è visto da Anna come una scelta di convenienza politica, per garantire la sicurezza del regno. Tuttavia ignora di essere, come Didone, uno strumento inconsapevole del Fato: incoraggiando la sorella, contribuisce alla realizzazione del piano previsto dagli dèi per Enea, la cui presenza a Cartagine porterà solo dolore.

mentre imperversa sul mare l'inverno e il piovoso Orione[25],
e le navi sono sconnesse[26], e il cielo è tempestoso».

15. **hai spregiato Iarba**: hai respinto Iarba, il re africano della popolazione dei Getuli, pretendente alla mano di Didone; da lui Didone aveva ottenuto il terreno su cui far sorgere Cartagine (v. 39: *nei campi di chi sei stanziata*).

16. **terra ricca di trionfi**: allusione alla bellicosità dei popoli africani e ai loro successi sui nemici.

17. **città getule**: le popolazioni governate da Iarba, stanziate a sud della Numidia.

18. **le inospitali Sirti**: due grandi golfi sabbiosi e inospitali situati nelle attuali Libia e Tunisia. Il termine indica, per estensione, anche il territorio dell'interno, desertico e ostile.

19. **Barcei**: abitanti di Barce, città della Cirenaica, spesso dediti alla pirateria. Tutte le popolazioni citate sono quelle dell'epoca di Virgilio, anacronisticamente attribuite ai tempi di Enea.

20. **guerre**: ostilità.

21. **minacce del fratello**: Pigmalione minacciava di uccidere la sorella, scomoda testimone del delitto da lui commesso contro Sicheo.

22. **àuspici**: essendo favorevoli.

23. **connubio**: unione, matrimonio.

24. **cause d'indugio**: pretesti per trattenere Enea.

25. **piovoso Orione**: la presenza della costellazione di Orione nel periodo invernale portava, nelle credenze degli antichi, una stagione di abbondanti piogge e vento.

26. **le navi sono sconnesse**: hanno il fasciame sconnesso, sono da riparare.

Con queste parole infiammò l'animo ardente d'amore,
diede speranza alla mente dubbiosa, e dissolse il pudore.
[...]
Arde l'infelice Didone e vaga per tutta la città,
invasata; quale una cerva colpita da una freccia,
che un pastore inseguendola incauta trafisse con dardi
da lontano nei boschi cretesi[27], e le lasciò dentro l'alato ferro[28],
ignaro[29]; quella percorre in fuga le selve e le balze
dittee[30]; ma non si distacca dal fianco l'asta mortale[31].
Ora conduce Enea con sé attraverso le mura,
e mostra le ricchezze sidonie e la città preparata[32];
comincia a parlare, e a metà del discorso s'arresta;
ora sul calare del sole desidera un nuovo convito,
e chiede, folle, di udire ancora una volta i travagli
di Troia, e ancora una volta pende dalle labbra del narratore.
Poi, appena si congedano, e la luna a sua volta oscurandosi
nasconde la luce, e le stelle calanti conciliano il sonno,
si tormenta sola nel vuoto palazzo, e giace sui tappeti
abbandonati: lui, lontana[33], lontano ascolta e vede;
o tiene in grembo Ascanio[34], presa dall'immagine
del padre, per cercare di ingannare così l'indicibile amore.

Didone vuole convincere Enea a restare, visto che la città di Cartagine è ricca e pronta ad accoglierlo.

Il sentimento come follia

Alla conclusione del brano si comprende con chiarezza il tema dell'amore come una pazzia che, insinuatasi nell'animo della regina, la spinge a un comportamento molto lontano da quello abituale. I sensi e la mente di Didone sono annebbiati e i suoi gesti sono frenetici, privi di razionalità: dominata dall'amore, la regina si muove, si ferma, parla, s'interrompe, in un crescendo di frenesia incontrollabile.

Le torri cominciate non crescono, la gioventù non si esercita
nelle armi, e non allestiscono porti o sicuri bastioni
per la guerra; pendono interrotte le opere e la superba
crescita delle mura, e le loro impalcature che uguagliano il cielo.

(Virgilio, *Eneide*, trad. it. di L. Canali, Mondadori, Milano 1985)

27. **boschi cretesi**: i Cretesi erano abili nella caccia con l'arco.

28. **l'alato ferro**: la freccia alata, con la punta di ferro.

29. **ignaro**: senza saperlo. Si riferisce al pastore.

30. **balze dittee**: balze del monte Dicte, a Creta.

31. **mortale**: che reca la morte.

32. **la città preparata**: già pronta.

33. **lontana**: pur essendo lontana.

34. **Ascanio**: il figlio di Enea.

Comprendere

1 Dopo una notte insonne, quale azione compie la regina (vv. 6-8)?

A Rievoca il primo incontro con Enea.
B Fugge insieme a Enea e alla flotta troiana.
C Si reca a colloquio dalla sorella Anna.
D Si presenta a Enea e gli rivela il suo amore.

2 Evidenzia i punti principali del discorso di Anna, seguendo la traccia indicata.

vv. 31-38; vv. 39-44; vv. 45-49; vv. 50-53.

Analizzare

3 I personaggi. Quali aspetti dell'eroe spingono la regina a innamorarsi di lui (vv. 3-5; vv. 10-14)?

4 I personaggi. Perché Didone associa a un profondo senso di colpa l'amore per Enea (vv. 20-29)? PER VIA DEL MARITO DEFUNTO

5 I temi. In un brano dedicato ai tormenti d'amore, non poteva mancare un riferimento al tema dominante: spiega la metafora *antica fiamma* (v. 23), riferita da Didone ai suoi sentimenti per Enea.

6 Lo stile. Il narratore fa uso di un'efficace similitudine (vv. 68-73) per descrivere lo stato d'animo di Didone, che rasenta la follia. Spiega il confronto tra la regina e la cerva: quale comportamento della donna viene così messo in evidenza?

7 Lo stile. La passione che Didone nutre per Enea si manifesta con un linguaggio intenso e drammatico: sottolinea sul testo i vocaboli e le espressioni che si riferiscono all'angoscia della regina.

8 I personaggi. Seppure in modo diverso, Didone e la sorella Anna sono vittime del Fato inesorabile: spiega perché.

Lessico

9 L'amore di Didone è simile a un *fuoco* (v. 2). Costruisci l'area semantica della parola *fuoco*, seguendo le seguenti indicazioni:

1. espressioni figurate, riferite ai modi di comportarsi;
2. espressioni figurate, riferite all'attività militare e al gioco;
3. espressioni figurate, riferite ai sentimenti;
4. sostantivi e aggettivi, derivati dal vocabolo *fuoco*.

10 Al verso 8, Anna è definita *concorde*. L'aggettivo indica che:

A ha un carattere simile a quello di Didone.
B condivide sempre il punto di vista di Didone.
C ha lo stesso carattere di Didone, cui è legata.
D condivide le intense emozioni di Didone.

Grammatica

11 *stirpe invincibile in guerra* (v. 40): fai l'analisi grammaticale dell'espressione.

12 Quale complemento riconosci nell'espressione *in guerra*?

A Tempo determinato.
B Stato in luogo figurato.
C Limitazione.
D Causa.

Scrittura

13 Immagina che Didone scriva una lettera alla sorella Anna, confidandole l'amore per Enea, ma anche i dubbi e i tormenti del suo animo. Tieni presenti i punti seguenti:

– rievoca il primo incontro con Enea, descrivendo l'emozione che la vista dell'eroe ha suscitato in te;
– racconta il graduale, ma inesorabile cammino verso la passione amorosa;
– esponi i tuoi dubbi sulla concreta possibilità di una relazione appagante, vista la tua fedeltà a Sicheo e la missione che il Fato ha affidato al guerriero troiano.

Enea scende nell'Averno

(Libro VI, vv. 295-397; 417-440)

Il contesto

La flotta troiana, lasciate Cartagine e Didone, che si è uccisa per amore di Enea, si ferma di nuovo a Drepano, in Sicilia, dove Anchise era morto un anno prima. Qui Enea indice i giochi funebri in onore del padre, durante i quali avvengono alcuni fatti prodigiosi, che l'eroe interpreta favorevolmente. Istigate da Giunone, le donne troiane incendiano la flotta per evitare la partenza, ma un temporale, inviato da Giove, spegne le fiamme, limitando la perdita a sole quattro navi.

Ripreso il mare, i Troiani giungono a Cuma, sulla costa occidentale dell'Italia. Enea si reca al celebre santuario di Apollo e riceve una profezia dalla Sibilla, la sacerdotessa del dio, dalla quale viene a sapere che le difficoltà non sono ancora terminate, perché i Troiani arriveranno nel Lazio, ma dovranno combattere una guerra sanguinosa prima di fondare una nuova stirpe.

La Sibilla accetta di accompagnare Enea nell'Averno, per incontrare l'anima di Anchise, e gli ordina di trovare il ramoscello d'oro, da offrire in dono a Proserpina, moglie di Plutone e regina degli Inferi. Venere, la madre dell'eroe, manda in aiuto al figlio due colombe che lo guidano verso una pianta tra le cui foglie è nascosto il magico ramo. L'entrata al mondo sotterraneo si trova in una grotta presso il tenebroso lago d'Averno. Prima di scendere nell'aldilà, i due viaggiatori incontrano svariati mostri, come i Centauri, le Arpie e la Chimera. Infine, sul fiume Acheronte appare l'orrido traghettatore infernale, Caronte, cui spetta il compito di guidare le anime dei morti sull'altra sponda.

Il brano

Enea e la Sibilla arrivano alla riva dell'Acheronte. Qui si accalca una folla di anime, in attesa che il nocchiero Caronte le trasporti sull'altra sponda per farle entrare nei luoghi eterni. Dopo aver mostrato il ramo d'oro di cui si sono impadroniti, i due giungono alle porte dell'Averno: a fare la guardia all'entrata vi è Cerbero, un mostruoso cane a tre teste. Enea e la Sibilla vincono la sua resistenza gettandogli una focaccia che, imbevuta di sostanze soporifere, ne provoca il sonno. Nei Campi del Pianto Enea s'imbatte nell'ombra di Didone, della quale apprende la dolorosa sorte; tuttavia, quando egli tenta di giustificare il proprio comportamento, la regina, sdegnosa, gli volta le spalle e si allontana.

Chiave di lettura

In questo brano sofferma l'attenzione su:

- il **paesaggio**, dai caratteri quasi apocalittici, in cui spicca l'orrida figura del demone **Caronte**;
- un altro **personaggio**, **Cerbero**, cane dalle tre teste, che ringhia, riempiendo lo spazio di suoni terrificanti;
- la **prova di coraggio** offerta da Enea: il valore non si misura solo in battaglia, ma si rivela anche nel saper affrontare ostacoli che incutono timore.

Di là[1] parte la strada che conduce alle onde
del Tartàreo Acherònte[2]. Il suo gorgo è un'immensa
voragine, che bolle fangosa e si riversa
nel Cocìto[3]. Custode di questi fiumi è Caronte[4],

La giusta condotta

Enea deve intraprendere un cammino difficile, che attraversa luoghi pericolosi, popolati da mostri e dalle irrequiete anime dei morti. Lo soccorre tuttavia una grande determinazione, che è una delle sue caratteristiche più evidenti. Egli dunque procede coraggiosamente senza fermarsi, per portare a termine la missione che il destino gli ha assegnato.

spaventoso nocchiero[5] dall'orrenda sporcizia:
bianco foltissimo pelo gli pende incolto dal mento,
gli occhi pieni di fiamme stan fissi, stralunati,
ha un sudicio mantello legato sulle spalle.
Spinge lui stesso la barca con un palo, e governa
le vele, traghettando i morti sul bruno scafo:
vecchio ma dio, di fiera e vegeta[6] vecchiezza.
Tutta una folla immensa correva verso le rive:
uomini e donne, corpi di magnanimi eroi
usciti di vita, fanciulli e vergini fanciulle,
giovani posti sui roghi davanti ai genitori[7];
come le foglie, che cadono a milioni nei boschi
staccate dal primo gelo d'autunno, o come gli uccelli
che si ammucchiano a schiere fittissime sulla spiaggia
venendo dall'alto mare, quando la fredda stagione
li spinge oltre l'oceano in paesi assolati.
Pregavano di passare per primi[8] quell'acqua, le mani
tese nel desiderio della riva di fronte.
Ma il triste nocchiero ne sceglie solo qualcuno
e scaccia gli altri via dalla sponda sabbiosa.
Enea, stupito e commosso da un tale tumulto, disse:

Osserva l'antitesi, che sottolinea il terribile aspetto del vecchio.

Nell'aggettivo sono impliciti altri significati, come «crudele» e «lugubre».

1. **Di là**: dall'ingresso del mondo dei morti, cioè dall'Averno, detto anche Tartaro.

2. **Tartàreo Acherònte**: l'infernale Acheronte. L'Acheronte è uno dei quattro fiumi del Tartaro.

3. **Cocìto**: un altro fiume infernale, il cui nome significa «fiume del pianto», alimentato dall'Acheronte.

4. **Caronte**: è il figlio della Notte, traghettatore delle anime che egli trasporta da una riva all'altra dell'Acheronte, introducendole nel mondo degli Inferi.

5. **nocchiero**: timoniere.

6. **vegeta**: ancora vitale.

7. **giovani ... genitori**: giovani morti prima dei genitori.

8. **Pregavano ... per primi**: le anime sono desiderose di essere trasportate sull'altra riva dell'Acheronte perché, soltanto una volta entrate nell'Ade vero e proprio, potranno avere pace.

«Vergine[9], che vuol dire questo affollarsi al fiume?
Che vogliono le anime? E per quale motivo
alcune sono costrette a abbandonare la riva
mentre le altre coi remi solcano l'onda livida[10]?».
La vecchia sacerdotessa gli rispose con poche
parole: «Figlio d'Anchìse, sicura prole divina[11],

L'intervento della Sibilla

Il regno degli Inferi è precluso ai viventi, ma Enea non scende da solo nell'aldilà. La Sibilla, sacerdotessa e indovina ispirata dal dio Apollo, è una valida aiutante dell'eroe e lo guida con sicurezza nell'affrontare un percorso tortuoso, rispondendo anche alle sue domande: Enea, infatti, è colpito dallo spettacolo offerto da quei luoghi cupi e dalle anime che si affollano intorno a Caronte.

Osserva la descrizione, più efficace grazie all'uso dei due aggettivi *fosche* e *roche*, che rendono bene l'ambiente tetro.

tu vedi gli stagni profondi di Cocìto e la Stigia
palude[12], invocata nei grandi giuramenti
degli dèi che non possono offenderne la potenza
giurando il falso[13]. La folla cacciata via dal fiume
sono i morti insepolti, quelli che l'onda porta
invece sono sepolti: il nocchiero è Caronte.
Non si può attraversare le rive fosche e le roche
correnti prima che l'ossa riposino nella tomba.
Chi non è seppellito erra per cento anni
intorno a questi lidi[14]; poi finalmente è accolto
nella barca e rivede gli stagni desiderati».
Enea si fermò attonito, pensando a molte cose,
commiserando il destino triste di quelle anime.
[...]
Procedendo nel loro viaggio, arrivano al fiume.
Quando il nocchiero, da oltre l'onda Stigia, li vede
muovere attraverso il bosco silenzioso
volgendo il piede alla riva, li assale per primo
a parole, gridando: «Chiunque tu sia
che t'avvicini armato[15] al nostro fiume, fermati

Nota il carattere scontroso e sospettoso di Caronte.

9. **Vergine**: è la Sibilla Cumana, accompagnatrice di Enea nel suo viaggio agli inferi.

10. **livida**: color del piombo, grigiastra.

11. **sicura prole divina**: Enea è figlio della dea Venere.

12. **Stigia palude**: palude formata dallo Stige, un altro fiume infernale alimentato dall'Acheronte.

13. **invocata ... falso**: gli dei, nei loro giuramenti, invocano come testimoni, oltre il Cielo, la Terra e l'Averno, anche la palude Stigia. Chi di essi giurava il falso in nome dello Stige era condannato a rimanere addormentato per dieci anni.

14. **Chi ... lidi**: le anime di coloro che non sono stati seppelliti non possono entrare nell'Averno, quindi Caronte si rifiuta di traghettarle. Solo dopo cento anni di angoscioso errare sulle rive del fiume esse acquistano il diritto di accesso al regno dei morti.

15. **armato**: Enea è fornito di spada.

dove sei e di là dimmi perché vieni. Qui è il luogo
delle Ombre, del sonno, della notte che addormenta.
Non si può trasportare dei corpi viventi
sulla carena Stigia[16]. Né devo rallegrarmi
d'aver accolto sul fiume Ercole, e Piritòo
e Tèseo[17], benché fossero di forza invitta e figli
di Numi. Di sua mano il primo incatenò
il guardiano del Tàrtaro[18], lo portò via tremante
dal trono di Plutone; e gli altri due cercarono
di rapire Prosèrpina dalla stanza nuziale».

16. carena Stigia: barca che attraversa lo Stige.

17. d'aver accolto … Tèseo: per aver traghettato Ercole e Piritoo, figli di Giove, e Teseo, figlio del dio Nettuno, Caronte fu condannato da Plutone a rimanere incatenato per un anno. Piritoo e Teseo avevano tentato di rapire Proserpina, regina dell'Ade e sposa di Plutone. Catturati da quest'ultimo, vennero liberati da Ercole.

18. il guardiano del Tàrtaro: Cerbero, il mostruoso cane a tre teste che sbarra l'accesso all'Averno, incatenato da Ercole.

Per convincere Caronte a lasciarli salire sulla sua barca, la Sibilla gli mostra il ramo d'oro che, prima di iniziare il viaggio verso l'Averno, lei stessa aveva indotto Enea a ricercare nel bosco intorno a Cuma. Subito il traghettatore si ammansisce e conduce la profetessa e l'eroe troiano sull'altra sponda del fiume. Qui i due visitatori incontrano Cerbero, il mostruoso cane a tre teste che sta di guardia all'entrata dell'Averno.

Lo smisurato Cèrbero rintrona questi luoghi
col suo ringhio che esce da tre bocche, sdraiato
quant'è lungo in un antro. E la sacerdotessa
vedendo i suoi tre colli farsi irti di serpenti
gli getta una focaccia affatturata[19] di miele
ed erbe soporifere[20]. Spalancando le gole
il cane l'afferra con fame rabbiosa
e subito, sdraiato a terra, allunga nel sonno
la groppa mostruosa, riempiendo tutta la tana.
Addormentato il guardiano, superano l'entrata
allontanandosi in fretta da quell'acqua fangosa
che non si può attraversare una seconda volta.

Un eroe alla prova

L'incontro con Caronte e Cerbero, in un paesaggio desolato, costituisce una prova che Enea deve affrontare per rinvigorire il coraggio e la fiducia nel Fato. Solo dopo essersi congedato dalle malinconiche ombre dei morti, egli riceverà il premio rappresentato dalle parole consolatorie del padre e dalla visione della futura grandezza di Roma.

S'udirono subito voci e un immenso vagito[21],
poiché proprio sul limite dell'Ade[22] stanno le anime
piangenti dei bambini che un giorno fatale[23]
portò via prima ancora che cominciassero a vivere,
rapiti al seno materno per essere sommersi
in una morte immatura. Accanto a loro ci sono
i condannati a morte sotto falsa accusa.
Queste dimore infernali non sono state assegnate
senza giudizio e giudice: Minosse[24] inquisitore
scuote l'urna dei fati, convoca l'assemblea

19. affatturata: impastata con.

20. soporifere: che inducono al sonno.

21. vagito: pianto di bimbi.

22. sul limite dell'Ade: nell'Antinferno, una sorta di Limbo, dove stanno le anime di coloro che non hanno concluso il ciclo della vita: bambini, morti in guerra, suicidi, uomini condannati ingiustamente.

23. fatale: stabilito dal Fato.

24. Minosse: mitico re di Creta, immaginato come giudice dei morti insieme al fratello Radamante. Egli era stato eletto a questa funzione per la severità e il rigore con cui esercitava la giustizia nel suo regno.

dei morti silenziosi, li interroga, ne apprende
i delitti e la vita.

(Virgilio, *Eneide*, trad. it. di C. Vivaldi, Garzanti, Milano 1990)

Comprendere

1 Di che cosa parlano Enea e la Sibilla?

vv. 329-336; vv. 429-435; vv. 436-440.

2 Perché Caronte si rifiuta di traghettare i due esseri umani (vv. 386-397)?

PERCHE SONO ANCORA VIVI

3 Quali azioni compiono Enea e la Sibilla dopo aver addormentato Cerbero (vv. 426-430)?

Analizzare

4 Lo stile. Attribuisci ciascun epiteto al luogo o al personaggio cui esso si riferisce, poi spiegane il significato.

1. *Tartàreo* (v. 296).
2. *Figlio d'Anchise, sicura prole divina* (v. 325).
3. *Stigia* (vv. 326-327).
4. *inquisitore* (v. 437).

5 Lo stile. Nell'episodio, una moltitudine di anime si affretta verso la barca di Caronte (vv. 306-314) e il narratore istituisce un paragone tra esse e le foglie in autunno: quale figura retorica riconosci? Che cos'hanno in comune le anime e le foglie?

CHE TUTTE E 2 SONO MORTE

6 I personaggi. Caronte e Cerbero sono due esseri mostruosi. Traccia un ritratto dei personaggi, completando la tabella.

	Caronte	Cerbero
1. Identità:	....	....
2. Aspetto fisico:	....	....
3. Ruolo:	....	....
4. Atteggiamento:	....	....

7 Lo spazio. La descrizione dello spazio è un elemento significativo dell'episodio, poiché accentua il senso di estraneità dei protagonisti umani rispetto a un ambiente dal quale i vivi sono esclusi. Pertanto, le notazioni riferite ai luoghi:

A risultano originali e divertono il lettore.
B risultano solo lo sfondo della vicenda.
C creano un'atmosfera di grande tranquillità.
D creano un'atmosfera angosciosa e opprimente.

Lessico

GARZANTI LINGUISTICA

8 Il cane infernale si chiama *Cerbero* (v. 417): spiega il significato dell'espressione *un vero cerbero* nella frase *Siamo arrivati in ritardo e il custode del museo, un vero cerbero, non ci ha permesso di entrare.*

Grammatica

9 *Addormentato il guardiano* (v. 426) è una subordinata:

A modale.
B temporale.
C finale.
D concessiva.

Scrittura

10 Tornato alla luce del sole, Enea racconta la sua avventura al figlio Ascanio. Immedesimati nel personaggio, narrando in prima persona e tenendo presenti i punti che seguono:

– descrivi il viaggio agli Inferi, soffermandoti su una breve descrizione del paesaggio;
– rievoca l'incontro con Caronte e Cerbero;
– evidenzia la tua paura, ma anche la nostalgia che nutri per il mondo dei vivi;
– aggiungi un dettaglio di tua invenzione (per esempio, un dialogo tra Enea e un'anima ecc.).

La profezia di Anchise

(Libro VI, vv. 788-800; 847-853)

Il brano

Enea arriva nei Campi Elisi, la dimora dei beati, dove incontra suo padre Anchise. Quest'ultimo gli annuncia la missione di Roma, cioè quella di estendere il proprio dominio sul mondo intero, al quale imporre la pace e la giustizia. In tal modo l'autore giustifica l'imperialismo romano, esaltando al contempo l'opera pacificatrice di Augusto, secondo le linee della propaganda imperiale.

L'intento di Virgilio è quello di introdurre nell'opera la storia antica e recente della città, inserita però nella dimensione eterna dell'aldilà. Attraversando l'oltretomba, l'eroe troiano ha compiuto un'impresa che lega il passato (l'abbandono della patria) al presente (il viaggio verso il Lazio) e al futuro (lo sviluppo della potenza romana).

Chiave di lettura

In questo brano sofferma l'attenzione su:
- i **grandi spiriti** che Anchise, il padre di Enea, indica al figlio. Si tratta di personaggi molto importanti della storia romana, come per esempio Giulio Cesare e l'imperatore Augusto;
- l'**esaltazione** del principato di Augusto come «motore» di pace e di civilizzazione.

Anchise si accinge a illustrare la gloria futura dei Romani, i suoi discendenti.

Ora volgi qui[1] gli occhi, esamina questa gente
dei tuoi Romani. Qui è Cesare e tutta la progenie
di Iulo[2] che verrà sotto l'ampia volta del cielo.
Questo è l'uomo che spesso ti senti promettere,
l'Augusto Cesare, figlio del Divo[3], che fonderà
di nuovo il secolo d'oro nel Lazio per i campi
regnati un tempo da Saturno[4]; estenderà l'impero

1. **qui**: Anchise indica al figlio una vallata dove si trovano le anime dei grandi protagonisti della storia romana, in attesa di reincarnarsi.

2. **Cesare ... Iulo**: Cesare Ottaviano Augusto e i discendenti di Ascanio o Iulo, il figlio di Enea, ovvero la *gens Iulia*, la stirpe cui appartenevano Giulio Cesare e lo stesso Augusto.

3. **figlio del Divo**: Ottaviano era figlio adottivo di Cesare, al quale dopo la morte erano stati tributati onori divini.

4. **il secolo ... Saturno**: secondo il mito, Saturno, dopo essere stato cacciato dal figlio Giove, aveva trovato rifugio nel Lazio; qui aveva instaurato la cosiddetta «età dell'oro», un'epoca felice di pace e di concordia.

sui Garamanti e sugli Indi[5], sulla terra che giace oltre le stelle,
oltre le vie dell'anno e del sole, dove Atlante, portatore del cielo,
volge sull'omero la volta trapunta di stelle lucenti[6].

Un aureo periodo di pace

Il futuro dominio romano conoscerà un'epoca luminosa di concordia durante il principato di Augusto, dopo l'atrocità delle guerre civili. Poiché la missione di Roma è quella di conquistare il mondo e di governarlo con giustizia, l'imperatore, erede del valore della coraggiosa stirpe troiana, svolgerà una funzione civilizzatrice e politica: Anchise infatti lo presenta come portatore di pace (sarà il fondatore di una rinnovata «età dell'oro») e come il garante dell'ordine in un mondo di vastità inimmaginabile.

Fin d'ora i regni del Caspio e la terra di Meozia[7]
rabbrividiscono all'avvento di lui per i responsi degli dèi,
e si turbano trepidi gli sbocchi del Nilo dalle sette foci[8].

Anchise ricorda che nemmeno Ercole, mentre compiva le sue famose fatiche, e il dio Bacco, alla guida del suo carro, giunsero tanto lontano quanto arriverà Augusto. L'ombra esorta il figlio a servirsi del suo valore per la conquista del Lazio, poi enumera altri protagonisti della storia di Roma.

Foggeranno altri[9] con maggiore eleganza spirante bronzo[10],
credo di certo, e trarranno dal marmo vivi volti,
patrocineranno meglio le cause[11], e seguiranno con il compasso
i percorsi del cielo e prediranno il corso degli astri[12]:
tu ricorda, o romano, di dominare le genti;
queste saranno le tue arti, stabilire norme alla pace,
risparmiare i sottomessi e debellare i superbi[13].

(Virgilio, *Eneide*, trad. it. di L. Canali,
Fondazione Lorenzo Valla-Mondadori, Milano 1986)

5. Garamanti ... Indi: rispettivamente un popolo dell'Africa settentrionale e gli abitanti dell'India, che però non subirono la conquista romana; i due termini indicano in generale l'Africa e l'Asia, gli estremi del mondo allora noto.

6. oltre ... lucenti: al di fuori delle zone segnate dai due solstizi fin dove il titano Atlante, che aveva sfidato Giove, regge sulle spalle la volta del cielo, punteggiata di stelle luminose.

7. i regni ... di Meozia: l'Armenia, la Persia e la terra degli Sciti, che abitano sulle rive del Mar d'Azov.

8. si turbano ... foci: prova grande timore anche la foce del Nilo (cioè il regno d'Egitto), formata da un delta con sette ramificazioni.

9. altri: i Greci, eccelsi nelle arti.

10. spirante bronzo: statue di bronzo che sembrano respirare.

11. patrocineranno ... cause: difenderanno in modo più abile le cause legali.

12. seguiranno ... degli astri: sapranno tracciare con lo strumento adatto i movimenti del cielo e prevedere il sorgere dei corpi celesti.

13. risparmiare ... i superbi: perdonare gli sconfitti e annientare coloro che rifiuteranno il governo di Roma.

Comprendere

1 **In quali ambiti della vita si distingueranno rispettivamente i due grandi popoli citati da Anchise (vv. 847-853)?**

Analizzare

2 **I personaggi. Anchise, rivolgendosi a Enea, definisce *tuoi* (v. 789) i Romani: come spieghi l'uso di questo aggettivo, dal valore al tempo stesso familiare ed enfatico?**

3 **Lo stile. Un destino come quello che attende Roma sotto il governo di Augusto non può che essere degnamente esaltato dal poeta: quale figura retorica riconosci nei versi 791-800?**

A Climax discendente.
B Chiasmo.
C Metafora.
D Iperbole.

4 **Lo stile. Spiega il significato della figura retorica individuata.**

5 **Il tema. Il brano è incentrato sull'opera straordinaria che, in un futuro ancora molto lontano, Augusto sarà chiamato a compiere. L'imperatore infatti:**

A darà scarso valore a tradizioni ormai antiquate.
B garantirà pace e prosperità all'impero romano.
C farà numerose e feroci guerre di conquista.
D offrirà la cittadinanza romana ai sudditi dell'impero.

6 **Le tecniche narrative. Il discorso di Anchise viene pronunciato mediante una tecnica narrativa particolarmente efficace quando si tratta di esprimere i propri sentimenti, convinzioni o speranze. Si tratta del:**

A discorso indiretto.
B discorso diretto.
C monologo interiore.
D flusso di coscienza.

Lessico

GARZANTI LINGUISTICA

7 **I Greci sapranno tracciare i percorsi degli astri nel *cielo* (v. 850): inserisci nello schema le espressioni figurate, contenenti la parola *cielo* e corrispondenti alle definizioni.**

1. Adoperarsi in ogni modo per ottenere qualcosa:
....
2. Essere felice in maniera indescrivibile:
....
3. Esclamazione che rivela profonda irritazione:
....
4. Invocazione, esclamazione di supplica:
....

8 **Scrivi due frasi contenenti rispettivamente gli aggettivi *celeste* e *celestiale*.**

Grammatica

9 **Fai l'analisi logica dell'espressione *queste saranno le tue arti* (v. 852).**

Scrittura

10 **Virgilio esalta apertamente la missione civilizzatrice di Roma: ritieni che esista oggi un popolo che si propone come modello e leader indiscusso per le altre nazioni? Nel caso di una risposta negativa, chi, secondo te, potrebbe oggi svolgere con efficacia tale ruolo? Elabora un testo scritto (20-25 righe), poi confronta le tue opinioni con quelle dei compagni.**

11 **Immagina che Enea scriva una lettera personale all'imperatore Augusto, invitandolo al «buon governo». Tieni presenti i punti sottoriportati:**

– definisci il concetto di «buon governo», evidenziandone le caratteristiche (moderazione, tolleranza, rapporti pacifici con gli altri stati ecc.);
– rifletti sull'utilità della guerra come strumento dell'azione politica;
– elabora e presenta soluzioni concrete per realizzare il «buon governo».

Eurialo e Niso

(LIBRO IX, VV. 1–92)

IL CONTESTO

Enea riparte in direzione dell'Italia e approda nel Lazio: qui regna Latino, la cui unica figlia, Lavinia, è stata chiesta in sposa da Turno, il re dei Rutuli. Al riguardo, il sovrano è in disaccordo con la moglie Amata, favorevole invece a tali nozze: egli, infatti, attende la realizzazione di un oracolo che gli aveva predetto come la figlia avrebbe sposato un principe straniero, diventando così la progenitrice di una stirpe cui sarebbe toccato il dominio sul mondo.

Latino accoglie con benevolenza gli esuli troiani e promette la mano della figlia a Enea. Piena di risentimento, Giunone decide di intervenire per ostacolare ancora una volta i disegni del Fato. Il suo piano è quello di scatenare un conflitto fra i Latini, guidati da Turno, e i Troiani. Questi ultimi si sono alleati con gli Etruschi e con Evandro, re degli Arcadi e fondatore della città di Pallanteo, che sorge sulle sponde del Tevere. Mentre Enea si trova presso gli Etruschi, la dea Iride, inviata da Giunone, istiga Turno ad attaccare e ad assediare il campo troiano. Due compagni di Enea, i giovani guerrieri e amici Eurialo e Niso, approfittano del fatto di essere di guardia a una delle porte dell'accampamento e decidono di compiere una sortita. Lo scopo della temeraria azione è quello di raggiungere Enea per informarlo di quanto sta accadendo. Durante l'impresa, essi uccidono molti Rutuli e si impossessano di ricche spoglie.

IL BRANO

Mentre stanno per allontanarsi dal territorio controllato dai nemici, Eurialo e Niso s'imbattono in un gruppo di cavalieri latini, comandati da Volcente. È però inutile la fuga che i due tentano attraverso il bosco: infatti Eurialo, ostacolato dall'ingente bottino, viene catturato. Niso si accorge dell'assenza dell'altro e torna sui suoi passi per cercarlo, ma lo trova circondato dagli avversari e deve dunque combattere per salvare se stesso e l'amico.

CHIAVE DI LETTURA

In questo brano sofferma l'attenzione su:
- la **descrizione accurata** delle scene, arricchite da dettagli realistici nella loro crudezza;
- l'esplicitarsi del **codice eroico**, che spinge i guerrieri di entrambi gli schieramenti a combattersi senza tregua alcuna;
- il profondo **vincolo di amicizia**, che lega i due giovani protagonisti e che induce uno di essi a sacrificarsi per l'altro.

Alcuni cavalieri spediti in avanguardia
dalla città latina[1], mentre il grosso attendeva
schierato per i campi, venivano a portare
un messaggio al re Turno: eran trecento giovani,
tutti armati di scudo, guidati da Volcente[2].
S'avvicinavano al campo, erano sotto le mura,
e vedono da lontano i due[3] prendere in fretta
un sentiero a sinistra: l'elmo[4] tradì l'incauto
Eurìalo nell'ombra pallida della notte
splendendo un raggio di luna. Quel brillìo fu notato.
Volcente d'in mezzo ai suoi grida forte: «Alto là!
Dove andate? Perché siete in marcia a quest'ora?
Chi siete?». Nessuna risposta: i due corrono in fretta
verso il bosco, sperando nel buio. I cavalieri
si gettano qua e là verso i noti sentieri
bloccandone ogni sbocco con sentinelle armate.
Era un bosco foltissimo, per tutta la sua larghezza
orrido[5] di cespugli e di lecci d'inchiostro[6],
gremito da ogni parte di fittissimi rovi.
Solo pochi sentieri s'aprivano nella macchia.
L'ombra densa dei rami e il carico del bottino
impacciavano Eurìalo, la paura lo inganna:
perde la strada. Intanto Niso se ne va via

L'aggettivo sottolinea l'inesperienza di Eurialo e fa presagire il tragico epilogo.

La notte, lo smarrimento

Lo sfondo dell'episodio è dato dall'ambientazione notturna, in una foresta fitta di piante e percorsa da sentieri intricati nei quali i due giovani finiscono per perdersi. Nella selva infatti è facile smarrirsi, complice anche il gioco della luce, quella fievole della luna, e delle ombre, quelle profonde degli alberi. Dunque non solo gli uomini ma anche la Natura è nemica di Eurialo e Niso.

senza pensare a nulla. Ed era già sfuggito
ai nemici lasciando quei luoghi, detti in seguito
dal nome di Alba[7] albani (allora il re Latino
vi aveva dei profondi[8] pascoli), quando attonito
si ferma, rivolgendosi a cercare l'assente

1. **città latina**: Laurento, capitale del regno dei Latini.

2. **Volcente**: guerriero latino, citato solo in questo passo dell'*Eneide*.

3. **i due**: Eurialo e Niso.

4. **l'elmo**: è quello sottratto dal giovane a un nemico e indossato, pertanto, con orgoglio.

5. **orrido**: ispido, irto.

6. **lecci d'inchiostro**: alberi simili alle querce, dotati di foglie molto scure e pertanto paragonabili al colore dell'inchiostro.

7. **Alba**: Alba Longa, città che verrà fondata dal figlio di Enea, cioè da Ascanio o Iulo.

8. **profondi**: estesi.

amico. «Eurìalo infelice dove mai t'ho lasciato?
Dove ti cercherò?». Percorrendo di nuovo
i sentieri intricati di quel bosco ingannevole
subito segue a ritroso le tracce dei suoi passi
ed erra tra i cespugli silenziosi. Poi sente
i cavalli, il rumore, i richiami che lanciano
gli inseguitori. Dopo non molto gli perviene
un clamore di grida e vede Eurìalo, tradito
dal luogo e dalla notte, sgomento[9] dal tumulto
improvviso, serrato in mezzo ad una squadra
nemica e portato via nonostante i suoi sforzi.
Che fare? Con quali armi osare liberarlo?
Forse è meglio gettarsi nel fitto dei nemici
cercando in fretta una morte gloriosa in battaglia?

Eroi molto umani

A rendere più struggente l'episodio contribuiscono due elementi: la giovinezza e l'inesperienza dei protagonisti, i quali si trovano coinvolti in una guerra che, come tutti i conflitti, provoca lutti terribili. Le incertezze manifestate da Niso non impediscono di considerare l'eroismo come una dimensione della vita, degno di essere esaltato, ma senza dimenticare il dolore che esso porta con sé.

Rapido, tratto indietro il braccio e palleggiato[10]
il giavellotto, guardando l'alta Luna[11] la prega:
«O dea, sii favorevole alla mia impresa, tu
che sei lo splendore del firmamento e proteggi,
silenziosa figlia di Latona[12], le selve.
Se Irtàco[13] ti portò delle offerte, pregando
per me, se ne portai molte volte io stesso
– prede delle mie cacce – appendendole in cima
alla facciata del tempio o alla volta: deh, lascia
che scompigli il nemico, dirigimi quest'arma!».
Con tutta la forza del corpo avventa il giavellotto:
l'asta volando sferza le ombre della notte
e penetra nel corpo di Sulmone[14], si spezza
trafiggendogli il cuore con una scheggia di legno.
Il guerriero già freddo rotola a terra, sprizzando
caldo sangue dal petto, con un rantolo lungo.

9. sgomento: atterrito.

10. palleggiato: bilanciato tra il braccio e la mano.

11. Luna: Diana, signora delle selve e divinità lunare, protettrice di Niso.

12. figlia di Latona: Diana, figlia di Giove e della dea Latona, che generarono anche Apollo.

13. Irtàco: padre di Niso.

14. Sulmone: guerriero al seguito di Volcente.

Smarriti si guardano attorno. Fiero del suo successo
Niso libra[15] un secondo giavellotto all'altezza
dell'orecchio. I Latini son lì, tremanti: l'asta
sibilando attraversa le tempie di Tago[16],
tiepida resta infissa nel cervello trafitto.

La tragedia della guerra

Il tono drammatico della scena è rafforzato dall'autore con una serie di particolari cruenti, se non addirittura macabri, tipici del genere epico. Tuttavia, rispetto ai modelli omerici, Virgilio non dimentica mai la fragilità dell'esistenza umana, che può essere sacrificata e spezzata nel volgere di pochi istanti.

Il feroce Volcente s'adira ma non riesce
a vedere l'autore del colpo ed a capire
con chi prendersela. «Tu, intanto, mi pagherai
col sangue caldo la morte dei miei compagni!» dice
lanciandosi su Eurìalo, la spada sguainata.
Allora Niso, atterrito, fuori di sé, non può
nascondersi più a lungo nell'ombra e sopportare
tanto dolore. Grida: «Io! Sono io il colpevole!
Volgete quelle armi contro di me: l'inganno
è stato mio. Costui non ha colpa di nulla,
ne chiamo a testimoni il cielo e le stelle che sanno:
ha solo amato troppo il suo amico infelice!».
Tardi. La nuda spada violenta ha già squarciato
le costole e trafitto quel petto bianco, puerile.
Eurìalo è travolto dalla morte, va il sangue
giù per le belle membra e il collo senza forza
ricade sulle spalle: come un fiore purpureo[17]
reciso dall'aratro morendo illanguidisce[18],
come abbassano il capo i papaveri, stanchi
sul loro stelo, quando la pioggia li colpisce.
Ma Niso si precipita tra i nemici, di tutti
vuole solo Volcente, cerca solo Volcente.
Intorno a lui i guerrieri premono, da ogni parte

L'urlo improvviso di Niso evidenzia come la vita dell'amico, per lui, valga più della propria.

Una fratellanza eroica

Il gesto finale di Niso che, trafitto a morte, si getta sul corpo di Eurialo, lascia intuire che, nel mondo delle armi e dei guerrieri, l'amicizia non si presenta solo come un legame di affetto e di reciproca comprensione, ma anche come un vincolo così profondo da giustificare il sacrificio di sé, nell'offerta della propria vita per l'altro.

15. **libra**: equilibra soppesandolo.
16. **Tago**: un altro guerriero latino.
17. **purpureo**: di colore rosso vivo.
18. **illanguidisce**: appassisce.

Il gesto si spiega in base al codice eroico.

lo stringono, fittissimi. Egli insiste, ruotando
la spada come un fulmine, finché l'immerge in gola
all'urlante Volcente: così morendo ruba
l'anima al suo nemico. Poi trafitto si getta
sul corpo dell'amico esanime e qui infine
trova eterno riposo nella placida morte.

(Virgilio, *Eneide*, trad. it. di C. Vivaldi, Garzanti, Milano 1990)

Comprendere

1 Quale compito devono portare a termine i cavalieri latini (vv. 1-5)?

2 Quale dettaglio rivela ai nemici la presenza di Eurialo e Niso (vv. 6-10)?

A Le notizie fornite dalle spie al servizio dei Latini.

B Lo scintillio dell'elmo di Niso alla luce della luna.

C Lo scintillio dell'elmo di Eurialo alla luce della luna.

D Il gran chiasso prodotto dalle armi dei due giovani.

3 Perché Eurialo non si muove alla stessa velocità di Niso e non riesce, pertanto, a sottrarsi agli inseguitori (v. 21)?

4 Come avviene la morte di Niso (vv. 84-92)?

Analizzare

5 I personaggi. La Luna appare una presenza dominante: spiega il duplice ruolo, negativo e positivo, che essa svolge nell'episodio.

1. Come astro (vv. 9-10).
2. Come dea (vv. 45-52).

6 I temi. La giovinezza dei due protagonisti è anche sinonimo di inesperienza e proprio quest'ultima affretta la loro tragica fine: quali errori facilitano ai nemici la cattura di Eurialo? Completa lo schema.

L'aspetto della foresta (vv. 17-21)	Folto, orrido di cespugli fittissimi con l'ombra dei rami
Il timore e il disorientamento (vv. 22-23)	Impacciava Eurialo e gli mettevano ansia e paura

7 I personaggi. Niso invoca la Luna, alla quale è devoto: come si comporta dopo aver concluso la preghiera (vv. 53-63)?

A Terrorizzato, si dà alla fuga.

B Sfida a duello Volcente.

C Propone un patto a Volcente.

D Compie una strage di nemici.

8 Lo stile. Nel testo è presente una celebre similitudine, riferita alla tragica morte di Eurialo, che la giovinezza rende ancor più commovente: individuala e segnala sul testo.

9 Lo stile. Spiega i due significati che tale figura retorica può assumere in relazione ai motivi riportati:

1. la giovinezza.
2. la violenza.

10 Lo stile. Un'altra similitudine, nella parte finale del testo, rende più intenso il tono, già drammatico, della descrizione della morte di Niso e mette in evidenza il carattere convulso dell'azione del giovane: segnala sul testo e spiegala.

11 **I personaggi. Eurialo si caratterizza per la sua inesperienza e vanità e per essere più incauto di Niso: spiega questi elementi, facendo gli opportuni riferimenti al brano.**

12 **I personaggi. Descrivi i due aspetti che emergono con forza nella personalità di Niso, molto diversa da quella dell'amico Eurialo.**

1. Il desiderio di gloria (vv. 40-42).
2. La nobiltà d'animo (vv. 69-75).

Lessico

GARZANTI LINGUISTICA

13 **Eurialo è l'*amico infelice* di Niso (v. 75): scrivi un periodo composto da almeno due frasi, usando le espressioni *da amico* e *amico del cuore*.**

14 **Inserisci il sostantivo, composto con la radice *amic-* e corrispondente a ciascuna definizione.**

1. Persona molto affabile, molto cordiale:

....

2. Compagno di giochi di un bambino:

....

3. Amico inseparabile:

....

Grammatica

15 **Prendi in considerazione i versi 71-75, poi completa lo schema inserendo i dati richiesti.**

Pronomi personali	....
Aggettivi possessivi	....
Aggettivi dimostrativi	....
Pronomi dimostrativi	....
Pronomi indefiniti	....

16 ***ne* (v. 74): a quale complemento corrisponde?**

A Colpa.
B Argomento.
C Specificazione.
D Privazione.

17 ***che* (v. 74): è soggetto o complemento oggetto?**

Scrittura

18 **Nel brano, l'amicizia è vissuta, oltre che come legame personale, anche come il sacrificio estremo di sé in nome dell'amicizia: che cosa saresti disposto a fare per un amico o un'amica? Rispondi con un testo scritto di 20-25 righe, da leggere in classe, confrontando poi la tua opinione con quella dei compagni.**

19 **Immagina che uno dei due guerrieri sia sopravvissuto e che, tornato al campo troiano, si rechi a colloquio con Enea. Dividete la classe in due gruppi, ciascuno dei quali sceglie un compagno che sostenga il ruolo di Eurialo o Niso e uno che s'immedesimi in Enea, poi istituite un dialogo-confronto tra i due, che faranno riferimento a un testo scritto, preparato in precedenza dal rispettivo gruppo, sui punti che seguono:**

– la morte di un giovane, vittima della guerra e del dolore che essa reca;
– la gloria che si può raggiungere con un'impresa audace: ma la gloria ha più valore di una vita umana?
– è giusto oppure no morire o sacrificarsi per un amico?

Il duello fra Enea e Turno

(Libro XII, vv. 743-773; 874-952)

Il contesto

Sull'Olimpo Giove rimprovera sua moglie Giunone, facendole notare di aver aiutato fin troppo il giovane re Turno ed esortandola a mettere da parte il suo odio: Enea infatti è destinato alla vittoria e a diventare addirittura una delle divinità protettrici di Roma. La dea promette di abbandonare la lotta ma chiede e ottiene da Giove che il popolo che nascerà dalla futura unione con i Troiani possa mantenere il nome di Latini e che la stirpe romana erediti il valore italico.

Intanto continua implacabile la guerra fra i Latini e i Troiani, con sanguinosi scontri che causano la morte di molti guerrieri in entrambi gli schieramenti: cadono in battaglia, fra i tanti, Pallante, il figlio di Evandro, e Lauso, il figlio di Mezenzio, schierato con Turno. Alla falsa notizia della morte di quest'ultimo, Amata, moglie di Latino e favorevole al re dei Rutuli, si suicida, provocando grande dolore ai familiari e ai sudditi.

Il brano

Turno è rammaricato per la morte della regina e vuole affrontare personalmente Enea in duello: se vincerà lui, i Troiani si ritireranno nel regno di Evandro; se invece risulterà vincitore l'avversario, i rispettivi popoli si uniranno, Enea sposerà Lavinia e si celebreranno sempre con grande fasto i riti in onore di Giunone. La regina degli dèi è felice, ma Turno deve morire affinché la guerra abbia termine.

Chiave di lettura

In questo brano sofferma l'attenzione su:
- la **capacità**, da parte dell'autore, di analizzare la **situazione psicologica** dello sconfitto Turno, che lo interessa più di quella del vittorioso Enea;
- l'**ira** del principe troiano, che ricorda con evidenza quella del guerriero greco Achille e che spegne in lui ogni sentimento di pietà;
- la **convinzione**, che emerge dall'atteggiamento dei protagonisti, che la guerra esercita un'influenza negativa sugli esseri umani.

All'impazzata[1]
Turno fugge per tutta la pianura, girando
ciecamente ora qui ora là: da una parte
infatti lo circonda una densa corona
di Troiani, dall'altra c'è la grande palude,

1. **All'impazzata**: il duello volge alle battute finali. Turno è già stato ferito da Enea e ha perduto la spada. Per questo sta fuggendo davanti all'avversario.

dalla terza le mura[2], altissime. Sebbene
talvolta le ginocchia gli vacillino, a causa
della ferita che ostacola la sua corsa, egualmente
Enea l'insegue e incalza con ardore, toccando
quasi quasi col piede il piede del fuggiasco.

Osserva come l'impotenza di Turno sia resa in modo efficace da questa scena di caccia.

Così un cane da caccia che s'imbatta in un cervo
la cui corsa è bloccata da un fiume o dalle penne
rosse (spauracchi posti dai cacciatori)[3] incalza
latrando l'animale: spaventato dall'alta
ripa o da quelle penne il cervo corre avanti
e indietro, dappertutto cercando una via di scampo,
ma il cane vivacemente gli sta addosso, già già
sta per prenderlo e, certo di azzannarlo, dà a vuoto
un gran colpo di denti, mordendo solo l'aria.
Allora sì che tutti gridano: la palude
e le rive fanno eco, il cielo ne rintrona.
Turno fuggendo chiama per nome tutti i Rutuli,
li rimprovera, chiede la sua spada. Ma Enea
a sua volta minaccia di morte e di rovina
chiunque oserà accorrere, spaventa i trepidanti
Latini promettendo che avrebbe raso al suolo
la città: anche ferito continua l'inseguimento.

La corsa ricorda quella di Achille intento a inseguire Ettore.

Fan cinque giri di corsa, poi ne fanno altri cinque
in senso contrario, per tutta la pianura:
i due eroi non gareggiano per gioco o per un premio,
ma la posta è la vita ed il sangue di Turno.
[...]
Enea avanza, vibrando l'enorme lancia simile
a un albero, e con animo feroce grida: «O Turno,
perché indugi e ti attardi? Non si tratta di correre[4]
ormai, ma di combattere corpo a corpo, con armi
brutali. Assumi pure tutte le forme che vuoi,
raduna tutto il coraggio e le astuzie che puoi:
spera magari di alzarti con le ali sino alle stelle,
o chiuderti al sicuro nella terra profonda...».

Nota l'amara coscienza di Turno del proprio destino di morte.

E Turno, scuotendo il capo: «Non sono le tue parole
a atterrirmi, o crudele, ma i Numi e Giove avverso».

2. le mura: di Laurento, città sede del re Latino, di fronte alla quale avviene il duello.

3. penne … cacciatori: i cacciatori erano soliti legare delle penne rosse a delle corde e porle sul percorso di caccia al fine di spaventare gli animali in corsa e indurli a tornare indietro, incontro agli uomini che li inseguivano.

4. Non si tratta di correre: allusione un po' sarcastica di Enea al fatto che poco prima Turno si era allontanato salendo sul carro guidato dalla sorella Giuturna.

Non disse altro. Volgendosi scopre un enorme, antico
macigno, che giaceva in mezzo alla pianura,
messo lì per segnare il confine d'un campo
contro eventuali liti. Dodici uomini quali
produce oggi la terra lo reggerebbero a stento
sulle spalle, ma Turno lo solleva con mano
febbrile e a tutta corsa, levandosi più in alto
che può, riesce a scagliarlo contro il nemico. Eppure
né nel correre, né nel camminare, né
nell'alzare e avventare quell'enorme macigno
riconosce se stesso: le ginocchia gli tremano,
il sangue è intorpidito per il freddo. La pietra
rotolando nel vuoto non supera l'intero

spazio né porta a segno il colpo. Come in sogno,
di notte, quando una languida quiete ci ha chiuso gli occhi,
ci sembra di volere inutilmente correre,
correre a perdifiato, e in mezzo ai nostri sforzi
crolliamo giù, impotenti: senza moto la lingua,
spento il noto vigore del nostro corpo, privi
di parole e di voce. Così la Dea terribile[5]
rifiuta ogni speranza, ogni successo a Turno
dovunque il suo valore tenti una strada. Allora

Un guerriero sfortunato

Indubbiamente anche Turno, come altri personaggi dell'*Eneide* (per esempio, Didone), è una vittima del Fato, di un destino in questo caso ingiusto e crudele. All'inizio Giunone lo sostiene e lo incita ma poi lo abbandona, quando comprende che la sua morte è necessaria affinché si concluda il conflitto, con il suo carico di sventure e di lutti. Il re dei Rutuli simboleggia dunque tutte le vittime della violenza e il rimpianto per la vita perduta.

nel fondo del suo petto s'agitano sentimenti
contraddittori. Guarda i Rutuli e la città,
la paura lo attarda[6], trema all'avvicinarsi
della morte; e non sa come fuggire o come
affrontare il nemico, non vede in nessun luogo
il carro e la sorella trasformata in auriga.
Enea, mentre egli indugia, agita in aria il lampo
della lancia fatale: colto con gli occhi il punto
preciso, vibra il colpo da lungi, a tutta forza.
Mai stridono così i macigni lanciati
da macchine d'assedio, mai così fragorosa
scoppia la folgore. L'asta volando come un turbine
porta con sé la morte: sibilando attraversa
gli orli della corazza e dello scudo fatto
di sette strati di cuoio, si pianta nella coscia.
Il grande Turno cade, piega il ginocchio a terra.
Balzano in piedi i Rutuli gridando, la montagna
tutt'intorno ne echeggia, le profonde foreste
ripercuotono il suono per lungo tratto. Turno
supplichevole, umile, rivolgendosi a Enea
con gli occhi e con le mani in atto di preghiera,
gli dice: «Ho meritato la mia sorte e non chiedo
perdono: segui pure il tuo destino. Solo,
ti prego, se hai pietà di un infelice padre
(come Anchise lo fu) sii misericordioso

5. la Dea terribile: la Furia, corrispondente alla greca Erinni.

6. lo attarda: lo rallenta.

della vecchiaia di Dauno[7], restituisci ai miei
me vivo od il mio corpo privato della vita,
come ti piace. Hai vinto, gli Ausoni[8] hanno veduto
Turno sconfitto tenderti le mani: già Lavinia
è tua, non andar oltre nella vendetta!». Enea

Eroi a confronto

L'episodio si sviluppa secondo uno schema già applicato nello scontro fra Ettore e Achille. Turno, come Ettore, fugge davanti all'avversario; Enea, come Achille, vibra la lancia; Turno, come Ettore, è consapevole che Giove e altri dèi gli sono ostili e, proprio come l'eroe troiano, implora Enea di restituire il suo corpo ai familiari. Egli, però, avverte con malinconia la fine imminente, riconosce a Enea il diritto di sposare Lavinia e lo esorta a mettere fine all'odio.

fiero nelle sue armi ristette, pensieroso,
guardando l'avversario e trattenendo il colpo.
E quasi le preghiere riuscivano a commuoverlo,
già dubitava, quando gli apparve, sulla spalla
del vinto, il disgraziato cinturone, fulgente
tutto di borchie d'oro, del giovane Pallante[9],
che Turno aveva ucciso con un colpo mortale
e di cui indossava come trofeo la spoglia.
Vista quella cintura, ricordo d'un dolore
terribile, infiammato di rabbia, acceso d'ira:
«Tu forse, che hai indossato le spoglie dei miei amici,
vorresti uscirmi vivo dalle mani? Pallante –
disse – solo Pallante ti sacrifica, e vendica
la sua fine col sangue tuo scellerato». Pianta
furibondo la spada nel petto avverso[10]. Il corpo

Un conflitto devastante

Gli effetti della guerra sono così atroci da rendere crudele anche il *pio Enea*, facendogli assumere un atteggiamento spietato: egli vince il duello con Turno, ma reprime la pietà e fa giustizia nel nome di Pallante, affondando la spada nel petto dell'avversario. Allo stesso modo, nell'*Iliade*, dimenticando ogni senso di umanità, Achille uccide Ettore.

di Turno si distende nel freddo della morte,
la sua vita sdegnosa[11] cala giù tra le Ombre.

(Virgilio, *Eneide*, trad. it. di C. Vivaldi, Garzanti, Milano 1990)

7. Dauno: il padre di Turno.

8. gli Ausoni: i popoli italici.

9. Pallante: il giovane figlio di Evandro, alleato di Enea, ucciso da Turno.

10. avverso: nemico.

11. sdegnosa: amareggiata per l'ingiusto destino della morte prematura.

Comprendere

1 **Perché il duello che oppone Enea e Turno appare fin da subito uno scontro terribile (vv. 772-773)?**

....

....

2 **Turno è un guerriero coraggioso, tuttavia teme grandemente (vv. 882-883):**

A l'eventualità che, dopo la morte, il suo corpo rimanga insepolto.

B il dolore di non poter rivedere né sposare l'amata Lavinia.

C il valore guerriero e la grande determinazione dell'eroe troiano.

D l'ostilità degli dèi e, in particolare, quella del loro re, Giove.

3 **Quale richiesta Turno rivolge all'avversario (vv. 927-935)?**

....

....

....

4 **Come si conclude il duello (vv. 950-952)?**

A Con la salvezza di entrambi i contendenti.

B Con la morte di entrambi i contendenti.

C Con la morte di Turno per mano di Enea.

D Con la morte di Enea per mano dei Rutuli.

Analizzare

5 **Lo stile.** **L'autore ricorre con grande frequenza alla similitudine, una figura retorica particolarmente efficace, nel contesto dell'episodio narrato, per descrivere una situazione lacerante e drammatica. Sottolinea le prime tre similitudini presenti nel brano, poi svolgi l'esercizio proposto.**

1. Riguardo a Turno, la prima similitudine (vv. ..../.......) chiarisce:

A i sentimenti.

B i propositi.

C le azioni.

D le parole.

2. Riguardo alla Furia, la seconda similitudine (vv. ..../.......) chiarisce:

A i sentimenti.

B i propositi.

C le azioni.

D le parole.

3. Riguardo a Enea, la terza similitudine (vv. ..../.......) chiarisce:

A i sentimenti.

B i propositi.

C le azioni.

D le parole.

6 **Lo stile.** **Rileggi e spiega la quarta e ultima similitudine (vv. 917-918).**

7 **Le tecniche narrative.** **Il discorso diretto è inserito più volte nel brano e si alterna al racconto delle azioni dei personaggi, con un risultato di indubbio effetto dal punto di vista narrativo. Il dialogo contenuto nei versi 875-883 rivela:**

A le esagerate minacce di Enea e la viltà di Turno.

B la decisa provocazione di Enea e la fierezza di Turno.

C la reciproca comprensione di due nemici che si rispettano.

D il tentativo di comunicare da parte di Enea e il rifiuto di Turno.

8 **Le tecniche narrative.** **Nella parte finale del brano, le parole di Turno (vv. 927-935) e quelle di Enea (vv. 946-949) rivelano rispettivamente:**

A una richiesta di umana pietà e il desiderio di vendetta.

B il rifiuto di arrendersi e la decisione di perdonare.

C una disperazione profonda e il proposito di umiliare.

D una grande paura della morte e il disprezzo per il vinto.

9 **Lo stile.** **Come si è visto (esercizio 5), in**

questo brano l'uso delle figure retoriche sottolinea i vari momenti dell'agire e i sentimenti che le diverse situazioni suscitano nei personaggi. Quale figura retorica riconosci nei versi 944-945, con i quali si descrive Enea che, in un crescendo emotivo di grande violenza, dà sfogo al suo stato d'animo?

10 I personaggi. Nell'episodio, Enea si rivela molto diverso dall'eroe che abbiamo imparato a conoscere, dall'animo nobile e sempre ispirato dalla *pietas*. Rileggi i versi 946-949 e spiega quali nuovi aspetti del personaggio emergono dalle parole che egli rivolge a Turno e dal commento del narratore.

11 I personaggi. Quale duplice significato assume il terribile destino che Turno affronta al termine dell'episodio?

1. In rapporto alla missione di Enea.
2. In rapporto alla condizione di sconfitto.

Lessico

GARZANTI LINGUISTICA

12 Turno scaglia un macigno con mano *febbrile* (v. 890): scrivi una frase in cui l'aggettivo *febbrile* sia usato nel senso figurato di *intenso, frenetico*.

....

....

....

13 L'aggettivo *febbrile* rinvia, nel significato letterale, al sostantivo *febbre*: quale aggettivo significa *che ha la febbre*?

....

....

....

14 Scrivi una frase in cui il sostantivo *febbre* sia usato nel senso figurato di *desiderio incontenibile di qualcosa*.

....

....

....

Grammatica

15 *ne* (v. 923): il pronome sostituisce un complemento di:

- A specificazione.
- B argomento.
- C abbondanza.
- D privazione.

16 *per lungo tratto* (v. 924): a quale complemento corrisponde?

- A tempo determinato.
- B tempo continuato.
- C stato in luogo.
- D moto per luogo.

Scrittura

17 Fai il riassunto dell'episodio, seguendo la traccia proposta, che prende in considerazione due importanti sequenze del brano.

1. Un duello feroce e senza esclusione di colpi (vv. 874-924).
2. Una rivelazione inattesa e l'atto finale dello scontro (vv. 935-952).

18 Uno degli effetti tremendi della guerra, lo si è visto nell'*Iliade*, è quello di rivelare i caratteri dell'agire umano, che in tali circostanze offre il meglio e il peggio di sé. Riflettete su questo aspetto, dividendo la classe in due gruppi e discutendo poi le rispettive posizioni, elaborate in precedenza per iscritto tenendo conto dei punti sottoriportati.

– Analizzate, sulla base delle letture fatte, i seguenti episodi dell'*Iliade*: la contesa fra Achille e Agamennone, il ferimento di Afrodite e la morte di Ettore, evidenziando gli elementi positivi e negativi delle vicende raccontate.
– Eseguite la medesima operazione sui brani dell'*Eneide*: il dono del cavallo e la morte di Laocoonte, Eurialo e Niso, il duello fra Enea e Turno.
– Esprimete un giudizio sui personaggi e i loro comportamenti: rispettano oppure no il codice eroico? Chi si distingue per umanità e chi, invece, per arroganza e crudeltà?

Publio Virgilio Marone

Polidoro

(Libro III, vv. 13-72)

Troia è stata presa dai Greci: Enea e i compagni, fuggiti per mare, arrivano in Tracia. Mentre celebra un rito propiziatorio in onore di Venere, l'eroe si avvicina a un cespuglio per prendere dei rami con i quali ornare l'altare. Improvvisamente si manifesta uno strano, inquietante prodigio.

Una terra lontano è abitata, sacra a Marte, vaste pianure,
l'arano i Traci, regno un tempo del tristo Licurgo[1],
ospizio antico per Troia e Penati congiunti,
fin che fortuna fu. Qui son tratto e in un seno del lido
situo le mie prime mura, sbarcato con fati contrari:
Eneadi è il nome che dal mio nome formo.
Sacre offerte alla madre Dionea[2] e ai numi facevo
àuspici della nuova città, e candido al re
dei celesti volevo immolare un toro sul lido.
C'era lì accanto un'altura e sulla cima cornioli[3],
e un cespuglio di mirto, irte bacchette affollate.
M'avvicino, e tentando strappare da terra una verde
frasca, per ornare di rami frondosi l'altare,
orrendo – stupore a narrarlo – vedo un prodigio.
L'arbusto che, rotte le radiche, per primo dal suolo
è divelto, ecco ne colano gocce di sangue corrotto,
putredine[4] macchia la terra. Un brivido freddo
le membra mi scuote, gelato d'orrore si ferma il mio sangue.
D'un secondo, di nuovo, il tronco flessibile insisto
a svellere, a cercare le cause laggiù sotto nascoste.
Corrotto, pur dalla corteccia del secondo, esce sangue.
Col cuore in tumulto, le Ninfe veneravo dei campi
e il padre Gradivo[5], sovrano delle getiche[6] terre,
che propiziassero quella visione, il malaugurio annullassero.

1. **Licurgo**: mitico re della Tracia, noto per la sua ferocia e per essersi opposto all'introduzione dei culti sacri a Bacco. Per questo fu punito con la follia e la cecità.

2. **madre Dionea**: Venere, figlia di Dione.

3. **cornioli**: piante selvatiche dal legno molto duro.

4. **putredine**: sostanza in via di decomposizione.

5. **padre Gradivo**: Marte.

6. **getiche**: dei Geti, popolazione della Tracia.

Ma quando una terza bacchetta con sforzo maggiore
afferro puntando il ginocchio contro la rena,
– parlo o taccio? – un singhiozzo straziante da sotto
l'altura risuona, e chiara mi viene agli orecchi una voce:
«Enea, perché un misero scerpi? Lascia in pace un sepolto,
lascia, non contaminar le pie mani. Non estraneo ti nacqui
in Troia[7], non cola questo sangue dal legno.
Oh fuggi terre crudeli, fuggi un avido lido!
Perché io son Polidoro. Qui m'inchiodò seppellendomi
ferrea selva di dardi: poi germogliarono l'aste puntute».
Allora tra dubbio e terrore stretta la mente,
attonito resto, irti i capelli, chiusa in gola la voce.
Quel Polidoro, con gran peso d'oro l'aveva
Priamo infelice mandato in segreto, da crescere,
al tracio re, quando già dubitava dell'armi
dardane e la città compromessa vedeva ormai dall'assedio.
Quello, rotte le forze dei Teucri, come li lasciò la fortuna,
ad Agamennone e all'armi vittoriose passando,
infrange ogni sacro ritegno: Polidoro assassina, s'appropria
con violenza dell'oro. A che cosa non forzi i cuori degli uomini
o maledetta fame dell'oro! Quando m'uscì dall'ossa il terrore,
ai capi scelti del popolo, al padre per primo,
il prodigio racconto e ne chiedo il parere.
Tutti hanno un animo solo, uscir dalla terra assassina,
lasciare l'ospizio violato, dar vento alle vele.
Così prepariamo a Polidoro le esequie: imponente
massa di terra addossiamo all'altura, ai Mani[8] si levano
tristi di plumbee bende e nero cipresso le are,
le donne d'Ilio le attorniano, sciolte nel rito i capelli:
offriamo vasi schiumosi di tepido latte,
tazze di sangue sacro, e nel sepolcro lo spirito
chiudiamo in pace, per l'ultima volta gridiamo il suo nome[9].
Di qui, come il mar dà fiducia e placide ci offrono i venti
l'acque, uguale schioccando la brezza al largo ci invita,
spingon le navi i compagni e riempion la riva.
Ci allontaniamo dal porto, terre e città retrocedono.

(Virgilio, *Eneide*, trad. it. di R. Calzecchi Onesti,
Einaudi, Torino 1967)

7. non estraneo … Troia: Polidoro, figlio di Priamo, è cugino di Enea, in quanto Anchise e Priamo erano fratelli.

8. Mani: le anime dei morti, intese come spiriti benevoli che assistono i loro familiari.

9. gridiamo il suo nome: presso i Romani, le esequie si concludevano invocando il nome del morto e gridando tre volte *vale*, cioè "addio".

1 Completa il periodo che segue (vv. 13-16), scegliendo i termini appropriati fra quelli posti alla fine dell'esercizio.

.... c'è una terra .... dai Traci, sacra a ...., dove .... regnò Licurgo e luogo .... per i Troiani, fino a quando il destino ci fu ....; qui ...., dopo essere sbarcato con un presagio ....

scomodo ◦ arrivo ◦ nemico ◦ ostile ◦ nei pressi ◦ un tempo ◦ benevolo ◦ abbandonata ◦ adesso ◦ favorevole ◦ Marte ◦ accogliente ◦ lontano ◦ Giove ◦ riparto ◦ abitata

2 L'aggettivo *candido* (v. 20) è riferito alla parola:

A città.
B re.
C toro.
D lido.

3 Indica quale funzione svolgono, nell'analisi logica, le parole sottoriportate (v. 26).

1. *orrendo*:
A complemento di modo.
B complemento oggetto.
C soggetto.
D attributo.

2. *un prodigio*:
A soggetto.
B complemento oggetto.
C complemento predicativo del soggetto.
D complemento predicativo dell'oggetto.

4 Enea assiste a un incredibile prodigio: quali eventi lo rendono manifesto? Indica, scegliendoli fra quelli proposti, i fatti narrati nelle righe che seguono.

1. Versi 27-28:
A dall'arbusto escono parole.
B dall'arbusto esce sangue.
C dall'arbusto esce un soffio d'aria.
D dall'arbusto escono lacrime.

2. Versi 39-40:
A dall'arbusto escono parole e lacrime.
B dall'arbusto escono sangue e sostanza corrotta.
C dall'arbusto escono un soffio d'aria e una risata.
D dall'arbusto escono un singhiozzo e una voce.

3. Versi 45-46:
A il dialogo drammatico fra Enea e l'arbusto.
B la distruzione dell'arbusto da parte di Enea.
C il motivo della metamorfosi di Polidoro in un arbusto.
D la trasformazione dell'arbusto in una creatura mostruosa.

5 Al verso 33, la parola *pur*, tenendo conto del contesto, può essere sostituita da:

A però.
B sebbene.
C anche.
D nonostante.

6 L'espressione *avido lido* (v. 44) costituisce un'efficace:

A metonimia, perché, propriamente, non è il luogo, ma il re, a essere avido.
B sineddoche, perché l'avidità è un elemento del carattere del re.
C metafora, perché l'espressione è usata in senso del tutto figurato.
D similitudine, perché mette a confronto due concetti differenti.

7 Al verso 47 si legge l'espressione *dubbio e terrore* che, tenendo presente il contesto, può essere sostituita con:

A indeterminatezza e paura.
B irresolutezza e sgomento.
C ambiguità e timore.
D sfiducia e disgusto.

I caratteri dell'epica medievale

L'EPICA TRA IL XII E IL XIII SECOLO

La letteratura dell'Europa medievale, nel periodo compreso tra il **XII** e il **XIII secolo**, annovera componimenti letterari di eccezionale valore artistico: il pubblico dell'epoca poteva divertirsi, commuoversi e trepidare per le **imprese avvincenti** degli eroi e apprendere i **valori** e gli **ideali** dei popoli di cui tali opere erano l'espressione.

In seguito alla caduta dell'Impero Romano d'Occidente, a partire dal V secolo d.C si diversificano sempre più le **numerose lingue** nate dalla trasformazione del latino parlato e perciò dette **neolatine** (l'italiano, il francese, lo spagnolo, il portoghese, il rumeno ecc.). Contemporaneamente la cultura classica si arricchisce, integrando i contributi elaborati dal **Cristianesimo** e quelli provenienti dalle leggende dei **popoli germanici**. Si forma così un **materiale vario e complesso**, a disposizione degli scrittori medievali, che infatti vi attingono ciascuno nella specificità della propria lingua e della propria visione del mondo.

LO SFONDO STORICO DEI POEMI EPICI

All'indomani della disgregazione dell'impero carolingio, emerge e si consolida (X-XII secolo) un particolare sistema politico e sociale, il **feudalesimo**.

Esso si fonda su uno stretto rapporto di **fedeltà reciproca**, che unisce gli uomini a tutti i livelli della scala sociale: i re e i signori, i signori tra loro, i padroni e i contadini. Il sovrano concede a un signore una serie di diritti su una proprietà terriera (il **feudo** o beneficio), facendone il suo **vassallo** o subordinato. Egli giura fedeltà al re e si impegna a servirlo soprattutto dal punto di vista militare, ricevendo in cambio protezione. Il **vassallo** è di solito un **cavaliere** o guerriero a cavallo, una figura che gioca un ruolo essenziale nell'esercizio della guerra. Con lo svolgimento delle Crociate non tarda ad affermarsi il **cavaliere cristiano**: il paladino Orlando, protagonista della celebre *Chanson de Roland*, ne incarna gli ideali, tra cui spiccano la lotta in difesa della fede e l'esaltazione della lealtà e del coraggio in battaglia.

Orlando suona l'olifante. Capolettera miniato del XII secolo.

Un vassallo rende omaggio al suo signore, miniatura del XII secolo. Barcellona, Archivio della Corona di Aragona.

LA PRODUZIONE EPICA

In Spagna e in Francia il genere epico si manifesta rispettivamente nelle forme dei ***cantari***, in versi e in musica, e delle ***chansons de geste*** (ovvero *imprese*), che si propongono di esaltare **fatti storici** di grande importanza, interpretati in genere in **chiave leggendaria** e arricchiti dai **valori cristiani**.

La **Spagna** celebra le guerre contro i Mori nei ***Cantari del Cid*** (XII secolo), testi prodotti in castigliano (da cui deriva l'odierno spagnolo) e caratterizzati da uno stile semplice, molto diverso da quello, ben più raffinato, dei contemporanei poemi francesi.

In **Francia**, con la ***Chanson de Roland*** prende avvio un insieme di opere di argomento diverso ma con gli stessi personaggi, che rendono celebri le azioni di **Carlo Magno** e dei suoi **paladini**,

I cavalieri della Tavola Rotonda, dal romanzo arturiano *Le meraviglie di Rigomer* del XIII secolo.

subito diffuse anche in Italia. Esse prendono il nome di «**materia di Francia**» o **ciclo carolingio**, il quale, composto da scrittori di cultura elevata, viene poi fatto conoscere a un pubblico molto ampio da poeti itineranti, che si spostano in prevalenza lungo le vie dei pellegrinaggi.

Ulteriori espressioni del genere cavalleresco sono rappresentate dai componimenti che rientrano nella cosiddetta «**materia di Bretagna**» o **ciclo bretone**, imperniati sulla **magia** e sull'**amore**. I protagonisti di questa epopea sono **re Artù e i cavalieri** della Tavola Rotonda (da cui anche il nome di «ciclo arturiano», in opposizione a quello «carolingio»).

Nell'Europa settentrionale, in particolare in **Inghilterra** e in **Germania**, fioriscono opere straordinarie, prima recitate oralmente e poi messe per iscritto: tra esse, i canti islandesi dell'***Edda*** (VI-XIII secolo), il capolavoro epico anglossassone ***Beowulf*** (VII-VIII secolo) e il poema germanico la ***Canzone dei Nibelunghi***, la cui stesura risale all'inizio del XIII secolo.

Gli elementi della narrazione e dello stile

Il racconto degli eventi è per lo più affidato a un **narratore onnisciente**, che conosce in modo approfondito gli stati d'animo e le intenzioni dei protagonisti. Egli organizza la narrazione, alternando i **dialoghi**, per mezzo dei quali i personaggi partecipano direttamente alla vicenda, e le **pause**, esprimendo riflessioni e commenti.

Lo **stile** dell'epica medievale risulta semplice, dando la preferenza alla **paratassi**, con periodi brevi e coordinati fra loro, e usando di frequente le **similitudini**. In alcune opere, vi è la presenza costante di **formule ricorrenti** e di **epiteti fissi**, che appaiono sempre identici o con varianti minime. Con questi accorgimenti tecnici, colui che recitava era avvantaggiato nella memorizzazione del testo e il pubblico poteva comprendere meglio gli episodi delle storie raccontate o riconoscere con facilità un personaggio (per esempio, Carlo Magno sempre *bianca ha la barba*).

La morte di Orlando, paladino di Carlo Magno.
Miniatura francese del XIV secolo.

La funzione dello spazio

Lo **spazio**, nei testi epici del Medioevo, svolge una **duplice funzione**: rappresenta lo **sfondo** delle vicende e al tempo stesso **riflette i sentimenti e le emozioni** dei protagonisti. In generale, si tratta di luoghi inventati, che quindi stimolano la fantasia del pubblico, più che di contesti reali ed esistenti.

Agli spazi chiusi (castelli, grotte ecc.) e aperti (per esempio, i campi di battaglia, la città oppure la foresta, dove i personaggi vivono le loro avventure e fanno incontri pericolosi o misteriosi) si alternano i paesaggi inconsueti, che rimandano a terre lontane, meravigliose, quasi sempre frutto della creatività del poeta.

Il ruolo della fantasia

L'epica medievale è ricca di **elementi fantastici, inverosimili**, come anelli magici, armi fatate o pozioni che fanno innamorare. Agli incantesimi di maghi e fate e all'azione esercitata da oggetti magici si affianca il cosiddetto «**meraviglioso cristiano**»: nella *Chanson de Roland*, per esempio, l'anima di Orlando è portata in cielo dagli angeli che ne hanno raccolto il guanto, segno indiscutibile del rapporto privilegiato che unisce Dio e il cavaliere.

Il soprannaturale divino interviene a difendere il protagonista dai pericoli o dalla morte. Addirittura, Dio si schiera a fianco dei cavalieri e sostiene la causa della fede cristiana, insidiata dalle forze infernali: sempre nella *Chanson de Roland*, l'imperatore Carlo Magno, profondamente addolorato dalla morte del paladino Orlando, ucciso in battaglia dai Saraceni, riceve la visita di un angelo che lo incita a combattere con rinnovato vigore.

I personaggi e i temi

I protagonisti dell'epica cavalleresca sono **simboli di virtù eroica** e non esitano a sacrificare la vita in nome di questi ideali. A essi si contrappongono **nemici** spietati, traditori della fede cristiana o musulmani. Dunque è ovvio che molta parte dell'azione narrativa si concentri su **episodi militari**, battaglie o scontri individuali. I personaggi di questi racconti, guerrieri famosi e invincibili, credono nell'**arte della guerra**, di cui fanno lo scopo della loro esistenza; raramente sono presentati come individui, con passioni e aspirazioni autonome, perché costituiscono soprattutto una «squadra» imbattibile al servizio dell'imperatore. Devoti difensori della religione, questi eroi agiscono nell'ambiente sociale della **corte feudale carolingia** (IX secolo), un contesto bellicoso e rozzo, lontano dai raffinati ambienti cortesi dei secoli successivi. I **temi** più frequenti, nella cornice di numerosi fatti d'arme, narrati in dettaglio, sono la **fedeltà** ai compagni, l'**onore**, la **difesa della fede** e la **punizione dei traditori** che, con i loro intrighi, mettono a repentaglio l'esito degli scontri, inevitabilmente a favore dei Cristiani.

Combattimento tra Crociati e Saraceni.
Miniatura da un manoscritto di Godefroy Bouillon risalente al XIV secolo. Parigi, Biblioteca Nazionale.

UNITÀ 1

Il Medioevo degli eroi

COMPETENZE

- Interpretare i testi dell'epica medievale applicando gli strumenti dell'analisi testuale.
- Riconoscere messaggi e valori trasmessi dai testi dell'epica medievale.
- Interpretare i testi con un personale apporto critico.
- Riconoscere diversi registri linguistici in relazione ai differenti scopi comunicativi.
- Rafforzare le abilità grammaticali.
- Utilizzare il lessico specifico dell'analisi testuale.

CRITERI DI VALUTAZIONE

- Capacità di analizzare un testo secondo i concetti narratologici studiati.
- Interiorizzare messaggi e valori.
- Capacità di interpretare e approfondire criticamente un testo.
- Capacità di organizzare i contenuti strutturando il pensiero in forma lessicalmente, sintatticamente e ortograficamente corretta.
- Capacità di usare un lessico appropriato e specifico.

Cavalieri e guerrieri

In questa unità presentiamo un percorso di lettura volto a tratteggiare la figura del **cavaliere**, il personaggio al centro dell'epica medievale. I **valori** nei quali egli crede e che difende a ogni costo sono la **lealtà**, che rappresenta la base degli aspetti principali della vita sociale, dal rapporto di vassallaggio all'amore e all'amicizia; il **coraggio**, con cui affronta prove e ostacoli di ogni genere; l'**eroismo**, che manifesta nei duelli e nelle battaglie, ma sempre temperato dalla **saggezza**.
Per farne emergere i caratteri principali, abbiamo scelto due figure indiscusse dell'epica: Orlando e Sigfrido, protagonisti rispettivamente della *Chanson de Roland* e della *Canzone dei Nibelunghi*.

Eroi ed eroine

Cerchiamo allora di comprendere la **personalità** e il **modo di agire** dei due eroi: alcuni elementi indicati troveranno conferma nella lettura dei brani proposti. Innanzitutto occorre tenere presente che non esiste un solo modo per essere eroi, dunque il modello di comportamento non è unico:

– **Orlando**, leale servitore del suo sovrano, consacra la propria esistenza all'ideale cristiano e da esso non si allontana mai. In un mondo dominato dalla precarietà e dall'insicurezza, egli incarna la **stabilità** e la **sicurezza**: dotato di virtù eroica, si pone al servizio di Dio, del suo re e dei deboli;

– **Sigfrido**, principe e cavaliere, ricorda la figura di Orlando nel vigore fisico e nel temperamento generoso e altruista, ma in lui non v'è traccia di princìpi religiosi ai quali conformare la propria condotta: egli, infatti, ama l'**avventura**, va alla ricerca di tesori nascosti, uccide in duello il drago Fafnir e conquista l'**amore** della bellissima Crimilde.

Ciascuno a suo modo, Orlando e Sigfrido sono **cavalieri perfetti**, tanto da preferire la morte più del disonore. Ulteriori differenze tra i due personaggi riguardano il ruolo riservato al **sentimento**: Orlando ha una fidanzata che non vede mai, essendo troppo impegnato nelle imprese militari; Sigfrido s'innamora, sposa Crimilde e vive in un ambiente di corte elegante e fastoso. Orlando crede solo nell'arte della guerra, sulla quale riversa le passioni che lo agitano. Nel suo mondo, bellicoso e rozzo, le donne sono assenti, perché i paladini di Carlo Magno, di cui egli fa parte, si concentrano esclusivamente sull'esercizio delle armi. Nel mondo di Sigfrido, invece, la **donna** svolge una **funzione centrale**. La dama è bella, ricca di virtù, irreprensibile dal punto di vista morale, fonte di gioia per chi abbia la fortuna e il privilegio di incrociarne lo sguardo. Così appare Crimilde, la quale tuttavia si trasforma, dopo la morte di Sigfrido, da dolce fanciulla in spietata vendicatrice.
Possiamo individuare altre somiglianze e differenze nel **tragico destino** che colpisce i due eroi. Entrambi perdono la vita per mano di un **traditore**: Orlando, a causa degli intrighi del suo patrigno, **Gano di Maganza**; Sigfrido, per l'odio e l'invidia che nutrono nei suoi confronti **Hagen**, il consigliere più ascoltato di re Gunther, e la moglie di quest'ultimo, **Brunilde**. Tuttavia, Orlando è ucciso dai nemici, i Saraceni di Spagna, insieme alla retroguardia dell'esercito dei Franchi, mentre Sigfrido cade vittima di una trappola abilmente tesagli da coloro che più ama, parenti e amici.
Nei poemi che celebrano le gesta di Orlando e Sigfrido **storia e fiaba** s'intrecciano, per trasportare il lettore in una dimensione sospesa tra il prosaico mondo quotidiano e un altro mondo, denso di eventi gloriosi e di prodigi. Come vedremo nell'Unità 2 (p. 369), anche la letteratura contemporanea ha ripreso temi dell'epica cavalleresca, privilegiando il gusto dei personaggi per l'avventura e un approfondimento psicologico che li rende moderni e vicini alla sensibilità dei lettori di oggi, a riprova del fascino che essi continuano a esercitare.

La Chanson de Roland

DeA LINK Video:
• Carlo Magno

Le origini storiche

La ***Chanson de Roland*** (*Canzone di Orlando*), redatta in francese antico o *langue d'oïl*, è la più antica e famosa delle *chansons de geste* (canzoni di gesta), nate nelle regioni settentrionali della Francia tra i secoli XI e XIII. Questi poemi epici, conosciuti anche come «**materia di Francia**», celebrano le azioni belliche di nobili guerrieri e delle loro stirpi familiari o lignaggi, impegnati in scontri con i Musulmani in difesa della Cristianità. In tali opere spicca la figura del **protagonista**, intorno al quale ruotano le vicende narrate: **Orlando**, per esempio, è il personaggio centrale della *Chanson de Roland*, che appartiene al cosiddetto «**ciclo carolingio**» e che descrive le imprese dell'imperatore Carlo Magno (742-814) e dei paladini, ovvero i cavalieri che compongono la sua guardia del corpo (tra cui appunto Orlando), contro i Saraceni di Spagna.
Sull'origine storica delle ***chansons*** si pensava che esse, per lo più anonime, fossero in origine **componimenti collettivi**, tramandati oralmente e messi per iscritto solo in seguito. Oggi, invece, si pensa che la loro stesura si possa attribuire a **singoli poeti**, di notevole cultura, i quali avevano sentito l'esigenza di celebrare, nel pieno dell'epoca delle crociate (secoli XI-XII), alcune vicende accadute nel passato, elaborando suggestivi scenari guerreschi in cui collocare straordinari esempi di **valore militare e religioso**.
Per quanto riguarda l'**autore** della *Chanson de Roland*, il cui testo originale, collocabile tra il 1080 e il 1090, è andato perduto (la copia più antica che lo riporta è conservata a Oxford), si è fatto il nome di **Turoldo**, un poeta normanno, forse un monaco dell'abbazia benedettina francese di Fécamp. Egli potrebbe essere l'autore dell'opera o un semplice **copista**, che ha riunito e trascritto molti episodi, già esistenti, della storia di Orlando e di Carlo Magno: la questione è ancora irrisolta.

Il poema tra storia e leggenda

La *Chanson de Roland* si ispira a un **fatto storico**: il **15 agosto 778**, la retroguardia dell'esercito dei Franchi, comandata dal paladino **Orlando**, nipote di Carlo Magno e marchese di Bretagna, si trovava nelle vicinanze del passo di Roncisvalle, sui Pirenei. Mentre stavano ripiegando verso i propri territori, i soldati cristiani furono sorpresi dalle forze musulmane e annientati: nessuno si salvò, neppure Orlando.
Questo tragico evento costituisce il **nucleo centrale** dell'opera, intorno al quale il poeta ha collocato **elementi di fantasia**. Per esempio, sappiamo che l'impresa condotta dai Cristiani durò tre anni, invece nel poema si allunga a sette. Inoltre, l'imboscata presso Roncisvalle è attribuita, nel testo, al tradimento di Gano, patrigno di Orlando e vassallo di Carlo Magno, ma sia il personaggio sia il suo gesto scellerato sono frutto di invenzione.

Tenendo presente che circa tre secoli dividono il poema dal fatto storico, si comprende chiaramente lo **scopo** dell'autore: recuperare e riadattare una storia ormai antica, quasi mitica tanto era lontana nel tempo, significava esaltare una **società di guerrieri**, in cui permaneva l'ideale della lotta contro gli «infedeli», i Musulmani, e rafforzare **valori** ritenuti essenziali ed eternamente validi, come l'onore, il coraggio, la difesa del proprio re e della fede cristiana.

La struttura e lo stile

4002 **versi decasillabi** (cioè di dieci sillabe ciascuno) compongono la *Chanson de Roland*: essi sono divisi in **strofe** o **lasse** di lunghezza variabile, da 5 a 35 versi, e collegate fra loro dalla stessa **assonanza**, ovvero dalla coincidenza delle vocali nelle parole che concludono i versi. La preferenza accordata alla misura del decasillabo si spiega con il fatto che si tratta di un verso molto adatto alla lettura a voce alta, spesso con un accompagnamento musicale.

In diversi punti dell'opera assumono evidente rilievo la **ripetizione** delle medesime frasi o di espressioni equivalenti per forma o per argomento, secondo le regole dello **stile formulare**: ad esempio, di Carlo Magno si dice che *ha la barba canuta*, mentre la terra di Francia è sempre *dolce*. Lo stesso procedimento è alla base della **ripresa**, nei versi iniziali di una lassa, di quelli della strofa precedente (**lasse similari**). In tal modo si ha la conferma della presenza di una tradizione orale anteriore a quella scritta e ancora molto viva. Al tempo stesso risultano rafforzate l'**intensità** di un episodio, l'**efficacia** del tema trattato o la **drammaticità** di un dialogo per mezzo del costante recupero di frasi e di azioni, narrate da punti di vista differenti.

Il **narratore** è in genere **onnisciente**: egli conosce in modo approfondito la storia e si rivolge agli ascoltatori o ai lettori (*Udite!*), suscitandone il coinvolgimento emotivo anche grazie a una **sintassi semplice**, costruita su coordinate brevi, che facilitano la comprensione della vicenda.

La trama

Gli intrighi di Gano di Maganza

Una guerra senza tregua si sta combattendo ormai da sette lunghi anni fra i Cristiani e i Musulmani, guidati dal re di Spagna, Marsilio, il quale è assediato nella città di Saragozza. Egli comprende che la sconfitta è ormai vicina, quindi invia un'ambasceria al giusto e saggio Carlo Magno, chiedendogli di ritirarsi dal territorio spagnolo. In cambio, gli donerà ingenti ricchezze e si convertirà alla fede cristiana.

Carlo Magno riunisce un'assemblea per valutare le proposte ricevute e discutere l'opportunità di inviare una delegazione a Saragozza. Le opinioni dei membri

del consiglio di guerra appaiono discordanti. Gano di Maganza e Namo, duca di Baviera, suggeriscono la pace, mentre Orlando, il paladino più valoroso, vorrebbe continuare la guerra, perché non si fida di Marsilio.
Nel pieno della discussione, Orlando indica Gano, il suo patrigno, come l'esperto diplomatico che potrà recarsi presso il nemico, incaricandosi di una missione giudicata molto pericolosa. Egli pensa, a torto, che il paladino abbia fatto il suo nome per avversione e disprezzo nei suoi confronti, quindi, preso dal rancore e invidioso dell'affetto che Carlo Magno nutre per lui, giura di vendicarsi.
Gano, dunque, si reca a Saragozza; ma, dopo aver stipulato il trattato di resa, concorda con il sovrano musulmano un piano perfido, che prevede un agguato ai danni di Orlando, il quale dovrà morire insieme alla retroguardia dei Cristiani, da lui comandata.

La tragica fine di un eroe

A questo punto della storia, inizia la ritirata di gran parte dell'esercito di Carlo Magno verso il territorio francese, mentre Orlando e la retroguardia, composta da circa ventimila cavalieri, attraversano il passo di Roncisvalle, sui Pirenei. Nella gola impervia scatta la trappola: un gran numero di soldati saraceni attacca i Cristiani. Il paladino Oliviero esorta Orlando a suonare l'olifante, il corno da caccia, per chiedere soccorso a Carlo Magno. Ma ormai è troppo tardi, perché, pur essendo evidente l'infamia di Gano e straordinariamente coraggiosa la resistenza opposta dai guerrieri, le forze in campo sono impari e i Cristiani vengono sconfitti.
Udito il suono del corno, l'imperatore comprende che Orlando è in difficoltà e decide di intervenire subito: purtroppo, una volta giunto sul campo di battaglia, trova morti il giovane e i compagni, ai quali è assicurata una pietosa sepoltura. La vendetta del sovrano è terribile e i Saraceni cadono massacrati anche grazie a un prodigio: il sole, per un miracolo divino, sospende il suo cammino nel cielo e Carlo Magno insegue i nemici fino al fiume Ebro.

La giustizia di Carlo Magno

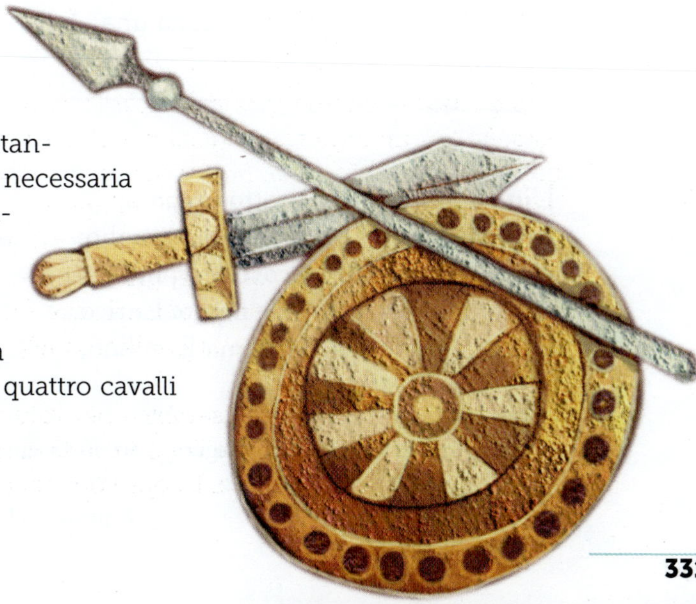

Il dolore dell'imperatore per la perdita di tanti uomini è immenso, perciò egli ritiene necessaria una punizione esemplare: la città di Saragozza è presa e il re musulmano muore. Tornato ad Aquisgrana, sede della corte imperiale, Carlo Magno condanna a morte Gano, dopo averlo sottoposto a processo: il traditore viene squartato da quattro cavalli lanciati al galoppo in direzioni opposte.

Il consiglio di guerra

(Lasse XII-XVI, XX-XXVI)

Il contesto

La vicenda narrata nel poema incomincia con una descrizione della guerra che l'imperatore Carlo Magno sta combattendo da sette anni contro Marsilio, il re dei Mori di Spagna, assediato nella città di Saragozza. Il sovrano saraceno ha resistito valorosamente ai cristiani, ma, essendo ormai giunto allo stremo delle forze, accetta il consiglio dell'astuto Blancandrin, che gli suggerisce di inviare a Carlo un'ambasceria con false offerte di pace.

Il brano

Carlo Magno ha riunito i suoi paladini in assemblea: è urgente infatti scegliere l'ambasciatore che dovrà rispondere alle richieste del re Marsilio, intenzionato a mettere fine alla guerra. Il paladino Orlando suggerisce di inviare il suo patrigno, Gano di Maganza, pensando di onorare in tal modo il suo valore e la sua capacità di trattare con il nemico. Il cavaliere, però, ritiene a torto di essere stato profondamente offeso: da Orlando, che vuole evidentemente allontanarlo dal campo cristiano, e da Carlo Magno, che pensa di poter fare a meno di lui. Dunque, avendo cominciato a nutrire odio nei confronti del giovane, il perfido Gano medita una terribile vendetta.

Chiave di lettura

In questo brano sofferma l'attenzione su:
- i **fatti narrati**, che costituiscono la **premessa della tragedia** finale, con la disfatta di Roncisvalle e la morte di Orlando;
- le svariate **scene** o «**quadri**» in cui risaltano le **parole** e le **azioni** dei personaggi;
- i **differenti ideali**, di cui i protagonisti sono portatori: Gano si comporta con una **prudenza** che, a detta di Orlando, è **viltà** mascherata; il paladino, a sua volta, agisce con un **coraggio** che, secondo Gano, è **orgogliosa follia**.

XII

L'imperatore se ne va sotto un pino:
chiama i baroni[1] per tenere il consiglio:
il duca Oggiero, il vescovo Turpino,
Riccardo il vecchio e suo nipote Enrico,
il prode[2] conte di Guascogna Ezzelino,

1. i baroni: i paladini di Carlo Magno. Sono in numero di dodici, forse in riferimento ai dodici apostoli di Gesù Cristo.

2. prode: valoroso.

e con Teobaldo di Remi[3] anche il cugino,
che è Milone, e Geriero e Gerino.
Con essi insieme il conte Orlando arriva,
ed Oliviero[4], il nobile e ardito.
Franchi di Francia ve ne sono più di mille.
Vi venne pure Gano, che poi tradì.
Ora il consiglio che male andò s'inizia.

Si evidenzia il tragico ruolo svolto da Gano.

Una tragedia imminente

Fin dall'inizio, il racconto attrae la curiosità del lettore con due brevi, ma efficaci prolessi. Lo stile epico fa uso frequente di questa tecnica narrativa, che qui allude a uno sviluppo drammatico della vicenda, della quale si prevede l'esito negativo: fallirà il consiglio, convocato da Carlo Magno, sovrano giusto e pronto a chiedere aiuto ai suoi baroni; avverrà un gesto infame, il tradimento da parte del cavaliere Gano, a causa di un violento diverbio con il figliastro Orlando. Questi ultimi si presentano dunque come antagonisti, mentre la coppia simmetrica è rappresentata dai re Carlo e Marsilio. Il doppio dualismo ricorda che in realtà lo scontro oppone il Bene, incarnato dai cristiani, e il Male, rappresentato da Gano e dai saraceni.

XIII

«Signori», disse l'imperatore Carlo
«il re Marsilio i suoi messi mi manda.
Assai mi vuole dei suoi beni donare[5],
orsi, leoni, veltri[6] da incatenare,
cammelli e astori[7] con penne da mutare,
e muli carichi d'oro fino d'Arabia;
poi, oltre a questo, più di cinquanta carri.
Però mi dice che in Francia me ne vada;
mi seguirà dove sto, ad Aquisgrana,
riceverà la legge che ci salva[8];
sarà cristiano, da me avrà le sue marche[9].

Dunque Marsilio intende diventare un vassallo di Carlo Magno.

3. Remi: la città di Reims.

4. Oliviero: nipote di Carlo Magno e amico di Orlando.

5. Assai ... donare: mi vuole fare omaggio di molti e ricchi doni.

6. veltri: cani da caccia.

7. astori: uccelli addestrati alla caccia, simili agli sparvieri ma più grandi.

8. riceverà ... salva: si convertirà alla religione cristiana.

9. da me ... marche: gli concederò di governare come feudi le sue terre di confine.

Ma io non so che cosa abbia nell'animo».
Dicono i Franchi: «Ci occorre stare in guardia!».

XIV

L'imperatore il discorso ha finito.
Il conte Orlando, che in altro modo stima[10],
si drizza in piedi, lo viene a contraddire.
E disse: «Guai se credete a Marsilio!
Già da sette anni nella Spagna venimmo;
e conquistato v'ho Nobile e Commibile,
preso ho Valterna e la terra di Pina,
e Balagario e Tudeia e Siviglia[11].
Gran tradimento vi fece il re Marsilio!
Dei suoi pagani a voi ne mandò quindici,
recava ognuno una rama[12] d'ulivo;
queste parole medesime vi dissero.
Voi dai Francesi prendeste allor consiglio,
ed essi diedero un consiglio stordito[13].
Due vostri conti al pagano spediste:
l'un fu Basante e l'altro fu Basilio,
che il capo persero nei monti presso Altilia[14].
Lottate come lottaste da principio,
e il vostro esercito in Saragozza arrivi;
fate l'assedio, anche a durar la vita[15],
ma vendicate gli uomini che v'uccise!».

Orlando è giovane, ma le sue parole sono fiere e decise.

XV

Il capo chino tenne l'imperatore:
lisciò la barba, i baffi accarezzò,
né mal né bene al nipote rispose.
Tacciono i Franchi, ma Gano parlare vuole:
si drizza in piedi, innanzi al re si pone,
con gran fierezza comincia il suo discorso:
E disse: «Guai, se credete a un briccone,
a me o ad altri, se non per bene vostro[16]!

10. in ... stima: pensa diversamente dal sovrano.

11. Nobile ... Siviglia: i luoghi citati da Orlando sono inventati, tranne Siviglia e forse Commibile, che potrebbe essere la città di Coimbra.

12. rama: ramo.

13. stordito: precipitoso, imprudente.

14. l'un ... Altilia: i due ambasciatori franchi furono fatti decapitare da Marsilio in una località il cui toponimo è inventato.

15. anche ... vita: anche se l'assedio dovesse continuare tutta la vita.

16. se credete ... vostro: se prestate ascolto a un furfante (inteso come individuo di rango inferiore), si tratti di me o di qualcun altro, senza pensare al vostro bene.

Se il re Marsilio manda a dirvi che vuole
vostro vassallo diventare in ginocchio,
che avrà la Spagna tutta per vostro dono[17]
e accetterà la nostra legge dopo,
chi vi consiglia di rigettar l'accordo[18],
non pensa come possiam morire noi.
Non deve vincere un consiglio d'orgoglio:
lasciamo i folli e ai saggi diamo ascolto!».

Prudenza o pazzia?

Il termine *follia* è una parola chiave del brano e ricorre di frequente, non solo qui, ma anche oltre, ai versi 89 (*Pazzo*), 95 (*Follia ed orgoglio*), 103 (*follia*). Si osservi, tuttavia, che il vocabolo assume un significato diverso a seconda di chi lo pronuncia: per Gano, infatti, esso indica l'opposto di un comportamento saggio e moderato, che Orlando, invece, ritiene nasconda viltà e scarsa devozione alla patria, all'onore e alla fede cristiana.

XVI

Qui innanzi agli altri ecco Namo[19] venuto:
miglior vassallo non c'è in corte di lui.
Disse al sovrano: «Avete ben veduto
quale risposta Gano v'ha qui tenuta[20]:
certo v'è senno, se s'ode con astuzia[21].
Il re Marsilio nella guerra è battuto:
i suoi castelli gli avete tolti tutti
e con le macchine[22] frantumate le mura,
le città arse[23] e le schiere distrutte.
Se manda a dirvi d'aver pietà di lui,
colpa sarebbe fargli male di più.
Se con ostaggi vi vuol fare sicuro[24],
questa gran guerra durar non deve più!».
Dicono i Franchi: «Ha ben parlato il duca».

17. per vostro dono: per vostra concessione feudale.

18. rigettar l'accordo: rifiutare la pace (si riferisce a Orlando).

19. Namo: l'anziano duca di Baviera, un consigliere molto ascoltato da Carlo Magno.

20. tenuta: data.

21. certo ... astuzia: di sicuro si tratta di una proposta assennata, se intesa nel modo giusto. Il duca dimostra di essere d'accordo con Gano, ma di non apprezzarne il tono polemico nei confronti di Orlando.

22. macchine: i mezzi militari usati per lanciare proiettili contro le mura di una città o per manovrare gli arieti con cui sfondare le porte.

23. arse: bruciate.

24. Se ... sicuro: se, mandandovi ostaggi, garantisce in tal modo la lealtà delle sue parole.

Il consiglio di guerra ha deciso di scendere a patti con il re Marsilio: chi allora dovrà ricevere il guanto e il bastone, i simboli del potere reale, che danno il diritto di agire in nome del sovrano? Orlando, Namo e Oliviero si propongono come ambasciatori, ma Carlo Magno respinge la loro offerta: nessuno, tra i dodici paladini, sarà scelto per la rischiosa missione. Neppure Turpino, l'arcivescovo di Reims, che è un valoroso guerriero e la guida spirituale dei Franchi, viene preso in considerazione: l'imperatore gli proibisce addirittura di parlare, se non glielo comanderà.

XX

Disse re Carlo: «Cavalieri di Francia,
del mio paese un barone indicatemi,
che rechi al re Marsilio il mio messaggio».
Orlando disse: «Il mio padrino Gano».
Dicono i Franchi: «Egli lo può ben fare!
Se lui togliete[25], uno non c'è più saggio».
Fu dall'angoscia oppresso il conte Gano:
gettò dal collo le gran pelli di martora,
e nella tunica di seta egli rimase.
Aveva il volto fiero, gli occhi cangianti[26],
nobile il corpo e il torace largo:
fu così bello che tutti lo miravano[27].
Disse egli a Orlando: «Pazzo, che è questa rabbia[28]?
che tuo patrigno son io tutti lo sanno;
eppure hai detto che da Marsilio io vada!
Ma se di là Dio mi farà tornare
ti farò sempre un così gran contrasto,
che durerà per quanto tu vivrai[29]».
«Follia ed orgoglio!» qui gli risponde Orlando.
«San tutti bene ch'io non temo minacce.
Ma un uomo accorto[30] recar deve il messaggio:
se il re lo vuole, per voi son pronto a farlo[31]».

La nobiltà dell'aspetto di Gano contrasta con la perfidia dell'animo, ma suggerisce anche che egli non sia un traditore per carattere: ha solo travisato il senso delle parole di Orlando.

XXI

Gano risponde: «Per me tu non partire!
Né tu vassallo mi sei, né io tuo sire[32].
Carlo comanda che io vada a servirlo;
e in Saragozza me ne andrò da Marsilio.

Gano non accetta che Orlando si sostituisca a lui, perché tra loro non c'è un rapporto di vassallaggio.

25. togliete: scegliete.

26. cangianti: brillanti.

27. miravano: guardavano con ammirazione.

28. questa rabbia: un tale astio nei miei confronti.

29. ti farò ... vivrai: ti sarò sempre ostile per il resto della tua vita.

30. accorto: saggio e astuto.

31. farlo: prendere il vostro posto.

32. sire: signore.

Ma io farò certo qualche follia[33],
prima di porre fine alla mia grand'ira».
Quando l'udì, si mise Orlando a ridere.

XXII

Vedendo Gano che Orlando ride, sente
un tal dolore, che in cuor d'ira si fende[34]:
e poco manca ch'egli non perda i sensi.
Al conte dice: «Io non v'amo per niente:
avete fatto una maligna scelta.
Giusto sovrano, eccomi qui presente:
gli ordini vostri sono pronto ad adempiere».

XXIII

«In Saragozza so ben che andar dovrò;
ma chi va là non può farne ritorno.
Io poi per moglie ho la sorella vostra,
e il più bel figlio che avere mai si possa:
è Baldovino, che un giorno sarà un prode.
Io lascio a lui tutti i feudi e gli onori.
Voi cura abbiatene: non lo vedran questi occhi».
Carlo risponde: «Tenero avete il cuore.
Poiché ve l'ordino, andar vi bisogna».

XXIV

Disse il sovrano: «Gano, venite avanti:
ora prendetevi il bastone e il guanto[35].
L'avete udito: vi designano[36] i Franchi».
Rispose Gano: «Sire, m'ha scelto Orlando!
Per quanto io viva, io non potrò più amarlo,
né più Oliviero, che d'Orlando è il compagno,
ed anche i dodici Pari, che l'aman tanto[37]:
li sfido tutti, a voi, sire, davanti».
Gli disse il re: «Avete assai malanimo.
Or certo andrete, perché ve lo comando».
«Io posso andarvi, ma senza alcun riparo[38],
come non l'ebbero Basilio né Basante».

33. **follia**: gesto avventato.

34. **sente ... si fende**: prova un dolore così forte da avere l'impressione che il cuore gli si spacchi.

35. **bastone ... guanto**: simboleggiano lo scettro e la mano del re; affidati a un messaggero, lo autorizzavano a parlare e ad agire in nome del sovrano.

36. **vi designano**: vi hanno scelto ufficialmente.

37. **i dodici ... tanto**: il gruppo dei baroni, che hanno sostenuto Orlando.

38. **riparo**: difesa.

XXV

L'imperatore gli tende il guanto destro,
ma il conte Gano vorrebbe qui non essere.
Andò per prenderlo, e gli cadde per terra.
Dicono i Franchi: «Dio, che potrà ciò essere?
Da un tal messaggio ci verrà una gran perdita[39]».
«Signori!» dice Gano «ne risentirete!».

XXVI

Gano ubbidisce subito all'ordine reale.

«Datemi, sire,» disse Gano «il congedo.
Poiché andar debbo, non ho che cosa attendere[40]».
E il re: «Partite, per Gesù e per me!».
Con la sua destra l'assolve e poi lo segna[41].
Quindi gli affida il bastone e il breve[42].

Il ruolo della Storia

La pronta ubbidienza agli ordini del proprio signore da parte di Gano, cavaliere prestante e fiero, si ricollega a un carattere del rapporto di vassallaggio, fondato sulla lealtà. Le parole del personaggio lasciano intravedere ulteriori elementi storici: esse confermano la struttura apertamente gerarchica della società feudale di epoca carolingia, alla cui base si trova l'autorità indiscussa del sovrano.

(*La Canzone di Orlando*, a cura di M. Bensi,
Rizzoli, Milano 1985)

39. Da ... perdita: da un tale segno deriveranno conseguenze negative.

40. non ... attendere: non ho motivo di aspettare, di indugiare oltre.

41. segna: benedice.

42. il breve: un messaggio scritto per Marsilio.

Comprendere

1 **Il re musulmano Marsilio ha inviato una serie di proposte a Carlo Magno, imperatore dei Franchi e suo nemico. Questi le riferisce ai baroni del regno, riuniti sotto un pino: segui la traccia, spiegando i vari punti in cui si articola la richiesta di pace, fatta da Marsilio (vv. 13-23).**

1. Offerta di tipo economico.
2. Richiesta di tipo religioso.
3. Richiesta di tipo politico.

2 **Il «cuore» dell'episodio è rappresentato da una lunga sequenza, in cui dominano le voci dei personaggi, che intervengono nell'assemblea e si confrontano. Questo scambio di opinioni è importante, perché consente al lettore di cominciare a familiarizzare con il carattere dei personaggi. Sintetizza le varie fasi della discussione, seguendo lo schema.**

1. La proposta di Orlando (vv. 29-46).
2. La proposta di Gano (vv. 53-62).
3. La proposta di Namo (vv. 65-75)

3 **Al termine dell'accesa discussione, in cui si decide la partenza di Gano alla volta di Saragozza, interviene un colpo di scena che scuote l'assemblea e che viene interpretato come un presagio funesto: di che cosa si tratta (vv. 134-136)?**

Analizzare

4 **Lo stile.** **Prendi in considerazione le lasse XII-XV, XX e XXIV-XXV: in esse, alcuni versi si riferiscono alle parole e alle azioni di Carlo Magno. Quale funzione svolgono queste espressioni, ripetute pur con qualche variante, secondo lo stile dell'epica? Prima di rispondere alla domanda, individuale e sottolineale sul testo.**

5 **Lo stile.** **Il verso 10 è costituito da una figura retorica che contribuisce a mettere in grande risalto, amplificandone i caratteri, una situazione, un concetto o il comportamento di un personaggio. Si tratta di:**

A un climax ascendente.
B un climax discendente.
C un chiasmo.
D un'iperbole.

6 **Lo stile.** **Quale concetto viene valorizzato con l'uso della figura retorica individuata?**

7 **I personaggi.** **Carlo Magno incarna il modello del sovrano pronto a rischiare la vita in prima persona alla guida dell'esercito, ma soprattutto capace di governare e di decidere con saggezza le sorti dei propri sudditi. Spiega le due caratteristiche del personaggio indicate.**

1. Prudenza (vv. 13-24).
2. Esercizio dell'autorità (vv. 120-121; 130-131; 142).

8 **I personaggi.** **Le parole di Orlando lasciano trasparire il carattere del paladino, con i suoi slanci e la sua noncuranza del pericolo: quali aspetti della personalità e del comportamento del giovane sono messi in evidenza dai versi che seguono? Sbarra e motiva la risposta corretta.**

1. *Il conte Orlando* [...] *si drizza in piedi, lo viene a contraddire* (vv. 27-28).

A Disprezzo.
B Arroganza.
C Viltà.
D Decisione.

2. [...] *conquistato v'ho Nobile* e *Commibile* / [...] *Tudeia* e *Siviglia* (vv. 31-33).

A Vanagloria.
B Valore.
C Imprudenza.
D Fanatismo.

3. *San tutti bene ch'io non temo minacce* (v. 96).

A Insolenza.
B Vigliaccheria.
C Coraggio.
D Irresponsabilità.

4. *Quando l'udì, si mise Orlando a ridere* (v. 105).

A Disprezzo.
B Sfacciataggine.
C Approvazione.
D Divertimento.

9 **Lo stile.** **Il discorso diretto nella forma del dialogo è la tecnica narrativa dominante nel brano. La sua costante presenza svolge l'importante funzione di rendere il racconto più:**

A serio e triste.
B divertente e «leggero».
C concreto e immediato.
D lento e pacato.

10 **Lo stile.** **Rileggi i versi 68-71: in essi noti una sintassi paratattica, con prevalenza di coordinate e adatta a un pubblico semplice, o ipotattica, con prevalenza di subordinate e riservata a un pubblico colto? Quale effetto essa produce sul significato del discorso del duca Namo di Baviera?**

11 **I temi.** **L'episodio, nella varietà delle azioni e dei punti di vista espressi dai singoli personaggi, permette di cogliere alcuni temi caratteristici delle *chansons de geste*. Individuali, sbarrando le due risposte corrette.**

A Lo scontro con i musulmani.
B La viltà celata dalla saggezza.
C La fedeltà al sovrano e alla fede cristiana.
D Il desiderio smodato di onori e ricchezze.

12 **I temi. Spiega, facendo gli opportuni riferimenti al testo, un altro tema che emerge nel brano in tutta la sua importanza, cioè l'esaltazione del coraggio e del valore in guerra, che mette in secondo piano l'amore appassionato per una dama o la ricerca individualistica, perciò improntata all'egoismo, della gloria militare.**

13 **Un confronto. Nei poemi epici non è insolito leggere di scontri, anche violenti, tra i guerrieri. Ricordiamo, nell'*Iliade*, la contesa che oppone Achille, il più valoroso degli Achei, al re Agamennone, il comandante dell'esercito che assedia Troia: è proprio l'ira di Achille contro il sovrano a causare sciagure e lutti innumerevoli. Si può dunque istituire un parallelo tra i due episodi, quello contenuto nell'*Iliade* e quello, per molti aspetti analogo, della lite tra Orlando e Gano: se hai letto il primo (vedi p. 140), confrontali, completando la tabella proposta.**

	Iliade	*Chanson de Roland*
1. Il contesto narrativo:	....	....
2. Il motivo della lite:	....	....
3. Il tema dell'ira:	....	....
4. Le conseguenze della lite:	....	....
5. Il linguaggio dei protagonisti:	....	....

Lessico

GARZANTI LINGUISTICA

14 **Al verso 89 Gano parla della *rabbia* di Orlando: spiega il significato delle espressioni in corsivo nelle frasi che seguono.**

1. Carlo lavora sempre *con grande rabbia*.
2. A un marinaio *la rabbia* del mare e dei venti incute grande paura.
3. Il suo comportamento *mi fa una rabbia*!

Grammatica

15 **In quale tipologia di subordinate rientrano rispettivamente le frasi in corsivo nei periodi «sente/*un tal dolore, che* in cuor d'ira *si fende*» (lassa XXII, vv. 106-107) e «gli ordini vostri sono pronto *ad adempiere*» (lassa XII, v. 112)?**

A Consecutiva e finale.
B Finale e dichiarativa.
C Causale e modale.
D Relativa e comparativa.

Scrittura

16 **Scrivi una pagina a carattere espositivo, in cui rifletti sulla complessià del personaggio di Gano. Segui, se lo ritieni opportuno, la traccia:**

– a partire dalla *Chanson de Roland*, e poi per secoli fino a oggi, egli ha rappresentato il modello del traditore, che disonora il vincolo di fedeltà al suo signore;
– il tradimento perpetrato a danno dei Franchi e dell'ideale religioso è spiegabile con la mancata comprensione delle parole di Orlando: si tratta di un equivoco che produrrà morte e sofferenza;
– tuttavia, c'è dell'altro: spiega per quali elementi (aspetto fisico, carattere) si può giudicare il personaggio anche in modo positivo.

La morte di Orlando

(LASSE CXXXIII-CLXXV)

IL CONTESTO

L'odio di Gano ha dato i suoi frutti: recatosi in missione a Saragozza, egli si è accordato in segreto con il re Marsilio, che fingerà di arrendersi ai nemici, per poi attaccarli di sorpresa. Inoltre, il traditore ha avvertito i Saraceni dei movimenti dell'esercito cristiano in terra spagnola. Di conseguenza, una grande schiera di cavalieri musulmani assale e massacra i ventimila Franchi che compongono la retroguardia di Carlo Magno: comandati dal paladino Orlando, essi hanno preso posizione nella gola di Roncisvalle, sui monti Pirenei. La lotta è violenta, ma i Cristiani si distinguono per le loro straordinarie gesta. Mentre infuria la battaglia, sopraggiunge un altro esercito, guidato da Marsilio.

IL BRANO

Poiché la situazione si sta facendo disperata, Orlando, ormai in fin di vita, si decide a suonare l'olifante, il suo corno da guerra. Ma Carlo Magno, che sta rientrando in Francia, è lontano e tarda ad arrivare, nonostante abbia sentito il suono e abbia dunque compreso il tradimento di Gano. Così l'eroico Orlando muore come ha sempre vissuto, da valoroso soldato e devoto cristiano.

CHIAVE DI LETTURA

In questo brano sofferma l'attenzione su:

– il **grande valore** di Orlando, assistito dagli angeli nel momento della morte: essi lo portano in Paradiso, come si addice a un vero campione della fede cristiana;

– i **temi** specifici dell'**epica cavalleresca medievale**, presenti nel testo, cioè la **guerra** e la **religione**. Essi sono strettamente legati tra loro, perché fare la guerra significa, in sostanza, combattere i Saraceni, di fede musulmana, nemici dei Cristiani;

– il tema del **coraggio**: Orlando è vittima del tradimento di Gano, che lo conduce alla morte, cioè ad affrontare la prova più difficile per un uomo, oltre che per un cavaliere.

Il valore e l'umanità di un cavaliere

Nonostante la presenza di Gano e di Carlo Magno, il giovane Orlando è il protagonista assoluto del brano: il suo nome compare all'inizio di ogni lassa che lo riguarda, a ribadire il ruolo centrale da lui svolto nella vicenda. Osserviamo però che egli viene indicato in due modi diversi: con l'epiteto *conte*, quando si descrivono le azioni militari connesse alla sua funzione di paladino; con il solo nome, quando si mettono in risalto la sofferenza e i sentimenti che prova come un qualunque essere umano.

CXXXIII

Il conte Orlando con grande pena e affanno,
dolorosamente suona l'olifante[1].
Dalla bocca gli zampilla il sangue chiaro:
gli si rompe la tempia del cervello[2].
La voce del corno si spande lontano:
la sente Carlo[3] che sta passando i valichi,
l'ascolta Naimes[4], l'ascoltano i Franchi.
Dice il re: – Sento il corno d'Orlando!
Mai lo suonerebbe, se non stesse combattendo.
Gano risponde: – Non c'è battaglia!
Siete ormai vecchio e fiorito e bianco[5];
con simili parole somigliate a un bimbo.
Ben conoscete il grande orgoglio d'Orlando;
mi meraviglio che Dio lo soffra[6] tanto.
Già prese Noples[7] senza vostro ordine;
fuori dalla città i Saraceni uscirono,
diedero battaglia al buon vassallo Orlando.
Poi lavò con l'acqua i prati dal sangue:
per questo lo fece: perché non si vedesse.
Per una lepre[8] suona il corno un intero giorno.
Davanti ai pari[9] vuole oggi esibirsi:
non c'è gente al mondo che osi dargli battaglia.
Cavalcate, dunque! Perché mai fermarsi?
La Terra degli Avi[10] è ancora lontana davanti a noi.

Allo scopo di convincere l'imperatore, Gano pronuncia parole offensive, indegne di un vassallo fedele.

1. **olifante**: è il corno di Orlando, così chiamato perché intagliato nella zanna di un elefante. Era usato come corno da caccia e per le segnalazioni in battaglia.

2. **Dalla bocca ... cervello**: sono i terribili effetti del grande sforzo di suonare lo strumento.

3. **Carlo**: l'imperatore Carlo Magno, che con il grosso dell'esercito sta tornando in Francia.

4. **Naimes**: il duca Namo di Baviera, un fidato consigliere del sovrano.

5. **fiorito e bianco**: dalla barba lunga e bianca, che gli orna il mento.

6. **soffra**: sopporti.

7. **Noples**: la città musulmana di Nobile, che si trova in Spagna; è stata conquistata da Orlando (vedi la nota 11 a p. 334).

8. **Per una lepre**: per un nonnulla; anche alla sola vista di una lepre.

9. **pari**: compagni, suoi pari grado (vedi la nota 37 a p. 337).

10. **La ... Avi**: la Francia, dove erano vissuti i loro antenati.

I dettagli crudi rendono tragica la scena.

CXXXIV

Il conte Orlando ha la bocca sanguinante,
dalla sua testa scoppiano le tempie.
Suona l'olifante con dolore e pena.
Lo sente Carlo e lo sentono i Francesi.
Dice il re: – Quel corno ha il fiato lungo!
Risponde Naimes il duca: – Un prode lo suona!
Egli ha battaglia, io ne son sicuro.
L'ha tradito colui[11] che vuol farvi mancare l'impresa.
Armatevi e urlate il vostro grido di guerra,
soccorrete la vostra bella schiera!
Ben lo sentite che Orlando si dispera! [...]

CXXXVI

Chiama Besgon, che di tutti è il capo:
– Sorveglialo come si conviene ad un fellone[12]!
Dei miei fedeli ha fatto tradimento.
Quello lo afferra, lo consegna a cento garzoni
della cucina, dei migliori come dei peggiori.
Quelli gli strappano la barba e i baffi,
ognuno lo colpisce col pugno quattro volte,
lo battono con verghe e con bastoni;
e gli mettono al collo una catena,
l'incatenano proprio come un orso;
per disonorarlo sopra un somaro l'hanno messo.
Lo sorvegliano per poi restituirlo a Carlo.

Il paesaggio cupo sottolinea la scena di guerra.

CXXXVII

Alti sono i monti e tenebrosi e grandi,
le valli fonde e le acque tumultuose.
Risuonano le trombe all'avanguardia e in retroguardia
e tutte danno incontro[13] all'olifante.
L'imperatore cavalca pieno d'ira
e i Francesi dolenti e corrucciati;
non uno che non pianga e si lamenti;
e pregano Dio che protegga Orlando
finché lo raggiungano sul campo:
insieme a lui allora colpiranno.
Ma che serve pregare? Non gli vale nulla:
tardano troppo, non giungeranno in tempo. [...]

11. **colui**: Gano.

12. **fellone**: nel linguaggio cavalleresco, chi tradisce il proprio signore e rompe il reciproco patto di lealtà.

13. **danno incontro**: sono rivolte verso.

Inizia il racconto della morte di Orlando.

CLXVII

Orlando sente che la morte gli è vicina:
dalle orecchie esce fuori il cervello.
Prega Dio che chiami a sé i suoi pari,
e poi per sé l'angelo Gabriele.
Prende l'olifante, che offesa[14] non abbia,
e Durandal[15], la spada, nell'altra mano.
Poco più lungi d'un tiro di balestra[16],
verso la Spagna si inoltra in un maggese[17];
sale su un poggio, sotto due alberi belli,
quattro pietre son là, fatte di marmo;
sull'erba verde è caduto riverso,
là è svenuto, ché[18] la morte gli è vicina.

Un soccorso inutile

Il suono del corno e l'accorrere di Carlo Magno e dei fedeli compagni di Orlando in aiuto dell'amico in difficoltà rappresentano un momento particolarmente intenso dell'episodio: sullo sfondo di un paesaggio cupo e grandioso, i gesti dei personaggi rendono evidenti l'angoscia e l'incalzante necessità di fare in fretta. Suoni e movimenti si fondono in un «quadro» solenne ed emotivamente coinvolgente.

CLXVIII

I monti sono alti e altissime le piante;
quattro pietre son là di marmo risplendente.
Sull'erba verde sviene il conte Orlando.
Un saraceno tuttavia lo spia,
si finge morto e giace in mezzo agli altri;
ha sporcato di sangue il corpo e il viso,
s'alza in piedi e di corsa s'avventa.
Bello era e forte e di gran valore;
per orgoglio commette follia mortale[19]:
afferra Orlando e il suo corno e le sue armi,
e dice solamente: «È vinto il nipote di Carlo!
Questa spada porterò in Arabia».
A quel tirare[20] il conte si riprende un poco.

---

14. offesa: danno.

15. Durandal: detta anche Durlindana, era la spada donatagli da Carlo Magno; nell'elsa erano contenute reliquie di santi.

16. balestra: antica arma per lanciare grossi dardi.

17. maggese: campo lasciato incolto.

18. ché: poiché.

19. mortale: che lo condurrà alla morte.

20. A quel tirare: sentendosi afferrare.

Il carattere iperbolico della scena mette in evidenza l'abilità guerriera di Orlando, anche in punto di morte.

CLXIX

Orlando sente che gli sottrae la spada.
Apre gli occhi e dice solamente:
– Ch'io sappia, tu non sei dei nostri!
Stringe l'olifante, che non volle perder mai,
lo colpisce sull'elmo ch'era gemmato e d'oro:
spezza l'acciaio e la testa e le ossa,
gli occhi gli fa schizzare fuori dal capo,
giù ai suoi piedi l'ha abbattuto morto.
Quindi gli dice: – Vile, come fosti così temerario
d'afferrarmi, né a torto né a ragione?
Chi lo saprà, ti prenderà per folle[21].
S'è spezzato il padiglione[22] del mio olifante,
caduti sono il cristallo e l'oro[23]. [...]

CLXXIV

Orlando sente che il suo tempo è finito.
Sta sopra un poggio scosceso, verso Spagna;
– Dio! mea culpa[24], per la grazia tua,
dei miei peccati, dei piccoli e dei grandi,
che ho commesso dal giorno che son nato
fino a questo giorno in cui sono abbattuto!
Il guanto destro ha teso verso Dio.
Angeli dal cielo sino a lui discendono.

Leale fino alla morte

Il gesto, più oltre ripetuto (vedi anche v. 124), di offrire il guanto a Dio trasforma il paladino, già vassallo di Carlo Magno, in un vassallo di Dio, il Re universale, e simboleggia la missione sacra (fedeltà al sovrano e alla fede cristiana) di cui i cavalieri erano investiti. Qui si evidenzia il persistere, anche di fronte alla morte, della lealtà all'ideale guerriero e cristiano che, all'epoca in cui il poema è stato scritto, cominciava a dare segni di indebolimento.

CLXXV

Il conte Orlando è disteso sotto un pino,
verso la Spagna ha rivolto il viso.
Di molte cose comincia a ricordarsi,
di tante terre che ha conquistato, il prode,
della dolce Francia, della sua stirpe,

21. Chi ... folle: chiunque venga a conoscenza di quello che hai cercato di fare ti giudicherà un pazzo.

22. padiglione: la parte più ampia del corno, destinata a raccogliere i suoni e a convogliarli nel cilindro.

23. il cristallo e l'oro: i materiali preziosi che ornavano l'olifante.

24. mea culpa: ammetto la mia colpa. La formula di ammissione delle proprie colpe è tipica della liturgia cattolica.

Orlando manifesta umiltà anche in punto di morte.

di Carlomagno, suo re, che lo nutrì;
non può frenare lacrime e sospiri.
Ma non vuol dimenticare se stesso,
proclama la sua colpa, chiede pietà a Dio:
– O padre vero, che giammai mentisci,
tu che resuscitasti Lazzaro da morte
e Daniele salvasti dai leoni[25],
salva l'anima mia da tutti i pericoli
per i peccati che in vita mia commisi!
A Dio ha offerto il guanto destro:
san Gabriele[26] con la sua mano l'ha preso.
Sopra il braccio teneva il capo chino;
con le mani giunte è andato alla sua fine.
Dio gli manda l'angelo Cherubino[27]
e san Michele del Pericolo del mare[28];
insieme a loro venne san Gabriele:
portano in paradiso l'anima del conte.

Eroe e santo

La drammaticità del conflitto tra Cristiani e Saraceni è rivelata nei dettagli crudi dell'agonia di Orlando. Oltre all'eroismo in battaglia, però, di lui si esalta anche l'abbandono fiducioso alla volontà divina: avendo sacrificato la vita e la giovinezza in difesa del Cristianesimo, egli è portato dagli angeli in cielo, dove il suo eroismo riceverà la giusta ricompensa. Tale evento accentua l'azione del soprannaturale nella storia del valoroso paladino, la cui vicenda ricorda quelle dei santi, che nel Medioevo venivano raccontate nelle chiese o nelle piazze a un pubblico devoto e pronto a meravigliarsi davanti ai miracoli e ai fatti straordinari.

(*La Chanson de Roland*, trad. it. di G. Ruffini, Guanda, Parma 1981)

25. tu ... dai leoni: tu che hai fatto risorgere Lazzaro (è un episodio del Vangelo) e hai salvato il profeta Daniele, che trascorse indenne un'intera notte in una fossa piena di leoni.

26. san Gabriele: l'arcangelo Gabriele.

27. l'angelo Cherubino: i Cherubini sono una schiera di angeli, qui personificati in uno solo.

28. san Michele ... mare: l'arcangelo che aveva vinto Satana e i demoni ribelli. L'espressione *Pericolo del mare* è un riferimento all'antico nome del santuario francese del Mont-Saint-Michel, dedicato all'arcangelo, protettore di coloro che affrontavano lunghi e pericolosi viaggi per mare.

Comprendere

1 **Quale ordine Carlo Magno impartisce nei confronti di Gano? Che cosa evidenzia la sorte che l'uomo è costretto a subire (vv. 36-47)?**

2 **Quale fatto viene raccontato nei versi 75-97? Orlando, poco prima di morire:**

- A invoca la presenza di tutti i santi.
- B ricorda tanti dolci momenti d'amore.
- C tenta di spezzare la spada Durandal.
- D uccide un saraceno che vuole sottrargli l'arma.

3 **Il momento della morte di Orlando è anche quello in cui la tensione narrativa raggiunge il vertice e il poeta celebra la gloria del personaggio: come si prepara al trapasso l'eroico paladino? Per rispondere, rileggi le lasse CLXXIV e CLXXV, poi segui lo schema.**

1. L'atteggiamento da cristiano (vv. 100-105).
2. L'atteggiamento da guerriero (vv. 106-112).

Analizzare

4 **Lo stile. Nella prima parte del brano, il poeta ripete versi che descrivono gli sforzi disperati di Orlando per ottenere soccorso: sottolineali sul testo, evidenziando le due lasse similari.**

5 **I personaggi. Gano e Carlo Magno sono profondamente diversi, dunque reagiscono in modo differente quando sentono il suono dell'olifante: descrivi le loro azioni e spiega in che modo il traditore cerca di impedire al sovrano di accorrere in aiuto del paladino.**

1. Il discorso di Gano (vv. 10-24).
2. La reazione di Carlo Magno (vv. 28-29; 36-38; 52-53).

6 **Lo stile. La similitudine è una figura retorica particolarmente efficace nel descrivere un fatto, un personaggio o uno stato d'animo: sottolinea le tre similitudini contenute nel brano.**

7 **Lo stile. Le similitudini evidenziate nell'esercizio precedente mettono in luce elementi del carattere o del comportamento del personaggio cui si riferiscono: quali?**

8 **Lo stile. Orlando percepisce con chiarezza la morte imminente, a conclusione di un'esistenza consacrata alla guerra e al sacrificio in nome della fede e dell'onore. Inserisci nello schema le espressioni formulari simili riferite alla condizione di Orlando e spiega quale funzione svolge la ripetizione insistita di questi versi.**

1. Lassa CLXVII:
   - A ....
   - B ....
2. Lassa CLXXIV:

9 **I personaggi. Prima di morire, Orlando trova ancora la forza di affrontare e uccidere un nemico. Rileggi i versi 75-84 e 93-95, poi spiega quali caratteristiche, positive e negative, presenta il personaggio del Saraceno.**

10 **I personaggi.** **Quali elementi del carattere di Orlando vengono messi in luce dalla lotta tra l'eroe e il Saraceno?**

A Debolezza e astuzia.
B Debolezza e valore.
C Forza fisica e valore.
D Forza fisica e astuzia.

11 **I temi.** **Orlando e i baroni di Carlo Magno incarnano il modello del perfetto cavaliere cristiano: individua, tra quelle proposte, le espressioni che meglio definiscono tale figura.**

A Difesa della propria vita.
B Eroismo in battaglia.
C Fedeltà alla donna amata.
D Difesa dei propri compagni.
E Fedeltà al proprio re.
F Rispetto del nemico.
G Rispetto della religione.
H Scarso senso dell'onore.

12 **I temi.** **Il «meraviglioso cristiano» è un tema spesso presente nei poemi epici, perché contribuisce a rafforzare la fede dei lettori, suscitando stupore per l'intervento divino a favore dei «buoni»: quale elemento del «meraviglioso cristiano» è presente nell'episodio?**

....

....

....

13 **Un confronto.** **Il personaggio di Orlando ricorda quello di Ettore, uno dei protagonisti dell'*Iliade*: indica se le seguenti affermazioni sono vere o false, motivando oralmente la scelta.**

	V	F
1. Entrambi sono di nobile stirpe.	☐	☐
2. Entrambi sono valorosi guerrieri.	☐	☐
3. Nessuno dei due ha una famiglia.	☐	☐
4. Entrambi vengono uccisi in duello.	☐	☐

Lessico

GARZANTI LINGUISTICA

14 **Il duca Naimes definisce Orlando un *prode* (v. 30): inserisci nello schema i sinonimi e i contrari della parola *prode*, riportati nell'elenco che segue. Fai attenzione: non tutti rientrano nell'una o nell'altra categoria.**

temerario ◦ intrepido ◦ vigliacco ◦ ardimentoso ◦ imprudente ◦ pusillanime ◦ valoroso ◦ spericolato ◦ codardo ◦ gagliardo ◦ impavido ◦ timoroso ◦ eroico ◦ pavido ◦ imponente

1. Sinonimi:

....

....

....

2. Contrari:

....

....

....

Grammatica

15 **Fai l'analisi grammaticale dell'espressione *Quattro pietre son là* (v. 73).**

1. *Quattro*: ....
2. *pietre*: ....
3. *son*: ....
4. *là*: ....

Scrittura

16 **Immagina di essere un sopravvissuto alla tragedia di Roncisvalle, di raggiungere l'accampamento di Carlo Magno, di presentarti all'imperatore e di raccontargli il fatto, esortandolo a vendicare al più presto la morte di tanti compagni. Tieni presenti i punti sottoriportati:**

– adotta un linguaggio coinvolgente, che lasci trasparire il grande dolore e l'emozione per le vicende alle quali hai assistito;
– descrivi in sintesi la morte di Orlando, insistendo sul suo coraggio, sulla forza della sua fede religiosa e sul rimpianto da lui mostrato nel dover abbandonare troppo presto la vita;
– rivolgiti all'imperatore, chiedendogli una vendetta per la strage di tanti valorosi e la giusta punizione del traditore Gano.

La Canzone dei Nibelunghi

L'AUTORE, L'OPERA E IL TITOLO

La letteratura tedesca medievale ha prodotto un'opera straordinaria, la ***Canzone dei Nibelunghi*** (*Nibelungenlied*), giunta fino a noi in diversi manoscritti quasi completi e in un certo numero di frammenti. Lo studioso tedesco **Karl Lachmann** (1793-1851), che aveva redatto nel 1816 la prima edizione critica del poema, lo riteneva composto da uno scrittore ignoto, il quale avrebbe collegato diversi canti, di sua creazione, ad altri, risalenti a un periodo più antico e di provenienza popolare. Oggi è opinione diffusa che l'autore sia un **poeta erudito**, forse un vescovo austriaco di nome **Wolfger**, dotato di buone capacità artistiche ed esperto conoscitore dell'ambiente raffinato ed esclusivo delle corti, di cui si descrivono in dettaglio feste, cerimonie e banchetti. Molte incertezze persistono sulla **datazione** del poema che, grazie all'analisi di alcuni aspetti linguistici e culturali, viene generalmente collocato **intorno al 1200**, forse tra il 1190 e il 1205.

Riguardo al **titolo**, una tradizione sostiene che la parola «Nibelunghi» deriverebbe dalla cittadina di **Nivelles** nel Brabante, capitale del regno burgundo. Secondo alcuni, invece, il vocabolo «Nibelunghi» proverrebbe dal sostantivo *nebel* (nebbia), quindi indicherebbe i «figli del paese della nebbia» o «delle tenebre». A fondamento di questa idea vi sarebbero delle **leggende nordiche**: infatti, il popolo dei Nibelunghi, una tribù composta da nani e dedita alle attività di estrazione dell'oro e di fusione del ferro, viveva in un territorio molto freddo e nebbioso, dove custodiva un tesoro appartenente ai defunti. Chi se ne fosse impossessato, sarebbe morto, entrando di conseguenza in una dimensione oscura e diventando egli stesso un «Nibelungo». Ecco perché l'eroe Sigfrido e i suoi compagni, impadronitisi del tesoro, tolto al nano Alberico, furono chiamati appunto «Nibelunghi», così come i Burgundi, che ne furono gli ultimi difensori.

IL POEMA TRA STORIA E LEGGENDA

La materia originaria della *Canzone dei Nibelunghi* è formata da storie di genere epico e mitologico, di origine germanica e nordica. Non mancano tuttavia fatti e personaggi la cui **storicità** è accertata. Realmente accaduti sono gli eventi relativi all'annientamento dei Burgundi, che fondarono il primo regno romano-barbarico, con capitale Worms, e che poi nel 437 furono distrutti dagli Unni; davvero esistiti sono Attila, re degli Unni, e Teodorico, sovrano degli Ostrogoti.

Lo **scenario** in cui si collocano le vicende narrate si identifica facilmente con quello delle corti del XII-XIII secolo, pertanto nel poema si trovano contenuti legati all'**epoca feudale**, ben più tarda rispetto al V secolo, in cui sono ambientati i fatti principali del poema. La tradizione cavalleresca è rappresentata dagli ideali della **lealtà** al proprio signore e alla donna amata, del **coraggio** e del **valore** in battaglia, accanto ai quali persistono modelli di comportamento tipici di una civiltà barbarica, ispirati alla **brutalità** e alla **vendetta**.

La struttura e lo stile

Il poema è formato da **39 canti**, chiamati *Avventure* e strutturati in **strofe**, per un totale di oltre 8.000 versi **in medio alto tedesco**, una lingua precedente di molti secoli il tedesco moderno. La vicenda narrata si suddivide in **due ampie parti**: la prima (canti 1-19) è dedicata alle imprese e alla morte di Sigfrido, mentre la seconda (canti 20-39) è incentrata sulla vendetta messa in atto da Crimilde, la sposa di Sigfrido, per punire l'uccisione del marito e recuperare il tesoro dei Nibelunghi.
La **sintassi** è **semplice**, con una prevalenza di coordinate, ma le **scelte lessicali** privilegiano espressioni emotivamente **coinvolgenti**, per quanto le traduzioni moderne non rendano giustizia al fascino del testo, dovendo rinunciare al gioco delle rime e alla musicalità dei versi. Il **narratore esterno** adotta in prevalenza una **focalizzazione onnisciente**, rivelata dal suo frequente rivolgersi al pubblico (*Vi dirò anche*...). Non possiamo infine parlare di un vero e proprio **stile formulare**, perché di rado si ripetono gli stessi versi e, se ciò accade, il poeta inserisce delle varianti.

La trama

Le gloriose imprese di Sigfrido

In Burgundia, nella capitale Worms, vive Crimilde, affidata alla custodia del fratello Gunther, re dei Burgundi; nel Niederland, nella città di Xanten, abita Sigfrido, erede dei sovrani del luogo.
Avendo sentito parlare della splendida bellezza di Crimilde, s'invaghisce di lei e decide di sposarla. Al fine di realizzare il suo sogno, parte per Worms. Dell'arrivo del giovane è avvertito Hagen, un fidato vassallo di Gunther, che narra al sovrano le strabilianti gesta di Sigfrido, come la vittoria sui giganti e sui Nibelunghi, del cui tesoro egli si era impadronito.
Accolto da Gunther, Sigfrido si trattiene a corte per un anno senza mai incontrare Crimilde. Il valoroso principe dimostra il suo coraggio in alcune azioni militari contro i Danesi e i Sassoni, pertanto il re gli fa conoscere Crimilde, che ricambia i sentimenti dell'ospite. Da questa situazione Gunther vuole trarre un vantaggio personale, così propone al giovane un accordo: darà in sposa la sorella se egli l'appoggerà nella conquista dell'affascinante Brunilde, regina d'Islanda, donna bellissima e feroce guerriera.
Sigfrido aiuta Gunther a superare le prove cui viene sottoposto insieme ad altri pretendenti alla mano della regina, che uccide chi fallisce il confronto con lei. Brunilde, tuttavia, cade nell'equivoco di credere che lo sfidante sia Sigfrido, il quale, però, si dichiara un semplice vassallo di Gunther. Servendosi di un cappuccio che rende invisibili, egli combatte al posto dell'amico e ottiene per lui la vittoria. La sovrana, nonostante sia furente, ma senza nutrire alcun sospetto dell'imbroglio, accetta il matrimonio con Gunther: infatti, rifiutandolo, sarebbe accusata di slealtà.
A Worms si celebrano le doppie nozze che uniscono Gunther a Brunilde e Sigfrido a Crimilde. Questi ultimi tornano nella patria di Sigfrido, che viene incoronato re e diventa padre di un bimbo cui è dato il nome di Gunther. Anche Brunilde genera un figlio, chiamato Sigfrido.

La morte di un nobile cavaliere

Sono trascorsi circa dieci anni e Brunilde invita Crimilde a Worms. Un allegro ricevimento è purtroppo funestato da una discussione fra le due donne. Brunilde ritiene Sigfrido un cavaliere di rango inferiore rispetto a Gunther, mentre Crimilde, adirata, respinge l'idea e fa addirittura un'imprudente rivelazione: la vittoria di Gunther su di lei è dovuta, in realtà, all'intervento magico di Sigfrido, che gliel'aveva raccontato.
Di fronte alla terribile verità, Brunilde medita vendetta e rende Hagen partecipe del suo piano. Così istiga i cavalieri burgundi contro Sigfrido e persuade il marito della necessità di ucciderlo. Durante una battuta di caccia, Sigfrido viene assassinato da Hagen, che conosce l'unico punto vulnerabile del corpo dell'eroe. Nello stesso tempo, Gunther s'impossessa del tesoro dei Nibelunghi, che Sigfrido aveva dato a Crimilde come regalo di nozze, e lo nasconde nelle acque del fiume Reno.

L'atroce vendetta di Crimilde

La seconda parte del poema è incentrata sui modi con cui si attua la vendetta di Crimilde. Dopo lunghi anni di lutto sconsolato, la vedova di Sigfrido cede alle lusinghe di Attila, il re degli Unni, e lo sposa. Ma il dolore per la perdita dell'antico amore si rivela insopportabile, quindi, travolta dall'odio, intreccia un orribile disegno di morte.
Con il pretesto di una riconciliazione, la regina invita alla reggia il fratello e i suoi cortigiani. Gli Unni fanno strage di Burgundi, uccidendo numerosi cavalieri e lo stesso Gunther. Hagen viene eliminato da Crimilde, poiché si è rifiutato di rivelare il luogo in cui giace il tesoro dei Nibelunghi. Ildebrando, il maestro d'armi del re Teodorico, che è presente all'eccidio, mette fine alla strage, uccidendo Crimilde. Attila e Teodorico, attorniati dai rispettivi guerrieri, piangono la scomparsa di tanti valorosi. Il tesoro dei Nibelunghi rimarrà celato per sempre, portatore in eterno di lutti e disgrazie, a causa della maledizione che il nano Alberico, il suo custode, aveva scagliato su di esso.

Sigfrido incontra Crimilde

(Avventura V, strofe 265-297)

Il contesto

Il nobile e valoroso Sigfrido soggiorna presso Gunther, re dei Burgundi, nella reggia di Worms, dopo aver prestato il suo aiuto per sconfiggere i Danesi e i Sassoni, che avevano invaso il paese, e aver contribuito in maniera decisiva alla vittoria. A corte, egli conosce la sorella del re, la bellissima principessa Crimilde, di cui si era perdutamente innamorato pur non avendola mai vista.

Il brano

L'incontro tra il cavaliere Sigfrido e la nobile Crimilde avviene nell'ambiente della corte reale, che si presenta sfarzoso, quindi come la cornice adatta a un avvenimento così importante. Nel giorno di Pentecoste, scelto per celebrare la sconfitta dei nemici, i cavalieri e le dame circondano Sigfrido, creando un trepidante clima d'attesa: infatti, sta per entrare Crimilde. L'apparizione della fanciulla è anticipata da un'intensa emozione, che invade i cuori di tutti i presenti.

Chiave di lettura

In questo brano sofferma l'attenzione su:

– il concetto della «**gioia**», il quale, ripreso dalla cultura cortese, è un sentimento che fonde l'orgoglio di essere cavaliere e la felicità offerta dalla presenza femminile;

– il **tema**, anch'esso tipicamente cortese, dell'«**amore da lontano**»: infatti ci si può innamorare anche senza essersi mai visti né conosciuti;

– l'attenzione riservata ai **personaggi secondari**, come i cavalieri che invidiano Sigfrido per la sua indiscussa superiorità e per l'amore che Crimilde gli riserva.

265

Si vedevano ogni giorno cavalcare verso il Reno
quelli che s'avviavano alla festa di corte[1].
A chi veniva nel regno per fare onore al re
si donavano cavalli e vesti preziose.

1. festa di corte: uno splendido intrattenimento, organizzato da re Gunther per celebrare la vittoria sui nemici, resa possibile soprattutto dal grande valore di Sigfrido.

266

Per essi erano pronti già gli alloggiamenti[2]
per i più nobili e potenti, come a noi fu riferito,
per trentadue signori, che venivano alla festa.
S'adornavano a gara, per loro, le belle donne.
[...]

267

Il mattino di Pentecoste si videro venire,
vestiti in gran pompa[3], molti prodi guerrieri,
cinquemila e anche più, alla festa di corte.
A gara in ogni luogo s'allestivan divertimenti.

268

L'iperbole esalta la bellezza di Crimilde.

Il re aveva in mente, poiché ben lo sapeva,
con quanta intensità il guerriero del Niederland[4]
amava sua sorella, benché non la conoscesse,
perché si diceva ch'era la più bella di tutte le donne.

269

Allora disse al re Ortwin[5], il guerriero:
«Se volete che la festa sia completa d'ogni splendore,
lasciate che si mostrino le graziose fanciulle
che onorano i Burgundi con la loro presenza.

270

Quale gioia avrebbe l'uomo, di che potrebbe godere
se non della vista di belle donne e fanciulle?
Fate che vostra sorella innanzi agli ospiti venga».
Quel consiglio fu, dato per la gioia dei guerrieri.

271

«Seguirò il tuo consiglio», disse allora il re.
Tutti quelli che udirono, ne furono assai lieti.
Fece dire alla regina Ute[6] e alla bella figliuola
che venissero a corte con le loro fanciulle.
[...]

---

2. **gli alloggiamenti**: le stanze sontuose, dove gli invitati avrebbero dimorato per qualche tempo.

3. **in gran pompa**: con grande magnificenza, ostentando lusso.

4. **il ... Niederland**: Sigfrido, i cui genitori sono i sovrani di questo territorio, che coincide con gli attuali Paesi Bassi.

5. **Ortwin**: un vassallo di Gunther, che svolge la funzione di siniscalco, cioè di maggiordomo (e, per estensione, di alto funzionario della casa reale).

6. **Ute**: è la madre di Crimilde e di Gunther.

Uno scenario raffinato

Nelle prime tre strofe si descrive un ambiente tipicamente cortese: lo spazio è affollato di nobili signori e di belle dame, che allieteranno i numerosi ospiti. Questi versi confermano che l'autore conosce bene, probabilmente per esperienza diretta, i cerimoniali della sua epoca. La donna viene idealizzata e considerata un essere superiore, una creatura angelica: dotata di grazia e di fascino, ella è in grado di infondere gioia e amore con la sua sola presenza.

279

Si vide venire con lei la nobilissima Ute.
Aveva preso belle donne a farle compagnia,
cento e forse più: portavano ricche vesti.
Seguivano la sua figliuola molte graziose fanciulle.

280

Si videro uscire da una grandissima sala.
Si fece una gran ressa tra i nobili guerrieri,
che avevano speranza che accadesse anche a loro
di gettare lieti sguardi alla nobile principessa.

Il personaggio di Crimilde è delineato mediante una presentazione diretta, che ne mette in rilievo l'eleganza dei modi.

281

E venne la leggiadra, come rompe l'aurora
fuori da oscure nubi. Sparì una grande angoscia
in colui che l'amava, e già da lungo tempo.
Egli vide la bella, splendida, innanzi a sé.

282

Rilucevano dalla sua veste molte pietre preziose.
Il colore roseo del volto risplendeva dolcemente.
Per quanto grandi possano essere i desideri di qualcuno,
nessuno potrebbe dire d'aver mai visto cosa più bella.

283

Come splende la luna più di tutte le stelle
quando il suo raggio lucente scende dalle nubi,
così le altre donne superava in bellezza.
Per questo esultava il cuore dei bei guerrieri.

284

Si videro precederla maestosi camerlenghi[7].
I superbi guerrieri non potevano trattenersi
dal far ressa d'intorno, per vedere la fanciulla.
Il sire[8] Sigfrido era lieto e turbato.

7. camerlenghi: i custodi della stanza del tesoro reale.

8. sire: nel senso di «signore».

285
Pensava nel suo cuore: «Come può accadere
che mi sia dato d'amarti? Non è che un sogno folle.
Ma se devo restarti estraneo, vorrei piuttosto morire».
E in quel pensiero il suo volto impallidiva e arrossiva.

Eroismo e bellezza

L'abilità del narratore nel tratteggiare un personaggio si rivela anche a proposito di Sigfrido, di cui viene l'esaltata la grande leggiadria, pari a quella di Crimilde. L'immagine del cavaliere emerge con immediatezza tramite una similitudine (*quasi fosse... maestro*) derivata, in modo insolito, dal mondo delle professioni, e per mezzo di un'iperbole (*non... più bello*).

286
Se ne stava leggiadro il figlio di Siegmund
quasi fosse figura su pergamena dipinta
dall'arte di un buon maestro, e di lui si diceva
che non s'era mai visto un guerriero più bello.

287
Quelli di scorta alle donne pregarono di sgombrare
tutt'intorno la via. I cavalieri obbedirono.
L'esultanza dei cuori rallegrava la folla.
S'avanzavano maestose molte splendide donne.

288
Allora parlò Gernot[9] della terra burgunda:
«A colui che in cortesia vi prestò i suoi servigi[10],
Gunther, fratello caro, rendete il favore
davanti a questi guerreri; non mi pentirò mai del consiglio.

289
Dite a Sigfrido d'accostarsi a mia sorella,
affinché la fanciulla gli porga il suo saluto. Ne saremo onorati.
Colei che mai salutò cavaliere[11] gli porgerà il saluto
e noi avremo acquistato quello splendido guerriero[12]».

290
Andarono i parenti del re a cercare il cavaliere.
Dissero al guerriero del regno del Niederland:
«Il re vi fa l'onore di invitarvi alla corte,
vi saluterà sua sorella; ciò è fatto in vostro onore».

I sentimenti di Sigfrido sono resi attraverso un'antitesi, la figura retorica del significato che accosta frasi o parole di senso opposto.

291
Il cavaliere in cuor suo ne fu assai felice.
Sentiva nel cuore gioia senza affanno,
poiché avrebbe visto la bella figlia di Ute.
Con amabile cortesia ella salutò Sigfrido.

292
Quand'ella il fiero eroe vide innanzi a sé,
il suo volto s'accese. Poi disse la bella:
«Siate benvenuto, Sigfrido, nobile cavaliere».
Allora per quel saluto gli esultò tutto il cuore.

293
S'inchinò gentilmente. Lei lo prese per mano.
Con quanta grazia camminava al fianco della donna!
Con sguardi amorosi si spiavano l'un l'altro,
il guerriero e la fanciulla. E ciò accadeva di nascosto.

294
Se forse con amore venisse stretta una bianca mano

9. Gernot: un fratello di Crimilde e di Gunther.

10. vi prestò ... servigi: è un'allusione alle battaglie combattute da Sigfrido contro i Sassoni, per conto di re Gunther.

11. mai salutò cavaliere: si riferisce al comportamento riservato di Crimilde, che non frequenta uomini.

12. avremo ... guerriero: otterremo l'appoggio di un guerriero valoroso. Il saluto di Crimilde è un modo per omaggiare pubblicamente le doti militari di Sigfrido.

nel grande affetto del cuore, io questo non lo so.
Ma non posso credere che ciò non sia accaduto.
Ella gli aveva dimostrato, subito, il suo trasporto[13].

295
Nel bel tempo d'estate, al giungere del maggio,
non poteva nel suo cuore accogliere mai più
una gioia così grande, quale allora godeva,
quando andava per mano con quella che avrebbe amato.

Un amore esclusivo

Fra i due protagonisti sta nascendo la passione: è un sentimento che unisce anime superiori, persone dal cuore nobile, dai gesti misurati e pieni di grazia. In ambito amoroso, il ruolo della donna risulta fondamentale: attraverso l'amore che ella suscita, l'uomo, soprattutto il cavaliere, raggiunge una sorta di elevazione morale e consegue il miglioramento delle doti racchiuse sotto il nome di «cortesia» ovvero generosità, gentilezza e nobiltà d'animo.

296
Molti guerrieri pensavano: «Fosse accaduto a me
di camminare al suo fianco, come lui vidi fare,
o di giacere con lei! Ne sarei stato felice».
Più di lui nessun guerriero meritò mai tale regina.

297
Da qualunque regno fossero gli ospiti giunti,
in nessun luogo conobbero una coppia più bella.
A lei fu concesso di baciare il guerriero.
Egli non provò mai una gioia più grande.

(*I Nibelunghi*, a cura di L. Mancinelli, Einaudi, Torino 1995)

13. **trasporto**: slancio appassionato.

Comprendere

1 **L'incontro fra i protagonisti avviene in una particolare circostanza, che induce la corte a celebrare grandi e solenni festeggiamenti: quando e in quale occasione Sigfrido e Crimilde si vedono per la prima volta?**

2 **L'epilogo del brano (strofa 297) sottolinea un fatto importante e una riflessione del narratore. Infatti, a conclusione dell'episodio:**

- A Crimilde e Sigfrido, con grande disappunto di entrambi, non s'incontrano.
- B i cavalieri burgundi, invidiosi, impediscono l'incontro dei due giovani.
- C a Crimilde è concesso di baciare Sigfrido e questi rimane indifferente.
- D a Crimilde è concesso di baciare Sigfrido e questi prova grande gioia.

Analizzare

3 **I personaggi. L'incontro fra i protagonisti ne rivela l'intensità dei sentimenti, con la delicata allusione all'amore che sta per nascere, e l'eleganza degli atteggiamenti, tipica peraltro di coloro che vivono in una corte: metti in evidenza questi aspetti dei personaggi, completando la tabella.**

	Sigfrido	Crimilde
1. Sentimenti e reazioni:	....	....
2. Atteggiamenti:	....	....

4 **I personaggi. Il fascino del personaggio di Crimilde è delineato attraverso espressioni che appartengono al campo semantico della luce, dello splendore abbagliante: individuale e segnale sul testo.**

5 **I personaggi. Quali aspetti della fanciulla sono messi in evidenza dalle espressioni che hai sottolineato nell'esercizio 4?**

- A L'attenzione alla moda e l'amore per i gioielli.
- B L'attenzione alla bellezza e il desiderio di piacere.
- C La grazia e la cortesia di una donna-angelo.
- D La grazia e un'educazione molto raffinata.

6 **Il narratore. La voce narrante riferisce con scrupolo al lettore ciò che sa o dichiara apertamente di essersi informata su ciò che ignorava: si tratta dunque di un narratore in prevalenza onnisciente. Completa lo schema, inserendo quelle espressioni che lo confermano e motivando la risposta.**

1. Strofa 266:

....

2. Strofa 272:

....

3. Strofa 294:

....

7 **Lo stile. Gli epiteti costituiscono un elemento importante dello stile epico, in quanto permettono di riconoscere con facilità un personaggio attraverso la riproposizione delle sue caratteristiche. Il cavaliere Sigfrido viene indicato con due epiteti, contenuti nelle strofe 269 e 290: sottolineali, poi spiega quali aspetti del protagonista vengono in tal modo evidenziati.**

8 **Il tema. Nel brano appare evidente il continuo accostamento fra la bellezza delle dame e la forza dei cavalieri, esaltati nel loro ruolo sociale e tutti fisicamente belli e abbigliati con grande ricercatezza. Sottolinea sul testo in colori diversi le espressioni che si riferiscono alla bellezza femminile e al valore guerriero.**

9 **Il tema. Quali temi emergono dalle espressioni sottolineate nell'esercizio precedente, le quali alludono anche a uno stile di vita fondato sull'esibizione di comportamenti di raffinata eleganza e gentilezza?**

- A Le dame come ornamento della corte e i guerrieri come simbolo di violenza e di potere.
- B Le dame come ornamento della corte e i guerrieri come simbolo di valore e di nobiltà.
- C Le dame come oggetto di piacere e i guerrieri come razziatori di donne e di oggetti preziosi.
- D Le dame come astute rivali di Crimilde e i guerrieri come avversari e traditori di Sigfrido.

10 **Un confronto. Crimilde ricorda un altro personaggio, ugualmente affascinante, quello di Elena, la bellissima regina di Sparta, rapita dal troiano Paride: vediamo dunque di istituire un parallelo tra le due donne, facendo riferimento ai testi. Per quanto riguarda Elena, riportiamo alcuni versi, che puoi utilizzare per l'analisi del personaggio. Nel libro IV dell'*Odissea*, Elena è descritta mentre giunge nella sala dei banchetti della reggia di Sparta, dove si trova Telemaco, per chiedere notizie di suo padre Odisseo, da tempo lontano da casa.**

1. *Elena dall'eccelsa e profumata*
   Sua stanza venne con le fide ancelle,
   Che Diana parea dall'arco d'oro.
   Bel seggio Adrasta avvicinolle, Alcippe
   Tappeto in man di molle lana, e Filo
   Panier recava di forbito [ben lavorato] *argento*
   (vv. 157-162).
2. ... *la divina tra le donne, Elena* (v. 388).
3. [Ella indossa] *un sinuoso peplo* (v. 399).

Segui la traccia proposta e confronta i personaggi di Elena e di Crimilde, rielaborando le informazioni tratte dai versi del poema omerico, dall'episodio della *Canzone dei Nibelunghi* ed eventualmente dalla tua conoscenza della trama di entrambe le opere.

	Elena	Crimilde
1. L'identità:	....	....
2. L'aspetto fisico:	....	....
3. L'abbigliamento:	....	....
4. Il ruolo nell'opera:	....	....

Lessico

GARZANTI LINGUISTICA

11 Oltre che un principe, Sigfrido è un *guerriero* (strofa 269): scrivi una frase che contenga il vocabolo *guerriero*, usato nel senso metaforico di «persona aggressiva e battagliera».

....

....

12 L'autore fa ampio uso delle similitudini: sottolinea sul testo quelle contenute rispettivamente nelle strofe 281 e 283. In esse, Crimilde viene paragonata a:

A un'arma di grande potenza.
B un oggetto della vita quotidiana.
C un luminoso fenomeno della natura.
D una splendente pietra preziosa.

13 Tali similitudini contribuiscono a:

A evidenziare le caratteristiche del personaggio.
B rendere elevato e complesso lo stile.
C sottolineare l'originalità dell'evento.
D stupire il lettore per l'abilità del poeta.

14 All'ingresso di Crimilde l'eroe Sigfrido reagisce manifestando emozioni contrastanti, per esprimere le quali risulta particolarmente adatta la figura retorica dell'antitesi: sottolinea e spiega le due antitesi, contenute rispettivamente nelle strofe 284 e 285.

1. Strofa 284:

....

2. Strofa 285:

....

Grammatica

15 La frase *a farle compagnia* (v. 30) è una subordinata:

A consecutiva.
B modale.
C finale.
D causale.

Scrittura

16 Una prestigiosa rivista on-line ha deciso di realizzare un servizio sui fidanzamenti e le nozze delle celebrità e ha affidato proprio a te l'incarico di raccontare, in un articolo di giornale, la serata in cui Sigfrido e Crimilde hanno celebrato la loro unione. Se lo ritieni opportuno, segui i punti sottoriportati:

– adotta uno stile vivace e coinvolgente, per descrivere i protagonisti, la luminosa Crimilde e l'eroico Sigfrido, tratteggiandone l'aspetto fisico e l'abbigliamento;
– arricchisci il testo intervistando qualche invitato alla cerimonia (Gunther e i suoi vassalli, dame e cavalieri);
– intervista brevemente Crimilde e Sigfrido sui loro progetti per il futuro.

La morte di Sigfrido

(AVVENTURA XVI, STROFE 979-998)

IL CONTESTO

Durante una festa di corte, Crimilde ha rivelato a Brunilde un imbarazzante segreto: è stato Sigfrido, non il re Gunther, a conquistare la mano della bella regina d'Islanda, dopo aver superato alcune prove di coraggio e di abilità. In preda all'umiliazione, Brunilde racconta i fatti allo sposo e al fedele vassallo di questi, Hagen, il quale le promette di vendicarla con la morte di Sigfrido.

A partire da questo momento, la trama è improntata all'inganno e al vile tradimento. Anche Crimilde cade nella trappola, rivelando ad Hagen l'unico punto vulnerabile del corpo del marito: quando, infatti, l'eroe aveva ucciso un drago, il sangue del mostro, nel quale si era immerso, gli aveva dato l'invulnerabilità, ma ne era rimasto escluso un punto tra le scapole, dove si era posata una foglia di tiglio. Addirittura, Crimilde, nella speranza che Hagen proteggerà Sigfrido, ricama una croce sulla sua tunica, a indicare proprio il punto più debole.

La mattina in cui l'esercito deve mettersi in cammino per incontrare i nemici, i Danesi e i Sassoni, contro cui è stata dichiarata la guerra, a corte giungono due falsi messaggeri con proposte di pace. Sigfrido è invitato a una partita di caccia, durante la quale abbatte un grosso orso. Gunther, su suggerimento di Hagen, fa in modo che manchino le bevande necessarie per il banchetto che sarà offerto subito dopo. Viene allora proposta a Sigfrido una gara con il cognato, per raggiungere una fonte vicina, dove entrambi potranno dissetarsi.

IL BRANO

Sigfrido giunge per primo alla fonte, però accetta di bere solo dopo aver lasciato che Gunther si ristori per primo. Il gesto di generosa cortesia cavalleresca è mal ricompensato da Hagen, che approfitta della situazione per colpire Sigfrido nel punto vulnerabile e ucciderlo. Prima di morire, l'eroe affida a Gunther la sua famiglia; il re, nonostante la gioia di Hagen, che si vanta dell'impresa compiuta, piange la scomparsa di un uomo così nobile e valoroso.

CHIAVE DI LETTURA

In questo brano sofferma l'attenzione su:
- l'evidente **superiorità** del protagonista, l'eroe Sigfrido, su coloro che lo circondano. Si tratta di una caratteristica che egli mantiene fino alla morte;
- il tema dell'**intrigo** e dell'**inganno** e di un intreccio complesso di **sentimenti** nei rapporti familiari, che oscillano tra affetto, odio e gelosia;
- il tema del **contrasto** tra l'eroica **virtù guerriera** di Sigfrido e la **malvagia codardia** dei suoi assassini.

979
La fonte[1] era fresca, chiara e limpida. Gunther si curvò verso l'acqua, dopo aver bevuto si rizzò in piedi. Così voleva fare anche il prode Sigfrido.

980
Ma ebbe a scontare[2] la sua cortesia. L'arco e la spada, tutte le sue armi gliele portò via Hagen. E fu poi con un balzo di nuovo là ove trovò l'asta di Sigfrido. Cercò con lo sguardo il segno sulla tunica dell'eroe[3].

981
Mentre il sire[4] Sigfrido beveva curvato sulla fonte, Hagen lo trafisse con la lancia attraverso alla crocetta, tanto che dalla ferita il sangue del cuore di Sigfrido sprizzò sin sulla veste. Mai più eroe compirà simile misfatto[5].

Un nobile eroe

Fin dalle prime righe Sigfrido appare il protagonista di un episodio che lo vede come la vittima innocente del malvagio Hagen. Due vocaboli, tratti dal linguaggio tipico dei poemi cavallereschi, ne sottolineano le qualità di guerriero e di uomo: Sigfrido, infatti, è definito esplicitamente *prode*, cioè valoroso, e dotato di *cortesia* ovvero di tutte le virtù (generosità, nobiltà d'animo, saggezza, moderazione, eleganza di modi) di cui è in possesso chi vive in una corte feudale. Al contrario, in riferimento ad Hagen si usa la parola *misfatto*, che ben descrive il carattere atroce dell'azione del vassallo di Gunther.

Da vigliacco qual è, Hagen fugge davanti a Sigfrido, anche se l'eroe è in punto di morte: l'eroe, infatti, resta sempre un guerriero temibile.

982
Gli lasciò la lancia infitta nel cuore. Mai al mondo Hagen era fuggito così velocemente come ora di fronte a Sigfrido. Quando il re Sigfrido sentì la terribile ferita

983
balzò su infuriato dalla sorgente: la lunga lancia gli spuntava fuori dalle spalle. L'eroe pensava di trovare l'arco o la spada: allora Hagen sarebbe stato compensato secondo i suoi meriti!

984
Quand'egli, ferito a morte, non ritrovò la spada, non ebbe più

1. **La fonte**: in luogo in cui sarebbe stato teso l'agguato a Sigfrido.

2. **scontare**: pagare cara.

3. **il ... eroe**: la croce ricamata da Crimilde nell'unico punto vulnerabile del corpo del marito.

4. **sire**: signore.

5. **misfatto**: azione gravemente delittuosa.

altro che lo scudo: l'afferrò con violenza da terra e si diede ad inseguire Hagen: né il vassallo di Gunther potè sfuggirgli.

985
Benché ferito a morte, menò un colpo così tremendo da far balzare fuori le gemme dallo scudo: lo scudo stesso gli si ruppe in mano. Il nobile ospite[6] avrebbe volentieri preso vendetta.

986
Per mano sua Hagen fu gettato a terra. Per la violenza del colpo rimbombò tutto lo spiazzo. Se avesse avuto in mano la spada sarebbe stata la morte di Hagen, tanto adirato era il ferito: e ne aveva ben ragione.

987
L'eroe era impallidito e non poteva più reggersi in piedi. La vigoria del corpo dovette abbandonarlo da quando recava nel pallore del volto l'impronta della morte. Quanto fu poi compianto dalle belle dame!

988
Allora il consorte di Crimilde si abbattè tra i fiori: si vide scorrere largamente il sangue dalla sua ferita: cominciò a inveire, costretto dal suo tormento, contro coloro che avevano ordito[7] il perfido assassinio.

989
Disse il morente: «O voi malvagi codardi, a che giovarono i miei servigi se mi avete ucciso così? Io vi fui sempre fedele: così ne son ricompensato. Quanto male avete con questo recato al vostro parentado!

990
Ne sarà infamato chiunque nasca da voi d'ora in avanti. Troppo avete vendicato su di me il vostro rancore! Sarete con onta[8] respinti da ogni buon cavaliere».

991
Tutto il seguito accorse là ove egli giaceva. Per molti di loro fu un ben triste giorno. Da tutti gli uomini di fede[9] venne

6. Il nobile ospite: Sigfrido, ospite alla corte dei Burgundi, a Worms.

7. ordito: architettato, tramato.

8. con onta: con disonore.

9. uomini di fede: uomini legati dalla fede cavalleresca, cioè dai valori di lealtà e fedeltà.

compianto. Ben se l'era meritato l'audace prode cavaliere.

992
Anche il re dei Burgundi pianse la sua morte. Allora il morente disse: «Non vi è ragione che pianga di un male colui che l'ha commesso. Costui merita gran disprezzo. Meglio avrebbe tralasciato il pianto!».

993
Il feroce Hagen ribatté: «Non so perché voi leviate lamenti. Ora ha fine ogni nostro timore ed affanno; ne troveremo ormai ben pochi che osino misurarsi con noi. Bene ho fatto a por fine alla sua potenza».

Lealtà e tradimento

Sigfrido morente ha ancora la forza di pronunciare parole durissime nei confronti di Gunther, cui è legato da stretti vincoli di parentela, avendone sposato la sorella, Crimilde. Il suo cuore è puro, non conosce inganno, pertanto egli manifesta aperta condanna e profondo disprezzo nei confronti dell'agire del re dei Burgundi che, pur non avendo commesso materialmente l'agguato, non l'ha però impedito.

Il pensiero di Sigfrido è rivolto alla donna cui ha consacrato la propria vita.

994
«Vi è facile vantarvi», disse Sigfrido. «Se avessi riconosciuto in voi il vostro animo da assassini avrei ben salvaguardata la mia vita. Di nulla tanto mi tormento come della mia donna Crimilde.

995
Dio abbia pietà del figlio che io ho generato al quale in avvenire si farà sempre rimprovero che i suoi parenti hanno ucciso a tradimento. Se lo potessi ancora, ben avrei ragione di piangere!».

996
Poi il morente ripigliò dolorosamente: «Se voi, o nobile sovrano, volete mai dimostrare la vostra fede a qualcuno al mondo, io commetto[10] alla vostra grazia la mia diletta amata.

997
Fate che le sia di sollievo esser vostra sorella. In nome di tutte le virtù regali, assistetela fedelmente. A lungo dovranno attendermi mio padre e i miei vassalli – mai donna fu colpita più duramente nella persona amata!».

10. commetto: affido.

998
I fiori tutti all'intorno eran bagnati di sangue. Egli lottò con
la morte – ma non a lungo – perché l'arma della morte
sa colpire troppo bene.

Una morte assurda e ingiusta

L'uccisione di Sigfrido è descritta in tono accorato e con espressioni struggenti, che rivelano la partecipazione emotiva del narratore ai fatti raccontati. Nei poemi epici, la morte dell'eroe costituisce sempre un momento altamente drammatico, ma qui essa appare tanto più coinvolgente perché è causata da un inganno, oltretutto a opera di un cavaliere, cioè di colui che, più di ogni altro, avrebbe dovuto mostrare un comportamento leale.

(*I Nibelunghi*, a cura di L. Mazzucchetti, Sansoni, Firenze 1932)

Comprendere

1 Ricostruisci la fabula dell'episodio, dividendo a margine il testo in sequenze e assegnando a ciascuna un titolo, da inserire nello schema.

1. Prima sequenza: ....
2. Seconda sequenza: ....
3. Terza sequenza: ....
4. Quarta sequenza: ....
5. Quinta sequenza: ....
6. Sesta sequenza: ....

2 Quali accuse Sigfrido rivolge ai suoi assassini e quali motivi, invece, vengono addotti da Hagen per giustificare l'agguato?

1. Strofe 989-990: ....
2. Strofa 993: ....

3 Perché Sigfrido è tanto preoccupato per il figlio e per la moglie Crimilde (strofe 995 e 997)?

Analizzare

4 Lo spazio. Il vile omicidio di Sigfrido si compie in uno spazio che presenta due elementi contrastanti: uno idillico, piacevole e sereno, l'altro cupo e tragico. Ritrovali sul testo, e dopodiché spiega perché il secondo elemento accresce la drammaticità della scena.

1. Strofa 979: ....
2. Strofe 988 e 998: ....

5 Lo stile. Secondo lo stile proprio dei poemi epici, il nome di Sigfrido è associato ad alcuni epiteti: individuali e segnali sul testo.

6 Lo stile. Quali caratteristiche di Sigfrido sono continuamente evidenziate da tali epiteti?

....

....

7 Il narratore. La voce narrante del triste episodio è quella di un narratore che adotta una focalizzazione onnisciente, tipica di chi conosce bene la vicenda e ne anticipa aspetti o esprime commenti, spesso amari e sconsolati, per coinvolgere maggiormente il lettore. Accanto a ciascuna frase indica se si tratta di una prolessi (P) o di un giudizio del narratore (G), sbarrando la risposta corretta.

	P	G
1. *Ma ebbe a scontare la sua cortesia* (strofa 980, v. 4).	☐	☐

2. *Mai più eroe compirà simile misfatto* (strofa 981, v. 11). ☐ ☐
3. *allora Hagen sarebbe stato compensato secondo i suoi meriti!* (strofa 983, v. 17). ☐ ☐
4. *Quanto male avete con questo recato al vostro parentado!* (strofa 989, vv. 38-39). ☐ ☐
5. *perché l'arma della morte sa colpire troppo bene* (strofa 998, vv. 68-69). ☐ ☐

8 Lo stile. Nel primo verso della strofa 993, Hagen, l'esecutore materiale del delitto di Sigfrido, è definito *feroce*. Tale aggettivo esprime, da parte del narratore, una condanna senza appello di questo personaggio, mettendone in luce:

A l'eroismo
B la mancanza di pietà.
C la spietatezza.
D l'ambizione.

9 I personaggi. In tutto il racconto, Sigfrido mantiene inalterata, persino nella morte, una dimensione eroica: quali aspetti lo caratterizzano come un protagonista straordinario e un modello positivo di comportamento? Rifletti sul suo modo di agire e di parlare.

10 I personaggi. Perché in questo episodio Gunther, il re dei Burgundi, si rivela un personaggio dinamico? Quale verso lo conferma?

....

....

....

....

11 Un confronto. La dolorosa morte di Sigfrido ricorda quella di Orlando: entrambi i personaggi rappresentano un nobile modello di uomo e di guerriero, essendo allo stesso modo valorosi, leali e devoti al proprio signore. Confronta i due eroi seguendo i punti indicati.

1. L'identità.
2. Il contesto familiare.
3. Il tradimento subìto.
4. Il luogo e le circostanze della morte.
5. L'ultimo pensiero prima di morire.

Lessico

GARZANTI LINGUISTICA

12 Sigfrido, colpito da Hagen, prova un *tormento* (strofa 988, v. 34), cioè un grande dolore fisico, ma la parola può anche indicare una sofferenza spirituale, intima e assillante: costruisci due frasi che contengano le espressioni *il tormento della gelosia* e *il tormento del rimorso*.

13 Come si chiama, nel linguaggio giornalistico e dello spettacolo, l'ossessiva ripetizione di una notizia o di una battuta comica?

A Tormentoso.
B Tormentato.
C Tormentone.
D Tormenta.

Grammatica

14 Fai l'analisi logica della frase *Per la violenza del colpo rimbombò tutto lo spiazzo* (strofa 986, vv. 24-25).

Scrittura

15 Immagina di essere il cronista di un famoso giornale e che Crimilde ti abbia affidato il compito di rievocare la figura di Sigfrido. Traccia un profilo dell'eroe, seguendo i punti indicati.

– Ripercorri in breve gli episodi che hanno portato Sigfrido e Crimilde a incontrarsi, innamorarsi e sposarsi.
– Rievoca la lite che oppone Crimilde a Brunilde e le tragiche conseguenze dello screzio tra le due illustri dame.
– Metti in evidenza il comportamento di Sigfrido durante il vile attacco di Hagen, esaltandone le virtù guerriere e le doti umane.

La Canzone dei Nibelunghi

Lo scontro fra Brunilde e Crimilde

(Avventura XIV, vv. 1-50)

Dopo molti anni dalle rispettive nozze, Brunilde e Crimilde si ritrovano nella reggia di Worms e tra loro scoppia un furibondo litigio.

Le due potenti regine stavano là insieme e pensavano a due eroi degni di gran vanto. E la bella Crimilde disse: «Io ho uno sposo che meriterebbe di avere in suo potere tutti questi regni».

Allora disse Brunilde: «Come potrebbe essere: se non vivesse alcuno fuor di lui e di te, potrebbero bene essergli sottomessi tutti i territori, ma sin che vive Gunter non potrà mai accadere».

Ma allora disse Crimilde: «Ma vedi come egli si erge, come troneggia meravigliosamente tra i guerrieri, al pari della luna luminosa tra le stelle? Bisogna pur che io ne senta l'animo lieto».

Disse Brunilde allora: «Per quanto imponente sia il tuo consorte, per quanto valente e bello, tu devi anteporgli Gunther, il nobile tuo fratello. Quello deve invero, sappilo, andare innanzi a tutti i principi».

Ma Crimilde disse: «Così eccellente è il mio consorte che io non lo ho esaltato invano. Grande è l'onor suo in molte cose. Credimelo Brunilde, egli è ben pari a Gunther».

«Tu non devi, o Crimilde, prenderla a male così, che io non ho tenuto tal discorso senza ragione. Udii ambedue dir questo quando li vidi la prima volta e quando il suo volere si compì a mio riguardo[1],

1. quando... riguardo: quando Gunther si era proposto di conquistare la mano di Brunilde.

e quand'egli conquistò da buon cavaliere il mio amore, allora Sigfrido affermò egli stesso di essere vassallo del re. Perciò io lo ritengo un uomo ligio[2], giacché lo udii affermare da lui stesso». Disse la bella Crimilde: «Allora mal mi sarebbe accaduto!»

«Come avrebbero mai disposto i miei fratelli che io fossi la donna di un servo? Ti voglio con buona grazia pregare, o Brunilde, che tu per amor mio tralasci gentilmente questi discorsi».

«Ma io non posso tralasciare», disse la moglie del sovrano. «Come dovrei rinunciare a tanti cavalieri che son sudditi unitamente a quel prode?». La bellissima Crimilde cominciava ad adirarsi grandemente.

«Ma devi ben rinunciare a che egli mai ti presti servigio alcuno. Egli è di più alto pregio che non Gunter mio fratello, il nobile eroe. Tu devi risparmiarmi quel che ho udito da te.

E mi stupisco molto, se è tuo vassallo e tu hai tanto potere su ambedue noi, che egli abbia così a lungo trascurato di offrirti il suo tributo. Potrebbe essermi con ragione risparmiata la tua tracotanza».

«Troppo t'innalzi», disse la consorte del re, «ora voglio ben vedere se alla tua persona vien fatto tanto onore quanto alla mia». Ambedue le donne avevano l'animo molto indignato.

Disse Crimilde: «Ormai è inevitabile. Giacché hai fatto passare il mio sposo per tuo vassallo, oggi stesso gli uomini di ambedue i re debbon vedere se io ardisca entrare per la porta della chiesa prima della moglie del re.

Devi vedere oggi come io sia nobile e sovrana, e come il mio consorte sia più degno che non il tuo. Non voglio che mi si rechi offesa per questo.

(*I Nibelunghi*, a cura di L. Mazzucchetti, Sansoni, Firenze 1932)

2. ligio: obbediente; nel linguaggio feudale indica il vassallo di un signore.

1 La discussione tra Crimilde e Brunilde si articola in diversi punti, che lasciano emergere con chiarezza le rispettive posizioni: a ciascuna strofa associa il concetto che essa esprime.

1. vv. 11-14: Brunilde pensa che
2. vv. 22-25: Brunilde crede che
3. vv. 26-29: Crimilde dice che
4. vv. 37-40: Crimilde sostiene che
5. vv. 41-42: Brunilde risponde che

A mai i fratelli le avrebbero fatto sposare un servo.
B Sigfrido non ha fatto alcun atto d'ossequio.
C si vedrà se Crimilde è degna d'onore quanto lei.
D Sigfrido sia un obbediente vassallo del marito.
E Gunther sia superiore a tutti per autorità.

2 Gunther è definito *nobile* (v. 13). Nella frase *Paolo è persona di nobili sentimenti*, l'espressione *di nobili sentimenti* può essere sostituita con l'aggettivo:

A aristocratica.
B magnanima.
C orgogliosa.
D riservata.

3 Indica se le seguenti affermazioni sono vere o false rispetto a quanto si legge nel testo.

	V	F
1. Con vera perfidia, Brunilde incita Crimilde a continuare i suoi discorsi (vv. 27-29).	☐	☐
2. Se Sigfrido non è un vassallo di Brunilde, ella perderebbe l'appoggio dei cavalieri a lui fedeli (vv. 31-32).	☐	☐
3. Crimilde e Brunilde sono molto irritate l'una verso l'altra (v. 43).	☐	☐
4. Crimilde intende entrare in chiesa dopo la moglie del re (vv. 44-47).	☐	☐

4 *Tu devi risparmiarmi quel che ho udito da te* (v. 36): individua quale funzione svolge nell'analisi logica ogni parola della colonna di sinistra, associandola alle corrispondenti voci della colonna di destra.

A Tu:	1. compl. oggetto
B devi risparmiare:	2. soggetto
C a me:	3. soggetto sottinteso
D quel:	4. compl. di termine
E che:	5. predicato verbale
F io:	6. complemento d'agente
G ho udito:	7. complemento oggetto
H da te:	8. predicato verbale

5 Per ogni parola in neretto, sottolinea il sinonimo più adatto tra quelli indicati fra parentesi (vv. 48-50).

Devi vedere oggi come io sia **nobile** (di animo generoso/di animo coraggioso/di animo elevato/di animo signorile) e sovrana, e come il mio **consorte** (compagno/simile/sposo/fratello) sia più **degno** (meritevole/virtuoso/adatto/onesto) che non il tuo. Non voglio che mi si rechi **offesa** (lesione/insulto/aggressione/violazione) per questo.

Competenze di scrittura

6 Tipo di testo: argomentativo-emotivo (sintesi).
Scopo: persuadere e coinvolgere.
Destinatario: studenti.

Scrivi un breve dialogo tra un cavaliere del seguito di Brunilde e uno del seguito di Crimilde, i quali evidenziano, con opportune argomentazioni, la superiorità militare dei rispettivi signori e la bellezza e nobiltà delle rispettive regine.

Competenze digitali

7 Lo scenario in cui è ambientata la *Canzone dei Nibelunghi* è quello di una corte medievale, un luogo che ha grandemente affascinato, nei secoli, l'immaginario degli autori e del pubblico. Con l'aiuto del computer prepara una ricerca, a scelta tra gli argomenti che seguono:

– l'evoluzione storica del castello, corredata di immagini commentate;
– la vita in una corte medievale, con immagini ed eventualmente l'ascolto di esecuzioni di musiche dell'epoca, per delineare l'atmosfera in cui si svolgeva l'esistenza di sovrani, dame e cavalieri, senza dimenticare l'apporto degli umili (servi, contadini, mercanti ecc.).

UNITÀ 2

Antieroi, maghi e damigelle

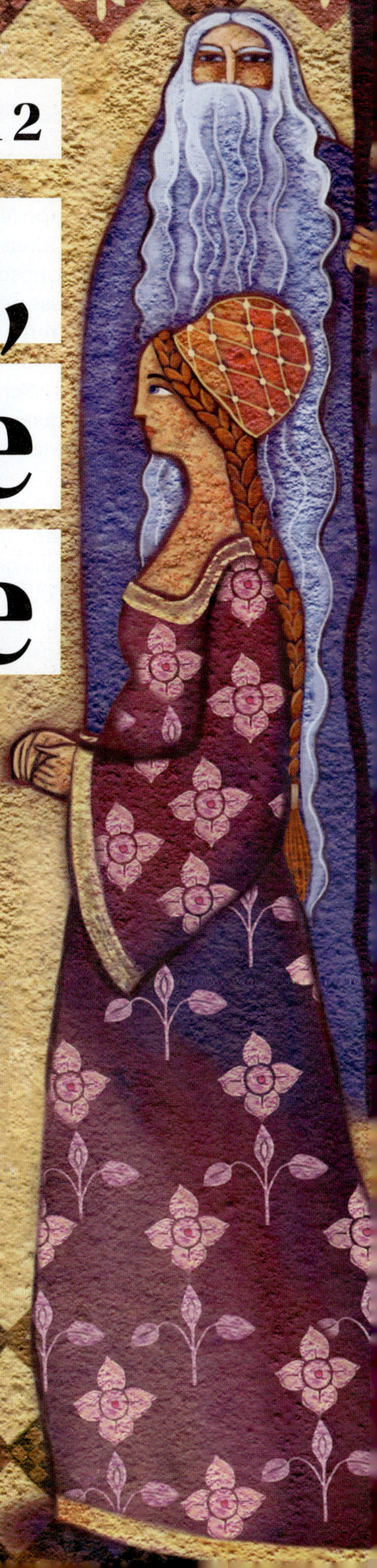

COMPETENZE
- Individuare il significato generale di un racconto dell'epica medievale e rinascimentale narrato da autori moderni e contemporanei.
- Individuare il messaggio trasmesso da un racconto dell'epica medievale e rinascimentale narrato da autori moderni e contemporanei.
- Cogliere l'attualità delle tematiche e dei valori dell'epica medievale e rinascimentale mediante discussione e confronto.

CRITERI DI VALUTAZIONE
- Capacità di individuare il significato generale di un racconto dell'epica medievale e rinascimentale narrato da autori moderni e contemporanei.
- Capacità di cogliere il messaggio trasmesso da un racconto dell'epica medievale e rinascimentale narrato da autori moderni e contemporanei.
- Capacità di cogliere l'attualità delle tematiche e dei valori dell'epica medievale e rinascimentale mediante discussione e confronto.

Riscrivere il Medioevo

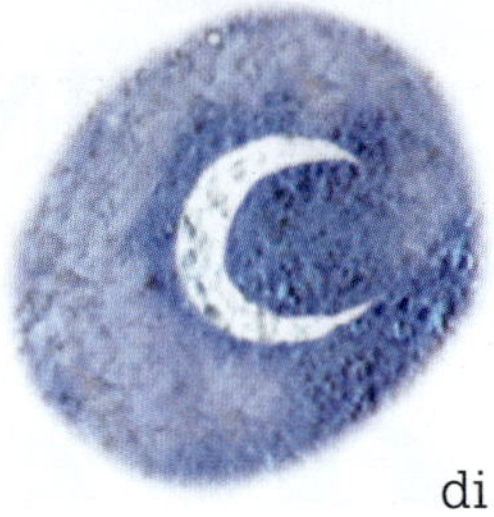

La narrazione cavalleresca, intesa come espressione tipica della cultura aristocratica di stampo feudale, si esaurisce alla fine del Rinascimento (XV-XVI secolo), per conoscere tuttavia un ritorno d'interesse nell'Ottocento.
A partire dagli anni Trenta del XX secolo nasce un nuovo genere letterario, chiamato ***fantasy*** (propriamente, «fantasticheria, illusione»), il quale reinventa, con gusto e sensibilità moderni, l'epoca medievale che tanto aveva appassionato scrittori e pubblico.
I moderni autori di *fantasy* recuperano le atmosfere, i personaggi e i temi medievali, collocando le vicende in luoghi dalla geografia dettagliata e complessa e popolati, oltre che da esseri umani, da creature bizzarre come orchi, elfi, maghi, giganti. L'unità qui proposta comprende una scelta di brani di autori del genere, in cui abbiamo inserito anche un testo di Italo Calvino, il quale non appartiene certo al *fantasy*, ma che non si è sottratto al fascino che esercita il paladino Orlando, uno dei grandi protagonisti dell'epica cavalleresca.

Eroi… ma non troppo

Se il **cavaliere-eroe** è il protagonista indiscusso dell'epica medievale, alcuni brani dell'Unità disegnano la figura dell'**antieroe**, cioè di un personaggio privo di doti incredibili o di poteri magici, ma il cui merito consiste nel saper affrontare gli ostacoli esclusivamente con le risorse della sua semplice umanità, nonostante i dubbi e le paure. Vediamo così, nel romanzo ***Il Signore degli Anelli*** (1955), di **John Ronald Reuel Tolkien**, i due Hobbit **Frodo** e **Sam** sfidare coraggiosamente un'entità maligna, Shelob, che ha assunto la forma di un enorme ragno: qui, il Male è un'ombra mostruosa e in apparenza onnipotente, ma che può essere vinta trasformando la debolezza in forza e disponendosi a sacrificare la vita, se necessario, in nome del dovere e dell'amicizia.
Sam, pur consapevole dei propri limiti, non esita a scagliarsi sul mostro per salvare Frodo, il quale dovrà continuare a tutti i costi la missione affidatagli per la salvezza degli esseri umani.
L'antieroe può anche indossare le vesti dell'**antieroina** con **Grianne Ohmsford**, di cui leggiamo le avventure nel romanzo ***Il druido supremo di Shannara*** (2003), di **Terry Brooks**. La sua storia personale esemplifica molto bene il fatto che il *fantasy*, oltre al tema tradizionale della lotta tra il Bene e il Male, sviluppi argomenti legati ai **problemi contemporanei**. Grianne, dopo aver usato la magia a scopi distruttivi, rinuncia a essa per combattere i nemici con il suo coraggio e la sua tenacia. Al tempo stesso, le vicende che la vedono protagonista mandano **messaggi** molto chiari: l'uso eccessivo della tecnologia può far precipitare il mondo nel caos; la convivenza con chi appare «diverso» è possibile e arricchisce tutti dal punto di vista spirituale. Anche i personaggi che usano la **magia**, però, sono ritratti nella loro dimensione umana, che appunto impedisce al lettore di vederli come super-eroi: la magia rende solo più consistente una forza che i personaggi già possiedono e non si sostituisce a essa. Il protagonista del romanzo ***La grotta di cristallo*** (1976), di **Mary Stewart**, è un giovanissimo **Merlino** che, prima di diventare sapiente e mago, è un adolescente spaventato dai suoi poteri, ma che tratta con gli adulti senza rinunciare alle proprie convinzioni: il suo scontro con il re Vortigern simboleggia un conflitto quanto mai attuale, che vede il rispetto per la natura contrapposto al suo sfruttamento, a scopi politici e di dominio sugli altri.

I TEMI

Nei romanzi proposti non poteva mancare il tema dell'**amore**, che tanta importanza ha rivestito nell'epica medievale. **Marion Zimmer Bradley**, ne ***Le nebbie di Avalon*** (1983), ha rivisitato il «mito» di **Lancillotto** e **Ginevra**, avvicinandoli al sentire moderno. Non siamo quindi di fronte a modelli inimitabili, ma a un uomo e a una donna, a due amanti infelici. Infatti, lei teme che l'amore di Lancillotto sfiorisca nel tempo, trasformandosi in un rifiuto; lui invece, separandosi dalla regina, risolve, seppure con dolore, una situazione intollerabile e lesiva del suo onore di cavaliere.

Un'altra passione irrealizzabile è quella che **Orlando** nutre per la sfuggente **Angelica**: nel romanzo ***Italo Calvino legge l'Orlando furioso*** (1970), **Italo Calvino** mette in evidenza come il testo del *Furioso*, scritto da Ludovico Ariosto, rovesci l'immagine tradizionale del paladino, anch'egli diventato un **antieroe**: infatti, non è più il valoroso combattente che muore per affermare i suoi ideali cristiani e cavallereschi, ma, ancora una volta, soltanto un uomo, per di più debole, vittima di un sentimento che lo fa uscire di senno, come già anticipato fin dal bell'ossimoro che dà il titolo al poema ariostesco. La «**disgregazione**» del perfetto cavaliere è visibile anche nella dispersione delle sue armi, delle quali è giusto che si privi, perché, nel pieno rovesciamento dell'ideale cavalleresco, egli mette la sua forza al servizio della **follia**, non di una nobile causa.

LO SPAZIO

I paesaggi sono di vario genere, ma accomunati dal fatto di non rappresentare solo lo sfondo dell'azione. Essi «**interagiscono**» con i personaggi e li coinvolgono, sollecitandone una reazione: nella buia tana del ragno Shelob, Frodo e Sam devono rinunciare alla vista, sostituendola con l'udito e l'odorato, quindi con una diversa percezione della comune realtà.

Gli spazi sono spesso avvolti in un'atmosfera di **mistero** e di **paura**: nel brano dedicato alle avventure del giovane Merlino, il paesaggio esterno è lugubre, mentre in quello sotterraneo **realtà e visione** si confondono, offrendo al lettore il senso di una tragedia imminente. Interessante risulta anche lo spazio in cui agisce il paladino Orlando. Si tratta di una **foresta**, un luogo ameno, con alberi ombrosi e acque cristalline, che però non tarda a trasformarsi in un **luogo d'incubo**, inospitale e arido come la mente e il cuore dell'eroe sconvolto. La descrizione del paesaggio svolge un ruolo fondamentale anche nel brano di Terry Brooks. La protagonista, Grianne, si muove in un mondo di ombre e nebbie, di colori spenti, pervaso da uno squallore che genera uno stato d'animo oscillante tra la **paura** e lo **sconforto**. È un ambiente così ostile a ogni forma di vita da scatenare gli istinti peggiori, tanto che Grianne teme di tornare a essere la donna crudele di un tempo.

LO STILE

Gli autori fanno ampio uso delle **figure retoriche**. Non mancano naturalmente le più comuni, come le **similitudini** e le **metafore**, ma si ricorre anche di frequente ad altre, di solito meno presenti e tuttavia utili per emozionare il lettore. Dunque troviamo, per esempio, il **climax ascendente** (*odio*, *rabbia*, *ira* e *furore*), il quale evidenzia il groviglio di sentimenti che lacera l'animo di Orlando, folle per amore e in preda a sentimenti ormai incontrollabili.

Per quanto riguarda le **tecniche narrative**, emerge il **dialogo** come mezzo che mette i personaggi a confronto, offre loro la possibilità di esprimere le proprie emozioni e ne svela i progetti, facendo progredire la vicenda. È inoltre possibile creare suspense alternando descrizioni, dialoghi e osservazioni del narratore: alla **focalizzazione esterna**, la più frequente, si sostituisce quella **interna**, che dimostra una conoscenza approfondita degli stati d'animo dei protagonisti.

JOHN RONALD REUEL TOLKIEN

L'assalto di Shelob

(IL SIGNORE DEGLI ANELLI, 1955)

L'AUTORE

John Ronald Reuel Tolkien, scrittore, filologo e linguista britannico, nacque nel 1892 a Bloemfontein, in Sudafrica, da genitori inglesi. Appassionatosi allo studio delle lingue classiche e di altre lingue, quali il gotico e il finnico, si laureò a Oxford e divenne professore di filologia anglosassone. Sin dal 1917, ispirandosi a leggende sassoni e celtiche, iniziò a scrivere opere *fantasy* ambientate nella Terra di Mezzo, un mondo immaginario costituito da un Medioevo fantastico. Presero vita così i romanzi *Lo Hobbit* (1937) e quelli che costituiscono la trilogia de *Il Signore degli Anelli* (*La Compagnia dell'Anello*, *Le due Torri*, *Il ritorno del Re*), pubblicata nel 1955: opere che, nel loro insieme, formano un'unica, vastissima saga. Negli anni Sessanta Tolkien lavorò a un'altra opera, *Il Silmarillion*, iniziata nel 1917 e mai ultimata. Dal vasto materiale mitologico ed epico lasciato in eredità dallo scrittore sono nati *I racconti perduti*, *I racconti ritrovati* e *I racconti incompiuti di Númenor e della Terra di Mezzo*, pubblicati postumi dal figlio Christopher. Tolkien morì a Bournemouth nel 1973.

L'OPERA

Alla fine della Terza Era (circa 6000 anni prima dei giorni nostri), nella Contea dell'antica Terra di Mezzo, abitata da Nani, Elfi e Hobbit (esseri simili agli uomini, piccoli di statura, buffi ma profondamente seri), compare lo stregone Gandalf. Egli si presenta all'hobbit Frodo Baggins, al quale lo zio Bilbo, prima di scomparire, ha affidato la custodia di un anello dotato di eccezionali poteri: è l'anello della forza assoluta e, poiché rende onnipotenti, è bramato da Sauron, l'oscuro Signore del Male, il quale, grazie anche all'alleanza con lo stregone Saruman, intende conquistare il mondo. L'unico modo per impedire che ciò avvenga è gettare l'anello nel cratere del vulcano, dal fuoco del quale esso fu forgiato. Proprio questo sarà il compito di Frodo e dei suoi compagni, tra i quali, oltre a Gandalf, il principe Boromir, il nobile Aragorn e l'elfo Legolas. Inseguita da spietati cavalieri inviati dal Signore del Male, la Compagnia dell'Anello affronta il lungo viaggio verso il vulcano, sfidando ogni sorta di pericoli e incontrando innumerevoli creature fantastiche, ora alleate del Bene, ora del Male. Frodo, gettato l'anello nella lava incandescente, riprende la via del ritorno alla terra degli Hobbit, dove intanto il crudele Saruman ha instaurato una cupa tirannia che ha spento le virtù naturali del popolo. L'arrivo della Compagnia scioglie l'incantesimo: l'esistenza riprende, ma la dolcezza del vivere non sarà più quella di un tempo.

IL BRANO

Per arrivare alla meta del suo viaggio, l'inaccessibile Monte Fato, nei cui abissi getterà l'anello magico, Frodo Baggins e il suo inseparabile amico Sam sono giunti nei pressi di Mordor, il regno del

Signore degli Inganni. Qui devono oltrepassare le Montagne dell'Ombra, nelle cui profondità vive Shelob, un'entità malvagia che ha la forma di un enorme ragno. L'ingresso nella tana del mostro conduce i due hobbit a misurarsi con una forza superiore alle capacità umane. Tuttavia, quando Frodo viene punto da Shelob e rimane paralizzato, Sam, dando prova di un coraggio straordinario, attacca e ferisce gravemente la nemica, che fugge.

CHIAVE DI LETTURA

In questo brano sofferma l'attenzione su:
- l'**ambientazione**, la tana di Shelob che è un **luogo orribile e labirintico**, dominato dall'oscurità;
- il **tema** della magia. Essa s'inserisce perfettamente nella storia con l'azione del **mezzo magico**, rappresentato dalla fiala-stella della regina degli Elfi;
- i **protagonisti**, **Frodo** e **Sam**, che terrorizzati compiono il gesto, semplice e commovente, di intrecciare le mani, per farsi coraggio a vicenda; **Shelob** è invece il Male che si deve vincere, senza cedimenti né compromessi;
- lo **stile ricco di aggettivazione** e frasi «**a effetto**», allo scopo di emozionare il lettore.

Trattenendo il fiato s'inoltrarono nell'apertura. L'atmosfera era immobile, stagnante, greve[1], ogni rumore sordo. Sembrava di camminare in un vapore nero plasmato nell'oscurità stessa e alla cecità degli occhi si aggiungeva a ogni respiro una più densa nebbia della mente, che offuscava e cancellava persino il ricordo di luci, forme e colori. La notte era il passato, era il futuro; non esisteva che essa. Man mano che salivano, l'aria si faceva sempre più irrespirabile e sovente parve loro di sentire nella cieca[2] oscurità una resistenza più densa del fetido tanfo[3]. Nell'inerpicarsi sentivano cose che sfioravano loro il capo o le mani, come lunghi tentacoli o penzolanti escrescenze vegetali: non riuscivano a distinguere chiaramente. E il lezzo[4] diveniva più intenso. A tal punto che parve loro di non possedere altro che il senso dell'odorato, per poter meglio essere torturati. Un'ora, due ore, tre ore: quante ne erano trascorse in quel cieco buco? Ore... Piuttosto giorni o settimane. Sam si allontanò dalla parete e si accostò a Frodo e le loro mani incontrandosi si afferrarono e proseguirono così stretti insieme.

Infine Frodo, brancolando[5] lungo la parete di sinistra, sentì improvvisamente un vuoto e per poco non cadde nell'apertura. Questa era molto più larga di tutte le altre ed emanava un fetore così immondo e un senso di malvagità occulta[6] ma così intensa che Frodo vacillò. In quel medesimo istante anche Sam ondeggiò e cadde bocconi.

Lottando contro la nausea e la paura, Frodo afferrò la mano del compagno. «Su!», disse con un respiro roco. «Proviene tutto da qui il lezzo e il pericolo. Scappiamo! Presto!».

Raccogliendo tutto ciò che vi era ancora in lui di forza e di volontà, riuscì a far alzare in piedi Sam e costrinse le proprie membra a muoversi. Sam avanzò barcollando. Un passo, due passi, tre passi..., infine sei passi. Forse perché avevano oltrepassato l'orrenda cavità, o forse per qualche altro motivo, improvvisamente si mossero con più facilità,

1. **greve**: pesante.
2. **cieca**: nella quale era impossibile scorgere qualcosa.
3. **tanfo**: odore tremendo.
4. **il lezzo**: la puzza.
5. **brancolando**: procedendo a tentoni.
6. **occulta**: nascosta, invisibile.

come se l'ostile resistenza si fosse per un attimo affievolita. Avanzarono vacillando, tenendosi per mano.
Ma quasi immediatamente incontrarono una nuova difficoltà: la galleria si divideva in due e al buio era impossibile distinguere quale delle diramazioni fosse più ampia o più diritta. Da che parte andare, a sinistra o a destra? Non vi era nulla che indicasse loro la giusta scelta e uno sbaglio sarebbe certo stato fatale. Brancolando tentoni al buio, si accorsero che il passaggio di sinistra era ostruito: forse si trattava di una chiusura o forse di qualche grosso macigno franato. «Non può essere questa la direzione», bisbigliò Frodo. «Giusta o no, dobbiamo prendere l'altra galleria».
«E presto!», balbettò Sam. «Ho la netta sensazione di essere osservato».
Avevano fatto appena qualche metro quando udirono alle loro spalle un orribile rumore raccapricciante squarciare il pesante e ovattato[7] silenzio: un gorgoglio, un ribollire, un lungo sibilo velenoso. Si voltarono bruscamente, ma non videro nulla. Rimasero immobili, come pietrificati, con lo sguardo fisso, aspettando chissà che cosa.

Shelob, i cui innumerevoli occhi brillano nel buio sinistro della grotta, cattura Frodo e lo immobilizza, per poterlo divorare più tardi. Sam, per quanto sopraffatto dalla disperazione, non si dà per vinto e attacca l'orrida creatura.

Frodo giaceva supino per terra e il mostro era chino su di lui, così intento al lavoro che non fece caso a Sam e alle sue grida. Questi, arrivando di corsa, vide il padrone legato da corde che lo avvolgevano dalle spalle alle caviglie; il mostro stava incominciando a sollevarlo con gli arti anteriori, nel tentativo di trascinare con sé il corpo.
In terra, scintillante, giaceva la spada elfica[8], inutilizzata. Sam non perse tempo a domandarsi che cosa dovesse compiere, se un atto di coraggio, di lealtà o di collera. Balzò avanti con un urlo e, afferrando con la mano sinistra la spada di Frodo, partì all'assalto. Nemmeno nel selvaggio mondo delle bestie si era mai visto un attacco così feroce, pari a quello di una piccola creatura disperata e armata dei soli denti, decisa ad atterrare una massa di corno e di pelle, china sul compagno caduto.
Disturbata nel suo sogno gongolante[9] dal piccolo grido, Shelob volse lentamente l'immonda malvagità del suo sguardo verso di lui. Ma prima che si accorgesse di essere assalita da un furore ineguagliato nel corso dei lunghi anni passati[10], la lucente spada le morse il piede, amputandone l'artiglio. Sam con un salto fu dentro, fra gli archi dei tentacoli e, levando con violenza e rapidità l'altra mano, colpì gli occhi che si affacciavano nella testa curva. Uno di essi si spense.
Ora il piccolo essere miserevole era sotto il mostro, momentaneamente fuori della portata dei suoi artigli. L'immensa pancia lo dominava con la sua putrida luce[11] e il lezzo lo fece quasi venir meno. Tuttavia la sua furia lo sostenne, infondendogli vigore per un

7. ovattato: attutito, smorzato.

8. spada elfica: si tratta di Pungolo, che Bilbo ha regalato a Frodo. Essa risplende di una luce azzurrina quando un nemico si manifesta o sta per attaccare.

9. gongolante: soddisfatto. Shelob pregusta già il momento in cui potrà cibarsi del corpo di Frodo.

10. furore ... passati: nessuno mai, in precedenza, l'aveva attaccata con quella forza e rabbia.

11. con ... luce: il mostro emana una luminescenza livida, che fa pensare a qualcosa di marcio.

altro colpo, e, prima che Shelob riuscisse a sommergerlo con la sua massa, soffocandolo insieme con la sua piccola impudenza[12], la luminosa spada elfica la colpì con forza disperata.

Ma Shelob non era come i draghi e non possedeva altro punto delicato che gli occhi. Piena di fossi, di bozzi e di putridume era la sua vecchissima pelle, ma protetta all'interno da innumerevoli spessori di orrendi tumori[13]. La lama aprì un terribile squarcio, ma era impossibile trafiggere quelle coriacee pieghe, anche con una spada forgiata da Elfi o da Nani. Dopo aver ricevuto il colpo, sollevò l'enorme sacca del suo ventre in alto sopra la testa di Sam. Schiuma e bolle di veleno sgorgavano dalla ferita. Poi, divaricando i tentacoli, piombò di nuovo con tutta la sua massa addosso al nemico. Troppo presto. Sam era ancora in piedi e aveva lasciato la sua spada per tenere con ambedue le mani la spada elfica puntata verso l'alto contro lo spaventoso soffitto. E così Shelob, con tutta la potenza del proprio malvagio volere, con una forza più immane di quella di un guerriero, si lanciò su di una punta aguzza. Profonda, sempre più profonda s'immerse e Sam lentamente fu costretto ad accasciarsi in terra.

Mai Shelob aveva sopportato o immaginato un sì atroce tormento, in tanti lunghi anni di malefici. Né il più valoroso dei soldati di Gondor[14], né il più selvaggio degli Orchetti[15] era mai riuscito a resisterle o a ferire la sua adorata carne. Un brivido la percorse. Sollevandosi di nuovo, allontanando il dolore, curvò sotto di sé i tentacoli e balzò indietro con movimento convulso.

Sam era caduto in ginocchio accanto alla testa di Frodo, in preda alle vertigini per via del lezzo, ma stringendo ancora con ambedue le mani l'elsa della spada. Attraverso la nebbia che gli appannava gli occhi intravide confusamente il volto di Frodo e lottò con ostinazione per vincere la debolezza e trascinarsi fuori dal deliquio[16] che lo assaliva. Pian piano sollevò il capo e la vide, a pochi passi di distanza, che lo adocchiava, con un rigagnolo di veleno gocciolante dalla bocca e un liquido verde sgorgante dall'occhio ferito.

Poi si acquattò, con la pancia percorsa dai tremiti, schiacciata contro terra, i grandi tentacoli vibranti, pronta ad attaccare di nuovo... e questa volta pronta a mordere e a sopraffare: non un piccolo morso per acquietare i fremiti delle sue carni, bensì la volontà di uccidere e lacerare.

Mentre Sam accovacciato la osservava, leggendole negli occhi la propria morte, gli balenò in mente un pensiero, come pronunciato da una voce remota, e frugando con la mano sinistra scoprì quel che cercava: fredda, dura e solida gli sembrò in quello spettrale mondo d'orrore la Fiala di Galadriel[17].

– Galadriel! – disse fiocamente; allora udì voci lontane ma limpide, il canto di Elfi vaganti sotto le stelle fra le beneamate ombre della Contea, la musica di Elfi che cullava il suo sonno nella Sala del Fuoco, nella dimora di Elrond[18].

12. la ... impudenza: il suo coraggio incosciente di creatura misera in confronto a Shelob.

13. tumori: protuberanze, escrescenze.

14. Gondor: collocato nella Terra di Mezzo settentrionale, è uno dei regni abitati dagli uomini.

15. Orchetti: servitori del Signore degli Inganni, erano in origine Elfi poi corrotti e trasformati in creature votate al Male.

16. deliquio: svenimento.

17. Fiala di Galadriel: o fiala-stella, un regalo di Galadriel, la regina degli Elfi.

18. Elrond: un Elfo potente, genero di Galadriel.

Gil̰honiel A Elbereth!
E poi, come per incanto, la sua lingua si sciolse e in un idioma ignoto[19] la sua voce invocò:
A Elbereth Gilthomel
o menci palan-dìriel,
le nailon sì di'nguruthos!
A tiro nin, Fanuilos!
E gridando queste parole si alzò barcollante e fu di nuovo Samvise l'Hobbit, figlio di Ham.
– Vieni, lurida bestia! – urlò. – Hai ferito il mio padrone e la pagherai. Noi andremo avanti, ma prima regoleremo i conti con te. Vieni, e assaggia di nuovo questa spada!
La Fiala avvampò improvvisamente come una fiamma bianca nella sua mano. Irradiava il bagliore di una stella fuggita dal firmamento, che fende l'oscurità con indomabile fulgore[20]. Mai un simile terrore piombato dal cielo aveva bruciato con tanta forza la faccia di Shelob. I raggi le trafiggevano la testa ferita lacerandola con intollerabile dolore. Cadde all'indietro brancolando freneticamente con i tentacoli anteriori, agonizzante. Poi, distogliendo la testa storpiata, rotolò da una parte e incominciò a strisciare, un artiglio dopo l'altro, verso l'apertura nella roccia dalla quale era uscita.
Sam avanzò. Vacillava come un ubriaco, ma avanzava. E Shelob infine domata, sconfitta, fremeva e tremava cercando di sfuggirgli. Raggiunto il buco vi si infilò comprimendo la massa informe, lasciando un rivo di melma giallognola, mentre Sam vibrava un ultimo colpo contro le brancolanti zampe, prima di stramazzare in terra.
Shelob era scomparsa; e questa storia non narra se nei lunghi anni d'oscurità a venire, covando e leccando piaghe e miseria nel fondo del suo covo, sia riuscita a guarirsi, a riprodurre gli occhi accecati, per poi ricominciare a tessere le sue orride trame nelle Montagne dell'Ombra, affamata come la morte.

(adattam. da J.R.R. Tolkien, *Il Signore degli Anelli*,
trad. it. di V. Alliata di Villafranca, Rusconi, Milano 1977)

19. un idioma ignoto: una lingua a lui sconosciuta, quella degli Elfi ispiratagli da Galadriel.

20. fende ... fulgore: squarcia le tenebre con una luminosità che non si può offuscare né spegnere.

Discussione e confronto

1 Riflettere con l'epica. L'intrepido Sam lotta con Shelob, per sottrarre Frodo ai tentacoli dell'orrido mostro: la paura è il sentimento dominante nei due Hobbit. Quali sono i «mostri» della società contemporanea? Che cosa spaventa di più i giovani d'oggi? Confrontatevi in classe su questo tema, proponendo idee su come superare timori e incertezze, nel privato e nella dimensione sociale.

2 Epica e media. Secondo la mitologia che sta alla base del *Signore degli Anelli*, Shelob è un'entità maligna che si mostra nella forma del ragno. Con l'aiuto del computer, prepara una ricerca sull'argomento della presenza, nel cinema, di animali mostruosi. Puoi cercare film come *It* (1990, con un rifacimento nel 2017), tratto dall'omonimo romanzo di Stephen King, *Aracnophobia* (1990) e *Godzilla* (2014); poi confronta trame, ambienti e personaggi, mettendo in evidenza il rapporto tra i film e i temi e i protagonisti dell'epica.

MARY STEWART

Ali di drago, riflessi di fuoco

(LA GROTTA DI CRISTALLO, 1976)

L'AUTRICE

Nata a Sunderland, in Gran Bretagna, nel 1916, insegnò letteratura inglese fino al matrimonio, celebrato nel 1945, con un geologo dell'Università di Edimburgo. Scrisse molti romanzi, sperimentando generi diversi, ma diventando famosa con *La trilogia di Merlino*, che comprende *La grotta di cristallo* (1976), *Le grotte nelle montagne* (1978) e *L'ultimo incantesimo* (1981), opere nelle quali le vicende storiche si fondono con i caratteri del *fantasy*. Altri romanzi incentrati sui personaggi dell'epica arturiana sono *Il giorno fatale* (1985) e *Il principe e il pellegrino* (1996). È morta in Scozia, nel 2014.

L'OPERA

Merlino, prima di diventare un mago e un sapiente, è un ragazzo allevato nel castello di suo nonno, re del Galles meridionale, ed è soprannominato *figlio del diavolo*, poiché si pensa che suo padre sia una creatura del mondo degli spiriti. Egli trascorre molto tempo nella solitudine dei boschi, dove scopre una bellissima grotta ricoperta di cristalli: in essa vive l'anziano Galapas, che lo istruisce nelle tecniche dell'arte magica. Dopo essere fuggito da casa e aver affrontato molti pericoli, viene fatto prigioniero e condotto presso il nobile Ambrosio, che si scoprirà essere suo padre e che sarà poi incoronato sovrano della Britannia. Merlino ne diventa il consigliere, svolgendo, alla sua morte, il medesimo incarico presso il nuovo sovrano, suo zio Uther Pendragon, che, grazie a un incantesimo, genererà il futuro re Artù.

IL BRANO

Merlino, ancora giovane eppure già circondato dalla fama di mago, viene convocato da Vortigern, che nel romanzo è indicato con il titolo di re ma che, nella realtà storica, era il crudele capo di un clan di mercenari combattenti nelle guerre interne che dilaniavano la Britannia nel V secolo. Avendo deciso di costruire una fortezza su una collina e vedendo che il muro di una torre crollava di continuo, egli convoca Merlino per risolvere la situazione. Il ragazzo si reca sul luogo e ha la straordinaria visione di due draghi, uno rosso e uno bianco, che vivono in un lago sotterraneo. Sono i loro movimenti a provocare le continue, pericolose frane che indeboliscono la stabilità dell'edificio.

CHIAVE DI LETTURA

In questo brano sofferma l'attenzione su:

- il personaggio di **Merlino**, narratore in prima persona della storia e dotato di grandi poteri magici; egli dimostra di possedere il **coraggio** necessario per affrontare i nemici, che lo vogliono morto;
- il **contrasto** che oppone il protagonista a Vortigern e ai suoi cortigiani, che incarnano un potere politico fondato sullo **sfruttamento brutale** della natura e sulla violenza;
- uno **stile coinvolgente**, con figure retoriche che rendono più incisivo il discorso.

Prima che fossimo arrivati ai piedi della rupe, si potevano vedere gli operai ammassati sull'orlo della cima rocciosa, in attesa del re, e alcuni di loro erano scesi per venirgli incontro. Il caposquadra salì ansimando; era un uomo robusto con una rozza tela di sacco gettata sulle spalle come un mantello, ancora gocciolante di umidità. Pareva non si fosse accorto che aveva smesso di piovere. Era pallido, con gli occhi cerchiati di rosso come se fossero notti che non dormiva. Si fermò a tre passi di distanza, guardando nervosamente il re e passandosi il dorso della mano bagnata sul viso.

«Daccapo?» disse Vortigern conciso.

«Sissignore, mio signore, e nessuno può dire che sia colpa nostra, lo giuro, non più dell'ultima volta o di quelle precedenti. Hai visto ieri come l'abbiamo posato[1], questa volta. Hai visto come abbiamo sgombrato tutto il posto, per ricominciare, arrivando fino alla roccia solida. Ed è roccia solida, mio signore, lo giuro. Ma pure, il muro crolla.» Si passò la lingua sulle labbra e i suoi occhi incontrarono i miei ed egli li distolse, sicché capii che sapeva quello che il re e i suoi indovini progettavano[2]. «Vai su adesso, mio signore?».

«Sì. Fai sgomberare gli uomini».

L'uomo deglutì, si voltò e risalì di corsa il sentiero sinuoso[3]. Lo udii gridare qualcosa. Venne portato un mulo e il re vi montò.

Il mio polso era legato strettamente alle briglie. Mago o non mago, alla vittima non doveva essere data la possibilità di fuggire finché non fosse stata messa alla prova[4]. Le sentinelle mi tenevano stretto tra loro. Ufficiali e cortigiani del re facevano ressa intorno a noi, parlando a voce bassa, ma i preti si tenevano indietro, in disparte e diffidenti. Vedevo che non avevano molta paura delle conseguenze; sapevano quanto me che la loro magia era il potere dei loro dèi. Avevano fiducia che io non avrei potuto fare più di loro; che anche se fossi stato uno della loro razza avrebbero trovato il modo di battermi. Tutto quel che avevo da opporre ai loro riti collaudati dal tempo era, essi pensavano, quel tipo di millanteria che era loro familiare[5] e la fortuna, che aveva fatto cessare la pioggia e spuntare il sole mentre parlavo.

Il sole scintillava tra le erbe bagnate sulla vetta della rupe. Sotto si stendeva la valle in cui il fiume descriveva le sue curve come un serpente lucente tra le rive verdi. Dai tetti dell'accampamento del re si levava il vapore. Intorno alla sala e agli alloggiamenti di legno le piccole tende di pelle si raccoglievano come funghi velenosi e gli uomini che si muovevano in mezzo a loro non erano più grandi di insetti. Era un punto magnifico, un vero nido d'aquila. Il re fermò il suo mulo in un boschetto di querce piegate dal vento e indicò avanti a sé sotto i rami spogli.

«Ieri da qui avresti potuto vedere il muro ovest».

1. **l'abbiamo posato**: abbiamo gettato le fondamenta del muro.

2. **quello che ... progettavano**: Maugan, sacerdote degli antichi dèi britanni, aveva consigliato a Vortigern di fare un sacrificio umano, come si usava da tempo immemorabile, e di spargere il sangue della vittima, cioè Merlino, sulle pietre.

3. **sinuoso**: che si snodava a curve.

4. **alla vittima ... prova**: gli uomini di Vortigern odiano Merlino e lo temono per via delle sue oscure origini e dei suoi poteri. Se il ragazzo avesse fallito, lo avrebbero ucciso.

5. **quel tipo ... familiare**: quella spavalderia che era anche una loro caratteristica e che consisteva nel vantarsi di avere doti straordinarie, che solo Merlino, invece, possiede davvero.

Oltre il boschetto c'era una stretta cresta rocciosa, sulla quale gli operai e le loro bestie avevano tracciato una larga pista. Il Forte del re era una torre di roccia su una rupe, cui da un lato si avvicinava la cresta, mentre gli altri tre lati cadevano a picco, con pendii vertiginosi e pareti rocciose. La cima era un pianoro, grande forse cento passi per cento, e doveva un tempo esser stato coperto di erbe con affioramenti di roccia e alcuni alberi e cespugli stentati[6]. Adesso era un pantano di fango smosso intorno alle rovine di quella torre nata sotto cattivi presagi. Su tre lati il muro era arrivato quasi fino all'altezza delle mie spalle; sul quarto il muro aveva ceduto in un caos di pietre ammucchiate, alcune delle quali erano cadute e mezzo sprofondate nel fango, mentre altre ancora erano precariamente fissate con la calce agli affioramenti di roccia viva. Pesanti travi di pino erano state piantate qua e là e tra l'una e l'altra erano tesi teli di sacco per riparare i lavori dalla pioggia. Alcune travi erano cadute, altre erano state evidentemente frantumate dal recente crollo. Tutto era fradicio e c'erano pozzanghere dappertutto.
Gli operai avevano lasciato libero il luogo e si ammassavano in un punto del pianoro, accanto alla cresta. Erano silenziosi, la paura dipinta sui loro volti. Vedevo che quella paura non era provocata dall'ira del re per quanto era accaduto al lavoro, ma dalla forza che essi credevano ne fosse la causa, una forza che non comprendevano. C'erano sentinelle all'inizio della cresta. Io sapevo che senza di loro nessun operaio sarebbe stato lasciato sul luogo.
Le sentinelle avevano incrociato le lance, ma riconoscendo il re le ritirarono. Alzai gli occhi. «Vortigern, qui non posso sfuggirti se non buttandomi dalla rupe e questo farebbe spargere il mio sangue proprio come vuole Maugan. Ma non posso neppure vedere che cosa c'è che non va nelle tue fondamenta se non mi sciogli».
Egli alzò la testa con un cenno e una delle sentinelle mi liberò. Avanzai. Il mulo seguiva, affondando cautamente le zampe nel fango denso. Gli altri ci seguivano. Maugan si era spinto avanti e parlava con tono insistente al re. Colsi qua e là qualche parola: «Inganno... fuga... adesso o mai... sangue...».
Il re si fermò e con lui tutto il gruppo. Qualcuno disse: « Ecco, ragazzo », e io mi guardai in giro per vedere il barbagrigia[7] che mi tendeva un bastone. Scossi la testa, poi voltai loro la schiena e avanzai, solo.
C'era acqua dappertutto, scintillante nelle pozzanghere tra i ciuffi d'erba o tra le foglie incurvate delle giovani felci che spuntavano in mezzo alla pallida erba invernale. La roccia grigia brillava. Mentre avanzavo dovetti stringere gli occhi contro quell'umidità abbagliante per vederci.
Era il muro ovest quello che era caduto. Era stato eretto molto vicino all'orlo della rupe e, benché fosse crollato per la maggior parte verso l'interno, c'era un mucchio di macerie che arrivavano fino all'orlo della parete rocciosa dove si vedeva una nuova frana umida e sdrucciolevole per l'argilla. Nel muro nord c'era uno spazio nel quale andava costruito un ingresso; passai di lì, facendomi strada tra i mucchi di pietrisco e gli utensili degli operai e arrivai nel centro della torre.

6. stentati: cresciuti a stento, con difficoltà.

7. il barbagrigia: è il soprannome che Merlino ha dato a Maugan.

Merlino compie un'accurata ispezione del luogo e individua una galleria che si inoltra nel cuore cavo della collina. Accesa una torcia per illuminare le tenebre fitte, invita Vortigern e gli altri a seguirlo.

Nel mio ricordo[8] la cavità era enorme ed ero preparato a scoprire inesatto questo dato, come lo sono spesso le nozioni conservate dall'infanzia. Invece era ancora più grande di quanto la ricordassi. La cavità tenebrosa si raddoppiava nel grande specchio d'acqua che aveva ricoperto quasi tutto il suolo salvo un semicerchio asciutto di roccia, largo sei passi, proprio all'imboccatura della galleria. In quel gran lago tranquillo, le nervature[9] sporgenti delle pareti della grotta correvano fino a incontrare l'angolo della loro immagine riflessa, poi riaffondavano nelle tenebre. Chissà dove, nel più profondo della collina, c'era un rumore d'acqua che cadeva, ma qui nulla agitava la superficie scura. Mentre prima[10] scorrevano e scintillavano ruscelletti come rubinetti chiusi male, adesso ogni parete era coperta di un sottile velo lucente di umidità, che scivolava impercettibilmente a gonfiare lo stagno.

Avanzai fino all'orlo, tenendo alta la torcia. La piccola luce respingeva le tenebre, tenebre palpabili, ancora più profonde di quelle notti buie in cui il nero è fitto come la pelliccia di un animale selvatico e pesa su di te come una coperta soffocante. Mille

8. Nel mio ricordo: molti anni prima, il giovane era stato in quella caverna sotterranea.

9. le nervature: i rilievi.

10. prima: al tempo della sua prima visita.

sfaccettature di luce scintillavano e lampeggiavano mentre la luce colpiva l'acqua che scivolava. L'aria era immobile e fredda, con echi di suoni che parevano canti d'uccello in un bosco profondo.

Sentivo gli uomini avanzare lungo la galleria dietro di me. Riflettevo rapido. Avrei potuto dir loro la verità, freddamente. Avrei potuto prendere la torcia e arrampicarmi nel cunicolo buio facendo notare le faglie[11] che stavano cedendo sotto il peso della costruzione sovrastante. Ma dubitavo che mi avrebbero ascoltato. Inoltre, come essi avevano cominciato a dire, non c'era tempo. Ciò di cui Vortigern aveva bisogno adesso non era la logica e neppure un ingegnere; gli serviva la magia e qualche cosa, una cosa qualsiasi, che gli promettesse una veloce soluzione e gli conservasse la fedeltà dei suoi seguaci. Personalmente, il re poteva anche credere alla voce della ragione[12], ma non poteva permettersi di ascoltarla. Io sospettavo che prima di tutto mi avrebbe ucciso e poi avrebbe tentato di rafforzare la galleria, probabilmente con me dentro. Altrimenti avrebbe perso i suoi operai.

Gli uomini si rovesciavano nell'imboccatura buia della galleria come api nei fori d'ingresso di un alveare. Altre torce splendettero, facendo a poco a poco indietreggiare le tenebre. Il luogo si riempiva di mantelli colorati, del lampeggiare delle armi e dello scintillio dei gioielli. Gli occhi parevano liquidi, mentre guardavano in giro, colmi di terrorizzata meraviglia. Il respiro diventava vapore nell'aria fredda. C'era un fruscio e un mormorio, come di persone che si trovino in un luogo sacro, ma nessuno parlava ad alta voce.

Alzai una mano per chiamare il re ed egli avanzò e si fermò vicino a me sull'orlo dello stagno. Puntai il dito verso il basso. Sotto la superficie qualche cosa, forse una roccia, scintillava debolmente e aveva la forma di un drago. Cominciai a parlare, adagio, come se assaporassi l'aria che ci divideva. Le mie parole caddero chiare e pesanti, come gocce d'acqua sulla roccia.

«Questa è la magia, o re Vortigern, che si nasconde sotto la tua torre. Per questo i tuoi muri si spaccavano con la stessa rapidità con cui i tuoi operai li innalzavano. Quale dei tuoi indovini poteva mostrarti ciò che io ti mostro ora?».

I suoi due portatori di torcia erano avanzati con lui; gli altri si tenevano ancora indietro. La luce aumentò, vacillando sulle pareti, mentre essi si facevano avanti. I rigagnoli d'acqua captarono la luce e continuarono a scorrere incontro al loro riflesso, sicché il fuoco pareva nascere dallo stagno come le bollicine di un vino che vengono a scoppiare in superficie. Dappertutto, mentre le torce si spostavano, l'acqua scintillava e riluceva, getti e schizzi di luce che si rompevano, balzavano e si fondevano attraverso la superficie immobile, finché il lago fu fuoco liquido e cascate di luce percorsero le pareti e scintillarono come cristalli che si animavano, si muovevano, mi giravano intorno, come la volta stellata di mezzanotte che turbina e dardeggia[13].

Respirai, dolorosamente e parlai di nuovo: «Se tu potessi asciugare questo stagno, re Vortigern, per trovare quello che è sepolto sotto di esso...».

11. faglie: fratture nella roccia, altamente instabili e causa di cedimenti rovinosi.

12. voce della ragione: questa gli doveva suggerire che la causa dei crolli non fosse soprannaturale, come tutti pensavano, ma dovuta a cause naturali.

13. turbina e dardeggia: sembra muoversi vorticosamente, come un turbine, e scaglia dardi, cioè frecce, di luce.

M'interruppi. La luce era cambiata[14]. Nessuno si era mosso e l'aria era ferma, ma la luce delle torce ondeggiava come se le mani degli uomini tremassero. Non potevo più vedere il re: le fiamme ci separavano. Ombre fuggivano attraverso torrenti e scalinate di fuoco e la grotta era piena di occhi e di ali e di zoccoli martellanti e dell'impeto rosso di un gran drago chino sulla preda...
Una voce gridava, forte e monotona, ansimante. Il dolore mi trafisse, diffondendosi dal ventre come sangue che zampilla da una ferita. Non riuscivo a vedere niente. Sentii le mani stringersi e aprirsi. La testa mi doleva e la roccia era dura e umida sotto il mio zigomo. Ero svenuto ed essi mi avevano preso da terra e mi stavano uccidendo: questo era il mio sangue che sgorgava da me per spargersi nello stagno e puntellare le fondamenta della loro putrida[15] torre. Soffocavo e il mio respiro mi pareva bile. Le mie mani laceravano con tutta la loro forza la roccia e i miei occhi erano aperti, ma tutto quel che riuscivo a vedere era il turbinio degli stendardi e ali e occhi di lupo e orribili bocche spalancate, poi la coda di un drago bianco, come un tizzone ardente, e stelle cadenti attraverso una pioggia di sangue.
Il dolore mi trafisse ancora, un coltello arroventato nelle viscere. Gridai e improvvisamente le mie mani furono libere. Le lanciai in alto tra me e le visioni e udii la mia stessa voce gridare, ma non capii cosa. Davanti a me le visioni turbinarono, si frantumarono, si spalancarono su una luce intollerabile, poi si richiusero nelle tenebre e nel silenzio.

(adattam. da M. Stewart, *La grotta di cristallo*, trad. it. di G. Angiolillo Zannino, Euroclub, su licenza di Rizzoli Editore, Milano 1978)

14. La luce era cambiata: è il segnale che inizia una visione, in cui Merlino «vede» ciò che gli altri non possono vedere.

15. putrida: marcia.

Discussione e confronto

1 Riflettere con l'epica. **L'autrice ha fatto del protagonista, Merlino, un giovane per certi aspetti «moderno», quasi un ecologista in anticipo sui tempi e amante della natura, che gli fornisce le conoscenze e i mezzi per elaborare magie e incantesimi. Vortigern e i suoi consiglieri, invece, simboleggiano lo spietato sfruttamento della natura, dalla quale trarre risorse a fini di dominio e di controllo della società. Il medesimo contrasto è osservabile anche oggi e ha dato luogo a discussioni infinite e a prese di posizione spesso dannose nei confronti dell'ambiente. Dividete la classe in due gruppi, ciascuno dei quali deve sostenere, con le opportune argomentazioni, la posizione incarnata da Merlino e quella rappresentata da Vortigern, sul tema *Proteggere e rispettare la natura o sacrificarla al potere e al profitto?***

2 Epica e media. **Con l'aiuto del computer, in gruppo o singolarmente, preparate un dossier che illustri, con video, immagini e musiche, tre o quattro aree del pianeta da salvare e da consegnare, nella loro bellezza, alle generazioni future. Potete scegliere luoghi naturali, siti archeologici oppure monumenti o località di particolare interesse culturale. Corredate il lavoro con un appello, stilato da tutta la classe, ai governi e ai cittadini perché abbiano a cuore la salvaguardia dell'ambiente.**

ITALO CALVINO

La pazzia d'Orlando

(ITALO CALVINO RACCONTA L'ORLANDO FURIOSO, 1970)

L'AUTORE

Italo Calvino, uno dei maggiori scrittori italiani del Novecento, nacque nel 1923 a Santiago de Las Vegas (Cuba), dove il padre dirigeva una scuola agraria. Nel 1925 la famiglia si trasferì a Sanremo, dove lo scrittore trascorse l'infanzia e l'adolescenza. Nel 1944 si unì alla brigata partigiana comunista «Garibaldi» e dopo la liberazione conseguì la laurea presso la Facoltà di Lettere di Torino. Nel 1947 pubblicò il primo romanzo, *Il sentiero dei nidi di ragno*, e nel 1949 la raccolta di racconti *Ultimo viene il corvo*. Negli anni successivi videro la luce i romanzi *Il visconte dimezzato* (1952), *Il barone rampante* (1957) e *Il cavaliere inesistente* (1959), riuniti in seguito nella trilogia *I nostri antenati* (1960). Nel 1963 pubblicò il volume di racconti *Marcovaldo ovvero Le stagioni in città*, e il romanzo *La giornata di uno scrutatore*, cui seguirono *Le cosmicomiche* (1965), *Ti con zero* (1968), *Italo Calvino racconta l'Orlando furioso* (1970), *Le città invisibili* (1972), *Il castello dei destini incrociati* (1973), *Se una notte d'inverno un viaggiatore* (1979). Tra il 1967 e il 1980, Calvino visse a Parigi, frequentando gli ambienti culturali d'avanguardia. Tornato in Italia, diede alle stampe *Palomar* (1983) e *Cosmicomiche vecchie e nuove* (1984). Dopo la sua morte, avvenuta a Siena nel 1985, uscirono le raccolte di narrativa *Sotto il sole giaguaro* (1986) e *La strada di San Giovanni* (1990) e il volume di inediti *Prima che tu dica «Pronto»* (1993). Tra le opere saggistiche ricordiamo *Una pietra sopra* (1980), *Lezioni americane* (1988) e *Perché leggere i classici* (1991).

L'OPERA

Lo scrittore dichiara apertamente la sua ammirazione per uno dei più grandi autori del Rinascimento, il poeta Ludovico Ariosto (1474-1533), vissuto alla corte estense di Ferrara, e per il suo capolavoro, il poema epico-cavalleresco *Orlando furioso* (1516, 1521, 1532), formato da 46 canti in ottave di endecasillabi. Con il suo volume, che si potrebbe definire un romanzo che racconta un altro romanzo, Calvino narra alcune celebri vicende del *Furioso*, scegliendo gli episodi che più gli sembrano utili a disegnare il mondo dei personaggi ariosteschi come un riflesso del cuore umano e, dunque, del nostro mondo, con le sue mille sfaccettature, comiche e tragiche, con la complicazione dei rapporti umani e l'ironia scintillante dell'immaginazione. Alternando il racconto in prosa all'inserimento di ottave del poema, Calvino segue le vicende dei protagonisti, in particolare Orlando e Angelica, delle cui disavventure diamo qui conto in sintesi.

Angelica, la bellissima figlia del re del Catai (l'odierna Cina), suscita nei più nobili guerrieri, cristiani e musulmani, una violenta passione amorosa. Nello stesso momento, il re dei Mori o Saraceni, Agramante, invade la Francia: poiché l'imperatore Carlo Magno ha bisogno dell'aiuto dei suoi paladini, tra cui Orlando e Rinaldo, la fanciulla è affidata al duca Namo di Baviera, che l'avrebbe concessa come ricompensa a colui che, il giorno della battaglia, avesse ucciso il maggior numero di nemici. Ma la sconfitta dei cristiani offre ad Angelica l'occasione per fuggire e inoltrarsi in una selva, desiderata e inseguita da tutti e da nessuno mai raggiunta. A partire da questo momento, gli innumerevoli episodi del poema seguono, variamente intrecciandosi fra loro, tre argomenti principali: la continuazione della guerra tra Carlo Magno e Agramante; l'amore disperato di Orlando per Angelica e la pazzia che affligge il paladino, quando scopre la passione di lei per il soldato saraceno Medoro; l'amore del musulmano Ruggiero per la cristiana Bradamante, dalle cui nozze discenderà la casata degli Este, presso la quale Ariosto viveva e lavorava.

Il brano

Orlando giunge nel luogo che aveva ospitato gli amori di Angelica e Medoro. Dapprima incredulo, poi angosciato, deve arrendersi all'idea che la principessa sia innamorata di un altro. Costituiscono prova inconfutabile di quell'unione i nomi dei due giovani, scritti un po' ovunque sulle cortecce degli alberi e sulle rocce, e la testimonianza di un pastore, che aveva ospitato gli amanti e aveva assistito al loro matrimonio. Dopo una notte insonne, Orlando si ritrova nei medesimi luoghi e, alla vista dei due nomi, viene colto da un furore incontenibile: distrugge gli alberi che recano incisi i segni della felicità dei giovani amanti e rende torbide le acque della fonte alla quale Angelica e Medoro si erano ristorati, tanto che esse non sarebbero mai più tornate limpide. Incapace di consolarsi, si strappa l'armatura e gli abiti; poi, urlando come un animale selvaggio, incomincia a distruggere tutto quello che gli si para davanti, usando solo la sua forza, moltiplicata dalla follia.

Chiave di lettura

In questo brano sofferma l'attenzione su:

– il **tema**, ovvero la forte **gelosia** di Orlando nei confronti di Angelica e Medoro. Egli ha fatto della donna il centro della sua vita: quando questo crolla, la **follia** lo stravolge, tanto che, da paladino valoroso, votato alla guerra e chiuso alle emozioni, si trasforma in un uomo comune, che si lamenta e piange disperato, macerandosi nel dolore;

– il **protagonista** Orlando, il cui comportamento è strutturato come un **climax ascendente**. Prima, nega l'evidenza del rapporto tra Angelica e Medoro. Mentre la verità diventa sempre più chiara, la sua mente si ottenebra e il **dolore** raggiunge il culmine; poi, egli sparge nella foresta i pezzi dell'armatura, trasformandosi in un essere primitivo, quasi animalesco. Infine la **ragione**, sconfitta, non è più in grado di arginare l'impeto della **furia**;

– lo **stile**. Se Calvino utilizza in prevalenza l'**ironia**, Ariosto alterna all'ironia (*Quivi fe' ben de le sue prove eccelse,/ch'un alto pino al primo crollo svelse*) realismo psicologico e descrizioni emozionanti.

Il duello tra Orlando e Mandricardo era rimasto in sospeso. Dopo che il cavallo del re di Tartaria aveva preso la mano al padrone e l'aveva portato via a corsa sfrenata, Orlando per un po' aveva aspettato a piè dell'albero da cui pendeva la spada Durindana[1], oggetto della contesa.

Ma, visto che l'avversario non tornava, Orlando aveva cinto di nuovo la spada invincibile e aveva lasciato detto che si sarebbe aggirato in quei paraggi per tre giorni e tre notti. Se Mandricardo voleva riprendere il duello, lui era a sua disposizione. Così, già da due giorni, il paladino stava cavalcando in su e in giù. Ma di Mandricardo, neanche l'ombra.

1. **Durindana**: o Durlindana, è la spada di Orlando, di cui Mandricardo, figlio del re dei Tartari, vuole impadronirsi.

Orlando passeggiava in riva a un rivo. Vede che i tronchi degli alberi sono pieni di scritte e incisioni. «Però io questa scrittura la conosco», pensa Orlando, e come fa chi s'annoia, prende distrattamente a decifrare le parole. Legge: *Angelica.* Ma certo: è la sua firma! Angelica era passata di lì!

Intorno alla firma di Angelica, cuori trafitti, nodi che s'allacciano, colombe. Angelica innamorata? E di chi mai? Orlando non ha dubbi: «Se s'innamora non può innamorarsi che di me!»

Ma su quei cuori, su quei nodi, c'è un altro nome accoppiato a quello d'Angelica, un nome sconosciuto: *Medoro.* Perché Angelica ha scritto quel nome? Perché ha scritto il nome di qualcuno che non si sa chi sia, di qualcuno che non esiste? «Forse, – pensa Orlando, – nelle sue fantasticherie amorose, Angelica mi ha soprannominato Medoro, e scrive Medoro dappertutto perché non osa scrivere Orlando».

Angelica e Medor con cento nodi
legati insieme, e in cento lochi vede.
Quante lettere son, tanti son chiodi
coi quali Amore il cor gli punge e fiede.
Va col pensier cercando in mille modi
non creder quel ch'al suo dispetto crede:
ch'altra Angelica sia, creder si sforza,
ch'abbia scritto il suo nome in quella scorza.
Poi dice; – Conosco io pur queste note:
di tal'io n'ho tante vedute e lette.
Finger questo Medoro ella si puote:
forse ch'a me questo cognome mette. –
Con tali opinïon dal ver remote
usando fraude a se medesmo, stette
ne la speranza il mal contento Orlando,
che si seppe a se stesso ir procacciando.

(XXIII, 103-4)

[Orlando] vede i nomi di Angelica e Medoro legati insieme da cento nodi e in cento posti diversi. Quante sono le lettere [che compongono le scritte], altrettanti sono i chiodi con i quali Amore gli trafigge e gli ferisce il cuore. In mille modi va cercando con la mente di non credere a ciò cui, a suo dispetto, crede: si sforza di credere che si tratti di un'altra Angelica che abbia intagliato il suo nome in quella corteccia.

Poi dice: – Eppure io conosco questi caratteri [questa scrittura]: di simili tante volte io ne ho visti e letti. Può darsi che lei si sia inventata questo Medoro: forse mette a me questo soprannome –. Ingannando se stesso con queste considerazioni così lontane dalla verità, non perse la speranza l'infelice Orlando, la speranza che gli riuscì di crearsi con gran fatica. *[parafrasi di Calvino]*

Entra in una grotta. Le pareti di roccia erano tutte istoriate di graffiti[2] e frasi tracciate col carbone o coi gessetti colorati o incise col temperino. Tutte in alfabeto arabo, si capisce. Orlando, esperto in quella lingua, tante volte s'era tratto d'impaccio nelle sue spedizioni oltre le linee nemiche. Quel che c'è scritto, dunque, per lui è chiaro: eppure vorrebbe dubitare di quel che sta leggendo. C'è scritto, in una calligrafia diversa da quella d'Angelica: «Oh star qui con la principessa Angelica abbracciato mattina e sera oh com'è bello». Firmato: «Medoro».

Orlando riflette: «Dunque se Medoro sono io, e non sono stato io a scrivere questo, allora Angelica, fantasticando di star qui abbracciata con me, dev'essersi messa a scrivere queste cose con una calligrafia maschile per rappresentarsi quel che io avrei provato».

La spiegazione era ingegnosa[3], però non stava in piedi. Ormai l'ipotesi che Medoro fosse un suo rivale, Orlando non riusciva più a scartarla. Un rivale sfortunato, naturalmente, che per dar sfogo alle sue fantasie, e per calunniare la donna che l'aveva respinto, aggiungeva il proprio nome là dove Angelica aveva firmato i suoi messaggi d'amore per Orlando. Di nuovo andava troppo lontano: qualsiasi spiegazione tentasse, a un certo punto il ragionamento d'Orlando si rifiutava di seguire la via più semplice, e il pianto che già gli faceva groppo in gola si fermava lì.

Orlando cavalca assorto: è l'imbrunire; vede in fondo alla valle un fumo che si leva d'in cima a un tetto; i cani prendono ad abbaiare; risponde il mugghio d'un armento[4]. C'è una malga[5] di pastori, laggiù. Orlando, macchinalmente[6], s'avvicina, chiede asilo per la notte.

I pastori si fanno in quattro per accogliere degnamente il paladino: chi gli svita l'armatura di dosso, chi gli toglie gli speroni, chi gli lustra la corazza, chi governa il cavallo. Orlando lascia fare, come un sonnambulo; poi si corica, e resta a occhi sbarrati. Sarà un'allucinazione? Quelle scritte continuano a perseguitarlo. Intorno al letto, sui muri, perfino sul soffitto, egli vede le scritte, dovunque posi gli occhi. Alza la mano per scacciarle: no, sono proprio là, tutta la casa ne è coperta.

– Non puoi dormire, cavaliere? – e il pastore, udendolo smaniare[7], venne a sedersi al suo capezzale. – Se vuoi ti racconto una storia che più bella non si potrebbe immaginare. Ed è una storia vera. Pensa che in questa povera casa s'era venuta a rifugiare una principessa dell'Oriente...

Orlando è tutt'orecchi.

– E questa principessa aveva raccolto sul campo di battaglia un povero fante ferito, un ragazzetto biondo...

E il pastore racconta a Orlando esterrefatto tutta la storia degli amori d'Angelica e Medoro, e delle loro nozze.

– Proprio in quel letto dove stai sdraiato tu, cavaliere, la principessa e il fantaccino[8] passarono la prima notte di nozze!

---

2. **istoriate di graffiti**: ornate di incisioni.

3. **ingegnosa**: frutto di un abile lavoro mentale.

4. **il ... armento**: il muggito di una mandria di bovini.

5. **malga**: costruzione di pietra o di legno, usata come abitazione estiva per i pastori e per la produzione del latte.

6. **macchinalmente**: simile a un automa, quindi non per libera decisione.

7. **smaniare**: agitarsi convulsamente.

8. **fantaccino**: espressione scherzosa per indicare un soldato di fanteria.

Orlando salta su come punto da una vespa.
– Non mi credi, cavaliere? Guarda cosa ci ha regalato a noi poveretti, la principessa, partendo per il Catai con il suo sposo! – e mostra un braccialetto tempestato di gemme. Era il braccialetto che Orlando aveva regalato ad Angelica in pegno[9] d'amore. – Ehi, fermati, cavaliere, dove vai!
Orlando era montato in sella e cavalcava nella notte urlando.
Pianse tanto che si disse: «Queste non possono essere più lacrime perché ormai devo averle versate tutte: quello che mi scende giù dagli occhi è l'essenza vitale che mi sta abbandonando».
Sospirò tanto che si disse: «Questi non possono essere sospiri perché non si fermano mai: è certamente il mio cuore che sta bruciando ed esala[10] questo vento come per la cappa d'un camino».
Soffrì tanto che si disse: «Questo non posso più essere io perché Orlando è morto, ucciso da Angelica. Io sono il fantasma di me stesso che non potrà più trovare pace».
All'alba si ritrovò alla grotta dove Medoro aveva inciso la sua confessione: a colpi di Durindana sbriciolò la roccia nelle acque della fonte che s'intorbidarono per sempre. Poi si coricò sull'erba, spalancò gli occhi al cielo e restò immobile tre giorni e tre notti senza mangiare né dormire.
Al quarto giorno s'alzò, prese a spogliarsi e a gettare i pezzi d'armatura ai quattro punti cardinali. Restò nudo e senz'armi. Cominciò a svellere un pino, poi un rovere, poi un olmo. Da quel momento la pazzia d'Orlando prese a crescere, a scatenarsi, a infuriare sui campi e sui villaggi.

Pel bosco errò tutta la notte il conte;
e allo spuntar della dïurna fiamma
lo tornò il suo destin sopra la fonte
dove Medoro insculse l'epigramma.
Veder l'ingiuria sua scritta nel monte
l'accese sì, ch'in lui non restò dramma[11]
che non fosse odio, rabbia, ira e furore;
ne più indugiò, che trasse il brando fuore.
Tagliò lo scritto e 'l sasso, e sin al cielo
a volo alzar fe' le minute schegge:
infelice quell'antro, et ogni stelo
in cui Medoro e Angelica si legge!
Cosi restâr quel dì, ch'ombra né gielo
a pastor mai non daran più, né a gregge:
e quella fonte, già sì chiara e pura,
da cotanta ira fu poco sicura;
che rami e ceppi e tronchi e sassi e zolle

9. pegno: garanzia.

10. esala: diffonde.

11. dramma: o dracma, è l'unità monetaria della Grecia, antica e fino al 2002, anno dell'introduzione dell'euro. Nell'uso figurato indica una minima particella o un minimo valore.

non cessò di gittar ne le bell'onde,
fin che da sommo ad imo sì turbolle,
che non furo mai più chiare né monde.
E stanco al fin, e al fin di sudor molle,
poi che la lena vinta non risponde
allo sdegno, al grave odio, all'ardente ira,
cade sul prato, e verso il ciel sospira.
Afflitto e stanco al fin cade ne l'erba,
e ficca gli occhi al cielo, e non fa motto.
Senza cibo e dormir così si serba,
che 'l sole esce tre volte e torna sotto.
Di crescer non cessò la pena acerba,
che fuor del senno al fin l'ebbe condotto.
Il quarto dì, da gran furor commosso,
e maglie e piastre[12] si stracciò di dosso.
Qui riman l'elmo, e là riman lo scudo,
lontan gli arnesi, e più lontan l'usbergo[13]:
l'arme sue tutte, in somma vi concludo,
avean pel bosco differente albergo.
E poi si squarciò i panni, e mostrò ignudo
l'ispido ventre e tutto 'l petto e 'l tergo;
e cominciò la gran follia, sì orrenda,
che de la più non sarà mai ch'intenda.
In tanta rabbia, in tanto furor venne,
che rimase offuscato in ogni senso,
Di tor la spada in man non gli sovenne;
che fatte avria mirabil cose, penso.
Ma né quella, né scure, né bipenne
era bisogno al suo vigore immenso.
Quivi fe' ben de le sue prove eccelse,
ch'un alto pino al primo crollo svelse:
e svelse dopo il primo altri parecchi,
come fosser finocchi, ebuli o aneti
e fe' il simil di querce e d'olmi vecchi,
di faggi e d'orni e d'illici e d'abeti.
Quel ch'un uccellator che s'apparecchi
il campo mondo, fa, per por le reti,
dei giunchi e de le stoppie e de l'urtiche,
facea de cerri e d'altre piante antiche.

(XXIII, 129-135)

12. maglie e piastre: la maglia di ferro, indossata sotto la corazza, e le piastre (lamine di metallo) della corazza stessa.

13. l'usbergo: l'armatura usata a protezione del busto e del collo.

Il conte errò per il bosco tutta la notte e, allo spuntare del sole, il suo destino lo ricondusse sopra la fonte dove Medoro aveva scolpito l'iscrizione. Vedere la propria offesa scritta nella roccia l'infiammò al punto che in lui non rimase neppure una minima parte che non fosse odio, rabbia, ira e furore; e non aspettò oltre a sguainare la spada. Mandò in frantumi l'iscrizione e la roccia e fece volare fino al cielo le piccolissime schegge. Sfortunata quella grotta e ogni albero su cui si leggono i nomi di Angelica e Medoro. Quel giorno furono ridotti in tali condizioni che non offriranno mai più a un pastore o a un gregge né ombra né frescura; e quella fonte, un tempo così limpida e pulita, non riuscì a salvarsi da una simile ira; perché [Orlando] non smise di gettare nelle belle acque rami, ceppi, tronchi, sassi, zolle di terra, fin che le intorbidò tanto dalla superficie al fondo, che non divennero mai più né trasparenti né pulite. E alla fine stanco e madido di sudore, poiché la vigoria, esausta, non corrisponde allo sdegno, all'enorme odio, all'ardente ira, cade sul prato e sospira verso il cielo. Abbattuto e stanco, alla fine cade sull'erba e fissa gli occhi al cielo e non dice parola. Rimane così senza cibo e senza dormire, mentre il sole per tre volte spunta e tramonta. Non smise di crescere l'atroce sofferenza, che alla fine lo condusse fuori

di senno. Il quarto giorno, sconvolto da un grande furore, si stracciò di dosso maglie e piastre. In un posto rimane l'elmo, in un altro lo scudo, lontano restano alcune parti dell'armatura e questa ancora più lontano; detto in una parola, tutte le sue armi erano variamente sparpagliate per il bosco. E poi si stracciò gli abiti e mostrò nudo il ventre peloso e tutto il petto e la schiena; e incominciò la grande follia, tanto spaventosa che nessuno sentirà mai parlare di un'altra maggiore di questa. Cadde in un tale stato di rabbia e di furore che tutta la sua coscienza ne rimase offuscata. Non gli venne in mente di prendere la spada in mano, altrimenti avrebbe fatto cose stupefacenti, penso. Ma la sua forza straordinaria non aveva bisogno né della spada, né della scure, né dell'ascia a doppio taglio. In quest'occasione Orlando compì molte delle sue più straordinarie imprese, perché sradicò al primo strattone un alto pino e dopo il primo ne sradicò parecchi altri, come se fossero finocchi, ebuli o aneti; e lo stesso fece di querce e di vecchi olmi, di faggi, di orni, di ilici e di abeti. Quello che un cacciatore che si prepari il campo sgombro, per collocare le reti, fa dei giunchi, delle stoppie e delle ortiche, [Orlando] faceva dei cerri e di altre piante cariche d'anni. *[parafrasi di Calvino]*

(I. Calvino, *Italo Calvino racconta l'Orlando furioso*,
Einaudi, Torino 1988)

Discussione e confronto

1 Riflettere con l'epica. **Nel poema ariostesco, Orlando è molto diverso dal cavaliere votato alla causa della fede, che il ciclo carolingio ci ha fatto conoscere: folle per amore, rivela un lato fragile, ma anche oscuro e inquietante, della sua personalità. Fin dove si può giungere per amore? Perché si deve accettare che l'oggetto del nostro amore non ricambi i nostri sentimenti? Discutetene in classe, anche alla luce dei tanti, gravi e recenti episodi di «femminicidio».**

2 Epica e media. **La figura del paladino Orlando, soprattutto nella versione ariostesca, ha ispirato l'arte nel corso dei secoli: infatti, molti pittori lo hanno scelto come soggetto delle loro opere. Dividete la classe in due o più gruppi e, usando il computer, preparate una ricerca su come il personaggio del valoroso cavaliere, folle per amore, sia stato visto e rappresentato in ambito artistico, senza dimenticare che Orlando, i paladini e Angelica sono diventati i protagonisti dell'Opera dei Pupi, le celebri marionette siciliane.**

MARION ZIMMER BRADLEY

L'amore infelice di Lancillotto e Ginevra

(LE NEBBIE DI AVALON, 1983)

L'AUTRICE

Nacque nel 1930 ad Albany, negli Stati Uniti. Appassionata fin dall'infanzia delle storie dei cavalieri della Tavola Rotonda e del Graal, scrisse romanzi di grande successo, alcuni dei quali sono considerati capolavori della letteratura *fantasy*. Oltre alla saga di Darkover, è famosa per un insieme di opere ispirate ai testi medievali del ciclo bretone, ai *Racconti di Re Artù*, del poeta americano Sidney Lanier, e a numerosi studi letterari e archeologici in materia. Tra i suoi romanzi ricordiamo: *I regni di Darkover* (1983), *Le nebbie di Avalon* (1983), *Le querce di Albion* (1994) e *La signora di Avalon* (1997). Morì a Berkeley nel 1999.

L'OPERA

Morgana, figlia di Gorlois, duca di Cornovaglia, è la sorellastra di Artù, nato dalla stessa madre, Igraine, e da Uther Pendragon, re di Britannia. Ancora molto giovane Morgana viene inviata presso la zia Viviana, signora di un regno fondato sull'isola di Avalon, posta al centro di un lago e visibile solo grazie alla magia. Viviana, sacerdotessa della Dea, la potente divinità adorata dalle Tribù che abitavano quei luoghi prima della conquista dei Romani, educa Morgana, la quale possiede il dono della preveggenza, affinché le succeda nel governo di Avalon.

Alla morte del padre, Artù, dopo essere diventato re di Britannia grazie al saggio Merlino, sacerdote e mago, riceve da questi la spada magica Excalibur, il cui fodero, intessuto di incantesimi, ha il potere di fermare il flusso di sangue dalle ferite. La moglie del sovrano, Ginevra, che ama, ricambiata, il prode cavaliere Lancillotto, non ha generato eredi, perciò viene scelto come successore Galahad, figlio di Lancillotto. Sdegnata, Morgana rivela alla regina e ad Artù di aver avuto da lui un figlio, concepito durante un rito sacro sull'isola di Avalon. Il ragazzo, Gwydion, divenuto cavaliere con il nome di Mordred, è dunque l'unico vero successore al trono. Morgana si reca in incognito a Camelot, la capitale del regno di Artù, per impedire che i sacri simboli della Dea – un calice, un piatto e una lancia – vengano usati durante la celebrazione della messa. Per mezzo di un incantesimo, riesce a farli scomparire, ma i presenti credono di aver visto materializzarsi sull'altare e poi svanire il Graal, ovvero il calice usato da Gesù durante l'Ultima Cena. I cavalieri più valorosi si mettono in cammino per cercarlo: lo trova Galahad, che però muore di fronte alla sacra reliquia, sopraffatto dalla beatitudine. A Camelot, intanto, Lancillotto e Ginevra diventano amanti. Mordred tende loro un agguato, ma il cavaliere e la regina riescono a fuggire. Ginevra, tuttavia, comprende che Lancillotto, in preda ai rimorsi per aver tradito Artù, avrebbe finito con l'odiarla, quindi si ritira per sempre in un monastero.

La barca magica, che consente di superare le nebbie, le quali, avvolgendo Avalon, la nascondono allo sguardo degli uomini, reca a Morgana il cadavere di Mordred, ucciso da Artù, il quale, a sua volta ferito a morte dal figlio, si trova nella medesima barca. Insieme a lui c'è anche Lancillotto, che dal sovrano morente riceve Excalibur. Scagliata nel lago, la spada è afferrata e trascinata sul fondo da una mano misteriosa, emersa dall'acqua. Dopo qualche tempo, il Graal appare a Lancillotto, da poco ordinato prete: anch'egli muore a quella vista, sperimentando un profondo senso di pace. Morgana, infine, si rende conto che il potere della Dea è stato annientato da quello del Dio cristiano, che ha messo fine al misterioso mondo di Avalon.

Il brano

Conclusa infruttuosamente la ricerca del Graal, Lancillotto ha fatto ritorno a Camelot. Durante un sontuoso banchetto, Mordred cerca di convincere gli altri cavalieri della Tavola Rotonda che Artù si rende ridicolo tollerando la relazione tra Lancillotto e Ginevra. Accompagnato da Galvano e da numerosi uomini armati, egli organizza un agguato ai due amanti per coglierli in flagrante adulterio e accusarli di alto tradimento. La coppia riesce a fuggire, dopo una lotta furibonda al culmine della quale rimane ucciso Gareth, il migliore amico di Lancillotto. Questi progetta di lasciare la Britannia e di sottrarsi alla probabile vendetta di Artù, ma Ginevra propone un'altra soluzione: sarebbe entrata in convento, offrendo a Lancillotto l'occasione di riconciliarsi con il suo re. Il cavaliere accetta, così le mura dell'abbazia di Glastonbury si chiudono per sempre dietro di lei.

Chiave di lettura

In questo brano sofferma l'attenzione su:
- i **temi** che emergono, ovvero l'**amore colpevole** di Lancillotto e Ginevra e la **slealtà** di Gwydion, in netto contrasto con la **fedeltà** di Galvano e di Gareth al loro re;
- i **personaggi** Gwydion e la coppia Lancillotto-Ginevra. Sono legati da un rapporto di **antagonismo** e simboleggiano **valori** profondamente **diversi**: il primo è un intrigante, segnato da una nascita illegittima che gli offre molte aspettative, ma pochi mezzi per realizzarle; i secondi incarnano un sentimento intenso, che li conduce tuttavia, loro malgrado, a tradire Artù, signore di entrambi;
- l'**analisi psicologica**, una componente moderna, nuova rispetto alle storie narrate nelle opere medievali sullo stesso argomento. Lancillotto e Ginevra sono ritratti, come mai prima, nei loro tormenti, nell'alternarsi di rimorso e passione, nell'incertezza e nell'angoscia dell'agire.

[...] Ginevra giaceva a occhi aperti nell'oscurità. Attendeva di udire il passo di Lancillotto. Era troppo pericoloso. L'ultima domenica il vescovo aveva tenuto una predica scagliandosi contro l'adulterio e aveva detto che soltanto con la castità nel matrimonio le donne potevano riscattare il peccato di Eva. Ginevra ripensò all'adultera condotta davanti a Cristo, il quale aveva detto: «Chi è senza peccato scagli la prima pietra». Nessuno aveva osato scagliarla... ma lì, alla sua corte, troppi erano senza peccato. Cristo aveva detto all'adultera: «Va' e non peccare più». Era ciò che doveva fare anche lei...
Non era tanto il corpo di Lancillotto, ciò che desiderava... voleva soprattutto stare con lui: era un sentimento che apparteneva più all'anima che al corpo. Perché un Dio d'amore doveva condannarlo?
Non ho sottratto ad Artù qualcosa che desiderava. Aveva bisogno d'una regina al suo fianco; ma da me non voleva nulla se non un figlio[1] e a negarglielo non sono stata io, è stato Dio.

1. **da me ... figlio**: quello con Artù è stato un matrimonio per interesse dinastico (generare un erede), mentre il legame autentico è quello con Lancillotto.

Vi fu un passo furtivo[2] nell'oscurità. Ginevra mormorò: «Lancillotto?».
«No». Il bagliore d'una lucerna la disorientò. Per un momento credette di scorgere il volto amato ridivenuto giovane... e poi comprese[3].
«Come osi? Griderò per chiamare le mie donne... nessuno crederà che sia stata io a invitarti qui».
«Taci», disse lui. «Hai un coltello alla gola, mia signora». E quando Ginevra si strinse addosso le lenzuola, soggiunse: «Non lusingarti, signora, non sono venuto per violentarti. Le tue grazie sono troppo sfiorite per me, e troppo usate».
«Basta!» disse una voce nell'oscurità. «Non burlarti di lei! È una faccenda immonda, questa, e vorrei non averne mai sentito parlare! Fate tutti silenzio e nascondetevi!».
Ginevra riconobbe il viso di Galvano e, dietro di lui, qualcun altro che le era familiare.
«Gareth! Che cosa fai qui?» gemette. «Credevo che fossi il miglior amico di Lancillotto».
«Lo sono», disse cupamente Gareth. «Sono venuto per garantire che tutto si svolga secondo giustizia. *Quello»,* disse indicando Gwydion con un gesto sprezzante, «vorrebbe tagliargli la gola e far accusare te della sua morte!»
«Silenzio!» intimò Gwydion. La luce si spense e Ginevra sentì contro la gola la punta del coltello. «Se cerchi di avvertirlo, tanto peggio per te».
Ginevra udì i rumori smorzati, i fruscii delle vesti. Quanti uomini partecipavano all'imboscata? Rimase in silenzio, torcendosi le mani per la disperazione.
Il tempo trascorreva lentissimo. A un tratto Ginevra udì un fischio sommesso[4], come il richiamo d'un uccello. Gwydion la sentì tendersi e bisbigliò:
«Il segnale?». Le premette più forte il coltello contro la gola, e lei, sudando di terrore, mormorò: «Sì».
Gwydion si scostò. «Ci sono dodici uomini nella stanza. Se tenterai di metterlo in guardia, non vivrai per lo spazio d'un respiro».
Ginevra udì i suoni nell'anticamera: il mantello di Lancillotto, la spada... ah, Dio, intendevano sorprenderlo nudo e disarmato... Doveva avvertirlo... Ma Gwydion le premette crudelmente la mano sulla bocca soffocando il grido. Ginevra si contorse e poi sentì sul letto il peso dell'amante.
«Ginevra? Che c'è? Ti ho sentita piangere, amor mio?»
Ginevra riuscì a liberarsi per un attimo dalla mano che le tappava la bocca.
«Fuggì!» urlò. «È una trappola...»
«Per le porte dell'inferno!» Lo sentì balzar via come un gatto.
La lucerna di Gwydion brillò, la luce passò di mano in mano e si fecero avanti Galvano, Cai e Gareth[5], seguiti da altre figure indistinte. Ginevra si rannicchiò sotto le coperte. Lancillotto era immobile, nudo e senz'armi.
«Mordred», disse in tono di disprezzo, «quest'agguato è degno di te».

---

2. furtivo: circospetto, per non farsi scoprire.

3. comprese: capì che si trattava di Gwydion, molto somigliante a Lancillotto da giovane.

4. un fischio sommesso: il segnale convenuto, con cui l'amante annunciava a Ginevra il suo arrivo.

5. Cai e Gareth: cavalieri della Tavola Rotonda.

«Lancillotto», disse solennemente Galvano, «in nome del re ti accuso di alto tradimento[6]. Consegnami la spada».
«Lascia stare», disse Gwydion. «Va' a prenderla».
«Gareth! In nome di Dio, perché ti sei prestato a questo?».
Nella luce delle torce, ora gli occhi di Gareth brillavano di lacrime.
«Non lo credevo, Lancillotto. Dio volesse che fossi caduto in battaglia prima di vederlo con i miei occhi».
Lancillotto chinò la testa e si guardò intorno.
«La tua spada», ripeté Galvano. «E vestiti. Non intendo condurti nudo in presenza di Artù. Già troppi uomini hanno assistito alla tua vergogna».
Lentamente, Lancillotto si voltò, entrò nella piccola anticamera dove aveva lasciato gli abiti e le armi. Gareth rimase in attesa con la mano sulla spada, fino a quando Lancillotto ritornò nella stanza, vestito ma disarmato.
«È meglio per te che non faccia storie», disse Gwydion. «Madre...» Si voltò verso le persone in ombra e Ginevra, costernata, vide Morgause[7]. «Occupati della regina. Te l'affido in attesa della decisione di Artù».
Morgause si avvicinò al letto.
«Vestiti, mia signora», disse. «E ti aiuterò a pettinarti... non vorrai comparire così davanti al re. E rallegrati che ci fosse una donna con loro... Intendevano attendere per cogliervi sul fatto».
Ginevra rabbrividì e con dita tremanti cominciò a indossare l'abito.
«Devo vestirmi davanti a questi uomini?».
«Non fingere tanto pudore, svergognata!» esclamò Gwydion. «Indossa quella veste o mia madre te l'infilerà come un sacco».
La chiama sua madre. Non mi sorprende che Gwydion sia crudele e spietato... è stato allevato dalla regina di Lothian.
Lancillotto disse a voce bassa: «Vuoi la mia spada, dunque?».
«Lo sai», rispose Galvano.
«Allora...» Lancillotto guizzò come un fulmine, si avventò e con un altro movimento felino strappò a Galvano la spada. «Vieni a prenderla, maledetto!». Sferrò un fendente a Gwydion che cadde urlando sul letto con una ferita alla schiena; poi, quando Cai si fece avanti con la spada in pugno, Lancillotto strappò un cuscino dal letto e glielo scagliò contro, facendolo cadere addosso agli altri uomini. Balzò sul letto e sibilò a Ginevra: «Rimani immobile e tieniti pronta!»
Gli altri tentarono di nuovo di avvicinarsi. Lancillotto ne trafisse uno, impegnò brevemente un altro e poi, al di sopra del corpo di questi, si avventò contro un terzo assalitore. Gareth si accasciò lentamente a terra. Lancillotto si stava già battendo con un altro avversario; ma Gwydion gridò: «Gareth!» e si gettò sul suo corpo. In un momento di silenzio inorridito, Ginevra sentì Lancillotto sollevarla con un braccio, girarsi di scatto, uccidere qualcun altro sulla soglia... E poi si ritrovò in piedi nel corridoio, mentre

6. alto tradimento: innamorandosi di Ginevra, Lancillotto ha tradito il legame di fedeltà con Artù, suo re e signore feudale.

7. Morgause: la zia di Morgana, regina di Lothian, che aveva educato Gwydion alla propria corte.

Lancillotto la sospingeva.

«Alle scuderie!» le gridò. «Ai cavalli, e andiamo via, in fretta!»

«Aspetta!» Lei gli prese il braccio. «Se chiedessimo misericordia ad Artù...»

«Gareth avrebbe chiesto soltanto giustizia, ma poiché è stato Gwydion a organizzare tutto, credi che arriveremmo vivi fino al re?» La condusse nelle scuderie e sellò in fretta il suo cavallo. «Non c'è tempo di cercare il tuo... Monta dietro di me e tienti forte... Dovrò travolgere le guardie alla porta». E Ginevra si rese conto che quello era un Lancillotto che non conosceva... il guerriero. Quanti uomini aveva ucciso quella notte? Non aveva neppure il tempo di provare paura, mentre la issava a cavallo e balzava in sella davanti a lei.

«Aggrappati», le disse. «Non avrò tempo di pensare a te». Si voltò e le diede un bacio. «È colpa mia, dovevo immaginare che quel bastardo infernale ci avrebbe spiati... Comunque vadano le cose, è finita. Niente più menzogne e sotterfugi. Sei mia per sempre...» Ginevra lo sentì tremare, ma Lancillotto si voltò e afferrò le redini. «E ora, via!».

[...] Aggrappata alle spalle di Lancillotto, Ginevra si protese per sentire ciò che le diceva nel fruscio del vento: «Dobbiamo fermarci per far riposare il cavallo... E, se viaggiamo di giorno, le nostre facce sono così note che verremo riconosciuti».

Ginevra annuì: non aveva fiato sufficiente per parlare. Dopo un po' raggiunsero un boschetto, Lancillotto fermò il cavallo e l'aiutò a smontare; condusse l'animale a bere, poi stese a terra il mantello per farla sedere. Guardò la spada che portava al fianco. «Ho ancora la spada di Galvano. Quand'ero ragazzo ho sentito parlare della follia omicida, ma non sapevo che l'avessimo nel sangue...» Sospirò. «C'è sangue sulla lama. Chi ho ucciso, Ginevra?».

Era insopportabile vederlo così angosciato. «Più d'uno...».

«So d'aver colpito Gwydion... Mordred, maledetto! So di averlo ferito quando ero ancora padrone della mia volontà. Non credo... di aver avuto la fortuna di ucciderlo».

Ginevra scosse la testa in silenzio.

«Chi allora?» Lei tacque e Lancillotto si chinò, le strinse le spalle così bruscamente che per un momento lei ebbe paura del guerriero come mai ne aveva avuto dell'amante. «Ginevra, in nome di Dio, dimmi... ho ucciso mio cugino Galvano?».

A questo poteva rispondere senza esitazione: «No, te lo giuro».

«Poteva essere chiunque», disse lui con un brivido. «Te lo giuro, non sapevo neppure di avere in mano una spada. Ho colpito Gwydion e poi... ricordo soltanto che siamo fuggiti a cavallo.» S'inginocchiò davanti a lei.

«Sono impazzito una seconda volta, credo...».

Ginevra lo strinse in uno slancio di tenerezza. «No, no... ah, no, amor mio... Io sono stata la causa di tutto questo...».

«Sono stato io a toglierti da tutto ciò che era importante per te...».

«Dio volesse che l'avessi fatto prima! » esclamò Ginevra.

«Ah, non è troppo tardi... con te accanto sono giovane e tu... tu non sei mai stata così bella, amore mio...» Lancillotto la rovesciò sulla coperta, ridendo con abbandono. «Ora non c'è nessuno che possa mettersi tra noi, ah, Ginevra...».

Dormirono un po', abbracciati, e abbracciati si svegliarono quando il sole s'insinuò tra

i rami verdi. Lancillotto sorrise e le accarezzò il viso.
«Sai... prima d'ora non m'ero mai svegliato tra le tue braccia senza paura. Sono felice, nonostante tutto...». Si tolse le foglie e i fili d'erba dai capelli e dalla barba. «Devo alzarmi e riprendere il cavallo. Forse ci sarà nei pressi un casolare dove potremo procurarci un po' di pane e birra... Non ho con me denaro né oggetti di valore tranne questa...» disse, toccando la piccola spilla d'oro sulla tunica. «Per il momento siamo mendicanti. Ma se raggiungeremo il castello di Pellinore[8], ho ancora una casa e servitori... e oro, per pagare il viaggio oltremare. Verrai con me nella Britannia Minore[9], Ginevra?»
«Dovunque», mormorò lei con voce spezzata. E in quel momento era sincera.
Ma quando, più tardi, Lancillotto la issò sul cavallo e ripartirono, lei rimase in silenzio, turbata. Senza dubbio avrebbero potuto attraversare il mare. Ma quando l'accaduto di quella notte si fosse risaputo da una parte del mondo all'altra, Artù sarebbe stato deriso e disprezzato e, per difendere il proprio onore, avrebbe dovuto cercarli dovunque fuggissero. E prima o poi Lancillotto avrebbe saputo di aver ucciso l'amico più caro[10] che avesse avuto al mondo dopo lo stesso Artù. L'aveva fatto in un momento di follia, ma l'angoscia e il rimorso l'avrebbero divorato; e allora, quando l'avesse guardata, non avrebbe ricordato che l'amava ma che aveva ucciso per lei il suo amico e che per lei aveva tradito Artù... E l'avrebbe odiata...
No, avrebbe continuato ad amarla, ma non avrebbe dimenticato chi aveva ucciso per possederla.
E perciò, quando sostarono di nuovo, Ginevra disse: «Non verrò oltremare con te, Lancillotto, e non causerò altri dissidi[11] tra i vecchi Compagni della Tavola Rotonda. Quando... quando Mordred la spunterà[12], ci sarà lotta e verrà il giorno in cui Artù avrà bisogno di tutti i suoi amici».
«Ma cosa farai?» Ginevra si sforzò di non notare che, nonostante lo sbalordimento e l'angoscia, nella voce di Lancillotto c'era una sfumatura di sollievo.
«Portami all'Isola di Glastonbury[13]», gli disse. «C'è il monastero dove sono stata ragazza. Andrò là e dirò alle monache che i calunniatori hanno attizzato un dissidio tra Artù e te per causa mia. Quando sarà trascorso qualche tempo, farò sapere ad Artù dove mi trovo e gli dirò che non sono con te. Allora potrete riconciliarvi con onore».
«No! Non posso lasciarti...» Ma, con una stretta al cuore, Ginevra comprese che non le sarebbe stato difficile convincerlo. Forse aveva sperato che si battesse per lei, che la portasse comunque nella Britannia Minore. Ma Lancillotto non era così. Era ciò che era, da sempre, e l'avrebbe amato così per tutto il resto della sua vita. E alla fine lui non discusse più e avviò il cavallo sulla strada per Glastonbury.
L'ombra lunga della chiesa si estendeva sulle acque, quando salirono sulla barca che

8. Pellinore: un cavaliere della Tavola Rotonda, amico di Lancillotto.

9. Britannia Minore: così veniva anche chiamata una regione della Francia, l'Armorica. Lancillotto vuole condurre Ginevra il più lontano possibile da Artù.

10. l'amico più caro: Gareth.

11. dissidi: litigi.

12. la spunterà: riuscirà a imporsi.

13. Glastonbury: un complesso monastico che sorge nella contea inglese del Somerset. Vi sono sepolti alcuni re sassoni e quelli che sono ritenuti i resti mortali di Artù e di Ginevra.

doveva portarli all'isola, e le campane suonavano l'Angelus[14].

Ginevra chinò la testa e mormorò una preghiera.

Santa Maria, madre di Dio, prega per me peccatrice... E per un momento le parve d'essere circondata da una grande luce, come il giorno in cui il Graal era apparso a Camelot. La nebbia ammantava il lago e per un momento le parve di scorgere l'ombra d'una barca drappeggiata di nero, con una sagoma scura ritta a prua... ma no. Era soltanto un'ombra...

La barca toccò la riva. Lancillotto l'aiutò a scendere. «Ginevra... sei certa?».

«Sì», rispose lei, sforzandosi di apparire più decisa di quanto lo fosse in realtà.

«Allora t'accompagnerò alla porta del monastero».

La vecchia badessa riconobbe la regina e si mostrò sbalordita del suo ritorno, ma Ginevra le raccontò il pretesto che aveva inventato... le malelingue avevano scatenato un dissidio tra Artù e Lancillotto e lei aveva preferito cercare rifugio lì perché potessero rifare pace.

La religiosa le accarezzò la guancia come se fosse ancora una bambina.

«Potrai restare quanto vorrai, figlia mia, anche per sempre. Noi non scacciamo nessuno dalla casa di Dio. Ma qui sarai soltanto una delle nostre sorelle».

Ginevra sospirò di sollievo. Fino a quel momento non aveva compreso quanto fosse pesante essere regina. «Devo dire addio al mio cavaliere e raccomandargli di riconciliarsi con mio marito».

La badessa annuì. «Di questi tempi, il buon re Artù non può permettersi di perdere uno solo dei suoi cavalieri, tanto più il valoroso Lancillotto».

Ginevra tornò nell'anticamera dove l'attendeva Lancillotto. Lui le prese le mani. «Non sopporto di dirti addio qui, Ginevra... ah, mia signora, amor mio, è necessario?».

«È necessario», disse lei con fermezza. Ma sapeva che per la prima volta agiva senza pensare a se stessa. «Il tuo cuore è sempre stato con Artù. A volte penso che il nostro peccato non sia stato amarci, ma il fatto che mi sono intromessa nel vostro amore. Ritorna da Artù, carissimo. Digli da parte mia che non l'ho mai amato di meno, per questo».

Lancillotto sembrava quasi trasfigurato[15]. «Ora lo so...» Si chinò per baciarle la mano. «Sei nella casa di Dio, prega per me, signora».

Il mio amore per te è una preghiera, pensò Ginevra. *L'amore è l'unica preghiera che conosco*. E pensò che non l'aveva mai amato più che in quel momento, mentre le porte del monastero si chiudevano.

Le mura l'avevano fatta sentire così sicura e protetta, nel passato. Ora vi sarebbe rimasta per il resto della sua vita. *Quando avevo la libertà non la desideravo e la temevo. E ora, allorché ho imparato ad amarla, vi rinuncio in nome del mio amore.* Era giusto... era il sacrificio accettabile agli occhi di Dio. Ma mentre entrava nel chiostro, guardò i *muri* che l'imprigionavano.

14. Angelus: una preghiera cattolica in ricordo del mistero dell'Incarnazione. Essa viene recitata tre volte al giorno ed è preceduta dal suono di una campana, detta «campana dell'Angelus» o «dell'Ave Maria».

15. sembrava ... trasfigurato: appariva mutato nell'aspetto, a causa della forte emozione.

Per il mio amore. E per l'amore di Dio, pensò, e provò un vago senso di conforto. Lancillotto si sarebbe recato nella chiesa dov'era morto Galahad e là avrebbe pregato. Forse avrebbe ricordato il giorno in cui le nebbie di Avalon s'erano schiuse e lui e lei stessa e Morgana s'erano trovati insieme sulla riva del lago. Pensò anche a Morgana, con improvvisa tenerezza. *Santa Maria, Madre di Dio, sii anche con lei, e un giorno conducila a te...*

Ginevra giunse le mani ed entrò nel chiostro, per sempre.

(adattam. da M. Zimmer Bradley, *Le nebbie di Avalon,*
trad. it. di R. Rambelli, Longanesi, Milano 1994)

Discussione e confronto

1 Riflettere con l'epica. Il brano proposto delinea il personaggio di Lancillotto in un modo diverso rispetto ai testi medievali che narrano la sua tragica storia di amore e morte. Infatti, emerge qui una figura che richiama il modello del cavaliere abile e spietato contro i nemici, ma a essa si aggiunge un elemento nuovo: la debolezza, che lo rende quasi indifeso di fronte all'amore. Quali sono i punti di forza e di vulnerabilità dell'uomo del XXI secolo? Discutetene in classe, dopo esservi divisi in gruppi, ciascuno dei quali dovrà esporre le proprie idee, motivandole adeguatamente.

2 Epica e media. Le avventure dei cavalieri s'intrecciano con il Graal ovvero, secondo un'antichissima tradizione e nonostante molte interpretazioni alternative, la coppa nella quale Gesù bevve durante l'Ultima Cena: il mistero che da sempre circonda l'oggetto ha scatenato un interesse che non può certo dirsi concluso. Immagina di essere il proprietario di un'agenzia turistica e prepara, da solo o in gruppo, usando il computer, un dépliant che proponga ai clienti un viaggio nelle «terre del Graal». Se lo ritieni opportuno, tieni conto delle seguenti indicazioni:

– svolgi una ricerca in internet o in biblioteca, documentandoti sul Graal e sulle varie identificazioni, talune molto fantasiose, proposte nel succedersi dei secoli;
– associa il Graal ai luoghi in cui, sempre secondo la tradizione, esso dovrebbe trovarsi, nell'attuale Gran Bretagna (tra essi, Glastonbury, Rosslyn ecc.);
– stendi il testo del dépliant, arricchendolo con immagini; se lo desideri, puoi anche preparare delle slide sui luoghi del Graal, come complemento o alternativa al dépliant.

TERRY BROOKS

Jarka Ruus, il mondo parallelo

(IL DRUIDO SUPREMO DI SHANNARA, 2003)

L'AUTORE

Nato nel 1944 a Sterling, nello stato americano dell'Illinois, ha svolto la professione di avvocato prima di dedicarsi a tempo pieno alla letteratura. Dopo il successo planetario del suo primo romanzo, *La spada di Shannara* (1977), ha organizzato la sua produzione in cicli, il cui tema principale, tipico peraltro delle saghe dell'epica, è quello del conflitto tra il Bene e il Male, da cui dipende il futuro dell'umanità. Dal 1985 ha dato vita a un ulteriore ciclo di avventure, ambientate nel regno immaginario di Landover. Tra le sue opere principali ricordiamo: *Le pietre magiche di Shannara* (1982), *La canzone di Shannara* (1985), *La strega di Ilse* (2000), *Il druido supremo di Shannara* (2003), *La regina degli Straken* (2005), *La principessa di Landover* (2009), *Il figlio dell'oscurità* (2016), *La figlia dello stregone* (2017).

L'OPERA

La giovane Grianne Ohmsford è stata educata da un maestro di magia nera per diventare la strega di Ilse e impadronirsi di una misteriosa fonte di potere: questa si trova in una città abbandonata dal tempo in cui il continente delle Quattro Terre era stato devastato dai conflitti che avevano distrutto una civiltà avanzatissima dal punto di vista tecnologico. A quest'ultima si è sostituito un mondo regredito al livello di un Medioevo barbarico, popolato da razze nemiche dell'uomo e dominato dal malvagio Signore degli Inganni, al quale si oppongono gli uomini e il druido Allanon, un sacerdote sapiente e un valoroso guerriero. Nel frattempo, Grianne, profondamente cambiata, ha stretto un'alleanza con i «buoni», tra cui il Principe degli Elfi, ma i suoi nemici non smettono di complottare contro di lei. Il più potente di essi, Sen Dusindan, le ha fatto bere una pozione che la trasporta nel cosiddetto *Divieto* o *Jarka Ruus* (espressione che significa «popoli esiliati»), un mondo collocato in un'altra dimensione, dove gli Elfi avevano rinchiuso le creature più maligne. Grianne dovrà superare molti ostacoli per tornare sana e salva dal *Divieto* e affrontare i suoi avversari nella lotta finale.

IL BRANO

Grianne si risveglia nel *Divieto* o *Jarka Ruus*, senza capire, in un primo momento, come ci sia arrivata. Purtroppo, si rende subito conto che i suoi peggiori incubi si sono avverati: il mondo oscuro in cui si trova è pericoloso e lei non possiede armi, fatta eccezione per il suo coraggio e il sostegno di Weka Dart, un'astuta, piccola creatura umanoide. Il *Jarka Ruus* è un luogo morto, desolato, sempre buio, abitato da mostri feroci, e nel quale, per non soccombere, è necessario spostarsi di continuo. Così si mette in cammino per raggiungere il Perno dell'Ade, un lago abitato dalle ombre degli antichi Druidi, allo scopo di chiedere aiuto, ma il viaggio è lungo e non mancheranno sgradevoli incontri.

CHIAVE DI LETTURA

In questo brano sofferma l'attenzione su:
- l'improbabile «**coppia**» dei protagonisti. **Grianne** ha rinunciato alla magia, dunque può contare solo sul proprio coraggio; **Weka Dart**, al quale si affida per uscire incolume dal *Jarka Ruus*, appartiene a una razza differente: non è buono né simpatico, ma, spietato, incurante degli altri;
- il **tema** dello scontro fra cultura e natura. Grianne incarna la prima e, se vuole fuggire dal *Jarka Ruus*, deve mettersi alla prova e dimenticare le abitudini del mondo civile, alleandosi a Weka Dart, che simboleggia la natura, che è «diverso» e imprevedibile, ma che, conoscendo i luoghi, la salverà più di una volta.

Camminarono per tutto il giorno verso est sotto la Catena del Drago e attraverso la pianura e le basse colline del Pashanon. Il cielo rimase grigio e nebbioso, il sole era una macchia più chiara sopra di loro, il mondo che attraversavano era composto di foschia e di ombre. L'aria fresca e umida era assai sgradevole e Grianne si rallegrò di avere gli abiti portati da Weka Dart[1]. La pianura e le alture erano coperte di una patina umida che non evaporava mai del tutto, ma il terreno rimaneva brullo[2] e privo di vita. L'assenza di uccelli e di piccoli animali comunicava una sensazione di paura e perfino gli insetti parevano essere solo del tipo che ronza e punge. L'erba era spessa e dura, con punte seghettate e taglienti, di colore verde chiaro e grigio sporco. Gli alberi erano piccoli e con i rami nodosi, sotto la Catena del Drago, e molti erano poco più che scheletri. Le acque dei ruscelli e dei laghetti erano stagnanti e piene di alghe. Dovunque andasse, dovunque guardasse, il mondo sembrava malato e morente.

Eppure il Jarka Ruus sopravviveva da migliaia di anni. Grianne cercò di immaginare un'intera vita in quel mondo, ma non ci riuscì. Era già spaventosa l'idea di esservi intrappolati per un certo tempo. Se non fosse stata sicura di trovare una via d'uscita, sarebbe impazzita. Ma la sua fiducia nella certezza di uscire era incrollabile. Coloro che l'avevano mandata laggiù avevano commesso un errore nel lasciarla in vita. Forse pensavano di essersi sbarazzati di lei, ma si sbagliavano.

Il suo pensiero correva spesso alla causa del suo esilio. Non poteva sapere chi l'avesse trasportata laggiù, ma alcuni nomi le sembravano molto plausibili. Non capiva però perché non si fossero limitati a ucciderla e così farla finita. Era quello che avrebbe fatto lei quando era la Strega di Ilse. Lasciare in vita un nemico pericoloso che in seguito può venire a cercarti, per quanto difficile sia il compito, comportava sempre dei rischi. Perché l'avevano lasciata in vita?

Le riflessioni la tennero occupata per gran parte del viaggio. Weka Dart continuava a correre da una parte all'altra, s'infilava nei sentieri laterali, di tanto in tanto saliva sugli alberi e sulle rocce ed era sempre in movimento. Per fortuna, si disse lei, non parlava molto, perché era impegnato a controllare la presenza di creature minacciose.

Ce n'erano molte e ne incontrarono una buona parte nel corso del viaggio. Orchi e giganti attraversavano rumorosamente la prateria, mastodonti[3] senza cervello, con

1. **gli abiti ... Dart**: al risveglio, dopo la prima notte trascorsa nel *Jarka Ruus*, Weka Dart aveva consegnato a Grianne abiti semplici e comodi, adatti al viaggio.

2. **brullo**: spoglio di vegetazione.

3. **mastodonti**: creature di dimensioni enormi.

possenti spalle curve e braccia ciondoloni. Nel cielo volavano le arpie[4], che gridavano e sputavano veleno, tra loro e su tutto ciò che incontravano. Sopra di loro passarono molti draghi, in gran parte più piccoli dei dracha[5].

Una volta scorsero un villaggio di gormie, in lontananza, un mucchio di capanne di fango e paglia accalcate sul fianco di una collina, simili a grotte. Il villaggio era protetto da mura e dal terreno spuntavano minacciose file di pali appuntiti. Le gormie, creature esili dal muso di volpe, si muovevano come ombre all'interno del recinto.

«Che cosa può spaventare un intero villaggio di quei piccoli orrori?» chiese Grianne a Weka Dart.

L'Ulk Bog[6] rise e disse, con la sua voce aspra: «Aspetta e vedrai».

Lei fece come le veniva detto e poche ore più tardi ebbe la risposta. Avevano appena superato un'altura e guardavano una valle che si stendeva a est, quando Weka Dart si girò di scatto su se stesso e sussurrò: «A terra!». Lei obbedì subito e si appiattì contro il terreno e l'erba pungente che cresceva dappertutto. Era senza fiato per la sorpresa. L'Ulk Bog, disteso accanto a lei, strisciò un po' più avanti per vedere qualcosa che lei non riusciva a scorgere.

«Guarda» bisbigliò, senza girare la testa.

Lei osservò la valle e attese. I minuti passavano e non succedeva nulla. Poi un orco di dimensioni mostruose comparve nella valle, con la schiena curva e un'enorme clava sulla spalla. Era ancora giovane, capì Grianne vedendo il pelo nero che gli copriva le spalle e parte della schiena e la pelle spessa ancora lucida e priva di verruche[7].

Muoveva la testa da una parte all'altra e agitava la mano nell'aria come per allontanare le mosche. Ma in quella zona non ce n'erano.

«Che cosa fa?» sussurrò.

A Weka Dart brillavano gli occhi. «Ascolta».

Grianne tese l'orecchio e allora lo udì anche lei: un suono acuto, che saliva e scendeva e pareva giungere da tutte le parti. Dava chiaramente fastidio all'orco, che brontolava per l'irritazione e sollevava la testa per cercare l'origine del suono. Il fischio divenne sempre più stridulo[8], fino a trasformarsi in un gemito che penetrava nelle ossa, aspro e doloroso.

Infine l'orco si fermò, continuando a guardarsi attorno; i suoi lineamenti erano contratti in una smorfia minacciosa. Grianne si appiattì ancor di più. L'orco cercava qualcosa su cui sfogare la sua irritazione e lei non intendeva offrirgli un bersaglio. Anche Weka Dart era immobile, ma Grianne gli scorse sulle labbra un sorriso, come se già sapesse che cosa stava per succedere, e non si soffermò ad analizzarlo.

Improvvisamente, da dietro le rocce e i ciuffi di erba, cominciarono ad apparire piccole creature quadrupedi: prima un gruppetto, poi decine. Il muso felino e la figura sottile erano inconfondibili. Furie. Grianne aveva letto della loro esistenza. Solo una volta, dal giorno del loro imprigionamento, erano riuscite a erompere dal Divieto, avevano

4. arpie: ricordano quelle della mitologia classica, cioè grossi uccelli con viso umano.

5. dracha: bestie con ali di pipistrello e zanne acuminate.

6. Ulk Bog: è la razza cui appartiene Weka Dart. Gli Ulk Bog sono umanoidi pelosi, di bassa statura e di colorito scuro.

7. verruche: escrescenze della pelle.

8. stridulo: penetrante.

assalito Allanon e per poco non l'avevano ucciso. Erano creature di follia e distruzione ottusa[9], le peggiori tra le tante specie minacciose imprigionate in quel mondo. Attaccavano in branchi ed erano mosse dalla bramosia di sangue. Nel mondo del Jarka Ruus tutti le evitavano.

Ora si gettarono sull'orco, da tutte le direzioni, ed erano così numerose da non potersi più contare. L'orco le aspettò, e nei suoi occhietti porcini[10] già si leggeva l'intenzione di massacrarle tutte. Essendo giovane, non comprendeva il pericolo.

Quando lo attaccarono, balzando sopra di lui, le uccise come mosche, manovrando con la stessa efficacia la clava e i pugni. Le furie erano piccole e indifese e quelle che riusciva a raggiungere non potevano salvarsi. Ma erano troppe perché l'orco potesse fermarle tutte e ben presto riuscirono a oltrepassare le sue difese, ad affondare i denti nel suo corpo massiccio e a graffiarlo con gli artigli. Gli strapparono brandelli di carne e ciuffi di pelo e in pochi istanti l'orco prese a sanguinare dalla testa ai piedi. Continuò a lottare perché era la sola cosa che sapesse fare, uccise furie finché poté, cercando di restare in piedi.

Ma alla fine riuscirono a buttarlo a terra, strappando muscoli e carne, prosciugandolo del sangue e della forza fino a renderlo indifeso. Urlando di rabbia e disperazione,

9. ottusa: messa in atto in modo indiscriminato, senza alcun barlume d'intelligenza.

10. porcini: piccoli e tondi, come quelli dei porci.

l'orco scomparve sotto il loro assalto spietato, venne ricoperto da una massa ribollente di corpi pelosi, fu schiacciato sotto di essi finché la vita non lo abbandonò.

Grianne aveva visto morire molte persone in modo terribile e violento nel suo mondo, ma rabbrividì davanti a quella scena. L'orco non era nulla per lei, ma la inorridiva la sua fine. Avrebbe voluto distogliere lo sguardo, quando il mostro fu ridotto agli ultimi sussulti e a pochi suoni strangolati, ma non ne fu capace. Weka Dart dovette tirarle un braccio per farla tornare in sé.

«Da questa parte» le sussurrò l'Ulk Bog. «Approfittiamone, finché sono occupate».

Strisciando in mezzo all'erba in cima alla collinetta, arrivarono sull'altro lato e si portarono fuori vista. Una volta lontano dalle furie, si alzarono e ripresero a camminare. Nessuno dei due parlò; tendevano l'orecchio ai suoni che venivano dall'altra parte della collina.

Quando furono abbastanza lontani da non poter essere uditi neppure da orecchi acuti come quelli dei gatti, Weka Dart si rivolse a Grianne: «Meglio lui di noi» disse con un sorriso maligno.

Lei annuì, ma si sentì ancor più a disagio.

Quella notte dormirono su un albero e Grianne non protestò. Comprendeva quanto sarebbero stati vulnerabili, se fossero stati attaccati dalle creature che cacciavano nel Pashanon sotto la protezione dell'oscurità. In gran parte lei non le conosceva ancora, ma l'incontro con le furie era stato sufficiente a convincerla. Non che gli alberi fornissero una grande protezione, ma era disposta ad approfittare di quella che trovava.

Quella notte sognò la morte dell'orco e la scena si ripeté in varie forme. A volte lei era un semplice spettatore, un osservatore passivo sulla scena della morte. Altre volte era la vittima, sentiva i denti e gli artigli di quei felini lacerarle le carni e si agitava inutilmente sotto il loro attacco, fino a svegliarsi coperta da un sudore freddo. Altre volte prendeva parte all'attacco, era una delle furie, partecipava al massacro di una creatura inerme mossa dall'odio e dalla sete di sangue, dagli impulsi che aveva lasciato dietro di sé quando aveva rinunciato a essere la Strega di Ilse.

Al risveglio era stanca e disperata, ma tenne per sé quelle emozioni e proseguì il viaggio a est. Attraversarono la pianura erbosa per tutta la giornata, sotto quel ciclo opprimente e funesto. Seguirono l'argine di quello che nel suo mondo era il fiume Mermidon, ma che laggiù aveva certo un altro nome[11]. Non si preoccupò di chiederlo a Weka Dart, soddisfatta di essere lasciata ai propri pensieri mentre l'Ulk Bog correva avanti e indietro attorno a lei. Più tardi cominciò a piovere e, nonostante il mantello, presto Grianne fu fradicia. Incontrarono pochi abitanti di quel luogo e non videro traccia delle furie, cosa per cui Grianne ringraziò la sua buona sorte.

Il pomeriggio del terzo giorno giunsero a un'apertura tra i monti che Grianne conosceva: era l'inizio del passo che portava al Perno dell'Ade e alla Valle d'Argilla. Un crepaccio scuro e serpeggiante, che saliva verso le cime dei monti e spariva nella nebbia.

«Conosci questo posto?» chiese a Weka Dart. La pioggia che colpiva il cappuccio le gocciolava sulla faccia e Grianne si asciugò gli occhi. «Sei mai stato qui?».

11. Seguirono ... nome: il *Jarka Ruus* è la rappresentazione rovesciata delle Quattro Terre, il continente delimitato dall'oceano detto *Spartiacque Azzurro*, dove si svolgono i romanzi della serie. Ogni luogo di esso ha un suo corrispettivo malvagio nel *Jarka Ruus*.

L'Ulk Bog scosse la testa. «Mai». Alzò gli occhi in direzione della massa scura di rocce. «Non sembra un posto interessante da visitare».
«È il posto dove devo andare» rispose lei. «Non c'è bisogno che venga anche tu. Preferisci aspettarmi qui?».
L'Ulk Bog si affrettò a scuotere di nuovo la testa. «Meglio restare insieme. Nel caso tu abbia bisogno di me».
Presero a salire, muovendosi a fatica sui detriti di roccia che coprivano il cammino, finché non furono ai piedi della montagna. Il percorso divenne ancora più ripido e accidentato, assai diverso da quello del suo mondo, a lei ben noto. Non c'era indicazione di un sentiero, non c'erano segni sulle rocce o tracce sul terreno. Il sentiero che conosceva così bene era scomparso ed era costretta a trovarne uno. Probabilmente, dal giorno della creazione di quel mondo, nessuno si era mai recato lassù. Weka Dart la seguiva senza l'entusiasmo che aveva mostrato in pianura e continuò a brontolare e a lamentarsi. Grianne non gli badò. Era stato lui a decidere di accompagnarla. Neanche lei amava l'idea di dover aprire la pista.
Poco più tardi cominciarono a udire il gemito. Era un suono inconfondibile, un lamento basso, che poteva essere prodotto dal vento oppure da qualcosa di vivo che soffriva. Saliva e scendeva con un ritmo regolare, a volte si spegneva, ma dopo qualche istante si ripeteva. Grianne cercò di ignorarlo, ma non poté. Quel suono faceva fremere le rocce del passaggio, s'infilava in profondità nei crepacci e scivolava lungo i varchi. Weka Dart sbuffava per il disagio e il timore e si premeva le mani sulle orecchie. Quando la donna si girò a guardarlo, vide che mostrava i denti e ringhiava.
Poco più avanti comparvero le ombre: uscivano dalle fessure delle rocce e da dietro i macigni. Non erano semplici proiezioni degli oggetti come le ombre normali, ma si muovevano indipendenti dalla luce, si staccavano dagli oggetti materiali in modi che in altri luoghi erano impossibili. Scorrevano lungo il passo, macchie nere e contorte che spiavano Grianne come predatori. Quando li toccavano, la loro oscurità le percorreva la pelle con dita di ghiaccio. Comprese subito che cos'erano. Le ordinavano di tornare indietro. Sentiva l'avvertimento nel tocco delle ombre e lo udiva nel gemito. Ma lei ignorò l'avviso, come sapeva di dover fare, e proseguì il cammino.
Verso il tramonto raggiunsero una spaccatura tra le rocce che si apriva su una fitta cortina di nebbia e penombra sormontata da un foro nel cielo. Grianne lo fissò con stupore, poi comprese che il cielo era nero come l'inchiostro e privo di luna e di stelle. Lassù non c'era nulla. Proseguì, incapace di credere a ciò che vedeva.
Superata la spaccatura e uscita dalla nebbia, si trovò su un'altura affacciata sulla Valle d'Argilla.
La valle era come la ricordava e nello stesso tempo era diversa.
Le pietre nere e taglienti erano le stesse, sparse come schegge di vetro sull'intero pendio spoglio. Ma la valle era chiusa entro una parete di nebbia, una parete così profonda e alta da non permettere di vedere altro, se non il cerchio nero del cielo, in alto. Le montagne erano sparite, il mondo intero era sparito.
Rimaneva solo il Perno dell'Ade, raccolto in fondo alla valle, con le sue acque dal riflesso opaco nel buio. Dalla superficie immobile si irradiava una luce verdastra che veniva riflessa dalle pietre. Un velo di nebbia, simile a fumo, si alzava dalla superficie, ma in

quelle acque non si sarebbe trovata traccia di calore. Anche dall'alto Grianne sentiva che il lago era freddo come l'inverno e letale[12] come la morte. Laggiù non viveva nulla che non fosse già passato da tempo nei mondi inferi.

Weka Dart si affacciò da dietro di lei e si guardò attorno. «Questo luogo è carico di male. Perché siamo venuti qui?».

«Perché la risposta ad alcune mie domande si può trovare solo nelle acque di quel lago» spiegò Grianne.

«Be', allora sbrigati a fare le tue domande e andiamo via!».

Il lamento rincominciò, basso e insistente, un gemito che trasudava dalle pietre e filtrava dall'aria. Ricomparvero le ombre e questa volta avevano forme più definite, alcune familiari, altre no, e presero a vorticare attorno a loro come fantasmi venuti a tormentarla. Non avevano voce, non avevano faccia, non avevano un aspetto umano, eppure sembrava che ci fosse vita in quelle ombre e in quei gemiti, una vita priva di anima e di sostanza. Le ombre e i gemiti si rispondevano a vicenda, accelerando e rallentando, alzandosi e abbassandosi, una simbiosi[13] che suggeriva una terribile dipendenza reciproca.

«Straken[14], fa' quello che devi fare, ma sbrigati!» la incitò Weka Dart. Questa volta, Grianne sentì la paura nella sua voce.

Lei gli rivolse un cenno affermativo, senza guardarlo. Non aveva ragione di attendere, non c'era nulla da guadagnare, rinviando il momento. Non sapeva cosa sarebbe successo, una volta evocati gli spiriti dei morti. Laggiù il Perno dell'Ade poteva essere diverso da quello delle Quattro Terre.

Poteva essere letale.

Poteva essere la sua sola speranza.

Senza più esitare, Grianne cominciò a scendere verso il laghetto.

(T. Brooks, *Il druido supremo di Shannara. Jarka Ruus*,
trad. it. di R. Valla, Mondadori, Milano 2003)

---

12. **letale**: funesto.

13. **simbiosi**: unione intima, profonda.

14. **Straken**: il termine che, nel *Jarka Ruus*, indica gli esseri umani.

Discussione e confronto

1. **Riflettere con l'epica.** **Il romanzo si svolge in un mondo emerso, le Quattro Terre, pressoché distrutto da un feroce conflitto, innescato dal desiderio di un potere illimitato; inoltre, il malvagio Signore degli Inganni ha corrotto le menti degli uomini, soggiogandole. Discutete in classe sui possibili scenari futuri della storia nei prossimi decenni, proponendo qualche soluzione per mantenere spirito critico e indipendenza di giudizio.**

2. **Epica e media.** **Nel mondo di oggi, molto si fa e molto di più si potrebbe fare se tutti comprendessimo il valore della solidarietà e dell'aiuto reciproco. Usando il computer, da solo o in gruppo, prepara il progetto di fondazione di una Onlus che operi nel campo del volontariato, stabilendo obiettivi e risorse per realizzarlo.**

Appunti

Appunti

Petrini

internet: deascuola.it
e-mail: info@deascuola.it

Member of CISQ Federation
RINA
ISO 9001:2008
Sistema Qualità Certificato

Il Sistema di Gestione per la Qualità di De Agostini Scuola S.p.A. è certificato per l'attività di "Progettazione, realizzazione e distribuzione di prodotti di editoria scolastica"

Redattore responsabile: Alessandro Roccia
Redazione: Michela Milani
Redazione multimediale: Selene Zanca
Tecnico responsabile: Stefano Garzaro
Progetto grafico: Matteo Rossi
Impaginazione: Elisabetta Cavagnino, Quadri_folio
Illustrazioni: Alida Massari
Ricerca iconografica: Laura Fiorenzo
Ricerca iconografica per la copertina: Alice Graziotin
Copertina: Matteo Rossi

Art Director: Nadia Maestri

1ª edizione: gennaio 2018
Printed in Italy

Le fotografie di questo volume sono state fornite da: DeA Picture Library; DeA Picture Library/G. Dagli Orti; Filippo Alfero/AGF; DeA Picture Library/V. Pirozzi; DeA Picture Library/A. Dagli Orti; Alpha Historica/Alamy Stock Photo/IPA; DeA Picture Library/M. Carrieri; Foto Scala, Firenze/bpk, Bildagentur fuer Kunst, Kultur und Geschichte, Berlin; Foto Scala, Firenze - su concessione Ministero Beni e Attività Culturali e del Turismo; Paul Fearn/Alamy Stock Photo/IPA; DeA Picture Library/W. Buss; Fototeca Storica Nazionale Ando Gilardi; A. Dagli Orti/Scala, Firenze; DeA Picture Library/G. Cigolini; DeA Picture Library/J. Lange; Bob Gomel/The LIFE Images Collection/Getty Images; Fine Art Images/Heritage Images/Getty Images; Culture Club/Getty Images; Foto Art Media/Heritage Images/Scala, Firenze; Foto Scala, Firenze; Cameraphoto/Scala, Firenze; Masterpics/Alamy Stock Photo/IPA; Erich Lessing/Contrasto; Archivi Alinari, Firenze; White Images/Scala, Firenze; North Wind Picture Archives/Alamy Stock Photo/IPA; iStockphoto; Jason LaVeris/FilmMagic; Photo12/UIG via Getty Images.
Immagine di copertina: Getty Images

Stampa: L.E.G.O - Lavis (Tn)

Ristampa:	3	4 5	6 7	8 9	10 11
Anno:	2019	2020	2021	2022	2023